HISTOIRE
DE FRANCE

XIV

Cet ouvrage
a obtenu de l'Académie des Inscriptions
et Belles-Lettres
en 1844
et de l'Académie Française
en 1856
LE GRAND PRIX GOBERT

HISTOIRE DE FRANCE

DEPUIS LES TEMPS LES PLUS RECULÉS JUSQU'EN 1789

PAR

HENRI MARTIN

Patris veterum renovabitur.

TOME XIV

QUATRIÈME ÉDITION

PARIS
FURNE, LIBRAIRE-ÉDITEUR

Se réserve le droit de traduction et de reproduction
à l'Étranger.

M DCCC LIX

HISTOIRE DE FRANCE

SEPTIÈME PARTIE

FRANCE MODERNE
SIÈCLE DE LOUIS XIV

SUITE

LIVRE LXXXVI

LOUIS XIV, SUITE.

PRÉPONDÉRANCE EN EUROPE. RÉVOCATION DE L'ÉDIT DE NANTES. L'héritage ministériel de Colbert est partagé entre Le Pelletier, Seignelai et Louvois. — Prépondérance de Louvois. — Louis XIV échoue dans ses projets sur l'Empire. Invasion de l'Autriche par les Turcs. Siége de Vienne. Les Polonais sauvent l'Autriche. — Guerre entre la France et l'Espagne. Prise de Luxembourg. — Affaires de Trèves et de Liége. — Trêve de vingt ans entre la France, l'empereur, l'Empire et l'Espagne. Louis XIV au plus haut point de sa puissance. — Bombardement de Gênes. Le doge à Versailles. — Nouvelles expéditions contre les Barbaresques. — Avénement de Jacques II. Projets de restauration catholique en Angleterre, appuyés par Louis XIV. — Louis XIV, devenu veuf, épouse madame de Maintenon. *Dragonnades*. RÉVOCATION DE L'ÉDIT DE NANTES. Persécutions. Émigration protestante. L'industrie française transplantée en Hollande, en Angleterre, en Brandebourg. — Affaire de la succession palatine. LIGUE DÉFENSIVE D'AUGSBOURG entre l'empereur, l'Espagne, la Suède, le Brandebourg, la Saxe, la Bavière, le Palatinat, les cercles de l'empire. — Affaire de Cologne. Le pape Innocent XI favorise la ligue d'Augsbourg. Rupture entre Louis XIV et le pape. — Mouvements en Angleterre. Préparatifs du prince d'Orange contre Jacques II. Louis XIV, au lieu de secourir Jacques II par une diversion contre la Hollande, prend l'offensive contre l'empereur.

1683 — 1688.

L'héritage du grand ministre que la France venait de perdre fut partagé entre plusieurs mains. Le fils de Colbert, Seignelai, jeune homme[1] plein de feu, d'intelligence, et initié, presque depuis l'enfance, aux affaires d'État, mais qui, bien différent de l'illustre mort, avait pour mobiles l'ambition et le plaisir plutôt que le devoir, « essaya d'envahir tous les emplois de son père, et « n'en obtint aucun[2]. » Madame de Maintenon, peu sympathique à ces natures brillantes et superbes et, en ce moment, unie d'intérêts et de vues avec les Le Tellier, eut probablement quelque part à l'échec qu'éprouva Seignelai. Le roi laissa seulement au fils de Colbert les fonctions dont il avait obtenu la survivance et partagé les travaux dès 1672; c'est-à-dire l'administration de la marine, du commerce, de la maison du roi et des affaires ecclésiastiques. Seignelai fut, dans la marine, une éclatante spécialité, quelque chose d'analogue à ce qu'avait été dans la diplomatie ce Lionne, à qui il ressemblait beaucoup par l'ardeur au plaisir et la facilité du travail; seulement, Seignelai avait plus de dignité dans le caractère. Il n'avait pas les principes de son père sur l'ensemble du gouvernement, principes que, d'ailleurs, on ne l'eût pas mis à même d'appliquer : dans l'administration maritime, sans négliger tout à fait le solide, c'est-à-dire la marine marchande[3], il s'attacha trop passionnément au brillant, à la marine militaire, et y porta l'esprit violent et agressif de Louvois; il avait du moins conservé les sentiments paternels sur un autre point important, sur les persécutions religieuses, et protégea les réformés autant qu'il put dans les limites de ses attributions.

Louvois obtint une part dans la dépouille de son rival : il

---

1. Il avait trente-deux ans.
2. *Lettres* de madame de Maintenon, t. II, p. 388.
3. Il protégea efficacement la grande pêche et le cabotage.

acheta, de la famille de Colbert, avec la permission du roi, la surintendance des arts et bâtiments[1], emploi auquel les goûts de Louis donnaient une haute importance. Louvois s'efforça de se rendre aussi agréable à Louis comme surintendant des bâtiments, qu'il lui était nécessaire comme ministre de la guerre : il flatta sans scrupule la passion du roi pour les constructions et poussa à la dépense sans se soucier des ressources, qu'un autre ministre était chargé de fournir.

Cet autre ministre, le contrôleur général des finances, auquel était dévolu le reste de la succession de Colbert, n'avait été choisi par le roi qu'après quelque hésitation entre trois concurrents. Louis avait balancé entre de Harlai, Gourville et Le Pelletier. De Harlai, procureur général au parlement de Paris, avait en sa faveur un nom illustre, que soutenaient un savoir, un esprit et une probité incontestables; Gourville était cet aventurier si sagace, si remuant, si hardi, qui avait été autrefois poursuivi à juste titre comme complice des dilapidations de Fouquet, puis condamné au gibet par contumace, et qui, dans cette étrange situation, bienvenu de tous les princes et les grands des pays où il promenait gaiement son opulent exil, était parvenu à se faire employer par la diplomatie française et enfin à rentrer en France, où il gouvernait la maison du grand Condé. C'était un homme propre à tout, et qui étalait, à défaut de sens moral, une audace d'esprit et même une certaine générosité qui écartaient de lui le mépris. Il eût été fort piquant, mais assurément fort scandaleux, de voir donner pour successeur à Colbert le concussionnaire contumace qu'il avait fait condamner à la potence. Le troisième candidat, Le Pelletier, conseiller d'État et ancien prévôt des marchands, était proche parent des Le Tellier. Le roi consulta le chancelier Le Tellier. Le rusé vieillard loua d'abord également les trois hommes sur lesquels flottait la pensée de Louis; puis, sommé de s'expliquer, il ruina Gourville par des insinuations sur son trop grand attachement à la maison de Condé, et de Harlai par des allusions à son caractère impérieux et envahissant; « quant à M. Le Pelle-« tier, » dit-il enfin, « c'est un homme de bien et d'honneur, de

---

1. C'étaient les beaux-arts et les travaux publics réunis.

« beaucoup d'esprit et fort appliqué : il prendroit, comme une
« cire molle, telle impression qu'il plairoit à Votre Majesté de lui
« donner; je ne le crois pourtant pas propre aux finances; il n'est
« pas assez dur. — Comment! pas assez dur? » s'écria le roi;
« mais je ne veux pas qu'on soit dur à mon peuple! » Le Pelletier
fut choisi [1].

Le Pelletier était en réalité un de ces hommes circonspects et
dociles qui subissent sans résistance les dominations établies; au
reste, parfaitement intègre et d'une piété sincère, mais ayant
plus d'intentions honnêtes que de force et d'activité pour les
mettre à exécution. Il eut la faiblesse, pour complaire à ses patrons Le Tellier et Louvois, de décrier auprès du roi l'administration de son illustre prédécesseur; il quitta les voies de Colbert
par complaisance et désir d'innover, puis il y revint par conviction, mais sans lumières suffisantes.

Le ministère fut ainsi reconstitué, les affaires étrangères restant
confiées à Colbert de Croissi, frère du grand Colbert, esprit net,
mais sans initiative et sans éclat, et qui se bornait à suivre exactement les instructions du maître. Louvois partageait presque en fait,
avec Croissi, le ministère des affaires étrangères, par les espions et
les correspondances qu'il entretenait dans toute l'Europe sous
prétexte des affaires de la guerre, et il avait certainement beaucoup plus d'influence que Croissi sur la direction générale de la
politique extérieure.

La prépondérance des Le Tellier dans le conseil du roi fut, tant
que vécut le vieux chancelier, au moins égale à ce qu'avait été
celle de Colbert dans les premières années du gouvernement de
Louis XIV. Louis, en effet, malgré ses prétentions à ne recevoir
ses inspirations que de lui-même ou du ciel, et malgré son active
et jalouse surveillance sur toutes les parties de l'administration,
était très-susceptible de se laisser gouverner et fut toujours gouverné jusqu'à un certain point; plus fort par la volonté que par le
génie, il recevait, la plupart du temps, l'impulsion qu'il croyait
donner; seulement, on y devait mettre beaucoup d'adresse; on
était perdu, s'il s'apercevait qu'on visait à le dominer, et il finis-

---

1. *Mémoires* de Gourville, p. 578. — *Mém.* de Choisi, p. 603.

sait ordinairement par s'en apercevoir. C'est là l'explication de cette *inconstance* qui lui a été reprochée envers ses ministres, et aussi de la faveur qu'il finit par accorder à des hommes que leur médiocrité mettait à l'abri de telles ambitions. Une seule personne garda sur lui, jusqu'à son dernier jour, un pouvoir, sinon illimité, du moins inébranlable ; mais cette personne était madame de Maintenon et la vie entière de Maintenon fut le chef-d'œuvre de l'esprit de conduite.

Louvois, comme avait fait autrefois Colbert, tenta de prendre le roi par ses goûts. A peine installé dans la surintendance des arts et bâtiments, il voulut faire oublier Colbert par de gigantesques travaux. Il poursuivit avec vigueur l'achèvement de Versailles, où la cour était installée à demeure depuis 1682, le roi ayant cessé de partager son temps entre cette résidence principale et les autres châteaux [1]. Louvois compléta le palais de Versailles en élevant les deux ailes, les écuries et la magnifique orangerie abritée entre les deux escaliers babyloniens de la prodigieuse terrasse [2]. La construction de l'aile du nord fit disparaître la *Grotte de Thétis*, théâtre et monument symbolique des amours du royal soleil. Louis sembla effacer ainsi les souvenirs de sa jeunesse, au moment où il passait des bras de La Vallière et de Montespan sous la pieuse discipline de Maintenon.

L'architecte de Versailles, Hardouin-Mansart, édifiait, sur ces entrefaites, une nouvelle résidence royale sous les ordres de Louvois. Avant même que d'être fixé tout à fait à Versailles, Louis, par moments « lassé du beau et de la foule, » s'était persuadé « qu'il voulait quelquefois du petit et de la solitude [3] » : il avait parcouru les collines pittoresques, les vertes châtaigneraies, les vallons abrités et profonds qui s'étendent entre Versailles et Saint-Germain, et là, près du lieu où l'on construisait la fameuse machine destinée à élever les eaux de la Seine au niveau du pla-

---

1. Il continua cependant d'aller passer chaque année une partie de l'automne à Fontainebleau.

2. La disposition de la terrasse et du double escalier rappelle la colline taillée où s'élevait le palais royal de Persépolis (Tchelminar). Le voyageur Chardin en avait rapporté récemment les dessins, qui purent fournir des inspirations à Mansart et à Lenostre. Nous devons cette remarque au savant M. Guigniaut.

3. Saint-Simon, t. XIII, p. 89.

teau de Versailles, il avait choisi l'étroit vallon de Marli pour s'y bâtir un *ermitage*. Marli devait être pour lui un abri où il se délasserait quelquefois de la vie publique par la vie libre et intime. Mais Louis ne pouvait plus être simple : la pompe de son rôle le suivait partout comme malgré lui, et l'ermitage devint un palais, à la vérité, un palais silencieux et caché. Mansart éleva sous les ombrages de Marli un splendide pavillon pour le roi, avec douze pavillons moindres pour les courtisans admis à la faveur de suivre Louis dans cette retraite privilégiée ; c'était encore le symbolisme mythologique de Versailles : le royal soleil reparaissait là entouré des douze signes du zodiaque. Des abîmes de verdure, dont la fraîcheur était entretenue par une cascade vraiment incomparable [1] et par des bassins sans nombre, enveloppaient ce féerique séjour. Il régnait là une somptuosité voilée, une sorte de clair-obscur en rapport avec le secret que la cour, après la mort de la reine [2], ne tarda point à soupçonner entre le roi et Maintenon. Marli et Maintenon, ce sont là deux noms qui ne se peuvent séparer dans notre mémoire : ces deux noms nous rappellent comme un demi-jour où l'on ne parle qu'à demi-voix, quelque chose de discret, de reposé, de précautionneux, un long crépuscule après l'éclat flamboyant des premiers temps du grand règne.

A l'époque où nous sommes parvenus, le crépuscule est pourtant loin encore : le soleil de Louis est à son zénith, et Marli n'est encore qu'une modeste succursale de Versailles, qui rayonne de toutes ses splendeurs.

Terminer Versailles, embellir Marli, ce n'est encore que continuer Colbert [3] : ce n'est point assez pour l'orgueil de Louvois. Le nouveau surintendant s'ingénie à trouver quelque création qui lui appartienne en propre. L'insuffisance des eaux qu'amènent à Versailles les conduites d'eaux pluviales et la machine de Marli lui fournit l'occasion qu'il cherche. La machine de Marli, tant admirée à cause de ses proportions colossales, dépensait une force énorme pour un médiocre résultat : la mécanique hydraulique n'était point encore assez perfectionnée pour de telles entre-

---

1. Elle tombait du haut de la colline le long de 63 degrés de marbre blanc.
2. Marie-Thérèse était morte le 30 juillet 1683.
3. Marli avait été commencé dès 1679.

prises ; mais ce qu'on était très en état de faire, c'était de détourner une rivière par un système d'aqueducs et de canaux. Déjà, sous Colbert, le créateur du canal de Languedoc, le célèbre Riquet, avait eu l'idée hardie de faire venir les eaux de la Loire à Versailles par-dessus les hauteurs de Satori. L'étude des niveaux fit juger le succès impossible. Louvois, à peine installé dans la surintendance des bâtiments, fait prendre par le géomètre La Hire les niveaux de la rivière d'Eure, beaucoup plus élevés que celui des jardins de Versailles, et demande un plan à Vauban pour amener l'Eure de vingt-sept lieues jusque dans les bassins de la résidence royale. Après beaucoup d'hésitation, Vauban reconnaît le projet réalisable : les travaux sont à confondre l'imagination ; c'est ce que demande Louvois, et il se trouve que sa fastueuse entreprise est en même temps un habile hommage à l'amie du roi, une de ces flatteries immenses comme les vizirs des antiques despotes orientaux en avaient pu seuls offrir aux favorites de leurs maîtres.

Avant la fin de 1684, on commença de creuser à l'Eure un nouveau lit, à partir de Pontgoin, à vingt-six kilomètres au-dessus de Chartres. Dans le courant de 1685, 22,000 soldats et 8,000 ouvriers furent répartis sur toute la ligne des travaux et achevèrent la *nouvelle rivière*, de Pontgoin à Berchères (dix lieues) ; le quartier général de cette armée fut établi à Maintenon, sur le domaine et sous les fenêtres du château de la favorite, et l'on entama la construction d'un aqueduc, qui, dans le fond du vallon de Maintenon, ne devait pas avoir, sur une longueur d'un kilomètre, moins de trois rangs d'arcades s'élevant ensemble à deux cent seize pieds (soixante-douze mètres). La longueur totale de l'aqueduc devait dépasser quatre lieues, de Berchères à Houdreville, où se retrouvait la pente de terrain nécessaire pour conduire les eaux par un simple canal jusqu'à l'étang de Trappes, un des réservoirs de Versailles. « C'est un beau spectacle, écrivait madame de Maintenon, « que de voir une armée entière travailler à l'embellissement « d'une terre ! » Il est vrai qu'elle ajoute : « Les hommes sont bien « fous de se donner tant de soins pour embellir une demeure « où ils n'ont que quelques jours à loger [1]. » Elle est tout entière

---

1. *Lettres* de madame de Maintenon, t. II ; 28 janvier 1687.

dans ce mélange d'ambition satisfaite et de dédain moitié philosophique, moitié chrétien, pour cette même ambition : l'amour de la grandeur et l'ennui de la grandeur ne cessèrent jamais de se partager cette âme, inquiète au fond, sous l'apparence d'un calme inaltérable.

Le *spectacle* que vantait madame de Maintenon coûta malheureusement plus que de l'or ; il coûta des hommes. Des maladies, que les contemporains attribuèrent aux *remuements* de terres opérés dans les lieux marécageux, enlevèrent beaucoup d'officiers et de soldats, ce qui fit voir l'entreprise d'assez mauvais œil, même à la cour. Pour la première fois, on n'admira plus sans réserve.

Quant aux frais, ils devaient être tels, malgré le bas prix des travaux exécutés par l'armée, que le roi recula devant le plan primitif ; on résolut de réduire à cinq quarts de lieue environ les quatre lieues de l'aqueduc projeté, en y suppléant par des levées de terre. Néanmoins, les *dépenses des bâtiments*, qui étaient de six millions sous Colbert, en 1682, s'élevèrent, en 1686, jusqu'à quinze millions.

Ce fut au nouveau contrôleur général à couvrir ce supplément de dépense, ainsi que les frais des mouvements militaires et maritimes. Dès l'année qui suivit la mort de Colbert, les tailles remontèrent de trois millions. Des augmentations de gages furent vendues à tous les officiers royaux sur le pied du denier 18, et le renouvellement du droit annuel pour neuf ans, garantie de l'hérédité et de la vénalité des charges, fut également vendu à tous les titulaires d'offices sans distinction. C'était revenir aux expédients de la grande guerre, sinon en temps de paix, du moins en temps de petites guerres sans périls et sans efforts. A la vérité, une disette qui, en 1684, obligea d'acheter des blés à l'étranger et qui diminua le produit des impôts, excusa ces ressources extraordinaires et obligea de rabaisser la taille dès 1685. Mais ce que rien ne pouvait excuser, ce fut l'étrange opération par laquelle Le Pelletier supprima la dette flottante : il contracta un emprunt à 5 et demi pour 100, afin de rembourser la dette flottante consistant principalement dans la caisse des emprunts, qui ne coûtait que 5 pour 100. C'était l'inverse des opérations de Colbert, qui avait emprunté à 5 et à 5 et demi pour rembourser des emprunts contractés à 7 et à 8. La dette consolidée fut ainsi accrue de 3,200,000 francs de rente dès 1684.

Il serait pourtant rigoureux de juger sans restriction Le Pelletier sur ce malencontreux début. Ce ministre tenta de revenir à une meilleure voie. Il améliora la comptabilité en obligeant les comptables à payer au trésor l'intérêt des sommes qu'ils gardaient en caisse après l'époque des versements. Il fonda des ateliers publics pour l'extinction de la mendicité, grand dessein toujours tenté, toujours abandonné. Il supprima ou réduisit largement les droits d'exportation des soieries françaises et diminua beaucoup les droits de sortie des vins et eaux-de-vie à la descente de la Loire ; il autorisa la libre exportation des grains pendant deux ans, sans droits ou avec des droits réduits de moitié, pour écouler les récoltes abondantes qui avaient succédé à la disette de 1684. En 1687, il fit expédier dans toutes les généralités des conseillers d'état et des maîtres des requêtes chargés d'examiner la gestion des agents du fisc et des commis qu'employaient les fermiers. Les inspecteurs des finances tirent de là leur origine.

On peut apprécier diversement l'augmentation des droits sur les draps, les lainages, les toiles de la Hollande, augmentation par laquelle Le Pelletier revint au tarif de 1667 et aux plans de Colbert, dans un moment où le roi, peut-être bien à tort, ne croyait plus avoir à ménager les Hollandais ; mais on ne saurait justifier en aucun cas la rigueur excessive que montra ce contrôleur-général dans l'application des règlements imposés par Colbert aux manufactures. Le Pelletier exagéra la pensée de Colbert sur ce point où il eût fallu la tempérer et l'abandonna, au contraire, dans d'autres questions où il eût fallu s'y attacher avec une fermeté inébranlable. Colbert n'avait rien négligé pour faire de la France, conformément à sa position géographique, la grande route et l'entrepôt du commerce européen. Le Pelletier entrava le transit par des droits sur les marchandises étrangères qui traversaient la France ; puis il supprima le transit et les entrepôts mêmes, sous prétexte des facilités que la circulation des produits étrangers procurait à la contrebande ! Les clameurs des fermiers obtinrent ainsi la destruction d'un des plus beaux établissements de Colbert (mars 1688). Cette faute désastreuse, à elle seule, compensait pour le moins tous les services qu'avait pu rendre Le Pelletier.

Les fermiers des *cinq grosses fermes*, en même temps qu'ils enlevaient à la France le bénéfice des entrepôts, paralysaient les progrès du commerce français en Amérique. Les droits cédés au roi par la compagnie des Indes Occidentales en 1674 avaient été joints au bail des fermes-unies. En 1687, le commerce des castors fut soumis à de nouvelles restrictions au profit des fermiers, qui obtinrent également des privilèges onéreux dans les Antilles. Ce malheureux système contribua à ruiner la chapellerie française au bénéfice des Anglais [1].

En somme, Le Pelletier, avec du bon sens dans les détails, un caractère faible et peu de vues, était un de ces ministres qui, en temps ordinaire, peuvent se laisser conduire par les affaires, sinon conduire les affaires, mais dont la première crise balaie l'insuffisance.

La seule crise qui pût ébranler la France et nécessiter de grandes combinaisons financières, c'était le renouvellement de la coalition contre Louis XIV; la situation de l'Europe en reculait le moment, lorsque Le Pelletier entra aux finances. L'année où mourut Colbert fut signalée par de grands événements, que la politique française avait contribué à préparer, mais auxquels les armes françaises ne prirent point de part directe. La France cessa pour un moment d'être le principal objet de l'attention des peuples.

Le gouvernement français, cependant, déployait beaucoup d'activité diplomatique et militaire. Avant l'été de 1683, quatre camps, formés en Franche-Comté, en Alsace et en Lorraine, semblèrent annoncer une nouvelle campagne; mais ce ne fut là qu'une démonstration politique; l'action, la guerre, était ailleurs, en Hongrie, en Autriche.

Les tentatives de l'empereur Léopold pour imposer à la Hongrie impériale le despotisme politique et religieux qui pesait sur la Bohême et sur l'Autriche proprement dite, avaient abouti, comme on l'a vu, à une terrible insurrection, aidée par le sabre des vo-

---

1. Forbonnais, t. II, p. 1-10. — Bailli, t. II, p. 2-6. — P. Clément; *le Gouvernement de Louis XIV de 1683 à 1689*.

lontaires polonais que soldait la France, et des Transylvains et des Valaques qu'encourageait la Porte othomane. L'empereur, effrayé des succès de l'insurrection magyare, que compliquait une révolte des paysans silésiens, avait essayé de transiger avec les Hongrois et de renouveler avec les Turcs la trêve de 1664, qui devait expirer en 1684. Il avait mieux aimé négocier à Constantinople que d'accepter les offres de la Pologne et de la Russie, qui le pressaient de s'unir à elles contre le Turc.

Dans une diète hongroise convoquée à Sopron ou Œdenbourg, Léopold accorda le rétablissement de l'ancienne constitution nationale; le vice-roi étranger fit place à un palatin élu par la diète; la liberté du culte fut rendue aux protestants; l'empereur promit que les terres confisquées sur les magnats mis à mort seraient restituées aux héritiers ou compensées par des indemnités; que les impôts arbitraires et les tribunaux d'exception seraient abolis; que les troupes étrangères seraient rappelées (1681). Ces concessions étaient trop étendues pour être sincères. Le grand chef des insurgés, Emerik Tekeli, ne s'y fia pas, et détourna ses compatriotes de s'y fier. Une tentative récente d'assassinat contre sa personne lui avait appris que la politique autrichienne était toujours la même. Il accepta seulement une trêve. Cependant sa position était difficile : ses compatriotes étaient en partie ébranlés par les offres de l'empereur; un secours important, qu'il attendait de Pologne, lui échappait par suite d'un refroidissement survenu entre Louis XIV et Sobieski. C'était par complaisance pour Louis, que Sobieski laissait le marquis de Béthune, ambassadeur de France en Pologne, lever des milliers de volontaires polonais destinés à la guerre de Hongrie. Sobieski, avant d'arriver au trône, avait épousé une Française, fille du marquis d'Arquien, capitaine des gardes de Monsieur, frère du roi. La reine de Pologne souhaitait fort que Louis créât M. d'Arquien duc et pair. On eut la maladresse de s'arrêter à des vétilles et de ne pas lui accorder cette faveur sans conséquence. Il semblait que la France n'eût plus besoin d'avoir des amis ni de ménager personne, à voir comme on menait parfois sa diplomatie! L'Autriche, au contraire, laissa espérer à la reine de Pologne la main d'une archiduchesse pour son fils. La reine de Pologne fit partager à son époux son ressentiment contre la cour de France. Sobieski, héroïque guerrier, mais politique sans portée, fit dissoudre les rassemblements de volontaires, sans comprendre à quel point la Pologne était intéressée à favoriser l'affranchissement de la Hongrie. Tekeli, abandonné des Polonais, ne vit plus d'autre parti à prendre que de resserrer étroitement ses liens avec le Turc et de précipiter l'empire othoman sur l'Autriche.

Il y réussit, non sans y être aidé, au moins indirectement, par la France. Léopold, en ce moment, proposait au sultan une nouvelle trêve. La Porte othomane, par les conseils de la France et de Tekeli, exigea des conditions impossibles : Léolpold eût payé un tribut annuel, démantelé Gratz et la nouvelle forteresse de Léopoldstadt, bâtie sur le Wag pour couvrir Presbourg et Vienne ; il eût cédé à Tekeli Neytra, Esseg, Muran, l'île de Schütt, les positions militaires les plus importantes de la Drave et du Danube. Autant eût valu signer sa propre déchéance. Léopold accepta la guerre.

Le grand-visir Kara-Mustapha commença d'immenses préparatifs. La Porte othomane avait la libre disposition de toutes ses forces. Elle avait conclu, en 1679, avec la Pologne, par l'influence française, une paix honorable pour les Polonais, mais qui laissait cependant Kaminiek entre les mains des Turcs avec une partie de leurs conquêtes. La Moscovie, à son tour, venait de traiter avec la Porte. L'empire othoman fut donc en mesure de jeter sur le Danube la plus grande expédition qu'il eût mise en mouvement de tout le siècle. Dans le courant de 1682, Tekeli, proclamé prince de la Haute-Hongrie sous la suzeraineté othomane, enleva aux Impériaux, avec l'aide des Turcs, qui rompirent la trêve, presque tout ce qu'avait conservé Léopold dans la Haute-Hongrie. La population, moitié haine des Autrichiens, moitié peur des Turcs, suivit Tekeli en masse. Au printemps suivant, la grande armée othomane se forma autour de Belgrade, sous les ordres du visir, principal auteur de la guerre. Cette armée était double de celle qui avait été battue à Saint-Gothard dix-neuf ans auparavant. Ce n'était pas la Hongrie, c'était l'Autriche, c'était l'Allemagne, qui était en question. On pouvait prévoir que, comme en 1529, la tempête de l'islam viendrait fondre sur Vienne. L'empereur, dès l'année précédente, avait demandé secours à la diète de Ratisbonne, aux électeurs, aux princes, aux cercles de l'Empire. L'assistance réclamée avait été accordée ; mais quoique la diète eût récemment amélioré l'organisation militaire des cercles, il fallait s'attendre encore à bien des lenteurs et à des secours insuffisants devant un tel péril. L'Autriche l'avait compris et avait adressé en même temps son appel à une force militaire plus irrégulière, mais plus active que le corps germanique, à la Pologne. Il y eut à Varsovie une lutte diplomatique très-vive, où l'ambassadeur d'Autriche eut pour auxiliaire le nonce du pape et pour adversaire l'ambassadeur de France. Si la Pologne eût refusé ou seulement différé de promettre son concours à Léopold, l'Empire eût été réduit à implorer l'épée de la France, et le rêve de Louis XIV, l'élection du dauphin à la couronne *des Romains*, eût été bien près de se réaliser. L'ambassadeur français n'épargna rien pour rassurer Sobieski sur les projets et sur la puissance réelle des Turcs, et pour lui prouver que la Pologne n'avait rien à perdre à la ruine de la maison d'Autriche. La haine des infidèles, l'esprit religieux et chevaleresque, l'emportèrent. Le 31 mars 1683, un traité d'alliance fut signé à Varsovie entre l'empereur et le roi de Pologne : Sobieski promit contre les Othomans un contingent de 40,000 hommes.

Louis XIV, à ce qu'il semble, espéra encore que ce traité ne serait pas mis à exécution et que l'Empire serait obligé de recourir à la France. De grands mouvements de troupes eurent lieu sur la frontière française. A la fin de mai 1683, la cour partit de Versailles pour les provinces de l'est : Louis passa le mois de juin à inspecter les garnisons de l'est et les quatre camps établis à Bellegarde en Bourgogne, à Molsheim, à Bouquenon et à Sarre-Louis. L'Allemagne regardait avec anxiété cet armement, ne sachant trop si elle n'allait pas être prise entre les Turcs et les Français. Telle n'était pas l'intention de Louis XIV : il voulait bien exciter indirectement les Turcs, mais non pas compromettre la couronne très-chrétienne par une alliance publique avec le turban. Il fit au contraire à l'empereur des offres de secours. Plus fier ou plus aigri qu'en 1664, Léopold refusa [1]. Louis retourna de

---

1. *Mém. militaires* de Feuquières, t. I, p. 97. — *Mém.* de St-H... (Saint-Hilaire), t. I, p. 335.

Lorraine à Versailles dans le courant de juillet, mais il laissa ses troupes rassemblées et prêtes à marcher.

Pendant ce temps les Turcs étaient devant Vienne.

Au commencement de juin, le duc Charles de Lorraine, généralissime de l'empereur, avait essayé de prendre l'offensive par une diversion contre la Haute-Hongrie; mais la marche des Turcs à travers la Basse-Hongrie l'avait bien vite rappelé au sud du Danube. Le passage du Raab, victorieusement défendu en 1664, fut forcé cette fois et le duc Charles n'eut que le temps d'opérer sa retraite sur Vienne, pour ne pas être englouti par la masse énorme des assaillants. On prétend que le grand-vizir comptait sous ses ordres près de deux cent mille combattants, outre la multitude de gens inutiles que les armées asiatiques traînent à leur suite. Des nuées de Tatares, de Serbes, de Transylvains, de Valaques, avaient grossi l'armée othomane, sans compter les Magyars de Tekeli, qui opéraient sur l'autre rive du Danube. Il semblait qu'on fût revenu au temps des invasions barbares. A la première nouvelle de l'approche des Turcs, l'empereur s'enfuit avec toute sa famille, parmi les imprécations et les cris de désespoir du peuple. Il ne s'arrêta qu'à Passau. La moitié de la population de Vienne suivit l'exemple de Léopold. Le brave duc de Lorraine accourut rassurer la capitale abandonnée de son souverain, qui n'avait rien prévu, rien préparé pour la défense. Le duc Charles renforça la garnison, enrôla les bourgeois et les étudiants, fit brûler les beaux et vastes faubourgs, retrancha du mieux qu'il put les dehors de la ville, puis mit le Danube entre sa petite armée et les Turcs, qui, le 14 juillet, plantèrent leurs tentes sous les murs de Vienne.

La petite armée impériale ne put que repousser Tekeli et empêcher l'ennemi de s'étendre sur la rive septentrionale du Danube; elle était hors d'état de troubler les opérations du siège. Les secours allemands tardaient; la Pologne n'avait encore envoyé que quelques troupes légères; l'ombrageux Léopold n'avait voulu appeler Sobieski qu'à la dernière extrémité. On y touchait, à cette extrémité, et l'empereur tendit des mains suppliantes vers le roi de Pologne. Sobieski, blessé des procédés de Léopold, avait paru très-refroidi; à l'appel désespéré qui lui fut adressé, la générosité polonaise l'emporta. « Si Varsovie, Cracovie et Vienne étaient « assiégées à la fois, » s'écria-t-il, « je quitterais les deux pre- « mières pour courir à la troisième¹ ! » Il partit à la tête de quinze mille lances.

Si les Turcs eussent été commandés par un Soliman le Grand ou même par un Kiouprougli, le secours fût arrivé trop tard; tout le courage des Viennois et de leur garnison n'eût jamais pu prolonger la résistance durant près de deux mois; mais Kara-Mustapha, plein d'orgueil et d'ineptie, abimé dans le luxe et les voluptés, ressemblait davantage aux Xerxès et aux Darius qu'aux redoutables conquérants osmanlis dont il prétendait suivre la trace. Il se croyait si sûr de sa conquête, qu'il ménageait la ville et ne voulait pas la prendre d'assaut, de peur d'être obligé de livrer à ses soldats les trésors qu'il s'imaginait trouver dans le palais impérial. Les défenseurs de Vienne étaient épuisés, leurs fortifications à demi ruinées; mais le mécontentement, le désordre régnaient dans le camp des assiégeants, qui ne se sentaient pas dirigés. Le 12 septembre, l'armée germano-polonaise descendit enfin des hauteurs de Kalenberg, qui commandent Vienne au nord-ouest et dont le grand-vizir n'avait pas même songé à occuper les défilés. Soixante-dix mille combattants, que conduisaient Sobieski, Charles de Lorraine, les électeurs de Bavière et de Saxe et une foule de princes allemands, marchèrent droit au camp des Turcs. Les Othomans étaient encore plus que doubles en nombre de leurs adversaires; mais le grand-vizir ne sut pas mieux se défendre qu'il n'avait su attaquer. Après avoir vu ses avants-postes emportés, il battit en retraite sur le soir avec tant de précipitation, qu'il oublia dans sa tente l'étendard du prophète. Sobieski envoya au pape cette oriflamme des infidèles. La nuit et la lassitude des vainqueurs sauvèrent l'armée fugitive; mais toutes les richesses accumulées dans ce camp de barbares fastueux restèrent entre les mains des libérateurs de Vienne, avec une immense artillerie et des provisions innombrables².

---

1. *La Cour de France turbanisée*. Cologne, 1686, p. 83. C'est un pamphlet impérialiste assez curieux. — L'anecdote malveillante racontée par Choisi sur le départ de Sobieski est évidemment fausse et ridicule. *Mém.* de Choisi, p. 666.
2. Les chaines qui liaient le pont de bateaux jeté par les Turcs sur le Danube sont

Le peuple de Vienne reçut Sobieski comme le Messie, ou comme notre Orléans avait autrefois reçu Jeanne Darc. Quant à l'empereur, portant avec l'impatience des petites âmes le fardeau de la reconnaissance, il n'eut d'autre souci que le maintien de l'étiquette impériale dans son entrevue obligée avec Sobieski. On débattit dans son conseil la question de savoir comment un empereur devait recevoir un roi électif. « A bras ouverts, s'il a sauvé l'em« pire! » s'écria le généreux duc de Lorraine. Le duc Charles ne fut pas même compris. Léopold et Sobieski ne se virent qu'à cheval et en rase campagne. Léopold ne trouva pas un mot, pas un geste pour remercier l'homme auquel il devait son empire. L'impression de son étrange accueil fut telle sur les Polonais, qu'ils regrettèrent d'avoir « sauvé cette orgueilleuse race : ils « auraient voulu qu'elle eût péri pour ne plus se relever. » Ils semblèrent pressentir ce que leur patrie devait attendre un jour de la reconnaissance autrichienne[1].

Leur mécontentement ne diminua pourtant pas leur vaillance ; ils ne retournèrent chez eux qu'après avoir aidé les Allemands à poursuivre les Turcs en Hongrie et à tailler en pièces une partie de l'armée othomane auprès de Strigonie (ou Gran), dans une bataille beaucoup plus sanglante que n'avait été celle de Vienne : Strigonie, métropole ecclésiastique de la Hongrie, qui était au pouvoir des Infidèles depuis trois quarts de siècle, retomba dans les mains des chrétiens (8 octobre 1683) ; beaucoup de places, des deux côtés du Danube, se soumirent à l'empereur.

A peine la campagne fut-elle terminée sur le Danube, que l'attention de l'Europe fut rappelée sur un autre théâtre, et que les Français rentrèrent en lice à leur tour.

Louis XIV, au printemps de 1682, avait suspendu la revendication à main armée de ses prétentions contre l'Espagne, pour ne pas diviser, disait-il, les forces de la chrétienté menacée. Il ne soutint pas cette générosité jusqu'au bout. L'Espagne s'opiniâtrait

---

au Musée d'artillerie de Paris, où Napoléon les a fait transporter après la prise de Vienne en 1805.

1. *V. Lettres* de J. Sobieski, publiées par M. de Salvandi ; Paris, 1826. — *Mém.* de Choisi, p. 642, pour les détails de l'ingratitude des Autrichiens. — *Mém. de M. de* ***, ap. Collect. Michaud, 3ᵉ sér., t. VII, p. 633. — *Histoire de J. Sobieski*, par M. de Salvandi. — Coxe, *Histoire de la maison d'Autriche*, t. IV, c. LXVI.

à ne rien céder dans les Pays-Bas en sus du comté de Chini : la médiation anglaise n'aboutissait pas plus que les négociations avec l'empereur et l'Empire, transférées de Francfort à Ratisbonne. Le délai fixé par Louis à l'Espagne étant expiré à la fin d'août 1683, Louis, qui venait de lever 40,000 hommes, procéda, selon sa coutume, par voie d'exécution militaire, sans entendre pour cela rompre la paix. Les troupes françaises entrèrent en Flandre et en Brabant et mirent le plat pays à contribution. Le cabinet de Madrid lança une déclaration de guerre, qu'il était hors d'état de soutenir (28 octobre). Le maréchal d'Humières marcha sur Courtrai : la ville, assiégée le 2 novembre, se rendit le 4 ; la citadelle capitula le 6. De là, le maréchal se porta sur Dixmuyde, qui ouvrit ses portes sans résistance (10 novembre). Ces deux places formaient l'équivalent demandé par Louis pour Luxembourg, qu'il prétendait lui appartenir. Après cette prise de possession, l'armée s'arrêta et le roi assigna aux Espagnols un nouveau délai jusqu'à la fin de janvier. Passé ce terme, il ne s'obligeait plus à maintenir les conditions offertes. Le gouverneur des Pays-Bas répondit par un violent manifeste contre la France. L'armée française contraignit toute la campagne, par la terreur de l'incendie, à payer des contributions jusqu'aux portes de Bruxelles. Les Espagnols tâchèrent d'user de représailles[1] : la garnison de Luxembourg fit des courses sur le territoire français; le maréchal de Créqui écrasa de bombes la ville de Luxembourg, sans l'assiéger (19 décembre), cruel genre de guerre qui vengeait sur des populations inoffensives des actes auxquels elles étaient étrangères, et que Louvois devait appliquer avec une violence toujours croissante. Le Grand Électeur, Frédéric de Brandebourg, en avait le premier donné l'exemple dans sa guerre contre la Suède.

L'Espagne poussa en vain des cris de détresse vers tous ses alliés. L'empereur et la Suède n'étaient pas en mesure d'intervenir. Le roi d'Angleterre avait fait mine de rompre les engagements secrets qui le compromettaient vis-à-vis de son peuple ; mais Louis XIV lui avait aisément fermé la bouche en lui promettant

---

1. Le roi avait donné ordre de brûler « cinquante villages de la domination espagnole », pour un village français que l'ennemi aurait brûlé. *OEuvres* de Louis XIV, t. IV, p. 269. — Sur les affaires des Pays-Bas, *V. Mém.* du comte d'Avaux, t. I-II-III.

un million de plus. Charles II donna aux Espagnols le conseil de céder. Quant à la Hollande, le prince d'Orange, sans consulter les États-Généraux, avait envoyé au gouverneur de Belgique 14,000 soldats, au lieu de 8,000 que les Provinces-Unies, par le traité de garantie, étaient obligées de fournir aux Espagnols en cas d'invasion ; mais il ne put obtenir une levée de 16,000 hommes qu'il réclamait pour soutenir ce premier secours. Les commerçants, et surtout la bourgeoisie d'Amsterdam, s'opposèrent énergiquement à la guerre, et les troupes hollandaises eurent ordre de ne pas sortir des places espagnoles et de ne pas entrer en campagne contre les Français. Pendant que les Hollandais disputaient, Louis XIV agit. Janvier et février 1684 s'étant écoulés sans que l'Espagne cédât, le maréchal d'Humières traita Oudenarde comme Créqui avait traité Luxembourg : il fit pleuvoir sur Oudenarde, pendant trois jours, une grêle de bombes et de boulets rouges (23-25 mars). Un mois après, les troupes françaises se mirent de toutes parts en mouvement. Le roi en personne vint prendre le commandement de près de 40,000 hommes réunis dans le Hainaut. Une seconde armée de 32,000 combattants s'était formée sur la Meuse et la Moselle : le maréchal de Créqui la mena investir Luxembourg (28 avril). Le roi, en menaçant Mons et Bruxelles, empêcha l'ennemi de rien tenter pour secourir Luxembourg. Le siége fut conduit par Vauban. Malgré la force naturelle de la place, protégée par la petite rivière d'Alsitz et par de nombreux ouvrages taillés dans le roc, le gouverneur demanda à capituler après trois semaines de batterie. L'artillerie de Vauban avait déjà ouvert de larges brèches dans ces bastions de rochers, et la garnison, qui s'était trouvée trop peu nombreuse pour disputer sérieusement les dehors, n'était pas en état d'attendre l'assaut. Luxembourg se rendit le 4 juin. Vauban se mit aussitôt à l'œuvre pour en faire une place rivale de Metz et de Strasbourg, une puissante gardienne de la frontière française entre Meuse et Moselle, formant ligne avec Sedan, Sarrelouis et Landau.

Trèves se trouvait désormais serrée entre Luxembourg, Thionville et Sarrelouis, d'un côté, et, de l'autre, le poste avancé de Mont-Royal, qui séparait Trèves de Coblentz. Ce n'était point assez: l'électeur de Trèves avait fortifié sa capitale depuis la paix ; Créqui marcha sur la ville et obligea l'électeur à raser ses ouvrages extérieurs et à combler ses fossés (20 juin). Si Trèves n'eût été le siége d'un des huit électeurs et si Louis XIV n'eût hésité à porter un coup si violent au Saint-Empire Romain, il eût réuni cette fameuse cité à sa couronne, comme ayant relevé de Metz au temps du royaume d'Austrasie, ou comme ayant été la métropole romaine des Gaules.

Malgré les efforts désespérés du prince d'Orange, les Hollandais avaient été contenus par la diplomatie française, fort habilement conduite sur ce point. En ouvrant le siége de Luxembourg, Louis XIV avait prévenu les États-Généraux qu'il se contenterait de cette place, qui ne compromettait en rien leur *barrière,* en y joignant seulement Beaumont en Hainaut, Bouvignes et Chimai, déjà occupés par ses troupes ; qu'il rendrait Dixmuyde et Courtrai démantelés ; qu'il consentirait, pour l'Espagne comme pour l'empereur et l'Empire, à une trêve de vingt ans, si la paix était trop difficile à régler. La prise de Luxembourg ne changea rien à ces conditions et, le 17 juin, les États-Généraux s'engagèrent à proposer à l'Espagne, à l'empereur et à l'Empire un projet d'accommodement sur les bases offertes par le roi de France ; ils promirent d'abandonner l'Espagne si elle n'y accédait pas.

Le 29 juin, Louis XIV signa, avec les Provinces-Unies, un traité par lequel il s'obligeait à cesser les hostilités dans les Pays-Bas, en se réservant de porter ses armes dans les autres états du Roi Catholique. C'était, de la part de Louis, une sorte de modération relative; car il eût pu, selon toute apparence, enlever la Belgique en une campagne, sauf à la défendre après contre la Hollande et l'Angleterre soulevées. La politique de Louis XIV en Belgique, tout agressive qu'elle fût, n'était pas dépourvue de prudence et eût pu même aller plus loin sans que la France eût lieu de s'en plaindre. Ce qui était excessif, ce n'était pas le but, c'étaient les moyens, dont la dureté irritait les populations contre la France.

Le démantellement de Trèves, aussi offensant pour le Saint-Empire Romain qu'utile à la frontière française, dénotait moins de ménagements envers l'Allemagne que Louis n'en montrait envers la Hollande. Une autre intervention des Français sur le territoire de l'Empire fut beaucoup plus blâmable au point de vue de la justice et de l'humanité. Depuis que Louis XIV avait fait démolir la citadelle de Liége, instrument de tyrannie pour les princes-évêques contre la ville, les Liégeois s'étaient remis en possession de toutes leurs anciennes libertés et se gouvernaient à peu près en république. L'électeur de Cologne, évêque de Liége, voulut les remettre sous le joug : ils résistèrent. L'électeur, depuis que la paix de Nimègue lui avait rendu son ministre Fürstemberg, sorti des prisons d'Autriche, avait renoué ses liens avec Louis XIV. Il invoqua le secours du Grand Roi. Une partie de l'armée qui avait pris Luxembourg fut détachée sur Liége pour y réinstaller les officiers du prince-évêque (juillet-août). La ville n'était pas en état de se défendre. Les deux bourgmestres ou consuls furent pendus comme rebelles; les libertés liégeoises furent abolies par le prince-évêque, qui vendit à une corporation oligarchique de 600 citoyens le droit exclusif de partager avec lui la nomination des bourgmestres et des conseillers municipaux. La brave population liégeoise, si sympathique à la France, n'avait pas été accoutumée à voir le gouvernement français complice de ses oppresseurs : elle en garda un long et amer ressentiment [1].

La guerre, sur ces entrefaites, suspendue en Belgique depuis le mois de juin, continuait sur d'autres points entre la France et l'Espagne. Le maréchal de Bellefonds était entré en Catalogne au commencement de mai, avait battu les Espagnols au passage du Ter, attaqué Girone sans succès, puis, avec le concours de la flotte, pris quelques petites places maritimes. Ces avantages étaient de peu d'importance; mais, pendant ce temps, des auxiliaires qui ne coûtaient rien à Louis XIV portaient des coups bien plus terribles à l'Espagne dans ses colonies d'Amérique. Les flibustiers de Saint-Domingue n'avaient pas cessé leurs courses depuis la paix de Nimègue; ils tenaient peu de compte des défenses du roi à cet égard, et le roi ne tenait pas beaucoup à ce que ses défenses fussent respectées. La paix rompue, ils redoublèrent de furie. Leurs descentes se succédaient comme des coups de foudre. Après avoir emporté et saccagé la Vera-Cruz et Campêche, ils passèrent dans la mer du Sud et ravagèrent quinze des riches cités de la côte péruvienne et

---

1. *Mém.* de d'Avaux, t. III. — Limiers, *Histoire de Louis XIV*, t. IV, p. 124. — Moniteur du 15 février 1791, édit. in-4°, t. VII, p. 377.

chilienne. Si ces hommes indomptables, qui rappelaient, au xvii° siècle, le farouche héroïsme des Normands du ix°, eussent été, comme ceux-ci, capables de devenir de pirates conquérants, ils eussent renversé l'empire colonial de l'Espagne presque aussi aisément que les Espagnols avaient autrefois renversé les empires du Mexique et du Pérou. Plus sauvages que les anciens pirates scandinaves, la fureur des aventures, la passion de la vie errante, les empêchèrent de prendre pied en aucun lieu; mais ils firent expier cruellement les crimes des conquérants de l'Amérique à leurs descendants amollis. Les Hispano-Américains fuyaient devant eux comme des troupeaux devant le lion. Les Espagnols d'Europe, au moins, gardaient l'honneur intact dans leur décadence : ils restaient toujours braves !

L'Espagne n'avait de secours à attendre de personne. Également irritée contre les Hollandais et contre le roi d'Angleterre, elle avait remis la négociation entre les mains de l'empereur; elle n'y gagna rien. Quoique le pape eût entraîné Venise à s'unir à l'empereur et à la Pologne contre la Porte othomane, Léopold avait besoin de toutes ses ressources pour la guerre de Hongrie, les Turcs faisant des efforts désespérés pour venger leur déroute de Vienne. Les troupes françaises commençaient à se diriger sur le Rhin. Louis XIV voulait à tout prix une solution de ses différends avec l'Allemagne. Léopold céda pour l'Allemagne et pour lui. Le 15 août, une double trêve de vingt ans fut signée à Ratisbonne, la première entre l'empereur, l'Empire et le roi de France, la seconde entre la France et l'Espagne. Louis XIV, pendant ces vingt ans, devait rester en possession de Strasbourg et de ses dépendances, ainsi que de tout ce que les chambres de réunion avaient adjugé à sa couronne avant le 1ᵉʳ août 1681. En 1681, il avait offert, pour garder Strasbourg, de rendre tout le reste des réunions, et même Freybourg. Les délais de ses adversaires avaient donc été pour lui d'un immense profit. Quant à l'Espagne, les conditions étaient celles signifiées par Louis à l'ouverture du siège de Luxembourg[1].

De la paix de Nimègue à la trêve de Ratisbonne, la France avait

---

1. Dumont, 2ᵉ part., t. VII, p. 81.

donc gagné, au moins comme possession de fait et à titre provisoire, deux places fortes de premier ordre et toute une province, le duché de Luxembourg. Deux autres provinces, l'électorat de Trèves et le Palatinat cisrhénan, étaient presque complétement sous la main de Louis XIV, grâce aux positions militaires que les arrêts des chambres de réunion avaient acquises à la France entre le Rhin, la Sarre et la Moselle. L'alliance de l'électeur de Cologne étendait l'influence dominatrice de Louis XIV sur le reste de la rive gauche du Rhin. La France s'était rapidement rapprochée du but désigné par Richelieu, « restituer à la Gaule les limites fixées par la nature. »

La trêve de Ratisbonne marque le point culminant où soient parvenus ensemble la France monarchique et l'homme qui la personnifiait. La France acceptait encore pleinement cette personnification, et le prestige de Louis le Grand n'avait rien perdu de son éclat. Tout prospérait à ce favori de la fortune. Tandis que sa grandeur personnelle s'épanouissait triomphalement, sa dynastie s'affermissait par la naissance de deux petits-fils, les ducs de Bourgogne et d'Anjou (6 août 1682—19 décembre 1683). L'aîné lui promettait un héritier, un continuateur ; pour le second, il rêva peut-être, dès le premier jour, le royal avenir que l'état incertain de la succession espagnole permettait d'entrevoir et de préparer. L'ivresse publique, qui s'était manifestée à la naissance de l'aîné de ces enfants, avait attesté à quel point la France croyait sa destinée liée à celle de Louis XIV[1].

L'Europe éprouvait des sentiments bien différents pour ce monarque qu'elle avait tant admiré, qu'elle admirait encore, mais qu'elle craignait et qu'elle haïssait. Elle ne supportait qu'en frémissant cette orgueilleuse domination qui faisait tout plier, qui s'imposait partout, mais par la force matérielle et non plus par l'ascendant moral. Au moment même où l'Espagne et l'Empire courbaient la tête en signant la trêve de Ratisbonne, une catastrophe toute récente, le bombardement de Gênes, excitait au plus haut point l'irritation générale.

---

1. Les mémoires de Sourches, de Choisi, le *Mercure galant*, etc., donnent de curieux détails sur la joie causée par la naissance du duc de Bourgogne ; — Versailles ouvert au public ; le Grand Roi se laissant embrasser par tout le monde, etc.

Le gouvernement français avait toujours vu avec beaucoup de déplaisir l'intimité qui subsistait entre l'Espagne et Gênes depuis le temps de Charles-Quint et d'André Doria. L'Espagne avait toujours ménagé avec soin les Génois, qui étaient à la fois ses banquiers et ses auxiliaires maritimes, bien déchus, il est vrai, de leur puissance navale. Les Génois, de leur côté, avaient intérêt à entretenir de bonnes relations avec les possesseurs de Milan, de la Sardaigne et des Deux-Siciles. Louis XIV avait voulu rompre cette alliance et faire accepter aux Génois son protectorat au lieu de celui du Roi Catholique. Gênes s'y était refusée et avait resserré ses liens avec l'Espagne[1]. Il en était résulté de l'aigreur, et bientôt avaient surgi de ces griefs que les forts ne manquent jamais de trouver à point nommé contre les faibles. Gênes venait de construire quatre galères pour les joindre, disait-on, à l'escadrille qu'elle entretenait, en vertu des traités, au service de l'Espagne. Louis avait *défendu* à la *Seigneurie* de mettre ces galères à la mer : la Seigneurie avait *désobéi*. Les Génois avaient vendu des munitions aux Algériens en guerre avec la France. Ils avaient fait venir du Milanais des soldats espagnols. Ils refusaient de laisser passer par Savone les sels de France à destination du Montferrat et de Mantoue ; ils refusaient de faire droit aux réclamations du comte de Fiesque, protégé du roi et arrière-neveu du fameux conspirateur Fiesque de Lavagna, dont les biens avaient été jadis confisqués et la famille proscrite par la Seigneurie de Gênes. Enfin, ils avaient tenu des propos irrespectueux pour la *gloire* du roi.

Les Génois avaient pu être imprudents en laissant transpirer des dispositions peu bienveillantes envers la France ; mais, pour trouver dans de pareils griefs un cas de guerre, il fallait admettre que Louis XIV eût le droit de traiter Gênes en vassale rebelle, parce qu'elle avait autrefois reconnu la suzeraineté de Charles VI

1. La marine espagnole disposait presque du port de Gênes, comme s'il lui eût appartenu. Sur ces entrefaites, les galères d'Espagne, au nombre de trente-cinq, s'y trouvaient à l'ancre, quand on les avertit qu'un vaisseau de guerre français était retenu par le calme auprès de l'île d'Elbe. Toutes les galères sortirent pour l'enlever. Ce vaisseau, appelé *le Bon*, capitaine Relingue, se défendit d'abord cinq heures contre douze galères, puis presque tout le reste du jour contre toutes les galères réunies. Le vent se leva enfin et *le Bon* gagna Livourne sain et sauf. C'est un des plus beaux faits de nos annales maritimes. — *V.* L. Guérin, *Histoire maritime de France*, t. I, p. 534.

et de Louis XII. Louis ne le dit pas, mais il agit comme s'il l'eût dit. Il fit mettre à la Bastille l'envoyé de Gênes, comme il eût fait d'un sujet factieux. Ce procédé à la turque donna beau jeu aux pamphlétaires hollandais et allemands de crier contre le *grand Turc des François* et la *France turbanisée*, qui prenaient les manières de leurs bons amis les mécréants.

Louis, malheureusement ne s'en tint pas à cette petite vengeance. Après le droit des gens, il allait fouler aux pieds la civilisation et l'humanité. Cette fois, un autre que Louvois fut le tentateur. Le fils de Colbert, le ministre de la marine, pris d'une émulation de violence avec Louvois, voulut faire sur mer ce que son rival faisait sur terre, pressa le roi de « foudroyer la superbe Gênes » et alla s'embarquer sur la flotte commandée par Duquesne, afin de recueillir en personne une gloire dont son père n'aurait pas voulu. On assure que Duquesne la lui laissa tout entière et que ce grand marin, blessé de voir le jeune ministre lui enlever la conduite des opérations, s'enferma dans sa cabine et ne donna aucun ordre. Ce qui est certain, c'est que Duquesne ne servit plus depuis. La flotte appareilla des îles d'Hières le 12 mai 1684 et arriva devant Gênes le 19. Dix galiotes à bombes, armées chacune de deux mortiers, se mirent en ligne, à une portée de canon des murailles, depuis la tour du fanal jusqu'au faubourg de Bisagno. Elles étaient soutenues par quatorze vaisseaux de guerre, vingt galères et deux brûlots. Le lendemain matin, le sénat envoya des députés à Seignelai, qui leur signifia l'ultimatum du roi. Il fallait livrer les quatre galères lancées malgré la défense de Sa Majesté, accorder le transit du sel par Savone et dépêcher au roi quatre sénateurs pour lui demander pardon ; sinon les Génois devaient s'attendre à la désolation de leur ville.

La fière cité ne put se résoudre à un tel abaissement. Seignelai ne reçut pas de réponse et, les galiotes s'étant avancées dans le port malgré l'invitation que le commandant des galères génoises leur fit de se retirer, les Génois ouvrirent le feu. Les terribles engins de destruction répondirent et ne cessèrent de vomir l'incendie et la mort pendant quatre jours ; du 18 au 22 mai, cinq mille bombes éclatèrent sur Gênes. Le palais du doge, le palais de la banque Saint-Georges, l'arsenal, le magasin général, une grande partie de la basse ville, s'écroulèrent dans les flammes. Le 22, Seignelai renouvela ses propositions. Les agents espagnols, secondés par l'exaspération populaire, empêchèrent le sénat de céder. Le 23, le bombardement recommença. Le 24, une descente fut opérée dans le faubourg de San-Pier d'Arena (Saint-Pierre de la Grève), qui s'étend à l'ouest de la ville, au delà du fanal. Après une vigoureuse résistance qui coûta la vie au chef d'escadre Léri, le faubourg fut emporté et réduit en cendres ; on fit sauter avec des barils de poudre les somptueux palais des nobles et des négociants génois, qui faisaient de ce faubourg un des plus beaux lieux de l'Europe. Du 25 au 27, on fit pleuvoir les bombes avec une telle furie, que, le 28 au matin, l'immense approvisionnement de la flotte se trouva épuisé. On avait lancé, depuis le 18, 13,300 de ces effroyables projectiles ! La plupart des palais qui avaient valu à Gênes le nom de la *ville de marbre*, étaient effondrés ; quoique Gênes ne fût pas une ville aussi artiste que Florence ou Venise, ce qui avait péri en objets d'art était inestimable. La basse ville, la Gênes du Moyen Age, était détruite presque en totalité ; la haute ville, la Gênes de la Renaissance, l'était en grande partie.

La flotte remit à la voile, du 28 au 29 mai. Tourville resta en croisière sur la côte de Ligurie avec quelques bâtiments, pour indiquer que le Grand Roi ne lâcherait sa victime que rendue à discrétion. Gênes n'y parut point d'abord disposée ; exaltée plutôt qu'abattue par le désespoir, elle conclut une ligue offensive et défensive avec l'Espagne et appela dans son port les galères espagnoles. Vain recours à un protecteur qui ne pouvait se protéger lui-même ! L'Espagne ne réussit même pas à faire comprendre les Génois dans la trêve de Ratisbonne ; menacée sur les côtes de Catalogne par la flotte qui avait fait l'exécution de Gênes, elle abandonna ses malheureux alliés. C'était la première fois qu'elle se résignait à une telle honte, car la fidélité aux alliances avait été généralement le côté honorable de sa politique. Les Génois invoquèrent la médiation du pape, qui s'interposa, quoique étant lui-même très-mal avec Louis XIV. Louis adoucit ses exigences matérielles : il cessa de réclamer les quatre galères, à condition qu'elles fussent désarmées et que Gênes renvoyât les troupes espagnoles et renonçât à toutes les ligues et associations contractées depuis le 1ᵉʳ janvier 1683. Il ne parla plus du transit du sel, se contenta de 100,000 écus pour son protégé Fiesque, et voulut bien ne pas imposer d'indemnité pour les pertes souffertes par les commerçants français qu'avait pillés le peuple de Gênes, moyennant que la république consacrât l'équivalent de cette indemnité à réparer les édifices religieux ruinés par les bombes ; mais il fit acheter ces concessions aux Génois par la plus grande humiliation que pût subir un état libre. Il exigea que le magistrat suprême, le doge de Gênes, en dépit des lois qui lui interdisaient de mettre le pied hors de la cité, vînt en personne, avec quatre sénateurs, « témoigner, au nom de la république de Gênes, l'extrême regret qu'elle a d'avoir déplu à Sa Majesté, avec les expressions les plus soumises et les plus respectueuses. »

La résistance était impossible : le traité fut signé à Versailles le 12 février 1685. Le 15 mai, dans ce même palais de Versailles, le chef de la seigneurie de Gênes, le doge Imperiale Lescaro, comparut devant le trône de Louis XIV et présenta les soumissions de sa république au monarque, « qui a surpassé en valeur, en grandeur et en magnanimité, tous les rois des siècles écoulés, et qui léguera sa puissance inébranlable à ses descendants. » C'était Seignelai qui avait dicté toute ces hyperboles et l'étiquette de l'audience. Louis, du reste, tâcha de faire oublier au doge et aux sénateurs, par son accueil bienveillant, ce que leur mission avait de plus pénible, et les traita beaucoup mieux que ne firent Louvois, Croissi et Seignelai. « Le roi, dit le doge Imperiale, ôte à nos « cœurs la liberté par la manière dont il nous reçoit ; mais ses « ministres nous la rendent. »

Quelle que fût l'impression personnelle des nobles voyageurs à l'égard du roi, l'effet moral de la guerre de Gênes fut déplorable. Cette stérile satisfaction d'orgueil, extorquée par des moyens si barbares, fit plus d'ennemis à la France que la conquête si utile et si nationale de Strasbourg et de Luxembourg [1].

L'expédition de Gênes fut suivie d'autres expéditions maritimes et d'autres bombardements plus justifiables contre les Babaresques. Les régences africaines étaient en proie à une anarchie

---

1. Quincy, *Histoire militaire de Louis XIV*, II, 86. — Dumont, t. VII, 2ᵉ part., 87. — L. Guérin, I, 153. — E. Sue, *Histoire de la marine française*, III, 444.

qui ne permettait d'avoir avec elles aucunes relations régulières : les traités étaient violés aussitôt que conclus. Les Tripolitains avaient déjà oublié la peur que Duquesne leur avait faite à Chio et recommencé à pirater aux dépens du commerce français. Le vice-amiral d'Estrées, que le roi avait nommé maréchal de France, fut chargé d'aller les châtier avec une escadre que Tourville commandait sous lui. Les terribles galiotes firent contre Tripoli leur effet ordinaire. Après trois jours de bombardement (22-24 juin 1685), les habitants implorèrent la paix et se soumirent à payer 500,000 livres de dédommagement pour leurs brigandages : ils relâchèrent leurs esclaves français ou pris sous le pavillon de France et reconnurent la prééminence du pavillon français sur tous les autres. Au retour de Tripoli, l'escadre se présenta devant Tunis, qui avait donné quelques sujets de plainte et qui se hâta de les réparer en renouvelant son pacte avec la France (30 août 1685). Tourville fut détaché vers Alger, qui fit également satisfaction de quelques infractions au traité de l'année précédente.

Avec les Barbaresques, c'était toujours à recommencer : Alger, si rudement châtié, était incorrigible. Sur de nouvelles déprédations, d'Estrées fut chargé, en 1688, de renouveler l'expédition de 1683 : Tourville, avec l'avant-garde de la flotte, rencontra, par le travers d'Alicante, le vice-amiral d'Espagne, Papachin ; les instructions du roi prescrivaient d'exiger le salut de toutes les marines étrangères, excepté de la marine anglaise, à laquelle on ne devait ni le demander ni l'accorder. Tourville réclama le salut de Papachin : l'Espagnol refusa. Papachin avait deux vaisseaux de 74 et 54 canons ; Tourville en avait un de 54, un de 38 et un plus petit : il attaqua sans hésiter et força les deux navires espagnols à amener leurs pavillons (2 juin 1688). Ce ne fut pas le seul fait d'armes de ce genre que suscita la question du pavillon. Tout en admirant la valeur de nos marins, on doit reconnaître que c'était là une imitation malheureuse des prétentions anglaises à la tyrannie des mers.

Trois semaines après, les galiotes à bombes reparurent dans la rade d'Alger. L'exécution fut encore plus effroyable que sous Duquesne ; on lança dix mille bombes en seize jours sur cette ville d'une étendue médiocre. Toutes les constructions qui avaient échappé à la destruction en 1683', ou qui avaient été relevées depuis, furent brûlées, écrasées, pulvérisées. Six vaisseaux furent coulés dans le port (juillet 1688). Il s'ensuivit un nouveau traité en septembre 1689, traité aussi mal assuré que tous les précédents. Une bonne descente, un sérieux essai de conquête, n'eût pas coûté plus que ces expéditions sans cesse réitérées ; mais on était engagé dans une autre direction et dans d'autres luttes ; aussi les ambassades barbaresques qui vinrent à diverses reprises porter au Grand Roi des paroles de paix et de soumission, furent-elles plus flatteuses pour son orgueil que fécondes en résultats [1].

De fréquentes députations de pays lointains, attirées par le renom du roi de France et par la multiplication des relations, se succédaient ainsi à la cour et faisaient pour ainsi dire, partie obligée des pompes de Versailles. Déjà, avant la guerre de Hollande, l'envoyé d'un chef de la côte de Guinée, du roi noir d'Ardra, avait été reçu avec autant d'apparat qu'eût pu l'être le représentant d'une grande puissance. Deux ambassades moscovites avaient paru devant Louis XIV en 1668 et 1681 [2]. En 1684, il vint, des extrémités de l'Orient, une autre députation qui excita la plus vive curiosité et flatta singulièrement le roi. Un aventurier nommé Constance Phaulkon, Grec de naissance, élevé parmi les Anglais, était devenu le ministre du roi de Siam, le prince le plus puissant de la presqu'île orientale des Indes. Constance chercha un appui entre les états maritimes de l'Europe, et pour lui et pour le royaume qu'il gouvernait. Le roi de Siam était en guerre avec tous les princes indiens, ses voisins, et inquiété par les Hollandais, qui possédaient Malacca et qui dominaient l'archipel de la Sonde ; le progrès des établissements français dans l'Hindoustan avait attiré ses regards : Constance le décida à solliciter l'amitié du roi de France. Des envoyés siamois, dès 1681, s'embarquèrent sur un vaisseau de la com-

---

1. Quinci, t. II, p. 118-147. — L. Guérin, t. I, p. 540. — E. Sue, t. III, p. 503. — Dumont, t. VII, 2ᵉ part., p. 105.

2. Louis XIV envoya, de son côté, un agent en Russie et détourna, dit-on, les deux jeunes tzars, Ivan et Pierre, de s'unir à l'empereur et à la Pologne contre les Turcs. — V. la *Cour de France turbanisée*, p. 168. — Il vint une troisième ambassade moscovite en 1685; V. les *Mém.* de Sourches, t. IV, p. 118.

pagnie d'Orient : ils périrent dans un naufrage. Une seconde députation arriva en France dans l'automne de 1684 ; elle n'était point adressée directement au roi, mais seulement aux ministres. Constance les priait d'engager leur maître à expédier une ambassade au sien et faisait entendre que le monarque indien pourrait être amené à embrasser la religion chrétienne. Là-dessus, le zèle convertisseur prit feu : les jésuites, qui, depuis quelque temps, étaient parvenus à s'introduire à la Chine en qualité de mathématiciens et d'astronomes, crurent voir un nouvel empire déjà soumis à leurs missionnaires. Six d'entre eux, destinés pour la Chine, se rendirent d'abord à Siam avec l'envoyé de Louis XIV. L'ambassadeur Chaumont reçut le plus brillant accueil du roi indien : la liberté du commerce et le libre enseignement du christianisme furent accordés, et Constance offrit de recevoir garnison française dans deux places admirablement situées pour le commerce ; c'étaient Bankok, près de l'embouchure du Meï-nam, le grand fleuve de Siam, et Merghi, sur le golfe du Bengale. Une nouvelle ambassade, plus solennelle, repartit pour la France avec M. de Chaumont et eut audience de Louis XIV le 1er septembre 1686. La physionomie, le costume, le cérémonial des *opras* (mandarins) siamois alimentèrent longtemps les conversations de la cour et de la ville. Louis XIV expédia à Siam six vaisseaux portant deux agents politiques, quatorze jésuites et un corps de troupes. Bankok et Merghi furent fidèlement remis aux Français (septembre-octobre 1687).

Le début était brillant : la suite y répondit mal. Le roi de Siam, grand protecteur des étrangers, mais très-impopulaire parmi ses sujets, fut pris d'une maladie mortelle. Le prosélytisme envahissant des jésuites et la faveur accordée aux Français avaient excité une vive irritation parmi les populations siamoises, qui professaient le bouddhisme, la grande religion de l'Asie centrale et orientale. Un des *opras*, ou grands du royaume, se mit à la tête d'une conspiration, secondée par les prêtres bouddhistes (talapoins); le chef même de l'ambassade revenue de France fut un des principaux agents du complot : le favori Constance fut massacré près du lit de mort du roi ; le chef des conjurés s'empara du trône, et les petites garnisons françaises de Bankok et de Merghi, perdues au milieu d'un peuple entier soulevé, furent réduites à capituler et à se rembarquer (novembre 1688). La propagande religieuse fit ainsi crouler un établissement qui eût pu réussir, s'il eût été seulement politique et commercial, comme ceux des Hollandais et des Anglais [1].

Ce dénoûment était bien éloigné des espérances conçues quatre ans auparavant, à l'arrivée des premiers envoyés siamois. A cette époque, c'est-à-dire pendant les premiers mois qui suivirent la trêve de Ratisbonne, la politique de Louis le Grand ne prévoyait d'échec sur aucun point de l'horizon. Sauf le rêve de l'Empire, qui reculait à mesure que Louis s'efforçait de le fixer, les projets du roi étaient en voie de succès, et tous ses ennemis paraissaient hors d'état de lui nuire. L'autorité du prince d'Orange semblait très-affaiblie dans les Provinces-Unies, et la campagne de 1684 avait été malheureuse en Hongrie pour les armes austro-germaniques, malgré les diversions opérées par les Polonais en Valachie et par les Vénitiens en Grèce. Les Turcs avaient forcé le duc de Lorraine et l'électeur de Bavière à lever le siége de Bude avec une très-grande perte (novembre 1684). En Angleterre, sauf quelques oscillations, tout allait selon les vues de Louis XIV. Charles II, depuis qu'il avait dissous son parlement en 1681, avait vogué à pleines voiles vers le pouvoir absolu, aidé par les écus de la France et par la réaction royaliste qui s'était produite dans les hautes classes de la société anglaise. Le duc d'York, naguère en butte à tant d'orages, avait été rappelé sans obstacle d'Écosse à Londres par son frère (juin 1682), après que le parlement écossais eut déclaré l'ordre de succession inviolable sous peine de haute trahison. Le fils naturel du roi, le duc de Monmouth, le chef le plus ardent du parti opposé au duc d'York, fut emprisonné, et de violentes persécutions furent dirigées contre les principaux des whigs, qui avaient projeté quelques mouvements en Angleterre et en Écosse. De même qu'ils avaient naguère accusé les catholiques d'avoir voulu assassiner le roi pour élever au trône le duc d'York, on les accusa d'avoir trempé dans un complot tramé par quelques fana-

---

1. *Mém.* de Choisi, p. 610 (Choisi fit partie de l'ambassade de Chaumont). — *Relation* du chevalier de Chaumont, ap. *Archives curieuses*, 2ᵉ série, t. V. — Flassan, t. IV, p. 73. — La Martinière, t. IV, p. 363. — Larrei, t. II, p. 76.

tiques pour tuer le roi et son frère au profit du prince d'Orange, de Monmouth ou de la république. Shaftesbury prit la fuite, et alla mourir à l'étranger ; le comte d'Essex se tua dans la prison ; lord Russell fut condamné à mort : il eût probablement obtenu sa grâce s'il eût consenti à reconnaître que la résistance armée contre l'arbitraire n'est jamais permise ; il refusa et mourut martyr du droit de résistance. Après lui monta sur l'échafaud Algernon Sidney, qui, poursuivant un idéal plus élevé, mais moins accessible que ne faisaient les autres chefs de l'opposition, n'avait jamais cessé d'aspirer au rétablissement de la république, quand ses amis ne visaient qu'à un changement de dynastie (juillet-décembre 1683). Il finit stoïquement, en se faisant gloire de mourir pour la *bonne vieille cause*. Le fils du roi, Monmouth, acheta son pardon par de honteuses révélations sur les projets auxquels il avait participé et par d'humbles soumissions envers son père et son oncle. Il se retira en Hollande. Le jour même du supplice de lord Russell, l'université d'Oxford lança l'anathème sur la doctrine qui veut que l'autorité civile procède originairement du peuple et que la violation du contrat social par le prince délie le peuple du devoir de l'obéissance. L'obéissance passive était partout enseignée par le clergé anglican, et les tribunaux punissaient toute allégation contraire comme un crime de haute trahison. Les vieilles libertés du moyen âge étaient de toutes parts battues en brèche. Les franchises de la cité de Londres et de beaucoup d'autres corporations furent supprimées, moins, à la vérité, pour les abroger définitivement, que pour les rétablir sous une autre forme au profit des tories en excluant les whigs. Le duc d'York rentra au conseil du roi (juin 1684) : en même temps, les persécutions contre le papisme se ralentirent : les condamnations capitales prononcées contre les prêtres catholiques furent commuées ; les lords catholiques, détenus depuis cinq ans, furent relâchés, et Titus Oates, le dénonciateur du fameux complot papiste, fut mis au pilori comme calomniateur. Charles II, il est vrai, afin de rassurer l'anglicanisme, obligea le duc d'York à marier sa seconde fille, la princesse Anne, protestante comme son aînée, à un prince protestant, au frère du roi de Danemark.

Sur la fin de 1684, le mobile Charles II laissa entrevoir quelques symptômes d'un nouveau revirement : le zèle emporté de son frère fatiguait son insouciance, et Louis XIV avait cessé de payer sa pension depuis la trêve de Ratisbonne. Il promit secrètement à Monmouth de le rappeler et de congédier derechef York ; il eut, dit-on, quelques velléités de convoquer un parlement. Quoi qu'il en fût, le temps lui manqua pour revenir sur ses pas. Il fut pris d'une attaque d'apoplexie le 12 février 1685, éluda l'offre des sacrements que lui fit un évêque anglican et les reçut en secret d'un prêtre catholique mandé par le duc d'York. Il mourut en catholique tiède, après avoir vécu en épicurien (16 février).

Le duc d'York, devenu le roi Jacques II, occupa, sans la moindre opposition, ce trône d'où un parti puissant avait prétendu l'exclure. Il exerça aussitôt son culte avec éclat dans sa chapelle royale et ouvrit les prisons aux catholiques et aux dissidents qu'on y avait entassés pour refus de serment ; mais, par compensation, il protesta qu'il maintiendrait le gouvernement légal de l'Église et de l'État, et convoqua des parlements en Angleterre et en Écosse. L'opinion publique lui en sut gré, quoiqu'il eût débuté en même temps par la prorogation arbitraire des impôts éteints avec Charles II. Le parlement d'Écosse donna l'exemple du royalisme au parlement d'Angleterre. Il rejeta avec *horreur* les maximes contraires à l'autorité *sacrée et absolue* du monarque, et lui accorda l'impôt pour toute la durée de son règne. Le parlement anglais octroya également l'impôt viager. Sur ces entrefaites, une double attaque fut tentée du dehors contre le nouveau roi. Le duc de Monmouth et le comte d'Argyle, à la tête de quelques centaines de whigs, de dissidents et de républicains réfugiés en Hollande, descendirent, l'un en Angleterre, l'autre en Écosse (mai-juin 1685). Les autorités municipales d'Amsterdam avaient fermé les yeux sur les préparatifs des réfugiés, et Monmouth, qui prétendait avoir des droits à la couronne d'Angleterre, Charles II ayant, disait-il, épousé secrètement sa mère, avait promis aux républicains anglais de ne pas s'arroger le titre de roi s'il réussissait, mais d'attendre la décision du parlement. Monmouth, débarqué le 21 juin sur la côte de Dorset, lança une proclamation contre « l'usurpateur Jacques d'York », qu'il accusait de toutes sortes de crimes, entre autres d'avoir empoisonné Charles II ; il ramassa quelques milliers d'hommes dans les comtés du sud-ouest, prit le titre de roi malgré ses engagements, perdit la bataille de Sedgemoor le 15 juillet, fut arrêté dans sa fuite et décapité le 24. Son allié Argyle avait eu le même sort trois semaines auparavant. Les parlements d'Angleterre et d'Écosse avaient soutenu le roi par des subsides extraordinaires et des mesures énergiques. Les capitaines et les magistrats de Jacques II châtièrent les fauteurs réels ou supposés de la rébellion avec une barbarie qui a voué à une affreuse célébrité les noms des Kirke et des Jeffreys. Des femmes qui étaient l'objet du respect de tous furent brûlées vives pour avoir donné asile à des proscrits. Les misérables agents de Jacques II n'avaient pas même l'excuse du fanatisme et joignaient à leur férocité la cupidité la plus basse. Le grand-juge Jeffreys est resté dans l'histoire l'idéal du mauvais juge. Son maître, digne de lui, le fit lord-chancelier en récompense d'actes qui méritaient mille morts.

Il semblait que Jacques II, menacé par ses proches, dévoué aux projets les plus périlleux, dût s'appuyer sans réserve sur le roi de France. Il n'en fut pas ainsi, et Louis XIV, qui s'était hâté, à l'avènement de Jacques, de lui envoyer 500,000 livres pour aider à ses premiers besoins, puis quelque autre somme destinée à corrompre les députés, ne voulut pas lui promettre le rétablissement de la pension qu'avait eue son frère, sans être assuré de ses bonnes intentions. Il avait été informé que Jacques, tout en exprimant sa reconnaissance en vassal plus qu'en souverain, avait bien accueilli les protestations du prince d'Orange contre Monmouth et négociait avec les États-Généraux. En effet, le traité défensif de mars 1678, entre l'Angleterre et les Provinces-Unies, fut renouvelé le 17 août 1685. Jacques, en même temps qu'il travaillait à opérer dans son royaume une contre-révolution insensée, impossible, eut à diverses reprises des velléités d'indépendance vis-à-vis de l'étranger. Le peu qu'il gardait de bons sentiments devait concourir à sa perte [1].

1. V. Mac-Aulay, *Histoire d'Angleterre depuis l'avènement de Jacques II*, chap. IV-V. A partir de l'époque où commence cet excellent ouvrage, il n'y a plus d'autre guide à chercher pour les affaires d'Angleterre. Il faut seulement faire quelques réserves sur ce qui regarde la France.

Il s'arrêta, néanmoins, dans la route où il avait mis le pied quant à la politique extérieure ; il refusa de renouveler avec l'Espagne le traité de 1680, que son frère n'avait point exécuté, ainsi que d'accepter aucune proposition qui pût l'induire à une guerre contre la France (novembre-décembre 1685), et il se donna tout entier aux affaires intérieures. Il ouvrit la seconde session de son parlement avec le triple dessein de s'assurer une bonne armée permanente et de faire abolir la loi du *test*, qui excluait des emplois quiconque n'adhérait point à l'église anglicane, et la loi de l'*habeas corpus*, garantie de la liberté individuelle (novembre 1685). Ce fut là que l'opposition, si abattue depuis quelques années, commença de relever la tête. Louis XIV encouragea énergiquement Jacques II et autorisa son ambassadeur à aider ce prince de deux millions en cas de révolte. Les héritiers de Philippe II et de Ferdinand II, l'Espagne et l'Autriche, et le pape même, par hostilité contre le roi de France, conseillèrent au contraire la modération au monarque anglais. Les rôles étaient complètement renversés en Europe.

L'entreprise pour laquelle Jacques II allait jouer son trône coïncidait avec celle qui devait porter, par les mains de Louis le Grand, un coup si terrible à la vraie gloire et aux vrais intérêts de la France. Si les moyens étaient très-différents, comme les situations, le but était le même, le triomphe du catholicisme. En Angleterre, où le catholicisme était opprimé, il fallait d'abord lui conquérir le droit de vivre, l'égalité avec le culte établi, sauf à poursuivre plus tard la domination ; en France, où il était prépondérant, le temps semblait venu d'anéantir devant lui toute dissidence : l'œuvre de destruction du protestantisme touchait à sa catastrophe.

Un événement extraordinaire et mystérieux, survenu dans la vie intime de Louis XIV, dut contribuer à précipiter plus rapidement le Grand Roi sur cette pente. La reine Marie-Thérèse avait terminé, le 30 juillet 1683, une existence qui n'a laissé de souvenirs que par le contraste de cette nature passive, simple et naïve jusqu'à la rusticité, avec toutes les étincelantes figures de femmes qui entouraient Louis le Grand. Louis vivait exemplairement, depuis quelque temps, avec la reine et avait renoncé aux maîtresses. A la grande surprise de la cour, il persista dans sa *conversion* après la mort de Marie-Thérèse ; mais on ne tarda pas à soupçonner que, s'il ne se laissait pas enlacer de nouveau dans des liaisons galantes, c'est qu'il avait renoué en secret des liens légitimes. On ne se trompait pas. Dans le courant de 1684 (la date précise est inconnue), une messe de mariage fut célébrée de nuit dans un oratoire de Versailles : les témoins étaient un gentilhomme appelé Montchevreuil et un des valets de chambre du roi, Bontemps ; l'officiant était le père La Chaise : la bénédiction nuptiale fut donnée par le diocésain, l'archevêque de Paris, Harlai ; les mariés étaient le roi de France et la veuve de Scarron [1] !

Telle fut l'issue des singulières relations de Louis XIV avec madame de Maintenon. Il avait alors quarante-six à quarante-sept ans ; elle, bien près de cinquante. La vertu de madame de Maintenon était de celles qui, sans oublier les récompenses célestes, savent bien s'assurer une première récompense sur la terre.

Nul esprit impartial ne saurait, du reste, trouver dans cette union, si étrange qu'elle ait pu paraître, un sujet de blâme envers Louis XIV. Louis ne voulait pas refaire de nouvelle reine en épousant une princesse étrangère, ni donner le jour à de nouveaux fils de France, maintenant que la continuité de sa race était garantie par deux petits-fils. Il savait que la multiplication des princes du sang était un fâcheux présent à faire à la France. Il voulait cependant une femme légitime. Il avait auprès de lui une personne dont la société était devenue son plus grand plaisir et comme une nécessité de sa vie : l'âge de cette femme était une garantie contre les complications qu'eût pu causer la naissance d'enfants d'état incertain. Il contracta donc avec elle un mariage de conscience, sans acte authentique et sans effet civil. C'était, après tout, moins une faiblesse qu'une victoire sur les préjugés. Il est équitable de juger le fait en lui-même et non par les conséquences qu'on lui attribue.

Tout le monde, cependant, n'en jugea pas ainsi. Peu avant l'accomplissement de ce mariage, Louis XIV ayant communiqué son projet à Louvois, alors au plus haut point de la faveur, le

---

1. Noailles, *Histoire de madame de Maintenon*, t. II, chap. II-III.

ministre se jeta aux pieds du roi et le conjura, les larmes aux yeux, de ne pas se déshonorer en épousant la veuve de Scarron. Louis pardonna cette incartade à un serviteur qui lui était nécessaire et qui ne l'avait offensé que par zèle pour sa *gloire;* mais madame de Maintenon, à qui le roi n'eut pas la discrétion de taire cette scène, ne pardonna pas et passa du côté de Seignelai contre Louvois. Elle fut certainement pour beaucoup dans les progrès que fit Seignelai auprès du roi et dans l'espèce d'équilibre qui s'opéra entre ce jeune ministre et son rival [1].

Ainsi établie dans une position inébranlable, madame de Maintenon accrut son influence déjà si grande et l'exerça d'une manière presque insensible, mais presque universelle, sans jamais s'imposer ni intervenir directement dans les affaires, ce que Louis n'eût pas toléré, et sans jamais se heurter à ce qui était chez Louis parti pris ou penchant décidé, ce qui eût été inutile, ou ce qui, tout au moins, l'eût exposée à des chocs dangereux. Par goût d'économie et désir de soulager le peuple, elle eût voulu qu'on réduisît les dépenses des bâtiments et le faste de la cour; elle n'osa jamais insister à ce sujet; par esprit de modération et de prudence, elle souhaitait détourner le roi des idées d'agrandissement et de conquête; sur ce point, elle fut plus hardie [2]; mais, malheureusement, elle ne détourna Louis de la guerre pour quelque temps qu'en le poussant vers quelque chose de pis que la guerre. Elle ne trouva pas d'abord, en cette occasion, autant d'opposition qu'on eût pu le croire chez Louvois, qui ne se montra pas contraire à la trève de Ratisbonne. Louvois avait à présent, pour se maintenir près du roi, deux autres points d'appui que la

---

1. *Mém.* de Choisi, liv. VII. — Saint-Simon prétend que la scène du roi et de Louvois se renouvela plusieurs années après; que, le roi ayant eu la faiblesse de promettre à madame de Maintenon qu'il *déclareroit* son mariage, Louvois tira son épée en priant le roi de le tuer plutôt que de le forcer à voir *une telle infamie.* Louis, ému et troublé, aurait alors donné sa parole de ne jamais faire cette déclaration. Saint-Simon veut que madame de Maintenon ait visé, non-seulement à faire connaître publiquement ses liens avec le roi, mais à se faire déclarer reine. Le jugement de madame de Maintenon était trop solide, et son ambition trop prudente, trop dépourvue d'emportement et de vanité, pour que cette assertion soit vraisemblable. Elle désira sans doute que sa position fût moins équivoque et que son mariage reçût l'authenticité qu'ont en Allemagne les alliances morganatiques des princes; elle ne put *pas même* l'obtenir et ne porta probablement pas ses espérances plus loin.

2. V. sa lettre de juin 1684, citée par Rulhière, p. 159.

guerre ; c'est-à-dire les arts et bâtiments et l'extinction de l'hérésie. Il consentait volontiers à expédier d'abord cette dernière entreprise, à laquelle le roi se donna tout entier après la trêve de Ratisbonne. Mieux eût valu continuer de travailler, même par la guerre, à compléter le territoire naturel de la France, que de faire de la trêve un emploi si meurtrier et si funeste! On en est à déplorer la modération relative de Louis XIV !

Depuis bien des années, le gouvernement de Louis XIV avait agi vis-à-vis de la Réforme comme vis-à-vis d'une proie qu'on enferme dans un cercle qui va toujours se resserrant, jusqu'à ce qu'on la saisisse corps à corps et qu'on l'étouffe. En 1683, la patience avait enfin manqué aux opprimés, et leurs tentatives partielles de résistance, désavouées par les plus notables de leurs frères, avaient été étouffées dans le sang. Après la trêve de Ratisbonne, les déclarations et arrêts hostiles au protestantisme se succédèrent avec une rapidité effrayante; on ne voit plus autre chose dans le Recueil des Ordonnances. Défense aux ministres protestants de desservir plus de trois ans la même église (août 1684); défense aux particuliers protestants de donner asile à leurs coreligionnaires malades; les malades qui ne se font pas traiter chez eux doivent aller aux Hôtels-Dieu, où ils se trouvent sous la main des gens d'Église. C'est en vain qu'une belle et touchante requête, rédigée par le ministre Claude, est présentée au roi en janvier 1685. Chaque jour voit fermer quelque temple pour des contraventions imaginaires ou frauduleusement préparées par les persécuteurs. Il suffit qu'un enfant de *converti* ou un bâtard (tous les bâtards sont réputés catholiques) soit entré dans un temple, pour que l'exercice du culte soit interdit. En continuant sur ce pied pendant quelques années, il n'aurait pas, à ce qu'il semble, subsisté un seul temple. L'académie ou université protestante de Saumur, qui avait formé tant de théologiens et d'orateurs éminents, est fermée; les ministres sont mis à la taille pour leurs immeubles (janvier 1685). L'assemblée quinquennale du clergé, tenue en mai, présente au roi une foule de nouvelles demandes contre les hérétiques, entre autres l'établissement de peines contre les *convertis* qui ne remplissent pas leurs devoirs de catholiques. La peine de mort, qui avait été décrétée contre les émigrants, est commuée en galères perpétuelles, à la demande du clergé. La première peine n'avait guère été que comminatoire ; la seconde, qui confond avec les plus vils scélérats des malheureux coupables d'avoir voulu fuir la persécution, ne doit être que trop réellement appliquée ! On l'étend aux protestants demeurés en France, qui autorisent leurs enfants à se marier à l'étranger. L'exercice de la profession d'imprimeur ou de libraire est interdit aux réformés. Défense de les recevoir docteurs ès-lois, avocats ou médecins. Les orphelins protestants ne peuvent avoir que des tuteurs catholiques. La moitié des biens des émigrants est promise aux dénonciateurs. Défense aux réformés de prêcher ni d'écrire contre le catholicisme (juillet-août 1685) [1].

Une multitude de temples avaient été démolis et il était interdit aux habitants des lieux où l'exercice avait été supprimé d'aller aux temples des lieux où l'exercice était encore permis. Il en résultait de graves difficultés pour les principaux actes de la vie civile, qui, chez les protestants comme chez les catholiques, ne devaient leur authenticité qu'à l'intervention des ministres de la religion. Un arrêt du conseil, du 15 septembre, statua que, dans les lieux privés d'exercice, un pasteur choisi par l'intendant de la Généralité célébrerait, en présence des proches seulement, les mariages des réformés; que leurs bans seraient publiés à l'audience, et les registres de leurs mariages tenus au greffe de la justice locale. Des arrêts analogues avaient été rendus pour ce qui concernait les baptêmes et les décès. Jusqu'alors on avait frappé le protestantisme des deux mains et de toutes armes, sans méthode bien déterminée : ces arrêts semblaient indiquer un plan définitif, c'est-à-dire la suppression du culte extérieur, avec une certaine tolérance, au moins provisoire, pour les consciences, et une sorte d'état civil constitué à part pour les protestants obstinés [2].

Ce plan avait été, en effet, débattu dans le conseil. « Le roi, » écrivait madame de Maintenon, le 13 août 1684, « a dessein de « travailler à la conversion *entière* des hérétiques : il a souvent

---

1. *Anciennes Lois françaises*, t. XIX, p. 469-527. — *Hist. de l'édit de Nantes*, t. V, liv. XXI-XXII. — *Mém.* de Foucault, à la suite de ceux de Sourches, t. II.
2. Rulhière, p. 296.

« des conférences là-dessus avec M. Le Tellier et M. de Château-
« neuf (le secrétaire d'État chargé des affaires de la religion pré-
« tendue réformée), où l'on voudroit me persuader que je ne
« serois pas de trop. M. de Châteauneuf a proposé des moyens
« qui ne conviennent pas. Il ne faut point précipiter les choses.
« *Il faut convertir, et non persécuter.* M. de Louvois voudroit de la
« douceur, ce qui ne s'accorde point avec son naturel et son em-
« pressement de voir finir les choses[1]. »

Les moyens proposés par Châteauneuf, c'était apparemment la révocation immédiate de l'édit de Nantes, ce qui fut jugé prématuré. Quant à la *douceur* de Louvois, on la vit bientôt à l'œuvre. Louvois faisait le doux, de peur que le roi, par scrupule d'humanité, n'hésitât à lui confier la conduite de l'affaire. Il avait son projet arrêté; c'était de revenir à la *contrainte salutaire* déjà essayée en 1681 par le ministère des soldats, à la *Dragonnade*. Colbert n'était plus là pour y mettre obstacle.

L'occasion se présenta bientôt : à la fin de mars 1685, Louis XIV fut informé qu'un projet important se tramait entre les deux branches de la maison d'Autriche et le jeune électeur Maximilien de Bavière. L'empereur devait donner en mariage à l'électeur sa fille Marie-Anne, qu'il avait eue d'une sœur du roi d'Espagne, et voulait, disait-on, obtenir de don Carlos II le gouvernement des Pays-Bas pour son futur gendre. On était certain que le débile roi d'Espagne, quoique marié depuis six ans à une nièce de Louis XIV, mourroit sans postérité. A sa mort, le gouvernement des Pays-Bas serait transformé en propriété pour l'électrice de Bavière et pour son époux, et le cabinet de Vienne tâcherait sans doute d'obtenir la réunion de la Bavière à l'Autriche en échange de quelque autre lambeau de la succession espagnole. Louis XIV prit son parti avec sa vigueur habituelle. En quinze jours, Louvois eut réuni un corps d'armée au pied des Pyrénées. Un ambassadeur, Feuquières, alla en toute hâte signifier au cabinet espagnol que, si les projets qu'on tramait n'étaient désavoués à l'instant, l'armée réunie dans le Béarn porterait aussitôt la guerre « dans les en-

---

1. Dans une autre lettre antérieure de quelques mois, madame de Maintenon dit que « le P. La Chaise « inspire au roi de grandes choses; que bientôt tous les sujets « du roi serviront Dieu en esprit et en vérité. » Rulhière, p. 157.

droits les plus sensibles à la monarchie espagnole. » Louvois avait fait adopter au roi un plan d'invasion en Espagne par la Navarre, proposé pendant la guerre de Hollande par Gourville, intelligence propre à tout ; ce plan avait été probablement écarté alors, parce que Louvois avait eu peur que la guerre ne finît trop vite. L'Espagne, hors d'état de soutenir le choc, s'empressa de donner toutes les assurances qu'on exigeait d'elle, et l'armée ne passa pas les monts [1].

L'armée, cependant, ne fut pas séparée. On avait résolu de l'employer contre d'autres ennemis. Le roi, ayant obtenu ce qu'il voulait des Espagnols, les rassura et chercha même à les intéresser à ses projets religieux : « Vous leur ferez connaître, » écrivait-il à son ambassadeur, « que tous mes desseins ne tendent « qu'à affermir la paix de l'Europe, et à profiter d'une si favora- « ble conjoncture de temps, pour ajouter au bonheur de mes « sujets celui d'une parfaite et entière réunion au giron de l'É- « glise, et pour contribuer, autant qu'il me sera possible, à l'aug- « mentation de notre religion dans tous les états chrétiens où elle « commence à revivre [2]. »

Ces derniers mots faisaient allusion à l'Angleterre et à l'entreprise de Jacques II.

Louvois avait persuadé au roi que, dans la situation morale où étaient les populations protestantes, il suffirait de leur *montrer les troupes* pour les obliger d'abjurer. On avait donc *montré les troupes* aux réformés du Béarn ; l'intendant de cette province, Foucault, était venu à Paris concerter avec le ministre la conduite de l'entreprise : Louvois ne pouvait rencontrer un plus digne instrument que cet homme infatigable et impitoyable, âme d'inquisiteur sous les dehors d'un courtisan doucereux [3]. A son retour de Paris, Foucault, bien secondé par le parlement de Pau et par le clergé, commença par faire démolir, pour *contraventions*, quinze des vingt temples qui subsistaient en Béarn et par *convertir* onze

---

1. Rulhière, p. 197. — *Mém.* de Gourville, p. 559. — Noailles, *Hist. de madame de Maintenon*, t. II, p. 407.

2. Rulhière, p. 200.

3. Il était fort lettré, et, par un contraste où les réformés durent signaler le doigt de la Providence, il avait retrouvé et publié le célèbre traité de Lactance sur le châtiment des persécuteurs, *De mortibus persecutorum*.

cents personnes en deux mois (février-avril 1685). Ce fut alors qu'il réclama l'assistance de l'armée pour achever l'œuvre, en promettant « de tenir la main à ce que les soldats ne fissent au- « cune violence¹. » Ceci était pour rassurer la conscience du roi. Les troupes furent donc concentrées dans les villes et bourgs remplis de religionnaires; les cinq derniers temples conservés eurent le sort de tous les autres et les pasteurs furent bannis, les uns à six lieues de leurs temples détruits, les autres hors du ressort du parlement de Pau. La terreur volait devant les soldats : dès qu'on voyait poindre les uniformes rouges et les hauts bonnets des dragons², des corporations, des villes entières envoyaient leur soumission à l'intendant. Une panique presque universelle glaçait les cœurs. La foule des *religionnaires* signait ou acceptait verbalement une confession de foi catholique, se laissait conduire à l'église, courbait la tête sous la bénédiction de l'évêque ou du missionnaire, et le canon et les feux de joie célébraient l'*heureuse réconciliation*. Les protestants qui avaient espéré trouver un refuge dans la liberté de conscience sans culte extérieur voyaient s'évanouir cette dernière espérance. Foucault ne tint nul compte des arrêts du conseil, qui régularisaient les baptêmes, les mariages et les décès des protestants, parce que, mandait-il au ministre, « dans la disposition présente d'une conversion générale dans très- « peu de temps, ce seroit exposer ceux qui chancellent et endurcir « les opiniâtres. » Le conseil rendit un nouvel arrêt confirmatif des précédents et spécial au Béarn. Foucault, suivant ses propres termes, « ne jugea pas à propos de l'exécuter ». Cette insolence fut impunie. Le succès justifia tout. Avant la fin d'août, les vingt-deux mille protestants du Béarn furent *convertis*, sauf quelques centaines. Foucault, dans ses Mémoires, où il étale ses triomphes avec cynisme, n'en avoue pourtant pas tous les moyens. S'il confesse que « la distribution d'argent a beaucoup attiré d'âmes à l'église », il ne dit pas comment il tint sa promesse d'empêcher « que les soldats ne fissent aucune violence. » Il ne raconte pas les brutalités, les dévastations, les tortures employées contre les ré-

---

1. *Mém.* de Foucault, p. 277.
2. On employa surtout les dragons, comme servant à pied et à cheval, et propres à tout.

calcitrants, les outrages aux femmes, ni ces soldats se relayant
d'heure en heure pour empêcher leurs hôtes de dormir pendant
des semaines entières, jusqu'à ce que ces malheureux, hébétés,
en démence, signassent une abjuration[1].

Le roi ne vit que le résultat. La résolution fut prise d'envoyer
partout ces *missionnaires bottés* qui avaient si bien réussi en Béarn.
Louvois manda, de la part du roi, le 31 juillet, au marquis de
Boufflers, leur général, de les conduire en Guyenne et de « les
« loger entièrement chez les religionnaires... observant d'essayer
« de diminuer le nombre des religionnaires, de manière que, dans
« chaque communauté, les catholiques soient deux ou trois fois
« plus forts qu'eux; en sorte que, lorsque, dans la suite, Sa
« Majesté voudra ne plus permettre l'exercice de cette religion
« dans son royaume, il n'y ait plus à appréhender que le petit
« nombre qui restera puisse rien entreprendre[2]. » On retirerait
les troupes à mesure qu'on aurait atteint ce but dans chaque lieu,
sans prétendre tout convertir sur-le-champ. On pousserait les
ministres à passer en pays étranger, bien loin de les retenir de
force : les pasteurs éloignés, on aurait plus facilement raison du
troupeau. Les soldats ne devaient pas faire « d'autres désordres
que de retirer 20 sous (par jour) par cavalier ou dragon, et 10 sous
par fantassin. » Les excès devraient être sévèrement punis. Louvois, dans une autre lettre, avertit le général de ne pas céder à
toutes les suggestions des ecclésiastiques, ni même des intendants.
On ne comptait pas pouvoir aller aussi vite qu'en Béarn.

Ces instructions font connaître avec précision, non pas ce qui
fut fait, mais ce que le roi voulait qu'on fît. Les subalternes, bien
sûrs de l'impunité en cas de succès, agirent bien plus selon l'esprit de Louvois que selon ses paroles dictées par Louis. Le roi,
quand par hasard il apprenait qu'on avait dépassé ses ordres, châtiait rarement les transgresseurs, de peur qu'on ne pût « dire aux
« religionnaires que Sa Majesté désapprouve quoi que ce soit de
« ce qui a été fait pour les convertir. » Louis XIV ne saurait donc

---

1. *Hist. de l'Édit de Nantes*, t. V, liv. XXII. — *Mém.* de Foucault, p. 278-287. — Ces Mémoires d'un persécuteur sont, malgré bien des réticences, le monument contemporain où l'on voit le mieux la conduite et les ressorts de la persécution.
2. Rulhière, p. 201.

décliner, devant l'histoire, sa part de cette terrible responsabilité [1].

L'événement dépassa les espérances du roi et de Louvois. La Guienne se rendit aussi facilement que le Béarn. L'église de Montauban, chef-lieu de la Réforme dans ces contrées, se *réunit* en grande majorité, après quelques jours de vexations soldatesques; Bergerac tint un peu plus longtemps; puis toute résistance collective cessa. Les villes et les bourgs envoyaient, de dix ou douze lieues, aux chefs militaires, leurs promesses d'abjuration. En trois semaines, il y eut soixante mille conversions dans la généralité de Bordeaux ou de Basse-Guienne, vingt mille dans celle de Montauban ou de Haute-Guienne. D'après les rapports de Boufflers, Louvois, le 7 septembre, comptait qu'avant la fin du mois, il ne resterait pas, dans la Basse-Guienne, dix mille religionnaires, de cent cinquante mille qui s'y trouvaient le 15 août. « Point de courrier, » écrivait madame de Maintenon, le 26 septembre, « qui n'apporte au roi de grands sujets de joie, c'est-à-dire des nouvelles de conversions par milliers [2]. » Les seules résistances qu'on daignât remarquer çà et là, c'étaient celles d'un certain nombre de gentilshommes de province, gens de mœurs simples et rigides, moins disposés que la noblesse de cour à sacrifier leur foi à l'intérêt et à la vanité.

La Guienne soumise, on fit marcher l'armée de Béarn, partie en Limousin, Saintonge et Poitou, partie en Languedoc. Le Poitou, déjà *dragonné* en 1681 par l'intendant Marillac, venait d'être si bien travaillé par le successeur de Marillac, Lamoignon de Basville, aidé de quelques troupes, que Foucault, envoyé de Béarn en Poitou, n'y trouva plus qu'à glaner. Le roi fit même recommander par Louvois de ne pas prétendre convertir tout d'un coup tous les religionnaires, de peur que les familles riches et puissantes, qui avaient dans leurs mains le commerce de ces contrées, ne prissent le parti de s'enfuir par mer (8 septembre). Basville, grand administrateur, mais d'une dureté inflexible, fut expédié de Poitou en Bas-Languedoc, dans la première quinzaine de sep-

---

1. V. les lettres de Louvois dans Rulhière, p. 212. — Cependant M. de Noailles (t. II, p. 417) cite une autre lettre où le roi parle d'exemples à faire contre les officiers qui *s'échapperoient*.
2. Rulhière, p. 287.

tembre, afin d'y concerter les opérations avec le duc de Noailles, gouverneur de la province. L'intendant du Bas-Languedoc, d'Aguesseau, bien qu'il eût coopéré avec zèle à toutes les mesures restrictives du culte réformé, avait demandé son rappel dès qu'il avait vu le roi décidé à l'emploi de la force militaire ; convaincu que cette décision ne serait pas moins fatale à la religion qu'à la patrie, il s'était retiré, le cœur navré, l'esprit épouvanté de l'avenir [1].

La conversion du Languedoc paraissait une grande entreprise. La masse protestante, presque toute concentrée dans le Bas-Languedoc et dans les pays montueux qui s'y rattachent, était estimée à plus de deux cent quarante mille âmes ; ces populations, plus passionnées, plus constantes que les mobiles et sceptiques Gascons, ne semblaient pas devoir abandonner si aisément leurs croyances. Le résultat, pourtant, fut le même qu'ailleurs. Nîmes et Montpellier suivirent l'exemple de Montauban. Des logements de cent soldats par maison réduisirent promptement les notables de Nîmes ; dans ce seul diocèse, principal foyer du protestantisme, soixante mille âmes abjurèrent en trois jours. Plusieurs des principaux ministres en firent autant. De Nîmes, le duc de Noailles mena les troupes dans les montagnes. Les Cévennes et le Gévaudan se laissèrent entamer comme le reste, à mesure que la mission armée avança de vallée en vallée. Ces cantons étaient encore sous la terreur des répressions sanglantes de 1683 et avaient été désarmés, autant qu'on avait pu, ainsi que tout le Bas-Languedoc. Noailles, dans les premiers jours d'octobre, écrivait à Louvois qu'il répondait *sur sa tête* qu'avant la fin de novembre, la province n'aurait plus du tout de huguenots. Si l'on en croyait ses lettres destinées à être mises sous les yeux du roi, tout se serait passé « avec toute la sagesse et la discipline possibles » ; mais le chancelier d'Aguesseau, dans la vie de son père l'intendant, nous apprend ce qu'il en faut penser. « La manière dont ce miracle « s'opérait, » dit-il, « les faits singuliers qu'on venait tous les « jours nous raconter, auraient suffi pour percer un cœur moins « religieux que celui de mon père ! » Noailles lui-même, dans

---

1. *Vie de M. d'Aguesseau*, ap. *Œuvres* de d'Aguesseau, t. XIV. — Rulhière, p. 209.

une lettre confidentielle, annonce à Louvois le prochain envoi de
« quelques hommes d'esprit, pour répondre à tout ce qu'il désire
« savoir et qu'il ne sauroit écrire. » Une entente à demi-mot s'était
établie entre le ministre, les chefs militaires et les intendants. Le
roi, à leur avis, voulait le but sans vouloir suffisamment les
moyens [1].

Le Dauphiné, le Limousin, La Rochelle, cette sainte Sion des
huguenots, tout pliait en même temps. Louis était enivré. Il lui
avait suffi de dire un mot, de mettre la main à la garde de son
épée, pour faire tomber à ses pieds et aux pieds de l'Église ces
fiers huguenots qui avaient jadis usé tant d'armées, forcé tant de
rois à capituler devant leurs rébellions. Qui oserait désormais
douter de sa mission divine et de son génie infaillible !

Ce n'était pas que Louis, ni surtout ceux qui l'entouraient,
crussent précisément que la terreur produisit les effets de la
grâce, ni que ces innombrables conversions fussent sincères ; mais
ils y voyaient l'extinction de toute conviction forte chez les hérétiques, l'épuisement moral d'une secte qui se meurt. « Les enfants
« seront du moins catholiques, si les pères sont hypocrites »,
écrivait madame de Maintenon. A présent, il fallait compléter
l'œuvre et prévenir les retours dangereux parmi ces foules subju-
guées. Il fallait chasser au plus tôt les *faux pasteurs* qui pourraient
détourner de nouveau leurs anciennes ouailles et mettre la loi
d'accord avec le fait, en révoquant solennellement les concessions
autrefois arrachées par l'hérésie puissante et armée à la faiblesse
du pouvoir. Louis avait longtemps conservé quelques scrupules
sur la violation des engagements pris par son aïeul Henri IV ;
mais ses derniers doutes avaient été dissipés, depuis quelques
mois, par un *conseil de conscience particulier*, composé de deux
théologiens et de deux jurisconsultes, qui avaient décidé qu'il
pouvait et devait révoquer l'édit de Nantes [2]. Les noms des hommes
qui assumèrent sur leurs têtes les conséquences d'une telle décision
sont restés inconnus : sans doute le confesseur La Chaise fut l'un
des théologiens ; quel fut l'autre ? L'archevêque de Paris, Harlai,

---

1 Rulhière, p. 215.

2. *Mem.* du duc de Bourgogne, cité par l'abbé Proyart; *Vie du Dauphin, père de
Louis XV*, p. 98 et suiv.

n'était peut-être pas en suffisante estime, à cause de ses mœurs [1]. Le grand nom de l'évêque de Meaux se présente naturellement à la pensée ; mais ni la correspondance de Bossuet, ni les documents relatifs à sa vie, ne fournissent de lumières à ce sujet, et l'on ignore s'il faut ajouter une responsabilité matérielle et directe à la responsabilité morale que les maximes de Bossuet et l'esprit de ses ouvrages font peser sur sa mémoire.

Après le conseil de conscience, le conseil du roi fut appelé à une délibération définitive dans la première quinzaine d'octobre. Quelques-uns des ministres, apparemment les deux Colberts, Seignelai et Croissi, insinuèrent qu'il valait mieux ne rien précipiter. Le dauphin, jeune prince de vingt-quatre ans, qui ressemblait, par son caractère effacé, à son aïeul plus qu'à son père et qui devait rester toujours comme perdu dans l'auréole éclatante de Louis le Grand, tenta une intervention qui mériterait de tirer son nom de l'oubli. « Il représenta, d'après un mémoire anonyme qui lui avait été adressé la veille, qu'il y avait peut-être à craindre que les huguenots prissent les armes... que, supposé qu'ils n'osassent le faire, un grand nombre sortiraient du royaume, ce qui nuirait au commerce et à l'agriculture, et par là même affaiblirait l'État. » Le roi répondit qu'il avait tout prévu et pourvu à tout, que rien au monde ne lui serait plus douloureux que de répandre une seule goutte du sang de ses sujets, mais qu'il avait des armées et de bons généraux qu'il emploierait, dans la nécessité, contre les rebelles qui voudraient eux-mêmes leur perte. Quant à la raison d'intérêt, il la jugea peu digne de considération, comparée aux avantages d'une opération qui rendrait à la religion sa splendeur, à l'État sa tranquillité, et à l'autorité tous ses droits [2]. La suppression de l'Édit de Nantes fut résolue sans plus d'opposition.

Le père La Chaise et Louvois, d'après leurs correspondances ecclésiastiques et militaires, avaient promis qu'il n'en

---

1. Ce qui pourrait faire supposer cependant que ce fut Harlai, c'est qu'il formait avec La Chaise le conseil ordinaire de conscience, pour la nomination aux bénéfices, jusqu'à ce que La Chaise l'eût fait écarter par le roi, afin de rester seul arbitre des nominations.
2. Mém. du duc de Bourgogne, loc. cit.

coûterait pas même cette goutte de sang dont parlait le roi [1].

Le vieux chancelier Le Tellier, déjà en proie à la maladie qui devait le conduire au tombeau, rédigea d'une main défaillante la fatale déclaration, que le roi signa le 17 octobre [2].

Louis prétendait, dans ce préambule, ne faire que continuer les pieux desseins de son aïeul et de son père pour la réunion de leurs sujets à l'Église. Il s'exprima sur l'Édit *perpétuel et irrévocable* de Henri IV comme sur un règlement temporaire. « Nos soins, « dit-il, depuis la trêve que nous avons facilitée à cet effet, ont « eu la fin que nous nous sommes proposée, puisque la meilleure « et la plus grande partie de nos sujets de la religion prétendue « réformée ont embrassé la catholique, et, d'autant qu'au moyen « de ce, l'exécution de l'Édit de Nantes... demeure inutile, nous « avons jugé que nous ne pouvions rien faire de mieux, pour effa- « cer entièrement la mémoire des maux que cette fausse religion « a causés dans notre royaume, que de révoquer entièrement ledit « Édit de Nantes, et tout ce qui a été fait depuis en faveur de la- « dite religion. »

Suit l'ordre de démolir incessamment tous les temples de ladite religion situés dans le royaume. — Défense de s'assembler, pour faire l'exercice de ladite religion, en aucun lieu, maison particulière ou fief, à peine de confiscation de corps et de biens. — Injonction à tous ministres de ladite religion, qui ne voudront pas se convertir, de sortir du royaume sous quinze jours, avec diverses faveurs à ceux qui se convertiront. — Interdiction des écoles particulières pour l'instruction des enfants de ladite religion. — Les enfants qui naîtront de ceux de ladite religion, seront dorénavant baptisés par les curés des paroisses, à peine de 500 livres d'amende, et de plus grande, si le cas y échet, contre les parents, et seront ensuite les enfants élevés en la religion catholique. — Un délai de quatre mois est accordé aux religionnaires fugitifs pour rentrer dans le royaume et recouvrer la possession de leurs biens ; ce délai passé, les biens demeureront confisqués. — Nouvelle défense aux religionnaires de sortir du royaume, à peine de galères pour les hommes et de confiscation de corps et de

---

1. *Lettres* de madame de Maintenon, ap. Rulhière, p. 220.
2. Et non le 18, comme le disent les historiens. V. *Mém.* de Foucault, p. 294.

biens pour les femmes [1]. Confirmation des déclarations contre les relaps.

Un dernier article, obtenu probablement par les représentations des Colberts, statue que les religionnaires, « attendant qu'il plaise à Dieu les éclairer comme les autres, pourront demeurer dans le royaume, pays et terres de l'obéissance du roi, y continuer leur commerce et jouir de leurs biens, sans pouvoir être troublés ni empêchés sous prétexte de ladite religion [2]. »

L'Édit de Révocation fut expédié en toute hâte aux gouverneurs et aux intendants, sans attendre l'enregistrement, qui eut lieu au parlement de Paris le 22 octobre. Les intendants furent prévenus de ne pas permettre aux ministres qui abandonneraient le royaume de disposer de leurs immeubles ni d'emmener leurs enfants au-dessus de l'âge de sept ans; monstrueux démembrement de la famille opéré par une volonté arbitraire qui ne reconnaissait plus ni droits naturels ni droits civils! Le roi recommanda quelques ménagements envers les gentilshommes, les gros marchands et gens de manufactures; il ne désirait pas qu'on s'opiniâtrât « à les faire convertir tout de suite jusqu'au dernier... par des violences considérables [3]. »

Le ton des instructions ministérielles changea bien vite, à la réception des dépêches qui annoncèrent l'effet de l'édit dans les provinces. Cet effet nous en apprend plus sur la situation des populations *dragonnées* que ne pourraient faire les plus sinistres récits. L'édit qui proscrivait le culte réformé, qui interdisait à la religion protestante de se perpétuer en lui arrachant les enfants à naître, fut accueilli presque comme un bienfait par les protestans demeurés fidèles à leur croyance. Ils virent, dans le dernier article de l'édit, la fin de la persécution, et, fiers d'avoir soutenu l'orage, ils réclamèrent la tolérance que le roi leur promettait et l'éloignement de leurs bourreaux. Les *nouveaux convertis*, qui, persuadés que le roi voulait forcer tous ses sujets à professer sa

---

1. Ceci fut interprété, quant aux femmes, comme emportant la détention perpétuelle et non la mort. *Mém.* de Foucault, p. 320.
2. *Hist. de l'Édit de Nantes*, t. V, Preuves, p. 184.
3. Lettres de Louvois à Foucault, intendant de Poitou, du 17 octobre; — à Marillac, intendant de Rouen, du 21 octobre; — au duc de Noailles, du 28 octobre; ap. Rulhière, p. 225-226.

religion, avaient cédé par surprise, par crainte, par défaut de constance dans la souffrance, ou par un motif plus respectable, par le désir de soustraire leurs familles à la licence du soldat, laissèrent éclater leurs regrets et leurs remords, et ne voulurent plus aller à la messe.

Tous les chefs des dragonnades, les Noailles, les Foucault, les Basville, les Marillac, se plaignirent amèrement d'une mesure qui leur était inutile quant à la démolition des temples et à la prohibition du culte et très-nuisible quant au progrès des conversions. Ils avaient compté faire disparaître le culte en convertissant tous les croyants. La Révocation de l'Édit de Nantes péchait donc à leurs yeux par excès de modération ! Louvois s'empressa de les rassurer à cet égard, et les autorisa à faire comme si le dernier article de l'édit n'existait pas : « Sa Majesté », manda-t-il, « veut qu'on fasse sentir les dernières rigueurs à ceux « qui ne voudront pas se faire de sa religion, et ceux qui auront « la sotte gloire de vouloir rester les derniers, doivent être « poussés jusqu'à la dernière extrémité..... — Qu'on laisse, « dit-il ailleurs, vivre les soldats *fort licencieusement !*... » (Novembre 1685 [1]).

Le roi cependant ne l'entendait pas ainsi et prétendait qu'on persécutât avec méthode et gravité [2]. Mais on ne s'arrête pas à volonté dans le mal : l'abîme attire l'abîme. On avait ouvert la carrière aux passions brutales et cyniques, à l'esprit de délation, au fanatisme bas et méchant ; les infamies dont se souillèrent les agents subalternes rejaillirent, et sur les chefs, qui ne les réprimèrent point, et sur ce gouvernement si fier, qui ne rougissait pas d'ajouter à l'odieux de la persécution la honte de la

---

1. *Hist. de l'Édit de Nantes*, t. V, p. 869. — Noailles, *Hist. de madame de Maintenon*, t. II, p. 488. — Foucault n'avait pas attendu les nouvelles instructions de Louvois. Il avait convoqué, le 2 novembre, ce qui restait de gentilshommes non convertis dans le Haut-Poitou, et leur avait déclaré que « c'est une illusion qui ne peut venir « que d'une préoccupation aveugle, de vouloir distinguer les obligations de la « conscience d'avec l'obéissance qui est due au roi. » Il avait protesté contre ceux qui prétendaient tirer, d'un certain article de l'édit, « cette conséquence que Sa « Majesté les laisse en liberté de conscience, dans le temps qu'elle la leur ôte formellement ». *Mem. de Foucault*, p. 305-306.

2. Lettres citées par Noailles, t. II, p. 470. Le roi ordonne qu'on pende les dragons qui pilleront : mais on ne voit pas qu'il y en ait eu un seul de pendu.

mauvaise foi ! Les chefs des dragonnades jugèrent nécessaire de contenir les *mauvais convertis* par les exemples faits sur les *opiniâtres*; de là un débordement d'horreurs par lequel on vit, comme le dit Saint-Simon, « des orthodoxes imiter contre les hérétiques ce que les tyrans païens avaient fait contre les confesseurs et les martyrs ». Tout était, en fait, permis aux soldats, sauf le viol et le meurtre ; et encore cette restriction ne fut-elle pas toujours respectée ; d'ailleurs, beaucoup de malheureux moururent ou demeurèrent estropiés des suites des traitements qu'ils avaient subis, et les tortures obscènes, infligées aux femmes, ne différaient guère du dernier outrage que par une perversité plus raffinée. Toutes les inventions diaboliques des *routiers* du moyen âge pour extorquer de l'or à leurs captifs furent renouvelées çà et là pour arracher des conversions : on *chauffa* les pieds, on donna l'estrapade, on suspendit les patients par les extrémités ; on lia de jeunes mères aux colonnes de leur lit, pendant que leur enfant à la mamelle se tordait de faim sous leurs yeux. « De la torture à l'abjuration, et de celle-ci à la communion, il n'y avait souvent pas vingt-quatre heures de distance, et leurs bourreaux étaient leurs conducteurs et leurs témoins. Presque tous les évêques se prêtèrent à cette pratique subite et impie [1]. » Parmi les réformés que rien ne put ébranler, ceux qui encourageaient les autres à la résistance par l'influence de leur caractère ou de leur position sociale, furent envoyés à la Bastille ou dans d'autres prisons d'état ; quelques-uns furent ensevelis dans ces cachots souterrains, dans ces puits ténébreux, étouffants ou glacés, qu'avait inventés la barbarie féodale. On y jetait parfois après eux, pour en redoubler l'horreur, des débris d'animaux en putréfaction ! L'hôpital de Valence et la tour de Constance à Aigues-Mortes ont gardé, dans le martyrologe protestant, une effrayante renommée. Les femmes se montrant communément plus inébranlables que les hommes, les plus *obstinées*

---

[1]. Saint-Simon, t. XIII, p. 116. Il va même plus loin, et accuse la plupart des évêques d'avoir « animé les bourreaux ». Ce qui est certain, c'est que, comme le dit le Mémoire officiel présenté par le ministre Breteuil à Louis XVI sur l'état des protestants en France, la plus grande partie du clergé, suivant la doctrine des jésuites, admit sans délai, sans difficulté, à la sainte table, tout ce qui fut traîné aux églises par les dragons. V. Rulhière, p. 310.

furent enfermées dans des couvents ; il s'y passa quelques actes
infâmes ; néanmoins ce fut rare. Il faut le dire à l'honneur d'un
sexe souvent trop facile aux suggestions du fanatisme, les religieuses montrèrent beaucoup plus d'humanité et de vraie religion
que les prêtres et les moines. Étonnées de voir les femmes
huguenotes si différentes de l'image qu'elles s'en étaient faite,
elles devinrent presque partout les protectrices des victimes
qu'on leur avait données à tourmenter[1]. L'enlèvement des
enfants mit le dernier sceau à la persécution. L'édit de révocation avait seulement statué que les enfants à naître seraient
élevés dans la religion catholique. Un édit de janvier 1686
ordonna que les enfants de cinq à seize ans fussent enlevés à
leurs parents hérétiques et remis à des parents catholiques, ou,
s'ils n'en avaient pas, à des catholiques désignés par les juges[2] !
Les forfaits que nous avons rappelés tout à l'heure pouvaient, à
la rigueur, être rejetés sur les passions d'agents subalternes ;
mais ce grand attentat contre la famille et la nature retombe sur
le gouvernement seul.

Avec la révocation, la dragonnade s'étendit sur toute la France,
à une double exception près. Quand on crut la grande moisson
suffisamment fauchée dans le midi et dans l'ouest, on se mit à
glaner ailleurs. Les bataillons des convertisseurs marchèrent de
province en province jusqu'à la frontière du nord, portant partout la même épouvante. Metz, où les protestants étaient nom-

---

1. *Hist. de l'Édit de Nantes*, t. V, p. 961.
2. *Hist. de l'Édit de Nantes*, t. V, Preuves, p. 192. — M. le duc de Noailles pense que cette loi ne fut pas exécutée : on a des exemples de son exécution même dans les familles les plus illustres ; voyez dans la *Correspondance administrative sous Louis XIV*, t. IV, Introd., p. XVII-XXII, l'histoire du duc et de la duchesse de La Force. Leurs enfants leur furent arrachés par la police ; puis, le duc, faible caractère, s'étant converti, sa femme le ramena au protestantisme. On enferma le mari et la femme, l'un à la Bastille, l'autre au château d'Angers. Le duc abjura de nouveau : on le relâcha ; il tomba malade ; on permit à sa femme de le rejoindre ; mais un exempt de police eut ordre de surveiller de jour et de nuit les deux époux et de ne les laisser jamais seuls ensemble. Quand la maladie s'aggrava, on enferma la femme dans un appartement séparé et, durant les derniers quinze jours de la vie de son mari, elle ne put approcher du lit où il expira à quelques pas d'elle sans l'avoir revue. Nous ne connaissons rien d'aussi caractéristique que cette anecdote. — Un autre édit de janvier 1686 priva les femmes et veuves hérétiques de tous les avantages matrimoniaux et du droit de tester.

breux, fut particulièrement le théâtre d'abominables excès[1]. Paris et l'Alsace furent seuls préservés, jusqu'à un certain point. Louvois n'osa montrer de tels spectacles à la société de Versailles et de Paris; le roi ne les eût pas supportés. Le peuple de Paris alla démolir le temple de Charenton, objet de sa vieille animosité: le pouvoir pesa fortement sur les huit ou neuf mille huguenots qui restaient dans la capitale, et en entraîna les deux tiers, par l'intimidation, à une conversion simulée; mais il n'y eut point de violences éclatantes, si ce n'est l'exil des trente anciens du consistoire en divers endroits du royaume, et les soldats ne parurent pas. Le lieutenant de police La Reinie prit soin de rassurer les principaux marchands et le dernier article de l'Édit de Révocation fut à peu près observé à Paris et aux environs. Quant à l'Alsace luthérienne, elle n'avait rien de commun avec le régime de l'Édit de Nantes et des calvinistes français : le traité de Westphalie, la capitulation de Strasbourg, tous les actes qui la rattachaient à la France, lui assuraient un état religieux à part. On essaya bien d'entamer le luthéranisme par tous les moyens d'influence et par un système de tracasseries; mais les attaques directes se bornèrent à la suppression du culte public dans les lieux où il y avait deux tiers de catholiques[2]. Les événements politiques qui remuèrent bientôt l'Europe forcèrent le gouvernement français à ménager les populations de cette frontière récemment conquise.

Les convertisseurs s'en dédommagèrent aux dépens d'une autre population des frontières, qui ne relevait pas de la France. Les Vaudois, ces aînés de la Réforme, s'étaient toujours maintenus en possession des hautes vallées alpestres, sur les confins du Piémont et du Dauphiné, malgré les persécutions que leur avaient fait maintes fois endurer les gouvernements de France et de Piémont. Les Vaudois piémontais avaient leur édit de Nantes, c'est-à-dire la liberté de culte dans les trois vallées de Saint-Martin, de La Luzerne et de La Pérouse. Lorsque la dragonnade envahit le Dauphiné, les Vaudois des environs de Briançon et de Pignerol se réfugièrent en foule chez leurs frères des vallées sou-

1. *Hist. de l'Édit*, t. V, liv. XXIV.
2. *Documents sur l'Alsace*, publiés par Van Huffel, p. 142 et suivantes.

mises au Piémont. Le gouvernement français ne voulut pas les
souffrir dans cet asile. Le duc Victor-Amédée II enjoignit aux réfugiés de quitter ses terres (4 novembre). L'ordre fut mal exécuté et Louis XIV exigea davantage. Le duc, par un édit du
1er février 1686, prohiba l'exercice du culte hérétique et ordonna
la fermeture des écoles, sous peine de la vie. Les *barbes* (ministres), les maîtres d'école et les réfugiés français devaient sortir
des états du duc avant quinze jours, sous la même peine. Les
Vaudois répondirent en prenant les armes, sans calculer la force
immense de leurs oppresseurs. Les trois vallées furent assaillies à
la fois par les troupes françaises et piémontaises : les Français
étaient commandés par le gouverneur de Casal, Catinat, noble
cœur, esprit élevé et philosophique, qui déplorait sa funeste mission et qui essaya de négocier avec les insurgés ; mais Catinat ne
put ni décider à la soumission ces hommes résolus de périr plutôt
que de renoncer à leur foi, ni retenir la fureur de ses soldats
exaspérés par la vigueur de la résistance. Les vallées de Saint-Martin et de La Pérouse furent forcées et les vainqueurs y commirent d'affreuses barbaries. Pendant ce temps, les Piémontais,
après avoir fait mettre bas les armes, par de fausses promesses,
aux montagnards qui gardaient l'entrée du val de La Luzerne,
égorgeaient au pré de la Tour trois mille femmes, enfants et
vieillards! On fouilla les retraites les plus cachées des Alpes ; une
multitude de malheureux furent exterminés en détail : plus de
dix mille furent traînés prisonniers dans les forteresses du Piémont, où la plupart moururent de misère. Une poignée des plus
braves parvinrent à se maintenir dans des rochers où l'on ne put
les forcer et, protégés par l'intervention des puissances protestantes et surtout des Suisses, obtinrent enfin la liberté d'émigrer, et pour eux et pour tous leurs coreligionnaires [1].

On a vu souvent dans l'histoire de bien plus grandes effusions
de sang que celle qu'amena la révocation de l'édit de Nantes, des
scènes de destruction ordonnées plus directement et sur une plus
vaste échelle encore par les gouvernements, et parfois la même
opposition entre une civilisation très-avancée et des actes de sau-

---

1. *Hist. de l'Édit des Nantes*, t. V, p. 926. — *Mém. chronolog. et dogmat.*, t. III,
p. 285. — *Mém. de Catinat*, t. 1er, p. 20, 256. Paris, 1820.

vage barbarie ; mais aucun spectacle ne blesse au même point le sens moral et l'humanité, que cette persécution exercée à froid et d'après des idées abstraites, sans l'excuse de la lutte et du danger, sans la fièvre ardente des batailles et des révolutions. Les vertus mêmes des persécuteurs sont ici comme une monstruosité de plus ; sans doute, on vit aussi, plus tard, parmi les auteurs d'une autre *terreur*, ce même contraste qui étonne et trouble la conscience de la postérité ; mais ceux-là, du moins, jouaient chaque jour leur vie contre la vie de leurs adversaires et, avec leur vie, l'existence même de la patrie engagée dans leur cause !

Un million et demi de Français[1] étaient dans l'épouvante et le désespoir ; et cependant tout retentissait de chants de victoire autour de Louis le Grand. Le vieux Le Tellier lève au ciel la main qui vient de signer la Révocation et parodie, à propos d'un édit qui rappelle les temps de Décius et de Dioclétien, le cantique par lequel Siméon saluait la naissance du Sauveur. Il meurt en fanatique, après avoir vécu en froid et astucieux politique (31 octobre 1685)[2] ; il meurt, et les voix les plus éloquentes de l'église gallicane éclatent en hymnes triomphales, comme sur la tombe d'un héros victorieux ! « Publions ce miracle de nos jours », s'écrie Bossuet, dans cette oraison funèbre de Le Tellier, où il laisse néanmoins percer l'appréhension de nouveaux combats et d'un sombre avenir pour l'Église ; « épanchons nos cœurs sur la piété de Louis ; poussons jusqu'au ciel nos acclamations, et disons à ce nouveau Constantin, à ce nouveau Théodose, à ce nouveau Marcien, à ce nouveau Charlemagne... Vous avez affermi la foi, vous avez exterminé les hérétiques ; c'est le digne ouvrage de votre règne, c'en est le propre caractère. Par vous, l'hérésie

---

1. C'est à ce chiffre que nous croyons pouvoir estimer approximativement le nombre des réformés français en 1685, après les pertes que les conversions et les émigrations leur avaient fait subir depuis une vingtaine d'années. Les contemporains varient dans leur estimation depuis 800,000 à 900,000 jusqu'à 2,000,000. Le premier chiffre est beaucoup trop faible, le second est trop élevé. D'après la correspondance des intendants, il paraîtrait que le Midi seul en contenait bien 800,000 ; ils étaient aussi fort nombreux dans le Poitou, la Saintonge et les pays voisins ; probablement au moins 300,000. La généralité de Rouen en comptait 20,000 ; le reste de la Normandie probablement beaucoup plus. Quelques centaines de mille devaient être disséminés dans le reste de la France.

2. Il eut pour successeur le conseiller d'état Boucherat, qui a peu marqué dans l'histoire.

n'est plus : Dieu seul a pu faire cette merveille. » Le doux Fléchier lui-même fait écho à Bossuet, avec tout le corps du clergé, avec la grande masse du peuple. Paris et Versailles, qui ne voient pas l'horreur des détails, qui ne voient que le prestige de l'ensemble et la victoire de l'unité, ne veulent pas croire aux bruits lugubres qui viennent des provinces et applaudissent au *nouveau Constantin*. « C'est la plus grande et la plus belle chose qui ait été « imaginée et exécutée », écrit madame de Sévigné[1]. Tous les corps constitués, cours de justice, académies, universités, corps municipaux, rivalisent d'allusions louangeuses en toutes circonstances : des médailles représentent le roi couronné par la Religion « pour avoir ramené à l'Église deux millions de calvinistes »; on enfle le nombre des victimes afin d'enfler la gloire du persécuteur. Des statues sont érigées au « destructeur de l'hérésie ». Ce concert de félicitations se prolonge durant des années : l'entraînement de l'exemple, l'habitude d'admirer, arrachent des éloges même aux esprits qui semblaient devoir rester le plus étrangers à cette fascination; tout écrivain croit devoir payer son tribut; jusqu'à La Bruyère, ce sagace observateur et cet excellent écrivain dont les fines et profondes études de mœurs paraissent en 1687; jusqu'à La Fontaine lui-même, le poëte du libre-penser et du laisser-aller universel[2]! Le pape, enfin, quoiqu'il lui en coûte de louer un ennemi, ne croit pas pouvoir se dispenser de répondre à l'annonce officielle de la révocation par un bref où il témoigne à Louis sa joie d'une action si digne du roi très-chrétien (13 novembre). Le bruit courant en Angleterre et ailleurs qu'il désapprouve la conduite du roi de France, il se décide, quoique un peu tardivement, à célébrer la révocation par un consistoire *ad hoc* et par un *Te Deum* (mars 1686[3]).

Au moment où Louis respire à longs traits tous ces flots d'en-

---

1. Lettres des 28 octobre et 24 novembre 1685.
2. La Bruyère, *Caractères*, chap. *Du souverain et de la république*. Toutefois l'approbation est ici un peu équivoque. — La Fontaine, *épît. à M. de Bonrepaus*, du 5 février 1687.
3. Un cardinal ayant blâmé le roi d'avoir agi par force, le pape répondit que, « quand le roi auroit été obligé d'employer la force, il auroit fort bien fait de s'en servir. » Dépêche du duc d'Estrées, ambassadeur à Rome; ap. Noailles, *Hist. de madame de Maintenon*, t. II, p. 447-452.

cens, au moment où il écrit à Rome qu'il ne reste dans son royaume que douze à quinze mille hérétiques et qu'encore il s'en convertit tous les jours [1], l'œuvre promise à l'admiration des siècles futurs s'écroule de toutes parts. Les protestants, habitués à l'oppression lentement méthodique des édits et des arrêts, avaient été abasourdis par l'irruption inattendue de la force brutale et de la tyrannie militaire. La première stupeur passée, ils reviennent à eux-mêmes et les nouvelles violences ordonnées par Louvois les exaltent au lieu de les abattre. La flamme du zèle qui s'éteignait parmi eux a été ravivée par la tempête; la vieille haine du papisme se ranime au fond des cœurs; les prétendus convertis rejettent avec horreur la *marque de la Bête*, ainsi qu'ils nomment, dans leur langage apocalyptique, les signes du catholicisme; l'exemple des *confesseurs* et des *martyrs* relève *ceux qui sont tombés*; une foule de *nouveaux catholiques* cessent de paraître aux églises et d'envoyer leurs enfants aux écoles *papistes*; à l'article de la mort, ils renvoient le prêtre et refusent les sacrements. La colère du pouvoir éclate alors en proportion de son désappointement; après avoir frappé les *opiniâtres*, il frappe les *mauvais convertis*; il charge les chefs militaires d'exercer, de concert avec les évêques et les curés, une sorte d'inquisition sur les nouveaux catholiques : l'ordre est donné d'appliquer aux plus récalcitrants l'édit relatif à l'enlèvement des enfants, et une déclaration est lancée, le 29 avril 1686, contre les convertis qui refusent les sacrements dans leurs maladies; s'ils reviennent à la vie, ils seront condamnés aux galères et à la confiscation comme relaps; s'ils meurent, leur cadavre sera traîné sur la claie et jeté à la voirie, comme celui des suicides et des duellistes. Le pouvoir sévit en vain : le ressort de la terreur s'use et les âmes se retrempent. On tâche d'employer la persuasion concurremment avec la force : dès l'automne de 1685, une nuée de prédicateurs, appartenant soit aux divers ordres religieux, soit au clergé séculier, se sont répandus dans l'ouest et dans le midi, pour suppléer à la scandaleuse insuffisance du clergé de ces provinces; cinq à six cents jésuites fonctionnent au premier rang; Bourda-

---

1. Lettre au cardinal d'Estrées; novembre 1685; ap. Noailles, t. II, p. 481

loue prêche en Languedoc, Fléchier en Bretagne; à la tête des missions du Poitou et de la Saintonge apparaît un homme nouveau qui commence une des plus éclatantes carrières de notre histoire, le futur rival de Bossuet, le jeune abbé de Fénelon. Les succès partiels qu'obtiennent ces illustres missionnaires ne suffisent pas pour remplir les deux cent cinquante nouvelles églises dont le roi, dans la première illusion du triomphe, s'est hâté d'ordonner la construction [1]. Un double mouvement s'opère en sens inverse des volontés du pouvoir, qui a banni les pasteurs et qui prétend retenir le troupeau. D'une part, un certain nombre de ministres, se repentant d'avoir quitté, pour obéir aux hommes, le soin des âmes que *Dieu leur avait confiées*, repassent les frontières sous divers déguisements, et viennent rejoindre leurs ouailles. Les assemblées religieuses recommencent à se tenir, çà et là, dans les retraites des montagnes, et parfois même dans les villes. D'une autre part, l'émigration, qui n'a pas cessé depuis 1681, prend des proportions immenses.

Le gouvernement redouble de rigueurs. La peine de mort est décrétée contre les ministres rentrés sans permission dans le royaume, et les galères contre quiconque leur donnera asile; peine de mort contre quiconque prendra part à une assemblée (1er juillet 1686). Et cette peine n'est pas simplement comminatoire! Toutes les fois que les soldats peuvent surprendre des protestants réunis pour prier dans quelque lieu solitaire, ils ne les abordent qu'à coups de fusil; ceux qui échappent au plomb et au fer sont envoyés au gibet ou aux galères [2]. Des mesures presque aussi acerbes sont employées pour arrêter l'émigration. Une pre-

---

1. Louis XIV avait attribué un premier fonds de deux millions à cette destination et à l'agrandissement de beaucoup d'anciennes églises. — Lettre du P. La Chaise au jésuite Fabri, du 25 novembre 1685; ap. Noailles, t. II, p. 483. — Une mesure plus utile, parce qu'elle profita réellement au clergé et au vrai peuple catholique, ce fut l'inamovibilité et la portion congrue attribuées aux vicaires de paroisses, jusque-là révocables à la volonté des titulaires ou décimateurs (19 janvier 1686).

2. Et, sur les galères, on les destinait aux expéditions les plus fatigantes et les plus périlleuses. « Comme rien ne peut tant contribuer à rendre traitables les forçats qui sont encore huguenots et n'ont pas voulu se faire instruire, que la fatigue qu'ils auroient pendant une campagne, ne manquez pas de les mettre sur les galères qui iront à Alger. » Lettre de Seignelai, du 18 avril 1688. Seignelai avait peur de paraître trop dépourvu de zèle. *Correspondance administrative sous Louis XIV*, t. IV, Introd., p. XXVI.

mière défense a été faite aux gens de mer de contribuer à l'évasion des religionnaires, sous peine d'amende et, en cas de récidive, de punition corporelle (5 novembre 1685). On va plus loin : bientôt, quiconque aide la fuite des émigrants devient passible des galères perpétuelles, comme les émigrants eux-mêmes (7 mai 1686). Des barques armées croisent sur toutes les côtes; tous les passages des frontières sont gardés; les paysans ont ordre partout de courir sus aux fugitifs. Quelques-uns des émigrants périssent en essayant de forcer le passage : une foule d'autres sont ramenés les fers aux mains; on n'ose les envoyer tous sous le fouet du comite : on craint les effets de leur désespoir et de leur nombre, si on les réunit en masse sur les galères royales; on entasse dans les prisons ceux qui ne veulent pas acheter leur grâce par l'abjuration. Les malheurs des premiers émigrants servent à rendre leurs coreligionnaires, non pas plus timides, mais plus adroits : une multitude de pèlerins, de mendiants traînant leurs enfants après eux, d'artisans nomades des deux sexes et de toutes professions, se dirigent incessamment vers toutes les frontières; d'innombrables travestissements protégent ainsi la *fuite d'Israël hors d'Égypte*. Il est des réformés qui choisissent les plus sombres nuits d'hiver pour se lancer, dans de frêles barques non pontées, sur l'Atlantique ou sur l'orageuse Manche; on vit le flot rejeter sur les plages d'Angleterre des familles longtemps ballottées par les tempêtes et mourantes de froid et de faim. Peu à peu, les gardes épars le long des côtes et des frontières se laissent toucher ou séduire et se font les guides et les sauveurs des fugitifs qu'ils sont chargés d'arrêter. Alors, les galères perpétuelles ne suffisent plus contre les complices des *déserteurs*; aux galères, un édit substitue la mort : la mort, qui ne frappe pas les coupables du prétendu crime de désertion, est promise à leurs auxiliaires (12 octobre 1687). Quelques-uns sont livrés au dernier supplice; beaucoup néanmoins continuent leur périlleuse assistance aux émigrants et peu les trahissent. Ceux des réformés que le pouvoir souhaiterait le plus retenir dans le royaume, les gentilshommes, les riches bourgeois, industriels et commerçants, sont ceux qui échappent le plus aisément, étant le plus capables de payer la compassion intéressée des gardes. On dit que les fugitifs emportèrent hors de

France 60 millions en cinq ans¹. Quoi qu'il en soit, la perte d'hommes fut bien autrement regrettable que la perte d'argent. Par cette plaie toujours béante de l'émigration, ne cessèrent de s'écouler, durant bien des années, les forces vives de la France !

Il est difficile d'évaluer, même approximativement, le nombre des protestants qui abandonnèrent la patrie, devenue pour eux une cruelle marâtre ! Vauban l'estimait à cent mille, de 1684 à 1691. Benoît, l'historien calviniste de l'Édit de Nantes, qui publia son livre en 1695, l'évalue à deux cent mille; l'illustre *réfugié* Basnage parle vaguement de trois à quatre cent mille. D'autres avancent des chiffres bien plus exagérés², tandis que le duc de Bourgogne, dans le mémoire que nous avons cité plus haut, réduit l'émigration à moins de soixante-huit mille âmes en une vingtaine d'années; mais les illusions vraiment inconcevables que conservait ce jeune prince sur les résultats moraux et politiques de la révocation, ne permettent pas de prendre confiance dans son témoignage; il était trompé, se plaisait à l'être et fermait son oreille à quiconque voulait le désabuser³. Le chiffre de deux cent à deux cent cinquante mille, depuis la révocation jusqu'au commencement du siècle suivant, c'est-à-dire jusqu'à la révolte des Cévennes, peut paraître le plus vraisemblable. Mais ce n'est pas tant à la quantité qu'à la qualité des émigrants, qu'il faut mesurer la perte réelle de la France. La France fut incomparablement plus affaiblie que si l'on eût enlevé au hasard deux cent mille citoyens sur la masse catholique de la nation. Les protestants étaient fort supérieurs, en moyenne, sinon à la bourgeoisie catholique de Paris

---

1. Vauban, cité par Rulhière. Ce chiffre ne paraît pas exagéré, d'après les renseignements qu'on trouve dans les précieux mémoires du comte d'Avaux, ambassadeur en Hollande. D'Avaux rapporte (t. VI, p. 105), qu'avant la fin de 1687, il était entré tant d'argent français en Hollande, « que messieurs d'Amsterdam trouvoient qu'il y en avoit trop, et ne pouvoient placer le leur plus haut qu'à 2 p. 100. Je sais, ajoute-t-il, qu'on avoit fondu en Angleterre neuf cent soixante et tant de mille louis d'or. » L'exportation eût été plus grande encore, si le roi n'eût défendu aux nouveaux convertis de vendre leurs immeubles, de peur qu'ils n'en pussent emporter le prix s'ils s'enfuyaient.

2. Suivant Rulhière (p. 378), qui cite une lettre d'un intendant de La Rochelle, le seul diocèse de Saintes (Saintonge et Aunis) aurait perdu cent mille habitants avant 1695; nous ne pouvons croire qu'il n'y ait là quelque erreur

3. V. le *Mémoire* cité dans la *Vie du Dauphin*, par l'abbé Proyart, t. II, p. 98 et suiv.

et des principaux centres de la civilisation française, du moins à la masse du peuple, et les émigrants étaient l'élite des protestants. Une multitude d'hommes utiles, parmi lesquels beaucoup d'hommes supérieurs, laissèrent en France des vides effrayants et allèrent grossir les forces des nations protestantes : la France baissa et de ce qu'elle perdit et de ce que gagnèrent ses rivales. Avant 1689, neuf mille matelots, *les meilleurs du royaume*, au dire de Vauban, douze mille soldats, six cents officiers [1], avaient passé à l'étranger : la noblesse provinciale n'avait pas été si facile aux conversions que les courtisans. Les deux premiers généraux de terre et de mer qu'eût la France, Duquesne et Schomberg [2], étaient protestants. Le vieux Duquesne n'avait pas repris la mer depuis l'expédition de Gênes, mécontent qu'il était de Seignelai, mécontent aussi du roi, qui le laissait dans son rang de lieutenant-général et qui donnait, contrairement aux principes posés au commencement du règne, la survivance des deux vice-amirautés aux fils de d'Estrées et de Vivonne [3]. Duquesne obtint de mourir tranquille dans sa religion, mais il n'obtint pas d'aller mourir sur une terre protestante ; on ne rendit pas même ses restes à ses enfants émigrés, qui lui élevèrent à Eaubonne, en Suisse, un sépulcre vide avec cette inscription : « Ce tombeau attend les restes de Duquesne...
« Passant, si tu demandes pourquoi les Hollandais ont érigé un
« superbe monument à Ruyter vaincu, et pourquoi les Français
« ont refusé un tombeau au vainqueur de Ruyter, la crainte et le
« respect qu'inspire un monarque dont la puissance s'étend au
« loin, ne me permettent pas de répondre. » (1688).

Le maréchal de Schomberg obtint, avec beaucoup de peine, la permission de quitter la France et de se retirer en Portugal, pays qu'il avait autrefois sauvé de l'invasion espagnole ; mais l'inquisi-

---

1. Vauban, cité par Rulhière, p. 257. Les matelots étaient surtout des Poitevins, des Rochelois, des marins de la Charente et de la Gironde. Le nombre des officiers émigrés était plus grand que ne disait Vauban.

2. Le seul capitaine qui fût peut-être supérieur à Schomberg, Créqui, l'heureux imitateur de Turenne, mourut sur ces entrefaites en 1687. Il ne resta plus que Luxembourg qu'on pût mettre en parallèle avec Schomberg.

3. Tout le monde sait la réponse de Duquesne au roi, qui lui disait que sa religion ne permettait pas de récompenser ses services comme ils le méritaient. « Sire, je suis protestant, mais j'avois toujours pensé que mes services étoient catholiques. » Rulhière, p. 353.

tion portugaise, jalouse des trophées de la révocation, lui rendit bientôt ce séjour insupportable; il rompit ses derniers liens avec la France en abandonnant ses biens et alla porter sa terrible épée aux ennemis de Louis XIV et du catholicisme! Le marquis de Ruvigni, l'ancien député-général des églises réformées, prit le même parti. Des hommes éminents à d'autres titres allèrent organiser à La Haie, à Amsterdam, à Leyde, une guerre d'une autre nature, une polémique religieuse bien plus éclatante que la polémique politique des pamphlétaires impériaux à Ratisbonne ou à Cologne, mais concourant au même but, c'est-à-dire à soulever l'Europe contre le Grand Roi. Le savant ministre Claude, encouragé par le prince d'Orange, expose au monde protestant l'éloquent tableau de la persécution et provoque à la résistance au dedans, à la coalition au dehors; le violent et infatigable Jurieu agite incessamment les prétendus convertis par ses lettres passionnées, par ses ardents pamphlets, que Louis XIV combat en vain par la vigilance de ses agents, Bossuet, par l'autorité de sa parole [1]. Jurieu prépare de loin l'insurrection des Cévennes, en proclamant le droit de résistance armée en face du droit divin de Bossuet. Enfin, un adversaire plus redoutable encore apprête d'autres armes contre les persécuteurs : Jurieu oppose à l'intolérance un enthousiasme fanatique; Bayle y opposera le doute universel et, sans appeler la force contre la force, faisant seulement la guerre aux idées par les idées, il sapera bien plus profondément que Jurieu l'édifice de Bossuet et de Louis XIV. Nous reviendrons sur ce laborieux pionnier qui défricha d'une main patiente le terrain où devait germer le XVIIIe siècle. D'autres hommes de haute capacité, écrivains, savants, orateurs, sans prendre une part aussi énergique à la lutte, privent du moins la France de leurs talents : c'est Basnage, l'historien du Peuple Juif et des Provinces-Unies; Lenfant, l'historien des Conciles de Bâle et de Constance; Beausobre, l'historien du Manichéisme; Rapin-Toiras, l'auteur de l'Histoire d'Angleterre; ce sont les Abadie, les Saurin, les Ancillon, les Tronchin, les Constant, les

---

1. Louvois lui-même prêta en quelque sorte son concours aux ministres, en refusant de violer le secret des lettres, non par scrupule, mais pour ne pas perdre le profit que lui rapportaient les postes étrangères, qui étaient dans son département. V. Foucault, p. 346.

Candolle, qui vont transplanter à Genève, en Hollande, en Allemagne, des familles où le mérite et le savoir semblent héréditaires; c'est Denis Papin, nom immortel dans les annales de la science : ce médecin-physicien de Blois emporte avec lui, loin de sa patrie, la pensée qui doit conquérir, au profit de l'activité humaine, une des forces motrices les plus puissantes que recèle la nature et centupler ainsi la force productive du travail humain [1].
En même temps que l'homme qui prépare un instrument d'une puissance incalculable à l'industrie de l'avenir, les chefs et les agents les plus habiles de l'industrie contemporaine vont en foule s'établir à l'étranger. Les capacités industrielles, moins éclatantes que les capacités littéraires, infligent à la France des pertes plus sensibles encore et moins réparables. La France était assez riche en gloires littéraires pour pouvoir perdre beaucoup sans s'appauvrir; il n'en est pas de même en ce qui regarde l'industrie; la France va descendre, en quelques années, presque en quelques mois, de cette suprématie économique que lui avaient conquise les longs efforts d'une administration protectrice; des villes populeuses [2] voient crouler brusquement, par la disparition des principales familles industrielles, les branches de commerce

---

1. La conquête de la vapeur était déjà commencée. Salomon de Caux (V. notre t. XII, p. 13) avait, dès 1615, proposé l'application de la vapeur à la mécanique; mais il n'y avait vu qu'un moyen d'élever de l'eau dans un tube, qu'une machine d'épuisement. Denis Papin fit le pas décisif en trouvant le moyen de transformer ce moteur spécial en moteur universel, par l'invention de la machine à piston. C'est à lui qu'appartiennent également le moyen de faire rapidement le vide dans le corps de pompe et la combinaison entre l'action de la force élastique de la vapeur et la propriété qu'a la vapeur de se condenser par refroidissement. Établi quelque temps à Londres et nommé, en 1681, membre de la Société Royale anglaise par l'appui de Boyle, puis émigré définitivement après la révocation et fixé en Allemagne, comme professeur de mathématiques à l'université de Marpurg; il publia les principes essentiels de sa découverte, en 1690, dans le recueil scientifique si connu sous le titre des *Actes* de Leipzig. Les essais de l'Anglais Savery, sur l'application des mêmes principes, sont postérieurs de huit ans (1698), et Denis Papin restera dans la chaîne des inventeurs l'anneau essentiel entre Salomon de Caux, qui couva le premier germe de l'idée, et James Watt, qui l'appliqua sur une échelle immense et la fit régner sur le monde industriel. — V. *Notice sur les machines à vapeur*, par M. F. Arago, ap. *Annuaire du bureau des Longitudes* pour l'an 1837. — Huygens et Roëmer, qui avaient paru adopter la France pour patrie, la quittèrent vers le même temps que Papin et en partie par des raisons analogues. Leur gloire et leur qualité d'étrangers les eussent préservés de la persécution; mais le séjour de Paris leur était devenu trop pénible.

2. Caen, par exemple; V. Noailles, t. II, chap. IV. Tours perd sa rubanerie.

qui faisaient leur prospérité, et ces branches vont reprendre racine de l'autre côté des frontières. Ainsi tombe, pour ne plus se relever, la chapellerie normande, déjà souffrante par suite des règlements qui entravent le commerce des pelleteries au Canada. D'autres branches, en plus grand nombre, ne disparaissent pas entièrement, mais voient surgir une concurrence redoutable sur quelque terre étrangère, où elles étaient restées jusqu'alors inconnues ; ce sont autant de débouchés qui se ferment, autant de marchés perdus pour notre exportation, naguère si florissante. Un faubourg de Londres (Spitafields) se peuple de nos ouvriers en soieries émigrés de Lyon et de la Touraine, qui perdent les trois quarts de leurs métiers[1] ; la fabrique des soieries françaises s'établit aussi en Hollande, avec la papeterie, la draperie, etc. Une foule d'industries sont transplantées dans le Brandebourg, et vingt mille Français vont porter les arts les plus raffinés de la civilisation aux grossières populations clair-semées parmi les sables et les sapins de cette triste contrée. Les réfugiés français paient l'hospitalité de l'électeur Frédéric en préparant les hautes destinées de Berlin, qui n'est encore, à leur arrivée, qu'une petite ville de douze ou quinze mille âmes, et qui, dès lors, prend un essor qui ne doit plus s'arrêter[2]. Comme les Hébreux après la chute de Jérusalem, les exilés huguenots se répandent dans le monde entier ; il en est qui vont porter la culture du lin et du chanvre en Islande ; d'autres, conduits par un neveu de Duquesne, fondent une petite colonie au Cap de Bonne-Espérance.

La France s'appauvrit, non pas seulement des Français qui

---

1. La Touraine tombe de 8,000 métiers à 1,200 ; Lyon, de 18,000 à 4,000 environ. *Correspondance administrative sous Louis XIV*, publiée par G. A. Depping, ap. *Documents inédits*, t. III, *Introduction*, p. LIX.

2. Le Grand-Électeur prit à 15 pour 100 les capitaux des réfugiés, et donna aux colons français un gouverneur particulier. La province de Hollande les exempta de tous impôts, et leur assura des secours viagers jusqu'à concurrence de 100,000 florins. Amsterdam seule leur constitua en outre 80,000 florins de rentes ; les autres provinces et les autres villes, à proportion. En Angleterre, Jacques II lui-même, pressé par l'opinion publique, n'osa refuser d'ajouter, au moins en apparence, quelques secours officiels aux secours bien plus abondants des particuliers ; mais il eut la perfidie, lui *papiste*, de prétendre les assujettir à acheter, par une adhésion à l'épiscopat *hérétique* d'Angleterre, le morceau de pain qu'il leur offrait et qu'ils refusèrent. De ce côté, la fortune allait bientôt changer à l'avantage des réfugiés. V. La Martinière, t. IV, p. 353. et Mac-Aulay.

s'exilent, mais de ceux, bien plus nombreux, qui restent malgré eux, découragés, ruinés, soit qu'ils résistent ouvertement à la persécution, soit qu'ils se laissent arracher quelques actes extérieurs de catholicisme, les uns et les autres n'ayant plus ni ardeur au travail, ni sécurité dans la vie ; c'est réellement l'activité de plus d'un million d'hommes que perd la France, et du million qui produisait le plus.

La grande entreprise, le *miracle du règne*, est donc avortée ; le nouveau temple que Louis a prétendu élever à l'unité, croule en sortant de terre, et ne laisse qu'un précipice ouvert à la place de ses fondations. Tout ce que le pouvoir qui régit la France a tenté depuis un siècle dans le sens de l'unité nationale, civile et territoriale, a glorieusement réussi ; dès que le pouvoir sort de ce domaine légitime de l'unité pour envahir le domaine de la conscience et de l'individualité humaine, il suscite devant lui des obstacles insurmontables ; il se compromet dans des luttes où il est également funeste de vaincre et d'être vaincu, et porte le premier coup à la grandeur de la France. Quel contraste entre la prétention de Louis à ne pouvoir se tromper ni être trompé, à tout voir, à tout faire, et les illusions dont on l'a entouré sur la facilité du succès et sur les moyens employés ! Le néant du pouvoir absolu et du gouvernement d'un seul est ainsi révélé sous le règne même du Grand Roi !

Un an s'est à peine écoulé depuis la révocation, que le voile est déjà en partie déchiré ; l'infaillible monarque, pour la première fois peut-être, hésite, se trouble, fait quelques pas en arrière. Louvois ne peut fermer tout accès aux rumeurs du dehors, et l'influence puissante qui avait aidé Louvois auprès du roi, quant au principe de la révocation, ne le seconde plus dans les questions d'application. Madame de Maintenon, aliénée de Louvois par ressentiment personnel, s'en éloigne également par opinion. Mal disposée naguère pour Colbert et pour Seignelai, elle s'est rapprochée peu à peu de la famille du grand ministre ; la conformité de goût pour la dévotion et pour la régularité l'a liée avec les filles de Colbert, avec les duchesses de Chevreuse et de Beauvilliers ; elle pousse les maris et soutient le frère de ces deux dames auprès du roi. A cette société rigide, dont l'épicurien

Seignelai subit politiquement les maximes, se rattachent l'évêque de Châlons, Noailles, fort opposé de sentiments à son frère le gouverneur de Languedoc, l'ex-intendant d'Aguesseau et le jeune chef de la mission de Poitou, le brillant abbé de Fénelon. Tous ces nouveaux amis et conseillers de madame de Maintenon sont contraires au système d'inquisition et de persécution, soit par humanité, soit par patriotisme, soit surtout, quant au plus grand nombre, par esprit janséniste et horreur des sacriléges qu'on impose aux *mauvais convertis*. Quelques évêques du Midi, se séparant généreusement de la plupart de leurs confrères, ont protesté dans le même sens et refusé de se concerter, eux et leurs curés, avec les intendants et les chefs militaires, pour espionner et tyranniser les *nouveaux catholiques* [1]. Sur divers points, d'après le témoignage de Foucault, les *anciens catholiques* refusent également de dénoncer les assemblées secrètes des nouveaux convertis. Madame de Maintenon commence à s'effrayer de ce qu'on a fait, de ce qu'elle a contribué à faire faire; elle qui avait, dans sa propre famille, dérobé, enlevé des enfants à leurs pères pour les convertir, elle écrit qu'elle n'aime plus « à se charger envers Dieu ni devant le roi de toutes ces conversions-là [2]; » elle tend à revenir à ses sentiments naturels de modération et à reprendre, pour ainsi dire, son niveau. Dès 1686, d'Aguesseau adresse au roi un nouveau mémoire contre la contrainte matérielle exercée sur les nouveaux convertis. Le 8 octobre 1686, des instructions du roi aux gouverneurs et intendants défendent de forcer les nouveaux convertis à fréquenter les églises et à recevoir les sacrements, et prescrivent de fermer les yeux sur les refus d'extrême-onction, à moins qu'il n'y ait eu scandale. Le roi veut qu'on s'en repose sur le zèle des curés et des missionnaires. Il ordonne qu'on retire peu à peu et sans bruit les gardes des côtes et des frontières, à cause du préjudice considérable que cette surveillance rigoureuse a causé au commerce. Ainsi, la pensée d'imposer l'inquisition à la France a fait rougir Louis XIV, et il

1. V. la belle lettre de l'évêque de Saint-Pons, Percin de Montgaillard, à M. de Boufflers; ap. Noailles, t. II, p. 491. — Le cardinal Le Camus, évêque de Grenoble, tint la même conduite. V. *Hist. de l'Édit de Nantes*, t. V, p. 983.
2. Lettre au marquis de Villette, ap. Rulhière, p. 246.

a senti, sans vouloir en convenir, l'horreur du système qui fait de la France une geôle, d'où il est défendu de s'échapper sous peine des galères. Son orgueil et ses convictions étroitement associés ne lui permettent pas d'abandonner le but, mais ils recule devant les moyens. Il ne veut pas remettre en liberté les *hérétiques obstinés* qui encombrent les prisons et les bancs des rameurs, et qui se hâteraient d'aller réconforter leurs coreligionnaires et débaucher les convertis; il en déporte un certain nombre aux Antilles, d'où beaucoup s'échappent et gagnent les îles anglaises; il bannit la plupart des autres, soit individuellement, soit par troupes, en retenant leurs biens, sans édit, sans forme légale. Quelques-uns restent en prison (1687-1688)[1].

Pendant ce temps, les instructions du roi sur les nouveaux catholiques, si secrètes qu'elles soient, ont bien vite transpiré; les prétendus convertis profitent aussitôt du relâchement de l'autorité pour cesser toutes pratiques catholiques, et les intendants poussent de nouveaux cris vers la cour, qui leur interdit les rigueurs *salutaires*, la *contrainte un peu plus que morale*, comme dit euphémiquement Foucault. Sitôt qu'on voit la frontière ouverte, l'émigration s'y précipite avec une nouvelle impétuosité. Louvois, mêlant parfois la légèreté à sa cruelle violence, avait dit que, s'il était permis de s'en aller, tout le monde resterait. Les protestants se hâtent au contraire de mettre à profit cette facilité momentanée. Alors le roi, irrité, fait rétablir les gardes par mer et par terre. Les *assemblées* reparaissent. Quelques-unes essaient de résister aux dragons. On les dissipe par la force; puis reviennent les exécutions; ceux mêmes qui n'ont pas résisté sont condamnés aux galères. La conduite du gouvernement ne présente plus que variations et qu'inconséquences, qu'alternatives inexplicables d'indulgence et de cruauté. A partir de 1688, la grandeur des événements extérieurs absorbe le roi dans d'autres préoccupations et lui ôte le loisir de chercher à se reconnaître et à reprendre un plan régulier quant à l'extinction des *restes de l'hérésie*. Cette confusion se prolonge durant une période de dix années.

---

1. *Mém.* de Foucault, t. II, p. 325. — *Édit de Nantes*, t. V, liv. XXIII, XXIV.

Tandis que Louis faisait de la destruction du calvinisme son grand intérêt et tournait contre ses sujets, contre la France, tout l'effort de sa puissance, la situation générale de l'Europe s'était considérablement modifiée. Le contre-coup de la révocation, la fermentation causée par les récits, par l'aspect émouvant des fugitifs, des *martyrs* protestants, avaient abattu en Hollande le parti de l'alliance française, ranimé, dans toute leur ardeur, les haines de 1672 et rendu au prince d'Orange toute sa prépondérance sur le gouvernement des Provinces-Unies. Sur ces entrefaites, les affaires de l'empereur et de l'Empire se rétablissaient. La campagne de 1685 avait été tout à l'avantage des Impériaux : Eperies et Neuhausel étant retombés au pouvoir des généraux de l'empereur et le serasker Cheitam-Ibrahim, en voulant recouvrer Strigonie, ayant perdu une bataille contre le duc de Lorraine et l'électeur de Bavière, les Turcs s'en prirent à Tékéli ; cet illustre chef hongrois fut enlevé par surprise et conduit prisonnier à Constantinople, comme accusé de trahison : il parvint à se justifier auprès du sultan et fut renvoyé honorablement en Hongrie ; mais sa mise en liberté ne répara point le mal qu'avait fait son arrestation ; la plupart de ses amis et de ses lieutenants, indignés contre les Turcs, avaient traité avec l'empereur et livré Caschau (Cassovie) et beaucoup d'autres places de la Haute-Hongrie au duc de Lorraine[1]. L'Allemagne, encouragée, relevait la tête et commençait à manifester son impatience de la pression

1. Deux princes du sang de France, les princes de Conti et de la Roche-sur-Yon, avaient fait la campagne de 1685 comme volontaires dans l'armée impériale, sans en avoir obtenu l'autorisation du roi, qui leur sut très-mauvais gré de ce zèle intempestif contre les *infidèles*. Ces deux princes avaient été accompagnés par un jeune homme de grande naissance, qui, ne trouvant pas de carrière ouverte en France, allait en chercher une à la cour et dans les armées de l'empereur. C'était Eugène de Savoie-Soissons, fils d'un prince d'une branche cadette de Savoie et petit-neveu, par sa mère, du cardinal Mazarin. Sa mère était cette spirituelle et intrigante comtesse de Soissons, Olympe Mancini, si influente sur la jeune cour pendant les premières années de Louis XIV. Elle avait perdu l'amitié du roi pour l'avoir voulu brouiller avec La Vallière ; puis, en 1680, elle s'était trouvée impliquée dans la fameuse affaire des *poisons*, qui compromit tant de personnes de la première qualité. Louis crut lui accorder une faveur en lui permettant de quitter la France. Sa disgrâce rejaillit sur sa famille ; son plus jeune fils, Eugène, qu'on appelait *l'abbé de Savoie* parce qu'il avait été d'abord destiné à l'église, ayant demandé une compagnie au roi, essuya un refus. Ce refus devait coûter cher à Louis et à la France.

que la France exerçait sur elle. L'Allemagne était convaincue que la trêve ne la protégerait pas mieux que n'avait fait la paix, contre les envahissements du Grand Roi; elle s'exagérait même à cet égard l'ambition présente de Louis, et quelques nouveaux empiétements opérés sur une petite échelle et comme par habitude eussent suffi à la confirmer dans sa pensée de défiance et de colère, quand même une grave question n'eût pas été posée en ce moment entre l'Empire et la maison de France.

L'électeur palatin était mort le 15 mai 1685 et, avec lui, avait fini cette branche palatine de Bavière, qui avait joué un si grand rôle dans l'histoire politique et religieuse de l'Allemagne depuis le XVIe siècle. Le duc de Neubourg, chef de la branche la plus voisine, catholique et beau-père de l'empereur, s'était aussitôt mis en possession de Heidelberg et de l'électorat. Louis XIV réclama une part de l'héritage pour sa belle-sœur, Madame, duchesse d'Orléans, sœur du défunt électeur. Madame avait renoncé par contrat de mariage aux biens féodaux, mais non point aux biens allodiaux de sa famille, et le gouvernement français revendiquait pour elle, à ce titre, tout le mobilier de la maison palatine, jusqu'à l'artillerie qui garnissait les places, et une grande partie des biens fonds. Cette prétention souleva une vive agitation dans tout l'Empire; mais, cette fois, Louis XIV ne procéda point, comme à l'ordinaire, par voie de fait; au lieu de se faire justice à lui-même, il s'en remit au jugement du pape: c'était une avance très-marquée à Innocent XI, qui l'en remercia en même temps que de la révocation, mais qui n'en devint pas plus bienveillant pour lui. Le nouveau Palatin et l'empereur, qui était intervenu comme juge souverain du différend, n'acceptèrent point d'abord cet arbitrage. Louis menaça. Le Palatin consentit à l'arbitrage. Louis, à son tour, différa d'envoyer à Rome, et le débat traîna en longueur, grâce aux préoccupations que donnait au roi la destruction de l'hérésie. Mieux eût valu, après tout, faire la guerre à l'étranger qu'aux consciences de ses sujets, et travailler à faire céder à sa belle-sœur le Palatinat cis-rhénan[1],

---

1. Louis revendiquait spécialement pour sa belle-sœur le duché de Simmeren et le comté de Spanheim. V. Limiers, *Hist. de Louis XIV*, t. IV, p. 194, sur le contrat de Madame.

qu'à pousser dans la ruine ou dans l'exil un million de Français.

Le renouvellement de la guerre générale était bien difficile à éviter. Louis ne fit, par cette longanimité inattendue, que donner à ses ennemis le temps de se rapprocher et de s'entendre. Un vaste mouvement diplomatique s'opérait contre la France d'un bout de l'Europe à l'autre. La révocation avait excité une vive irritation dans tous les états protestants, que leur propre intolérance ne mettait pourtant guère en droit de faire des reproches à Louis XIV. En ce moment même, les états luthériens ne recevaient pas sans quelque difficulté les réfugiés calvinistes et, dans certaines contrées, leur refusaient le culte public et leur fermaient les corporations. Tous, cependant, luthériens et calvinistes, étaient ralliés dans un même sentiment par la concordance des événements de France et d'Angleterre : ils y voyaient un complot tramé entre Louis XIV et Jacques II pour la destruction générale du protestantisme. Jacques II, n'ayant pu obtenir le concours de son parlement pour l'abolition du *Test*, l'établissement d'une armée permanente et la suspension de l'*habeas corpus*, avait résolu de s'en passer; il avait prorogé le parlement (novembre 1685) et fait décider par la haute cour de justice (cour du banc du roi), que le roi pouvait dispenser des lois pénales et par conséquent ne pas tenir compte des exclusions fondées sur la loi du *Test*. Il introduisait les catholiques partout, jusque dans le conseil privé, autorisait les couvents à s'établir dans Londres et envoyait avec éclat un ambassadeur à Rome. Les protestants croyaient à juste titre reconnaître là les conseils de Louis XIV et des jésuites, et pensaient même la liaison des deux rois plus intime qu'elle ne l'était réellement. Les états catholiques cependant ne savaient aucun gré à Louis de ce qui courrouçait les *hérétiques*, et Louis, en achevant de s'aliéner les anciens amis de la France, n'avait à espérer aucune compensation du côté de ses anciens adversaires. Chez les deux grands gouvernements catholiques, l'Autriche et l'Espagne, l'animosité politique était aussi forte que pouvait l'être l'animosité religieuse chez les réformés. Quant au pape, les coups portés à l'hérésie ne lui faisaient pas oublier « les attentats faits en France contre la soumission due à l'église romaine. » On avait plus d'antipathie à Rome pour les auteurs de la Déclaration de 1682 que pour les calvinistes. Le ressentiment dont Louis XIV était l'objet rejaillissait jusque sur Jacques II, qu'on eût voulu voir s'unir à l'Empire et à l'Espagne contre la France, et ces dispositions devaient bientôt produire des combinaisons politiques plus surprenantes encore que n'avait été l'alliance de l'Espagne et de la Hollande.

Les menées du prince d'Orange, secondées avec ardeur par le nouvel électeur palatin, aboutirent à de grands résultats. L'évident affaiblissement que la révocation allait causer à la France encourageait tous les ennemis de Louis XIV; on sentait là l'équivalent de cette persécution des protestants hongrois, que Louis lui-même avait si bien exploitée contre l'Autriche. Dès le commencement de 1686, la Hollande et la Suède renouvelèrent leurs anciens traités défensifs (12 janvier 1686). La Suède et le Brandebourg, naguère rivaux acharnés, contractèrent un pacte de défense mutuelle le 10 février. Par un article secret, les deux parties s'engagèrent à défendre la liberté de conscience et la paix de religion contre les fléaux qui pouvaient envahir l'Empire « après d'autres contrées voisines ». On comptait, pour cette défense, sur le concours de l'empereur et des catholiques eux-mêmes. On comptait sur l'Autriche et la Bavière pour défendre le traité de Westphalie contre la France. Quel déplorable renversement de la politique ! Un traité secret fut conclu ensuite, le 7 mai, entre l'empereur et l'électeur de Brandebourg. Le Grand Électeur, pendant quelques années, avait penché vers la France, sans avoir pourtant dessein, autant qu'on peut le présumer, d'observer bien fidèlement ses mystérieux engagements envers Louis XIV. L'empereur et les Provinces-Unies ayant réparé quelques griefs qu'il avait contre eux, l'intérêt de l'Empire, surtout l'intérêt du protestantisme, l'entraînèrent, et, comme dans la guerre de Hollande, il montra l'exemple aux autres princes. Son pacte avec Léopold fut fondé sur « la nécessité de s'unir pour éviter à l'Empire de nouvelles pertes pareilles à celles qu'il avait subies par ses divisions intestines, par les coupables intelligences de quelques-uns de ses membres avec l'étranger, et surtout par la fraude et la violence de ses ennemis extérieurs. » Le même danger pouvant renaître à l'occasion de la succession palatine, l'empereur et l'électeur s'alliaient pour vingt ans afin de faire respecter la paix de Westphalie et la trêve de Ratisbonne. L'empereur et l'électeur s'engageaient à défendre, par les derniers efforts, tout membre de l'Empire attaqué sous prétexte de *réunion* ou de *dépendances*; si l'électeur palatin était attaqué, l'empereur fournirait pour sa défense douze mille hommes, et l'électeur de Brandebourg huit mille.

Le 9 juillet 1686, un second pacte secret fut signé à Ausgbourg entre l'empereur, les rois d'Espagne et de Suède, comme membres de l'Empire, l'électeur de Bavière, les cercles de Bavière et de Franconie, les princes de la maison de Saxe et les princes et états du Haut-Rhin et du Westerwaldt. Le gouvernement espagnol venait encore une fois de courber la tête devant la France, à propos d'un démêlé commercial [1], et embrassait avec passion l'espoir d'obtenir enfin cette vengeance qui lui échappait toujours.

Par cet acte, le chef et les membres de l'Empire s'unissent jusqu'à l'entier établissement de la sûreté publique, fondée sur l'observation des traités de Westphalie et de Nimègue et de la trêve de Ratisbonne. Dans le cas où un des associés serait menacé, l'empereur se charge d'avertir tous les autres qu'ils se tiennent prêts à faire marcher leurs troupes au secours de l'allié en péril. Si l'attaque a lieu, tous les alliés s'assembleront pour arrêter les moyens de contraindre l'agresseur à se désister et à réparer le dommage

---

1. Les règlements et les prohibitions ne pouvant prévaloir contre la force des choses, depuis la ruine de l'industrie espagnole, l'Espagne et ses colonies achetaient au dehors les marchandises qu'elles ne produisaient plus, et, faute d'objets d'échange, les payaient presque exclusivement avec l'or et l'argent d'Amérique. Presque tout le commerce des Indes-Occidentales était passé entre les mains des Hollandais, des Anglais et des Français, auxquels les armateurs de Cadix servaient de commissionnaires, l'accès direct dans les colonies étant interdit aux étrangers. Les Français étaient intéressés dans ce commerce pour 3 à 40 millions. Le gouvernement espagnol, las de lutter sans succès contre la contrebande, avait fini par accorder l'exportation des métaux précieux, moyennant certaines restrictions et une forte taxe appelée *indult*. Ces conditions furent appliquées avec partialité au détriment des Français, qu'on vexa de toutes manières, tandis qu'on favorisait les Hollandais et les Anglais. En 1685, on saisit en Amérique, sous prétexte de contravention, 500,000 écus appartenant aux négociants français. Louis XIV envoya une escadre bloquer Cadix; deux galions furent enlevés. Le cabinet de Madrid, craignant de plus grandes pertes, remboursa les 500,000 écus. V. P. Clément, *le Gouvernement de Louis XIV*, p. 178. — De Sourches, II, 89. La jeune reine, Marie-Louise d'Orléans, avait offert toutes ses pierreries pour ce paiement, afin d'empêcher le renouvellement de la guerre.

qu'il aura fait. Les alliés resteront unis et emploieront toutes leurs forces jusqu'à ce que le but soit atteint. Chacun des alliés doit secourir les places exposées aux invasions; si quelqu'un d'eux n'est point en état de le faire, l'association y pourvoira. Chacun procurera l'avantage de l'autre et la sûreté de tous. L'association s'oblige à mettre sur pied soixante mille combattants, sur lesquels l'empereur en fournira seize mille, l'électeur de Bavière, huit mille, le roi d'Espagne, pour le cercle de Bourgogne, six mille. Ces troupes seront fréquemment exercées et astreintes à camper tous les ans quelques semaines. Une caisse commune sera établie à Francfort. Chacun des alliés aura ses magasins. L'empereur aura la direction suprême des opérations militaires; l'électeur de Bavière commandera l'armée. Les puissances étrangères pourront être admises dans l'association par l'empereur. On s'engage d'abord pour trois ans: si la sûreté publique est, d'ici là, suffisamment garantie, l'association désarmera; sinon elle sera prorogée. Tout différend entre les alliés sera décidé à l'amiable. Aucun des alliés ne pourra négocier séparément avec l'ennemi une fois déclaré; rien ne se fera ni ne se conclura que d'un consentement unanime.

L'électeur palatin, qui se trouvait le plus directement intéressé au traité, y adhéra le 2 septembre; le duc de Holstein-Gottorp en fit autant le 7 [1].

Tels furent les premiers actes de la célèbre Ligue d'Augsbourg. Les principes qu'elle posa furent d'abord purement défensifs; mais son principal instigateur, le prince d'Orange, espérait bien en tirer d'autres conséquences. Il n'essaya pas de rattacher sur-le-champ la Hollande à la ligue de l'Empire : les États-Généraux eussent encore hésité à faire une démarche aussi décisive, sans provocation de la part de Louis XIV; d'ailleurs, Guillaume avait à réserver son influence sur la Hollande pour un autre dessein, et la Ligue d'Augsbourg n'était, dans sa pensée, qu'une puissante diversion qu'il se ménageait.

Louis XIV ne fut informé des conventions d'Augsbourg qu'au bout de deux mois, et fort imparfaitement : il crut le traité plus

---

1. Dumont, *Corps dipl.*, t. VII, 2ᵉ partie, p. 122-139.

agressif; il avait eu avis que la Hollande y était engagée et qu'on voulait rompre la trêve de Ratisbonne. Il menaça d'entrer en Allemagne avec soixante mille hommes. L'empereur et les princes allemands renièrent toute intention hostile et assurèrent qu'ils ne demandaient que le maintien des traités. Louis, comme pour défier la Ligue, fit bâtir un nouveau fort en face de Huningue, sur la rive droite du Rhin et sur les terres du margrave de Bade, et signifia à l'électeur de Brandebourg et aux ducs de Brunswick qu'ils eussent à ne point attaquer le roi de Danemark, alors en guerre avec la ville de Hambourg. Le Danemark était le seul allié qui restât à Louis. Quant au fort du Rhin, cette entreprise mécontenta les Suisses au moins autant que les Allemands et acheva d'aliéner de Louis les cantons protestants, qui regorgeaient de réfugiés français et piémontais [1].

Si le roi en eût cru Louvois, il ne se fût pas contenté de si peu : il eût pris l'offensive, sous prétexte de prévenir les complots de ses ennemis et d'assurer les droits de Madame sur la succession palatine, mais, en réalité, pour faire de nouvelles conquêtes en Belgique et sur le Rhin, et pour secourir indirectement les Turcs et Tékéli, en obligeant l'Allemagne à diviser ses forces. Louvois commençait à croire le retour de la guerre nécessaire à son crédit et, d'ailleurs, il pouvait soutenir son avis par des motifs assez spécieux. L'influence pacifique de madame de Maintenon l'emporta et le superbe ministre fut contraint de plier. La puissance de l'amie du roi devenait de plus en plus manifeste : le roi prenait l'habitude de travailler chez elle et devant elle avec les ministres, et Louvois ne pouvait dissimuler le dépit qu'il en éprouvait, bien que madame de Maintenon, pendant le « travail du roi », parût plus occupée de son rouet que de la discussion [2].

L'état de la santé du roi avait secondé madame de Maintenon. Louis, dont le tempérament si robuste avait paru longtemps

---

1. *Mém.* du marquis de Souches, t. II, p. 167. — Abrégé des mémoires du marquis de Dangeau, publié par madame de Genlis, t. Ier, p. 169.

2. Il arrivait parfois, quand la matière était embarrassante, que le roi disait : « Consultons la raison; » puis il ajoutait, en se tournant vers elle : « Qu'en pense Votre Solidité? » C'est le nom qu'il lui donnait, pour rendre hommage à l'excellence de son esprit. Noailles, *Histoire de madame de Maintenon*, t. II, p. 196.

inaltérable, souffrait, depuis quatre ans, d'une affection très-
commune à cette époque et qui était devenue assez grave vers
le commencement de 1686 : c'était une fistule au fondement. Ainsi,
au moment où le concert de louanges redoublait, où les flots
d'encens s'élevaient de toutes parts, où le courtisan-type, La
Feuillade, érigeait sur la *place des Victoires* une statue, ou plutôt
une idole, à l'*homme immortel*, et la consacrait par des cérémonies
d'adoration païenne [1], la nature menaçait d'enlever le dieu par
un mal vulgaire et presque humiliant. Louis laissa l'ulcération
s'aggraver pour n'avoir pas voulu permettre qu'on l'opérât aussitôt qu'il eût été convenable : il n'était point accoutumé à souffrir. Il se décida enfin à subir l'opération le 18 novembre, et
n'appela près de lui, dans ce moment pénible, que madame de
Maintenon et M. de Louvois, comme pour réconcilier, devant son
lit de douleur, son amie et son ministre *nécessaire*. L'opération,
supportée avec courage, réussit ; cependant on fut bientôt dans
la nécessité de faire de nouvelles incisions, et Louis ne fut véritablement guéri qu'au mois de janvier suivant. La France et l'Europe avaient attendu, avec une anxiété profonde, l'issue de sa
maladie : le bruit de sa mort s'était répandu plusieurs fois. L'accueil que lui firent les Parisiens quand il alla, le 30 janvier 1687,
remercier Dieu de sa guérison à Notre-Dame, puis dîner à l'Hôtel
de Ville, rappela les transports qu'on avait témoignés à la naissance de l'aîné de ses petits-fils, et fit voir combien il était encore

1. La Feuillade, avec le concours de la ville de Paris, avait fait construire, sur l'emplacement d'un hôtel qui lui appartenait, la place qu'il nomma *des Victoires*, en commémoration des triomphes de Louis XIV. Il y éleva à ses frais un groupe colossal en plomb doré, qui représentait Louis le Grand couronné par la Victoire et foulant aux pieds un Cerbère, symbole de la coalition. Quatre esclaves de bronze étaient enchaînés aux quatre angles du piédestal. Ce monument, ouvrage du sculpteur brabançon Van-Bogaërts (Desjardins), fut dédié, le 28 mars 1686, avec une pompe extraordinaire. La Feuillade en fit trois fois le tour à la tête des gardes françaises, dont il était colonel, avec les prosternations par lesquelles les Romains inauguraient les statues de leurs empereurs. Il avait résolu de fonder des lampes votives qui auraient brûlé nuit et jour devant la statue, comme autrefois devant les images des dieux. Le roi trouva pourtant ceci trop fort et ne le permit pas. La Feuillade se consola en annonçant l'intention de se préparer une sépulture sous la statue de son maître. V. *Mém.* de Choisi, p. 602. — *Mém.* du marquis de Sourches, t. II, p. 36. — *Tableau de Paris*, par Saint-Victor, t. II, p. 113-118, avec le dessin du monument détruit en 1792. Les quatre esclaves de bronze ont été transportés aux Invalides.

populaire. Toute la population, à l'exception des malheureux protestants, fut dans l'ivresse [1].

La maladie de Louis XIV devait couper son règne en deux moitiés presque égales [2]. Si ce règne se fût terminé au milieu de sa carrière, il eût laissé la mémoire d'une grandeur et d'une prospérité sans exemple dans l'histoire. La grandeur devait survivre à la prospérité, et d'autres destins étaient réservés aux dernières années du règne.

Les succès lointains des rivaux de la France, sans l'atteindre directement, étaient déjà des revers pour elle. Depuis 1685, tout réussissait aux Impériaux contre les Turcs, et l'on commençait à reconnaître, à exagérer même la faiblesse réelle de ce grand corps othoman, objet de tant de terreurs. Le pape et l'empereur étaient parvenus à calmer le mécontentement de Sobieski contre l'ingrate Autriche : Innocent XI, par de pressants appels au zèle du héros polonais, appels soutenus de larges subsides, Léopold, par la promesse d'assurer aux enfants de Sobieski les conquêtes que ferait leur père. Sobieski avait cédé aux Russes Smolensk, Tchernigow, Kiew et les autres places du Borysthène, qu'ils n'occupaient qu'à titre provisoire, afin d'obtenir leur coopération contre les Turcs et les Tatares, vassaux du sultan; puis il avait envahi la Valachie et la Moldavie : trahi par l'hospodar grec, Cantimir, qui lui avait promis de s'unir à lui, il ne put se maintenir dans

---

1. *Mém.* de Sourches, t. II, p. 1, 13, 24, 41, 206. — Abrégé de Dangeau, t. I*er*, p. 180. — Larrei, *Histoire de Louis XIV*, t. II, p. 71. Le grand Condé était mort peu après l'opération du roi, le 11 décembre 1686. Il avait, depuis longues années, racheté les péchés politiques et autres de sa jeunesse, en se montrant le plus obséquieux des courtisans et le type du decorum. Quand on le priait d'écrire les mémoires de sa vie, il répondait : « Tout ce que j'ai fait n'est bon qu'à être oublié; il faut écrire l'histoire du roi; toute autre serait désormais superflue. » Dans les derniers temps de sa vie, il tourna même à la dévotion, et acheva de mettre ainsi Chantilli à l'unisson de Versailles. « La nouvelle de la communion de M. le Prince, écrivait le marquis de Sourches en 1685 (t. I*er*, p. 88), surprit beaucoup de monde; on assuroit qu'il n'avoit pas fait ses pâques depuis dix-sept ans. » Un des plus vifs désirs du roi était d'assurer de grands établissements à ses enfants naturels : Condé flatta cette passion en demandant au roi, pour son petit-fils le duc de Bourbon, une fille de Louis et de madame de Montespan. Cette jeune princesse ayant été attaquée de la petite vérole, malade lui-même, il accourut de Chantilli à la cour et se donna tant de fatigue, qu'il mourut des suites de son zèle. C'était bien être courtisan jusqu'à la mort. Son oraison funèbre fut un des plus magnifiques chefs-d'œuvre de Bossuet.

2. De 1661 à 1686; de 1687 à 1715.

les provinces roumaines, et fut réduit à la gloire stérile d'une retraite victorieuse, opérée dans un pays difficile, devant les forces supérieures des Turcs et des Tatares. Il n'avait fait, en sacrifiant les vrais intérêts de la Pologne, que faciliter les succès des Impériaux par une grande diversion. Pendant que les Turcs défendaient la Valachie et la Moldavie contre les Polonais, l'Autriche enlevait au sultan, par un traité avec le prince Michel Apaffi, la suzeraineté de la Transylvanie, jusqu'alors le point d'appui de l'insurrection hongroise, et Bude, la capitale de la Hongrie othomane, était emportée d'assaut en présence du grand vizir, sans que celui-ci pût lui porter secours (2 septembre 1686). La population presque entière, chrétienne ou musulmane, fut égorgée par les troupes impériales, plus féroces que les *Infidèles* eux-mêmes. Une partie de la Hongrie méridionale suivit le sort de Bude. Les Vénitiens n'eurent pas moins de succès que les Impériaux dans cette campagne : ils réparèrent la perte de Candie par la conquête de la Morée : la côte occidentale de la Grèce et la Dalmatie turque tombèrent en partie dans leurs mains.

La civilisation et l'humanité n'avaient point à se louer des avantages remportés par la Ligue : le canon des Vénitiens avait détruit en Grèce d'incomparables monuments de l'antiquité, épargnés par la barbarie othomane [1], et le retour de la Hongrie sous la domination autrichienne fut signalé par une longue série d'atrocités, qui justifièrent les Hongrois d'avoir préféré la suzeraineté des *Infidèles* au joug de l'Autriche. Les magnats récemment soumis ayant montré quelques dispositions à renouer avec Tékéli, le cabinet de Vienne fit assembler à Éperies, sous ce prétexte, un tribunal extraordinaire, qui sembla se proposer pour but d'anéantir la noblesse magyare. Il fallut trente bourreaux à la fois pour suffire à l'ouvrage : l'échafaud resta dressé pendant une année presque entière, et le *théâtre sanglant d'Éperies* mérita, dans l'histoire des tyrans, un renom égal au *tribunal de sang* du duc d'Albe. Quand la Hongrie parut assez épuisée de sang, assez abattue par la terreur, l'empereur manda à Vienne ce qui restait des magnats, et les força d'abandonner, au nom de leur nation, l'antique droit d'élire les rois et celui de résister par les armes aux infractions

---

1. Les sculptures de Phidias au Parthénon étaient restées intactes jusqu'en 1686!

des privilèges nationaux par le pouvoir royal. La diète hongroise, convoquée à Presbourg, ratifia cette destruction de la constitution nationale, reconnut la couronne héréditaire en ligne masculine et proclama le jeune archiduc Joseph, fils de Léopold, associé à la couronne (9 décembre 1687). L'administration financière de la Hongrie fut livrée à une chambre composée pour moitié d'Allemands. Le dernier effort d'indépendance qu'osa la diète, fut de refuser d'étendre l'hérédité à la ligne féminine. Léopold, après le couronnement de son fils, supprima enfin le tribunal d'Éperies, confirma ce qui restait de privilèges à la nation hongroise et promit de réunir au royaume de Hongrie les conquêtes qu'il avait faites et ferait sur les Turcs. Ses ministres, instigateurs de ses effroyables vengeances, et les jésuites, si influents sur son esprit, l'avaient pressé d'établir un gouvernement tout à fait absolu en Hongrie et de supprimer de nouveau le culte protestant; il eut du moins le bon sens de résister et de ne pas pousser aux dernières extrémités un peuple courageux, qui fût bientôt revenu de l'épouvante à la fureur [1].

Le duc de Lorraine et l'électeur de Bavière avaient, cependant, poursuivi le cours de leurs succès. Le 12 août 1687, ils avaient remporté une éclatante victoire sur le grand vizir à Mohacz, dans ces mêmes plaines où, cent soixante-six ans auparavant, le roi Louis Jagellon et l'indépendance hongroise étaient tombés ensemble sous le cimeterre du grand Soliman. Les Impériaux profitèrent de leur triomphe pour violer leur récent traité avec le prince de Transylvanie, qui, disaient-ils, conservait des intelligences avec les Turcs, et pour occuper militairement cette contrée. Les discordes des Turcs achevaient d'assurer la fortune de leurs vainqueurs. L'armée battue à Mohacz, après avoir chassé le grand vizir Soliman-Pacha, à qui elle attribuait sa défaite, avait marché sur Constantinople, renversé du trône le sultan Mahomet IV, élevé à sa place son frère Soliman, qui végétait, depuis l'enfance, prisonnier au fond du sérail [2], et paraissait beaucoup plus empressée à rançon-

---

1. *Hist. des révolutions de Hongrie*, t. Ier, liv. III-IV; La Haie, 1739. — Coxe, *Hist. de la maison d'Autriche*, t. IV, c. LXVI.

2. C'était la première fois peut-être, depuis le quinzième siècle, que les sultans avaient dérogé à la coutume d'égorger leurs frères pour inaugurer leur règne.

ner la capitale et les provinces othomanes, qu'à retourner contre l'ennemi. Le nouveau sultan manifesta le désir de traiter avec l'empereur et blâma ouvertement la guerre entreprise par son prédécesseur contre la foi d'une trêve.

Tous ces graves événements causaient autant de mauvaise humeur à Versailles que de satisfaction à Vienne. Le gouvernement français ne manifestait son inquiétude qu'en redoublant de hauteur à mesure que ses rivaux devenaient plus redoutables; il cessait enfin de s'absorber dans ses tristes préoccupations religieuses et travaillait sérieusement à contre-balancer les progrès de l'empereur. Sa situation était compliquée d'une nouvelle querelle avec un adversaire qui n'avait pas, comme Léopold, des armées à sa disposition, mais qui avait d'autres moyens de nuire et qui en usait avec passion : c'était le pape Innocent XI. Les franchises dont jouissaient à Rome les ambassadeurs des puissances catholiques avaient été l'occasion du débat. Chaque ambassadeur était souverain, non pas seulement dans son palais, mais dans son quartier : les officiers du pape étaient privés de toute autorité sur une grande partie de Rome, ce qui rendait la police à peu près impossible et assurait aux malfaiteurs des retraites inviolables dans tous ces asiles privilégiés. Innocent XI, à l'exemple de Sixte-Quint et de quelques autres pontifes zélés pour le bon ordre, voulut faire cesser ces abus et résolut de ne plus recevoir d'ambassadeur qui ne renonçât à la franchise de son quartier. Les cours de Pologne, d'Espagne, d'Angleterre, la république de Venise, le cabinet de Vienne, accédèrent successivement aux intentions du saint père. Au commencement de 1687, le duc d'Estrées, ambassadeur de France, étant venu à mourir, le pape fit occuper le palais Farnèse (palais de l'ambassade française) par ses officiers et proclamer l'abolition des franchises; puis il fit exposer de nouveau à Louis XIV ses motifs et le consentement des autres princes. Innocent XI avait eu tort sur d'autres points contre le roi de France; mais, cette fois, on doit reconnaître qu'il avait raison. Louis, cependant, répondit superbement que « sa couronne ne s'étoit jamais réglée sur « l'exemple d'autrui, mais que Dieu l'avoit établie pour servir « d'exemple et de règle aux autres, et qu'il étoit résolu, tant

« qu'il régneroit, de n'en jamais laisser perdre aucun droit¹. »

Il est difficile de comprendre quel intérêt si puissant pouvait avoir la couronne de France à empêcher le *barigel* d'arrêter les voleurs dans les rues voisines du palais Farnèse. Louis, néanmoins, tint parole, et, le pape ayant lancé une bulle d'excommunication contre quiconque prétendrait maintenir les franchises des quartiers (12 mai 1687), le roi expédia le marquis de Lavardin en ambassade à Rome, avec ordre de ne rien céder de ses droits. Lavardin fit son entrée à Rome en conquérant, à la tête d'un millier d'hommes armés de pied en cap, la plupart officiers, gentilshommes ou gardes de la marine (16 novembre). Le pape lui refusa audience, comme à un excommunié, et interdit l'église française de Saint-Louis, où l'ambassadeur faisait ses dévotions (26 décembre). L'ambassadeur protesta, et le procureur-général de Harlai interjeta appel comme d'abus de la bulle du 12 mai et de la sentence du 26 décembre. Il appela au futur concile, et non à Innocent XI mieux informé, ainsi qu'on l'avait pratiqué, dit-il, envers d'autres papes, à qui leur âge permettait d'agir par eux-mêmes, et dont le caractère et les idées promettaient justice et impartialité. L'avocat-général Talon fut beaucoup plus vif et plus explicite encore. S'il ne put trouver de bonnes raisons en faveur des franchises, il blâma le pape, à juste titre, d'avoir abusé des armes spirituelles dans une matière purement politique : il attaqua les refus systématiques de bulles aux évêques nommés par le roi, refus qui, prolongés depuis 1682, tenaient en ce moment trente-cinq diocèses sans pasteurs constitués canoniquement, et il soutint qu'on pourrait bien se passer des bulles et faire ordonner par les métropolitains les évêques élus par le roi, si le pape continuait à refuser d'exécuter le concordat. Il accusa le saint-père de protéger le jansénisme, faction hostile « à toutes les puissances ecclésiastiques et séculières », et de tolérer les erreurs nouvelles du quiétisme². Il conclut, en sus de l'appel au futur concile général, à ce que le roi fût supplié, 1° d'ordonner la tenue de conciles provinciaux, ou d'un concile national, afin de pour-

---

1. Larrei. *Hist. de Louis XIV.* t. II, p. 74.
2. Nous reviendrons sur cette secte mystique, qui devait jouer bientôt en France un rôle intéressant.

voir aux désordres causés par la vacance des évêchés ; 2° d'interdire tout commerce avec Rome et tout envoi d'argent. Le parlement de Paris rendit arrêt conforme (22-23 janvier 1688)[1].

C'était la question de schisme que posait nettement la magistrature. Le roi n'alla pas si loin et différa de répondre aux vœux du parlement. Une grande affaire, qui touchait bien autrement que la querelle des franchises aux intérêts essentiels de la France, venait de surgir et faisait souhaiter à Louis un accommodement avec le pape ; mais Innocent n'était pas homme à laisser échapper un moyen de vengeance un peu plus efficace que les foudres usées de l'excommunication. Louis éprouva qu'il n'est pas bon d'humilier un adversaire qu'on ne peut ni ne veut anéantir.

On a vu avec quel dévouement la maison souabe de Fürstenberg s'était attachée à la France : des deux chefs de cette maison, l'un, le prince Guillaume, ministre de l'électeur de Cologne, avait enchaîné l'électeur à la politique française ; l'autre, l'évêque de Strasbourg, Égon, avait été pour beaucoup dans la réunion de Strasbourg à la France. Égon étant mort en 1682, Guillaume entra dans l'Église et Louis XIV lui procura l'évêché de Strasbourg, puis le chapeau de cardinal. Louis préparait à son utile auxiliaire une plus haute fortune, la succession même de l'électeur de Cologne, évêque de Liége, Maximilien-Henri de Bavière-Leuchtenberg, prince valétudinaire, dont la fin paraissait prochaine.

Au commencement de 1688, le chapitre de Cologne, travaillé de longue date par les intrigues de Fürstenberg et par l'argent de la France, élut Fürstenberg coadjuteur de l'archevêque-électeur : le consentement de celui-ci avait été acheté à haut prix par le roi. L'alarme se répandit dans tout l'Empire : Fürstenberg électeur ! autant eût valu introduire dans le collége électoral M. de Louvois ou M. de Croissi ! Mais l'Empire pouvait compter sur Rome : le pape cassa l'élection. L'archevêque-électeur mourut sur ces entrefaites (3 juin). Louis XIV fit une dernière tentative auprès d'Innocent XI. Il lui envoya un agent confidentiel avec une lettre de sa main. L'agent et la lettre ne furent pas reçus. Pendant ce temps, la Ligue d'Augsbourg s'était hâtée de chercher un compétiteur à

---

1. *Mém. chronolog. et dogmatiques*, t. II, p. 304-316. — Larrei, t. II, p. 72-82. — Limiers, *Hist. de Louis XIV*, t. IV, p. 242.

Fürstenberg : elle avait mis en avant le jeune prince Clément, frère de l'électeur de Bavière. Clément de Bavière n'avait ni l'âge, ni les autres conditions requises : le pape lui accorda des dispenses et un bref d'éligibilité. Le chapitre de Cologne procéda, le 19 juillet, à l'élection du nouvel archevêque. Les constitutions de l'électorat de Cologne établissaient que le candidat qui était déjà attaché à quelque autre bénéfice devait réunir les deux tiers des voix, seize sur vingt-quatre, pour être élu irrévocablement; s'il n'avait que la simple majorité, il devait s'adresser au pape par voie de *postulation*. Fürstenberg avait voulu lever cet obstacle en se démettant de l'évêché de Strasbourg, mais le pape lui en avait refusé la permission. Si toutes les voix qui l'avaient appelé à la coadjutorerie lui étaient restées fidèles, il aurait eu les deux tiers des suffrages et eût passé, en dépit du saint-père; mais les lettres de change hollandaises avaient contre-balancé les louis de France et détourné deux ou trois voix : Fürstenberg n'en avait eu que quatorze contre neuf données à Clément de Bavière. La majorité du chapitre résolut néanmoins de soutenir son choix et de considérer l'autorisation donnée antérieurement par le pape à Fürstenberg, d'être à la fois évêque de Strasbourg et chanoine de Cologne, comme un équivalent du bref d'éligibilité. Louis XIV signifia, par ses ambassadeurs à Ratisbonne, à la Haie, à Bruxelles, qu'il maintiendrait l'archevêque élu et le chapitre de Cologne dans leurs droits envers et contre tous, et prévint le gouverneur des Pays-Bas catholiques qu'il entrerait en Belgique si les Hollandais entraient sur les terres de Cologne pour soutenir le prince Clément. Déjà des troupes françaises étaient passées au service de Fürstenberg et occupaient en son nom la plupart des places de l'électorat. La capitale, cependant, en vertu de ses droits de ville libre et impériale, se maintenait sans garnison, et son attitude était hostile à la France. A Liége, Fürstenberg essuya un échec complet : le ressentiment de la population, naguère si durement traitée, avait gagné le chapitre. Le protégé de Louis XIV fut écarté et l'on choisit pour prince-évêque un gentilhomme du pays, qui ne rendit pourtant pas aux Liégeois leurs libertés détruites [1].

---

1. *Œuvres* de Louis XIV, t. VI, p. 4. — Abrégé de Dangeau, t. 1ᵉʳ, p. 331. —

Louis n'avait plus rien à ménager; il était certain que le pape, non content de repousser Fürstenberg, allait proclamer le prince Clément, l'élu de la minorité. Le 6 septembre, le roi éclata contre Innocent XI par un manifeste sous forme de lettre adressée au cardinal d'Estrées, chargé des intérêts de la France dans le sacré collége. D'Estrées eut ordre de communiquer la lettre au saint-père et à tous les cardinaux. Elle était fort rude. Louis déclarait avoir perdu toute espérance de ramener Innocent aux sentiments de père commun et d'obtenir de lui aucune justice. « Il y a beau-
« coup d'apparence, disait-il, que la conduite du pape va causer
« une guerre générale dans la chrétienté. *C'est une conduite qui*
« *donne au prince d'Orange la hardiesse de faire tout ce qui peut*
« *marquer un dessein formé d'aller attaquer le roi d'Angleterre dans*
« *son propre royaume, et de prendre pour prétexte d'une entreprise si*
« *hardie, le maintien de la religion protestante, ou plutôt l'extirpation*
« *de la catholique.* Je ne puis plus reconnoître le pape pour média-
« teur des contestations qu'a fait naître la succession palatine; je
« saurai bien faire rendre à ma belle-sœur la justice qui lui est
« due, par les moyens que Dieu m'a mis en main... et je conti-
« nuerai à donner au cardinal de Fürstenberg et au chapitre de
« Cologne toute la protection dont ils pourront avoir besoin. » Il ajoutait que, si son allié le duc de Parme n'était immédiatement remis en possession des duchés de Castro et de Ronciglione, que le saint-siége différait toujours de lui restituer depuis le traité de Pise, les troupes françaises entreraient en Italie, et Avignon serait saisi[1].

Le pape répondit en proclamant Clément de Bavière archevêque de Cologne et en excommuniant le parlement de Paris et l'avocat-général Talon. Le 20 septembre, le procureur-général réitéra l'appel au futur concile de tout ce que ferait le saint-père contre les droits de la couronne; il déclara en même temps, « suivant l'exprès commandement du roi, que l'intention de Sa Majesté étoit de demeurer inviolablement attachée au saint-siége, comme au

---

Mém., du comte d'Avaux, t. VI, p. 207. — *Mém.* de madame de La Fayette, ap. Collect. Michaud, 3ᵉ série, t. VIII, p. 214. — *Mém.* de Saint-Hilaire, t. 1ᵉʳ, p. 376. — Protestation des chanoines de Cologne, dans Dumont, t. VII, 2ᵉ part., p. 173.
1. La Martinière, t. IV, p. 391.

centre de l'unité de l'Église [1]. » La politique prudente de Bossuet l'emportait sur l'ambition de l'archevêque de Paris et sur l'ardeur du parlement. Louis XIV s'était décidé, en rompant avec le pape, à éviter toute apparence de schisme avec le saint-siége. Vingt-six évêques présents à Paris approuvèrent *respectueusement*, le 27 septembre, « la sage conduite de Sa Majesté. » L'université joignit son appel à celui du parlement. Le 7 octobre, les troupes françaises occupèrent Avignon sans plus de résistance qu'en 1663.

Le parti pris par Innocent XI dans l'affaire de Cologne devait avoir de graves conséquences, et il y avait longtemps que la papauté n'avait pesé d'un tel poids dans la balance politique de l'Europe; mais ce ne fut pas au profit du catholicisme, car, en portant un coup très-sensible à Louis XIV, Innocent XI servit très-efficacement la cause de la réforme, qui touchait à une crise décisive. Le reproche adressé par Louis au pape, d'enhardir le prince d'Orange à attaquer le roi d'Angleterre, était bien fondé, et il est fort probable que la Hollande, si elle eût vu la France maîtresse, par Fürstenberg, de l'électorat de Cologne, n'eût point osé seconder les desseins de Guillaume. Le saint père aplanit les voies à la révolution *antipapiste* qui se préparait en Angleterre. Il en était venu à négocier secrètement avec le prince d'Orange et à promettre de contribuer à la solde de l'armée impériale, que le prince, à ce que croyait Innocent, commanderait sur le Rhin contre les Français [2]. Tout le monde connaît le mot par lequel un contemporain caractérisa la situation : « Pour le repos de l'Europe, il faudrait que le roi d'Angleterre se fît protestant et le saint père catholique. » Innocent était en quelque sorte plus ultramontain que catholique; sa seule excuse, peu avantageuse à son intelligence, c'est qu'il était le seul à ne pas voir ce que voyait toute l'Europe, ce que préparaient les protestants et ce que les puissances catholiques de la Ligue étaient résolues d'accepter, sinon d'aider.

L'aspect de l'Angleterre était bien changé depuis la fin de 1685. Le mouvement royaliste, étendu, bruyant et superficiel, qui avait soutenu Charles II contre les whigs et Jacques II lui-même, à son avénement, contre Monmouth, s'était arrêté aux premières me-

---
1. Bausset, *Vie de Bossuet*, t. II, p. 201.
2. Lettres du cardinal d'Estrées au roi, ap. *Œuvres* de Louis XIV, t. VI, p. 497.

naces du roi contre la religion protestante. Jacques, devant l'opposition des tories mêmes, en majorité dans les deux chambres, avait suspendu le parlement. Le clergé anglican avait cessé de prêcher l'obéissance passive et tonnait contre le papisme, qui commençait d'envahir illégalement les chaires et les bénéfices. Jacques voulut interdire la controverse et ne fut point obéi. Il n'en poursuivit que plus opiniâtrément ses desseins. Le parlement d'Écosse, à l'exemple du parlement anglais, ayant refusé d'abroger le *test* (juin 1686), en consentant seulement à tolérer le culte privé pour les catholiques, Jacques, de sa pleine autorité comme chef de l'église écossaise, enjoignit aux juges de considérer comme nulles toutes les lois contre les *papistes*, et remplit tous les postes de catholiques ou d'hommes sans foi et sans mœurs qui se faisaient passer pour catholiques. En même temps, il s'efforça de relever en Irlande le parti national et catholique contre le parti protestant des colons de Cromwell. Le fameux Talbot de Tyrconnel fut chargé d'organiser le parti national d'Irlande assez fortement pour que le roi pût chercher un refuge et un point d'appui dans cette île, s'il venait à être chassé d'Angleterre. Tyrconnel porta plus loin ses vues et songea à préparer l'indépendance de l'Irlande, pour le cas où la princesse d'Orange succéderait à Jacques II par droit d'hérédité. Il se mit en correspondance avec Seignelai, qui lui promit de préparer à Brest les moyens de secourir l'Irlande. Jacques II connut et approuva ce dessein [1].

Jacques, bien qu'il eût déjà destitué maints fonctionnaires publics, pour n'avoir pas voulu se faire catholiques, et qu'il eût débuté par redoubler la violence des persécutions contre les puritains, prétendait maintenant n'avoir d'autre but que la liberté de conscience pour tous. Il avait compris un peu tard l'impossibilité d'abattre à la fois l'anglicanisme et les sectes dissidentes, et visait à mettre les protestants aux prises les uns avec les autres. Au printemps de 1687, il fit en Angleterre ce qu'il avait fait en Écosse; il suspendit les lois pénales contre tous les dissidents et dispensa du *test* quiconque parvenait aux emplois. Quelques-uns

---

1. Mac-Aulay, *Hist. d'Angleterre depuis l'avènement de Jacques II*. Lorsque Mac-Aulay et Lingard ne sont pas d'accord sur les faits, c'est généralement Mac-Aulay qu'il faut suivre.

des dissidents, particulièrement les quakers et leur illustre chef William Penn, furent reconnaissants du bienfait qu'ils partageaient avec les catholiques ; mais ce partage déconsidéra la liberté même aux yeux des presbytériens, la plus puissante des sectes dissidentes ; cette liberté n'était à leurs yeux qu'une transition à une nouvelle tyrannie, et ils restèrent, avec raison, dans une attitude de défiance, pendant que la masse anglicane s'irritait de plus en plus. L'attribution d'un caractère public au nonce du pape, sa réception solennelle à la cour, l'entrée du jésuite Pétre au conseil privé, la dissolution du parlement, déjà prorogé depuis deux ans, exaspérèrent le peuple et jetèrent l'effroi parmi les catholiques éclairés, qui sentaient qu'on perdait leur cause (juillet-novembre 1687). Pétre était le conseiller de toutes les témérités et l'allié de l'ambassadeur de France. Le nonce, au contraire, d'accord avec l'ambassadeur d'Espagne, avait mission de modérer Jacques à l'intérieur et de le pousser au dehors contre la France. Aussi le pape n'avait-il voulu faire Pétre ni évêque ni cardinal.

Jacques, cependant, essaya un dernier effort pour se rapprocher de sa fille aînée et de son redoutable gendre. Il envoya sir William Penn au prince et à la princesse d'Orange, pour tâcher de leur faire approuver l'abrogation du *test*. Il essuya un refus formel. Le prince et la princesse approuvèrent seulement qu'on accordât aux catholiques, comme en Hollande, liberté de conscience, avec exclusion des emplois. L'habile Guillaume trouva ainsi moyen de satisfaire l'église anglicane, tout en se déclarant ennemi des persécutions et en rassurant par là ses alliés catholiques, et le pape même, sur ce qu'avaient à attendre de lui les catholiques anglais. Guillaume n'en était plus à de vagues espérances : un parti puissant le pressait d'intervenir à main armée pour la défense de la religion et de la liberté britanniques.

Il fallait pour cela que les Provinces-Unies fournissent à Guillaume des moyens d'action. Le gouvernement français les y décida par une querelle commerciale qui acheva d'anéantir en Hollande le parti de l'alliance française. Après avoir défendu l'importation des harengs salés d'autre sel que du sel de Brouage, le cabinet de Versailles rétablit le tarif de 1667 sur les marchandises hollandaises (novembre 1687). C'était réaliser un des derniers vœux de

Colbert, mais dans un moment très-peu opportun. Cette violation des conventions de Nimègue, en portant un coup très-rude au commerce hollandais [1], leva l'obstacle que les passions religieuses rencontraient encore dans les intérêts matériels et mit toute la Hollande à la disposition de Guillaume, personne n'ayant plus à ménager la France. Guillaume, sans autorisation, mais sans contradiction de la part des États-Généraux, ordonna l'armement d'une vingtaine de vaisseaux et la levée de neuf mille matelots, sous prétexte de protéger le commerce contre les Algériens, qui avaient osé pirater aux dépens des Hollandais jusque dans la Manche. Il s'assura secrètement que plusieurs princes allemands enverraient, au besoin, leurs troupes remplacer en Hollande les troupes hollandaises qu'il emmènerait en Angleterre. Jacques II, sur ces entrefaites, rappela six régiments anglais qui étaient à la solde des Provinces-Unies. Guillaume contesta à Jacques le droit de retirer ces corps de volontaires, et les régiments anglais ne partirent pas (mars 1688).

En Angleterre, l'orage grossissait. Jacques, ayant renouvelé sa déclaration sur l'abolition du *test*, enjoignit aux évêques de la faire lire au prône. L'archevêque de Canterbury, l'évêque de Londres et six autres évêques refusèrent. Le roi les fit traduire en justice; le jury les acquitta (juin-juillet 1688). Pendant ce temps, arriva un événement qui semblait devoir consolider Jacques II sur son trône et qui contribua plus que toutes choses à l'en précipiter. La reine d'Angleterre était enceinte et le bruit courait partout que cette grossesse tardive était supposée. Le 20 juin, avant l'époque attendue, la reine accoucha d'un garçon. Guillaume en parut d'abord déconcerté et fit même complimenter Jacques II; mais l'attitude de ses partisans ranima son audace : il s'abstint de tout autre acte qui pût faire croire qu'il admettait la légitimité du nouveau prince de Galles et il pressa ses préparatifs. Il doubla son escadre et forma un camp de vingt mille hommes entre Grave et Nimègue, camp qui pouvait à la fois donner le change sur son but principal et y coopérer indirectement par un coup de main sur Cologne. Sept à huit millions détournés de divers services

1. D'Avaux prétend que le commerce hollandais en fut réduit de plus d'un quart. Il veut parler sans doute du commerce d'Europe. T. VI, p. 93, 115, 198.

publics, et quatre millions envoyés par les mécontents d'Angleterre, avaient pourvu à l'insuffisance des ressources régulières.

Dès le printemps, Louis XIV avait offert à Jacques II de joindre quinze ou seize vaisseaux à la flotte que le monarque anglais se proposait d'armer. Jacques, beaucoup moins préoccupé de ses dangers réels que de maintenir sa neutralité entre Louis et la Ligue d'Ausgbourg, avait éludé la proposition, de même qu'il repoussa les instances que lui fit une dernière fois l'ambassadeur d'Espagne, pour qu'il entrât dans la Ligue [1]. C'était une espèce d'ultimatum, après le rejet duquel les puissances catholiques de la Ligue ne se firent plus aucun scrupule de seconder les projets de Guillaume. Rien ne put éclairer l'obstiné Stuart. Il se flattait tantôt que l'attaque n'aurait pas lieu avant l'année prochaine, tantôt même que le prince d'Orange ne voulait attaquer que la France. Son principal conseiller, lord Sunderland, le trahissait et s'efforçait d'abuser Louis en même temps que Jacques, par l'intermédiaire de l'ambassadeur français Barillon, homme d'esprit, mais léger et tout à fait dupe de l'artificieux Anglais. Louis était mieux servi par un autre agent, par d'Avaux, son ambassadeur en Hollande. D'Avaux avertit le roi, presque jour par jour, de tous les mouvements, de tous les desseins de Guillaume. Louis renouvela au roi d'Angleterre ses offres et de vaisseaux et de soldats; Jacques refusa : l'inconséquent monarque prétendait opérer, sans les armes étrangères et avec des forces nationales [2], une contre-révolution en horreur à sa nation!

L'heure de la crise européenne était arrivée; la guerre n'était plus en question : la question n'était plus que de savoir qui commencerait et où commencerait la guerre. La France avait un intérêt évident à prévenir ses adversaires; mais où porterait-elle ses premiers coups? Elle avait à craindre un double péril, à savoir : 1° que l'empereur dictât la paix aux Turcs, puis ramenât sur le Rhin toutes les forces de l'Allemagne; 2° que l'Angleterre et la Hollande s'unissent sous l'épée du prince d'Orange. Le plus grand et le plus imminent des deux périls était le second : c'était là ce qu'il

---

1. *Mém.* du maréchal de Berwick (fils naturel de Jacques II), t Ier, p. 26.
2. Tout au moins avec des forces *britanniques*, sinon anglaises; il avait appelé en Angleterre une petite armée de catholiques irlandais.

fallait détourner à tout prix. Louis parut le comprendre : le 2 septembre, il écrivit à d'Avaux de signifier aux États-Généraux qu'il considérerait comme une déclaration de guerre contre lui-même le premier acte d'hostilité que commettraient les Provinces-Unies contre son *allié* le roi d'Angleterre. Jacques II s'empressa de désavouer la déclaration du roi de France, protesta aux États-Généraux qu'il n'y avait point d'*alliance* entre Louis et lui, rappela Skelton, son ambassadeur en France, qui avait sollicité cette démarche de la part de Louis, et l'envoya à la Tour de Londres.

Quelle que fût l'extravagance de Jacques II, il fallait le sauver malgré lui. Il fallait mettre la flotte française en mer, comme Seignelai en pressait ardemment le roi, marcher sur Berg-op-Zoom ou sur Maëstricht, et faire occuper Liége et Cologne par un autre corps d'armée. La Hollande, assaillie chez elle comme en 1672, eût à l'instant même rappelé toutes ses forces pour sa défense, et peut-être l'Allemagne eût-elle hésité à prendre directement l'offensive. D'Avaux, avec une intelligence parfaite de la situation, avait indiqué au roi, depuis quelques semaines, tout ce qu'il y avait à faire : Louis n'agit pas. Le 23 septembre, d'Avaux manda au roi qu'on était prévenu à Cologne ; que cette grande cité avait ouvert ses portes à trois mille soldats de l'électeur de Brandebourg. L'auteur de ce coup hardi était l'ex-maréchal de Schomberg, qui, en ce moment même, passait du service de Brandebourg au service du prince d'Orange et devenait le guide et le général de Guillaume. Les représailles de la Révocation commençaient[1] !

Louis avait arrêté un autre plan de campagne que celui conseillé par d'Avaux. Dès la fin d'août, comme l'atteste la correspondance de Louvois[2], le roi avait résolu d'attaquer, non la Hollande, mais l'empereur et l'électeur palatin. Louvois avait représenté vivement au roi que les Turcs, abattus par leurs défaites et leurs discordes, près de perdre non-seulement leurs conquêtes hongroises, mais encore Belgrade, le boulevard de leurs propres états, s'humiliaient enfin, pour la première fois, devant la maison d'Autriche ; qu'ils allaient subir toutes les conditions qu'il plairait à l'empereur de leur imposer et lui rendre ainsi la libre

---

1. *Mém. du comte d'Avaux*, t. VI, passim. — Lettres de Barillon.
2. *Lettres militaires*, t. V, p. 1 et suiv.

disposition des forces de l'Empire, si l'on ne se hâtait de ranimer le courage du divan par une attaque directe au cœur de l'Allemagne. Ces intérêts, graves sans doute, mais bien moins pressants, bien moins décisifs que ceux qui s'agitaient aux bords de la Tamise, l'emportèrent dans l'esprit de Louis XIV. Dans les premiers jours de septembre, les troupes françaises commencèrent à filer vers la Lorraine et l'Alsace. Le camp de Maintenon avait été levé le 16 août, et les régiments qui le composaient, après quelque repos nécessité par les maladies qui les avaient cruellement tourmentés, furent dirigés vers la frontière de l'est. Les travaux de Maintenon ne devaient jamais être repris; l'aqueduc resta inachevé, pareil à une gigantesque ruine romaine[1], et la rivière d'Eure n'apporta point à Versailles le tribut de ses eaux. C'était la première fois que Louis le Grand reculait dans l'exécution d'une de ses entreprises.

Le 24 septembre, Louis XIV lança un manifeste contre l'empereur et l'électeur palatin. Les raisons qu'il alléguait pour se justifier de reprendre les armes, par exemple le refus fait par l'empereur de convertir la trêve de Ratisbonne en une paix définitive, étaient peu solides, et il eût mieux fait de déclarer tout simplement qu'il attaquait pour n'être point attaqué. Les prétentions qu'il énonçait n'étaient pas, du reste, exorbitantes. Il allait, disait-il, faire assiéger Philipsbourg, comme la place la plus capable de faciliter à l'ennemi l'entrée dans ses états, et occuper Kaiserslautern, comme nantissement des droits de la duchesse d'Orléans. Il offrait de rendre Philipsbourg quand il l'aurait pris et rasé, à condition qu'on n'en pût rétablir les fortifications. Il rendrait Freybourg à la même condition, pour faire voir qu'il n'avait pensé qu'à fermer son royaume et non pas à se conserver les moyens de l'agrandir; seulement il conserverait le nouveau fort bâti vis-à-vis de Huningue et un autre fort appelé Fort-Louis, élevé depuis la trêve dans une île du Rhin, entre Strasbourg et Lauterbourg. Il retirerait ses troupes de l'électorat de Cologne, dès que le pape aurait confirmé le choix du cardinal de Fürstenberg, et s'emploie-

1. Sous Louis XV, plusieurs des arcades furent démolies pour servir à l'agrandissement du château de Créci, domaine de madame de Pompadour. Les restes de l'aqueduc subsistent encore dans le parc de M. le duc de Noailles.

rait à procurer la coadjutorerie au prince Clément de Bavière. Enfin, *Madame* se désisterait, à prix d'argent, de ses droits sur les terres de la succession palatine. Ces propositions devaient être acceptées et la paix conclue avant le mois de janvier, sinon le roi ne serait plus tenu à ses offres [1].

Le lendemain, le dauphin partit de Versailles pour aller prendre le commandement de l'armée qui devait assiéger Philipsbourg. Louis avait voulu donner à son fils l'honneur d'ouvrir les hostilités. Ce fut le signal d'une guerre qui devait être plus longue et plus terrible que celle de Hollande, et qui débutait par une faute immense [2].

1. Dumont, t. VII, 2e part., p. 170.
2. Nous n'avons pas pris au sérieux l'opinion de Saint-Simon (t. XIII, p. 9), qui attribue la guerre de 1688 à une querelle survenue entre le roi et Louvois, pour une croisée mal alignée à Trianon. Louvois, rudoyé par le roi, se serait cru perdu à moins d'une guerre qui détournât Louis des bâtiments et rendît ses services indispensables. Il aurait donc suscité la guerre générale malgré le roi et malgré les puissances étrangères, qui ne la voulaient ni de part ni d'autre. La Guerre de 1688 eut des causes un peu plus graves. Ce qui est vrai, c'est que Louvois l'engagea très-mal : le mauvais conseil qu'il donna au roi d'attaquer l'Allemagne au lieu de la Hollande, lui fut probablement suggéré par sa jalousie contre Seignelai.

LIVRE LXXXVII

LOUIS XIV, SUITE.

Guerre de la Ligue d'Augsbourg. — Conquête de la rive gauche du Rhin. — Révolution d'Angleterre. L'Angleterre et la Hollande réunies sous Guillaume d'Orange. — Déclaration de guerre à la Hollande et à l'Espagne. Incendie du Palatinat. La France reperd une partie des provinces rhénanes. — L'Angleterre déclare la guerre à la France. Guerre d'Irlande. — Retraite de Le Pelletier. Pontchartrain, contrôleur général. Désordre des finances et aggravation des charges publiques. — Victoire de Luxembourg à Fleurus. — Le duc de Savoie se déclare contre la France. Victoire de Catinat à Staffarde. — Talents et activité de Seignelai. Victoire de Tourville à Beachy-Head sur la flotte anglo-batave. Gloire de la marine française. Mort de Seignelai. La marine confiée à Pontchartrain. — Bataille de la Boyne. Jacques II abandonne l'Irlande. Défense de Limerick. — Prise de Mons. Combat de Leuse. — Conquête de Nice et de la Savoie. — Bataille d'Aghrim. Fin de la guerre d'Irlande. Émigration irlandaise en France. — Mort de Louvois. Son fils Barbezieux lui succède. — Immense déploiement de forces militaires. — Projet de descente en Angleterre. Revers de la Hougue, exagéré par la tradition. — Prise de Namur. Victoire de Steenkerke. — Invasion du duc de Savoie en Dauphiné. — Pertes immenses du commerce anglais et hollandais. La Hougue vengée. — Les corsaires français. Jean Bart. Duguai-Trouin. — Louis XIV manque l'occasion de défaire Guillaume III. Victoire de Neerwinden. Prise de Charleroi. — Victoire de la Marsaille. — Madame de Maintenon, Beauvilliers et Fénelon. Misère en France. Dispositions pacifiques inspirées à Louis XIV. — La Suède et le Danemark offrent leur médiation. Offres modérées de Louis repoussées. — Transaction entre la France et la cour de Rome. Louis XIV recule. — Vaines attaques des Anglo-Bataves contre nos ports. — Victoire du Ter et conquêtes en Catalogne. — Situation financière de la France et de l'Angleterre. Grandes fondations économiques et financières en Angleterre. La France réduite aux expédients et à l'empirisme. — Perte de Namur et de Casal. Le duc de Savoie traite avec la France. On lui rend la Savoie et Nice, et on lui cède Pignerol. Neutralité de l'Italie. — Négociations. Congrès de Ryswick. Rapprochement entre Louis XIV et Guillaume III. — Prise d'Ath. Prise de Barcelone. Sac de Carthagène. Paix de Ryswick. La France restitue toutes ses récentes conquêtes et toutes les réunions postérieures à la paix de Nimègue, sauf Strasbourg et les domaines d'Alsace.

1688-1697.

La joie que témoigna le grand adversaire de Louis XIV, Guillaume d'Orange, à la nouvelle du siége de Philipsbourg, donna la mesure de la faute où Louvois avait entraîné son maître. Guil-

laume vit tomber le dernier obstacle qui pût arrêter sa grande
entreprise et ne douta plus que les Hollandais, rassurés contre
l'éventualité d'une seconde invasion, ne le soutinssent jusqu'au
bout. Les actions montèrent de 10 pour 100 en Hollande, quand
on sut que les Français marchaient sur l'Allemagne centrale et
non sur les Pays-Bas. Louis XIV, à défaut de démonstrations militaires capables d'intimider la Hollande, avait cru la réduire en
attaquant ses intérêts par un embargo sur ses vaisseaux dans nos
ports. Cet acte, contraire à la foi publique, irrita les Hollandais
au lieu de les abattre; ils firent honte au Grand Roi de cette déloyale
violation du droit des gens en ne l'imitant pas; mais ils s'affer-
mirent d'autant plus énergiquement dans la résolution d'aller
frapper en Angleterre le système de Louis XIV. L'insensé Jacques II, continuant de renier ses amis et de faire à ses ennemis
d'inutiles avances, signifia aux États-Généraux, sur ces entrefaites, qu'il regardait le siége de Philipsbourg comme une violation de la trève dont il était garant et qu'il était tout disposé à
s'allier avec eux et l'Espagne contre Louis XIV pour faire rétablir
la trève. Les mécontents anglais réfugiés en Hollande, puis le
prince d'Orange, puis les États-Généraux eux-mêmes, répondirent à Jacques par des manifestes menaçants, où ils dénonçaient
la nécessité de prévenir les projets des rois de France et d'Angleterre contre les libertés civiles et religieuses des nations protestantes. Guillaume attaquait ouvertement la naissance du prince
de Galles, de l'*enfant supposé*, comme l'appelaient les réfugiés
anglais; il déclarait qu'il allait en Angleterre pour faire assembler
« un parlement libre, qui déciderait de toutes choses (10-24 octobre). » Les États-Généraux, plus modérés dans la forme, expo-
saient les motifs qui les décidaient à secourir Guillaume « de
quelques vaisseaux et de troupes auxiliaires, dans son louable
dessein [1]. » Le prince leur avait, disaient-ils, déclaré qu'il ne prétendait nullement détrôner le roi d'Angleterre, se rendre maître
du royaume, ni persécuter les catholiques romains, mais seulement aider la nation anglaise à rétablir ses lois violées et à conserver sa religion et sa liberté (28 octobre). Guillaume avait donné

---

[1]. Ils venaient de lui prêter quatre millions en sus de tous les fonds déjà employés par lui.

les mêmes assurances à l'empereur et au roi d'Espagne, pour les aider à sauver les apparences [1].

Les tourmentes d'automne cependant retardaient depuis quelques semaines le départ du prince d'Orange, et les Français, au contraire, faisaient de rapides progrès sur le Rhin. Le succès immédiat paraissait justifier la résolution de Louis XIV. L'Allemagne surprise, étourdie, se trouvait hors d'état de défendre les provinces rhénanes. Tandis que le dauphin assiégeait Philipsbourg avec vingt-cinq à trente mille hommes, dont le chef réel était le maréchal de Duras, un autre petit corps d'armée, commandé par le lieutenant-général Boufflers, occupait, à peu près sans résistance, Kaiserslautern, Neustadt, Kreutznach, Worms, Oppenheim, Bingen, Baccarach, c'est-à-dire presque toutes les possessions cis-rhénanes de l'électeur palatin et de l'électeur de Mayence. L'électeur de Mayence traita avec Boufflers, reçut garnison française dans sa capitale et demanda la neutralité pour ses domaines d'outre-Rhin (17 octobre). L'Allemagne transrhénane était déjà entamée à son tour. Un détachement de l'armée qui assiégeait Philipsbourg alla occuper Heidelberg, d'où s'enfuit l'électeur palatin, puis envahit le Würtemberg, pénétra en Franconie et étendit ses contributions jusqu'au delà du Danube [2].

Vauban cependant conduisait, avec son habileté ordinaire, les opérations du siège de Philipsbourg, que défendaient deux mille soldats d'élite, avec une artillerie nombreuse et bien servie. Le mauvais temps et les difficiles abords de la place, protégée par des marais et par le Rhin, retardèrent les travaux et irritèrent singulièrement l'impatience de Louvois, qui ne comptait que les jours et non les hommes que coûtait une ville assiégée. Vauban, hardi jusqu'à la témérité pour lui-même, mais toujours ménager du sang des autres, tint tête à l'arrogant ministre et n'abandonna point sa méthode. Philipsbourg capitula le 29 octobre : on trouva dans la place cent vingt-quatre canons et de grands appro-

---

1. Dumont, t. VII, 2ᵉ partie, p. 179-207. — *Mém.* du comte d'Avaux, t. VI, p. 296-315. — Mac-Aulay, t. II, ch. IX.
2. Louvois recommanda aux chefs de ce corps de « chercher des gens du pays, propres à aller mettre le feu la nuit dans les maisons », afin que les lieux trop éloignés pour qu'on envoyât des troupes se soumissent néanmoins par peur à la contribution ! *Lettres militaires*, t. V, p. 163.

visionnements. Philipsbourg rendu, le dauphin marcha sur Manheim, qui ne tint guère plus d'une semaine (4-12 novembre); puis il revint deçà le Rhin prendre Frankenthal (15-19 novem.).

Tout le Palatinat, des deux côtés du Rhin, fut ainsi sous le joug. Le dauphin repartit, le 22 novembre, pour Versailles, laissant l'armée au maréchal de Duras; il avait montré, durant cette courte campagne, du bon sens, du sang-froid et une certaine activité, méritoire chez une nature lourde d'esprit et de corps. Le Grand Roi put applaudir en toute sécurité à la bonne conduite de son fils; il n'avait pas à craindre de rencontrer jamais chez lui un rival.

Le corps de Boufflers avait poursuivi ses opérations, en même temps que la principale armée; un détachement avait occupé Spire, d'où les archives et le trésor de la chambre impériale furent enlevés et envoyés en Alsace, offense jetée au corps germanique sans but et sans raison. Boufflers avait continué de descendre le Rhin; mais il n'avait pas été si heureux à Coblentz qu'à Mayence. L'électeur de Trèves ne s'était pas décidé à suivre l'exemple de son collègue et avait reçu dans Coblentz des troupes de la ligue au lieu des troupes françaises. Boufflers n'était pas en mesure d'assiéger Coblentz; il se vengea par un acte d'inutile barbarie, en écrasant de bombes la ville et le palais de l'électeur (commencement de novembre); il remonta ensuite la Moselle et se saisit de Trèves.

Une troisième colonne française, conduite par le maréchal d'Humières, était entrée, vers le même temps, sur le territoire liégeois et s'était emparée de Dinant. Les Hollandais crurent qu'on allait attaquer Liége et leur inquiétude donna la mesure de ce qu'on aurait dû faire; mais les Français n'avancèrent pas sur la Meuse au delà de Dinant.

Dans le courant de novembre, les Français se virent ainsi maîtres de toute la rive gauche du Rhin, moins Coblentz et Cologne; leurs partis, au delà du fleuve, couraient jusqu'à Augsbourg. Le manifeste de Louis XIV était bien dépassé et l'on s'était attaqué, non pas seulement à la garnison impériale de Philipsbourg et aux terres de l'électeur palatin, mais à tout le corps germanique.

Guillaume allait répondre sur la Tamise aux coups portés par Louis sur le Rhin et la réponse devait être foudroyante. Le vent, qui avait soufflé longtemps de l'ouest, ayant enfin tourné à l'est, le prince d'Orange, après avoir fait de solennels adieux aux États-Généraux, mit à la voile de Helvoet-Sluys le 30 octobre. Plus de cinq cents bâtiments de transport, escortés par cinquante vaisseaux de guerre, portaient quatre mille cinq cents cavaliers et onze mille fantassins, avec une énorme quantité d'armes et de harnais pour équiper les Anglais qui se joindraient au prince. Les cadres des troupes embarquées étaient formés en grande partie d'officiers français *réfugiés*, que conduisait l'ex-député général des églises réformées, Ruvigni : ils étaient près de huit cents. L'ex-maréchal de Schomberg commandait l'armée sous Guillaume. Tous les navires avaient arboré pavillon anglais. Sur le pavillon du prince étaient inscrits ces mots : *Pro Religione protestante ; pro libero Parlamento*, et, au-dessous, la devise des Nassau : *Je maintiendrai*. On lisait sur d'autres pavillons : *Pro religione et libertate*. Cette flotte portait, en effet, les destinées du protestantisme européen et de la liberté anglaise. L'ambassadeur d'Espagne à La Haie, le représentant du successeur de Philippe II, fit chanter une grand'messe pour le succès de l'expédition qui allait arracher au catholicisme la couronne de la Grande-Bretagne[1].

Le ciel parut d'abord se prononcer contre l'entreprise. La nuit même après qu'on eut levé l'ancre, un grain violent dispersa la flotte et l'obligea de venir se rallier au point de départ. On ne put remettre à la voile que le 10 novembre. Le vent alors devint aussi favorable qu'il avait été d'abord contraire ; il retint dans la Tamise la flotte de Jacques II, et les vaisseaux de Guillaume franchirent sans obstacle le Pas de Calais. Trente ou quarante vaisseaux français, sortis des ports de Dunkerque et du Havre à la faveur du vent d'est, eussent suffi pour jeter le désordre dans cette masse navale encombrée d'hommes et de bagages et probablement pour faire échouer l'expédition. Seignelai, d'Avaux, avaient assiégé Louis XIV de leurs instances ; mais il semblait

---

1. *Mém.* de d'Avaux. t. VI, p. 283-309.

que le roi de France, comme le roi d'Angleterre, fût aveuglé par la Providence. Aucune escadre n'avait été armée dans les ports français. La flotte *protestante* alla descendre, le 15 novembre, à Torbay, sur la côte du Devonshire.

Louis XIV ne trouva rien de mieux à faire que de lancer une déclaration de guerre contre les Provinces-Unies (26 novembre). Ce fut une nouvelle faute ; car la Hollande, tout en attaquant indirectement le système du Grand Roi, hésitait encore à entrer en lutte ouverte avec lui ; elle avait répondu à ses violences par une modération et une bonne foi exemplaires, s'était d'abord contentée d'interdire l'entrée des marchandises françaises jusqu'à la levée de l'embargo en France [1], et ne s'était enfin décidée à délivrer des lettres de marque à ses corsaires que sur les agressions réitérées des armateurs français. Autant il eût été utile et décisif de l'attaquer au mois de septembre ou d'octobre, autant il était maintenant superflu de lui déclarer une guerre qu'on n'avait nulle intention de porter sur son territoire. Comme Jacques II venait de proclamer qu'il ne voulait de secours que celui de ses sujets [2], Louis ne motiva point sa déclaration sur l'expédition de Guillaume, mais sur l'intervention des Hollandais dans les affaires de Cologne contre son protégé Fürstenberg.

Jacques II, enfin arraché à son infatuation par le manifeste de son gendre et par les symptômes menaçants qui éclataient de toutes parts en Angleterre, avait accumulé les concessions depuis quelques semaines pour tâcher de désarmer le ressentiment de ses sujets ; il avait réclamé les avis et les secours des évêques anglicans persécutés par lui ; il avait rendu aux villes, aux corporations, leurs chartes supprimées, réinstallé les officiers, les magistrats destitués pour leur attachement au *test*, enfin, éloigné de son conseil son mauvais génie, le jésuite Petre. Il était trop tard. Les évêques s'excusèrent de se prononcer contre le prince d'Orange. L'armée ne montrait pas des dispositions plus rassurantes que le clergé : malgré sa grande supériorité numérique,

---

1. Non-seulement on avait saisi les navires hollandais, mais on forçait les matelots à entrer au service du roi et à se faire catholiques.

2. D'Avaux, t. VI, p. 355. A la vérité, Jacques dit en particulier tout le contraire à l'ambassadeur français Barillon et fit un tardif appel à l'argent et aux vaisseaux de Louis XIV. — *Mém.* de Saint-Hilaire, I-V, 31.

Jacques n'osa la mener sur-le-champ au combat, comme Louis XIV le lui avait conseillé. Ses favoris, ses généraux conspiraient contre lui : Kirke, naguère le sanguinaire instrument de ses vengeances, Churchill, frère de sa maîtresse, qui devait être le fameux duc de Marlborough, tentèrent de le livrer à Guillaume. Vaincu sans combat, il mit la Tamise entre l'ennemi et ses troupes démoralisées. Sa seconde fille, Anne Stuart, et le prince Georges de Danemark, mari d'Anne, l'abandonnèrent et rejoignirent Guillaume. De sinistres nouvelles arrivaient de tous les points de l'Angleterre. Les personnes les plus considérables se ralliaient en foule au prince d'Orange. L'université d'Oxford, oubliant sa déclaration en faveur de l'obéissance passive, avait pris parti pour Guillaume. Une association formidable s'organisait pour atteindre le but énoncé dans le manifeste du prince et pour venger sa mort s'il périssait dans l'entreprise. Enfin de grandes assemblées populaires proclamaient le droit de résistance armée, attendu que « le roi qui met sa volonté à la place de la loi est un tyran » et qu'on est contre lui dans le cas de légitime défense. Le malheureux monarque n'était plus en état « d'être un tyran ». Sur l'avis d'un conseil de pairs réuni à la hâte, il annonça la convocation du parlement à bref délai, une amnistie et l'envoi de commissaires pour s'entendre avec le prince d'Orange (10 décembre). Les conditions posées par Guillaume aux commissaires de Jacques furent : la destitution de tous les officiers et magistrats papistes ; la remise de la Tour de Londres aux magistrats municipaux ; la remise de Portsmouth à une personne choisie d'un commun accord ; l'armée du prince serait entretenue aux frais de l'État ; pendant la tenue du parlement, les deux armées resteraient à égale distance de la capitale, et Jacques et Guillaume pourraient séjourner à Londres avec le même nombre de gardes (18 décembre).

Avant d'avoir reçu cette réponse, Jacques s'était arrêté à un parti désespéré ; l'apparente modération de Guillaume ne fit que le confirmer dans sa résolution. Il pensa que son gendre visait à le faire déposer par le parlement même qu'il aurait convoqué. Il fit partir la reine sous un déguisement, avec le petit prince de Galles, et les envoya en France ; puis il s'apprêta à les suivre.

Il licencia son armée, brûla les ordonnances préparées pour la convocation du parlement, jeta dans la Tamise le sceau de l'État et quitta Londres de nuit en barque, avec un seul compagnon. Il fut arrêté près de Sheerness par des bateaux pêcheurs qui croisaient à l'embouchure de la Tamise pour intercepter les jésuites et les papistes fugitifs. Il resta là quelques jours prisonnier. Son malheur sembla éveiller quelque pitié dans la population. Les pairs présents à Londres, qui, à la nouvelle de sa fuite, s'étaient formés en gouvernement provisoire, le firent remettre en liberté. Il se décida à retourner à Londres (26 décembre), où il fut assez bien accueilli, et invita Guillaume à une conférence; celui-ci refusa, fit entrer l'avant-garde de ses Hollandais dans la capitale et, tant en son nom qu'au nom des pairs d'Angleterre, invita le roi à quitter Londres. Jacques obtint de se retirer à Rochester. Ni les magistrats de Londres, ni le banc des évêques n'avaient voulu répondre de la personne du roi, qui offrait de se remettre sous leur garde. Jacques revint alors à ses projets de fuite. C'était tout ce que demandait Guillaume. Le prince n'épargna rien pour redoubler les frayeurs de son beau-père. Jacques s'évada de nouveau; personne ne l'arrêta cette fois et un bateau pêcheur le déposa, le 4 janvier 1689, à Ambleteuse, sur la côte de Picardie. Il avait laissé, en partant, une déclaration, où il annonçait que, ne pouvant se fier en aucune façon au prince d'Orange, il se retirait pour revenir quand la nation ouvrirait les yeux sur les prétextes dont on s'était servi pour la tromper.

Jacques II arriva le 7 janvier à Saint-Germain, où Louis XIV l'attendait et le reçut à bras ouverts. Louis installa le monarque fugitif, avec sa femme et son fils, dans cette résidence royale; il pourvut à leurs besoins avec magnificence et les mit à même de tenir une espèce de cour. Louis renferma dans le secret de son âme les sentiments que lui faisaient éprouver le terrible échec de sa politique et la conduite de son triste allié; mais les courtisans et les Parisiens furent moins généreux et témoignèrent peu de considération à ce roi bigot, libertin et cruel, tombé si honteusement du trône [1]. Louis s'était complé-

---

1. « Voilà un bonhomme qui a quitté trois royaumes pour une messe », disait de

tement abusé et sur les ressources de Jacques II et sur l'état de l'Angleterre : il avait cru à une guerre civile prolongée qui lui donnerait le temps d'intervenir à sa convenance, et il voyait le roi d'Angleterre chassé sans coup férir¹ par l'abandon presque unanime de son peuple plus que par la force matérielle ! chute moins tragique, mais plus extraordinaire et d'une signification plus profonde encore que le supplice de Charles Ier !

La chute de Jacques II fut pour le génie de l'Angleterre l'occasion de la manifestation la plus décisive par laquelle il se soit révélé dans l'histoire. La révolution de 1640 avait reçu, au moins un moment, de la secte enthousiaste des Indépendants quelque chose d'idéal, de théorique, d'absolu, étranger à l'esprit anglais : dans la révolution de 1688, ce fut bien le génie de l'Angleterre qui agit selon ses tendances propres et qui imprima son cachet original.

A la nouvelle de la fuite du roi, les pairs d'Angleterre, comme gardiens héréditaires des intérêts nationaux, invitèrent le prince d'Orange à se charger du gouvernement jusqu'à la réunion d'une *Convention* nationale (*Convent*), terme emprunté à l'Écosse pour désigner un parlement extraordinaire convoqué par nécessité en dehors des formes. Les pairs invitèrent le prince à convoquer la Convention. Guillaume, ne se jugeant pas suffisamment autorisé, réunit les anciens députés qui avaient siégé aux communes sous Charles II, avec le corps municipal de Londres, et se fit confirmer, par cette assemblée, la délégation conférée par les pairs (5 janvier 1689). Il convoqua, aussitôt après, la Convention, qui s'ouvrit le 1er février.

Trois partis s'étaient dessinés pendant les élections : les **whigs**, les **tories** et les royalistes purs, qu'on nomma plus tard *jacobites*. Ceux-ci eussent souhaité qu'on rappelât le roi, moyennant garanties pour la religion protestante et pour les libertés publiques. La faiblesse de ce parti ne lui permit pas de jouer aucun rôle

---

lui, avec plus d'esprit que de convenance, l'archevêque de Reims Le Tellier. — Jacques déclara aux jésuites de la rue Saint-Antoine qu'il était affilié à leur société, ce qui ne le releva pas beaucoup aux yeux des Parisiens.

1. Il y eut quelques petites escarmouches dans les provinces, mais pas un coup de mousquet à Londres ni aux environs.

dans la Convention et l'obligea de se fondre dans les torics, qui demandaient qu'on interdît l'exercice de la souveraineté à Jacques II, comme s'étant montré incapable de régner, mais qu'on lui laissât le titre de roi, inamissible, selon eux, et qu'on établît une régence. Les whigs, enfin, prétendaient que le roi fût déclaré déchu et le trône vacant. Les tories avaient la majorité dans la chambre des lords; les whigs dans la chambre des communes, où affluèrent les presbytériens [1]. Parmi les whigs, ceux qui voulaient porter le moins d'atteintes possible à la monarchie [2] étaient d'avis qu'en écartant le roi et son fils contesté, on transférât la couronne à l'héritière présomptive, à la princesse d'Orange : d'autres proposaient d'adjuger la couronne par élection à Guillaume; le plus grand nombre voulaient Guillaume et sa femme; quelques-uns, c'étaient les républicains logiciens, entendaient que Jacques fût déposé juridiquement, que le gouvernement anglais fût déclaré dissous et que la nation procédât à constituer un gouvernement nouveau. Guillaume, après avoir laissé les questions s'engager, intervint en déclarant à quelques-uns des chefs de partis qu'il n'accepterait ni la régence sous la royauté nominale de son beau-père, ni l'administration du royaume sous la royauté de sa femme; que, s'il n'était appelé à régner de son chef et pour toute sa vie, il s'en retournerait en Hollande et ne se mêlerait plus des affaires de la Grande-Bretagne. L'effet fut décisif. Les communes, ne voulant pas suivre la logique rigoureuse des républicains et faire le procès au roi, déclarèrent que Jacques II avait rompu le *contrat originel* et *abdiqué* par sa désertion; qu'en conséquence le trône était vacant. Elles posèrent en principe qu'un papiste ne pouvait être appelé à régner sur l'Angleterre protestante. Les lords refusèrent d'abord d'admettre que le trône fût vacant; puis, sous la pression des communes et surtout de l'opinion publique, la majorité se déplaça dans la chambre haute, et la déclaration de vacance passa, malgré les efforts de la plupart des évêques; on écarta la question controversée de la légi-

---

1. Une quatrième opinion était celle de certains jurisconsultes, qui prétendaient que Guillaume régnât par *droit de conquête*; il va sans dire qu'on ne la prit pas au sérieux.

2. C'étaient moins des whigs purs qu'une petite fraction détachée des tories.

timité du prince de Galles, comme si cet enfant n'eût point existé. Ces deux fictions admises, à savoir, l'abdication du père et la non-existence du fils, on adopta un moyen terme entre ceux qui voulaient transmettre l'héritage à la fille aînée et ceux qui prétendaient élire Guillaume, c'est-à-dire entre la royauté héréditaire et la royauté élective. Guillaume et Marie furent déclarés, par indivis, roi et reine d'Angleterre, l'administration étant, toutefois, à Guillaume seul; après le dernier mourant des deux, s'il ne restait pas d'enfants de leur mariage, la couronne passerait à la sœur cadette de Marie, à la princesse Anne. On changea ensuite la formule du serment de fidélité au roi, qui régnait, était-il dit, « en vertu de *son droit* et des lois de l'État. » Mais, à cette formule de la souveraineté monarchique, on ne substitua pas celle de la souveraineté nationale : on se contenta de faire jurer *fidélité au roi et à la reine*, sans énoncer d'où procédait leur droit à la couronne. L'Angleterre sembla fonder ainsi un gouvernement de pur fait et de *nécessité*.

La royauté reconstituée, on songea aux garanties contre l'abus du pouvoir royal; le 23 février, le parlement arrêta le fameux *bill des droits*, qui annulait le prétendu droit que la royauté s'était arrogé de suspendre arbitrairement l'exécution des lois et de dispenser les particuliers de se conformer aux lois; interdisait l'érection de toute commission extraordinaire, ecclésiastique ou autre; déclarait illégale toute levée d'impôt non autorisée par le parlement; consacrait le droit de pétition; autorisait tout Anglais protestant à posséder des armes pour sa défense; interdisait au roi d'entretenir une armée en temps de paix, sans l'aveu du parlement; déclarait les membres du parlement inviolables quant à leurs discours et à leurs votes; proclamait la liberté des élections; prescrivait la fréquente convocation des parlements, etc.

Le même jour, les deux chambres allèrent en corps offrir la couronne à Guillaume et à Marie, arrivée de la veille dans le palais d'où son époux avait chassé son père. Le couronnement eut lieu le 21 avril, selon le cérémonial du moyen âge. On proclama Guillaume et Marie roi et reine d'Angleterre, de *France et d'Irlande*, suivant la formule qui rappelait les vieilles prétentions ensevelies dans la tombe des Plantagenets. Le nouveau roi prit le nom de Guillaume-*Trois*, qui faisait de lui l'héritier des deux premiers rois normands, des deux Guillaumes. On avait donc tout fait pour conserver les formes en changeant le fond et pour que cet immense changement eût le moins possible l'apparence d'une révolution. Le droit inamissible des rois, tant prêché par l'église anglicane d'accord avec le gallicanisme de Bossuet, était aboli, mais on ne le dit pas tout haut; le droit de la nation était réalisé, mais on ne le proclama point, en sorte que l'équivoque put se prolonger indéfiniment et que le parti du passé put vivre de cette équivoque jusqu'à nos jours. Et cependant, en fait, c'était bien, sous tous ces voiles, la souveraineté du peuple qui venait de se lever contre la monarchie de Louis XIV et contre le droit divin de Bossuet[1].

La Convention d'Écosse imita la Convention d'Angleterre et proclama Guillaume et Marie le 21 avril.

La révolution anglaise de 1640 n'avait guère été pour le continent qu'un spectacle extraordinaire, presque aussi étranger aux intérêts du reste de la chrétienté que les catastrophes du sérail. La révolution de 1688, au contraire, remua toute l'Europe; mais sa portée, quant à la politique intérieure des états, si elle fut comprise d'un petit nombre d'esprits spéculatifs, ne fut pas ce qui préoccupa les peuples et les gouvernements; les nations protestantes saluèrent, dans ce grand événement, la résistance victorieuse de leur religion; la maison d'Autriche y vit une première défaite pour son formidable ennemi et fit peu d'attention à l'atteinte qu'avaient reçue les principes sur lesquels reposait sa propre puissance: l'Angleterre conquise à la Ligue d'Augsbourg, voilà ce qui fermait les yeux sur tout le reste; la pensée de la lutte contre le roi de France étouffait toute autre pensée chez les gouvernements comme chez les peuples et, dans l'opinion des peuples, lutter contre Louis XIV, c'était lutter contre la monarchie universelle, contre la destruction des nationalités[2].

1. Burnet's *History of his own time*, vol. III. — Hume, *Guillaume et Marie*. — La Hode, t. IV. — Rapin-Thoiras, t. X, l. xxiv; XI, l. xxv. — Mac-Aulay, ch. ix-x.
2. V. le curieux ouvrage de Gregorio Leti, *La Monarchie universelle de Louis XIV* (1689), où il cherche à établir comment il faut renverser la monarchie de Louis XIV et conserver la France, nécessaire à l'équilibre européen. — V. aussi les réponses du pape et de l'empereur aux plaintes de Jacques II, dans les *Mém.* de Saint-Hilaire, t. 1er, p. 410.

L'Allemagne entière s'ébranlait pour repousser l'invasion française. L'empereur avait répondu, le 18 octobre, avec une extrême violence, au manifeste de Louis XIV, et tout l'Empire s'apprêtait à soutenir la réponse. Le 24 janvier 1689, la diète de Ratisbonne déclara le roi de France et le cardinal de Fürstenberg ennemis de l'Empire et de la chrétienté; elle rappelait, dans son recès, les nombreuses entreprises de Louis XIV contre la foi des traités, ses violences inhumaines contre des populations sans défense, et conjurait l'empereur de faire la paix avec le Turc, afin de tourner toutes les forces germaniques contre la France. Léopold, l'année précédente, au moment où Belgrade, la clef de l'empire othoman, tombait au pouvoir de ses généraux (6 octobre 1688), avait manqué l'occasion de dicter une paix triomphale au divan [1], et les Turcs relevaient la tête depuis qu'ils savaient les Français en campagne sur le Rhin; néanmoins, Léopold pouvait encore traiter avec eux à son avantage et la France alors n'eût pu espérer aucune autre diversion en Europe. La France, entourée d'ennemis, n'avait plus un seul allié; ce que sa politique avait le plus redouté, ce qu'elle avait longtemps détourné, ce qu'elle n'avait pas su détourner une dernière fois était arrivé; l'Angleterre et la Hollande étaient non pas seulement alliées, mais réunies sous un même chef; l'Angleterre entrait dans la coalition avec tout l'emportement de ses passions longtemps comprimées par la politique inerte des derniers Stuarts. L'Espagne avait repoussé les avances qu'on lui avait faites pour la détacher de la Ligue et avait appelé les forces de Hollande et de Brandebourg en Belgique. Les états scandinaves étaient plus ou moins engagés avec la Ligue et allaient, malgré leur vieille rivalité, se trouver pour la première fois dans le même camp. La France n'avait guère à espérer que la neutralité malveillante de quelques états secondaires et en était à regarder comme un succès diplomatique l'engagement que prirent les Suisses de rester neutres et de refuser le passage aux deux partis (7 mai).

---

1. Des moines avaient prédit à Léopold que l'impératrice lui donnerait deux fils jumeaux, dont l'un serait empereur d'Occident, l'autre empereur d'Orient. Le crédule monarque, dès lors, ne voulut plus entendre parler de paix avec les Turcs. V. OEuvres de Louis XIV, t. VI, p. 13.

Les forces avec lesquelles Louis XIV avait entamé les hostilités ne suffisaient plus en présence d'une telle situation, que pouvaient encore aggraver les mouvements des protestants français. Dès la fin de novembre 1688, le roi avait ordonné, dans toutes les généralités, la formation de régiments de milices pour la garde des places frontières et maritimes [1], puis avait convoqué l'arrière-ban afin de surveiller et de contenir les *nouveaux convertis*, dont le désarmement avait été prescrit au mois d'octobre, les gentilshommes exceptés. De grandes levées se faisaient à la hâte pour renforcer l'armée. En attendant que ces masses d'hommes fussent réunies et disciplinées, Louis résolut de ne rien hasarder et de maintenir seulement la guerre sur le territoire ennemi, sans faire d'entreprises importantes sur le continent. L'Allemagne resterait le principal théâtre de la guerre, avec deux diversions en Belgique et en Catalogne. Enfin on prendrait l'offensive contre l'*usurpateur* Guillaume, dans celui des trois royaumes britanniques qui n'avait pas suivi l'exemple des deux autres et qui n'avait point abattu la bannières des Stuarts, en Irlande.

Le plan était bon, une fois la guerre avec l'Angleterre devenue inévitable par la rupture avec la Hollande; mais les moyens d'exécution, quant à l'Allemagne, souillèrent d'une tache ineffaçable le règne de Louis le Grand. Il n'était pas possible de munir de garnisons toutes les places récemment conquises ou plutôt envahies, sans renouveler, avec des conséquences plus dangereuses, les fautes de 1672. Déjà l'on avait évacué, un peu précipitamment, les postes avancés du Würtemberg (janvier 1689). Louvois conseilla au roi de détruire de fond en comble les villes qu'on ne pourrait garder, afin que les postes d'où les troupes du roi se retireraient ne servissent plus jamais à personne. Louis, après quelque hésitation, souscrivit à cet expédient, digne des conquérants tartares! On commença par le Palatinat trans-rhénan. On incendia Ladenbourg et Heidelberg, après avoir prévenu les habitants de

---

1. Il paraît que la levée fut d'environ vingt-cinq mille hommes. Les miliciens étaient fournis et soldés par les paroisses; ils devaient être garçons, n'étaient point assujettis à l'uniforme et ne pouvaient être obligés de servir plus de deux ans. S'ils se mariaient dans leur paroisse après leur libération, ils étaient exempts de la taille pour deux ans. (*Anciennes Lois françaises*, t. XX, p. 66.) Les paroisses les plus faibles ne fournirent pas de miliciens.

s'en aller avec leurs familles, leurs bestiaux et leurs meubles. Le château de Heidelberg, résidence des électeurs palatins, fut bouleversé par la sape et la mine : ses belles ruines sont encore pour la postérité un vivant témoignage des fureurs de Louvois. Les moulins, le pont, tous les bâtiments publics, étaient écroulés; le feu était par toute la ville. L'exécuteur de cette œuvre infernale, Tessé (c'était pourtant un des chefs des *dragonnades!*) n'eut pas le cœur d'en voir davantage, ni de chasser les malheureux habitants d'entre les ruines de leur cité. Il partit avec ses soldats. Les bourgeois éteignirent l'incendie derrière lui et appelèrent les troupes allemandes, qui se retranchèrent dans les débris du château. A cette nouvelle Louvois, furieux qu'on n'eût pas « entièrement brûlé et abîmé » Heidelberg, ordonna qu'on ne se contentât pas de brûler Manheim, mais qu'on le démolit pierre à pierre (mars 1689).

Des nouvelles conquêtes d'outre-Rhin, on ne conserva donc que Philipsbourg. Quant au pays de la rive gauche, on se contenta d'abord de démanteler les villes et de faire sauter les forteresses appartenant au Palatinat et aux électorats de Mayence et de Trèves, sauf Mayence, dont on faisait une grande place d'armes. Mais, quand les forces ennemies, qui grossissaient, commencèrent à inquiéter Mayence, le chef de l'armée du Rhin, le maréchal de Duras, proposa au roi et au ministre une résolution effroyable; c'était de détruire, non pas seulement les bourgs et villages qui pouvaient favoriser l'attaque contre Mayence, mais toutes les villes voisines du Rhin entre Mayence et Philipsbourg. La fatale parole lâchée, Duras s'épouvanta de lui-même et voulut revenir sur ce qu'il avait proposé. On n'arrachait pas ainsi à Louvois sa proie! Louvois fit ordonner par le roi au maréchal de consommer l'œuvre! Spire, Worms, Oppenheim, Frankenthal, Bingen, furent condamnés aux flammes. On offrit aux magistrats des franchises et des priviléges pour ceux des habitants qui voudraient émigrer dans la Lorraine, l'Alsace ou la Franche-Comté, avec des moyens de transport pour leurs meubles. Ceux qui refuseraient pourraient transporter leurs biens dans les places fortes du roi, mais non pas chez les ennemis. Ainsi, on leur refusait jusqu'à la consolation de se réfugier parmi leurs compatriotes. L'ordre était monstrueux : l'exécution fut pire. Il n'est que trop aisé de concevoir tout ce que la licence et la rapacité du soldat durent ajouter à ces scènes de désolation. L'on avait voulu épargner les célèbres cathédrales de Worms et de Spire, ainsi que les palais épiscopaux, et l'on y avait entassé les effets que les habitants n'avaient pu emporter; le feu gagna ces églises et brûla tout ce qui pouvait brûler (fin mai — commencement de juin). Ce beau pays, que le moyen âge avait orné de tant de monuments religieux et militaires, n'offrit plus qu'un amas de ruines fumantes, comme si un nouvel Attila eût passé sur la Gaule et la Germanie. Cent mille malheureux, chassés de leurs maisons en flammes, demandèrent vengeance à l'Allemagne, à l'Europe entière, et soulevèrent contre le Grand Roi une indignation plus générale encore que n'avaient fait les réfugiés huguenots. Les populations rhénanes, que la nature a rattachées par tant de liens à la France, vouèrent à son gouvernement un long et implacable ressentiment, qui ne devait s'éteindre qu'avec la monarchie de Louis XIV, en présence d'une France nouvelle [1].

Le principe de ces horreurs, qui entachèrent nos armes, si glorieuses à tout autre égard pendant tout ce siècle, ne fut pas uniquement la cruauté de Louvois ou l'orgueil de Louis XIV, mais aussi une fausse notion du droit de la guerre, qui permet, disait-on, tout ce qui nuit à l'ennemi. Et cependant on ne poussait pas cette doctrine à ses dernières conséquences. Ce même prince, qui se croyait le droit, *pour nuire à l'ennemi*, d'écraser sous les bombes des populations inoffensives, d'effacer du sol des cités désarmées, de changer en désert des provinces entières, se serait cru déshonoré s'il avait employé le poignard ou le poison contre un seul homme, contre un général, dont la mort eût pu cependant *nuire à l'ennemi* bien plus encore que ces grandes exterminations [2]! Le droit de la guerre, le droit des peuples civilisés, ne doit autoriser à détruire que ce qui sert directement à la guerre; on a droit de démanteler une ville, on n'a pas droit de la brûler.

---

1. *Lettres militaires*, t. V, p. 170, 252, 308, 323; t. VI, p. 10, 16, 46, 51.
2. Un certain Lansel s'étant offert à tuer le prince d'Orange, le roi, « détestant de pareils desseins », le fit arrêter et « mettre dans une prison », *Lettres militaires*, t. V. p 294

L'exaspération de l'Allemagne ne saurait se décrire. La diète décréta l'expulsion des Français employés, commerçants, domestiques ; hors des états germaniques, tout commerce fut interdit avec la France, sous peine de haute trahison. L'Allemagne mit les Français au ban de l'Empire : elle eût voulu les mettre au ban de tout l'univers. Léopold profita froidement de l'effervescence générale afin de resserrer les liens de la coalition et de poursuivre la transformation de la Ligue d'Augsbourg en un pacte bien autrement redoutable à la France et bien autrement avantageux à la maison d'Autriche. Le 12 mai, avant que la dévastation de la rive gauche du Rhin eût comblé la mesure, un traité défensif et offensif avait été signé à Vienne entre l'empereur et les Provinces-Unies pour le rétablissement intégral des Traités de Westphalie et des Pyrénées. Les deux parties s'engageaient à ne pas poser les armes et à ne pas se séparer, que la France n'eût reperdu toutes les conquêtes de Louis XIV. Par un article séparé, les Hollandais, afin d'écarter les dangereuses prétentions du dauphin de France à la succession d'Espagne et à la couronne des Romains, promettaient d'aider l'empereur ou ses héritiers à se mettre en possession de la succession d'Espagne et de favoriser de leur influence l'élection du roi de Hongrie comme roi des Romains. C'eût été une singulière façon de rétablir l'équilibre européen, que de réunir l'Empire et l'Espagne ; mais les Hollandais étaient emportés par la passion. Le nouveau roi d'Angleterre et le roi d'Espagne adhérèrent successivement au nouveau traité, qui fut appelé *la Grande-Alliance* (30 décembre 1689 — 6 juin 1690)[1].

Les armées allemandes s'étaient formées un peu lentement, comme toujours, mais puissamment : elles étaient en mesure d'agir avec vigueur tout à la fois sur le Rhin et sur le Danube. Tandis que le prince Louis de Bade prenait le commandement en Servie contre les Turcs, plus de quatre-vingt mille hommes s'avançaient en trois corps dans les provinces rhénanes, sous les ordres du duc de Lorraine et des électeurs de Bavière et de Brandebourg[2]. Le prince de Waldeck commandait de plus, en Bel

---

1. Dumont, t. VII, 2ᵉ partie, p. 229.
2. Le Grand Électeur était mort en mai 1688 et avait eu pour successeur son fils Frédéric III.

gique, une armée hispano-batave composée en grande partie d'auxiliaires allemands, appelés en Hollande pour remplacer la petite armée qui était allée détrôner Jacques II. Les Français, à peu près égaux à leurs adversaires sur la frontière belge, étaient très-inférieurs sur le Rhin et la capacité de leurs généraux ne compensait pas ce désavantage. La France n'avait plus qu'un seul général de grand renom, Luxembourg ; mais, brouillé avec le ministre, dont sa fierté ne pouvait supporter le despotisme, il était en disgrâce depuis une dizaine d'années[1] et Louvois avait détourné le roi de l'employer. L'armée du Rhin demeura entre les mains de Duras ; l'armée des Pays-Bas fut confiée au maréchal d'Humières.

Ces choix ne furent point heureux. Duras ne sut pas mettre

---

[1]. La cause de la disgrâce de Luxembourg se rattachait à une étrange affaire, qui avait longtemps et violemment agité Paris et la cour, l'*affaire des poisons*. Le procès de la fameuse marquise de Brinvilliers, brûlée en 1676 pour avoir empoisonné son père, ses deux frères et sa sœur, avait laissé une vive impression dans les esprits. Des incidents mystérieux firent penser que les crimes de la Brinvilliers et de son amant Sainte-Croix n'étaient pas des crimes isolés ; qu'il existait à Paris une espèce d'école d'empoisonnement fondée par un Italien appelé Exili : on disait que des révélations sinistres arrivaient aux magistrats par l'intermédiaire des confesseurs ; que la *poudre de succession* était dans les mains de beaucoup d'héritiers impatients ; la terreur était générale. En 1680, le conseil du roi jugea nécessaire d'établir à l'Arsenal une commission extraordinaire, que le peuple qualifia de *chambre ardente*, parce que les crimes qu'elle avait à poursuivre étaient passibles du feu. Plusieurs femmes, la Voisin, la Vigoureux, un prêtre nommé Lesage, etc., furent mis en jugement pour avoir fait commerce de poison. Une foule de grands personnages se trouvèrent compromis comme ayant eu des relations avec ces misérables. Deux des nièces de Mazarin, la duchesse de Bouillon et la comtesse de Soissons, furent ajournées devant la chambre de l'Arsenal. Madame de Bouillon fut interrogée, traita l'affaire assez cavalièrement et s'en tira sans difficulté ; mais sa sœur, la comtesse de Soissons, l'amie de jeunesse du roi, aima mieux quitter la France que de paraître en justice. Le duc de Vendôme, l'arrière-petit-fils de Henri IV, fut interrogé. Le maréchal de Luxembourg, chargé, par les dépositions des accusés, de crimes invraisemblables, alla de lui-même se rendre à la Bastille, sans réclamer les priviléges de sa pairie. Il y resta quatorze mois, tout le temps que dura le procès de la Voisin et de ses complices, qui eurent enfin le sort de la Brinvilliers. La malveillance de Louvois avait beaucoup contribué, dit-on, à prolonger la captivité du maréchal, qui n'avait eu d'autres torts que des liaisons indignes de lui et qu'une curiosité peu orthodoxe. La Voisin et ses complices n'étaient pas seulement des empoisonneurs, mais encore des entremetteurs, des sorciers, des devins, des tireurs d'horoscopes, qui faisaient voir le diable et disaient la bonne aventure aux curieux. Il y eut dans cette vaste procédure, à côté de quelques crimes secrets, beaucoup de légèreté et de folie. (V. les *Lettres* de madame de Sévigné, 1680, janvier-mars. — *Mém.* de La Fare, p. 291.)

obstacle aux opérations du duc de Lorraine et de l'électeur de Bavière, qui, après avoir projeté d'attaquer Strasbourg, furent décidés par les cris des populations allemandes à entreprendre le siège de Mayence. Le duc de Lorraine déboucha sur la rive gauche par Coblentz et fut rejoint devant Mayence par l'électeur, sans que Duras fît d'autre diversion que de dévaster la Souabe et de brûler Bade et d'autres petites villes sans importance militaire. Mayence, bloquée depuis le commencement de juin et assiégée en forme dans le courant de juillet, avait pour garnison une petite armée, dix mille hommes commandés par le lieutenant-général d'Huxelles. Ces dix mille hommes se défendirent vaillamment et habilement contre près de soixante mille ennemis. Au commencement de septembre, après six ou sept semaines de tranchée ouverte, ils repoussèrent, avec un affreux carnage, plusieurs assauts donnés aux nouveaux ouvrages qui protégeaient la place, dont le corps était mal fortifié. On prétend que l'assaut du 6 septembre coûta cinq mille hommes aux ennemis. Les assiégeants commençaient à craindre de ne pouvoir surmonter cette héroïque défense, et le duc de Lorraine fut très-surpris et très-heureux de recevoir, le surlendemain, une offre de capitulation : il accorda toutes les conditions que voulut le gouverneur. C'était l'épuisement des munitions qui avait forcé d'Huxelles à rendre Mayence; la même cause nous avait déjà fait perdre Philipsbourg, pendant la Guerre de Hollande. La prévoyance de Louvois s'était trouvée en défaut[1].

Pendant ce temps, l'électeur de Brandebourg, à la tête de plus de vingt-cinq mille hommes, avait travaillé à chasser les Français de l'électorat de Cologne. Les lettres évocatoires de l'empereur et la déclaration de la diète avaient fait effet dans l'électorat : le cardinal de Fürstenberg avait été abandonné de ses troupes allemandes et leur désertion avait fait perdre plusieurs places. Un échec essuyé, dès le mois de mars, par le com-

---

1. Saint-Hilaire (t. I, p. 416) accuse Louvois et d'Huxelles de s'être entendus pour rendre la place au moment où Duras allait la secourir. Louvois, dit-il, avait besoin d'un mauvais succès pour se rendre indispensable au roi, qui se dégoûtait de lui. Il existe contre Louvois assez de griefs certains sans le charger encore d'une trahison si peu vraisemblable, de compte à demi avec un des plus braves officiers de l'armée.

mandant français Sourdis, avait encore obligé d'évacuer Neuss; Rheinberg et Keyserswert tombèrent ensuite au pouvoir de l'ennemi (mai-juin); puis l'électeur de Brandebourg marcha contre Bonn, principale place de l'électorat et résidence des archevêques-électeurs. Bonn, accablée de bombes et de boulets rouges, s'écroula dans les flammes. Étrange manière de délivrer les villes rhénanes que de les traiter absolument comme faisaient leurs oppresseurs ! Les Français, avant le bombardement, avaient fait sortir toutes les bouches inutiles. La garnison s'obstina à défendre les débris de la ville, et l'électeur de Brandebourg, affaibli par les secours que lui demandèrent le duc de Lorraine et le prince de Waldeck, fut obligé de convertir le siège en blocus. Mayence prise, le duc de Lorraine vint à son tour renforcer Brandebourg avec le gros de son armée; la place tint encore un mois entier et ne se rendit que le 12 octobre, après que tous les dehors eurent été emportés dans un assaut où le brave gouverneur d'Asfeld fut blessé à mort.

La saison était trop avancée et les troupes allemandes avaient trop souffert aux sièges de Mayence et de Bonn, pour que leurs généraux pussent songer à rien entreprendre du reste de l'année; ils prirent leurs quartiers d'hiver dans le Palatinat, tout ruiné qu'il fût. Ainsi le but qu'on s'était proposé par des expédients si barbares n'avait pas même été atteint : on n'était point parvenu à rendre le Palatinat inhabitable; l'homme avait bien pu détruire l'ouvrage de l'homme, mais non pas stériliser, en quelques jours, la riche nature de ces contrées. L'armée française hiverna en Alsace et en Lorraine, gardant, par ses avant-postes, une partie du Palatinat et de l'électorat de Trèves.

Louvois n'était pas encore rassasié de dévastations. Après la perte de Mayence, il eût voulu infliger le sort de Worms et de Spire à une cité bien plus grande et plus illustre. Il proposa au roi de brûler Trèves. Louis, lorsqu'il s'était agi d'anéantir les villes du Rhin, avait été d'abord fasciné par l'espèce d'horrible grandeur que manifeste une telle puissance de destruction; mais le remords n'avait pas tardé à s'éveiller dans son âme : il recula devant ce nouvel attentat. Louvois, vivement repoussé, revint à la charge. Quelques jours après, il déclara audacieusement à Louis qu'il prenait la responsabilité sur lui et qu'il avait expédié l'ordre. Le roi, transporté de colère, leva la main sur le ministre. Madame de Maintenon se jeta entre eux deux; Louis enjoignit à Louvois de se hâter d'envoyer un contre-ordre; sa tête répondrait d'une seule maison brûlée. L'ordre n'était point parti; Louvois avait compté forcer la main au roi en lui donnant la chose comme faite. Cette scène, après bien d'autres, laissa un profond ressentiment dans le cœur du roi [1].

La campagne des Pays-Bas n'avait eu aucun résultat. On n'y avait déployé de grandes forces ni d'un côté ni de l'autre. Louis XIV avait déclaré la guerre à l'Espagne le 15 avril et fait entrer ses troupes en Belgique à la mi-mai. Deux légers échecs essuyés par le maréchal d'Humières, en assaillant les positions du prince de Waldeck, n'empêchèrent pas les Français de rester sur les terres d'Espagne jusqu'à l'automne; mais les ennemis, de leur côté, mirent à contribution la Flandre française.

En Catalogne, le duc de Noailles, qui avait reçu là un emploi plus honorable et plus digne de ses talents que la conduite des dragonnades, n'eut pas le moyen de rien tenter d'important. Seulement, il se maintint pendant toute la saison sur le revers espagnol des Pyrénées.

La guerre maritime offrit bien autrement d'intérêt. Pour la première fois, la marine française se trouvait en face des deux grandes marines réunies. Terrible épreuve, quand on pense que tenir tête à l'une des deux seulement, à la marine hollandaise, avait été considéré, bien peu d'années auparavant, comme une haute ambition. Un traité fut signé le 9 mai, entre l'Angleterre et la Hollande, pour la jonction des flottes, l'Angleterre devant équiper cinquante vaisseaux et la Hollande trente. Mais les opérations offensives des Français contre Guillaume III avaient commencé dès le mois de mars. Presque toute l'Irlande, avec son lord-député (gouverneur) Tyrconnel, s'était déclarée pour Jacques II et le vicomte de Dundee avait soulevé en faveur de la même cause une partie de la Haute Écosse. Jacques II résolut d'aller se mettre à la tête des catholiques irlandais; il conclut avec Louis XIV un traité par lequel il promettait à la France un secours de sept mille Irlandais

---

1. Saint-Simon, t. XIII, p. 32.

en échange de sept mille soldats français, qui iraient porter à l'Irlande l'exemple de leur discipline et de leur tactique. Le 28 février, il partit de Saint-Germain pour Brest, où l'attendait une escadre française. « Je souhaite de ne vous revoir jamais! » lui dit Louis en le quittant. Jacques, en attendant les 7,000 soldats, emmenait quatre cents officiers et canonniers français, avec une très-grande quantité d'armes, de harnais et de munitions. Louis lui avait donné sa propre cuirasse, en signe de royale fraternité. Jacques débarqua sans obstacle à Kinsale le 22 mars. La flotte anglaise n'avait pas été prête à temps pour lui disputer le passage. Tous les Irlandais de race celtique et les anciens colons anglo-irlandais, demeurés catholiques, l'accueillirent avec enthousiasme. Les protestants n'étaient en état de résister sérieusement que dans la province du nord, dans l'Ulster, où les colons, tant anglais que presbytériens écossais, étaient nombreux et très-énergiques. Les protestants de l'Ulster furent refoulés sur deux points, à Londonderry et Ennis-Killeen, où ils concentrèrent leur défense.

Guillaume III, qui rencontrait d'assez grandes difficultés dans le gouvernement de l'Angleterre, n'était point encore en mesure de porter des forces considérables en Irlande; il commença par envoyer une escadre sur les côtes irlandaises pour tâcher d'intercepter les communications avec la France; puis, sur l'initiative prise par la chambre des communes, il lança, le 17 mai, une déclaration de guerre contre « le roi des François ». Parmi les griefs qui motivent la guerre, outre les efforts faits depuis quelques années par Louis XIV pour renverser le gouvernement (la constitution) d'Angleterre, outre l'invasion de l'Irlande, Guillaume énonce les prétentions récentes des Français contre la souveraineté de la couronne d'Angleterre sur l'île de Terre-Neuve, l'invasion des terres anglaises de New-York et de la baie d'Hudson, les commissions données aux armateurs français pour saisir les navires anglais [1], la prohibition de la plupart des marchandises anglaises, les persécutions exercées en France sur des sujets anglais, contraints à changer de religion ou envoyés aux galères, sous prétexte d'avoir donné asile sur leurs vaisseaux à des protestants

---

[1]. Les vaisseaux des *partisans de l'usurpateur*, comme disaient les lettres de Louis XIV.

français; enfin la contestation du « droit de pavillon » attaché à la couronne d'Angleterre, « ce qui viole, dit-il, la souveraineté que nous avons sur *les mers britanniques* [1] ».

Au moment où Guillaume revendiquait la prétendue suprématie du pavillon anglais, cette suprématie venait d'être contestée par de victorieux arguments. Dans les premiers jours de mai, le lieutenant-général Château-Renaud était parti de Brest avec vingt-quatre vaisseaux de guerre, escortant un convoi qui portait en Irlande des munitions et de l'argent. Le 10 mai, comme le débarquement commençait à s'opérer dans la baie de Bantry, sur la côte sud-ouest du Munster, l'amiral anglais Herbert parut avec vingt-deux vaisseaux plus forts d'échantillon et meilleurs voiliers que les navires français. Château-Renaud alla au-devant de l'ennemi et déjoua les manœuvres de Herbert, qui voulait gagner le vent et couper la ligne française. Après plusieurs heures de canonnade, l'amiral anglais, voyant la moitié de ses vaisseaux mis hors de combat par le feu supérieur des Français, gagna le large et laissa le débarquement s'achever sans plus d'opposition. Château-Renaud rentra à Brest le 18 mai, après avoir capturé, chemin faisant, un riche convoi hollandais [2].

Brest avait été indiqué comme rendez-vous général à nos forces maritimes. Château-Renaud y fut joint par seize ou dix-huit vaisseaux sortis de Rochefort, du Havre, de Dunkerque. On attendait encore l'escadre de Toulon. L'amiral Herbert, de son côté, s'était renforcé et la jonction des flottes anglo-bataves s'était effectuée. Plus de soixante-dix vaisseaux ennemis vinrent croiser devant Brest, afin d'empêcher la jonction de l'escadre de Toulon. Heureusement, cette escadre, forte de vingt vaisseaux, avait pour chef un homme qui était le premier marin de la France, depuis que Duquesne n'existait plus. Tourville profita d'un coup de vent qui écarta la flotte combinée et entra sain et sauf dans la rade de Brest (30 juillet). Il en ressortit bientôt à la tête de toutes les forces françaises, avec Seignelai à son bord. L'impétueux ministre de la marine ne rêvait qu'une grande bataille navale. Les deux ami-

---

1. Dumont, t. VII. 2ᵉ partie; p. 230.
2. L. Guérin, *Hist. maritime de la France*, t. II, p. 5. — Sainte-Croix, *Hist. de la puissance navale de l'Angleterre*. t. II, p. 13, 379.

raux ayant envoyé chacun un bâtiment à la découverte, les deux vaisseaux se battirent : l'anglais fut pris. Les alliés se retirèrent dans la Manche, ne s'occupant que d'assurer le retour de leur flotte marchande de Smyrne, et le roi, sur l'avis de Louvois, prudent par jalousie, défendit à Seignelai de les suivre et de hasarder cette terrible chance sans nécessité. C'était déjà une grande gloire que d'avoir vu les deux marines combinées éviter le choc.[1]

Pendant que les flottes étaient en présence, des frégates françaises, détachées dans les mers de Hollande et d'Irlande, y avaient livré de brillants combats et pris ou détruit plusieurs vaisseaux de guerre ; les fameux corsaires Jean Bart et Forbin, moins heureux que leurs camarades, furent pris après une lutte héroïque soutenue avec quarante canons contre cent : conduits en Angleterre, ils s'échappèrent et gagnèrent la côte de Bretagne dans un simple canot. Ils ne tardèrent pas à tirer une ample vengeance de leur mésaventure. Les corsaires français exercèrent de tels ravages, que le commerce anglais en poussa des clameurs désespérées et que la popularité de Guillaume III en fut fort ébranlée.

La guerre d'Irlande n'allait malheureusement pas aussi bien que la guerre de mer. Jacques II n'était plus que l'ombre de ce qu'il avait été dans sa jeunesse : l'homme de guerre, chez lui, était descendu au niveau du politique. Si Jacques eût su tirer parti des ressources et de l'ardeur des catholiques irlandais, les protestants de l'Ulster, malgré la supériorité morale de cette population vigoureusement trempée, eussent succombé sous le nombre ; mais Londonderry fut très-mal attaqué et très-bien défendu. Les assiégés, abandonnés par leur chef militaire, avaient trouvé dans un homme d'église, dans le recteur Walker, un héros dont l'exemple provoqua de leur part des prodiges de valeur et de constance. Après plus de cent jours de blocus et de siége, ils mouraient de faim sans vouloir se rendre, quand des vaisseaux chargés de vivres parvinrent enfin à forcer une estacade qui barrait la rivière de Fin (28 juillet). Le siége fut levé. Les catholiques n'avaient pas été plus heureux contre un autre corps protes-

---

1. *Mém.* de Villette (chef d'escadre sous Tourville), p. 96. — L. Guérin, t. II, p 11.

tant qui s'était retranché à Ennis-Killeen, dans une île du Lough-Earne. Le 23 août, l'ex-maréchal de Schomberg descendit sur la côte d'Ulster avec une petite armée. Il rallia tous les protestants, chassa les jacobites de toute la province et se maintint sur les confins de l'Ulster et du Leinster, en présence des forces supérieures du roi Jacques, qui n'osa l'attaquer, et malgré les maladies qui désolaient son camp. La cause de Jacques, sur ces entrefaites, avait été entièrement perdue en Écosse par la mort du vicomte de Dundee, tué en combattant à la tête de ses montagnards. En Irlande, les actes politiques de Jacques lui nuisaient plus encore que son inertie militaire ; son gouvernement n'était qu'un mélange d'anarchie et de tyrannie, vivant de spoliations [1], de monopoles et de fausse monnaie.

La guerre s'était étendue, cette année, dans toute la largeur de l'Europe, depuis la mer d'Irlande jusqu'à la mer Noire. Les Impériaux, secondés par une triple diversion des Vénitiens en Grèce, des Polonais en Podolie et des Russes dans la nouvelle Tatarie, avaient envahi la Servie et la Bulgarie. Le prince Louis de Bade avait battu deux fois les Turcs et pris Widdin. L'Angleterre, la Hollande et la diète germanique pressèrent de nouveau l'empereur d'accorder la paix au sultan ; mais Léopold, plus ambitieux de cœur, sous sa froide et terne enveloppe, que Louis XIV lui-même au milieu de ses rayons, l'obscur et médiocre Léopold prétendait à la fois pousser ses armes victorieuses jusqu'à Constantinople et se faire assurer la succession d'Espagne par ses alliés, c'est-à-dire qu'il rêvait à son tour l'empire de l'Europe. Il fit aux Othomans des conditions inacceptables et la guerre continua, fort à propos pour la France. Les alliés de Léopold avaient été moins heureux que lui : les Polonais, dépourvus de bonne artillerie, n'avaient pu reprendre Kaminick, et les Russes avaient été battus par les Tatares du côté de Pérékop.

L'espoir conçu par les coalisés d'entraîner les états scandinaves ne s'était pas complètement réalisé. A la vérité le Danemark,

---

[1]. On ne pouvait s'étonner que Jacques rendît ou laissât reprendre aux héritiers des Irlandais spoliés par Cromwell les biens donnés aux conquérants anglais ; la prescription n'est pas admissible quand il s'agit de tout un peuple ; mais il n'était pas juste, après quarante ans et plus, de ressaisir ces biens sans indemnité pour les acquéreurs de bonne foi, ni pour les améliorations faites.

que l'électeur de Brandebourg avait, en 1688, raccommodé avec la Hollande, consentit, dans l'intérêt de la cause protestante, à fournir sept mille soldats à Guillaume III (15 août); mais il ne voulut pas rompre directement avec la France. La Suède, quoique signataire de la Ligue d'Augsbourg, fit de même; elle mit seulement, par un traité particulier, quelques régiments à la disposition de la Hollande. Ces deux états avaient compris quels énormes avantages leur commerce retirerait de leur neutralité pendant la lutte des trois grandes puissances maritimes. L'Angleterre et la Hollande tâchèrent de leur enlever ce bénéfice en convenant d'interdire aux neutres tout commerce maritime avec la France, et déclarèrent de bonne prise tout navire destiné pour les ports français (22 août); mais cet étrange droit maritime ne put être complétement appliqué : l'Angleterre et la Hollande furent obligées de renoncer à interdire le commerce direct des ports scandinaves aux ports français [1].

La France venait d'être débarrassée d'un implacable ennemi : le pape Innocent XI était mort le 12 août. Il fut regretté des protestants et des jansénistes. Il avait refusé toute espèce de secours pécuniaires à Jacques II pour l'aider à recouvrer son trône et avait répondu tout aussi durement que l'empereur à l'appel adressé par le monarque déchu aux souverains contre l'*usurpateur* d'Angleterre. La diplomatie française prit une part très-active à l'élection du nouveau pontife et l'on prétend que Louis XIV dépensa 3 millions pour assurer le succès du vieux cardinal Ottoboni, qui prit le nom d'Alexandre VIII (6 octobre). La France regarda cette élection comme une victoire; le roi rendit Avignon au saint-siége et, accordant à *un ami* ce qu'il avait refusé à un ennemi, il renonça aux trop fameuses *franchises*. Alexandre VIII en parut reconnaissant et, par un procédé auquel Louis XIV dut être sensible, il adressa un bref très-bienveillant à madame de Maintenon; mais, quand il s'agit de jeter les bases d'une réconciliation entre le saint-siége et la France, on reconnut qu'on était loin de s'entendre. Alexandre VIII, tout comme son prédécesseur, maintint le prétendu droit du prince Clément de Bavière à l'électorat de

---

1. V. Dumont. t. VII, 2ᵉ part., p. 292.

Cologne et refusa les bulles aux évêques élus parmi les souscripteurs de la déclaration de 1682, à moins qu'ils ne se rétractassent, ou, tout au moins, ne fissent quelque satisfaction au saint-siége. Après quelques mois de débat, il cassa et annula, par une *constitution* du 4 août 1690, » *les délibérations et résolutions de l'assemblée de 1682*[1]. » Il avait à la vérité évité, dans cette pièce, toute imputation d'hérésie, de schisme ou même d'erreur, qui pût rendre la scission irréparable : la question resta pendante.

Comme on devait s'y attendre, la guerre générale avait excité une vive fermentation chez les protestants français. Depuis la révocation, des phénomènes extraordinaires s'étaient manifestés parmi les populations montagnardes des Cévennes, du Vivarais, du Dauphiné. A défaut des pasteurs absents et proscrits, des bergers, des artisans, des enfants, s'étaient mis à prêcher la parole de Dieu aux nocturnes assemblées du désert : bientôt, aux simples *prédicants* avaient succédé des extatiques, des *voyants*. Un livre lancé par Jurieu du sein de l'exil, en 1686, avait pénétré dans le Midi et enfanté une foule de *prophètes*. C'était un commentaire de l'Apocalypse annonçant *la délivrance prochaine de l'Église* et la ruine de la Babylone papiste. Avril 1689 était le terme fixé pour *l'accomplissement des prophéties*. La chute de Jacques II sembla le commencement du grand œuvre. Six mille montagnards se soulevèrent dans le Vivarais; d'autres s'armèrent dans les Cévennes; quelques prêtres qui avaient pris une part active aux persécutions furent massacrés; mais les insurgés furent bientôt sabrés ou dispersés après une résistance assez vigoureuse. Le gibet et les galères achevèrent l'œuvre de l'épée, et le mouvement fut étouffé pour un temps, grâce à l'administration aussi intelligente qu'impitoyable de l'intendant Basville, qui fit percer à travers les Cévennes et le Vivarais plus de cent chemins carrossables de douze pieds de large, leva en Languedoc huit régiments catholiques à la solde de la province, bâtit des forts à Nimes, à Alais, à Saint-Hippolyte, établit des postes dans les châteaux des montagnes. Le roi ayant appelé à l'armée les huit régiments, Basville les remplaça en organisant toute la population des *anciens catholiques* en

---

1. *Œuvres* de d'Aguesseau, t. XIII, p. 418.

cinquante-deux régiments de milices. La révolte, extérieurement comprimée, survécut et s'envenima dans les cœurs [1].

Triste ressource que d'employer une partie de la France à surveiller l'autre, la pique sur la gorge! et cela en présence de la guerre universelle. On n'avait pas eu besoin de tels expédients durant les autres guerres! Un homme, aussi grand par le cœur que par l'intelligence, Vauban, fit entendre au pouvoir la voix de la France, non pas de la France égarée un moment par les préjugés et l'esprit de système, mais la voix du génie éternel de la patrie. Il parla comme eût fait l'Hospital. Il demanda au plus redoutable agent du mal de réparer le mal. Il présenta à Louvois un mémoire où il exposait les funestes conséquences politiques et morales qu'avait eues la révocation et proposait hardiment la rétractation de tout ce qui s'était fait depuis 1680, le rétablissement des temples, le rappel des ministres, la liberté du choix pour les protestants qui avaient abjuré par contrainte, avec l'amnistie générale pour les fugitifs; enfin, la réhabilitation de tous les condamnés pour cause de religion [2].

Vauban ne fut point exaucé et ne pouvait l'être. Il eût fallu à Louis XIV une grandeur surhumaine pour confesser ainsi son erreur devant l'univers et pour descendre volontairement du piédestal où l'on avait élevé *le destructeur de l'hérésie*. « Comment », écrivait madame de Maintenon, « comment quitter une entreprise sur laquelle il a permis qu'on lui donnât tant de louanges? » On ne quitta pas *l'entreprise*, mais on fit pourtant une grave concession *aux conjonctures* dont parlait Vauban. Une ordonnance du 12 mars 1689 avait déjà permis aux fugitifs qui serviraient le roi de Danemark ou se retireraient à Hambourg, de toucher la moitié de leurs revenus, ce qui avait pour but de les retirer du service ennemi. Un édit bien plus important, du 7 décembre, enjoignit de rendre les biens confisqués sur les fugitifs à leurs héritiers, à condition de ne pas les aliéner avant cinq ans. Aucune condition de religion n'étant imposée aux héritiers, les parents protestants restés en France reparurent aussitôt et réclamèrent leurs droits. Dans les seules élections de La Rochelle et de Marennes, on leur

---

1. Noailles, *Histoire de Maintenon*, t. II, p. 559.
2. Rulhière, *Éclaircissements sur les causes de la Révocation*, etc., p. 257.

restitua des biens valant 2,500,000 fr. de revenu. Le gouvernement alors s'inquiéta de cette espèce de restauration calviniste : les intendants prétendirent restreindre la portée de l'édit aux héritiers catholiques et soutinrent les traitants qui avaient affermé les biens confisqués et qui, s'intitulant « commis à la séquestration des biens des religionnaires fugitifs et de ceux qui ne font pas leur devoir de la religion catholique, » c'est-à-dire des mauvais convertis, se transformaient de maltôtiers en inquisiteurs. Les parlements, par un tardif esprit de justice et peut-être un peu par rivalité contre les intendants, protégèrent les héritiers calvinistes. Le conseil du roi flotta longtemps entre les deux tendances. L'état des personnes et des biens continua d'être un vrai chaos [1].

La plaie de la révocation ne se ferma donc point : les réfugiés ne rapportèrent point à la France leur industrie, leurs capitaux, ni leur courage, et la diminution des ressources coïncida avec la nécessité des plus puissants efforts qui eussent jamais été imposés à la nation. Tout annonçait la plus grande guerre que la France eût encore eue à soutenir : la coalition, déjà beaucoup plus forte que durant la guerre de Hollande, travaillait à s'accroître encore. Comment faire face à de telles nécessités avec des finances déjà lourdes et grevées? En 1672, la position était beaucoup meilleure et cependant il avait fallu sur-le-champ se jeter dans les expédients. Depuis la mort de Colbert jusqu'à la fin de 1688, la dette annuelle s'était accrue de 3,700,000 fr. et la dépense de 7 millions. La dépense, ramenée à 92 millions en 1687, était remontée en 1688 à près de 106 millions, sans compter une quinzaine de millions pour la rente constituée et les intérêts des avances faites au trésor; elle dépassait la recette de 6 à 7 millions. L'intérêt, qui était au denier 20 en 1688, venait de remonter au denier 18 dans une émission de 500,000 fr. de rentes faite en juillet 1689.

Le contrôleur-général Le Pelletier sentit son cœur faillir devant les terribles exigences qu'il prévoyait : comme l'avait dit Le Tellier, il n'était pas *assez dur* pour ces pénibles fonctions. Après quelques mois d'opposition de la part du roi, qui aimait sa modestie et sa probité, il contraignit pour ainsi dire Louis d'accepter

---

1. *Anciennes Lois françaises*, t. XX, p. 72, 96; Rulhière, p. 350, 365.

sa démission et resta au conseil comme ministre d'État sans portefeuille. Sur sa recommandation, le roi lui donna pour successeur Phelippeaux de Pontchartrain, ancien premier président du parlement de Bretagne, alors intendant des finances (20 septembre 1689). Il était difficile de rencontrer deux esprits plus opposés que le timoré Le Pelletier et le brillant, hardi et présomptueux Pontchartrain. Malheureusement, Pontchartrain ne ressemblait pas plus à Colbert qu'à Le Pelletier. Ainsi que beaucoup d'hommes de ce temps, honnête quant à ses intérêts privés, il était sans scrupule quant « aux intérêts du roi ». Il alla droit à son but, à l'argent, sans considérer ni la moralité des moyens, ni leur influence sur le bien-être du peuple. Il s'élança dans l'empirisme financier avec une insouciante audace, que la cour prit pour du génie. A peine installé, il fit pleuvoir sur le public une foule d'édits bursaux, créations d'offices, ventes d'augmentations de gages, qui produisirent au roi plus de 50 millions et coûtèrent bien davantage aux acquéreurs à cause des remises faites par le roi aux traitants qui affermaient le produit de ces édits; ces remises allaient le plus souvent à 25 p. cent et, de plus, les traitants jouissaient immédiatement des revenus et gages et ne payaient au roi que par termes. Le règne des partisans recommençait. 1,200,000 livres de rentes au denier 18 sur les aides et gabelles, 1,400,000 livres de rentes viagères en *tontine* [1], et quelques autres expédients, fournirent encore au moins 45 millions. Cela fit plus de 95 millions de ressources extraordinaires assurés au trésor par Pontchartrain avant la fin de 1689, assurés, disons-nous, mais non pas réalisés, près de la moitié de ces ressources ne devant produire leur effet que dans le cours des années suivantes [2].

Une opération d'une autre nature termina l'année d'une manière bien fâcheuse et marqua d'un signe caractéristique l'administration de Pontchartrain. Ce fut la refonte générale des monnaies avec changement arbitraire de leur valeur nominale,

---

1. *Anciennes Lois françaises*, t. XX, p. 87. — La première tontine ou association de rentiers héritant les uns des autres jusqu'à la mort du dernier des associés, avait été créée sous Mazarin par l'Italien Tonti. Depuis on ne l'avait pas renouvelée.

2. Outre les dons gratuits très-considérables qu'ils accordèrent, les pays d'États levèrent et entretinrent chacun un régiment.

rehaussée de plus de 10 p. cent¹, en sorte que le particulier qui apporta à la refonte pour un marc pesant d'anciennes espèces ne reçut que pour neuf dixièmes de marc d'espèces nouvelles, le roi s'appropriant l'autre dixième. Les particuliers, à leur tour, frustrèrent leurs créanciers de 10 p. cent. en les payant en espèces nouvelles. Si l'on compare cette opération monétaire à celle qu'avait faite Colbert en 1669, il semble que l'administration financière ait reculé de trois siècles et que la France soit retournée aux gouvernements *maltôtiers* du moyen âge, aux princes *faux-monnoyeurs*².

Une mesure moins malhonnête, mais peu politique et très-regrettable pour les arts, avait été décrétée en même temps que la refonte (14 décembre) : ce fut l'ordre donné à tous les particuliers d'envoyer à la monnaie les meubles et ustensiles d'argent massif, et même la vaisselle au-dessus du poids de trois à quatre marcs. Le roi lui-même donna l'exemple et fit fondre les meubles et les vases d'argent ciselés par Ballin d'après les dessins de Lebrun, et qui étaient un des principaux ornements de Versailles. L'art, dans ces magnifiques ouvrages, était bien supérieur à la matière et l'on ne tira pas trois millions en argent monnayé de ce qui en avait coûté dix. Si le roi n'eût pas dépensé des sommes vraiment folles en diamants, la plus inutile de toutes les vanités³, il n'en eût pas été si vite réduit à détruire ces créations d'un luxe plus noble et plus sérieux, et à révéler ainsi à ses ennemis la disette de numéraire où se trouvait la France après un an de guerre. La plus grande partie de l'argenterie des églises eut le même sort que la vaisselle des particuliers.

Les édits bursaux continuèrent à se précipiter comme un torrent pendant les années qui suivirent. Pontchartrain renouvela cette multitude infinie d'offices qui avaient accablé la France sous Mazarin, offices, quelques-uns ridicules (les officiers du roi barbiers-perruquiers, vendeurs d'huîtres, etc.), d'autres nuisibles au

---

1. Le marc d'argent fut porté de 26 l. 15 s. à 29 l. 14 s.
2. Forbonnais, *Recherches sur les finances de France*, t. II, p. 46. — *Comptes* de Mallet, p. 258. — P. Clément, t. II, p. 337.
3. Pendant plusieurs années, Louis avait dépensé jusqu'à deux millions par an en diamants. V. *Mém.* de Choisi, p. 598.

service public[1], tous inutiles et partant nuisibles au peuple, qui devait payer le salaire de tous ces fonctionnaires parasites[2]. Pas un de ces offices pourtant qui ne trouvât un acheteur. La manie des distinctions, des privilèges et des fonctions publiques rendait toujours immanquable cet appel incessant à la vanité bourgeoise. Pontchartrain expliquait son procédé financier avec un sans-façon cynique. « Toutes les fois, » disait-il au roi, « que Votre Majesté crée un office, Dieu crée un sot pour l'acheter. » Il ne se borna point à inventer des fonctions nouvelles; il se mit en devoir de transformer en charges vénales le peu qui subsistait de fonctions électives dans la société; il porta un coup terrible à l'organisation industrielle de Colbert, en créant des maîtres et gardes des corps de marchands héréditaires et des jurés héréditaires dans les corps de métiers, à la place des gardes et jurés électifs; c'était anéantir les garanties qu'offrait le système des corporations, en décuplant les inconvénients et en surchargeant l'industrie d'un nouveau fardeau (mars 1691)[3]. Les restes des libertés municipales furent attaqués bientôt après : on créa des maires et assesseurs des maires à titre d'office dans toutes les villes (août 1692); on laissait subsister les échevins, consuls, etc., mais à charge pour les électeurs d'en choisir au moins la moitié parmi les assesseurs du maire. De 1689 à 1694, la vénalité des charges de judicature fut introduite dans les pays conquis, en Franche-Comté, Artois, Alsace et Flandre, où les corps judiciaires avaient conservé jusque-là le droit de présenter des candidats au roi. Le nombre des magistrats fut augmenté dans ces contrées, sauf en Alsace, où la province

1. Les commissaires des guerres héréditaires, par exemple. L'hérédité dans un emploi qui demande une activité et des aptitudes toutes spéciales!
2. Une de ces créations, celle des greffiers-conservateurs des registres de baptêmes, mariages et sépultures, excita des troubles en Périgord et en Querci. Les paysans se mirent à baptiser eux-mêmes leurs enfants et à se marier sans formalités, pour éviter de payer les droits. Ils résistèrent aux traitants et aux commis, contraignirent plusieurs gentilshommes à marcher à leur tête et entrèrent de vive force dans Cahors. Le conseil du roi ferma les yeux et laissa tomber l'édit en désuétude. Bailli, t. II, p. 101.
3. Une fois les jurés et gardes des corporations devenus héréditaires, on en multiplia le nombre d'une manière effrayante : on créa plus de 40,000 offices de cette sorte, de 1691 à 1709. V. Renouard, *Traité des brevets d'invention.* — *Anciennes Lois françaises*, t. XX, p. 121. — En décembre 1691, on imposa des syndics héréditaires à ceux des marchands et artisans qui n'étaient pas organisés en maîtrises et jurandes.

acheta la suppression des nouvelles charges au prix de 600,000 livres [1]. Simultanément avec la création de tant de fonctions nouvelles, des augmentations de gages considérables furent vendues aux anciens fonctionnaires.

Tandis que les charges s'accroissaient et qu'on engageait l'avenir dans des proportions effrayantes, le bel ordre de comptabilité fondé par Colbert se désorganisait de jour en jour : les registres n'étaient plus tenus régulièrement; les receveurs, tout en poursuivant à outrance les malheureux contribuables, prétextaient la difficulté des recouvrements pour retarder leurs versements au trésor, faisaient valoir à gros intérêts pour leur compte l'argent qu'ils prétendaient n'avoir pas reçu et finissaient encore par obtenir de grosses remises pour s'acquitter de l'arriéré [2].

On avait frappé l'industrie en effaçant le principe électif des corps de métiers; on laissait ruiner l'administration financière; on atteignit l'agriculture à son tour. On établit un droit de contrôle sur les actes notariés, avec obligation d'enregistrer les actes dans la quinzaine (mars 1693). La base de ce droit n'était pas juste, n'étant pas proportionnelle à l'importance des actes [3]; mais là ne fut pas le grand mal. Pour que les actes et les droits que produisaient les actes se renouvelassent fréquemment, on défendit les baux de plus de neuf ans, c'est-à-dire, comme le dit si bien Forbonnais, « qu'on défendit aux fermiers de s'attacher à leur terre et d'y faire l'avance des améliorations dont elle est susceptible. » Tandis qu'en France on interdisait les baux de plus de neuf ans, en Angleterre, les baux étaient de quatorze, de vingt et un, de vingt-huit ans; ce fut là une des causes du progrès de l'Angleterre et de notre décadence agricole [4]. Cette absurde mesure frappait l'avenir, une autre atteignit le présent. Le Pelletier avait favorisé l'exportation des grains : en temps de guerre, il y fallait sans doute plus de restrictions, mais des restrictions régulières et qui fussent les mêmes pour tous. Pontchartrain, au con-

---

1. *État de la France*, extrait des *Mémoires des intendants*, etc., par le comte de Boulainvilliers, t. III, p. 280, 371, 480.
2. Forbonnais, t. II, p. 59.
3. Les notaires, à Paris et ailleurs, s'en rachetèrent pour d'assez faibles sommes payées comptant.
4. Forbonnais, t. II, p. 68.

traire, décida qu'on ne pourrait exporter les grains qu'avec des permissions particulières, c'est-à-dire qu'il monopolisa l'exportation.

Chaque jour emportait un débris de la France de Colbert.

Dans les innombrables expédients sortis du cerveau trop fécond de Pontchartrain, on n'en voit guère de conforme aux vrais principes financiers que la taxe de 4 millions et demi sur les bois du clergé [1], l'affranchissement général des droits de censives et rentes foncières domaniales, moyennant un prix fixé, ce qui effaçait en grande partie les traces du régime féodal dans le domaine de la couronne, et les émissions de rentes sur l'État, qui, tout en augmentant les charges annuelles, ne donnaient pas lieu du moins aux innombrables abus des créations d'offices. De 1690 à 1693, on créa 3,200,000 fr. de rentes au denier 18 et 600,000 fr. de rentes viagères; de plus, il fut ordonné d'employer en rentes sur l'État toutes les sommes données ou léguées aux églises et communautés religieuses (14 août 1691). Le café, le thé, le chocolat et les sorbets furent monopolisés, affermés et tarifés comme l'était le tabac (janvier 1692).

Si la France avait été jetée, dès le début de la guerre, dans un ruineux empirisme financier, ses rivaux, malgré la masse énorme de leurs forces réunies, avaient aussi de graves embarras. L'empereur n'avait pas beaucoup d'argent et la guerre du Danube lui coûtait cher. Les princes allemands étaient habitués à recevoir et non à donner. Il fallait que les nations commerçantes, l'Angleterre et la Hollande, payassent, si elles voulaient faire marcher les Allemands; mais, en Angleterre et en Hollande, le gouvernement ne disposait pas, comme en France, sans contrôle et sans débat, de toutes les ressources du pays, et les délibérations des États et des villes dans les Provinces-Unies, du parlement en Angleterre, compliquaient et ralentissaient les mouvements du vrai chef de la Ligue, de Guillaume III. Guillaume n'avait plus d'opposition sérieuse à craindre de la part des États-Généraux; mais son autorité était beaucoup moindre à Londres qu'à La Haie, ce qui a fait dire aux contemporains qu'il était « roi de Hollande et stathouder

---

1. Le clergé donna de plus en don gratuit neuf millions et demi, payables en trois ans (1690).

d'Angleterre ». Le parlement anglais lui suscitait bien des difficultés. Il se trouvait là entre les whigs, partisans de sa personne, mais adversaires de l'autorité royale, et les tories, partisans de la royauté, mais répugnant à la personne du nouveau roi, qu'on avait intronisé par une violation du principe monarchique. De même, quant à la question religieuse, Guillaume était entre les anglicans, qui prétendaient maintenir leur domination exclusive, et les dissidents, qui aspiraient à l'abolition des priviléges anglicans. Au fond, Guillaume eût voulu le despotisme politique [1] et la liberté religieuse, et il avait affaire à une nation qui voulait tout le contraire : sincère dans les sentiments qu'il avait exprimés, avant son expédition, contre les persécutions religieuses, et d'ailleurs mécontent des évêques, dont plusieurs avaient refusé de lui prêter serment, il eût souhaité changer la formule du *test*, afin de rendre les emplois accessibles aux dissidents, et réunir tous les protestants par une espèce de *syncrétisme*. Ces vues étaient trop avancées pour l'état moral de l'Angleterre : les bills présentés au parlement ne passèrent point [2] et Guillaume ne put faire adopter qu'un bill de tolérance, qui exempta les dissidents des lois pénales à de certaines conditions. Les catholiques, bien qu'ils ne fussent pas compris dans le bill, en profitèrent de fait. Sur la question religieuse, Guillaume n'avait trouvé appui que chez une partie des whigs; sur la question politique, les tories, au contraire, se rapprochèrent de lui dans l'espoir d'avoir part aux emplois et d'être protégés contre leurs adversaires : ils surmontèrent leurs répugnances pour l'aider à défendre la prérogative royale contre les restrictions et les *limitations* des whigs.

Ces discussions avaient contribué à faire languir la guerre d'Irlande. Les whigs comprirent que la cause de la révolution périclitait, et les communes votèrent 2 millions sterling pour la guerre tant en Irlande que sur le continent (novembre 1689). Guillaume

---

1. Ou, du moins, une autorité forte et dominante ; mais ce n'était pas pour en user avec violence ; il se montra modéré envers les personnes, et sa modération contribua même à le dépopulariser auprès des whigs, qu'il empêcha de se venger de leurs ennemis vaincus. V. Mac-Aulay, *Guillaume III*.
2. En Écosse, au contraire, où l'épiscopat ne s'était soutenu que par l'appui de la royauté, le presbytérianisme ressaisit une pleine domination et redevint tyrannique à son tour.

résolut de passer en Irlande : là était pour lui la question capitale qu'il fallait trancher à tout prix. Il espérait chasser son rival et compléter la réduction des trois royaumes sous son sceptre, pendant que ses alliés entameraient la France par les frontières du nord et du sud-est. Une armée se réunissait en Belgique, sous le prince de Waldeck, et devait être renforcée par l'électeur de Brandebourg, afin de pénétrer en Picardie ou en Champagne. Vers les Alpes, la coalition espérait un nouvel allié, le duc de Savoie, qui négociait en secret avec elle et dont le secours permettrait sans doute de percer dans le Dauphiné. L'empereur avait obtenu, le 24 janvier 1690, un succès que Louis XIV n'avait plus été en mesure de lui contester : il avait fait élire son fils Joseph roi des Romains sans aucune opposition.

La France fut en mesure de faire face partout, bien qu'avec des armées inférieures en nombre. En Allemagne, le dauphin reprit le commandement nominal sous la direction du maréchal de Lorges, appelé à remplacer son frère Duras, dont on n'avait point été satisfait l'année précédente. Le duc de Noailles conserva la conduite de la petite armée de Catalogne. Du côté de la Belgique, le commandement fut confié à Luxembourg : le roi eut le bon sens d'imposer silence aux rancunes de Louvois[1]. On avait jugé nécessaire d'avoir un corps d'armée sur les Alpes, pour secourir au besoin Casal contre les Espagnols et contenir le duc de Savoie : là, comme en Belgique, le choix du général fut excellent et porta sur le plus distingué de tous les lieutenants-généraux, qui s'était extrêmement signalé en dernier lieu au siège de Philipsbourg ; c'était Catinat, le digne ami de Vauban, son émule en lumières et en vertus civiques. Ce guerrier modeste et grave, étranger par sa naissance comme par ses mœurs à la noblesse militaire et à la cour[2], s'était élevé lentement par la seule force de son mérite ; par la nature de ses talents, il était à Luxembourg ce qu'avait été Turenne à Condé.

---

1. Il n'est pas vrai, toutefois, que Luxembourg ait obtenu de correspondre directement avec le roi sans passer par l'intermédiaire du ministre ; on a toute sa correspondance avec Louvois, pendant cette campagne et les suivantes, dans les t. VI, VII, VIII des *Lettres pour servir à l'Histoire militaire de Louis XIV*.

2. Il appartenait à une famille parlementaire de Paris.

Sur le Rhin, les Français furent prêts avant les Allemands ; mais ils n'en profitèrent pas et n'essayèrent point d'empêcher la jonction des électeurs de Bavière et de Saxe. Le duc Charles V de Lorraine était mort le 17 avril 1690, emportant les vifs regrets de ses alliés et l'estime de ses ennemis, et laissant ses prétentions à ses enfants. L'électeur de Bavière lui avait succédé dans le commandement en chef. La campagne fut très-peu active. Les deux armées laissèrent le Rhin entre elles jusqu'au milieu d'août. Le dauphin et Lorges se décidèrent enfin à traverser le fleuve ; quarante mille Français et cinquante mille Allemands se trouvèrent en présence, du 10 au 12 septembre, aux environs d'Offenbourg, sur le théâtre de la dernière campagne de Turenne. On hésita de part et d'autre à s'attaquer, et les Français prirent leurs quartiers d'hiver dès le commencement d'octobre, en gardant quelques postes avancés dans l'Ortnau et le Brisgau. Les Impériaux, délivrés d'inquiétude sur le Rhin par cette retraite inopportune, purent envoyer du renfort dans les pays du Danube, où la fortune avait changé de face. Les Turcs, exaltés par le danger que courait leur empire, avaient fait de vigoureux efforts, tandis que l'empereur, les croyant épuisés, ne s'était pas mis en mesure de soutenir ses avantages. Tekeli avait reparu sur la scène avec éclat : Michel Apaffi étant mort, Tekeli s'était fait nommer prince de Transylvanie par le Sultan, puis avait envahi cette province à la tête des réfugiés hongrois, soutenus par les Turcs. Les Impériaux avaient été chassés de presque toute la Transylvanie, et l'armée turque avait repris Nissa, Widdin et Belgrade (septembre-octobre). Les renforts expédiés des bords du Rhin ne purent qu'arrêter les progrès des Turcs.

La guerre sur les Pyrénées avait eu à peu près le même caractère que sur le Rhin : les Français y avaient eu l'avantage de vivre une partie de la saison sur les terres de l'ennemi, sans qu'il se fît aucune action de marque.

Il n'en fut pas de même en Belgique ; mais là c'était Luxembourg qui commandait !

Luxembourg n'avait que trente et quelques mille hommes réunis en Flandre sous son commandement direct ; mais un corps de quinze ou seize mille soldats, posté entre la Moselle et la Meuse, était à portée de le secourir. Les ennemis devaient être fort supérieurs, lorsque le général des Hollandais, le prince de Waldeck, aurait été joint par le gouverneur de Belgique et par l'électeur de Brandebourg ; leur projet était d'attaquer par la vallée de la Meuse : ils n'en eurent pas le temps et Luxembourg ne leur permit pas d'opérer leur jonction. Luxembourg avait commencé de ravager ou de mettre à contribution la Flandre espagnole dès le milieu de mai. L'armée hollandaise, qui avait hiverné en Belgique, ne se réunit près de Nivelle que dans la première quinzaine de juin. Dès que Luxembourg la sut en mouvement, il laissa une douzaine de mille hommes au maréchal d'Humières pour tenir en échec le gouverneur des Pays-Bas Espagnols vers Bruges et Gand ; puis il se porta rapidement entre Sambre et Meuse, et y fut renforcé, à l'insu de l'ennemi, par la meilleure partie du corps de la Moselle (28 juin), ce qui compensa le gros détachement laissé à d'Humières. Waldeck cependant se rapprochait de la Sambre. Luxembourg, par un mouvement de flanc exécuté avec une extrême célérité, se rabattit sur la Sambre, près de Froidmont, et en força le passage (29 juin). Le 30 juin, sur la fin du jour, les deux avant-gardes se rencontrèrent dans la plaine de Fleurus, nom destiné à une double gloire, et Luxembourg en personne culbuta la cavalerie ennemie.

Le lendemain matin, Luxembourg, laissant ses équipages sur l'autre bord de la Sambre, marcha droit à l'ennemi. Waldeck avait pris position en arrière de Fleurus, dérobant sa gauche appuyée au bois d'Eppenies et couvrant sa droite du château de Saint-Amand ; son front était protégé par un ruisseau aux bords escarpés qui descend du bourg de Fleurus. On ne pouvait songer à une attaque de front : Luxembourg prit une résolution d'une incroyable audace ; il résolut d'envelopper une armée au moins égale à la sienne, en embrassant dans ses manœuvres un terrain d'une étendue énorme relativement à ses forces. Il déploya l'infanterie de sa gauche devant le ruisseau de Fleurus et en fit son centre ; il poussa la cavalerie de sa gauche en potence sur le flanc droit de l'ennemi jusqu'à Eppenies, à la faveur d'un rideau qui déroba la marche des escadrons. Pendant ce temps, avec l'autre moitié de l'armée, il alla passer le ruisseau de Fleurus hors de la portée de l'ennemi, à Ligni, autre nom bien connu dans nos fastes militaires, fit un grand détour sur la droite, en se couvrant de haies et de plis de terrain, et déboucha enfin dans la plaine sur le flanc gauche et sur les derrières de l'ennemi. Si Waldeck eût deviné à temps cette manœuvre et jeté le gros de ses forces sur le coude que formait la gauche française, il eût percé cette ligne étendue et faible, coupé en deux l'armée française et rendu à Luxembourg la retraite impossible en le séparant de ses pontons et de ses bagages! mais il ne comprit l'opération que lorsqu'elle était accomplie et à l'instant où les deux moitiés de l'armée française se resserraient sur lui comme des tenailles. Il était trop tard alors. La gauche française souffrit cependant beaucoup au premier choc : le lieutenant-général Gournai, qui la commandait, fut tué, et la cavalerie fut rejetée sur l'infanterie ; mais, au même moment, Luxembourg chargeait en masses serrées sur la gauche ennemie, l'écrasait d'un seul coup et rétablissait ses communications avec son centre, qui franchit le ruisseau de Fleurus. Waldeck voulut se reformer en arrière, mais il lui fut impossible de rallier sa cavalerie. L'infanterie hollandaise et allemande se défendit avec une fureur héroïque : plusieurs bataillons, cernés, mitraillés, sabrés, par l'infanterie, par la cavalerie, par l'artillerie françaises, se firent passer au fil de l'épée plutôt que de se rendre. Waldeck, avec une douzaine de bataillons et quelques escadrons qui ne se laissèrent pas rompre, parvint, sous un feu et sous des charges terribles, à gagner les bois d'Eppenies, où on cessa de le poursuivre. C'était tout ce qui restait ensemble de l'armée ennemie. Cinq à six mille morts, sans les blessés, huit à neuf mille prisonniers[1], cinquante-cinq pièces de campagne et plus de cent drapeaux, qui, envoyés à Paris, valurent à Luxembourg le surnom de *Tapissier de Notre-Dame*, furent les trophées du vainqueur. Les Français avaient eu trois mille hommes tués ou hors de combat[2].

1. Parmi les prisonniers se trouvèrent un grand nombre de réfugiés français. Le roi les fit envoyer aux galères. Lémontey, *Articles inédits des Mémoires de Dangeau*, p. 61.
2. *Lettres militaires*, t. VI. — Quinci, t. II, p. 240-272. — Saint-Hilaire, t Ier, p. 426.

Cette victoire, la plus complète qu'on eût encore remportée dans les guerres de Louis XIV, demeura stérile. Luxembourg voulait assiéger Namur ou Charleroi : Louvois ne le permit pas. Louvois persuada au roi qu'il était nécessaire de renvoyer une partie de l'armée victorieuse sur la Moselle, pour être à portée de soutenir l'armée de *Monseigneur* (le dauphin), un peu plus faible que les Allemands. *Monseigneur*, comme on l'a vu plus haut, ne fit rien et fut un prétexte pour empêcher de faire. Luxembourg se vit ainsi paralyser ; l'ennemi se reforma par des renforts tirés de tous côtés et par le rachat de ses prisonniers, qu'on ne put refuser de lui rendre moyennant rançon, aux termes d'une convention antérieure ; l'électeur de Brandebourg rejoignit Waldeck [1], et l'on manœuvra jusqu'à la fin de la saison, sans autre résultat pour les Français que d'avoir vécu sur le pays ennemi et rétabli l'égalité numérique en détruisant, par un grand coup de main, l'excédant de nombre qu'avaient les coalisés. Il n'y eut qu'une bataille, il n'y eut point de campagne.

Du côté des Alpes, les événements furent plus complexes et les résultats plus positifs. Le duc de Savoie, Victor-Amédée, était depuis quelque temps suspect à Louis XIV, non sans sujet, bien qu'il fût en apparence fidèle à ses engagements et qu'il eût en ce moment plusieurs régiments au service du roi en Flandre. Dès 1687, le duc Victor-Amédée et l'électeur de Bavière s'étaient donné rendez-vous à Venise, sous prétexte du carnaval, et Victor-Amédée avait promis secrètement son concours à la Ligue d'Augsbourg. Ce jeune prince, remuant et courageux, se voyait avec inquiétude serré entre Pignerol et Casal comme dans un étau, et craignait que Louis ne voulût faire du Piémont une autre Lorraine. Les alliés n'eurent pas grand'peine à le gagner en lui promettant de le délivrer de cette sujétion que l'insolence de Louvois lui rendait encore plus pénible. Le duc se plaignait que le ministre français le traitât « comme un page ». Durant l'hiver de 1689 à 1690, Louvois eut avis que les alliés projetaient de prendre l'offensive contre le Dauphiné, en réunissant les troupes espagnoles du Milanais aux

---

1. Par un traité du 6 septembre, l'électeur de Brandebourg prit l'engagement de tenir toujours vingt mille soldats à la gauche de la Moselle et de ne pas traiter avec la France sans ses alliés.

forces du duc de Savoie et aux protestants français et piémontais réfugiés en Suisse et en Souabe. Il sut que l'empereur promettait au duc de traiter ses ambassadeurs sur le même pied que ceux des têtes couronnées, grand objet d'ambition pour la maison de Savoie, à condition que le duc payât la solde d'un corps allemand qu'on enverrait à son aide. La véracité de ces informations fut confirmée par la conduite du duc envers les *barbets* ou insurgés vaudois des Alpes. Les Vaudois n'avaient pas tous péri ou émigré au loin. Dès que les troupes françaises eurent évacué les hautes vallées, après les massacres de 1686, ces pauvres gens avaient commencé à reparaître dans les lieux les mieux abrités de leurs montagnes, et le duc, une fois en relations avec les ennemis du roi persécuteur, avait fermé les yeux sur le retour des exilés. La grande guerre commencée, une bande nombreuse de Vaudois était revenue de Suisse et de Genève en forçant le passage du petit Mont-Cenis; ils occupaient la vallée de Saint-Martin et faisaient une guerre de partisans contre les garnisons de Pignerol et des forts voisins. Les officiers du duc ne secondaient les Français que très-mollement. Sur la fin d'avril, Catinat vint prendre le commandement d'un petit corps d'armée qui se rassemblait en Dauphiné. Le roi prévint le duc que ces troupes, destinées à opérer contre le Milanais, auraient à traverser son territoire; avant qu'elles fussent entièrement réunies, il lui demandait d'aider Catinat à chasser les *barbets* des montagnes : le duc chargea un de ses généraux de concerter avec Catinat l'assaut des Quatre-Dents, poste presque inaccessible où les barbets s'étaient retranchés, au fond de la vallée de Saint-Martin. Au jour convenu, les Français attaquèrent : les Piémontais ne parurent pas; la neige et les difficultés du terrain obligèrent d'abandonner l'attaque (3 mai).

En rentrant à Pignerol, Catinat reçut coup sur coup deux courriers du roi pour le duc. Louis exigeait que Victor-Amédée réunît toutes ses troupes à l'armée de Catinat et qu'il reçût garnison française à Verceil, à Verrue et dans la citadelle de Turin, jusqu'à la paix générale. L'armée de Catinat soutint ces impérieuses dépêches en descendant des montagnes sur Carignan, dans la vallée du Pô (9 mai). Le duc, effrayé, s'efforça de gagner du temps, pressant, d'une part, les secours promis par la Ligue et, de l'autre, tâchant de fléchir le roi. Il n'était pas encore définitivement engagé avec la Ligue et, si le roi, comme il le demandait, eût consenti à le traiter en prince souverain et eût renoncé du moins à occuper sa capitale, il eût probablement reculé devant les chances de la lutte contre la France. Louvois empêcha toute concession et n'épargna, ni dans le fond ni dans la forme, rien de ce qui pouvait pousser le duc aux dernières extrémités. On a voulu voir un odieux calcul dans cette conduite du ministre, qui ne trouvait pas, a-t-on dit, que la France eût jamais assez d'ennemis et qui n'espérait se maintenir qu'en multipliant les périls autour de son maître. Il était bien capable d'une telle combinaison ; néanmoins, son arrogance et sa brutalité naturelles suffisent à expliquer ses procédés. Le duc, sommé de céder avant le 24 mai, écrivit, le 20, au roi qu'il se soumettait, mais qu'il le suppliait de se contenter d'une autre place en échange de Turin. Pendant ces pourparlers, un corps de réserve laissé par Catinat dans les montagnes et composé en majeure partie de milices emportait, par une seconde attaque, le poste des Quatre-Dents : la plupart des barbets s'échappèrent à la faveur d'un épais brouillard (23 mai) [1].

Quelques jours après, Catinat reçut du roi l'ordre d'occuper Turin, Verceil et Verrue, conformément à la promesse de Victor-Amédée. Le général français signifia ses instructions au duc. Celui-ci répondit de telle sorte que Catinat jugea la rupture inévitable. Sur ces entrefaites, le vent avait changé à Versailles : le roi s'était repenti de sa dureté et avait résolu de se contenter que Carmagnole, Suse et Montmélian fussent remis en dépôt à une puissance neutre, à la république de Venise, qui les garderait comme caution de la conduite de Victor-Amédée, à condition que l'empereur et l'Espagne souscrivissent à la complète neutralité de l'Italie [2].

Il était trop tard : un double traité avait été signé, les 3 et 4 juin, par le duc de Savoie avec l'Espagne et l'empereur, qui lui promettaient des secours considérables, Pignerol, quand on l'aurait pris, et une part dans les conquêtes qu'on pourrait faire de

1. Sur les procédés de Louvois envers le duc, voyez Gourville, p. 482. — La Fare, p. 207.
2. Dumont, *Corps diplomatique*, t. VII, part. 2, p. 244.

l'autre côté des Alpes[1]. Victor-Amédée mit aussitôt en liberté tout ce qui restait de Vaudois dans ses prisons, fit arrêter l'ambassadeur de Louis XIV et tout ce qu'il y avait de Français à Turin, et commença les hostilités. Louis avait donné envers Gênes l'exemple de ces violations du droit des gens.

Catinat s'avança sur Turin avec une douzaine de mille hommes; mais il n'était point en mesure d'entreprendre le siége de cette grande ville et ne put empêcher Victor-Amédée de réunir cinq ou six mille soldats qu'il avait sous la main à dix mille Hispano-Lombards arrivés à marches forcées du Milanais (mi-juin). Les deux petites armées se tinrent longtemps en échec auprès de Carignan et se renforcèrent chacune de leur côté. Catinat fit ravager de fond en comble, derrière lui, les vallées de La Luzerne et d'Angrogne, pour ôter aux barbets tout moyen de subsister et de s'établir sur sa ligne de communication. La guerre se faisait, d'après les instructions de Louvois, avec une rigueur qui rappelait, sur une moindre échelle, les cruelles dévastations du Rhin et qui offrait un douloureux contraste avec le caractère privé du général français[2]. Catinat, menacé dans son camp par les dispositions de l'ennemi, se replia sur les montagnes et prit poste à Caours. L'ennemi tenta de couper ses communications avec un corps de réserve qui occupait le val de La Luzerne, et fut repoussé avec perte. Quelques jours après (17 août), Catinat ressaisit l'offensive et se porta sur Saluces par une marche de flanc en présence de l'ennemi, afin de l'attirer au combat. Les alliés ne parurent que sur le soir, le commandant des auxiliaires espagnols ayant longtemps discuté contre le duc pour qu'on attendît les renforts allemands qui étaient en marche. Victor-Amédée voulut absolument

---

1. Dumont, ibid., p. 265.
2. Les paysans piémontais, race rude et valeureuse, s'étaient mis à faire la petite guerre, à l'exemple des Vaudois. Suivant le vieux et barbare droit de la guerre qu'on pouvait croire tombé en désuétude, Catinat fit pendre les deux syndics d'un village, « pour avoir souffert que leur communauté prît les armes contre une armée entière. » Tous les paysans qu'on trouvait avec des armes, des balles ou de la poudre étaient arrêtés, remis au prévôt et pendus. Comme on en prenait une trop grande quantité et que le prévôt ne pouvait suffire aux exécutions, Catinat permit aux soldats de les tuer. On brûla impitoyablement tous les villages et les maisons de campagne qui refusaient de payer la contribution de guerre. Voy. *Mém.* de Catinat, t. Ier, p. 72 et suiv.

combattre. Les Français, qui avaient commencé d'attaquer Saluces, firent volte-face. Le duc les attendait dans un poste avantageux, mais dont il n'avait pas su tirer tout le parti possible : des marais couvraient ses deux ailes et, en avant des marais, des *cassines* (*cascine*, maisons de campagne) garnies d'infanterie présentaient un premier obstacle aux assaillants. Les Français attaquèrent le lendemain matin. Rien n'arrêta leur élan. Les cassines furent emportées après une vive résistance ; le marais de droite fut franchi par l'infanterie, qui, s'appuyant à une vieille digue du Pô que le duc de Savoie avait négligé d'occuper, prit en flanc la ligne ennemie. Sur la gauche, l'ennemi, protégé par sa situation, se défendait opiniâtrement ; mais la cavalerie française parvint enfin à traverser le second marais. Alors l'armée hispano-piémontaise, malgré la supériorité du nombre, se trouva débordée et prise entre deux feux ; elle se rompit et se précipita en désordre dans les bois et les fourrés qui s'étendaient en arrière de sa position. Un jeune officier-général parvint à empêcher cette retraite de se changer en déroute complète : c'était le prince Eugène de Savoie-Soissons, qui était venu apporter à son cousin Victor-Amédée le secours d'une épée déjà essayée en Hongrie et sur le Rhin. L'ennemi avait perdu quatre à cinq mille hommes et onze canons. Les Français avaient eu un millier d'hommes tués ou blessés. Plusieurs régiments de milices avaient pris part, auprès des troupes de ligne, à cette brillante journée, qu'on nomma la bataille de Staffarde, du nom d'une abbaye voisine [1].

L'armée ennemie, battue, mais non détruite, se rallia à Poncalieri et à Carignan, couvrant Turin. Le prix immédiat de la victoire ne fut que l'occupation de Saluces et de quelques autres petites villes, et la possession de la plaine qui s'étend des Alpes au Tanaro. Dans le courant d'octobre, Catinat renvoya ses malades, ses blessés, la plupart de ses équipages, en Dauphiné, comme s'il eût été sur le point d'aller y prendre ses quartiers d'hiver ; puis, au lieu de repasser les Hautes-Alpes, il se porta brusquement vers Suze, par les cols extrêmement difficiles qui joignent le val du Cluson à celui de la Petite-Doire. Le fameux pas de Suse fut éva-

---

1. *Mém.* de Catinat, t. Ier, p. 85 et suiv. — *Mém.* de Feuquères,

cué par l'ennemi, et la citadelle se rendit en présence de l'armée hispano-piémontaise, qui venait au secours, renforcée de cinq ou six mille Allemands et de trois ou quatre mille Espagnols (8-14 novembre). Les Français furent ainsi maîtres des deux principaux débouchés du Dauphiné en Piémont, Suze et Pignerol.

Durant ces opérations en Piémont, dix mille hommes de milices et d'arrière-ban avaient occupé, sans beaucoup de résistance, toute la Savoie, excepté Montmélian. L'identité de langue et de mœurs, et les habitudes de bon voisinage, ne permettaient pas aux montagnards savoisiens de ressentir la même répugnance qu'éprouvaient les Piémontais pour l'invasion française.

Les premiers revers éprouvés par le duc de Savoie l'avaient obligé de resserrer plus étroitement ses liens avec les alliés : le 20 octobre, son agent à La Haie avait conclu avec l'Angleterre et la Hollande un traité par lequel ces deux puissances lui promettaient quelques subsides, et lui, de son côté, s'engageait dans la Grande Alliance pour le rétablissement des traités de Westphalie et des Pyrénées. Par un article secret, il accordait l'abolition de ses édits contre les Vaudois et la liberté religieuse pour eux et pour les réfugiés français qui s'établiraient dans leurs vallées. Une partie du subside devait être employée à solder Vaudois et réfugiés [1].

La guerre continentale, envisagée dans son ensemble, avait donc tourné jusqu'ici à l'avantage de la France, quoique, par la faute du gouvernement français, ses ennemis se fussent accrus en nombre et ses succès n'eussent pas produit tous leurs fruits. Les alliés, de leur côté, n'étaient pas encore suffisamment éclairés par les souvenirs de la guerre de Hollande, et les rivalités, les tiraillements, les prétentions et les calculs personnels des princes allemands avaient mis dans leurs mouvements une lenteur et des embarras qui avaient fort contribué à paralyser la ligue sur le Rhin et à la faire battre en Belgique.

Des événements plus éclatants encore et de plus grande conséquence se passaient pendant ce temps sur les côtes d'Angleterre et d'Irlande. Au mois de mars, l'escadre de Brest, forte de trente-

---

1. Dumont, t. VII, 2ᵉ part., p. 272.

six vaisseaux de guerre, transporta de Brest en Irlande six à sept mille soldats français, avec une grande quantité d'armes et de munitions. Quelques semaines après, elle ramena en France les troupes irlandaises que Jacques II avait promises à Louis XIV par voie d'échange. L'allée et le retour de l'escadre s'opérèrent sans difficulté. Les marines anglaise et hollandaise avaient récemment souffert d'une tempête qui avait valu pour elles une bataille perdue : les Anglais avaient eu huit vaisseaux de guerre et plus de cent cinquante vaisseaux de commerce naufragés, et ne s'étaient pas trouvés en mesure de disputer le passage aux Français.

L'expédition d'Irlande n'était que le début de la campagne. On avait de plus grands projets. Brest, après le retour de sa puissante escadre, vit successivement arriver dans son port l'escadre de Toulon, amenée par Château-Renaud, qui avait franchi le détroit de Gibraltar en présence d'une escadre alliée supérieure en forces, puis tous les navires disponibles des ports du Ponant, et enfin quinze galères construites en trois mois à Rochefort par ordre de Seignelai, qui voulait essayer d'utiliser sur l'Océan cette sorte de navires que le calme n'arrête pas. Le ministre de la marine déployait une activité dont on cite des traits fabuleux [1]. Le 23 juin, la flotte française, au grand complet, sortit de la rade de Brest, sous les ordres de Tourville, nommé vice-amiral du Levant à la fin de 1689 : elle comptait soixante-dix-huit vaisseaux de guerre, dont soixante-trois au-dessus de cinquante canons [2]. Les côtes de France n'avaient jamais rien vu de si terrible ni de si magnifique : Seignelai, oublieux des maximes de son père, qui voulait à bord de nos navires de guerre une mâle simplicité, les avait surchargés d'un luxe ruineux : le vaisseau amiral *le Royal-Soleil* était pavoisé d'enseignes de cinquante pieds et de flammes de cent trente et cent quarante pieds en damas brodé [3]. Heureusement que ce faste

---

1. On prétend qu'il fit construire, caréner, gréer, mâter et mettre à la voile, en neuf heures de temps, à Toulon, une frégate de 40 canons; qu'à Marseille, il fit mettre sur chantier, quatre heures sonnant, la quille d'une galère, et qu'avant midi, il sortit du port sur cette galère gréée et armée. Nous avons peine à citer des faits aussi étranges, quoique nous les trouvions dans un historien sérieux, M. L. Guérin, *Histoire maritime de France*, t. II, p. 17.

2. Nous suivons l'état donné par Quincy, t. II, p. 319; celui de M. E. Sue ne mentionne que 64 vaisseaux.

3. E. Sue, t. IV, p. 99.

n'avait point amolli nos marins; on en eut bientôt la preuve! La flotte, contrariée durant quelques jours par le vent, entra, le 29 juin, dans la Manche.

Le 24 juin, le lendemain du jour où Tourville avait quitté le mouillage de Brest, Guillaume III était débarqué en Irlande. Retenu jusque-là par les graves débats politiques de l'Angleterre, par les élections et les premières discussions d'un nouveau parlement, Guillaume avait envoyé successivement à Schomberg toutes les forces dont il pouvait disposer, et il allait enfin se mettre à la tête de son armée pour en finir avec Jacques II par un coup décisif.

Ce choc, Louis XIV avait conseillé à Jacques de l'éviter. Le Grand Roi avait proposé à son allié un plan excellent : c'était de ne point accepter la bataille et de traîner la guerre en longueur; les frégates françaises, détachées de la flotte, iraient enlever, sur la côte d'Irlande, les transports qui avaient amené Guillaume et couperaient ses communications avec l'Angleterre; pendant ce temps, la flotte française devait attaquer la flotte ennemie dans la Manche et s'efforcer de déterminer en Angleterre ce soulèvement royaliste que promettaient les partisans de Jacques II. La flotte française se mit en devoir de remplir le rôle qui lui était assigné dans ce plan. Le 2 juillet, elle fut en vue des ennemis, dans les eaux de l'île de Wight. Les Anglais et les Hollandais réunis étaient inférieurs aux Français, sinon par le nombre des canons, au moins par le nombre des navires : ils n'avaient que cinquante-cinq à soixante vaisseaux de ligne, pour la plupart, à la vérité, d'un très-fort échantillon. Les deux grandes puissances maritimes n'avaient pas cru qu'il fût nécessaire de déployer toutes leurs forces, et l'amiral Herbert, qui commandait la flotte combinée, avait eu ordre de combattre sans attendre un renfort préparé en Hollande.

Cette présomption devait coûter cher aux alliés. Après quelques jours d'évolutions, la flotte anglo-batave, favorisée par le vent, prit l'offensive (10 juillet). Tourville, quoique sous le vent de l'ennemi, accepta le choc, et la bataille s'engagea en vue de Beachy-Head, que nous nommons le cap Bévesiers, sur la côte de Sussex. Les vingt vaisseaux de l'escadre hollandaise, qui formaient l'avant-garde ennemie, sous l'amiral Evertzen, arrivèrent à toutes voiles avec plus d'ardeur que de prudence et sans prolonger assez leur ligne pour présenter un front égal à celui de l'avant-garde française. Château-Renaud, commandant de l'avant-garde française, profita de cette faute, fit revirer sur les Hollandais la tête de son escadre, qui leur gagna le vent, et les mit entre son feu et le feu du corps de bataille que dirigeait Tourville. Rien ne saurait exprimer la violence et l'opiniâtreté de cette effroyable canonnade, qui dura, sans interruption, huit heures. Le corps de bataille ennemi, commandé par l'amiral anglais Herbert, ne tenta que faiblement de dégager les Hollandais, écrasés par l'artillerie française : la plupart de cette escadre n'approcha pas plus près qu'à la grande portée du canon. L'arrière-garde anglaise, que conduisait lord Russell, attaqua beaucoup plus vigoureusement l'arrière-garde française, aux ordres de Victor-Marie d'Estrées, fils du vieux maréchal d'Estrées, mais sans gagner aucun avantage sur elle. Dès le milieu du jour, la fortune de la bataille n'était plus douteuse. Un vaisseau hollandais de soixante-huit canons avait été pris et brûlé. L'escadre hollandaise semblait entièrement perdue, et le feu des Anglais se ralentissait devant le feu supérieur des Français. Le calme qui survint empêcha les Français de pousser leur avantage et leur fit regretter vivement l'absence des galères que le gros temps avait empêchées de suivre la flotte. Un peu avant le soir, on avait mouillé de part et d'autre. Vers dix heures, le vent étant venu, les ennemis levèrent l'ancre pour s'enfuir. Tourville en fit autant et les suivit avec son escadre. Malheureusement, son signal ne fut point aperçu par ses deux vice-amiraux, qui restèrent à l'ancre, et, le lendemain matin, Tourville perdit du temps pour les attendre. Les Anglais en profitèrent pour opérer leur retraite vers le Pas-de-Calais et la Tamise. La plupart des Hollandais, mutilés, démâtés, rasés, ne purent suivre leurs alliés et se jetèrent à la côte. Les Français les y assaillirent et les brûlèrent ou les réduisirent à se brûler eux-mêmes. Du 10 au 15 juillet, quinze vaisseaux de ligne sautèrent ou coulèrent au pied des falaises d'Angleterre. Sur les quinze, il n'y avait, à ce qu'il semble, que deux anglais. Les Hollandais payaient cher l'honneur d'avoir fait un roi d'Angleterre. Pour apprécier l'importance matérielle d'une pareille victoire, il faut se rappeler que, dans la grande journée de Fleurus, on avait enlevé une cinquantaine de canons à l'ennemi, et que les quinze vaisseaux détruits en portaient probablement un millier! Colbert eût été bien heureux d'assister à un tel spectacle!

A ces glorieuses nouvelles, Seignelai, désespéré d'être retenu à Versailles par la fièvre, qui minait ses forces, mais non son énergie morale, ne rêva plus qu'invasion de la Tamise et descente en Angleterre. La consternation était extrême autour de la reine Marie, régente du royaume en l'absence de Guillaume. Les jacobites s'agitaient et une contre-révolution paraissait probable. L'amiral Herbert sauva l'Angleterre d'un extrême péril en faisant enlever toutes les bouées et les balises de la côte et de la Tamise. Tourville, dépourvu de pilotes qui pussent suppléer, jusqu'à un certain point, à la disparition de ces indispensables indices, ne voulut pas exposer sa flotte à naufrager dans les sables de la Tamise : ne voyant plus d'ennemis qui tinssent la mer devant lui, il envoya quelques vaisseaux en Irlande, se rabattit sur la côte méridionale d'Angleterre, brûla la bourgade maritime de Teignmouth en Devonshire, avec quatre frégates et un certain nombre de navires marchands; mais l'effroi qu'il répandit ne servit qu'à montrer à quel point la cause de Jacques II était impopulaire : les provinces du sud se levèrent en masse contre l'invasion attendue[1].

Pendant que Tourville se couvrait de gloire, sans pouvoir réaliser tous les vœux de l'impétueux Seignelai, Jacques II perdait tout en Irlande. Le lendemain de la bataille de Beachy-Head, une autre bataille s'était livrée sur terre, avec un succès bien opposé (11 juillet). Jacques II n'avait tenu aucun compte des avis de Louis XIV. Lorsque Guillaume III, débarqué dans l'Ulster, marcha droit à lui avec une armée supérieure et par le nombre et par la qualité, Jacques II refusa de se retirer sur le Shannon, au cœur de l'Irlande celtique, prétendit couvrir Dublin et attendit l'ennemi près de Drogheda, aux bords de la Boyne. Guillaume avait

1. L. Guérin, t. II, p. 17-28. E. Sue, t. IV, p. 98-125.— Sainte-Croix, *Hist. de la puissance navale de l'Angleterre*, t. II, p. 17, 334. — Relation de Jacques II, dans les *Mémoires de Berwick*, t. Ier, p. 455. — Mém. de Villette, p. 95. — Mém. de Forbin, p. 519. — Quinci, t. II, p. 314. — V. dans E. Sue, la relation de Petit-Renau. Un boulet lui passa entre les jambes pendant qu'il traçait l'ordre de bataille. M. Mac-Aulay réduit trop l'importance de la journée de Beachy-Head et n'est pas juste envers Tourville.

trente-cinq à quarante mille excellents soldats, Anglais, Hollandais, Danois, Ultoniens (protestants de l'Ulster), réfugiés français : Jacques avait une trentaine de mille hommes, Irlandais et Français, et l'infanterie irlandaise n'était qu'un ramassis de paysans pillards qu'on n'avait pas pris la peine de discipliner. Les Français se trouvèrent ainsi face à face, les uns sous le vieux Schomberg, les autres sous le comte de Lauzun, ancien favori de Louis XIV, longtemps disgracié par son maître et demeuré célèbre par ses romanesques aventures et son mariage secret avec la Grande Mademoiselle [1], l'héroïne un peu surannée de la Fronde. Guillaume fit remonter la rivière durant plusieurs milles par son aile droite, avec ordre de forcer le passage au pont de Slane et de tourner la gauche des catholiques. Un régiment de dragons irlandais qui défendait ce passage fut culbuté. Lauzun courut arrêter les assaillants avec l'infanterie française et une partie de la cavalerie irlandaise. Guillaume alors s'avança vers la rivière avec son aile gauche, tandis que Schomberg marchait à la tête du centre, précédé par Ruvigni de Caillemotte, fils du dernier député-général des églises réformées de France et commandant des réfugiés huguenots. L'infanterie de Jacques II lâcha pied rien qu'à voir la contenance des assaillants ; mais la cavalerie irlandaise chargea vaillamment dans le lit de la rivière. Ruvigni tomba blessé mortellement, en criant à ses huguenots : « A la gloire !... à la gloire ! » comme pour leur offrir dans la gloire une compensation de la patrie perdue.

Les réfugiés pliaient : le vieux Schomberg poussa son cheval dans les eaux de la Boyne : « Allons, Messieurs, allons ; voici vos persécuteurs ! » Il franchit la rivière et tomba à son tour frappé de trois coups mortels. Mais, de toutes parts, l'armée protestante forçait le passage, et Guillaume avait atteint l'autre rive et se jetait au plus épais de la mêlée. La brave cavalerie irlandaise se fit hacher, tandis que l'infanterie continuait de fuir. Les Français se retirèrent en bon ordre. Quant à Jacques, qui s'était tenu à distance, par un honteux contraste avec son rival, il fuit, quasi sans s'arrêter, jusqu'au havre de Kinsale : il y trouva dix des vingt-cinq frégates destinées à nettoyer le canal de Saint-Georges et à

---

1. V. *Mém.* de mademoiselle de Montpensier ; *Lettres* de madame de Sévigné, etc.

couper Guillaume d'avec l'Angleterre, opération qu'une escadre de ligne avait reçu l'ordre de venir appuyer. Il les employa à se faire reconduire à Brest, d'où il retourna à Versailles prier Louis XIV de lui donner une autre armée pour descendre en Angleterre, sous la protection du victorieux Tourville [1]. Louis, indigné de son inconcevable désertion, ne voulut pas même discuter un tel projet, déclara qu'il n'y avait plus rien à faire et rappela Tourville à Brest, avec ordre d'envoyer en Irlande une escadre suffisante pour ramener les troupes françaises.

Louis était certes bien excusable, et, cependant, cet abandon de l'Irlande fut une faute. L'Irlande, ignominieusement délaissée par son roi, ne s'abandonnait pas encore elle-même : elle montra qu'elle eût mérité un autre chef. L'armée irlandaise se reforma sur le Shannon. Guillaume marcha sur Limerick, principal centre de la résistance. Lauzun, général de cour, sans fermeté, sans capacité militaire, jugeait tout perdu et ne songeait plus qu'à retourner en France : il emmena ses troupes à Gallway, pour y attendre l'escadre française. Un simple capitaine aux gardes françaises, Boisselot, fit ce que son général aurait dû faire : il resta dans Limerick et, de concert avec le brave et actif irlandais Sarsfield, il dirigea, avec autant d'intelligence que d'énergie, le courage inexpérimenté des Gaëls. Ces mêmes fantassins, qu'une panique avait rompus si aisément à la Boyne, se montrèrent des héros quand ils eurent de dignes chefs à leur tête. L'artillerie de siége, en route pour le camp de Guillaume, fut surprise et détruite par la cavalerie irlandaise; la garnison repoussa avec un grand carnage l'assaut tenté par les Anglais. Guillaume leva le siége de Limerick (fin août). Sur ces entrefaites, les vaisseaux français arrivèrent et Lauzun s'embarqua, malgré ce retour de fortune qui lui faisait un devoir de rester. A peine fut-il parti, que les Anglais, conduits par Marlborough, prirent Corke et Kinsale, et achevèrent ainsi d'occuper la côte orientale de l'Irlande [2].

1. Au moment du retour de Jacques, la France était à peine désabusée de la mort prétendue de Guillaume. Un boulet ayant effleuré l'épaule de ce prince la veille de la bataille, le bruit de sa mort avait volé jusqu'à Paris et les Parisiens en avaient fait des réjouissances qui durent le flatter plus que tous les panégyriques.
2. *Relation de Jacques II*, dans les *Mem.* de Berwick, t. 1er, p. 432. — Gordon, *Hist. d'Irlande*, t. II, ch. XXXIII. — Mac-Aulay, *Guillaume III*, t. II, ch. 2.

Le désastre de Jacques II faisait plus que compenser pour Guillaume le grand échec de la marine anglaise, mais ne consolait pas l'orgueil anglais. Les Anglais, chassés de la Manche [1], essayèrent de se venger sur les colonies françaises d'Amérique. Une escadre de trente-quatre voiles entra dans le Saint-Laurent et attaqua Québec par terre et par eau. Le brave gouverneur du Canada, Frontenac, à la tête des colons canadiens, aussi robustes et aussi agiles qu'adroits tireurs, battit les troupes de débarquement et obligea l'escadre à la retraite (18-20 octobre). Les Anglais n'obtinrent de succès qu'à Saint-Christophe, où ils expulsèrent les Français de la moitié de l'île qui leur appartenait (décembre).

Cette année, la plus glorieuse qu'eût jamais vue la marine française, finit tristement pour elle : Seignelai s'éteignit le 3 novembre, avant d'avoir accompli sa trente-neuvième année ; son organisation de feu s'était rapidement consumée par les excès simultanés du travail et du plaisir ; sa personnalité, sans être cruelle comme celle de Louvois, était absorbante et hautaine ; son impatient génie ne voulait point admettre d'obstacles et s'en prenait aux hommes de la résistance des éléments ; dans ses vastes et soudaines créations, il sacrifiait trop peut-être au présent les ressources de l'avenir [2]. Le roi, qui supportait de plus en plus difficilement autour de lui les caractères spontanés et les volontés fortes, se sentit comme soulagé d'être délivré de cette fiévreuse activité. Quels que fussent pourtant les défauts de Seignelai, sa perte fut irréparable ; il ne léguait à personne le secret de cette immense et admirable machine de guerre, de cette administration maritime, créée par son père, agrandie par lui. Le roi réunit la marine aux finances dans les mains de Pontchartrain, qui voulut d'abord s'en excuser, sur ce « qu'il n'en avoit aucune connoissance, » et qui ne prouva que trop qu'il avait dit vrai [3].

---

1. Ils avaient encore eu le dessous dans quelques engagements partiels ; ainsi, un vaisseau français de 50 canons prit et brûla un anglais de 80, après un furieux combat où les deux capitaines furent blessés à mort. L. Guérin, t. II, p. 128.

2. Il était loin, toutefois, de négliger les intérêts économiques. Ainsi, malgré la guerre, il autorisa les navires français à continuer d'exporter des grains en Espagne, afin d'empêcher les Anglais de nous enlever les bénéfices de ces transports. Il maintint soigneusement les priviléges commerciaux qu'avait notre pavillon au Brésil. L. Guérin, p. 597.

3. Lémontey, *Articles inédits des Mém. de Dangeau*, p. 63.

Seignelai n'avait pas été seulement homme de mouvement et d'action, il avait achevé l'œuvre législative de son père par une ordonnance monumentale, par le célèbre code de la marine militaire, qui coordonna, refondit et compléta les édits et les règlements du grand Colbert. L'ordonnance du 15 avril 1689 est encore la principale base de notre législation actuelle [1].

Le résultat général de la campagne de 1690 était donc que la France gardait la prépondérance sur le continent et l'avait acquise sur les mers, mais que Guillaume de Nassau s'était affermi sur son nouveau trône.

Guillaume travailla vigoureusement à resserrer les liens de la coalition et à réparer les revers de la Hollande et de l'Angleterre. A son retour d'Irlande, il parvint à faire voter, par le parlement anglais, la levée de soixante-dix mille soldats et la somme énorme de quatre millions et demi sterling, presque l'équivalent de ces soixante millions qui avaient tant épouvanté Colbert au commencement de la guerre de Hollande. Le parlement ne s'engageait pas à renouveler cet effort tous les ans, mais devait y être conduit par la force des choses! Guillaume, s'estimant assez consolidé pour

---

1. L'ordonnance contient 23 livres. Nous ne citerons que quelques dispositions caractéristiques. — Le capitaine de vaisseau ne peut, à peine d'être cassé, recevoir aucune gratification des navires marchands qu'il escortera. — En cas d'abordage, il ne doit pas quitter son vaisseau pour se jeter sur le vaisseau ennemi. — Les rangs entre les officiers de terre et de mer sont ainsi réglés : le lieutenant-général des armées de mer marche avec le lieutenant-général de terre ; le chef d'escadre avec le maréchal de camp ; le capitaine de vaisseau ou de galère avec le colonel ; le capitaine de galiote ou de frégate avec le lieutenant-colonel ; le lieutenant de vaisseau avec le capitaine d'infanterie ; l'enseigne de vaisseau avec le lieutenant d'infanterie (Les lieutenants-généraux et chefs d'escadre répondaient à nos vice-amiraux et contre-amiraux : les vice-amiraux d'alors à nos amiraux). — L'esprit intolérant de la révocation se fait sentir dans la pénalité maritime, qui inflige des coups de corde aux matelots qui ont manqué à la messe. — Les matelots qui désertent sont punis des galères perpétuelles : les officiers sont punis de mort. L'officier qui abandonne les vaisseaux marchands qu'il est chargé d'escorter, est puni de mort ; par compensation, le capitaine marchand qui se sépare de l'escorte sans nécessité est puni des galères. Pour quiconque se cachera pendant le combat ou parlera de se rendre, la mort ; pour tout commandant d'un navire de guerre qui rendra son vaisseau, le conseil de guerre, et la mort, s'il n'y a excuse. — La demi-solde est accordée aux marins invalides. (Seignelai eût souhaité d'établir un hôpital général de la marine : il fut arrêté par la dépense). — Les propriétaires des forêts situées à 15 lieues de la mer ou à 6 lieues des rivières navigables, ne pourront les exploiter sans permission du roi. C'est une extension de la réserve établie par l'ordonnance des Eaux et Forêts en 1669). V. *Histoire générale de la marine*, par Boismélé, t. III.

que sa présence ne fût plus nécessaire à Londres ni en Irlande, repartit à la fin de janvier 1691 pour la Hollande, où il fut reçu moins en gouverneur qu'en roi des Provinces-Unies. Il vint présider à La Haie un congrès de princes, de ministres et de généraux, afin de concerter les opérations militaires. On convint de faire marcher simultanément contre la France plus de deux cent vingt mille combattants.

Pendant que les alliés délibéraient, les Français agirent. Le roi et Louvois avaient résolu de réparer l'inaction imposée à Luxembourg après Fleurus et avaient préparé durant l'hiver une expédition qui devait rappeler les fameux siéges de Valenciennes et de Gand. Le 15 mars, deux corps français, sortis, l'un des places de l'Escaut, l'autre des places de la Sambre, investirent Mons. Le roi arriva au camp le 21, avec Luxembourg. Près de soixante-dix mille soldats, dont vingt-six ou vingt-sept mille cavaliers, firent ou couvrirent le siége. Vingt-deux mille pionniers mandés de Flandre, d'Artois et de Picardie tracèrent, sous les ordres de Vauban, la vaste circonvallation de Mons et détournèrent de son lit la Trouille, une des deux rivières entre lesquelles Mons est assis. La tranchée fut ouverte le 24 mars, vers la porte de Bertamont; le 26, soixante-six canons et vingt-quatre mortiers commencèrent tout à la fois à battre les fortifications et à écraser la ville.

A la nouvelle du siége de Mons, Guillaume était accouru à Bruxelles et avait assemblé à la hâte les forces qu'avaient les alliés entre la Meuse et la mer : il ne put réunir, en quinze jours, que trente-cinq à quarante mille hommes et reconnut l'impossibilité de secourir Mons. L'ouvrage à corne qui couvrait la porte de Bertamont ayant été emporté le 2 avril après deux assauts très-meurtriers, les habitants, qu'épouvantait le bombardement, s'agitèrent pour obliger le gouverneur à se rendre. Le gouverneur, n'espérant aucune assistance du dehors et voyant la révolte imminente au dedans, capitula le 8 avril, et sortit le 10, avec quatre mille huit cents hommes qui lui restaient. Le roi repartit, le 12 avril, pour Versailles et les troupes rentrèrent dans leurs quartiers pour se reposer, après avoir enlevé, en trois semaines, la puissante capitale du Hainaut. Ath était la seule place forte qui restât aux Espagnols dans cette province.

Guillaume, de son côté, fut rappelé dans la Grande-Bretagne, après ce nouvel échec, par les agitations de ses orageux royaumes : quand il revint en Belgique, au bout de quelques semaines, les Français s'étaient déjà remis en mouvement. Dès la fin de mai, le lieutenant-général Boufflers s'était porté sur Liége avec une quinzaine de mille hommes et avait bombardé cette grande cité, pour punir le prince-évêque et les Liégeois de s'être unis à la ligue d'Augsbourg et d'avoir reçu des troupes alliées dans leur ville. Boufflers n'était pas en état d'assiéger Liége et se retira sur le bruit qu'un corps d'armée venait au secours (1-6 juin). Luxembourg, sur ces entrefaites, avec le gros de l'armée, prenait Hall et menaçait Bruxelles. Guillaume était arrivé à temps pour couvrir la capitale des Pays-Bas catholiques. Il ne tarda pas à se trouver supérieur en nombre par la jonction de puissants renforts. Les alliés eurent, cette année-là, plus de quatre-vingt mille combattants entre la Moselle et la mer. Ces grandes forces demeurèrent inutiles : Luxembourg les tint en haleine jusqu'à la mi-septembre, en les réduisant à la défensive. Les alliés, rebutés, songèrent, dès l'entrée de l'automne, à prendre leurs quartiers d'hiver. Guillaume quitta le camp et laissa au prince de Waldeck le soin de séparer l'armée. Les alliés étaient près de Leuse : les Français étaient vers Tournai et paraissaient aussi disposés à l'hivernage : les alliés ne se gardaient pas très-soigneusement. Tout à coup, le 19 septembre, quatre mille cavaliers tombent comme la foudre sur leur arrière-garde ; c'était Luxembourg en personne, avec la maison du roi et quelques autres corps d'élite. Plus de dix mille cavaliers ennemis accourent et se forment sur trois lignes : ils sont enfoncés, sabrés, culbutés les uns sur les autres, poursuivis jusque sous le feu de l'infanterie qui s'avance pour recueillir leur déroute ; puis les Français se retirent fièrement, emportant quarante étendards et laissant le terrain jonché de quinze cents ennemis. Vingt-sept ou vingt-huit escadrons[1] en avaient battu soixante-douze à soixante-quinze. Ce beau fait d'armes termina brillamment la campagne des Pays-Bas.

---

[1] Encore, sur ce chiffre, 6 ou 7 escadrons de dragons avaient-ils été employés à tirailler contre l'infanterie ennemie. — Le roi, cette fois, moins dur qu'après Fleurus, fit traiter les réfugiés protestants comme les autres prisonniers de guerre. *Lettres militaires* t. VII, p. 136-453.

La campagne d'Allemagne fut encore plus nulle que l'année précédente. Les Français ne paraissaient pas se proposer d'autre avantage que de vivre sur le pays ennemi et d'empêcher les Allemands de pénétrer en France, comme ils avaient fait pendant la guerre de Hollande. Ce but fut atteint dans cette campagne comme dans les suivantes.

Les alliés avaient projeté un effort considérable vers les Alpes; mais, là encore, ils furent prévenus. Dès le commencement de mars, le gros des troupes de Catinat, qui avaient été mises en quartiers d'hiver dans le Dauphiné et la Provence, passèrent le Var, investirent Nice et assiégèrent Villefranche. Une petite escadre seconda les opérations de l'armée de terre. Le château de Villefranche capitula au bout de quelques jours : les forts de la montagne et de la mer, entre Villefranche et Nice, suivirent cet exemple. Le 24 mars, toutes les troupes se réunirent devant Nice. La ville était sans défense; les consuls se hâtèrent de traiter avec Catinat sans consulter le gouverneur du château. Ce gouverneur voulut s'y opposer; les bourgeois tirèrent sur les soldats piémontais et firent entrer les Français. Le château, situé sur un rocher escarpé qui commande la ville et la mer, semblait devoir résister longtemps, mais, les bombes françaises ayant fait sauter les deux magasins à poudre, avec une partie du donjon et quatre ou cinq cents soldats, le reste de la garnison rendit la place le 5 avril. La Provence fut ainsi mise à l'abri de toute invasion par l'occupation des Alpes Maritimes, sa frontière naturelle.

Après avoir conquis si rapidement cette place célèbre, dont les Français n'avaient jamais pu s'emparer pendant les guerres du xvi° siècle, Catinat rentra en Piémont, se remit en mouvement avant la fin de mai et prit Avigliana et Carmagnola (30 mai-9 juin). Ses lieutenants, moins heureux et moins habiles, échouèrent contre Coni (22-28 juin). Le duc de Savoie fut rejoint, bientôt après, par l'électeur de Bavière, à la tête d'un corps nombreux des vieilles bandes de Hongrie : Schomberg, fils du maréchal tué à la Boyne, était arrivé aussi avec plusieurs régiments de réfugiés huguenots; Catinat disputa le terrain à trente mille hommes avec vingt mille, pendant le reste de la saison. Il ne put empêcher l'ennemi de reprendre Carmagnola au mois d'octobre et dut évacuer Saluces et les plaines du Piémont ; mais il s'en vengea en revenant, de l'autre côté des monts, emporter la place, beaucoup plus importante, de Montmélian, qui acheva de mettre les Français en possession de la Savoie (nov.-déc.).

Sur les Alpes comme dans les Pays-Bas, les alliés n'avaient donc pas seulement échoué dans leurs desseins; ils avaient perdu des positions considérables. Le duc de Savoie, réduit à défendre ses possessions italiennes, n'avait plus un pouce de terre sur le revers français des Alpes.

Sur la frontière d'Espagne, le duc de Noailles, avec une petite armée d'une dizaine de mille hommes, prit Urgel et fit des courses sur les confins de la Catalogne et de l'Aragon. A l'autre bout des Pyrénées, vers la Bidassoa, on ne se ressentait pas de la guerre : une trêve locale avait été conclue pour le pays basque et navarrois. Les villes maritimes d'Espagne, après les places fortes des Pays-Bas et du Rhin, eurent à subir le cruel système du bombardement. Victor-Marie d'Estrées, avec les galères de Toulon et quelques vaisseaux et galiotes, alla jeter huit cents bombes dans Barcelone et deux mille dans Alicante (juillet), ces deux villes n'ayant pas voulu se racheter par une rançon. On s'imaginait faire révolter Barcelone en la bombardant : on ne parvint qu'à effacer ce qui pouvait subsister chez elle de sa vieille sympathie pour la France.

Les alliés ne réussirent qu'en Irlande. Louis XIV, cependant, voyant que les Irlandais continuaient à se défendre après la désertion de leur roi, avait recommencé à les secourir. Nos escadres leur avaient porté, à diverses reprises, beaucoup d'officiers, des ingénieurs, des artilleurs, avec du canon, des munitions, des armes et même des chevaux, et enfin un général pour diriger l'emploi de toutes ces ressources. Louis n'avait pas la main heureuse quand il s'agissait de donner des généraux à l'Irlande. Lauzun avait fort mal réussi l'année précédente. Le nouveau chef qu'on envoya, Saint-Ruth, comptait pour principal titre militaire d'avoir été un des plus implacables exécuteurs des dragonnades. A peine entré en campagne à la tête de l'armée irlandaise, il laissa emporter d'assaut, presque sous ses yeux, la forte position d'Athlone par les Anglais (10 juillet). Le général hollandais Ginckel, qui commandait en Irlande pour le roi Guillaume, passa le Shannon et envahit le Connaught, refuge de l'insurrection. Saint-Ruth, au lieu de harceler l'ennemi et de l'inquiéter par des diversions, comme le conseillaient les chefs irlandais, accepta la bataille auprès d'Aghrim. Ginckel attaqua sans hésiter ; il n'avait que vingt mille hommes contre vingt-cinq mille ; mais les troupes protestantes étaient bien plus disciplinées et plus aguerries que leurs adversaires. Les Irlandais se défendaient vaillamment dans un bon poste, lorsqu'un boulet emporta Saint-Ruth. Sarsfield, commandant de la réserve, ne recevant pas d'ordres et ignorant la mort de son chef, ne chargea point à temps une colonne ennemie qui tournait l'armée irlandaise. La position fut emportée et les Irlandais rompus avec une perte incomparablement plus grande qu'à la Boyne (22 juillet). Gallway, la place la plus considérable du Connaught, se rendit sans beaucoup de résistance. Guillaume créa comte de Gallway le réfugié français Ruvigni, à qui appartenait la principale part dans la victoire d'Aghrim ; c'était le frère aîné de Ruvigni de Caillemotte, tué à La Boyne. Le fils de Schomberg avait déjà été créé duc de Leinster.

Ginckel marcha sur Limerick, où s'étaient retirés les débris des forces irlandaises. Les assiégés étaient encore presque égaux en nombre aux assiégeants ; mais leur constance était ébranlée par la mauvaise fortune, et Limerick ne fut pas si énergiquement défendu que l'année précédente. Au bout d'un mois de siége, les Irlandais entrèrent en négociation avec Ginckel et les pourparlers aboutirent à une capitulation générale pour tout le parti. Le général Ginckel et les deux lords-juges d'Irlande pour le roi Guillaume garantirent aux catholiques irlandais les libertés dont ils avaient joui du temps de Charles II. Tous les Irlandais du parti jacobite, qui n'avaient point été nominativement condamnés, devaient recouvrer leurs biens et leurs priviléges, à condition de reconnaître Guillaume et Marie ; les lords-juges feraient leurs efforts pour obtenir l'abrogation des condamnations prononcées. Ceux des défenseurs de Limerick et des autres postes encore occupés par les jacobites, qui ne voudraient pas se soumettre à cette condition, seraient transportés, avec armes, bagages et chevaux, sur bâtiments anglais, dans le pays étranger où il leur conviendrait de se retirer (13 octobre).

A peine la capitulation était-elle signée, qu'une escadre française parut à l'entrée du Shannon. Son arrivée quelques jours plus tôt eût peut-être changé la face des choses. L'escadre ne put qu'assister à l'exécution du traité et qu'escorter jusqu'à Brest les navires qui apportèrent en France les Irlandais plus attachés à leur parti qu'au sol natal. Ce fut toute une armée qui émigra parmi les scènes les plus déchirantes [1]. Dix à douze mille Irlandais vinrent se mettre à la solde du roi de France, à côté des cinq ou six mille de leurs compatriotes qu'entretenait déjà Louis XIV. L'émigration catholique irlandaise combla ainsi dans nos armées le vide qu'avaient fait les émigrés protestants, tristes vicissitudes de la persécution et de la conquête! C'est depuis cette époque que s'établirent entre la France et l'Irlande des liens analogues, avec un plus grand développement, à ceux qui avaient autrefois existé entre l'Irlande et l'Espagne.

Les revers d'Irlande ne furent pas compensés, comme l'année d'avant, par d'éclatants succès maritimes; cependant la campagne navale fut encore avantageuse aux Français. Les alliés avaient mis à profit la terrible leçon de Beachy-Head : ils s'étaient efforcés d'être supérieurs à tout prix et ils avaient réuni près de quatre-vingt-dix vaisseaux de guerre sous le commandement de l'amiral Russel, Herbert ayant été disgracié pour sa double défaite de Bantry et de Beachy-Head. Tourville n'avait que soixante-neuf vaisseaux : il eut ordre d'éviter le choc et de croiser à l'entrée de la Manche pour intercepter la riche flotte marchande anglo-batave qui revenait de Smyrne. L'amiral Russel parvint à sauver la flotte de Smyrne ; mais Tourville enleva une flottille marchande anglaise qui allait aux Antilles sous l'escorte de deux vaisseaux de guerre et, après cinquante jours de croisière au large, il rentra heureusement à Brest, tandis que la flotte de

---

1. Le général Sarsfield avait promis d'emmener les femmes et les enfants des soldats. Il s'en présenta un si grand nombre qu'on ne put tenir parole, et que la plupart des familles furent laissées sur le rivage. On vit des femmes saisir la corde des bateaux qui emmenaient leurs maris et se laisser entraîner dans la mer. Un gémissement terrible et sauvage s'éleva de tout le rivage et fit frémir les plus implacables des vainqueurs puritains. V. Mac-Aulay, *Guillaume III*, t. II, c. 3.

Russel était battue par une tempête qui lui faisait périr deux vaisseaux et en avariait beaucoup d'autres [1].

Les corsaires français avaient continué leurs audacieux exploits. Jean Bart, qui, présenté au roi, étonna la cour par sa rude simplicité autant qu'il avait étonné la France par son héroïsme, mit le comble à sa renommée : bloqué dans la rade de Dunkerque, avec sept frégates et un brûlot, par trente-cinq ou quarante voiles ennemies, il échappa au blocus, courut toutes les mers du Nord et prit trois vaisseaux de guerre et un grand nombre de vaisseaux marchands anglais et hollandais. Un nouveau héros commençait de promettre un rival à Jean Bart : c'était un jeune homme de vingt ans, le Malouin Duguai-Trouin, qui montrait déjà non pas seulement une valeur à toute épreuve, mais un vrai génie maritime.

Rien dans tout cela n'était décisif. Louis XIV et la coalition firent, chacun de leur côté, d'immenses préparatifs dans l'hiver de 1691 à 1692. Ces préparatifs n'étaient plus dirigés, en France, par l'homme redoutable qui avait été si longtemps l'âme de l'administration militaire. Les deux ministres, en qui s'était personnifiée la double guerre de terre et de mer, avait disparu à quelques mois de distance !

Le crédit de Louvois avait rapidement décliné dans ces derniers temps. Tout y avait contribué; les rigueurs atroces, les crimes, il faut le dire, auxquels il avait entraîné Louis XIV et qui pesaient à la conscience du monarque, les emportements qu'il ne savait plus contraindre devant Louis et qui allaient jusqu'à l'insolence, la fâcheuse guerre de Piémont suscitée par des procédés inqualifiables, qui avaient été jusqu'à supprimer, dit-on, des lettres du duc de Savoie au roi, enfin, plus peut-être que tout le reste, l'inimitié de madame de Maintenon et l'opiniâtreté du ministre à ne pas plier devant cette autorité modestement absorbante. Durant l'été de 1691, l'explosion était devenue imminente. On assure que le roi en était arrivé à la pensée de traiter Louvois comme Fouquet. Le ministre, à des signes certains, sentait approcher sa ruine et laissait transpirer devant ses familiers les

---

1. *Mém.* de Villette, p. 105. — E. Sue, t. IV, p. 144.

angoisses qui le bourrelaient. Le 16 juillet, pendant le travail du roi chez madame de Maintenon, il se trouva pris d'un mal soudain : le roi le renvoya chez lui. A peine fut-il rentré, que l'oppression augmenta ; il se fit saigner, mais trop tard ; peu de moments après, il était mort !

On ne manqua pas de crier au poison, comme pour toutes les morts subites des grands personnages. On soupçonna le duc de Savoie d'avoir fait empoisonner Louvois, comme on avait soupçonné Louvois lui-même d'avoir fait empoisonner Seignelai. Il n'y eut là d'autre poison que l'apoplexie, mal très en rapport avec le tempérament sanguin et charnu des Le Tellier, et qui emporta la plupart des membres de cette famille [1]. Louis ne cacha point assez la satisfaction qu'il éprouvait d'en être débarrassé et laissa échapper un mot trop caractéristique ! « Cette « année, » dit-il, « m'a été heureuse : elle m'a défait de trois « hommes que je ne pouvois plus souffrir, Louvois, Seignelai et « La Feuillade ! » La Feuillade l'avait fatigué par l'excès de ses flatteries, comme les deux autres par la grandeur de leurs services. Son orgueil, agrandi de tout ce qu'avaient perdu les autres passions de sa jeunesse, lui persuadait que personne ne pouvait lui être nécessaire [2]. Tout le monde ne pensait pas de même autour de lui ; quoique personne n'aimât Louvois, bien des gens furent effrayés de voir disparaître ce puissant administrateur au milieu d'une telle guerre et prévirent l'impossibilité de le remplacer !

Louvois, en effet, eût été un ministre parfait, si le roi eût su l'empêcher d'être autre chose que ministre de la guerre. Aussi grand administrateur que détestable politique, pour l'esprit d'ordre, d'organisation, d'économie, pour l'art de combiner des mouvements de masses avec une précision mathématique et en assurant leurs moyens d'action et de subsistance, il n'a jamais eu d'égal. On a vu, dans le cours de cette histoire, le mal immense qu'il fit en sortant de sa sphère. Dans le cercle de ses attributions

---

1. *Journal* de Dangeau, t. Ier, p. 373. — Saint-Simon, t. XIII, p. 54. On ne saurait trop se défier du goût de Saint-Simon pour les mystères tragiques. Louvois, né le 18 janvier 1641, mourut à 50 ans.
2. *Mém.* de Choisi, p. 624. — *Mém.* de Saint-Simon, t. XIII, p. 45.

spéciales, en sus de l'action administrative habituelle; il avait
réalisé des réformes fondamentales, qui coïncidaient avec les
institutions de Colbert et qui n'étaient que l'application de ce
qu'il y avait de plus sain dans les vues personnelles du roi [1]. Il
avait introduit dans l'armée l'unité et l'égalité devant la règle
commune; on n'a besoin de citer, pour tout éloge, que les aigres
plaintes du féodal Saint-Simon. Le roi et Louvois, dit Saint-
Simon, avaient si bien fait que tout homme de qualité, d'âge à
servir, n'osait différer d'entrer dans le service. « Ce fut une adresse
« pour accoutumer les seigneurs à l'égalité, et à rouler pêle-mêle
« avec tout le monde. On se déshabitua ainsi de l'idée qu'il y eût
« des gens nés pour commander aux autres. » Tous les gens de
qualité, « sans autre exception que celle des princes du sang,
furent assujettis à débuter par être cadets dans les gardes-du-
corps (école changée depuis en celle des mousquetaires) : on s'y
ployoit par force à y être confondu avec toutes sortes de gens et
de toutes les espèces, et c'étoit là tout ce que le roi prétendoit en
effet de ce noviciat. » Jusqu'au grade de colonel, l'avancement
n'avait point de règle fixe [2] : à partir de ce grade, Louvois avait
établi ce qu'on nommait *l'ordre du tableau*, c'est-à-dire qu'à
moins d'actions tout à fait hors de ligne, on n'avançait qu'à l'an-
cienneté, ce qui ôtait tout privilége à la faveur ou à la naissance.
« Tous les seigneurs sont dans la foule des officiers de toute
espèce : de là, peu à peu, cet oubli, de tous et dans tous, de toute
différence personnelle et d'origine, pour ne plus exister que dans
cet état de service militaire devenu *populaire*. Grands et petits
sont forcés d'entrer et de persévérer dans le service, d'y *être un
vil peuple en toute égalité* [3]. »

Il n'est pas besoin d'insister sur la portée d'un tel système :
seulement, il faut reconnaître que le but fut dépassé. Établir l'unité
et l'égalité dans le service et dans l'avancement, aux dépens de
l'aristocratie et du favoritisme, était excellent; mais ôter toute

1. V. notre t. XIII, l. LXXXI, § 1.
2. Les grades inférieurs avaient, depuis 1661, à peu près dépendu des colonels, qui proposaient les officiers au ministre : l'établissement des inspecteurs militaires ôta cette autorité aux colonels, et mit les régiments plus immédiatement sous la main du ministre et de ses bureaux.
3. Saint-Simon, t. XIII, p. 67.

spontanéité aux généraux en chef, pour annihiler leur influence sur l'armée et pour assurer leur dépendance absolue du ministre, était excessif et dangereux : Louvois alla jusqu'à appliquer le principe de *l'ordre du tableau* aux commandements subalternes en temps de guerre ; le général en chef n'eut plus la liberté de choisir les officiers généraux ou supérieurs auxquels il confiait les détachements et les expéditions : chaque officier eut droit de marcher à son tour [1]. C'était supprimer l'émulation et décourager le talent : c'était méconnaître les supériorités naturelles ou acquises après avoir détruit les supériorités factices. Il y avait à prendre garde de réduire l'organisation militaire à un ordre purement mécanique : c'est là, en général, le grand, le redoutable écueil de l'unité moderne qui a remplacé la vie désordonnée et diffuse du moyen âge.

Le roi remplaça Louvois par son second fils, le marquis de Barbezieux, jeune homme de vingt-quatre ans, ou plutôt il se fit lui-même ministre de la guerre, car il enjoignit aux généraux de lui adresser dorénavant leurs dépêches en droite ligne. Par une singulière contradiction, Louis XIV rétablissait, au profit de ses secrétaires d'État, cette hérédité des charges qu'il avait proscrite dans les gouvernements militaires. Le système avait réussi deux fois, avec les fils de Le Tellier et de Colbert, avec Louvois et Seignelai, et n'avait souffert d'exception qu'envers le fils de Lionne, écarté pour son incapacité notoire. Le fils aîné de Louvois fut aussi écarté pour la même raison, mais au profit de son cadet, jeune homme vif et actif, mais aussi présomptueux qu'insuffisant à une si grande charge. Louis aimait les ministres jeunes, parce qu'il croyait les *former*. Il prétendait tout créer autour de lui, les hommes comme les choses. Il croyait avoir fait Louvois et Seignelai, et regrettait, pour ainsi dire, d'avoir trop bien réussi! Depuis Louvois, il n'eut plus de ministre supérieur et ne fut plus gouverné par aucun

---

1. Ces commandements à tour de rôle avaient déjà été en usage, et c'était Turenne qui les avait fait remplacer par le libre choix du général en chef. V. *Éloge de M. de Turenne*, par Saint-Évremont. — Saint-Simon a raison sur ce point et aussi contre les corps d'élite de la maison du roi, contre les compagnies de soldats-officiers, pépinière d'officiers généraux qui ne savent pas leur métier, parce qu'ils n'ont jamais fait que le service d'officiers inférieurs. — Rappelons, avant de quitter Louvois, qu'il fonda le *dépôt de la guerre* en 1688.

ministre; mais la double influence, d'abord alliée, puis rivale, de Maintenon et du confesseur, s'en accrut d'autant.

Les peuples, qui regardaient Louvois comme le génie de la dévastation, conçurent quelque espoir de paix au bruit de sa mort. On savait que la Suède avait, dès l'automne de 1690, offert sa médiation à l'empereur et à la Hollande. Le pape Alexandre VIII avait déjà terminé son éphémère pontificat (1ᵉʳ fév. 1691), conformément aux espérances de ceux qui l'avaient élu à cause de son grand âge, et il avait été remplacé, le 12 juillet, par le cardinal Pignatelli, qui prit le nom d'Innocent XII : quoique ce nom d'Innocent fût de mauvais augure pour la France, le nouveau pape témoigna désirer vivement la pacification générale et adressa, sur la fin de l'année, deux brefs dans ce sens à l'empereur et au roi d'Espagne. Les deux chefs de la maison d'Autriche répondirent en récriminant aigrement contre le roi de France et en revendiquant les traités de Westphalie et des Pyrénées. Une grande victoire remportée, le 19 août, à Salankemen, par le prince Louis de Bade sur les Turcs rendait Léopold plus obstiné que jamais, quoique cette victoire chèrement achetée n'eût pas eu beaucoup de résultats.

Pendant que le pape faisait cette démarche inutile, Louis XIV, de son côté, avait offert secrètement au duc de Savoie de lui rendre le domaine utile de tout ce qu'il lui avait enlevé, en remettant, jusqu'à la paix générale, Nice et Villefranche à la garde des Suisses, Montmélian, Suse et même Casal à la garde du pape ou de Venise, l'Italie rentrant dans la neutralité (déc. 1691). Cette modération surprenante annonçait un changement de système [1]. Si avantageuses néanmoins que fussent ces propositions, par lesquelles Louis réparait les offenses de Louvois et renonçait à de si utiles conquêtes, le duc de Savoie refusa d'abandonner la politique offensive de ses alliés. La maison d'Autriche persistait à vouloir entamer la France par le sud-est et voyait de plus dans la guerre des Alpes l'occasion de dominer et de rançonner les états italiens.

Louis, d'un côté, et ses ennemis, de l'autre, ne songèrent plus

---

1. *Mém.* de Catinat, t. II, p. 66.

qu'à tâcher de rendre décisive la campagne qui allait s'ouvrir. Des levées gigantesques avaient épuisé toutes nos provinces. Les armées françaises comptèrent ou furent censées compter, au commencement de 1692, près de quatre cent cinquante mille hommes sur terre et cent mille sur mer [1]. La marine royale, marchande et corsaire avait quatorze mille six cent soixante-dix canons : les armées de terre en avaient six cent trente en campagne et dix mille soit en réserve, soit employés à l'armement des places. On n'avait jamais rien vu de semblable : toute la France, pour ainsi dire, fondait en soldats.

Les alliés avaient fait des efforts proportionnés. La presse générale des matelots avait été ordonnée en Angleterre. Guillaume, qui avait encore obtenu du parlement près de trois millions et demi sterling, voulait attaquer à son tour le nord de la France par terre et par mer, tandis que le duc de Savoie, puissamment renforcé, attaquerait le Dauphiné et déterminerait enfin le soulèvement toujours espéré des protestants du Midi. Louis n'avait pas un plan moins énergique : il avait résolu, du moins au début, de se tenir sur la défensive en Allemagne, en Piémont et en Catalogne, et de porter tout le poids de ses forces par terre, contre les Pays-Bas catholiques, par mer, contre la Grande-Bretagne. La diversion d'Irlande ayant échoué, Louis voulait essayer de frapper l'Angleterre en face et au cœur. Jacques II, qui avait si mal usé des premiers secours accordés par le roi de France, vit donc se préparer une assistance bien autrement puissante et obtint ce qui lui avait été refusé après les journées de La Boyne et de Beachy-Head, une armée pour descendre en Angleterre. Les nouvelles qu'on recevait de ce pays expliquaient ce changement dans la conduite de Louis. On n'avait point à Versailles meilleure opinion de Jacques que par le passé, mais on croyait l'Angleterre à la veille d'une contre-révolution, qu'il suffirait d'aider par un vigoureux coup de main. Un de ces revirements d'opinion, plus bruyants que sérieux, qui suivent toujours les souffrances matérielles cau-

---

1. Y compris environ 10,000 galériens pour la chiourme. — Sur terre, l'armée active comptait 307,000 hommes : la réserve, dans les places, près de 140,000. La cavalerie atteignait le chiffre de 100,000 chevaux. — V. le Tableau inséré dans le t. I*er* des *Mém.* de Catinat, p. 401.

sées par les révolutions se manifestait chez les Anglais; Guillaume lui-même, mécontent des exigences des whigs et ne voulant pas se réduire au rôle de chef de parti, qu'ils prétendaient lui imposer, avait dissous la chambre des communes, s'était rapproché des tories et les avait aidés à obtenir la majorité dans le nouveau parlement qu'il convoqua en 1690 ; les jacobites espéraient que les tories leur reviendraient par la force du principe commun, les jacobites n'étant que des tories fidèles à la logique : les whigs, de leur côté, irrités de ce qu'ils nommaient l'ingratitude de Guillaume, criaient contre son système de bascule et de corruption, et se plaignaient de n'avoir pas gagné grand'chose à changer de roi. Beaucoup de personnages éminents, parmi les whigs comme parmi les tories, entre autres le comte de Marlborough (Churchill), s'étaient mis en correspondance secrète avec le royal exilé de Saint-Germain. Jacques avait des intelligences dans la flotte anglaise, qu'il avait si longtemps commandée avant de régner, et il croyait pouvoir compter sur le contre-amiral Carter et même sur l'amiral Russel. Louis se laissa aller à une confiance excessive dans le résultat de ces menées et arrêta le plan d'opérations navales en conséquence. Une armée de trente mille hommes, avec cinq cents bâtiments de transport, fut réunie sur les côtes de Normandie, la meilleure partie à La Hougue et à Cherbourg, le reste au Havre : elle se composait de toutes les troupes irlandaises, d'un certain nombre d'émigrés anglo-écossais et d'un corps de troupes françaises. Le maréchal de Bellefonds commandait sous le roi Jacques. Tourville devait partir de Brest au milieu d'avril avec cinquante vaisseaux de ligne, entrer dans la Manche, attaquer la flotte anglaise avant qu'elle eût pu être renforcée par les Hollandais et assurer ainsi la descente. L'ordre exprès lui fut envoyé de combattre les ennemis « en quelque nombre qu'ils fussent ». On était persuadé que la moitié de la flotte anglaise passerait du côté des alliés de son roi. La descente opérée, Tourville devait revenir à Brest, y rallier l'escadre de Toulon, forte de seize vaisseaux, et le reste de nos navires de haut bord, puis tenir la Manche pendant toute la campagne.

On avait compté sans les éléments, qui, jusque-là hostiles aux ennemis de la France, tournèrent cette fois contre elle. Tourville fut retenu près d'un mois par les vents contraires dans les eaux de Brest et n'y gagna même pas de se voir renforcé par les escadres de Toulon et de Rochefort. Victor-Marie d'Estrées, qui amenait l'escadre de Toulon, ne quitta ce port qu'au commencement de mai, essuya le 18, dans le détroit de Gibraltar, une tempête qui lui brisa deux vaisseaux et qui maltraita le reste, et ne parut sur nos côtes du Ponant qu'après que le sort de la campagne fut décidé. Quant à l'escadre de Rochefort, son armement, encore incomplet par la négligence de l'administration, la retenait bien autant que les vents : Tourville, jugeant que ces mêmes vents qui arrêtaient les Français devaient avoir facilité la jonction des alliés, demanda au ministre de changer ses dispositions et de le laisser à Brest jusqu'à ce que la flotte fût au complet. « Ce n'est point à vous », répondit Pontchartrain, à discu« ter les ordres du roi, c'est à vous de les exécuter et d'entrer « dans la Manche ; mandez-moi si vous voulez le faire, sinon le « roi commettra à votre place quelqu'un plus obéissant et moins « circonspect que vous. » Le bureau de la marine renchérit encore sur le ministre : Tourville s'étant plaint que la poudre était mauvaise et ne portait pas le boulet, un commis répondit à l'amiral « que, s'il trouvoit que la poudre ne portoit pas assez loin, il « n'avoit qu'à s'approcher plus près des ennemis[1]. » Le commis se crut sans doute un héros après avoir trouvé cette belle saillie. On n'avait malheureusement point organisé chez nous de conseil d'amirauté. Les grands ministres disparus, le règne des bureaux restait ; d'obscurs remueurs de paperasses, sous les ordres d'un secrétaire d'état aussi ignorant qu'eux, dictaient la loi aux plus illustres capitaines. Le mal n'apparut pas si vite dans la guerre continentale, parce que, là, le roi savait, si le ministre ignorait ; le roi avait les connaissances spéciales d'un bon chef d'état-major ; mais, dans les choses de la mer, Louis n'en savait pas plus que Pontchartrain[2] ; cependant il laissait au nouveau secrétaire d'état la même autorité sur les amiraux qu'avaient eue les deux Colberts.

---

1. Valincourt, *Mémoire sur la marine*, en tête des *Mém.* de Villette, p. LVII. — Sainte-Croix, *Puissance navale de l'Angleterre*, t. II, p. 40.
2. *V.* la singulière anecdote racontée par Valincourt, p. LVIII, aussi peu avantageuse à l'intelligence du duc de Beauvilliers qu'au savoir nautique de Louis XIV.

Tourville obéit. Le vent s'étant radouci sans changer de direction, il mit à la voile avec trente-sept vaisseaux seulement sur soixante-dix-huit qu'on devait avoir à la mer, d'après les états [1]. Le vent reprit une nouvelle violence et l'arrêta encore près de quinze jours entre la pointe du Cotentin et celle du Devonshire. Pendant ce temps, Louis XIV eut avis que le complot jacobite était éventé, que Marlborough et d'autres personnes considérables étaient arrêtées et que les flottes anglaise et hollandaise avaient opéré leur jonction. Il manda au maréchal de Bellefonds de dépêcher à la hâte des corvettes dans toutes les directions pour prévenir Tourville qu'il eût à se rabattre sur Ouessant et à attendre les autres escadres.

Il était trop tard. Les corvettes ne rencontrèrent pas Tourville, qui s'avançait en ce moment sur le cap de Barfleur (ou de Gatteville). Le 29 mai, au point du jour, entre les caps de la Hague et de Barfleur, Tourville se trouva en présence de la flotte alliée, la plus puissante qui eût jamais paru sur les mers. Il avait été rejoint par sept navires de l'escadre de Rochefort et comptait quarante-quatre vaisseaux contre quatre-vingt-dix-neuf, dont soixante-dix-huit au-dessus de cinquante canons et, pour la plupart, d'un échantillon supérieur à la majorité des français [2]. Les Anglais avaient soixante-trois vaisseaux et quatre mille canons; les Hollandais, trente-six vaisseaux et deux mille six cents quatorze canons; en tout sept mille cent cinquante-quatre canons; les Français n'en comptaient que trois mille cent quatorze. La flotte alliée était montée par près de quarante-deux mille hommes; la flotte française par moins de vingt mille.

Tourville assembla le conseil de guerre à son bord. Tous les officiers généraux furent d'avis d'éviter la bataille. Tourville exhiba l'ordre du roi. Chacun se tut et, peu de moments après, la flotte française se laissait porter à toutes voiles sur l'immense

---

1. *Mém.* de Catinat, t. 1er, p. 401.
2. Tourville, depuis 1690, d'après une décision suggérée par Petit-Renau au conseil des constructions navales, ne faisait plus entrer en ligne les bâtiments au-dessous de 50 canons, qu'on réservait pour les convois et pour la course. Les Anglais en firent autant après 1692. V. Sainte-Croix, *Histoire de la puissance navale de l'Angleterre*, t. II, p. 408. — Il paraît que 88 vaisseaux seulement, sur les 99 ennemis, prirent part à l'action : les autres ne rejoignirent que le lendemain.

masse ennemie qui semblait devoir l'engloutir au premier choc. Les alliés n'en pouvaient croire leurs yeux.

Les deux flottes étaient, suivant la coutume, partagées en trois escadres. Chacune des escadres de la flotte anglo-batave passerait aujourd'hui pour une grande flotte! Chaque escadre était subdivisée en trois divisions. Tourville, avec son corps de bataille, poussa droit à l'amiral Russel, qui commandait le centre des alliés. Les deux amiraux restèrent quelque temps en présence à portée de mousquet sans tirer, dans un silence solennel; puis un vaisseau de l'escadre hollandaise, qui formait l'avant-garde ennemie, ayant ouvert la canonnade, on vit, en un instant, les deux lignes tout entières en feu. La lutte s'engagea d'une manière terrible, surtout au centre. Les Anglais, qui avaient là trente et un vaisseaux contre seize, s'attachèrent avec fureur au pavillon amiral de France, et Tourville eut à soutenir le feu de cinq ou six vaisseaux à la fois. Pendant ce temps, l'arrière-garde anglaise, commandée par le vice-amiral Ashby, coupait la division Pannetier, qui tenait l'extrémité de l'arrière-garde française, et tournait le reste de cette arrière-garde. La flotte française semblait perdue. Par bonheur, la majeure partie de l'escadre d'Ashby s'obstina à poursuivre les quatre ou cinq vaisseaux de Pannetier, au lieu de se rabattre en masse sur le gros des Français : le commandant de l'arrière-garde française, Gabaret, tint tête, avec sa division, au reste de l'escadre d'Ashby, et la troisième division de l'arrière-garde se porta, sans commandement, au secours de Tourville. Elle était conduite par Coëtlogon, qui avait été vingt ans le frère d'armes, le *matelot* fidèle [1] de Tourville. Coëtlogon voulait sauver son chef ou mourir avec lui. Sa vigoureuse attaque non-seulement dégagea Tourville, mais l'aida à faire plier l'escadre de lord Russel, si supérieure en nombre qu'elle fût encore. Un gros vaisseau anglais fut brûlé. Une brume épaisse, qui s'éleva, fit suspendre ou ralentir quelque temps le feu. Gabaret, avec la division de l'arrière-garde qui lui restait, en profita pour se replier derrière l'escadre de Tourville. La flotte française jeta l'ancre. L'escadre de lord Russel, n'en ayant pas fait autant, dériva et s'écarta un peu. Le gros de

---

1. Les vaisseaux qui combattent côte à côte sont les *matelots* l'un de l'autre.

l'escadre d'Ashby abandonnant, sur ces entrefaites, la poursuite de Pannetier, qui s'était retiré sur l'avant-garde française, revint jeter l'ancre derrière Tourville et Gabaret, et le feu reprit vivement sur ce point; heureusement, l'escadre de Russel ne put se rapprocher sur-le-champ pour écraser les Français entre elle et Ashby. Quant à l'escadre hollandaise, avec trente-six vaisseaux contre quatorze, elle était, depuis le commencement du combat, tenue en échec par l'avant-garde française, grâce à l'habileté avec laquelle le lieutenant-général d'Amfreville avait conservé le dessus du vent. Peut-être aussi les Hollandais se battaient-ils un peu mollement, par rancune de ce qu'on les avait, disaient-ils, sacrifiés à Beachy-Head. La nuit approchait : Ashby s'inquiéta de se voir séparé du reste des alliés : il résolut de rejoindre Russel et de s'ouvrir un passage entre les vaisseaux français. Il y réussit, mais en perdant un vaisseau, huit brûlots et son contre-amiral Carter, qui avait à la fois promis à Jacques II d'abandonner Guillaume et livré à Guillaume le secret du complot. Les Anglais renoncèrent, par cette manœuvre, à l'immense avantage de tenir leurs adversaires entre deux feux.

Cette grande journée se termina ainsi sans aucun désavantage pour ceux qui avaient combattu, à peine un contre deux. Les ennemis avaient perdu deux vaisseaux ; les Français pas un seul. La nuit, la flotte française appareilla. Le 30 mai, au point du jour, Tourville rallia autour de lui trente-cinq vaisseaux. Les neuf autres s'étaient écartés, cinq vers La Hougue, quatre vers les côtes d'Angleterre, d'où ils regagnèrent Brest. S'il y avait eu un port militaire à La Hougue ou à Cherbourg, comme l'avaient voulu Colbert et Vauban, la flotte française restait sur sa gloire !

Il n'y avait aucun lieu de retraite sur toute cette côte. La flotte ennemie s'avançait au grand complet. Il était impossible de renouveler le prodigieux effort de la veille. Tourville et ses lieutenants décidèrent de passer le raz de Blanchard pour gagner une marée sur l'ennemi et retourner à Brest. On s'engagea donc dans ce raz ou canal entre la côte de Cotentin et les îles d'Aurigni et de Guernesey. Le 31, au matin, vingt-deux vaisseaux sortirent du raz sans encombre et allèrent chercher un asile à Saint-Malo. La marée manqua aux treize derniers, retardés par leurs avaries.

Ils voulurent mouiller; le fond était mauvais; les ancres cassèrent; les courants ramenèrent les treize vaisseaux sous le vent des ennemis. Trois d'entre eux allèrent échouer à Cherbourg; l'un des trois était le magnifique vaisseau-amiral *le Soleil-Royal*, de cent six canons, que Tourville avait abandonné la veille pour transporter son pavillon sur un navire moins maltraité. Les dix restants, parmi lesquels était le nouveau vaisseau-amiral, doublèrent la pointe de Barfleur et mouillèrent le soir à La Hougue. Ils y furent joints par deux des cinq navires arrivés dès la veille dans cette rade. Les trois autres de ces cinq, n'ayant pas souffert, prirent la route du Nord et allèrent faire le tour des Iles Britanniques pour rentrer à Brest. Tourville jugea qu'il ne pouvait les suivre, sans livrer ses bâtiments dégréés et dépourvus d'ancres aux ennemis qui étaient déjà en vue. Il eût voulu jeter les canons à la mer, faire échouer les vaisseaux près de terre, les évacuer et les défendre avec des batteries côtières et des estacades, sous la protection des forts construits par Vauban à La Hougue. Le roi Jacques et le maréchal de Bellefonds, qui étaient sur la côte avec les troupes et les bâtiments de transport, s'y opposèrent, et Bellefonds promit cent chaloupes bien armées pour aider à défendre les vaisseaux. Il ne tint point parole : le roi et le maréchal perdirent trente-six heures sans tirer aucun parti des grandes ressources qu'ils avaient sous la main. Le 2 juin, on apprit que les trois vaisseaux échoués à Cherbourg, assaillis par dix-sept vaisseaux et huit brûlots anglais, avaient été incendiés après une héroïque résistance, et que deux des trois avaient sauté avec une partie de leurs équipages. Bellefonds consentit enfin à l'évacuation des douze vaisseaux; mais il était trop tard pour les amener près de terre : on sauva la plupart des équipages; Tourville fit, avec une quinzaine de chaloupes, une tentative désespérée pour sauver les bâtiments; mais que pouvait-il contre cent cinquante chaloupes et force brûlots, soutenus par toute la flotte ennemie? Les Anglais brûlèrent, le 2 juin au soir, six vaisseaux échoués vers l'îlot de Tatihou et, le lendemain matin, les six autres, sous le fort de La Hougue. Les trois cents transports, destinés à l'embarquement de l'armée *jacobite* et que le reflux laissait à sec sur la plage, furent préservés pour la plupart, comme l'eussent été probablement les vaisseaux si Tourville avait pu suivre son inspiration. Jacques II avait raison de dire que *sa malheureuse étoile* faisait partout sentir autour de lui une maligne influence [1]; mais cette influence n'était que celle de son aveuglement et de son incapacité.

Tel fut ce désastre de La Hougue, qui a laissé parmi nous une si funèbre renommée et dont le nom retentit dans notre histoire comme un autre Azincourt ou un autre Créci. Des historiens ont été jusqu'à y signaler la destruction de la marine française. Les faits qui vont être exposés dans la suite de ce livre feront justice de cette assertion. La Hougue ne fut rien de plus qu'une revanche de Beachy-Head. Les Français n'y perdirent pas un vaisseau de plus que les alliés n'en avaient perdu deux ans auparavant, et les quinze vaisseaux détruits furent bientôt remplacés. La perte des Français ne dépassa pas dix-huit cents hommes tués ou hors de combat; les Anglais en perdirent davantage, sans compter les Hollandais. Les idées exagérées qu'on se fit de cette catastrophe tinrent à deux causes : d'abord, à l'effet produit sur l'imagination d'un peuple tellement habitué à vaincre, qu'une défaite lui semblait un phénomène monstrueux, et, plus tard, à la décadence maritime qui fut amenée par des causes administratives et nullement par des causes militaires [2].

L'admiration exprimée par les marins ennemis pour les marins français [3] était déjà une compensation morale de notre revers. La guerre continentale offrit une compensation plus positive. Guillaume III ne fut pas si heureux que ses amiraux.

Guillaume, arrivé d'Angleterre à La Haie dès le mois de mars, avait débuté par une mesure politique importante. L'Espagne, voyant que les Pays-Bas catholiques recommençaient à s'en aller par lambeaux, les offrait, pour ainsi dire, à qui pourrait les défendre; elle en avait offert le gouvernement à Guillaume lui-

---

1. Lettre à Louis XIV, ap. E. Sue, t. 4, p. 227.
2. L. Guérin, t. II, p. 48-63. — *Mém.* de Villette, p. III. — E. Sue, t. IV, p. 197. — Sainte-Croix, t. II, p. 44. — Quinci, t. II, p. 577-590. — Foucault, à la suite des *Mém.* de Sourches, t. II, p. 377. — M. Mac-Aulay (*Guillaume III*, t. II, ch. 3) est peu exact sur ce qui concerne Tourville : si complet sur les affaires d'Angleterre, il est moins bien informé quant à celles de France.
3. V. la lettre de lord Russel à Tourville, dans Sainte-Croix, t. II, p. 59.

même. L'héritier de Philippe II offrait la Belgique au descendant de Guillaume le Taciturne! Guillaume refusa; l'administration d'un pays catholique lui eût causé d'immenses embarras; il fit reprendre le dessein concerté, en 1685, entre les deux branches de la maison d'Autriche et confier la Belgique à l'électeur de Bavière : on établissait ainsi l'Allemagne en Belgique contre la France. Guillaume et l'électeur de Bavière se mirent en devoir d'assembler une grande armée dans le Brabant. Les alliés furent encore une fois prévenus, et les Français furent encore en mouvement les premiers, quoique beaucoup plus tard que l'année précédente : la perte de Louvois commençait à se faire sentir, et madame de Maintenon, qui eût voulu que le roi n'interrompît jamais les habitudes de leur vie commune et renonçât à la vie des camps, avait du moins obtenu que Louis emmenât *les dames*, arrière-garde fort gênante à la guerre. Dans la nuit du 24 au 25 mai, plusieurs corps de troupes françaises investirent Namur. Le 26, le roi arriva au camp, laissant les dames à Dinant. Louis prit le commandement du siége avec cinquante et quelques mille hommes, dont environ vingt-trois mille cavaliers. Luxembourg, posté sur la Mehaigne, couvrit le siége avec une armée supérieure de dix mille hommes à celle du roi et qui comptait plus de trente mille cavaliers. On n'avait jamais vu, dans nos armées modernes, de si énormes masses de cavalerie. Namur et ses deux forteresses étaient défendus par plus de neuf mille soldats. Du 29 au 30 mai, la tranchée fut ouverte devant la ville : dès le 5 juin, la ville capitula; elle est commandée par les collines des deux bords de la Meuse et n'était pas très-fortifiée : on ne l'avait pas bombardée. Toute l'énergie de la résistance se concentra dans les deux forteresses assises sur les rochers entre Sambre et Meuse et séparées de la ville par la Sambre. Un de ces forts, celui de l'Ouest, appelé le Fort-Neuf ou Fort-Guillaume, n'avait été bâti que l'année précédente par le célèbre ingénieur hollandais Coëhorn, qui le défendit en personne contre Vauban. Ce fut un des beaux spectacles de l'histoire militaire que de voir aux prises les deux premiers ingénieurs de l'Europe.

Guillaume III s'avança, sur ces entrefaites, pour tâcher de secourir les forteresses. Bien qu'il lui manquât encore une partie de ses auxiliaires allemands, ses forces étaient d'environ soixante-dix mille hommes ; mais Luxembourg, renforcé par un gros détachement de l'armée du roi, lui barra le passage avec quatre-vingt mille combattants, dont moitié de cavalerie. Il lui eût fallu d'abord franchir la petite rivière de Mehaigne en présence de Luxembourg, puis passer la Sambre, entre l'armée de Luxembourg et celle du roi : c'eût été courir à une perte certaine. Il le sentait et ne tenta rien de sérieux. Pendant ce temps, l'armée du roi, malgré des pluies torrentielles, pressait vivement le Fort-Neuf, qui fut réduit à se rendre le 21 juin : l'immense artillerie que dirigeait Vauban était irrésistible. Coëhorn sortit blessé de son fort, avec seize cents hommes qui lui restaient et les honneurs de la guerre. Les ouvrages extérieurs du Vieux-Château, situé entre le Fort-Neuf et la ville, furent emportés d'assaut quelques jours après, et le Vieux-Château capitula le 30 juin. Il en sortit deux mille cinq cents hommes : le reste de la garnison avait péri [1].

La conquête de Namur assurait à la France ce grand angle dont la Sambre et la Meuse forment la pointe en se réunissant à Namur, et qui joue un rôle si important dans les guerres des Pays-Bas. Par Namur, on menaçait à la fois Bruxelles, Liége et Maëstricht.

Il semblait que Louis XIV ne dût pas se contenter de ce succès : Namur et ses forts occupés, Louis restait à la tête de cent mille combattants ; il pouvait marcher droit à Guillaume et le forcer ou de recevoir la bataille ou de se retirer sur Bruxelles en abandonnant Charleroi aux Français. Cette conquête eût complété celle de Namur ; mais l'armée avait beaucoup souffert du mauvais temps et du manque de fourrages : Louis répugnait plus que jamais « à se commettre à un grand événement [2] ; » il jugeait d'ailleurs nécessaire de détacher des troupes sur les côtes pour prévenir les entreprises des vainqueurs de La Hougue et voulait renforcer son armée d'Allemagne pour la mettre en état d'agir outre Rhin : il craignait que les Turcs ne fissent la paix si la France n'opérait une diversion un peu notable en Allemagne. Il retourna donc à Ver-

---

1. *Relation* de Louis XIV, dans ses *Œuvres*, t. IV, p. 341. Cette relation paraît avoir été écrite dans la première ivresse d'orgueil inspirée par le succès. — Saint-Hilaire, t. II, p. 473-523. — Quinci, t. II.
2. *Mém.* de la Fare, p. 297.

sailles, en laissant à Luxembourg l'armée des Pays-Bas réduite à soixante-dix mille hommes.

Guillaume se renforça pendant que les Français s'affaiblissaient : il fut joint par sept ou huit mille soldats du duc de Hanovre, qui, après avoir beaucoup hésité à entrer dans la Grande Alliance, s'était décidé à faire marcher toutes ses troupes contre les Français et contre les Turcs, moyennant la promesse obtenue de l'empereur par Guillaume d'ériger son duché en électorat. Guillaume tenta de venger son affront de Namur : il feignit de menacer Namur; Luxembourg, qui était dans le nord du Hainaut, jeta du côté de Namur une vingtaine de mille hommes sous les ordres du lieutenant-général Boufflers; puis, détrompé par les mouvements de Guillaume, il rappela Boufflers; mais, avant que celui-ci eût pu rejoindre l'armée, Luxembourg fut surpris et attaqué par son royal adversaire avec des circonstances qui rappelèrent le combat de Saint-Denis-sous-Mons[1]. Luxembourg se gardait mal, persuadé par un faux rapport d'espion que Guillaume avait un tout autre dessein que de prendre l'offensive ce jour-là (3 août). Guillaume savait que le terrain accidenté et resserré où se trouvaient les Français, entre Enghien et Steenkerke, ne leur permettrait pas de déployer leur formidable cavalerie, et il comptait avoir tout avantage dans un engagement d'infanterie où il aurait une très-grande supériorité de nombre. En effet, une brigade d'infanterie qui formait l'extrême droite du camp français plia d'abord sous un feu écrasant et perdit son poste; heureusement Guillaume fut retardé par des obstacles qu'il n'avait pas prévus, par des fossés et des clôtures. Ce peu de temps suffit à Luxembourg, tout affaibli qu'il fût en ce moment par la fièvre, pour remettre en ordre ses bataillons. Les dragons mirent pied à terre et soutinrent l'infanterie. Une furieuse lutte s'engagea sur un front d'une demi-lieue de large, coupé de ravins et de haies, resserré entre de grands bois et la petite rivière de Senne. Le centre français faiblit sous la violence du feu; les ennemis débouchèrent des bois et s'emparèrent de quelques pièces de canon : le moment était critique; le duc de Bourbon, petit-fils du grand Condé, le prince de Conti, le duc de

---

1. *V.* notre t. XIII, p. 532.

Vendôme [1], le jeune duc de Chartres, neveu du roi (qui devait être un jour le Régent), descendirent de cheval, marchèrent à la tête des gardes françaises et suisses, enfoncèrent l'ennemi à la pointe de l'épée et de la pique, reprirent l'artillerie perdue, enlevèrent plusieurs canons aux alliés et taillèrent en pièces la brave infanterie écossaise de Guillaume. A droite comme au centre, les Français ressaisirent l'avantage au prix de flots de sang ; à gauche, la fortune était encore très-incertaine, quand Boufflers commença de déboucher sur le champ de bataille avec son corps détaché et lança ses dragons au secours de la gauche française. L'ennemi céda enfin sur tous les points et pressa sa retraite à travers les défilés et les bois : la nuit et la fatigue empêchèrent l'armée française de le poursuivre. Les pertes étaient très-grandes des deux côtés : quinze ou seize mille morts ou blessés, dont près de sept mille Français, jonchaient le théâtre du carnage ; douze ou quinze cents prisonniers étaient restés entre les mains des vainqueurs.

La bataille de Steenkerke eut une renommée très-populaire : pendant quelque temps, toutes les modes furent à la *Steinkerque*. Elle avait attesté, que, dans l'armée française, l'infanterie valait la cavalerie : l'infanterie avait eu à son tour sa journée de Leuse. Ce fut à la suite de cette journée qu'on supprima l'incommode mousquet à mèche, pour lui substituer généralement le mousquet à pierre ou fusil. Ces deux armes étaient depuis quelque temps mêlées dans l'infanterie française, et les alliés nous avaient donné l'exemple d'abandonner presque entièrement le mousquet à mèche [2].

Guillaume ne réussit guère mieux à mettre à profit la victoire

---

1. Fils du duc de Vendôme-Mercœur et neveu de Beaufort, le héros de la Fronde.
2. *Lettres militaires*, t. VIII, p. 181. — Quinci, t. II, p. 523-549. — Saint-Hilaire, t. II, p. 41. — La Hode, t. IV, p. 584. — Berwick, t. Ier, p. 113. — Mac-Aulay, *Guillaume III*, t. III, ch. 1. — On découvrit sur ces entrefaites, en Belgique, un complot tramé par un Français nommé Grandval contre la vie de Guillaume. Grandval, traduit devant un conseil de guerre, déclara que c'était le ministre Barbezieux qui l'avait aposté, que le coup avait été prémédité du vivant de Louvois, et qu'il avait eu une audience du roi Jacques à Saint-Germain avant de partir. Il fut pendu et écartelé. Les alliés donnèrent une grande publicité à cette affaire. La cour de France garda le silence. Les alliés en conclurent que Louis XIV tolérait maintenant un genre de crime qu'il avait naguère repoussé avec indignation. Il n'avait pas su d'avance ; mais il ne punit point après. Barbezieux, coupable ou non, garda sa place. *Ibid.*

de La Hougue qu'à venger la perte de Namur. Les alliés, après avoir fait échouer le projet de descente en Angleterre, avaient prétendu, à leur tour, opérer une descente en France et soulever les protestants de l'Ouest. Le duc de Leinster (Schomberg) et le comte de Gallway (Ruvigni) avaient été embarqués avec un corps d'armée composé en partie de réfugiés et des ressources très-considérables en armes, en équipements et outillage ; mais le vent, qui avait favorisé les alliés au commencement de la campagne, les repoussait maintenant. L'été était avancé : le conseil de guerre reconnut l'impossibilité d'attaquer la côte avec quelque chance de succès, et la flotte alliée, sortant enfin de la Manche, alla débarquer à Ostende dix mille soldats, qui, renforcés par un détachement de l'armée de Guillaume, parvinrent à s'emparer de Furnes. Ce fut là tout le résultat de ce puissant effort. D'un autre côté, à peine la flotte alliée avait-elle quitté la Manche, que les Français avaient recommencé à tenir la mer, et que des vaisseaux et des frégates, sortis de Brest et de Saint-Malo, s'étaient remis à courir sus aux flottes marchandes entre les côtes d'Espagne et celles des Iles Britanniques. Cinq vaisseaux de guerre hollandais furent pris ou coulés en défendant les marchands qu'ils escortaient. Les corsaires malouins enlevèrent beaucoup de navires au commerce anglais. Les Anglais avaient perdu en outre deux vaisseaux de guerre dans un combat aux Antilles. Ce ne fut qu'un cri dans toute l'Angleterre : A quoi bon gagner des batailles navales et se ruiner en armements immenses, si l'on ne pouvait empêcher les Français d'écumer la mer comme s'ils eussent été vainqueurs à La Hougue [1] ?

C'est que, dans la guerre de course, la partie n'était pas égale. Les Français ayant, en comparaison de leurs ennemis, grâce au vaste développement de leur marine militaire, peu de commerce maritime, mais beaucoup de matelots, portaient aux deux nations commerçantes dix coups pour un.

La guerre avait continué d'être assez insignifiante en Allemagne. Le maréchal de Lorges, général peu résolu et peu actif, ne sut pas remplir les intentions du roi, quoique la désunion et l'incapacité

---

1. Quinci, t. II, p. 590-603. — Mac-Aulay.

des princes allemands qu'il avait en tête lui offrissent de belles chances. L'électeur de Saxe étant mort à la fin de la campagne précédente, son fils, dont le ministre avait été, dit-on, acheté par Louis XIV, s'était contenté d'envoyer un faible contingent à l'armée du Rhin, au lieu de venir en personne avec toutes ses troupes, comme l'empereur y comptait. Par cette espèce de défection, les Allemands se trouvèrent à peine égaux en nombre aux Français (trente et quelques mille hommes de chaque côté) et inférieurs en qualité de troupes. Cependant, la guerre resta sur la rive gauche du Rhin, dans le Palatinat, autour des ruines de Spire et de Worms, jusqu'en septembre. Vers le milieu de ce mois seulement, Lorges passa le Rhin à Philipsbourg et alla battre et dissiper près de Phortzheim un camp volant de six mille chevaux, commandé par le prince *administrateur* (régent) de Würtemberg, qui fut pris. Ce succès n'eut aucune suite.

Il ne se passa rien vers les Pyrénées qui fût digne de mémoire.

Les Alpes furent le seul point du continent où les alliés obtinrent momentanément quelques succès. La défensive imposée à Catinat, avec des ressources insuffisantes en équipages et en matériel, eut de fâcheuses conséquences. On peut s'étonner d'entendre parler d'insuffisance, après de si énormes levées d'hommes et de chevaux ; mais la main de fer de Louvois n'était plus là pour assurer tous les services avec sa précision mathématique. La détresse financière rejaillissait aussi sur les armées, principalement sur cette armée lointaine qu'on sacrifiait à celle des Pays-Bas. Catinat, qui, d'après les états, devait avoir cinquante mille hommes, n'en eut au plus que trente-huit mille, mal nourris et mal payés. Il avait eu ordre de se borner à couvrir Pignerol et Suze. Le duc de Savoie, qui avait de cinquante-cinq à soixante mille hommes, laissa des corps d'observation devant ces deux places et devant Casal, et fit entrer en Dauphiné trente mille hommes par les cols de Var, de Miraboue et de l'Argentière. Les *barbets*, avides de vengeance, lui servirent de guides à travers les dangereux passages des Alpes. Le duc, à la tête du principal corps, descendit par le col de Var dans la vallée de Queiras, qui débouche sur la Durance entre Briançon et Embrun : il mit le siége devant Embrun, le 5 août. Trois ou quatre mille hommes, tant troupes régulières que milices, s'étaient jetés dans cette petite cité montagnarde et la défendirent avec une grande énergie. La place, quoique dominée par une montagne voisine, ne se rendit, le 19 août, que faute de munitions. L'avant-garde des alliés entra le lendemain dans Gap, qu'elle trouva évacué par les habitants et qu'elle brûla. Tous les environs avaient été abandonnés par ordre du roi et furent ravagés et incendiés en représailles de la dévastation du Piémont et du Palatinat. Là s'arrêtèrent les progrès des alliés. Le duc de Savoie fut retenu à Embrun par la petite vérole : Catinat, qui s'était porté à Grenoble, vint prendre à Pallons, sur la Durance, au-dessus d'Embrun, un poste excellent d'où il couvrait à la fois Briançon et Grenoble et menaçait les derrières de l'ennemi. Les *nouveaux convertis*, contenus par les milices, ne remuèrent pas, quoique le duc de Leinster (Schomberg) eût accompagné le duc de Savoie avec quatre mille réfugiés et Vaudois, et qu'il eût répandu, au nom de Guillaume III, une proclamation où il appelait les populations à la révolte. Il assurait que Guillaume et ses alliés ne voulaient que rendre à la noblesse française son ancienne splendeur; aux parlements leur première autorité, au peuple ses justes droits[1]. Les populations dauphinoises se levèrent, au contraire, pour repousser l'invasion, et harcelèrent les agresseurs par une guerre de partisans que dirigea une jeune héroïne, dont le nom mérite d'être conservé par l'histoire, mademoiselle de La Tour-du-Pin[2]. Le duc de Savoie se sentit perdu s'il attendait l'hiver de ce côté des Alpes : il repartit d'Embrun, très-souffrant encore, le 16 septembre,

1. Hume. *Guillaume III et Marie*, t. III. C'était le langage des fameux pamphlets intitulés : *Soupirs de la France esclave qui aspire après sa liberté*, attribués à Levassor, ancien oratorien qui s'était fait arminien et anglican, et publiés en Hollande, de 1683 à 1689, par Jurieu, qui trouvait toute arme bonne pourvu qu'elle portât coup contre Louis XIV. Ces pamphlets, mélange singulier d'aspirations libérales et de tendances rétrogrades vers un passé mal connu, sont surtout caractérisés par cette haine de la moderne unité politique et administrative qu'alliaient exprimer tantôt avec tant d'énergie les Boulainvilliers et les Saint-Simon. Il suffit de les lire un peu attentivement pour reconnaître qu'ils ne peuvent être de Jurieu, excepté peut-être les trois ou quatre derniers des quinze. Jamais Jurieu ne se fût exprimé sur l'église romaine comme on le fait dans ces pages presque catholiques encore, et l'esprit politique et rationaliste de ces écrits n'a rien de son audace mystique et apocalyptique. V. sur cette question, le *Dictionnaire des Anonymes*, de Barbier, art. JURIEU.
2. Le roi lui donna une pension comme à un chef militaire, et, à sa mort, en 1703, fit placer son portrait et ses armoiries à côté de ceux de Jeanne D'Arc, à Saint-Denis. Nyons, sa patrie, lui a élevé récemment un monument en 1844.

après avoir démantelé cette ville, et rentra en Piémont par le col de l'Argentière, moins difficile que ceux de la vallée de Queiras. Il laissa seulement quelques troupes dans la vallée de Barcelonnette pour se maintenir en possession du col de l'Argentière [1].

L'incursion des alliés en deçà des Alpes n'eut donc d'autre résultat matériel que la dévastation d'une partie du Haut-Dauphiné; mais ce fut pour eux un succès d'opinion que d'avoir pu pénétrer en France; la position défensive où les Français s'étaient trouvés réduits avait achevé de mettre l'Italie à la discrétion des alliés. L'empereur exigeait que les princes et états de la Haute-Italie, Venise exceptée, fournissent des contributions et des quartiers d'hiver aux troupes qu'il entretenait dans l'armée du duc de Savoie : ces états eussent bien voulu s'en exempter, et Gênes, malgré ses récents et terribles griefs contre Louis XIV, avait promis aux diplomates français de montrer l'exemple du refus. Une escadre espagnole qui entra brusquement dans le port de Gênes obligea les Génois de révoquer leur résolution. Le vice-amiral d'Estrées revint trop tard de Brest, avec l'escadre de Toulon, pour s'opposer aux Espagnols.

En Hongrie, les Impériaux avaient pris le Grand-Waradin; mais, malgré les efforts de la diplomatie anglaise, l'empereur n'avait pas voulu proposer des conditions de paix raisonnables, ni les Turcs accepter les exigences de Léopold.

Les résultats importants de la campagne de 1692 peuvent se résumer en peu de mots : Louis XIV avait fait à la Belgique une nouvelle et profonde entame, mais il avait reperdu l'ascendant maritime récemment conquis, avec l'espoir d'arracher à son rival le trône d'Angleterre.

La France se mit en mesure de réparer ses pertes navales, de pousser ses avantages aux Pays-Bas et de prendre l'offensive en Allemagne et en Catalogne : les alliés se préparèrent à défendre le reste de la Belgique, à insulter les côtes de la France et à tâcher de fermer l'Italie aux Français. Louis, dès l'automne de 1692, créa treize nouveaux régiments d'infanterie, plusieurs régiments de milices alsaciennes, des compagnies franches, un régiment de

1. *Mém.* de Catinat, t. II, p. 408. — Saint-Hilaire, t. II, p. 72. — Quincy, t. II, p. 567-576.

hussards, arme importée de Hongrie, et leva de nouvelles troupes auxiliaires en Suisse. Il fit construire ou réparer assez de vaisseaux pour rendre sa flotte plus puissante qu'avant La Hougue et fit bâtir, entre autres, quatre vaisseaux dont le moindre valait *le Soleil-Royal*[1]. Les Danois, malgré leur accession à la ligue d'Augsbourg, lui fournirent des matériaux et même lui construisirent des bâtiments. La détresse des finances poussant le gouvernement au triste expédient de vendre les régiments et les compagnies, le roi voulut compenser en quelque sorte cette injustice envers les officiers capables et pauvres par un système de récompenses honorifiques, et institua l'ordre militaire de Saint-Louis, par édit du 10 mai 1693. L'ordre fut composé du roi, grand-maître, de l'héritier du trône, des maréchaux, de l'amiral, du général des galères, de huit grand's-croix, de vingt-quatre commandeurs et d'un nombre illimité de chevaliers choisis parmi les officiers ayant servi dix ans au moins sur terre ou sur mer, ces derniers devant être dans la proportion d'un sur huit au moins. Une dotation de 300,000 livres fut affectée à l'ordre. Le mérite et les services étaient les seules conditions exigées. Il n'était pas question de la naissance. L'ordre de Saint-Louis était donc une création démocratique relativement à celui du Saint-Esprit[2].

Le parlement anglais, malgré ses discordes, accorda au roi Guillaume les plus forts subsides qui eussent jamais été votés en Angleterre. Le chiffre total atteignit 5 millions sterling, dont plus de deux pour l'armée de terre et l'artillerie, et près de deux pour la marine. On devait entretenir cinquante-quatre mille soldats, dont trente-quatre mille pour la guerre extérieure, et trente-trois mille matelots; de plus, le parlement consentit à proroger la convention suivant laquelle l'Angleterre payait deux tiers et la Hollande seulement un tiers de la solde des troupes allemandes dans les Pays-Bas et des réfugiés français. Cette année marque une date

---

1. *Mém.* de Villette, p. 144
2. *Anciennes Lois françaises*, t XX, p. 181. — On distribua de plus, avec solennité, des médailles aux simples marins et matelots qui se signalaient par leur courage, et de grandes croix en cuivre, de la forme des croix de Saint-Louis, furent suspendues aux mâts des navires qui avaient livré de beaux combats, heureuse pensée qui entrait profondément dans les sentiments des hommes de mer et qui personnifiait l'équipage dans le navire.

importante dans l'histoire financière de l'Angleterre : d'une part
on demanda une très-grande partie des ressources (2 million
sterling ou 25 millions de nos livres) à un impôt foncier de 2
pour 100 établi sur le revenu de toutes les propriétés sans excep
tion, suivant l'exemple qu'avait donné la république sous Crom
well ; de l'autre part, on contracta un emprunt d'un million ster
ling qui est le point de départ de la gigantesque dette anglaise

Les Français n'attendirent pas le printemps pour agir. Duran
l'automne de 1692, la plus grande partie des troupes anglaises qu
avaient pris Furnes avaient été cantonnées dans cette ville et dan
Dixmuyde, et l'on craignait que les alliés ne fissent de ces deu
places des avant-postes contre Dunkerque. Le 28 décembre, Bouf
flers investit brusquement Furnes. La tranchée fut ouverte le 5 jan
vier 1693 ; dès le lendemain, la garnison anglo-batave, forte d
quatre mille hommes, capitula pour éviter d'être faite prison
nière de guerre. Dixmuyde fut évacué sans attendre l'attaque
Une entreprise tentée vers le même temps par un corps de l'ar
mée d'Allemagne contre Rheinfels fut moins heureuse ; on n
put emporter ce poste, qui eût coupé les communications entr
Mayence et Coblentz.

Ces opérations en plein hiver semblaient annoncer pour 169
une prompte et vive campagne ; cependant la grande armée fran
çaise, l'armée des Pays-Bas, ne se rassembla que dans la second
quinzaine de mai. Le roi avait résolu d'assiéger Liége. Il devait
comme devant Mons et Namur, conduire en personne le siége, qu
Luxembourg couvrirait. Les deux corps d'armée qui devaient ser
vir sous le roi et sous Luxembourg se trouvèrent massés le 27 ma
aux environs de Mons. Louis était arrivé le 25 au Quesnoi, menan
avec lui *les dames* ; mais, là, il fut arrêté huit jours par un ca
tarrhe et retint l'armée immobile, comme si l'investissement d
Liége n'eût pas pu s'opérer sans lui. Guillaume III, qui avait form
son armée en Brabant, mit à profit ce délai : il jeta quinze à ving
mille hommes dans Liége et dans les retranchements que les allié

---

1. Mac-Aulay, *Guillaume III*, t. III, ch. 1. — Il importe d'observer que le princip
de l'égalité devant l'impôt n'était pas nouveau en Angleterre et que les *subside*
votés par les anciens parlements avaient déjà cette base. C'était là la vraie supériorité des parlements anglais sur nos États-Généraux.

avaient faits sur les hauteurs qui commandent cette grande ville, puis il se retira avec le reste de ses forces dans un camp retranché, à l'abbaye du Parck, près de Louvain, d'où il couvrait Bruxelles. L'attaque de Liége était devenue très-difficile ; mais la position de Guillaume était périlleuse au dernier point. Une partie des troupes allemandes étant encore entre Rhin et Meuse, il avait tout au plus cinquante mille hommes au camp du Parck, et Louis pouvait marcher droit à lui avec cent dix mille. Guillaume n'eût pu résister à une armée française plus que double de son armée et enflammée par la présence du roi. La défaite de Guillaume eût livré au vainqueur non plus Liége, mais Bruxelles et tout le reste des Pays-Bas catholiques. C'était une de ces occasions que la fortune n'offre qu'une fois. Toute l'armée française le sentait et frémissait d'impatience. Rejointe enfin par Louis le 3 juin, elle était arrivée, le 7, à Gembloux, presque à égale distance de Mons, de Liége et de Louvain, et n'attendait que le signal de marcher à l'ennemi, lorsque tout à coup le bruit se répandit que le roi repartait pour Versailles et démembrait l'armée pour en expédier une partie avec le dauphin en Allemagne.

Ce bruit incroyable n'était que trop vrai : Luxembourg s'était, dit-on, jeté aux genoux du roi pour le supplier de ne pas refuser la victoire qui lui tendait les bras ; ce fut en vain : Louis prétexta, comme l'année précédente après la prise de Namur, la nécessité de se renforcer en Allemagne pour encourager les Turcs et de poursuivre outre Rhin les succès que commençait à obtenir le maréchal de Lorges. Étrange calcul : on tenait dans ses mains l'âme de la ligue et le sort de la guerre, et on les relâchait pour aller chercher au loin des succès douteux et secondaires. C'était la troisième fois, après 1676 et 1692, que Louis reculait devant un choc décisif contre son rival, et cette fois sans la moindre excuse. Sa réputation militaire en fut irrévocablement et justement perdue. Brave et persévérant dans la guerre de siéges, qui ne laisse presque rien à l'imprévu, il se troublait et cessait d'agir dès qu'il voyait se présenter devant lui les chances de la guerre de campagne. Ses ennemis désormais se crurent autorisés à le représenter comme un roi de théâtre, sans talent et sans courage ; l'affection et le respect de sa propre armée furent ébranlés ; les railleries des étrangers sur le *grand roi et sa vieille maîtresse* se répandirent en France, et l'on en vint bientôt à réprimer par des peines atroces les libelles contre Louis et madame de Maintenon [1]. La voix publique n'avait point été injuste dans l'affaire de Louvain ; c'était bien madame de Maintenon qui l'avait emporté sur Luxembourg ; les timides conseils venus de Namur, où Louis avait envoyé les dames, avaient déterminé la déplorable résolution du roi. Louis, probablement peu satisfait de lui-même au fond de l'âme, ne reparut plus dans les armées [2].

Si Guillaume, rejoint par les troupes de Brandebourg et de Juliers, eût réuni toutes les forces qu'avaient les alliés entre la Meuse et la mer, il eût été à son tour supérieur de quelques milliers d'hommes aux Français ; mais il n'osa dégarnir Liége ni cesser de protéger Bruxelles. Luxembourg, qui avait conservé plus de quatre-vingt mille soldats, lui semblait encore trop redoutable. Luxembourg, de son côté, ne crut pas pouvoir attaquer Guillaume dans son camp du Parck et tâcha de l'en tirer par d'habiles manœuvres. Le manque de vivres gêna quelque temps ses opérations; le service de l'intendance ne se faisait plus comme sous Louvois. Luxembourg s'était posté à Meldert, entre Tillemont et Louvain, et, de là, inquiétait son adversaire sur Liége. Guillaume voulut détourner les Français de Liége et lança vers la Flandre française une quinzaine de mille hommes, qui forcèrent les lignes défensives tracées de l'Escaut à la Lis, entre Espierre et Menin, et qui mirent à contribution le plat pays depuis Courtrai jusqu'aux portes d'Arras. Luxembourg, pendant ce temps, faisait investir Hui par

---

1. En 1694, un imprimeur et un relieur furent pendus, par sentence du lieutenant de police La Reinie, pour avoir imprimé, relié et débité des libelles sur le mariage du roi et de madame de Maintenon. Un de ces libelles est intitulé : *l'Ombre de M. Scarron*. Une gravure parodie le monument de la place des Victoires. Le roi, au lieu d'avoir quatre statues enchaînées sous ses pieds, est enchaîné lui-même par quatre femmes, La Vallière, Fontanges, Montespan et Maintenon. Plusieurs personnes pour la même affaire, furent mises à la question ou moururent à la Bastille. V. *Bulletin bibliographique* de Techener, octobre 1836 ; art. de M. J.-C. Brunet sur le journal ms. de l'avocat Bruneau. — Vers le même temps, un libelliste, auteur d'un pamphlet contre l'archevêque de Reims Le Tellier, intitulé : *Le Cochon mitré*, fut enfermé dans une cage de fer au mont Saint-Michel.

2. La Fare, p. 300. — Feuquières, t. II, p. 200. — Œuvres de Louis XIV, t. IV, p. 401. — Saint-Simon, t. Ier, p. 95. — Racine, Œuvres, t. VI, p. 355. — Quincy, t. II, p. 612.

un gros détachement. La ville et les deux forts furent pris en cinq jours (19-24 juillet). Huï était l'étape entre Namur et Liége. Huï emporté, Luxembourg marcha sur Liége avec toute son armée. Guillaume décampa, s'avança sur le territoire liégeois et envoya cinq mille fantassins renforcer le corps qui gardait Liége; puis il rentra en Brabant, afin d'aller regagner son camp du Parck.

Luxembourg ne lui en laissa pas le temps. Luxembourg trompa Guillaume en feignant de dépêcher une partie de son armée au secours de la Flandre française et, par une marche aussi rapide que savamment combinée, il joignit l'ennemi le 28 juillet au soir à Neerwinden, entre Saint-Tron et Tillemont. Sur quatre-vingt-cinq ou quatre-vingt-dix mille hommes que comptait l'armée alliée dans les Pays-Bas, Guillaume, grâce à ses mauvaises combinaisons, n'en avait guère plus de cinquante mille sous la main. Il lui restait une chance d'éviter une lutte devenue inégale par sa faute. Il pouvait, durant la nuit, se retirer derrière la petite rivière de Gheete. Il n'en voulut rien faire et n'usa de ce délai de quelques heures que pour se retrancher le plus fortement possible.

Son poste, il est vrai, était très-avantageux à défendre. L'armée alliée appuyait sa droite au village de Neerwinden et à la Gheete, sur laquelle elle avait jeté des ponts, sa gauche au village de Neerlanden et au ruisseau de Landen. Le centre était couvert par un long coteau qui s'étendait d'un village à l'autre et que les alliés avaient coupé d'un retranchement fossoyé avec une célérité surprenante. Derrière ce retranchement, les alliés étaient presque à l'abri du canon. Les deux villages étaient hérissés d'abatis d'arbres : des haies, des fossés, des terrains accidentés en défendaient les abords. Neerlanden fut reconnu presque inaccessible : Luxembourg, le 29 juillet au matin, n'engagea de ce côté qu'une fausse attaque et porta tout son effort sur Neerwinden. La cavalerie française prit position au centre, en face du retranchement ennemi et entre les deux colonnes d'infanterie qui attaquaient les villages. Ce fut le plus terrible choc de toute cette guerre, plus terrible que Steenkerke même. Neerwinden fut deux fois pris et repris avec un affreux carnage. Les deux infanteries luttèrent d'obstination et de fureur, tandis que la cavalerie française essuyait, immobile, durant quatre heures entières, le feu de quatre-vingts pièces de canon, plongeant de la colline dans la petite plaine où ses escadrons étaient en bataille. On dit que Guillaume, étonné que cette cavalerie ne s'ébranlât pas, accourut à ses batteries, accusant le peu de justesse de ses pointeurs. Quand il eut vu l'effet de ses canons et les escadrons ne remuer « que pour resserrer les rangs à mesure que les files étaient emportées, » il laissa échapper ce cri d'admiration et de colère : « Oh! l'insolente nation[1] ! »

Neerwinden était resté au pouvoir de l'ennemi : la cavalerie, enfin lancée, avait chargé par deux fois contre le retranchement de la colline sans pouvoir l'emporter. La plupart des généraux conseillaient la retraite ; Luxembourg s'y refusa et jeta la réserve sur Neerwinden. Les gardes françaises et suisses et le reste de l'infanterie qui n'avait pas donné assaillirent à la fois le village et l'extrémité du retranchement qui y aboutissait. Pendant une heure et demie, le succès fut encore en balance : quand les gardes françaises eurent épuisé leurs munitions, ils mirent la baïonnette au bout du fusil et enfoncèrent l'ennemi à l'arme blanche. C'est la première charge à la baïonnette dont notre histoire ait gardé le souvenir[2]. Neerwinden, jonché de morts, demeura enfin dans les mains des Français. Les gardes françaises firent alors ébouler l'extrémité du retranchement ennemi, à la droite de Neerwinden, pour ouvrir un passage à la cavalerie : la maison du roi pénétra par cette ouverture ; elle fut d'abord repoussée par la cavalerie ennemie, que conduisait Guillaume en personne et que soutenait le feu terrible de l'infanterie ; mais Luxembourg la rallia en un moment. Un autre corps de cavalerie française passa entre Neerwinden et la Gheete, à travers des haies et des ravins que Guillaume avait crus impénétrables aux chevaux, et prit les alliés à revers. Un corps qui était resté à Hui arriva en ce moment sur le champ de bataille et soutint ce mouvement à la gauche de Neerwinden. La cavalerie ennemie, chargée en front et en flanc, se rompit : toute l'aile

---

1. Saint-Simon, t. Ier, p. 111.
2. Ce n'était pas encore toutefois la baïonnette moderne. Ce n'était qu'un coutelas (*baynete*) qu'on enfonçait dans le canon du fusil après avoir tiré : Vauban n'avait pas encore inventé d'adapter cette lame au canon sans empêcher le tir, c'est-à-dire de réunir l'arme blanche à l'arme de tir et de confondre en un seul combattant le piquier et le mousquetaire. M. Mac-Aulay rapporte que le général écossais Mac-Kay avait eu la même idée dès 1689.

droite ennemie fut sabrée, mise en fuite ou précipitée dans la Gheete. Les débris de cette aile gagnèrent Tillemont et Louvain. L'aile gauche, évacuant Neerlanden, se retira en assez bon ordre, mais non sans des pertes cruelles, sur Leewe et Diest. Les relations les plus modérées évaluent la perte des ennemis de dix à douze mille hommes restés sur le champ de bataille, sans compter tous ceux qui se noyèrent dans la Gheete : deux mille prisonniers, soixante-seize canons, huit mortiers ou obusiers, plus de quatre-vingts drapeaux ou étendards demeurèrent au pouvoir du vainqueur. Le chef des réfugiés, Ruvigni, s'était trouvé un moment parmi les prisonniers : il fut relâché dans l'instant et on ne fit pas semblant de le savoir. » Ceux qui l'avaient pris épargnèrent aux destructeurs de l'Édit de Nantes un grand embarras ou un acte odieux de plus [1].

Les Français avaient probablement perdu presque autant de monde que l'ennemi; si cher qu'eût coûté la victoire de Neerwinden, elle était si grande, que le général victorieux semblait pouvoir tout entreprendre. Bruxelles terrifiée attendait les Français. Guillaume, en réunissant les débris mutilés de son armée, ne devait pas avoir trente mille hommes. Il semblait que Luxembourg n'eût qu'à marcher sur la capitale de la Belgique. Il ne le fit pas. Il laissa à Guillaume le temps de se réorganiser dans Bruxelles, d'y recevoir des secours de Hollande et de rappeler le corps envoyé contre la Flandre française. La conduite de Luxembourg n'est pas suffisamment expliquée. L'armée, dit-on, manquait de vivres; mais, dans ce gras pays de Brabant, l'obstacle n'eût pas été sans doute insurmontable. Quelques mémoires contemporains accusent Luxembourg d'avoir voulu prolonger la guerre : on hésite à s'arrêter devant cette imputation banale, répétée successivement contre tant de généraux célèbres : la gloire qu'eût value à Luxembourg la paix dictée dans Bruxelles à la coalition européenne eût certes bien compensé pour lui la prolongation de son commandement. Quoi qu'il en soit, pendant tout le mois qui suivit la bataille, l'armée victorieuse ne fit pas autre chose que de mettre à contribution les campagnes et les petites villes du Liégeois et

---

1. Saint-Simon, t. Ier, p. 101. — Saint-Hilaire, t. II, p. 96. — Berwick, t. Ier, p. 119. — Quinci, t. II, p. 616-644. — Mac-Aulay, *Guillaume III*, t. III, ch. 2.

du Brabant espagnol et hollandais; ce fut seulement le 9 septembre que les Français investirent, non pas Liége ou Bruxelles (il n'était plus temps), mais Charleroi. Cette ville, fortifiée par Vauban tandis qu'elle était en la possession de Louis XIV, fut mieux défendue que ne l'avait été aucune autre place des alliés; la garnison ne se rendit que le 11 octobre, quand elle se vit réduite de quatre mille cinq cents hommes à douze cents.

Ce n'était pas là un résultat suffisant de la victoire de Neerwinden, ni surtout du vaste déploiement de forces étalé par Louis XIV au commencement de la campagne. Il semble que les résultats s'amoindrissaient à mesure que les armées augmentaient. On était déjà loin du temps où Turenne obtenait de si prodigieux succès avec vingt ou trente mille hommes! Charleroi n'était pas néanmoins une conquête à mépriser; elle assurait les autres conquêtes, en débarrassant complètement le pays de Sambre et Meuse et en reliant Mons et Namur. Toute la partie wallonne des Pays-Bas espagnols, excepté la seule ville d'Ath, était entre les mains des Français.

C'était, comme on l'a dit, dans l'espoir de faire faire à son fils une campagne décisive en Allemagne, que Louis XIV avait laissé échapper de ses mains l'entière conquête de la Belgique. La campagne d'Allemagne fut aussi nulle qu'à l'ordinaire. Le maréchal de Lorges avait ouvert les opérations sur la rive droite du Rhin avec une belle armée de quarante-cinq mille hommes, dont moitié cavalerie. Il avait pris d'assaut Heidelberg, le 22 mai : la malheureuse ville, toute noircie encore des flammes de 1689, avait été livrée au pillage et incendiée pour la seconde fois. Toute la population fut expulsée sans vivres et presque sans vêtements. Le château, ou plutôt les débris du château, se rendirent à peu près sans coup férir, et les Français y ajoutèrent ruine sur ruine, en détruisant tout ce que les alliés avaient rétabli de fortifications. La rapacité du soldat ajouta de nouvelles horreurs à ces scènes de destruction; les tombeaux des électeurs palatins furent fouillés pour y chercher des trésors, et leurs restes furent jetés au vent. Lorges évacua ensuite ces monceaux de décombres. Le roi comptait qu'il profiterait de sa supériorité pour prendre Heilbron et battre ou rejeter au loin le prince Louis de Bade, sans laisser le temps au prince Louis de recevoir les renforts nombreux qui étaient en marche[1]. Lorges trouva des difficultés à tout et ne fit rien, jusqu'à la jonction avec le dauphin, qui amena de Flandre une vingtaine de mille hommes. On n'agit pas plus vivement après la jonction : on passa le Necker ; on menaça le camp où le prince de Bade avait réuni près de Heilbron toutes ses forces, très-inférieures à celles des Français ; la position étant inattaquable de front, on n'essaya pas de la tourner, et l'on se contenta de ravager le Würtemberg pour tout exploit. Dès le commencement de septembre, quelques troupes retournèrent aux Pays-Bas ; d'autres furent expédiées en Piémont, et le dauphin retourna joindre le roi à Versailles : la campagne n'avait pas été plus brillante pour le fils que pour le père[2].

Si l'année 1693 fut désavantageuse à la gloire **personnelle** de Louis XIV et le vit perdre la chance qu'il avait eue de terminer la guerre par un grand triomphe, cette année fut loin toutefois d'affaiblir l'ascendant des armes françaises : la France eût pu tout gagner ; elle gagna quelque chose et fit quelques pas en avant.

Comme l'année précédente, les ennemis avaient pris l'offensive du côté des Alpes. Dans le courant de juin, un corps espagnol, venu du Milanais, avait commencé le blocus de Casal ; dans la seconde quinzaine de juillet, le gros de l'armée alliée, sous les ordres du duc de Savoie, marcha sur Pignerol. Le duc avait eu d'abord le projet de rentrer en Dauphiné par la vallée de Barcelonette, mais les Français l'avaient prévenu ; un corps détaché par Catinat venait de chasser les Piémontais de cette vallée et de fermer ainsi aux étrangers la frontière française. Catinat, récemment nommé maréchal de France[3], protégeait Pignerol avec une armée très-inférieure aux ennemis et harcelée par les barbets. Le duc essaya de le tourner afin de pénétrer en Dauphiné ou en Savoie.

---

1. L'électeur de Saxe, ébranlé par la diplomatie française, avait été regagné par l'empereur et avait promis douze mille soldats, moyennant 400,000 reichthalers payés en partie par l'Angleterre et la Hollande.

2. *Lettres milit.*, t. VIII, p. 193, 292, 317. — Saint-Hilaire, t. II, p. 107. — Quinci, t. II, p. 646-662. — Larrei, t. II, p. 185.

3. Le roi avait fait, le 27 mars, une promotion de sept maréchaux, entre lesquels Catinat et Tourville. Les vice-amiraux étant supérieurs aux lieutenants-généraux, sans être égaux aux maréchaux de France, il manquait dans la marine un grade équivalent au maréchalat.

Catinat se replia sur Fenestrelles et couvrit la frontière, mais en découvrant Pignerol. Le duc mit le siége devant Pignerol. Catinat s'était fié à la bonté de la place et au courage de la garnison : l'événement le justifia. Deux grands mois s'écoulèrent : Pignerol ne se rendait pas ; Catinat, immobile dans son camp de Fenestrelles, s'y était renforcé peu à peu. Le 27 septembre, il fit passer à son armée les cols abrupts qui séparent la vallée du Cluson de celle de la petite Doire et se porta de Fenestrelles à Bussolino, au-dessous de Suze. Le 29, il entra à Avigliana. La gendarmerie (grosse cavalerie d'élite), détachée de l'armée d'Allemagne, le joignit le 1er octobre, et il descendit dans la plaine du Piémont avec près de quarante mille hommes, dont au moins quinze mille cavaliers. Les partis français allèrent saccager le *Finage* (banlieue) de Turin et, sur l'ordre exprès du roi, brûler la belle *villa* du duc de Savoie, la Vénerie, pour venger la dévastation du Haut-Dauphiné, qui n'avait été elle-même qu'une vengeance de la dévastation du Piémont.

Le duc de Savoie leva trop tard le siége de Pignerol pour pouvoir regagner Turin. Les Français étaient déjà entre son armée et sa capitale. Il ne put ni éviter le combat ni choisir son champ de bataille. Le 3 octobre, les deux armées furent en présence, près de la Marsaille (*Marsaglia*), entre les deux petites rivières de la Cisola et du Sangone. Le duc de Savoie eût pu établir fortement sa gauche en se saisissant des hauteurs de Piosasco ; il ne le fit pas, ne sut pas davantage appuyer sa droite au Sangone, et se contenta de s'épauler contre de petits bois qui n'étaient pas même impénétrables à la cavalerie. Catinat profita de cette double faute et se mit en mesure de déborder à la fois l'ennemi sur les deux flancs. Le lendemain matin, 4 octobre, les Français attaquèrent sur toute la ligne. Le centre des ennemis était protégé par une longue haie fossoyée : cet obstacle fut franchi par Catinat en personne, tandis que l'aile droite des Français tournait la gauche des ennemis, formée des troupes espagnoles. L'infanterie culbuta escadrons et bataillons à la baïonnette et sans tirer. C'était la première fois qu'on voyait l'infanterie charger la cavalerie au lieu d'en attendre le choc. La gloire de la baïonnette française, commencée à Neerwinden, fut consommée à La Marsaille, avant même que la baïonnette eût reçu le dernier perfectionnement qui devait faire du fusil l'arme par excellence.

Sur la gauche, la victoire fut plus disputée. Le duc de Savoie, à la tête de ses Piémontais et d'une partie des Impériaux, fit d'abord plier la première ligne française; mais la gendarmerie, qui faisait la seconde ligne, rompit la cavalerie alliée par des charges terribles et prit en flanc l'infanterie de la droite et du centre ennemi, que l'infanterie française attaquait de front. Allemands, Vaudois, réfugiés huguenots, furent enfoncés et taillés en pièces après une courageuse résistance. Schomberg, duc de Leinster, resta blessé à mort sur le champ de bataille, que couvraient huit ou neuf mille ennemis et deux mille Français. Deux mille prisonniers, une trentaine de canons et plus de cent drapeaux ou étendards tombèrent au pouvoir des Français.

Cette grande victoire, comme celle de Neerwinden, eut peu de conséquences; mais on ne saurait en faire un reproche à Catinat: il n'avait ni argent, ni équipages de siège, et ne put attaquer ni Turin ni Coni; il dut se contenter de mettre le Piémont à contribution. A la nouvelle de la bataille, les ennemis avaient levé le blocus de Casal, en abandonnant leur matériel et leurs munitions. Au mois de décembre, la plus grande partie de l'armée victorieuse retourna hiverner en Dauphiné et en Provence [1].

En Catalogne, le maréchal de Noailles avait obtenu un succès de quelque importance par la conquête de Roses (*Rosas*) (27 mai-9 juin). L'ordre d'envoyer du renfort à Catinat empêcha Noailles de pousser ses avantages.

Le vice-amiral Victor-Marie d'Estrées, qui, avec l'escadre de la Méditerranée, avait coopéré à la prise de Rosas, appareilla ensuite pour rejoindre Tourville et la flotte de Brest sur les côtes de Portugal: il ne rejoignit pas Tourville à temps pour prendre part aux importants événements maritimes qui s'accomplissaient en ce moment même.

Petit-Renau, le Vauban de nos armées de mer, avait suggéré au conseil du roi un plan excellent pour frapper l'ennemi dans son endroit le plus sensible, dans son commerce naval. La flotte

---

1. *Mém.* de Catinat. t. II, p. 151-282. — Id. de Saint Hilaire, t. II, p. 116-119. — Quinci, t. II, p. 662-699.

anglo-batave s'était assemblée de bonne heure à Spithead, afin de protéger le départ d'une grande flotte marchande, composée de tous les navires anglais, hollandais, hambourgeois, flamands, à destination de la Méditerranée et du Levant. La grande flotte française, de son côté, s'était assemblée à Brest; elle comptait soixante-onze vaisseaux de ligne, ce qui faisait quatre-vingt-treize vaisseaux à la mer, y compris les vingt-deux de l'escadre de Toulon, qui avait de plus trente galères. C'était là cette marine que certains historiens nous dépeignent comme anéantie après La Hougue! Jamais la France n'avait déployé de telles forces navales. Tourville appareilla de Brest le 26 mai à l'insu des ennemis et fit voile pour la côte des Algarves, où d'Estrées devait le rallier et où tous deux devaient attendre la flotte marchande ennemie. Trois semaines après, la flotte de Smyrne, comme on l'appelait, escortée par vingt-trois vaisseaux que commandait le vice-amiral Rooke, un des chefs d'escadre anglais de La Hougue, partit des côtes d'Angleterre pour le détroit de Gibraltar. A peine s'était-elle séparée de la grande flotte anglo-batave qui l'avait convoyée jusque vers le golfe de Gascogne, que celle-ci fut informée du départ de Tourville. Des corvettes d'avis furent expédiées en toute hâte pour rappeler l'amiral Rooke; mais la flotte marchande, poussée par un bon vent, avait déjà trop d'avance; on ne put la rejoindre; elle alla se jeter tout droit dans les mains redoutables qui l'attendaient. Tourville, depuis les premiers jours de juin, était en panne dans la rade de Lagos, derrière le cap Saint-Vincent, barrant le passage du détroit.

Le 26 juin, Tourville, averti de l'approche d'une flotte nombreuse, prit le large, afin de ne combattre qu'à son gré et à son avantage. Ce mouvement lui fit perdre le dessus du vent et, le lendemain, quand il fut assuré de n'avoir affaire qu'à la flotte de Smyrne, il fut obligé de louvoyer pour regagner le vent. Les ennemis profitèrent de ce délai pour avancer vers le détroit. Néanmoins, sur le soir du 27 juin, les meilleurs voiliers de la flotte française atteignirent l'arrière-garde ennemie. Deux vaisseaux de guerre hollandais furent pris après une courageuse défense; un vaisseau de guerre anglais fut brûlé. Pendant la nuit, l'avant-garde française tourna l'arrière-garde ennemie et l'enferma entre elle et la terre. L'amiral Rooke, sentant la résistance impossible, prit la fuite au large avec la meilleure partie de l'escorte et un petit nombre de navires marchands, abandonnant à son sort le reste de cette malheureuse flotte. Les bâtiments de commerce qui avaient gagné les devants se réfugièrent dans les ports de la côte espagnole. La journée du 28 juin offrit un effrayant spectacle : les nombreux bâtiments de l'arrière-garde ennemie, enfermés dans un demi-cercle de feu qui se resserrait toujours, sautaient ou amenaient leurs pavillons les uns après les autres. Toute la mer semblait en feu! Le lendemain, Tourville se porta sur Cadix, où s'étaient réfugiés une trentaine de vaisseaux ennemis; deux vaisseaux, qui n'avaient pas eu le temps de gagner le port, furent brûlés sous le canon de la ville. La flotte française, ralliée devant Cadix, y fit le compte de ses terribles exécutions : elle avait détruit quarante-cinq navires et en avait pris vingt-sept. Jean Bart, le roi des corsaires, en avait pris ou brûlé six pour sa part. Beaucoup de ces vaisseaux marchands étaient armés de trente, quarante et jusqu'à cinquante canons et au-delà. Tourville ne s'estima point encore satisfait. Il passa le détroit, fit prendre ou brûler sous Gibraltar même une quinzaine de vaisseaux fugitifs, et alla en personne forcer le port de Malaga et y détruire encore quelques débris de la flotte alliée. La perte totale des alliés fut de près de cent navires et de plus de 30 millions. La Hougue était vengée?

Un an après La Hougue, le gouvernement de Louis XIV put, sans forfanterie, consacrer une médaille à la splendeur maritime de la France (*splendor rei navalis*) et y montrer la France, le trident à la main, assise sur le char de Neptune.

Rien ne pourrait exprimer la colère des Anglais, frappés à la fois dans leurs deux passions les plus âpres, l'intérêt et l'orgueil. La chambre des communes voulait mettre en accusation tous les amiraux! L'amirauté anglaise essaya de donner satisfaction à l'opinion publique par une éclatante vengeance. Saint-Malo et Dunkerque, ces deux formidables nids de corsaires, étaient, parmi les commerçants et les marins de l'Angleterre, le double objet d'une haine qui allait jusqu'au délire : les Malouins, à eux seuls, avaient peut-être, depuis le commencement de la guerre, enlevé aux alliés deux mille voiles! L'amirauté fit secrètement construire, en forme de vaisseau, une effroyable machine infernale, destinée à l'anéantissement de Saint-Malo. Le 26 novembre, une escadre de vingt-cinq vaisseaux anglais parut en vue de Saint-Malo. Le gouverneur de Bretagne, la noblesse, les marins, les milices des environs, accoururent pour repousser la descente attendue. Les Anglais se saisirent de quelques petits postes, jetèrent quelques bombes, puis, tout à coup, le 30 novembre au soir, ils lancèrent leur machine. Personne ne soupçonnait le danger dont on était menacé. Déjà le vaisseau infernal n'était plus qu'à portée de pistolet des murailles, quand, par bonheur, il échoua sur une roche et s'ouvrit : l'ingénieur qui l'avait construit y mit le feu au hasard, et la machine lança, non sur la ville, mais sur la campagne, l'épouvantable masse de fer et de feu cachée dans ses flancs. La commotion brisa toutes les vitres de la ville et fit crouler une partie des toitures et des murailles ; mais il n'y eut d'autres victimes que l'auteur même de la machine et ses matelots, qui avaient été mis en pièces. Cet ingénieur était un réfugié huguenot. Le lendemain, l'escadre anglaise s'éloigna, sans tenter d'autre entreprise.

Rien n'avait réussi aux Anglais cette année-là. Dans la campagne précédente, ils avaient fait une tentative malheureuse contre la Guadeloupe. Au mois d'avril, une escadre anglaise jeta quatre mille soldats dans l'île de la Martinique, au fond de Cananville, près de Saint-Pierre : le gouverneur-général des Antilles françaises, Blenac, battit l'ennemi et l'obligea de se rembarquer. La même escadre n'eut pas plus de succès, au mois d'août, contre Plaisance de Terre-Neuve [1].

Les Hollandais avaient été plus heureux dans l'Inde : ils étaient parvenus à nous enlever Pondichéri, possession lointaine qu'en raison de leur puissance coloniale, il leur était plus facile d'attaquer qu'à nous de défendre (5 octobre).

L'année 1693, prise dans son ensemble, était donc encore pour la France une année de victoire; mais Louis XIV n'eût voulu en profiter que pour obliger ses ennemis à la paix. Les avances qu'il

---

1. L. Guérin, t. II, p. 73-84. — Sainte-Croix, t. II, p. 66-70. — Quinci, t. II, p. 705-724. — Hume, *Guillaume III et Marie*, liv. IV.

avait faites infructueusement au duc de Savoie avaient déjà indiqué la modification profonde qui s'opérait dans ses dispositions. Diverses causes exerçaient simultanément leur action sur son esprit et sur sa conscience. Louvois n'était plus là pour exciter perpétuellement ses passions et lui prêcher l'inflexibilité au nom de sa gloire : l'influence opposée, celle de madame de Maintenon, pesait dorenavant sans contre-poids et sans relâche. Seule, madame de Maintenon eût agi un peu mollement; sa méticuleuse prudence craignait trop de froisser le roi; mais, madame de Maintenon était poussée, pressée par ses amis, dont quelques-uns agissaient d'ailleurs personnellement sur le roi : le duc de Beauvilliers surtout [1], était en grande estime auprès de Louis, qui, l'avait fait, jeune encore, chef du conseil des finances et gouverneur du duc de Bourgogne, l'aîné des fils du dauphin. On a déjà parlé de cette espèce de *ligue du bien public* qui s'était formée autour de madame de Maintenon : ce parti de la modération et des *gens de bien*, animé des sentiments les plus humains et les plus chrétiens, portait jusqu'à l'excès les tendances contraires à la guerre et aux conquêtes; c'était, jusqu'à un certain point, la tradition de Colbert, soutenue par ses deux gendres, Beauvilliers et Chevreuse, contre la politique de Louvois, mais la tradition de Colbert modifiée, altérée par l'esprit dévot, par la timidité des vues, par une intelligence insuffisante des intérêts d'État et du rôle de la France en Europe. La communauté de sympathie pour les souffrances populaires rattachait à ces hommes d'une vertu un peu étroite deux grands citoyens, deux guerriers philosophes, aussi bien intentionnés qu'eux et fort supérieurs en lumières, Catinat et Vauban; mais ce n'était pas de Vauban et de Catinat que Beauvilliers, Chevreuse et madame de Maintenon elle-même recevaient l'impulsion; c'était d'un génie beaucoup plus éclatant et plus vaste, mais moins sûr, qui avançait par esprit de système les maximes qu'adoptaient ses amis par le scrupule d'une conscience timorée. Fénelon, précepteur du duc de Bourgogne depuis 1689, était l'âme de cette société, qui devenait un parti politique et qui, comme le dit franchement Fénelon dans sa correspondance avec madame de Maintenon, *assiégeait* le roi pour le *gouverner*,

---

1. De la maison de Saint-Aignan.

« puisqu'il veut être gouverné. » Tout un ordre d'idées nouvelles se développait à l'ombre même du trône. Le moment n'est pas venu encore d'exposer l'ensemble de ces idées ni les caractères si divers du génie de Fénelon. Il n'est besoin de signaler ici que celles de ces idées qui concernaient la guerre et la politique extérieure. Ces idées étaient à la fois très-hardiment novatrices sous un rapport et rétrogrades sous un autre ; ainsi la grande maxime de Fénelon : « J'aime mieux ma famille que moi-même, ma « patrie que ma famille, le genre humain que ma patrie, » si elle restait insuffisamment expliquée et définie, pouvait conduire à sacrifier les droits de la patrie à une vague philanthropie. D'une autre part, Fénelon, cherchant à fonder sur le droit les relations entre les états, n'avait pas vu poindre un autre droit que celui qui fournissait encore les formules des protocoles diplomatiques, mais que personne ne respectait ni ne pratiquait plus : suivant Fénelon, un prince qui enlevait une province à un autre prince, prenait *le bien d'autrui.* Fénelon, ne sortant pas du vieux droit héréditaire et féodal, considérait les provinces et leurs habitants comme les biens patrimoniaux des maisons souveraines et ne soupçonnait même pas les causes finales des existences nationales ni les droits naturels qui résultent de ces causes finales, c'est-à-dire le nouveau droit des gens que devait enfanter le principe des nationalités, et qui lutte encore pour se faire reconnaître. Il jugeait donc la politique de Louis XIV avec cette sévérité que témoigne toujours la génération nouvelle envers la génération qu'elle vient remplacer et contre laquelle elle réagit, et il était sévère tout à la fois à un point de vue philosophique et progressif et à un point de vue rétrograde.

Mécontent des ménagements que gardaient madame de Maintenon et même le duc de Beauvilliers, Fénelon employa un moyen détourné et violent pour tâcher d'émouvoir fortement le roi et de *convertir* chez Louis l'homme politique, de même que Maintenon avait *converti* l'homme privé.

Dans le courant de 1693, Louis reçut une lettre anonyme, qui, dans la pensée de l'écrivain, devait être pour le Grand Roi le *Manè-Thecel-Pharès* du festin de Balthazar et qui, tout au moins, retentit à l'oreille de Louis comme une terrible dissonance parmi les hymnes perpétuels de Versailles[1]. Le grand style et la religieuse dignité dont cette lettre était empreinte ne permettaient pas de la confondre avec les pamphlets inspirés par la haine. L'écrivain débutait par des protestations d'attachement à la personne du roi, en termes trop simples et trop nobles pour n'être pas sincères ; puis il étalait devant Louis, avec une verve inflexible, un bien sombre tableau de son règne. « Vous « êtes né, Sire, disait-il, avec un cœur droit et équitable ; mais « ceux qui vous ont élevé ne vous ont donné pour science de « gouverner que la défiance, la jalousie, l'éloignement de la vertu, « la crainte de tout mérite éclatant..., la hauteur et l'attention « à votre seul intérêt. » Il lui reprochait ensuite le renversement des anciennes règles d'état au profit de son bon plaisir et surtout du despotisme de ses ministres ; la France entière appauvrie pour introduire à la cour un luxe monstrueux ; les ministres écrasant tout, au dehors comme au dedans, jusqu'à ce que le nom du roi et de la France fût devenu odieux à tous les peuples voisins, et jusqu'à ce qu'on eût perdu tous les anciens alliés, qu'on voulait changer en esclaves. La guerre de Hollande, poursuivait-il, a été injuste, et par conséquent toutes les acquisitions faites à l'occasion de cette guerre sont injustes. Il en est de même pour les réunions opérées depuis la paix de Nimègue, œuvres d'usurpation et de violence. « De là, la durée de la ligue formée contre « vous. » Les alliés aiment mieux faire la guerre avec perte, que de conclure une paix qui, dans leur opinion, ne serait pas mieux observée que les autres. Et, cependant, le peuple meurt de faim : la culture des terres est presque abandonnée ; tout commerce est anéanti. « La France entière n'est plus qu'un « grand hôpital désolé et sans provision ; le peuple, qui vous a « tant aimé, commence à perdre l'amitié, la confiance et même « le respect. Les *émotions populaires*, qui étaient inconnues depuis « si longtemps[2], deviennent fréquentes. Paris même n'en est

1. On fait allusion, dans cette lettre, à des malheurs qui ne peuvent être que la bataille de La Hougue et l'invasion du Dauphiné, et, d'une autre part, la famine dont parle la lettre, ne peut être que celle de 1693. V. *Œuvres* de Fénelon, édit. Lefèvre et Pourrat ; 1838, t. V, p. 182.
2. Ceci n'est pas tout à fait exact : qu'on se rappelle les troubles de la guerre de Hollande !

« pas exempt. Les magistrats sont contraints de tolérer l'insolence
« des mutins, et de faire couler sous main quelque monnoie pour
« les apaiser. Vous êtes réduit à la déplorable extrémité ou de
« laisser la sédition impunie, ou de faire massacrer des peuples
« que vous mettez au désespoir... et qui périssent, tous les jours,
« des maladies causées par la famine. Pendant qu'ils manquent
« de pain, vous manquez vous-même d'argent, et vous ne voulez
« pas voir l'extrémité où vous êtes réduit..... Vous vous flattez sur
« les succès journaliers, et vous n'envisagez point d'une vue
« générale le gros des affaires, qui tombe insensiblement sans
« ressource..... Dieu tient son bras levé sur vous; mais il est lent
« à vous frapper, parce qu'il a pitié d'un prince qui a été toute
« sa vie obsédé de flatteurs, et parce que, d'ailleurs, *vos ennemis*
« *sont aussi les siens* (les protestants). Mais il saura bien séparer
« sa cause juste d'avec la vôtre qui ne l'est pas, et vous humi-
« lier pour vous convertir; car vous ne serez chrétien que dans
« l'humiliation. Vous n'aimez point Dieu; vous ne le craignez
« même que d'une crainte d'esclave : c'est l'enfer, et non pas
« Dieu, que vous craignez. Votre religion ne consiste qu'en
« superstitions, en petites pratiques superficielles. Vous rap-
« portez tout à vous, comme si vous étiez le Dieu de la
« terre..... »

L'écrivain anonyme déplore la faiblesse du conseil, qui ne
sait pas tirer le roi « de ce chemin si égaré, » et la timidité de
madame de Maintenon et du duc de Beauvilliers, qui se *désho-
norent* en n'osant parler franchement. « Ce qu'ils devraient vous
« dire, et ce qu'ils ne vous disent pas, s'écrie-t-il enfin, le voici :
« Il faut demander la paix, et expier par cette honte toute la
« gloire dont vous avez fait votre idole; il faut rendre au plus tôt
« à vos ennemis, pour sauver l'état, des conquêtes que vous ne
« pouvez retenir sans injustice !.... »

L'auteur de la lettre veut donc que la France s'arrache les
nouveaux membres dont elle s'est accrue depuis la guerre de
Hollande : logiquement, il devrait peut-être, comme la coalition,
remonter jusqu'au traité des Pyrénées, les conquêtes opérées par
la *Guerre des Droits de la Reine* étant fort contestables au point de
vue du droit féodal ! Il veut que la France rende à l'Espagne les

provinces françaises de langue, d'origine et de territoire, que les accidents bizarres de l'hérédité avaient données à la maison d'Autriche : il condamne tout dans la politique de Louis le Grand, excepté la plus funeste et la plus coupable action du règne, la révocation, qu'il couvre de son silence.

Cette lettre, véritable manifeste d'une nouvelle école politique, avait dépassé le but : les exagérations qui s'y mêlaient à des reproches trop mérités étaient de nature « à irriter ou à décourager le roi plutôt qu'à le ramener, » comme l'écrivait, quelque temps après, madame de Maintenon [1]. Les impressions moins violentes, mais continues, que donnaient à Louis ceux dont Fénelon accusait la faiblesse, étaient plus efficaces. Toutefois, une partie de la lettre était malheureusement incontestable ; le roi ne le voyait que trop : c'était ce qui regardait la détresse du peuple et la pénurie du trésor. Ainsi que le dit énergiquement Voltaire, « on périssait de misère au bruit des *Te Deum* ». Tout concourait à donner à la misère des proportions effrayantes ; l'aggravation des impôts et des charges de toute espèce ; la décadence du commerce et de l'industrie, causée par la guerre et par de mauvaises mesures économiques ; la suppression des mesures protectrices de l'agriculture (la défense de saisir les bestiaux, maintenue jusqu'à la mort de Colbert, n'avait pas été renouvelée depuis) [2] ; le manque de bras que la guerre enlevait par cent mille aux travaux des champs. A ces maux, ouvrage des hommes, se joignaient les fléaux de la nature. La récolte de 1692 avait été gâtée par les pluies ; celle de 1693 n'avait pas été meilleure, et, comme toujours, la panique générale et l'avidité des trafiquants portaient la cherté fort au delà du déficit réel ; le gouvernement lui-même était d'ailleurs, par nécessité, le *grand accapareur,* à cause des vastes magasins qu'exigeait la subsistance des armées. Le roi commença par taxer les grains, ce qui n'aboutit qu'à rendre les marchés vides ; le roi alors prescrivit un recensement général des grains appartenant soit aux communautés, soit aux particuliers, et enjoignit à chacun d'envoyer au marché, à raison de certaine quantité par semaine,

---

1. Lettre au cardinal de Noailles; 1695, ap. Rulhière, p. 397.
2. Forbonnais, t. 1ᵉʳ, p. 321.

et d'y vendre au prix courant la moitié du blé qu'il possédait, l'autre moitié restant à la libre disposition du possesseur [1]. Il prohiba l'exportation des grains, sous peine des galères; en même temps, il envoya des vaisseaux acheter des blés en Afrique pour les répandre à prix modique sur les marchés. Les efforts du gouvernement ne portèrent qu'un faible et tardif remède à la disette, qui engendra de cruelles épidémies, suite ordinaire de l'épuisement populaire. On prétend (sans doute le chiffre est exagéré) qu'il mourut cette année, à Paris, quatre-vingt-seize mille personnes [2].

Un motif d'une tout autre nature contribuait encore puissamment à disposer le roi en faveur de la paix, un motif, non pas de renoncement et d'humilité, comme le voulait Fénelon, mais bien d'ambition, au contraire. Le roi d'Espagne, Charles II, après avoir franchi, contre toute attente, l'enfance et la jeunesse, décrépit à trente ans, ne pouvait prolonger beaucoup sa vieillesse prématurée; la femme que lui avait donnée Louis XIV, l'infortunée Marie-Louise d'Orléans, était morte en 1689, empoisonnée, à ce qu'on crut en France, par le parti autrichien, qui avait bientôt après remarié Charles à la fille de l'électeur palatin, un des ennemis les plus acharnés de Louis XIV. Si Charles II venait à mourir pendant la guerre, tandis que l'Europe était unie contre la France, la succession d'Espagne échapperait infailliblement à la maison de Bourbon; il était donc nécessaire que la paix vînt dissoudre la coalition et permettre à Louis de se refaire des alliés en Europe et un parti en Espagne même.

Dès l'ouverture de la campagne, Louis avait donc commencé à protester de ses dispositions pacifiques dans un manifeste répandu en Allemagne : ses circulaires aux évêques, pour leur ordonner de remercier Dieu de ses victoires, exprimaient les mêmes sentiments. Au mois de juillet, il avait communiqué à la Suède et au Danemark, comme puissances médiatrices, des propositions de paix avec l'Empire. Ces deux états, tout en fournissant d'abord quelques troupes auxiliaires à la coalition,

---

1 Ceux qui n'avaient de blé que pour leur consommation de six mois étaient autorisés à le garder. — *Anciennes Lois françaises*, t. XX, p. 198; 5 septembre 1693.

2. La Hode, t. IV, p. 89.

avaient refusé de rompre avec la France et même contracté entre eux un traité récent pour faire respecter leur neutralité maritime (17 mars 1693). Louis se reportait bien en deçà du manifeste par lequel il avait entamé la guerre en septembre 1688 : il offrait de raser Mont-Royal et Trarbach, ce qui équivalait à l'évacuation de l'électorat de Trèves ; de raser les ouvrages construits en face du Fort-Louis et de Huningue, sur la rive droite du Rhin ; de rendre Freybourg et Philipsbourg fortifiés ; de renoncer, pour sa belle-sœur, à toute revendication sur le Palatinat ; de donner au jeune duc de Lorraine (Léopold Ier, fils aîné du feu duc Charles V) l'équivalent du revenu de son duché ; enfin, de s'en rapporter sur les *réunions* à l'arbitrage de Venise, ne s'attachant immuablement qu'à la conservation de Strasbourg avec ses forts. Il promettait de s'entendre facilement, à des conditions raisonnables, avec les autres princes et états alliés [1].

C'était le premier pas rétrograde qu'eût fait la France depuis l'avènement de Richelieu. La diplomatie de Louis XIV devenait aussi modérée que ses armes étaient violentes, et présentait un étrange contraste avec cette guerre sauvage dont les cruautés n'avaient pas cessé par la mort de Louvois.

Avant la fin de l'année, Louis offrit de rendre à l'Espagne ses récentes conquêtes des Pays-Bas et de Catalogne, en rasant seulement les fortifications de Charleroi ; de rendre Hui à l'évêché de Liége ; de rétablir le commerce avec les Provinces-Unies sur le pied du traité de Nimègue ; enfin, il consentit à ce qu'en cas de mort du roi d'Espagne, l'électeur de Bavière eût les Pays-Bas catholiques : vainqueur, il offrait ce qu'on eût pu lui demander s'il eût été vaincu. Par cette énorme concession faite à la Hollande et à l'Angleterre, Louis allait au-devant de la combinaison qu'il avait si énergiquement repoussée en 1685, et abandonnait le grand dessein de compléter la France, pour conserver au dehors les chances de sa dynastie. L'envoyé de Danemark en Angleterre communiqua ces conditions à Guillaume III et lui annonça que, comme l'Angleterre n'y était pas comprise, « le roi son maître

---

1. *Actes et Mémoires de la paix de Ryswick*, t. Ier, p. 33.

s'étoit déjà employé à disposer le Roi Très-Chrétien à ne point accrocher par là la paix générale (21 décembre) [1]. » La reconnaissance de l'*usurpateur* comme roi d'Angleterre était, en effet, ce qui devait le plus coûter et à l'orgueil et aux convictions monarchiques du Grand Roi [2].

De nouvelles négociations particulières avaient été reprises avec le duc de Savoie, depuis sa défaite de La Marsaille; Louis se montrait disposé à rendre toutes ses conquêtes, et le duc paraissait désirer vivement la neutralité de l'Italie, que l'empereur rejetait fort loin ; mais ces pourparlers secrets se prolongeaient sans résultat positif.

Les deux couronnes du Nord, d'un côté, le pape, de l'autre, s'employaient avec zèle à préparer la pacification européenne. Innocent XII s'était toujours montré bien intentionné pour la paix et, d'ailleurs, Louis XIV avait acheté son amitié par une transaction qui terminait le long différend de la France et du saint-siége. Là, comme vis-à-vis de la coalition, les concessions vinrent du côté du Grand Roi. Après des années de négociations, il fut convenu que les ecclésiastiques qui avaient siégé dans l'assemblée de 1682, et que le roi avait depuis nommés à des évêchés, écriraient au saint père, chacun de leur côté, une lettre conçue en ces termes : « Prosternés aux pieds de Votre Béatitude,
« nous professons et nous déclarons que nous déplorons, du fond
« du cœur et au delà de tout ce qu'on peut dire, les choses faites
« dans ladite assemblée (de 1682), lesquelles ont souverainement
« déplu à Votre Sainteté et à ses prédécesseurs; c'est pourquoi
« nous déclarons ne pas tenir et ne pas devoir être tenu pour
« décrété tout ce qui a pu être censé décrété dans cette même
« assemblée touchant la puissance ecclésiastique et l'autorité
« pontificale. De plus, nous tenons pour non délibéré ce qui a pu
« être censé délibéré au préjudice des droits des églises (la
« régale). » Les lettres des évêques furent accompagnées d'une

---

1. *Paix de Ryswick*, t. Ier, p. 39.
2. Il paraît que Louis XIV eut l'idée d'une transaction suivant laquelle le petit prince de Galles, fils de Jacques II, succéderait à Guillaume III; mais Jacques rejeta bien loin tout compromis. La transaction, d'ailleurs, n'eût été praticable qu'à condition que le prince de Galles fût élevé en Angleterre et dans la religion protestante. V. Mac-Aulay, t. III, ch. 3.

lettre du roi, qui informait Sa Sainteté qu'il avait « donné les
« ordres nécessaires pour que les choses contenues dans son
« édit du 22 mars 1682, touchant la déclaration faite par le
« clergé de France, à quoi les conjonctures passées l'avoient
« obligé, ne fussent pas observées; » c'est-à-dire : pour qu'on ne
fût plus tenu de n'enseigner dans les écoles du royaume que la
doctrine des Quatre Articles, et que ces questions fussent
abandonnées à la discussion, comme ne touchant point à la foi
(14 septembre 1693).

À ce prix, le pape accorda les bulles aux évêques nommés, et
l'église de France rentra dans une situation normale[1]. Rome
avait obtenu le prix de sa patiente obstination, non pas l'abandon
de la doctrine gallicane ni la rétractation de l'assemblée du clergé,
ce qu'elle n'eût pas même osé demander, mais du moins la
rétractation individuelle, en termes ambigus[2], d'une partie des
membres de cette assemblée, et le retrait de l'édit qui imposait
les Quatre-Articles à tous les théologiens français. C'était
toujours un échec pour Bossuet[3] et un recul de la part du Grand
Roi.

Les avances de Louis XIV n'eurent pas le même succès auprès
de la coalition qu'auprès du pape. Louis avait donné aux alliés
jusqu'au 15 mars pour accepter ses offres. La Hollande, l'électeur
de Bavière et le duc de Savoie, dont Louis satisfaisait les
prétentions, eussent bien voulu traiter; mais l'empereur menaça
le duc de Savoie : Guillaume III fit avorter une négociation
secrète entamée entre le cabinet de Versailles et les États-
Généraux, et rejeta l'entremise qu'offrait l'électeur de Bavière.
Guillaume et Léopold étaient encouragés par la détresse trop
bien connue de la France, quoique les peuples qu'ils gouvernaient ne souffrissent guère moins. Guillaume réussit encore
une fois à obtenir de l'Angleterre et de la Hollande un effort, le

---

1. Bausset, *Hist. de Bossuet*, t. II, p. 206. — D'Aguesseau, *OEuvres*, t. XIII, p. 418.
— *Mém. Chronolog. et Dogmat.*, t. III, p. 406.

2. Les prélats disent, en effet, déplorer les choses qui ont déplu au pape et ne
pas les tenir pour décrétées; mais ils ne disent pas qu'elles soient fausses.

3. Cependant, il est juste de faire remarquer que l'*Exposition de la foi catholique*,
de Bossuet, conduit logiquement à rejeter parmi les questions livrées aux disputes
des écoles ce qui regarde l'autorité du pape.

plus grand qu'elles eussent encore fait, et qui, suivant lui, devait être le dernier : c'étaient toujours les mêmes promesses, que l'événement démentait chaque année. Les tories étant trop favorables à la paix, il revint complètement aux whigs, qu'il investit de tous les grands postes ; il parvint à calmer l'irritation qu'avaient causée les désastres de la marine marchande, et fit voter par le parlement pour l'année 1694 environ 5 millions et demi sterling ; on convint d'entretenir quarante mille marins et quatre-vingt-trois mille soldats anglais et d'augmenter les subsides payés aux alliés. Cette énorme dépense fut couverte par une augmentation de l'accise sur les bières, par divers droits nouveaux, par une capitation, par une loterie, par le renouvellement de l'impôt de 20 p. 100 sur le revenu foncier, enfin, par un emprunt, dont les souscripteurs furent constitués en corporation financière sous le titre de *Compagnie de la banque d'Angleterre*[1].

Si l'empereur et l'Espagne eussent tenu leurs engagements aussi fidèlement que l'Angleterre et que la Hollande, les alliés eussent pu, en 1694, opérer partout avec des forces colossales ; mais Léopold s'obstinait à poursuivre contre les Turcs une lutte coûteuse et peu décisive et ne réussissait, en partageant ses forces, qu'à mal faire la guerre tout à la fois sur le Danube et sur le Rhin ; quant à l'Espagne, son désordre et son épuisement ne lui permettaient de rien faire complètement ni à point.

Les alliés s'étaient préparés à prendre l'offensive en Flandre, en Piémont et sur les côtes de France. Louis XIV, contraint à réduire ses dépenses, avait changé ses plans et décidé de se tenir partout sur la défensive, excepté en Catalogne, où il résolut de porter des coups vigoureux pour contraindre l'Espagne à désirer la paix.

Les Pays-Bas catholiques semblaient devoir être le théâtre de grands événements cette année-là. Les alliés y avaient réuni la plus puissante armée qu'ils eussent encore mise sur pied, et Guillaume III avait, entre la Meuse et la mer, plus de cent vingt mille combattants à sa disposition. Le dauphin et le maréchal de

---

1. Hume, *Guillaume III et Marie*, liv. III. — Mac-Aulay, *Guillaume III*, t. III, c. 2.

Luxembourg n'en avaient que quatre-vingt et quelques milles à lui opposer. L'attente publique fut trompée : il n'y eut point de bataille. Luxembourg, par ses savantes manœuvres, enleva aux alliés le bénéfice de leur supériorité pendant une grande partie de la campagne et réduisit longtemps Guillaume à protéger contre lui Liége et Louvain. Dans la seconde quinzaine d'août, Guillaume, enfin, dérobant deux marches à ses adversaires, se dirigea sur la Flandre française pour aller forcer les lignes ou boulevards tirés entre l'Escaut et la Lis, et probablement tenter quelque entreprise contre les places maritimes, de concert avec la flotte anglo-batave. Au premier bruit de ce mouvement, l'armée française partit avec une telle célérité, qu'elle franchit quarante-quatre lieues et cinq rivières en cinq jours : l'avant-garde française devança l'avant-garde ennemie à Espierre sur l'Escaut et couvrit les lignes de Flandre. Guillaume répara cet insuccès et tira en quelque sorte avantage de sa déconvenue même : il tint les Français en échec sur l'Escaut et envoya aux troupes qu'il avait laissées à Liége et qu'il renforça, l'ordre d'investir Hui. Cette place, mal fortifiée, mais de quelque importance par sa position entre Liége et Namur, fut obligée de se rendre après dix jours de siége (28 septembre).

La guerre d'Allemagne ne démentit pas son insignifiance ordinaire. Le maréchal de Lorges se montra aussi médiocre que de coutume : le prince Louis de Bade, manœuvrier habile, se maintint, comme l'année précédente, dans la forte position de Heilbron, tant qu'il fut le plus faible, puis tenta une pointe en Alsace, mais sans essayer de se maintenir dans ce pays ni dans le Palatinat cis-rhénan. Le tout se borna à des marches et à des contre-marches sans autre résultat que la dévastation des malheureuses provinces rhénanes.

La guerre des Alpes eut encore moins d'intérêt. Le duc de Savoie, très-supérieur à Catinat, ne tira aucun parti de sa supériorité. Le duc avait été sensible à la modération témoignée par Louis XIV après la journée de La Marsaille et souhaitait fort de recouvrer par la paix ses provinces envahies et d'échapper à des alliances qui ne lui avaient valu que revers sur revers. Il ne se décida pourtant point encore à rompre avec ses alliés, mais, comme il l'avait annoncé secrètement au roi, il évita tout engagement sérieux et rendit la campagne entièrement nulle.

La campagne navale présenta, au contraire, à défaut de grands chocs, des incidents variés et intéressants : nos côtes de la Manche et de l'Océan, menacées par les alliés, avaient été mises fortement en défense; mais la flotte française ne disputa point ces mers aux Anglo-Bataves : la France ne fit, cette année, qu'un armement très-inférieur à ceux des années précédentes. Au commencement de mai, Château-Renaud partit de la rade de Bertheaume (près de Brest) avec trente-cinq vaisseaux de ligne, et fit voile pour la Méditerranée, avec ordre d'insulter les côtes d'Espagne et de rallier Tourville, qui, à la tête de vingt à vingt-cinq vaisseaux et des galères provençales, secondait les opérations du maréchal de Noailles contre la Catalogne. L'année avait mal commencé sur mer pour les alliés : leur flotte marchande de Smyrne avait voulu effectuer le passage du détroit pendant l'hiver, afin d'éviter une catastrophe pareille à celle de l'an passé : au lieu des Français, ce fut la tempête qu'elle rencontra devant Gibraltar; l'escadre anglo-batave de la Méditerranée, qui servait d'escorte, souffrit autant que d'une bataille perdue; quatre vaisseaux de ligne anglais, dont l'amiral, périrent corps et biens, avec une vingtaine d'autres bâtiments, soit de guerre, soit de commerce (28 février, 4 mars). La perte fut, dit-on, de 18 millions.

Les alliés essayèrent de se venger aux dépens de la France. Leur grande flotte, forte d'environ quatre-vingt-dix vaisseaux de ligne, avait quitté la rade de Sainte-Hélène (île de Wight) quelques jours après que Château-Renaud se fut éloigné de Brest; elle ne le rejoignit pas, mais elle brûla ou coula dans la rade de Bertheaume vingt-cinq vaisseaux marchands français chargés de grains, de vins et d'eaux-de-vie. L'amiral Russel partit ensuite avec cinquante vaisseaux pour la Méditerranée, où l'Espagne appelait à grands cris le secours des Anglo-Bataves, menaçant de faire la paix si on ne l'aidait pas à sauver la Catalogne. Le reste de la flotte, commandé par lord Berkeley, alla embarquer des troupes réunies à Portsmouth et revint sur Brest. On y attendait l'ennemi. Le projet de descente avait été dénoncé à Jacques II par un homme qui avait contribué autant que personne à précipiter du trône ce malheureux monarque, mais qui, maintenant, conspirait contre Guillaume III, non au profit de Jacques, mais au profit de la belle-sœur de Guillaume, Anne Stuart, princesse de Danemark. Cet homme, qui étale dans l'histoire un des contrastes les plus répugnants à la conscience humaine, l'association de l'immoralité et du génie, c'était Churchill de Marlborough [1]. Au reçu de cet avis, Louis XIV avait dépêché Vauban à Brest pour diriger l'emploi des formidables moyens de défense accumulés dans ce grand arsenal. Vauban distribua dans les forts, sur les rochers et sur des barques plates, autour de la rade intérieure de Brest et de la rade extérieure de Bertheaume, trois cents canons et quatre-vingt-dix mortiers. Quatorze cents bombardiers, trois mille gentilshommes de l'arrière-ban, cinq mille soldats et plusieurs milliers de miliciens garnissaient tous les points attaquables. L'amiral Berkeley tenta néanmoins un débarquement dans la petite baie de Camaret, au sud-ouest du goulet de Brest (18 juin). A peine un millier d'Anglais eurent-ils mis pied à terre sous le feu des batteries côtières, que les soldats de marine fondirent sur eux, les culbutèrent et les rejetèrent dans la mer. Le général Talmash, commandant des troupes de débarquement, avait été mortellement blessé. Le flot se retirait : une partie des chaloupes anglaises et une frégate hollandaise restèrent échouées et furent obligées de se rendre. Deux vaisseaux anglais, dont un contre-amiral, et plusieurs transports furent coulés par les bombes françaises. La flotte alliée regagna tristement les côtes d'Angleterre.

Elle en repartit le 16 juillet et se dirigea vers la Haute-Normandie. Les 22 et 23 juillet, elle fit pleuvoir sur Dieppe un millier de bombes et de carcasses incendiaires. C'était plus facile et moins périlleux que de renouveler la descente : le succès fut meilleur. La patrie d'Ango et de Duquesne, la Dieppe du moyen age et de la renaissance, avec toutes les maisons de bois sculpté qui s'entassaient dans ses rues étroites, s'abîma parmi les flammes. De là, l'ennemi se porta sur le Havre ; mais l'approche moins aisée, le vent peu favorable, la nature des constructions, le Havre

---

1. La lettre où Marlborough révèle l'expédition à Jacques II a été publiée dans les *Stuart's papers*.

étant une ville de pierre et non une ville de bois comme Dieppe, enfin les précautions habilement prises pour empêcher l'incendie de se propager et pour faire dévier le tir des ennemis pendant la nuit, préservèrent presque entièrement le Havre (25-31 juillet). Les alliés se retirèrent de nouveau en rade de Wight, puis, le 22 septembre, ils vinrent reconnaître Dunkerque et, jugeant impossible de bombarder la ville sans avoir détruit les deux forts de la double jetée qui se prolonge si avant dans la rade, ils lancèrent contre les forts deux machines infernales pareilles à celle qui avait failli détruire Saint-Malo. Toutes deux, écartées et ouvertes par le canon des forts, éclatèrent en rade sans aucun effet. L'ennemi alla ensuite jeter quelques bombes dans Calais, puis, la mer devenant mauvaise, il s'éloigna définitivement, après avoir échoué partout, si ce n'est à Dieppe.

Au moment où les Anglo-Bataves menaçaient en vain Dunkerque après Saint-Malo, les deux héros qu'avaient enfantés ces deux villes se signalaient par de nouveaux exploits. Jean Bart, avec six vaisseaux et deux flûtes armées, avait été au-devant d'une flotte marchande danoise et suédoise qui apportait des blés de la Baltique en France, où la cherté durait encore. Quand il rencontra cette flotte, entre la Meuse et le Texel, elle venait de tomber au pouvoir de huit vaisseaux hollandais supérieurs en force aux bâtiments de l'escadrille française. Jean Bart commande sur-le-champ un abordage général, emporte trois des vaisseaux ennemis, met les autres en fuite et ramène au grand complet dans nos ports les cent navires chargés de grains (29 juillet). Duguai-Trouin, plus précoce encore que n'avait été Tourville, égalait, à vingt et un ans, les premiers entre ces marins français dont les noms étaient devenus aussi terribles à l'imagination des peuples que les noms des anciens *rois de mer*. Avec une frégate de trente canons, il avait enlevé deux bâtiments anglais d'égale force : il est enveloppé par six vaisseaux de ligne anglais ; blessé et pris après une lutte prodigieuse, il s'évade dans une barque, comme avaient fait naguère Jean Bart et Forbin, revient prendre le commandement d'un navire de quarante-huit canons, attaque à la fois deux bâtiments anglais de cinquante et trente-huit canons, et les prend tous deux. Petit-Renau, aussi bon du bras que de la tête, avait, de son côté, enlevé à l'abordage un vaisseau anglais qui rapportait de l'Inde des valeurs énormes en diamants (500,000 livres sterling, dit-on). Les Anglais ne furent pas plus heureux dans les mers lointaines. Les colons français des Antilles opérèrent une descente dévastatrice à la Jamaïque, pour venger l'invasion du territoire français de Saint-Domingue par les Anglo-Espagnols; le Sénégal et Gorée furent reconquis sur les Anglais, qui avaient surpris ces comptoirs l'année précédente [1].

Tandis que les alliés attaquaient avec si peu de succès les côtes de France, les Français faisaient sur la côte d'Espagne des progrès qui eussent été beaucoup plus considérables si l'armée eût été mieux approvisionnée et mieux entretenue par le ministre de la guerre. Le maréchal de Noailles, avec une vingtaine de mille hommes, avait, le 27 mai, forcé le passage du Ter au gué de Toroella, emporté les retranchements élevés par les Espagnols à l'autre bord de la rivière et mis en déroute leur armée, plus nombreuse que la sienne. Maître de la campagne, il assiégea Palamos. Tourville seconda les opérations par mer. Château-Renaud venait de le joindre avec sa flotte, après avoir réduit l'escadre anglo-batave de la Méditerranée et l'escadre espagnole à se cacher dans les ports d'Espagne et avoir brûlé dans les Alfaques (lagunes voisines des bouches de l'Èbre) quatre vaisseaux de guerre espagnols. La ville de Palamos fut emportée d'assaut le 6 juin; le château se rendit le 9. Le roi eût voulu qu'on marchât sur Barcelone; Louis espérait que les Barcelonais se soulèveraient en faveur de la France. Le bombardement récent de leur cité n'était pas fait pour raviver leurs vieilles sympathies françaises, et Noailles jugea imprudent de tenter un si grand siège, loin de sa base d'opérations, avec une armée peu nombreuse, très-mal payée et mal pourvue de vivres. Le mal tenait non-seulement à la pénurie trop réelle du gouvernement, mais encore à l'ignorance, à la présomption et au mauvais vouloir du ministre Barbezieux, qui avait les vices, sans les grandes qualités de son père Louvois et qui n'aimait pas

---

1. L. Guérin, t. II, p. 84-95. — Quinci, t. II, p. 71-99. — Hume, *Guillaume III et Marie*, liv. IV.

Noailles, parce que ce général expérimenté, comptant sur l'amitié de madame de Maintenon, ne se croyait point obligé de plier sous un jeune fat, et se mettait autant que possible en correspondance directe avec le roi. Noailles, du consentement du roi, se rabattit sur Girone, qui commande le cours du Ter et tout le Lampourdan. Cette place importante était défendue par plus de cinq mille soldats et de quatre mille miliciens. Investie le 17 juin, elle capitula dès le 29. Noailles, arrêté une quinzaine de jours par le manque de ressources, s'avança ensuite contre Ostalrich, sur la route de Girone à Barcelone (18 juillet). Les habitants livrèrent la ville aux Français ; la garnison se réfugia dans le château, protégé par sept retranchements étagés du haut en bas d'une colline escarpée. Ce redoutable amphithéâtre semblait inaccessible. Deux grenadiers français s'avancent sans ordre jusqu'au pied du premier retranchement : « Je gage, dit l'un des deux à son camarade, que tu n'oserois monter là. » L'autre lui saute sur les épaules, se hisse sur le parapet et appelle le régiment, qui accourt en foule. Les ennemis s'effraient ; les grenadiers escaladent les sept retranchements les uns après les autres et entrent dans le château pêle-mêle avec les fuyards (19 juillet).

Maître de presque tout le nord de la Catalogne, Noailles eût pu alors attaquer Barcelone ; mais l'amiral Russel était entré dans la Méditerranée et avait rallié les escadres ennemies demeurées dans les ports espagnols : il se trouvait très-supérieur à Tourville ; celui-ci avait eu ordre d'éviter le combat et s'était retiré à Toulon. Noailles dut se contenter d'aller prendre Castel-Follit, seule place que les Espagnols eussent conservée au nord du Ter (4-8 septembre) ; les troupes furent mises en quartiers d'hiver [1].

La campagne de 1694 avait été peu éclatante et peu décisive et les résultats avaient été en sens inverse de la grandeur des forces déployées ; mais le peu qu'il y avait de résultats était encore favorable aux Français. Les chefs de la coalition ne s'en montrèrent pas beaucoup plus pacifiques : il y avait eu quelque

---

1. *Mém.* de Noailles, ap. Collect. Michaud, 3ᵉ sér., t. X, p. 48-61. — Quinci, t. II, p. 54-71.

essai de négociation secrète avec l'empereur, dans un moment où l'armée impériale du Danube semblait fort compromise vis-à-vis des Turcs ; mais cela n'avait pas eu de suite. Louis n'avait pu, jusque-là, se décider à faire des avances *au prince d'Orange* : cependant, au commencement de 1695, sur le refus fait par les alliés de négocier séparément, Louis déclara qu'il ne prétendrait se prévaloir d'aucunes conventions particulières, « jusqu'à ce que le prince d'Orange fût content sur ce qui regarde sa personne et la couronne d'Angleterre. » C'était un grand pas de fait ; l'Angleterre et la Hollande, de leur côté, avaient transporté le débat hors du terrain de la Grande Alliance, en réclamant, non plus les traités de Westphalie et des Pyrénées, ce qui eût rendu la paix impossible, mais les traités de Westphalie et de Nimègue ; seulement, elles voulaient que le retour pur et simple à ces traités fût accepté préalablement par la France et que Louis se liât ainsi les mains, tandis que les alliés conserveraient la faculté de demander de nouvelles garanties (mai 1695). On était encore loin de s'entendre, Louis prétendant garder Strasbourg et Luxembourg[1].

Une grande perte que venait d'essuyer la France encourageait l'obstination des alliés. Le maréchal de Luxembourg n'existait plus. Cet illustre guerrier avait toujours conservé les habitudes licencieuses des héros de la Fronde, les mœurs de la jeunesse du grand Condé ; il menait, à soixante-sept ans, un genre de vie que sa figure et sa taille contrefaite, plus encore que son âge, rendaient au moins étrange : sa santé ruinée ne résista point à l'attaque d'une maladie inflammatoire, qui l'emporta le 4 janvier 1695. La France perdait en lui le général le plus redouté qui lui restât et l'adversaire toujours heureux du roi Guillaume. Ce fut un des plus grands gagneurs de batailles qui aient laissé trace dans l'histoire : aucun général moderne, avant lui, n'avait manié d'aussi grandes masses de soldats avec autant d'aisance et de précision. Ses habitudes déréglées, peu compatibles avec les desseins patients, avec la vigilance de toutes les heures et les combinaisons à long terme, l'empêchèrent seules d'être un

---

1. *Paix de Ryswick*, t. I, p. 199.

capitaine parfait. Cette mort, qui faisait tomber devant Guillaume un obstacle invincible, eût causé plus de joie au chef de la coalition s'il n'eût été en ce moment sous le coup d'un grand malheur domestique. La reine Marie, qui avait été pour Guillaume une épouse passionnément dévouée et un utile instrument politique, succomba, le 7 janvier, à la petite vérole : elle n'avait pas donné d'enfants à son époux. Sa disparition, bien que ravivant les espérances des jacobites, ne causa point de troubles en Angleterre : Guillaume, qui régnait avec Marie, régna seul en vertu de l'acte qui les avait tous deux appelés au trône par indivis.

Avant la mort de la reine, il avait déjà décidé le parlement à de nouveaux sacrifices, mais en les payant par d'importantes concessions au parti de la liberté. Il avait consenti que les parlements fussent désormais triennaux, c'est-à-dire que la chambre des communes fût renouvelée au moins tous les trois ans ; l'établissement de la liberté de la presse, par l'abolition de la censure, compléta et caractérisa le triomphe des whigs et rendit le retour de l'absolutisme impossible. L'année 1694 ne mérite guère une moindre place dans l'histoire d'Angleterre et dans l'histoire des institutions européennes, que l'année 1688 elle-même : elle avait été signalée, non-seulement par les grandes innovations politiques que nous venons d'indiquer, mais par un établissement économique de la plus haute portée, la création d'une banque nationale, analogue à celles d'Amsterdam et de Gênes : quarante négociants souscrivirent pour 1,000,000 sterling de billets garantis par 500,000 livres sterling de capital effectif : le gouvernement toucha le numéraire, employa les billets comme argent et paya l'intérêt du total à 8 p. 100 aux prêteurs qui furent constitués en compagnie faisant les opérations de change. Le capital réel et le capital de circulation furent bien vite augmentés. Ce fut là le point de départ de cette grande organisation du crédit britannique qui a fini par fondre dans la banque l'administration des finances publiques et par associer la fortune nationale et les fortunes particulières pour la plus grande force de l'état.

Le gouvernement français essaya aussi de restaurer ses finances désorganisées. Les émissions de rentes multipliées et la défiance des particuliers avaient fait tomber les dernières créations au denier 14, et encore ne se plaçaient-elles que très-difficilement. De déplorables opérations sur les monnaies avaient jeté partout la perturbation. En abaissant le marc d'argent de 26 livres 15 sous à 29 livres 14 sous, on avait gagné, à la refonte générale, une quarantaine de millions, de 1689 à 1693 [1], ce qui indiquait qu'il avait passé aux hôtels des monnaies environ 400 millions. On supposait qu'une centaine de millions avaient été enfouis ou refondus à l'étranger par des spéculateurs [2]. Pour enlever aux refondeurs étrangers ce bénéfice et sans doute aussi par un motif moins honnête, c'est-à-dire pour recevoir en monnaie forte après avoir payé en monnaie faible, le gouvernement releva la monnaie, en 1692 et 1693, de 29 livres 14 sous à 27 livres 18 sous le marc d'argent; puis, en septembre 1693, une nouvelle refonte générale fut ordonnée et la monnaie fut rabaissée de 27 livres 18 sous à 32 livres 6 sous le marc. On ne peut expliquer la participation du duc de Beauvilliers à de tels actes, qu'en excusant sa probité aux dépens de son intelligence et qu'en affirmant qu'il ne comprit rien aux opérations de Pontchartrain [3]. La nouvelle refonte produisit moins de bénéfice qu'on ne l'avait espéré; elle ne donna qu'environ 55 millions, de 1694 à 1697, une grande partie du numéraire ayant été resserrée ou portée à l'étranger; ce triste profit était chèrement acheté! Par un contraste bien affligeant pour la France, un nouveau chancelier de l'échiquier (ministre des finances) anglais exécutait, en ce moment même, une opération toute contraire: le chancelier de l'échiquier Montague, le promoteur de la banque, conseillé par

1. Ce bénéfice était en partie illusoire; car le gouvernement ne pouvait imposer sa monnaie réduite aux étrangers et, dans toutes les dépenses qu'il faisait au dehors pour ses armées et ses flottes, il était obligé de supporter la différence.

2. Dans ces 100 millions, faut-il compter les 60 millions emportés par les réfugiés? — Il y aurait donc eu en France environ 500 millions de numéraire (moins d'un milliard de notre monnaie). On était tellement dépourvu de notions statistiques, que Louvois et le contrôleur général Le Pelletier lui-même, quelque temps auparavant, doutaient s'il y avait non pas 500 millions, mais 200! V. Courville, p. 582.

3. Le président du conseil des finances n'avait guère qu'un titre honorifique, mais il n'eût pas dû couvrir ces actes de son nom.

deux hommes qui devaient être la plus éclatante gloire de l'Angleterre et qui appliquaient à la politique les méthodes de la science, par Locke et Newton, faisait adopter par le parlement une refonte des monnaies anglaises, non pour en diminuer le titre, mais pour en changer la mauvaise fabrication, qui avait facilité la funeste industrie des rogneurs, et pour en rétablir le poids, en faisant supporter la perte au trésor ; ce sacrifice intelligent rétablit l'ordre dans les transactions et ranima la confiance publique[1].

En France, malgré les expédients, ou plutôt à cause des expédients employés par Pontchartrain, la détresse de l'état croissait : les charges montaient et le revenu net baissait d'année en année. Le revenu net fut, en 1693, de 107 à 108 millions; en 1694, de 102 à 103, et il ne faut pas oublier que, vu l'abaissement des monnaies, 102 millions de 1694 ne représentaient plus à peine que 85 millions de 1689. Pontchartrain avait continué ses ruineuses créations d'offices, parmi lesquels on remarque, en 1694, de nouveaux officiers des tailles et des gabelles, des *gourmets* de bière en Flandre, des colonels et capitaines quarteniers héréditaires, à la place des quarteniers électifs, etc. A bout de mauvaises ressources, le gouvernement français se trouva enfin forcé d'en venir aux bonnes et aux justes, quoique bien incomplétement. Un homme fatal sous d'autres rapports à la France, mais doué d'un vrai génie administratif, l'intendant de Languedoc, Basville, fit proposer par les États de Languedoc, en témoignage de zèle pour le bien public, l'établissement d'une capitation sur tous les sujets du roi, par feux et familles, de quelque condition qu'ils fussent. Le Languedoc avait déjà donné l'exemple de cette sorte d'impôt en plein moyen âge, au temps de la captivité du roi Jean. Il y eut beaucoup d'opposition : Pontchartrain, qui n'avait pas hésité à bouleverser les transactions par les changements des monnaies et à jeter sur la France, comme une nuée de sauterelles, des milliers de fonctionnaires parasites, hésita fort devant une mesure qui froissait des intérêts et des préjugés puissants. Il se décida enfin. Toute la population du royaume fut divisée en vingt-deux classes,

---

1. Forbonnais, t. II, p. 97. — Hume, *Guillaume III*, liv. v. — Mac-Aulay, id., t. III, ch. 3.

depuis le dauphin jusqu'aux paysans et aux artisans. Les princes du sang, les ministres et les *gros fermiers* (fermiers généraux) payèrent 2,000 fr.; le reste en proportion décroissante (18 janvier 1695). Les valets seuls étaient exempts. Les domestiques de Paris, humiliés d'être en quelque sorte exclus du nombre des Français, réclamèrent le droit d'être compris dans la capitation, tandis que les nobles, les privilégiés, murmuraient contre l'obligation de payer. Les privilégiés ne se résignèrent que sur la promesse de supprimer le nouvel impôt trois mois après la paix [1].

La capitation, appliquée avec une réserve timide, ne produisit guère plus de 21 millions par an et n'empêcha pas de renouveler les créations d'offices, les aliénations de domaines, les émissions de rentes au denier 14. Tout cela ne releva le revenu net que d'une dizaine de millions. Les tailles furent diminuées de 3 millions, soulagement presque imperceptible pour les campagnes, parmi tant de nouvelles charges.

Louis XIV, n'ayant pu imposer la paix, s'était résolu, pour cette année, à garder partout la défensive. Il réunit de grandes forces du côté de la Belgique, moindres toutefois que celles de Guillaume, qui avait fait d'immenses préparatifs. Un corps d'armée, assemblé près de Mons, sous le maréchal de Boufflers, fut chargé de protéger Namur. Un camp volant couvrit Furnes et Dunkerque. La principale armée devait couvrir Ypres, Lille et Tournai. Depuis les dunes de Furnes jusqu'à Ypres, la frontière française était protégée par des canaux; depuis Ypres jusqu'à Espierre, sur l'Escaut, des lignes fossoyées et garnies de redoutes défendaient l'entrée du territoire; d'Espierre à Condé, l'Escaut servait de fossé. La Haine et la Sambre complétaient cette longue ligne jusqu'à Namur. Le général chargé de l'ensemble de la défense, le successeur de Luxembourg, si l'on eût consulté la voix publique, eût été Catinat : le roi choisit Villeroi, fils de son gouverneur et son compagnon de jeunesse, très-brave et assez bon officier tant qu'il n'avait eu qu'à exécuter les ordres d'autrui, mais plus expert dans les manœuvres de la cour que dans celles du champ de bataille. Ce fut là la première de ces fatales erreurs où le Grand Roi

---

[1]. *Anciennes Lois françaises*, t. XX, p. 253. — Saint-Simon, t. Ier, p. 230. — Dangeau, t. II, p. 4-6.

tomba désormais trop souvent quant au choix de ses généraux.

Guillaume ne montra que trop, dès ses premiers mouvements, qu'il savait bien n'avoir plus un Luxembourg en tête. Il vint camper à une lieue d'Ypres avec cinquante mille hommes, en détacha quinze mille contre le fort de la Knocke, qui était la clef des canaux entre Ypres et la mer, et donna ordre à l'électeur de Bavière d'avancer avec une seconde armée de trente mille hommes par Oudenarde, entre la Lis et l'Escaut, tandis qu'une troisième armée, au moins égale à celle de l'électeur, se formait vers la Sambre et la Meuse et menaçait Namur. Ces opérations étaient hardies jusqu'à la témérité. Villeroi avait massé près de soixante mille hommes entre Ypres et Comines : Boufflers, après avoir dépêché une partie de son infanterie à Namur, était accouru jusqu'à Courtrai avec sa cavalerie, ses dragons et son artillerie, et pouvait se jeter sur les derrières de Guillaume avec dix mille chevaux; l'électeur de Bavière n'avait encore sous la main, entre l'Escaut et la Lis, que la moindre partie de ses troupes et ne fût point arrivé à temps pour secourir Guillaume. Villeroi envoya, dit-on, un courrier à Versailles demander la permission d'attaquer : le roi refusa; on resta une dizaine de jours en présence; Guillaume eut tout le loisir de compléter ses préparatifs; tout à coup, il concentra ses forces et s'éloigna rapidement dans la direction de la Meuse, laissant derrière lui sur la Lis le prince de Vaudemont avec vingt-cinq ou trente mille hommes pour amuser Villeroi. Il rejoignit devant Namur son armée de la Meuse, qui investissait déjà cette place (1er juillet). Boufflers avait suivi le mouvement de l'ennemi et se jeta dans Namur avec ses dragons avant que l'investissement fût complet. Namur et ses ouvrages extérieurs, fort augmentés depuis trois ans par Vauban, se trouvèrent ainsi défendus par un maréchal de France à la tête de treize ou quatorze mille combattants. Les assiégeants avaient quatre-vingt et quelques mille soldats.

On avait droit de compter sur une longue et puissante résistance. Le rôle de Villeroi était tout tracé : c'était d'écraser Vaudemont, puis d'affamer les assiégeants en coupant leurs communications avec Bruxelles et Liége. Le 13 juillet au soir, Villeroi, par une marche bien combinée, atteignit Vaudemont près de

Deynse, sur la rive gauche de la Lis. Vaudemont, pendant la nuit, se retrancha du mieux qu'il put. La position n'était pas forte et l'inégalité numérique était telle, que le corps d'armée ennemi devait être anéanti. L'armée française attendait le signal de l'attaque dès le point du jour : ce signal ne fut pas donné ; presque toute la journée se passa dans une complète inaction, Villeroi attendant toujours que Vaudemont se mît en mouvement, pour le charger dans sa retraite. L'ennemi profita enfin de ce répit inespéré pour commencer à replier son aile droite. La gauche française, commandée par le duc du Maine, l'aîné des bâtards du roi, entra alors dans le retranchement évacué, mais laissa l'ennemi s'éloigner tranquillement ; le duc prétexta la défense que Villeroi lui avait faite d'attaquer. Le soir venait : la gauche ennemie se retira à son tour ; Villeroi, avec la droite française, s'ébranla enfin, mais si tard, qu'il ne put que tuer ou prendre quelques centaines d'hommes à l'arrière-garde de Vaudemont. Cette journée devait suffire pour juger Villeroi et du Maine, le général et son lieutenant [1].

Après avoir manqué l'armée de Vaudemont, Villeroi manqua la ville de Nieuport, où Vaudemont eut le temps de jeter un grand secours. Villeroi se rabattit sur Dixmuyde et sur Deynse, mauvaises places occupées par sept mille soldats anglais et autres, qui se rendirent prisonniers presque sans résistance. Guillaume III en fut tellement irrité, qu'il fit décapiter le commandant de Dixmuyde et dégrader celui de Deynse. Cet échec des Anglais ne pouvait néanmoins influer en aucune manière sur le siège de Namur. Le grand ingénieur Coëhorn pressait ce siège avec une ardeur que redoublait sa rivalité avec Vauban : il eût voulu à tout prix rendre à Vauban l'affront qu'il avait reçu de lui en 1692. Malheureusement, Vauban n'était pas dans la place, et Namur était

---

1. *Mém.* de Saint-Hilaire, t. II, p. 149-158. — *Mém.* de Berwick, t. Ier, p. 135. — *Mém.* de Feuquières, t. IV, p. 251 — *Mém.* de Saint Simon, t. Ier, p. 299. — Saint-Simon fait un récit très-dramatique, mais très-faux, de cette affaire, comme on peut s'en assurer en le comparant avec Saint-Hilaire et Berwick, témoins oculaires. Sa fureur contre les *bâtards* lui fait justifier complétement Villeroi aux dépens du duc du Maine. Plus on étudie Saint-Simon à fond, et plus on apprend à se défier de toutes ses anecdotes si bien contées, mais si bien transformées par une imagination inquiète, haineuse et crédule.

défendu avec plus d'énergie que d'habileté par Boufflers. La tranchée avait été ouverte dans la nuit du 9 au 10 juillet; la nuit du 17, un corps de troupes, que Boufflers avait cru pouvoir laisser camper en dehors des remparts, fut assailli et presque détruit par les alliés; la brèche fut largement ouverte à une muraille qu'on avait négligé de terrasser; l'ennemi passa à gué la Meuse, qui était très-basse, et pénétra dans la ville. On le repoussa une première fois; mais la place n'était plus tenable : Boufflers capitula pour la ville le 4 août, et retira ses troupes dans le château et dans les autres forteresses, que Guillaume fit battre par cent cinquante pièces de gros canon et cinquante-cinq mortiers. Villeroi essaya une diversion : il poussa Vaudemont jusque sous Bruxelles et, du 13 au 15 août, il fit pleuvoir sur cette grande cité force bombes et boulets rouges. Bruxelles eut le sort de Gênes : près de quatre mille maisons s'effondrèrent dans les flammes; il y eut, dit-on, pour plus de 20 millions de dégâts. Ces cruelles représailles du bombardement de Dieppe ne sauvèrent pas Namur. Villeroi n'attaqua pas Vaudemont, qui s'était couvert de la rivière de Senne et qu'une partie de l'armée de Guillaume était venue joindre; il marcha vers le camp des alliés, après avoir reçu de puissants renforts tirés de l'armée d'Allemagne et des garnisons du Nord. Deux masses de cent mille combattants chacune se trouvèrent ainsi en présence; mais Villeroi, après avoir reconnu les positions qu'occupait Guillaume au bord de la Mehaigne, ne jugea point à propos de rien hasarder. Guillaume, au contraire, sans attendre que ses tranchées fussent arrivées au pied du château de Namur, fit donner l'assaut dès qu'il y eut une brèche. La contrescarpe du château, le fort de la Cassotte, nouvellement construit par Vauban, et un autre ouvrage, furent attaqués à la fois, à découvert et en plein jour (31 août). La perte des assaillants fut énorme; mais les deux forts et la contrescarpe furent emportés, et la garnison du château ne put chasser l'ennemi de la brèche que par un suprême effort. Boufflers capitula le lendemain, à condition de sortir le 6 septembre, s'il n'était secouru dans l'intervalle. Villeroi resta immobile, et Boufflers rendit le château et le fort d'Orange au jour convenu. La garnison était réduite de treize mille hommes à moins de cinq mille; l'ennemi avait perdu dix-huit à vingt mille soldats dans ce terrible siège.

C'était le premier succès considérable que Guillaume eût obtenu sur le Continent depuis le commencement de la guerre, et ce succès était relevé à ses yeux par l'humiliation personnelle du Grand Roi, à qui la prise de Namur avait valu naguère tant de louanges en vers et en prose. Louis avait, jusque-là, plus d'une fois restitué de ses conquêtes personnelles, mais n'en avait point encore reperdu par la force. L'effet de la reprise de Namur fut très-grand en Europe [1].

Il est à peine nécessaire de dire qu'on ne se dédommagea point de cette perte du côté de l'Allemagne. Le maréchal de Lorges eut encore, à l'ouverture de la campagne, quarante-cinq mille hommes, dont plus de moitié cavalerie, contre moins de vingt-cinq mille. L'armée impériale ne se formait que difficilement. La division régnait entre les princes allemands, par suite d'un acte très-grave que s'était permis l'empereur. Léopold, pour gagner le duc de Hanovre, qui avait longtemps flotté entre l'Autriche et la France, avait promis de créer un neuvième électorat en faveur de ce prince, sous la condition secrète que la branche de Brunswick-Hanovre s'engageât à voter toujours pour l'aîné de la maison d'Autriche comme roi des Romains (23 mars 1692). Léopold avait tenu parole (29 décembre 1692), mais trois des électeurs, Trèves, Cologne et le Palatin, avaient protesté; le collège des princes de l'Empire, parmi lesquels le duc de Brunswick-Wolfenbuttel, chef de la branche aînée des Brunswick, avaient suivi cet exemple et s'étaient engagés, par un *acte d'union*, à ne point admettre le neuvième électorat (11 février 1693). Cet acte fut renouvelé et fortifié par de nouvelles adhésions le 24 mars 1695, quoique Léopold eût reculé et déclaré qu'il suspendrait l'effet de l'investiture jusqu'à ce qu'il eût obtenu le consentement de la diète. En gagnant les Brunswick-Hanovre, Léopold avait fort refroidi d'autres maisons souveraines. Les généraux français ne tirèrent parti de cette situation que pour manger le plat pays entre le Necker et le Mein. L'infériorité numérique des Impériaux cessa bientôt par un grand

---

[1]. Quinci, t., II p. 100-156. — Saint-Hilaire, t. II, p. 148, 161-163. — Feuquières, t. II, p. 244-249; III, p. 336; IV, p. 28-311.

effort de l'empereur et de ses alliés. Le maréchal de Lorges tomba malade et fut remplacé par le maréchal de Joyeuse, qui n'en fit pas plus que lui. Il eût beaucoup mieux valu proclamer la neutralité du Rhin, que de ravager inutilement, chaque été, les deux rives de ce fleuve.

La campagne d'Italie fut, cette année, plus diplomatique que militaire. Les négociations secrètes avaient recommencé, au mois de mars, avec le duc de Savoie. Casal était bloqué : l'empereur et l'Espagne pressaient sans cesse Victor-Amédée d'attaquer sérieusement cette importante place; mais ce prince craignait autant de voir Casal entre les mains des Impériaux que des Français. Il avertit Louis XIV qu'il ne pouvait se dispenser d'entreprendre le siège et pria le roi d'envoyer au gouverneur l'ordre de capituler, quand il se verrait serré d'un peu près, à condition que les fortifications fussent démolies sans pouvoir être rétablies durant le cours de la guerre et que la garnison restât jusqu'à l'entière démolition. C'était l'annulation de Casal. Louis XIV y consentit. Catinat eut ordre de rester sur la défensive autour de Pignerol et de Suse. Casal fut attaqué à la fin de juin : le gouverneur, du 8 au 9 juillet, demanda à capituler; les généraux de l'empereur et de l'Espagne n'étaient nullement satisfaits des conditions offertes; le duc de Savoie les contraignit d'accepter et fit traîner la démolition des fortifications jusqu'après la mi-septembre, de manière à rendre toute autre entreprise impossible du reste de la saison. Cependant, afin de dissiper les soupçons des alliés, il renouvela, le 21 septembre, son adhésion à la Grande Alliance, dont l'acte fut renouvelé, cette année, entre l'empereur, la Hollande, l'évêque de Münster, le duc de Hanovre, les électeurs de Bavière et de Brandebourg, puis l'Espagne et l'Angleterre, comme pour protester contre toute idée de transaction avec Louis XIV (août-novembre 1695)[1].

Les affaires de Catalogne, assez brillantes l'année d'avant, s'étaient bien gâtées durant l'hiver. Les troupes, très-mal payées et mal nourries, ayant commis toute sorte d'excès et pillé jusqu'aux églises, les Catalans, d'abord assez bien disposés pour les Fran-

---

1. *Mém.* de Catinat, t. II, p. 379.

cais, s'étaient soulevés contre eux avec fureur. Les paysans armés, plus redoutables aux conquérants que ne l'avaient été les troupes régulières de l'Espagne, battaient les détachements, enlevaient les convois, bloquaient les places. Le maréchal de Noailles, qui sentait la situation devenir de plus en plus difficile et qui était las de lutter contre le mauvais vouloir du ministre de la guerre, demanda son rappel sous prétexte de maladie. Le roi envoya le duc de Vendôme. Cet arrière-petit-fils d'Henri IV et de Gabrielle, très-débauché, très-spirituel et très-brave, s'était fort signalé partout où il avait porté les armes, mais n'avait point encore commandé en chef. Ce choix fut plus heureux que celui de Villeroi. Vendôme avait de grands défauts, mais des qualités plus grandes encore. Par ses qualités comme par ses défauts, il ressemblait fort à Luxembourg, qu'il remplaça, comme Luxembourg avait remplacé le grand Condé, sans tout à fait l'égaler. Notre histoire présente une double série décroissante de capitaines qui semblent engendrés les uns des autres et qui représentent le génie de la guerre sous ses deux aspects : ce sont Condé et Turenne, Luxembourg et Catinat, Vendôme et Berwick [1]. Vendôme, dans l'état des choses, ne put faire un brillant début. Il dut démanteler Ostalrich, Castelfollit, Palamos et quelques autres postes qu'il ne pouvait garder au milieu d'un pays soulevé, et, des conquêtes de l'année précédente, il ne conserva que Girone.

En 1695, comme en 1694, la France n'eut pas de flotte sur les mers du Ponant. Les Anglo-Bataves recommencèrent leurs attaques contre nos villes maritimes. Le 14 juillet, les amiraux Berkeley et Allemunde se présentèrent de nouveau devant Saint-Malo et bombardèrent à la fois la ville et le fort de la Conchée, bâti sur un rocher dans la mer pour défendre l'approche de la place. Ils ruinèrent ou endommagèrent un certain nombre de maisons, mais ne purent pas même brûler le fort, qui n'était alors qu'en bois et qui fut, bientôt après, remplacé par une citadelle plus redoutable. Plusieurs de leurs galiotes à bombes furent coulées ou brûlées par le feu de la place et du fort. De là, ils firent voile

---

1. A l'école de Condé peut aussi se rattacher Villars.

vers les côtes de Normandie, bombardèrent en passant Granville, petite ville alors sans défense et sans importance, puis se dirigèrent sur Dunkerque après avoir renouvelé leurs instruments de destruction. Des chaloupes armées empêchèrent les galiotes d'approcher de Dunkerque et allèrent héroïquement accrocher et détourner les machines infernales lancées contre les forts des deux jetées. Pas une seule bombe n'arriva jusqu'à la ville (11 août). Les alliés perdirent dans leur retraite une frégate échouée et brûlée. Ils ne furent pas beaucoup plus heureux contre Calais ; ils firent quelque dégât dans la place avec leurs bombes, mais ne purent incendier le fort de bois qui protégeait Calais du côté de la mer. Les grands préparatifs et les terribles menaces des Anglais aboutirent ainsi, comme on le dit spirituellement en France, à *casser des vitres avec des guinées* : ils avaient dépensé incomparablement plus que ne valaient les maisons qu'ils brûlèrent.

Tandis que les Anglo-Bataves employaient leurs principales forces navales à protéger les côtes d'Espagne et à insulter les côtes de France, les corsaires français continuaient à désoler leur commerce. Dunkerque et Saint-Malo bravaient l'impuissante colère des alliés et regorgeaient de leurs dépouilles. Les riches vaisseaux de la compagnie anglaise des Indes-Orientales furent enlevés au retour, avec beaucoup de navires des Antilles ; la perte fut d'un million sterling. Les Anglais et les Espagnols échouèrent dans une attaque contre la partie française de Saint-Domingue : les Français, au contraire, prirent et détruisirent le fort anglais de la Gambie au commencement de l'année suivante.

La mer tenait rigueur aux alliés ; cependant, pour la première fois, le résultat général de la campagne leur était avantageux. La France s'était vu enlever deux places de premier ordre. L'une de ces places, à la vérité, ne devait plus profiter à personne et la défection du duc de Savoie allait ôter aux alliés beaucoup plus que ne leur donnait l'annulation de Casal.

Les alliés ne voulaient pas encore ouvrir les yeux sur cette défection imminente et s'enivraient de succès bien nouveaux pour eux Guillaume et Léopold croyaient voir s'ébranler enfin le colosse de la monarchie française et s'obstinaient à redoubler d'efforts pour l'abattre. Léopold avait pourtant essuyé, d'un autre côté, d'assez graves échecs. Un nouveau sultan, jeune et brave, Mustapha II, avait pris en personne le commandement de l'armée othomane, reconquis plusieurs places en Hongrie et battu les Impériaux. On s'était longtemps exagéré la force réelle des Turcs : depuis, on s'était exagéré leur faiblesse ; mais, au moment où on les croyait terrassés, ils se relevaient comme par un ressort inattendu et se montraient encore redoutables. Il en devait être ainsi bien longtemps de ce peuple.

Guillaume convoqua un nouveau parlement pour le 2 décembre 1695. Les débats de la dernière session avaient révélé les moyens peu honorables par lesquels Guillaume conquérait la majorité : la vénalité avait été aussi grande dans ce parlement qu'au temps de Charles II, avec cette différence capitale, toutefois, que ce n'était plus l'or de l'étranger qui achetait les votes [1]. Les whigs, qui dominèrent le nouveau parlement, tentèrent de mettre un terme à la corruption qui régnait dans l'administration, mais, en même temps, accordèrent au roi des subsides plus considérables que jamais, afin de poursuivre les avantages obtenus sur la France. Ils votèrent 5,240,000 livres sterling pour la guerre, sans compter 500,000 livres sterling pour remettre à flot la liste civile grevée. Louis XIV, cependant, au commencement de 1696, déclara au roi de Suède, comme médiateur, qu'il acceptait le jugement de la Suède quant aux modifications à faire aux traités de Westphalie et de Nimègue, et Charles XI déclara, de son côté, que la Suède n'admettrait aucun changement qui altérât la teneur des deux traités. Ces manifestations conciliantes, qui semblaient indiquer que Louis pourrait renoncer à Strasbourg et à Luxembourg, n'arrêtèrent pas les préparatifs militaires.

Louis s'apprêtait à un vigoureux effort pour effacer l'impression produite par la perte de Namur. Il était revenu à la pensée d'attaquer Guillaume en Angleterre même. A Versailles comme à Saint-Germain, on croyait Guillaume moins solide sur le trône

---

1. M. Mac-Aulay, dans son *Guillaume III*, donne d'intéressantes explications sur les causes et le vrai caractère de la corruption parlementaire en Angleterre, et y cherche des excuses en faveur de Guillaume.

depuis la mort de sa femme, qui lui avait donné, pendant qu'elle vivait, une sorte de quasi-légitimité. L'agitation était grande en Angleterre ; une partie de la noblesse campagnarde tenait toujours pour le *vieux droit* : le commerce se plaignait avec colère d'être abandonné aux corsaires français, tandis qu'on employait les flottes britanniques à courir la Méditerranée ou à insulter des ports qui se raillaient de leurs tentatives ; le commerce anglais évaluait ses pertes au chiffre monstrueux de quatre mille deux cents navires et de 30 millions sterling ! L'argent manquait. La refonte des monnaies, opération excellente en elle-même, augmentait momentanément la gêne en diminuant la circulation. Les Jacobites exploitaient ces causes de mécontentement pour en faire sortir la révolte, et avaient annoncé au cabinet de Versailles qu'une grande levée de boucliers s'opérerait dès qu'un corps auxiliaire français descendrait sur la côte britannique avec le roi Jacques. Des armements considérables furent préparés dans les ports français : seize mille soldats d'élite furent réunis à Calais, à Dunkerque, à Gravelines, et Jacques II, dans le courant de février, alla se mettre à la tête de ces troupes, que devaient escorter Jean Bart et d'autres marins fameux.

Pendant ce temps, le complot avortait en Angleterre. Les conspirateurs ne s'étaient pas contentés de préparer une prise d'armes et d'enrôler les mécontents : les plus déterminés avaient projeté de tuer l'*usurpateur*. Deux ou trois de leurs complices, soit crainte, soit remords, les dénoncèrent : plusieurs des chefs furent arrêtés et avouèrent tout. Guillaume fit à la hâte mettre en mer tout ce qu'il avait de navires de guerre sous la main. L'amiral Russel, qui était de retour avec une partie de la flotte de la Méditerranée, fut, en quelques jours, à la tête de cinquante vaisseaux et frégates, et alla croiser devant les dunes de France, où il fut renforcé par une escadre hollandaise. La flotte de Toulon, mandée par le roi, n'était point arrivée ; les escadres réunies sur les côtes de Flandre et de Picardie n'étaient point en état de forcer le passage. Le roi Jacques retourna tristement à Saint-Germain.

Cette entreprise, bien qu'elle n'eût pas même reçu un commencement d'exécution et qu'elle eût provoqué, en Angleterre et en Écosse, de bruyants témoignages d'attachement à la personne de Guillaume, parut produire une forte impression sur ce prince. Le sentiment des dangers qu'il avait courus le rendit dorénavant moins opposé à la paix. Il ne fut pas d'ailleurs en mesure d'entreprendre rien de considérable dans les Pays-Bas. Il y réunit de très-grandes forces, mais les Français lui en opposèrent d'à peu près égales, et le manque d'argent gêna beaucoup ses mouvements. Il était plus facile au parlement de voter de lourds impôts que de les faire acquitter de bonne grâce et rentrer promptement. Guillaume ne crut pas pouvoir tenter un grand siége en présence d'ennemis puissants et avec des troupes mal payées et mal approvisionnées. Les Français, qui n'étaient guère en meilleur état, n'en firent pas davantage. Quatre armées se tinrent en échec tout l'été : du côté de Sambre-et-Meuse, Boufflers resta sur la défensive devant Guillaume : du côté de l'Escaut et de la Lis, Vaudemont eut la même attitude devant Villeroi : deux cent cinquante mille hommes restèrent ainsi en présence plusieurs mois sans aucun résultat, si ce n'est que les Français parvinrent à se maintenir sur le territoire ennemi.

En Allemagne, comme de coutume, il ne se passa rien d'important : seulement, cette fois, ce fut une victoire pour la France que d'avoir rendu la campagne nulle. Bien que la guerre de Hongrie fût redevenue plus active et plus défavorable à l'empereur, Léopold, qui ne voulait pas plus de paix sur le Rhin que sur le Danube, avait trouvé moyen de donner au prince Louis de Bade cinquante mille hommes contre trente-cinq mille qu'avait le maréchal de Choiseul. Choiseul, vieux capitaine jusqu'alors sans éclat, choisit une très-bonne position sur le Speyer-Bach (ruisseau de Spire), couvrit à la fois Landau, Philipsbourg et l'Alsace, et empêcha le prince Louis de pénétrer sur notre territoire et d'assiéger nos places. C'était un beau succès vis-à-vis d'un aussi bon général que le prince Louis.

Les opérations en Catalogne furent peu intéressantes. La grande flotte anglo-batave avait quitté la Méditerranée, et les Espagnols n'étaient pas en état de garder l'offensive. Le duc de Vendôme battit leur cavalerie près d'Ostalrich, mais il n'était point assez fort pour attaquer Barcelone, avec les populations soulevées sur ses derrières.

La diplomatie continua d'agir plus que les armes en Piémont. Les négociations secrètes avec le duc de Savoie avaient été poursuivies durant l'hiver. Victor-Amédée, exploitant le désir trop évident que Louis XIV avait de la paix, ne se contentait plus de recouvrer ses domaines envahis : après avoir réussi à annuler Casal, il demandait maintenant que la France lui cédât Pignerol démantelé. Quelques années plus tôt, Louis XIV eût souri de pitié à une telle proposition : il refusa au premier abord; puis il discuta. Au printemps, la conclusion se faisant attendre, Catinat, puissamment renforcé, descendit dans la plaine de Piémont avec cinquante et quelques mille hommes, afin tout à la fois de peser sur le duc et de lui fournir un prétexte pour accepter les conditions du roi. Quelques jours après, un traité fut signé entre les agents secrets de Louis et de Victor-Amédée (30 mai). Le duc, est-il dit dans ce traité, s'engage dans une ligue offensive et défensive avec le roi jusqu'à la paix générale. Louis, à la paix, cédera à Victor-Amédée Pignerol démantelé, avec ses dépendances, jusqu'au pied du Mont Genèvre, à condition que les fortifications ne seront jamais rétablies. Le roi rendra la Savoie, Suse et le comté de Nice, dès que les Impériaux et autres étrangers seront sortis de l'Italie et les Espagnols rentrés dans le Milanais. Le roi ne traitera pas, sans le duc, avec les cabinets de Vienne et de Madrid. Le mariage de la princesse Marie-Adélaïde, fille aînée du duc, est convenu avec le duc de Bourgogne, l'aîné des petits-fils du roi. Le roi accorde au duc le temps convenable pour se dégager honnêtement de la ligue (c'est-à-dire jusqu'à la fin d'août). Les ambassadeurs de Savoie seront désormais traités en France comme ceux des têtes couronnées. Le duc ne permettra plus dorénavant aux réfugiés français de s'établir dans les vallées vaudoises de Luzerne, le roi ne se mêlant point d'ailleurs de la manière dont le duc traitera les Vaudois. Le duc s'engage, si la neutralité est rétablie en Italie, à réduire ses forces à sept mille cinq cents fantassins et quinze cents chevaux. Si la neutralité n'est point acceptée, au 1ᵉʳ septembre, il joindra ses troupes à celles du roi et commandera l'armée combinée. Les conquêtes qu'on pourra faire dans le Milanais lui appartiendront. Le roi, pendant la guerre, lui paiera un subside de 100,000 écus par mois[1].

Le duc de Savoie gagnait ainsi à ses défaites ce qu'il eût pu espérer d'une guerre heureuse. Louis XIV, lui, pour avoir souffert que Louvois poussât à bout ce faible voisin, perdait, non-seulement Casal, sa conquête, mais la clef de l'Italie, la vieille conquête de Richelieu, ce Pignerol que la France tenait depuis trois quarts de siècle et qu'elle eût dû conserver tant qu'une autre puissance étrangère gardait un pouce de terrain dans la Péninsule. Et l'on regarda encore ce traité comme une victoire!

Quelques difficultés retardèrent la ratification jusqu'au 29 juin. Le pacte secret ratifié, Catinat, ainsi qu'on en était convenu, proposa ostensiblement au duc, de la part du roi, ce qui était déjà tout conclu. Victor-Amédée communiqua les *propositions* aux généraux de l'empereur et de l'Espagne, ses auxiliaires, et leur déclara qu'il ne pouvait laisser plus longtemps désoler ses états ni refuser Pignerol, mais protesta, avec une indignation bien jouée, contre la pensée de se joindre à la France pour attaquer ses alliés. Une trêve d'un mois fut convenue le 12 juillet, puis prorogée à la mi-septembre. L'empereur employa ce délai à tâcher de regagner Victor-Amédée par des offres magnifiques : il alla jusqu'à lui offrir le duché de Milan après la mort du roi d'Espagne et le gouvernement immédiat du Milanais comme garantie. Le duc était trop engagé et les Français trop forts aux portes de Turin. Les cabinets de Vienne et de Madrid, exaspérés de la *trahison* du duc, résistèrent aux instances du pape, de Venise, de toute l'Italie, et refusèrent la neutralité pour la Péninsule. Le 15 septembre, la paix fut publiée à Turin entre Louis XIV et Victor-Amédée. Le traité public ne parlait pas de l'alliance offensive et défensive; mais Victor-Amédée avait dans sa poche la patente de généralissime de l'armée combinée. Les troupes austro-espagnoles s'étaient repliées sur le Milanais. Aussitôt la trêve expirée, les Français marchèrent le long du Pô jusqu'à Valenza, la meilleure place qui protégeât le Milanais. Le 17 septembre, Victor-Amédée rejoignit Catinat. Du 18 au 19, Valenza fut investie sur les deux rives du Pô par les Franco-Piémontais. Victor-Amédée opéra sans

---

1. *Mém.* du maréchal de Tessé, t. 1er, p. 68; 1806.

scrupule et sans ménagements contre ses alliés de la veille, action contre laquelle il avait si bien protesté naguère au moment même où il venait d'en promettre l'accomplissement. La tranchée fut ouverte le 24 septembre : les généraux alliés étaient hors d'état de secourir Valenza et d'arrêter l'invasion du Milanais : ils se résignèrent à user des pouvoirs qui leur avaient été conférés pour ne s'en servir qu'à la dernière extrémité. Ils acceptèrent la neutralité de la Péninsule et s'engagèrent à faire sortir immédiatement d'Italie les troupes impériales et auxiliaires, à condition que les états italiens, le pape et Venise exceptés, payassent à l'empereur 300,000 pistoles. La France fit la concession d'abandonner Pignerol, non plus seulement à la paix générale, mais en même temps qu'elle rendait la Savoie et Nice (7 octobre)[1].

La frontière naturelle du sud-est, un moment conquise, fut ainsi abandonnée.

Louis XIV, l'expédition d'Angleterre manquée, s'était décidé à ne pas maintenir de grandes flottes en mer. Après que Château-Renaud eut ramené son escadre de Toulon à Brest (mi-mai), sans que les Anglo-Bataves eussent réussi à l'arrêter dans le détroit de Gibraltar, on désarma la plupart des vaisseaux, et l'on ne conserva à la voile que de petites escadres. Les alliés, au contraire, mirent en mer, au printemps, une flotte nombreuse et recommencèrent leurs tentatives contre nos côtes, sans plus de succès que par le passé : ils jetèrent des bombes dans Calais, le 18 mai; à la fin de juillet, ils reparurent en vue de Brest, qu'ils menacèrent fort inutilement : une partie de leur flotte alla bombarder Saint-Martin de Ré et les Sables d'Olonne, puis ravager quelques îlots de la côte bretonne, sans pouvoir seulement opérer de descente à Belle-Isle, ni emporter les tours de Houat et de Hédic, défendues chacune par quinze soldats. Tous les exploits des Anglais se bornèrent à couper les jarrets à des chevaux, à tuer des bœufs et à brûler des chaumières. Les bombardements maritimes, qui n'avaient que trop bien réussi aux Français contre des places telles que Gênes, mal préparées à se défendre contre un tel genre de guerre, semblaient définitivement condamnés par l'expérience, là

---

1. Dumont, *Corps diplomatique*, t. VII, 2e partie, p. 368. — *Mém.* de Tessé, t. Ier, p. 71-77. — *Paix de Ryswick*, t. Ier, p. 130.

où l'on avait affaire à des places bien munies et d'approche un peu difficile : il a fallu l'application de la vapeur à la navigation pour rendre chance à ce cruel procédé.

Les alliés avaient tâché, cette année, de défendre un peu mieux leur commerce. Les Anglais y parvinrent jusqu'à un certain point ; mais les Hollandais furent plus maltraités que jamais. Les alliés n'avaient pas mieux réussi à bloquer le port de Dunkerque qu'à incendier la ville : dans le courant de juin, quatorze vaisseaux anglo-bataves n'avaient pu empêcher Jean Bart de sortir du port avec un vaisseau et six grosses frégates. Le 18 juin, Bart rencontra au nord du Texel la flotte marchande hollandaise de la Baltique, escortée par six frégates. Cinq frégates et trente ou quarante vaisseaux marchands tombèrent en son pouvoir. Treize vaisseaux de guerre ennemis arrivaient à toutes voiles; Bart brûla ses prises, sans en laisser reprendre une seule, et se retira lentement, sans que l'escadre ennemie osât l'attaquer. Il fit peut-être plus de mal encore à la Hollande en troublant la pêche du hareng, qui occupait quatre à cinq cents navires, et qu'il empêcha presque entièrement, malgré la protection d'une forte escadre. Il termina sa brillante campagne en passant au travers de trente-trois vaisseaux anglo-bataves qui voulaient l'empêcher de regagner les ports de France. Le grade de chef d'escadre récompensa l'illustre corsaire, qui avait pris rang depuis longtemps dans la marine royale. Duguai-Trouin promettait d'égaler bientôt Jean Bart. Cette année-là, avec cinq frégates ou vaisseaux de rang inférieur, il attaqua et prit trois vaisseaux de guerre hollandais et douze riches navires marchands qu'ils escortaient. Le chef d'escadre Nesmond fit pour 10 millions de prises sur les Hollandais en un seul coup de main. Cette guerre de course, si avantageuse, venait d'être rendue plus loyale par une ordonnance qui lui enlevait tout ce qui pouvait conserver chez elle quelque trace de piraterie. Cette ordonnance, qui honore le gouvernement de Louis XIV, enjoignait aux bâtiments français d'arborer le pavillon national avant de tirer le premier coup de canon (17 mars 1696). Les autres nations acceptèrent successivement cette règle comme partie du droit des gens [1].

1. *Anciennes Lois françaises*, t. XX, p. 260. — L. Guérin, t. II, p. 98-105. — Quinci, t. II, p. 268-283.

Les Impériaux avaient encore été malheureux en Hongrie dans cette campagne. Le nouvel électeur de Saxe, Frédéric-Auguste, qui s'était mis à la tête de l'armée impériale, avait été battu par le sultan Mustapha et obligé de lever le siége de Temesvar (26 août). Le sultan n'avait pas réussi néanmoins à pénétrer en Transylvanie et, par compensation de l'échec de Temesvar, l'empereur avait obtenu des Russes une alliance plus étroite et une diversion efficace. Le jeune tzar Pierre Alexiowitz, qui régnait depuis plusieurs années conjointement avec son frère Ivan, se trouvait seul possesseur du pouvoir suprême par la mort d'Ivan, arrivée en janvier 1696. Sa première opération fut d'enlever aux Tatares, vassaux des Turcs, la ville d'Azof, qui donna aux Russes l'embouchure du Don et la mer d'Azof et leur prépara l'ouverture de la mer Noire. Jean Sobieski mourut sur ces entrefaites (17 juin). Pierre-le-Grand s'élève au moment où Sobieski disparait; sombre présage pour la Pologne et pour l'Europe.

Ces événements lointains à part, la campagne de 1696 avait été à peu près nulle en résultats militaires, mais importante en résultats diplomatiques. La défection du duc de Savoie, chèrement achetée, il est vrai, avait couvert une des frontières de la France et rendu disponible une de ses armées. Louis XIV, en même temps qu'il devenait plus fort, s'était montré de plus en plus pacifique et, dans le cours de l'été, il avait signifié aux alliés, par un agent qu'il avait depuis quelque temps à La Haie, « qu'il étoit prêt à remettre toute choses en état » selon les traités de Westphalie et de Nimègue, les alliés conservant en sus le droit d'exposer leurs prétentions et leurs réclamations. C'était ce qu'avait réclamé Guillaume III lors des premiers pourparlers en 1694. Louis ne faisait de réserves que pour Luxembourg et pour les dix villes et les seigneuries d'Alsace; il consentait à rendre Strasbourg ou un équivalent, au choix de l'empereur; équivalent qui ne pouvait être que Freybourg et Brisach. Ceci était calculé habilement pour diviser l'empereur et l'Empire, le roi espérant que l'empereur aimerait mieux voir Freybourg et Brisach rentrer dans le domaine de sa famille, que Strasbourg redevenir ville libre et impériale[1]. La Hollande, si cruellement

---

1. *Paix de Ryswick*, t. Ier, p. 197 et suiv.

atteinte par la guerre dans la source de sa vie, dans son commerce maritime, accueillit très-vivement les nouvelles propositions de la France. Guillaume ne mit plus d'obstacles à ce mouvement d'opinion; le grand ennemi de Louis XIV convenait que le temps était arrivé d'accepter la médiation suédoise et d'ouvrir un congrès. L'empereur s'obstinait au contraire à éloigner l'ouverture des négociations générales jusqu'à ce que Louis eût promis de satisfaire à toutes les réclamations de l'Empire sur l'Alsace et de l'Espagne sur les Pays-Bas. En réalité, Léopold repoussait la paix par la même raison que Louis la souhaitait, à cause de la prochaine succession d'Espagne.

Le langage que tint Guillaume au parlement, à son retour de Flandre (30 octobre 1696), se ressentit du changement qui s'était opéré dans ses dispositions; il parla des ouvertures faites pour la paix; néanmoins, il insista fortement sur la nécessité de ne traiter que l'épée à la main et de rester puissamment armé. Le parlement, animé par l'espoir de conquérir une paix honorable, se surpassa en fait de libéralité et vota plus de 6 millions sterling, tant pour assurer les services de 1697 que pour combler le déficit amené par l'insuffisance des recouvrements. A côté de l'impôt sur le revenu des terres, on établit des taxes sur toutes les natures de revenus sans exception. Les six millions sterling, cependant, ne pouvaient à la fois pourvoir aux services courants et combler le déficit, qui dépassait à lui seul 5 millions sterling : l'état des finances était déplorable; l'argent était rare; l'intérêt à 9 ou 10 pour 100 pour les marchands; les assurances maritimes à 30 pour 100; l'Acte de Navigation était suspendu de fait et la marine anglaise réduite à emprunter les pavillons suédois et danois; les créances sur l'État étaient discréditées; les billets de la banque perdaient 20 pour 100; une banque territoriale, émettant des billets hypothéqués sur les propriétés foncières, avait été essayée sans succès. Le chancelier de l'échiquier, Montague, attaqua le mal en face avec la hardiesse d'un génie supérieur : il fit décider par le parlement que toutes les nouvelles taxes, sauf l'impôt territorial, seraient affectées à combler le déficit et continueraient d'être perçues jusqu'à ce que l'arriéré fût éteint; que, s'il le fallait même, on créerait un nouvel impôt pour en finir. En même temps, il fit autoriser l'échiquier à emprunter 1 million sterling à 8 pour 100, en émettant un nombre double de billets, et à commencer de lever, dès les derniers mois de 1696, l'impôt voté pour 1697 : la trésorerie eut ordre de recevoir les billets de l'échiquier en paiement des diverses taxes, excepté la taxe foncière. Une compagnie fut organisée pour mettre les billets en circulation; ces billets payèrent d'abord un escompte de 10 pour 100, puis de 4, puis ils arrivèrent au pair et la compagnie devint inutile. La banque, de son côté, fut raffermie par diverses faveurs du parlement, et surtout par la permission d'émettre 800,000 livres sterling de bons portant intérêt à 8 pour 100; les billets de la banque remontèrent au pair et ses nouveaux bons furent bientôt préférés à l'argent. La machine du crédit fut ainsi remise en mouvement avec une vigueur inconnue, et l'Angleterre, également préparée pour la paix et pour la guerre, entra dans une voie de progrès et de développement où elle ne devait plus s'arrêter [1].

Si l'Angleterre avait Locke et Newton pour conseiller ses ministres, la France, aussi, eût pu trouver quelques grands citoyens pour guider les siens; mais elle n'avait pas de Montague pour les entendre, elle n'avait que Pontchartrain. Le contrôleur général ne savait que renouveler à profusion les édits bursaux, parmi lesquels on remarque une augmentation des droits sur le poisson de mer, très-nuisible à la marine, la vente de cinq cents lettres de noblesse à 2,000 écus la pièce, la levée de droits d'armoiries pour 7 millions [2], le rétablissement, à prix d'argent, de gouverneurs titulaires dans les villes closes de l'intérieur, etc. Les créations de rentes étaient encore le moins mauvais expédient; il y en eut, de 1695 à 1697, pour 6,800,000 livres au denier 14 et pour 1 million au denier 12, plus une tontine de 1,200,000 livres au capital de 12 millions. La recette brute, tant en revenu ordinaire qu'en affaires extraordinaires, fut, en 1697, de 158 millions; les charges

---

1. Hume, *Guillaume III et Marie*, liv. v. — Sainte-Croix, t. II, p. 85. — Mac-Aulay, *Guillaume III*, l. III, c. 4. — Toutes les ressources employées par Montague ne furent pas également bonnes; il avait établi une grande loterie.

2. Tous les gentilshommes et toutes les communautés du royaume furent astreints à payer ces droits : tous les ecclésiastiques, officiers, bourgeois des villes franches, furent autorisés à prendre des armoiries en payant les droits. On les y contraignit presque. *V.* Larrei, t. II, p. 283.

à déduire approchaient de 48 millions. Chaque année avait creusé le gouffre plus avant [1].

La marche des négociations commençait, il est vrai, à faire prévoir le terme des sacrifices. La diplomatie française n'était plus conduite par Colbert de Croissi; ce ministre venait de mourir le 28 juillet 1696 [2], et sa charge, conformément au système d'hérédité ministérielle en vigueur, avait passé à son fils, au marquis de Torci. Cette fois, la chose publique n'en souffrit pas : Torci, sans être un esprit de premier ordre, avait des qualités estimables et solides; instruit, laborieux, intègre et sensé, c'était un homme mûr, par le caractère plus encore que par l'âge (il avait trente et un ans), et Louis, de plus, lui donna pour associé et pour guide dans le ministère l'ancien ministre des affaires étrangères que son père Croissi avait remplacé, Arnaud de Pomponne. Disgracié, en 1680, pour un peu de négligence et surtout pour trop de modération dans ses procédés envers les étrangers, Pomponne avait été rappelé au conseil, comme ministre d'état sans portefeuille, après la mort de Louvois, et son retour avait été un des indices d'une modification dans la politique de Louis XIV. Pomponne, esprit religieux et tendant au jansénisme, qui était pour lui une religion de famille, s'était réconcilié chrétiennement avec les Colberts et maria sa fille à Torci. Il eut, jusqu'à sa mort, en 1699, la principale autorité dans le ministère, Torci ayant le titre et l'exécution sous lui, sans ombrages ni jalousie, ce qui fait leur éloge à tous deux [3].

L'Allemagne avait été fort agitée durant l'hiver; elle craignait de se voir envahie au printemps par les armées françaises du Rhin et d'Italie réunies, et les six cercles du Haut et Bas-Rhin, de Franconie, de Bavière, de Souabe et de Westphalie, excités par l'empereur, s'étaient associés pour mettre sur pied une armée défensive de soixante mille hommes, et avaient réclamé à grands cris l'assistance de la Hollande et de l'Angleterre. Leurs clameurs belliqueuses se croisèrent avec les remontrances pacifiques de ces deux états à l'empereur (3-8 janvier 1697). L'Angleterre et la

---

1. Forbonnais, t. II, p. 82-95.
2. C'est Croissi qui a fondé le Dépôt des Affaires Étrangères.
3. Dangeau, t. II, p. 45.

Hollande pressèrent Léopold de ne plus susciter de difficultés préalables et d'accepter la médiation suédoise et l'ouverture des conférences. Il n'y avait plus, entre la France, l'Angleterre et la Hollande, de débats préliminaires que sur la forme dans laquelle Louis reconnaîtrait la royauté de Guillaume et sur la restitution de Luxembourg; mais les envoyés anglo-bataves déclarèrent à l'empereur qu'ils étaient persuadés que ces deux difficultés seraient levées. L'empereur n'osa mécontenter ses puissants alliés et, le 4 février, tous les ministres des puissances coalisées, l'Espagne exceptée, acceptèrent la médiation de la Suède. Le 10, l'ambassadeur français Caillères renouvela les offres faites par son maître, en y ajoutant la restitution de Luxembourg ou un équivalent, et la promesse de reconnaître le roi Guillaume sans restriction ni réserve, quand on signerait le traité. Les alliés réservèrent les indemnités qu'ils prétendaient revendiquer et réclamèrent, au delà du traité de Nimègue, la restitution des duchés de Lorraine et de Bouillon. La France refusa de sortir de ses préliminaires : elle avait déjà fait assez et trop de concessions!

Ces discussions préalables avaient eu lieu à La Haie. Il fut décidé que le congrès se tiendrait à Neubourg-Hausen, château appartenant à Guillaume III, près du village de Ryswick, entre Delft et La Haie. Le congrès ne s'ouvrit que le 9 mai : Harlai de Bonneuil, conseiller d'état, et Verjus de Créci avaient été adjoints comme plénipotentiaires au premier négociateur français Caillères. Les plénipotentiaires des alliés prétendirent ne remettre leurs réclamations au médiateur qu'après que les Français auraient présenté les leurs. « Nous n'avons rien à réclamer, » répliquèrent fièrement les Français; « vos maîtres n'ont jamais rien conquis sur le « nôtre[1]. » L'empereur, l'Empire et l'Espagne, qui s'était décidée enfin à accepter la médiation, exhibèrent alors une foule de prétentions diverses : les plus légitimes étaient celles des princes et états du Rhin, qui réclamaient des dédommagements pour leur pays si cruellement et si injustement désolé; mais, comme ils étaient faibles, ils avaient peu de chances d'être écoutés. L'Angleterre et la Hollande ne soutinrent pas les réclamations de leurs

---

1. Limiers, *Hist. de Louis XIV*, t. V, p. 132. Cela n'était vrai qu'en Europe.

alliés : Guillaume III, qui résumait ces deux nations dans sa personne, avait sa paix à peu près faite ; Louis XIV lui avait engagé secrètement sa parole de ne rien garder de ce qu'il enlèverait à l'Espagne dans la campagne qui s'ouvrait, et Guillaume, qui voulait maintenant la paix aussi fortement qu'il avait voulu la guerre, et qui savait que l'obstination autrichienne ne céderait que sous une nécessité absolue, avait laissé entendre à Louis qu'il ne s'opposerait pas sérieusement aux opérations des Français. Louis s'était donc préparé à pousser l'Espagne avec la dernière vigueur : en même temps, il opposa un refus absolu à la prétention que manifesta l'empereur de faire régler d'avance la succession espagnole dans le congrès de Ryswick ; c'est-à-dire que Louis acheva de briser la Grande Alliance, du consentement de Guillaume III. L'Angleterre et la Hollande, le feu de leur passion antifrançaise une fois calmé, avaient compris qu'elles jouaient, dans ce pacte, un rôle de dupes au profit de l'Autriche. Ce dut être un véritable désespoir pour Léopold, qui avait compté introduire dans le droit européen la convention qui garantissait l'héritage espagnol à sa maison. La rupture de la Grande Alliance était le prix dont Guillaume payait à Louis ses vastes restitutions territoriales. Louis, reprenant ses anciennes coutumes, signifia son ultimatum, le 20 juillet, à l'empereur, à l'Empire et à l'Espagne, leur donnant jusqu'à la fin d'août pour accepter [1].

Les opérations militaires avaient marché parallèlement aux négociations. La France avait mis sur pied de formidables armées. Les craintes de l'Allemagne n'avaient point été justifiées ; ce n'est pas sur elle qu'avait crevé l'orage, et le maréchal de Choiseul, qui commandait sur le Rhin, un peu inférieur en forces aux Impériaux du prince de Bade, ne put que les tenir en échec dans le pays de Bade et l'Ortnau. Les grandes masses des troupes françaises s'étaient concentrées en Belgique : cent cinquante mille soldats s'y formèrent, dès le mois d'avril, en trois corps d'armée aux ordres de Villeroi, de Boufflers et de Catinat : ce dernier nom était de bon augure et compensait le premier. Le 15 mai, Catinat investit la ville d'Ath, la dernière place qui couvrît Bruxelles. Villeroi et Boufflers protégèrent le siége, dont Vauban vint diriger

---

1. *Paix de Ryswick*, t. Ier, p. 211-232 ; 239-412 ; — t. II, p. 1-233.

les travaux; c'était lui-même qui avait fortifié Ath, pendant que cette ville appartenait à la France : il sut bien défaire son ouvrage. Ce fut à partir de ce siége qu'on cessa de faire avancer les batteries à mesure de l'avancement des travaux : on n'employa désormais le canon que lorsqu'on fut arrivé assez près de la place pour ne plus changer les batteries. Guillaume III avait environ quatre-vingt-dix mille combattants à mettre en ligne; il ne les hasarda point pour sauver Ath, qui capitula dès le 7 juin : il se contenta de protéger Bruxelles. Les trois maréchaux ne l'attaquèrent point : les armées restèrent en présence fort paisiblement au cœur du Brabant, et les dernières difficultés qui subsistaient entre Guillaume et Louis furent levées dans de mystérieuses conférences provoquées par Guillaume et tenues de la fin de juin au commencement d'août, non point entre les plénipotentiaires officiels à Ryswick, mais à Hall, entre le maréchal de Boufflers et Bentinck, comte de Portland, le plus intime confident de Guillaume. On crut généralement que les éventualités de la succession d'Espagne avaient été débattues dans ces entrevues; c'était une erreur : la correspondance des deux rois et de leurs ministres établit qu'il ne fut question que de ce qui regardait Louis, Jacques et Guillaume. Guillaume prétendait que Jacques II sortît de Saint-Germain, trop rapproché de l'Angleterre : Louis s'y refusa. Louis demandait une amnistie, avec restitution de biens, pour les jacobites émigrés : Guillaume n'y voulut point entendre. Louis voulait que Guillaume, en recouvrant sa principauté d'Orange, s'engageât à n'y point donner asile aux protestants français : Guillaume consentit, après quelque résistance. Louis promit formellement de n'encourager dorénavant d'une façon directe ni indirecte aucune tentative contre l'ordre de choses existant en Angleterre. Guillaume ne voulut point promettre le paiement du douaire de la reine, femme de Jacques II, à moins qu'elle ne se retirât avec son époux à Avignon ou en Italie. Il ne fut pas question, comme on l'a souvent répété, d'une transaction qui eût fait du fils de Jac-

---

1. V. la correspondance de Louis XIV avec Boufflers et celle de Guillaume III avec Portland, etc., publiée en anglais par M. Grimblot, sous ce titre : *Letters of William III and Louis XIV and of their ministers*, etc.; London, 1848, 2 vol. in-8. — Mac-Aulay, *Guillaume III*, t. III, ch. 3. — *Mém. de Torci*. — *Mém. de Berwick*. — *Stuart's papers*.

ques II le successeur de Guillaume. Jacques, dans un manifeste adressé au congrès de Ryswick, avait protesté, en mars dernier, contre toute combinaison de ce genre et contre tout abandon de ses droits ¹.

Les conférences de Boufflers et de Portland, outre leur objet direct, avaient été certainement calculées afin de peser sur le congrès de Ryswick, où les agents de l'empereur continuaient à entraver les négociations. Les événements d'Espagne exercèrent une pression beaucoup plus forte encore. Avec des forces infiniment moindres qu'en Belgique, les armes françaises avaient obtenu de ce côté un succès incomparablement plus grand. Avant que les opérations se rouvrissent dans la péninsule espagnole, la campagne avait débuté très-malheureusement pour l'Espagne dans ses possessions d'Amérique. Une escadre corsaire, c'est-à-dire formée de bâtiments du roi équipés aux frais des armateurs, était arrivée de Brest dans la mer des Antilles à la fin de l'hiver : le chef d'escadre Pointis, qui avait sous ses ordres huit vaisseaux et grosses frégates, une galiote à bombes et quelques petits bâtiments, s'était renforcé de sept petites frégates flibustières commandées par Ducasse, gouverneur de Saint-Domingue. L'expédition fit voile pour Carthagène, le riche entrepôt du Pérou avec l'Espagne, et jeta sur la plage trois mille cinq cents soldats et flibustiers, qui emportèrent d'assaut ou par capitulation les trois forts de la rade et de la ville, puis la ville elle-même, malgré une défense courageuse qu'on n'était guère accoutumé à rencontrer chez les Hispano-Américains (15-30 avril). On permit aux habitants d'emporter leurs effets; mais tout l'or, tout l'argent, toutes les pierreries, furent la proie du vainqueur. Pointis repartit après avoir fait sauter les fortifications : il évita une escadre anglaise beaucoup plus forte que la sienne, en combattit une autre chemin faisant et rentra à Brest sain et sauf, rapportant plus de 10 millions à ses armateurs. Les officiers de l'escadre et les flibustiers s'étaient fait largement leur part, et les Espagnols avaient probablement perdu plus de 20 millions ².

1. *Actes de la paix de Ryswick*, t. Ier, p. 460, 490.
2. Quincy, t. II, p. 354-388. — Le chef d'escadre Nesmond fit, pendant ce temps, pour 6 millions de prises sur les Anglais.

Ce n'était là toutefois qu'un lointain épisode de la guerre : l'Espagne fut frappée de plus près et sur son propre sol. La guerre de Catalogne avait pris un caractère tout nouveau. Le duc de Vendôme, avec une trentaine de mille hommes, s'était présenté, le 6 juin, devant Barcelone, pendant que le vice-amiral d'Estrées fermait le port avec dix vaisseaux et frégates, trente galères et deux galiotes à bombes, et débarquait l'artillerie de siége et les approvisionnements de l'armée. Les assiégeants ne pouvaient s'avitailler par terre, à cause des miquelets qui interceptaient toutes les routes : le siége eût été impossible si les Français n'eussent été maîtres de la mer. Ils le furent. Les Anglo-Bataves, appelés par les Espagnols, ne parurent pas. L'entreprise était néanmoins bien difficile encore : il fallait, pour y donner chance, toute l'audace de Vendôme, tout l'élan qu'il savait inspirer à l'armée; douze mille soldats, que renforcèrent quatre mille miliciens triés parmi les Barcelonais comme les plus attachés à la cause espagnole, défendaient la place : une douzaine de mille hommes occupaient deux camps à peu de distance, l'un, composé de cavalerie, aux bords de Llobregat, l'autre, d'infanterie et de miquelets, sur les montagnes; ils communiquaient librement avec Barcelone par la citadelle du Mont-Juich, que Vendôme n'avait pu investir en même temps que la ville, faute de forces suffisantes. Rien ne rebuta les assiégeants : la tranchée fut ouverte, le 15 juin, devant la Vieille-Ville [1] : du 4 au 6 juillet, le chemin couvert fut emporté après deux assauts sanglants, les galiotes secondant l'armée de terre en lançant des bombes sur la ville; le 14 juillet, deux gros détachements français assaillirent à l'improviste les deux camps espagnols, les emportèrent et rejetèrent les deux corps ennemis, l'un au delà du Llobregat, l'autre sur la cime des montagnes (14 juillet). Une partie de la cavalerie battue parvint à se jeter dans Barcelone; mais les Français n'en prirent pas moins d'assaut deux bastions le 22 juillet. Il n'avaient plus devant eux que la vieille mais forte enceinte du moyen âge, qui fermait la gorge des bastions. On l'attaqua par la sape et la mine. Le 5 août, les mines étant prêtes à jouer, Vendôme fit sommer la place. Le gou-

---

1. Barcelone est divisée en Vieille-Ville, Nouvelle-Ville et Mont-Juich.

verneur avait reçu de Madrid l'ordre de ne point attendre la dernière extrémité pour capituler ; la capitulation fut signée le 10 pour la ville et pour le Mont-Juich. Sept mille soldats, reste de la garnison, sortirent avec trente-six canons et mortiers ; la ville conserva ses priviléges et ses institutions, sauf l'inquisition, que Vendôme ne voulut pas s'engager à maintenir. L'armée du destructeur de l'Édit de Nantes avait pour chef un de ces hommes qui commençaient à opposer à l'esprit de persécution un scepticisme et une indifférence systématiques, et qui rachetaient en quelque sorte, par des sentiments d'humanité sincères, le scandale de leurs mœurs épicuriennes [1].

La conquête de Barcelone avait coûté huit ou neuf mille hommes ; mais elle fut décisive. La monarchie espagnole craquait : l'Aragon était prêt à se soulever ; la Castille demandait la paix à grands cris. Le parti qui ne voulait pas sacrifier l'Espagne aux intérêts autrichiens, longtemps comprimé par la reine et par les agents de l'empereur, avait pris le dessus dans le cabinet de Madrid avant même que Barcelone eût succombé, et avait mieux aimé faire rendre cette grande cité que de la laisser emporter d'assaut. Les ministres, malgré la reine, demandèrent une trève : déjà des instructions pacifiques avaient été envoyées au plénipotentiaire espagnol à Ryswick. Le terme fixé par la France pour l'acceptation de l'ultimatum expira sur ces entrefaites : le 1er septembre, la France signifia aux alliés qu'elle ne voulait point profiter de ses avantages ni retirer ses offres ; que, cependant, elle les modifiait sur un point, c'est-à-dire qu'elle n'offrait plus à l'empereur et à l'Empire le choix entre Strasbourg et un équivalent, mais qu'elle rendrait Freybourg et Brisach et garderait Strasbourg, en rasant Kehl et les forts des îles du Rhin, de manière à ce que le chenal du fleuve redevînt libre : tous les ponts construits sur le Rhin seraient détruits, sauf la partie du pont de Fort-Louis entre la rive gauche et le fort ; la France garderait Fort-Louis ; la tête de pont de Philipsbourg sur la rive gauche serait détruite. La frontière du Rhin, qui avait été dépassée par la France, serait ainsi exacte-

---

1. Tous n'avaient pas cette licence de mœurs, comme nous le verrons du plus illustre, de Bayle. — Nous reviendrons sur Vendôme et sur la société du Temple. — Sur le Siége de Barcelone, V. Quinci, t. II, p. 329-350.

ment rétablie de Huningue à Landau. Si la France se fût prononcée sur Luxembourg comme sur Strasbourg et qu'elle eût signifié la résolution de garder Luxembourg moyennant la cession de quatre villes belges qu'elle avait proposée en équivalent, il est probable que l'Espagne eût cédé. Les contemporains accusent le premier plénipotentiaire, Harlai, d'avoir perdu cette grande question par sa faiblesse.

Le 20 septembre fut fixé comme terme pour accepter l'ultimatum ainsi modifié. Dans l'intervalle, les alliés protestants intercédèrent auprès de Louis XIV pour le rétablissement des protestants français en leurs droits, priviléges et liberté de conscience. Une requête anonyme très-touchante avait été en même temps adressée à Louis de la part de ses « fidèles sujets de la religion que les édits nomment prétendue réformée. » Les plénipotentiaires français passèrent outre. Les alliés n'avaient tenté cette intervention que par bienséance et sans espoir de succès[1].

Le 20 septembre, à minuit, les Hollandais signèrent la paix les premiers. Ils rendirent Pondichéri à la compagnie française des Indes-Orientales. Au traité de paix fut joint, comme à Nimègue, un traité de commerce conclu pour vingt-cinq ans. Les conditions de Nimègue étaient renouvelées et fort améliorées encore pour la Hollande. L'égalité de traitement, quant au commerce, entre les sujets des deux états, était interprétée par la suppression de tout droit d'ancrage sur les navires hollandais, par l'autorisation aux navires hollandais de faire le trafic du Levant à Marseille et dans nos autres ports, et d'importer librement le hareng. Le tarif de 1664 était expressément rétabli. Quand l'un des deux états serait en guerre, les sujets de l'autre étaient autorisés à exercer par mer, avec les ennemis de la partie guerroyante, non-seulement le commerce direct, mais le commerce d'un port ennemi à un autre (c'était ce que les Danois et les Suédois n'avaient pu, tout récemment, obtenir de l'Angleterre et de la Hollande). Le droit de 50 sous par tonneau était aboli sur les navires hollandais, à moins qu'ils ne chargeassent dans un port de France pour un autre port français. C'était là un pacte bien désavantageux à notre marine,

---

1. *Paix de Ryswick*, t. II, p. 512; III, p. 47-101. — Saint-Simon, t. II, p. 40. — *Mém.* du comte de Harrach (ambassadeur d'Autriche à Madrid), t. I, p. 74 et suiv.

livrée, sans aucune protection, à une concurrence écrasante.

Les Anglais signèrent immédiatement après. Leur traité obligeait Louis XIV à n'assister directement ni indirectement aucun des ennemis du roi de la Grande-Bretagne, et à ne favoriser en aucune manière les cabales, menées secrètes et rebellions qui pourraient survenir en Angleterre. Le commerce entre les deux nations fut rétabli aux conditions antérieures. On se rendit réciproquement ce qu'on s'était pris en Amérique [1]. La France recouvra la moitié de l'île Saint-Christophe; les Anglais purent relever leurs établissements de Terre-Neuve.

Un troisième traité fut signé, dans la même nuit, entre la France et l'Espagne. La France faisait, sans compensation, des restitutions immenses : c'étaient la moitié de la Catalogne, la ville et duché de Luxembourg et comté de Chini, Charleroi, Mons, Ath, Courtrai, avec leurs dépendances, et les dépendances de Namur; enfin Dinant; cette dernière place rendue à l'évêché de Liége [2].

Aux trois traités était annexé un article séparé par lequel la France accordait à l'empereur et à l'Empire un nouveau délai jusqu'au 1er novembre pour accepter l'ultimatum. Une suspension d'armes fut en même temps convenue. L'empereur sentit l'inutilité de prolonger la lutte, puisque l'Espagne avait cédé et que la question de la succession espagnole était écartée. Laisser expirer le dernier délai, c'était se faire retirer pour le moins Freybourg et Brisach. Après avoir chicané le terrain sans grand succès jusqu'à la fin de la trêve, le 30 octobre, les plénipotentiaires de l'empereur et de l'Empire se déclarèrent prêts à signer. Les Français présentèrent alors une nouvelle clause portant que, dans tous les lieux qui seraient rendus à l'Empire, la religion demeurerait en l'état où elle se trouvait présentement, c'est-à-dire que l'exercice du culte

---

1. Le traité stipulait la restitution du fort Bourbon ou Nelson et des autres lieux de la baie d'Hudson enlevés par les Anglais aux Français : cet article fut inutile; au moment où l'on signait le traité, le brave Canadien d'Iberville venait de reprendre le fort Bourbon, après avoir soutenu dans la baie un des plus beaux combats de nos annales maritimes. Avec un seul vaisseau de 50 canons, il avait coulé un vaisseau anglais de 52, pris une frégate de 32 et mis en fuite une autre frégate d'égale force (septembre 1697). Il avait, l'année précédente, de concert avec Brouillan, commandant des postes français de Terre-Neuve, détruit le bourg et le fort de Saint-Jean, principal établissement des Anglais dans cette grande île.

2. *Actes de la paix de Ryswick*, t. III, p. 162-281.

catholique serait maintenu là où les Français l'avaient établi. Les protestants allemands, soutenus par le médiateur suédois, déclarèrent que c'était là une violation du traité de Westphalie et refusèrent de signer. Les plénipotentiaires de l'empereur et des princes catholiques signèrent; les représentants de quelques princes et villes protestantes voisines du Rhin cédèrent à la peur des armes françaises et suivirent cet exemple. Six semaines furent accordées aux autres protestants pour donner leur signature.

Par le traité du 30 octobre, la France rendait tous les lieux situés hors de l'Alsace qui avaient été occupés tant par ses armes durant la présente guerre, qu'auparavant par voie d'union et de réunion, le roi cassant tous les décrets, arrêts et déclarations faits et publiés sur ce sujet par les chambres de Metz et de Besançon et par le conseil de Brisach. Les restitutions et cessions comprenaient Trèves, Germersheim, Deux-Ponts, Veldentz, Montbéliard, Kehl, Freybourg, Brisach [1], Philipsbourg, l'empereur et l'Empire cédant en échange Strasbourg au roi de France en toute souveraineté. La France s'obligeait à démolir toutes les fortifications qu'elle avait élevées sur la rive droite du Rhin et à rendre les terrains aux anciens possesseurs; de plus, à raser les fortifications qu'elle avait faites à Trarbach et Mont-Royal, sur la Moselle, et à Kirnbourg, sur la Nahe, l'Empire rasant, de son côté, la tête du pont de Philipsbourg et les fortifications construites par les Français à Ebernbourg, sur la Nahe. Louis XIV avait consenti à se relâcher un peu de la rigueur du traité de Nimègue vis-à-vis de l'héritier du duché de Lorraine, neveu de l'empereur par sa mère; il rendait au jeune duc Léopold son héritage dans l'état où Charles IV l'avait possédé avant la conquête française de 1670, c'est-à-dire qu'il rendait Nanci, mais en laissant seulement subsister les remparts de la Vieille-Ville et en rasant tout le reste des fortifications sans qu'on pût les rétablir; il gardait Marsal, place intérieure propre à tenir la Lorraine en bride, et de plus Sarre-Louis, place frontière qui séparait la Lorraine des provinces germaniques; il

---

1. Louis XIV s'engagea même, en cédant Brisach, à faire démolir la Ville-Neuve ou Neuf-Brisach, bâtie sur la rive gauche du Rhin en face le Vieux-Brisach, avec le fort de l'île du Rhin, entre les deux villes. La France garda seulement, sur la rive gauche, le fort appelé le Mortier.

rendait Bitsche et Hombourg démantelés, sans qu'on pût les rétablir, et gardait Longwi en échange d'un domaine de pareille valeur dans un des Trois-Évêchés; enfin, il ne réclamait plus, comme à Nimègue, quatre grandes routes stratégiques à travers la Lorraine et se contentait que le passage fût toujours ouvert à ses troupes. La maison de Lorraine fut ainsi rétablie dans ses états après vingt-sept ans d'exil. L'empereur, de son côté, rendit au cardinal de Fürstenberg, évêque de Strasbourg, et à ses parents et amis, tous leurs droits, biens et honneurs, le prince Clément de Bavière demeurant en possession de l'électorat de Cologne. L'électeur palatin s'obligea de payer à la duchesse d'Orléans 200,000 fr. par an pour ses droits héréditaires, en attendant que le pape eût prononcé comme arbitre sur le fond de la question.

Les princes et états protestants, ne pouvant lutter seuls contre la France, finirent par se résigner au rétablissement du culte catholique dans les lieux restitués, mais en gardèrent longue rancune à l'empereur [1].

Ainsi se termina cette vaste guerre, dans laquelle les deux partis avaient déployé, sur terre et sur mer, des forces incomparablement plus grandes que toutes celles qu'avait jamais vues en mouvement l'Europe moderne : les armées prenaient des proportions effrayantes; la France, pour tenir tête à la coalition, avait presque doublé son état militaire depuis la Guerre de Hollande [2]. Le résultat de ces gigantesques efforts avait été pour elle une gloire stérile : seule contre l'Europe presque entière, elle avait continué de vaincre; mais elle avait vaincu sans accroître sa puissance. Pour la première fois, au contraire, depuis l'avènement de Richelieu, elle avait reperdu du terrain et reculé dans l'œuvre de son complément territorial. Elle se retrouvait, en 1697, fort en deçà de 1684, et retournée aux limites de 1678, si ce n'est qu'elle avait acquis une grande position défensive, Strasbourg, en échange de positions offensives, ce qui était un avantage pour la vraie politique.

1. *Paix de Ryswick*, t. IV, p. 15-121.
2. Dans la Guerre de Hollande, la France avait armé deux cent quarante mille soldats, dont quatre-vingt mille cavaliers et dragons, et cinquante vaisseaux, sans les galères. Dans la Guerre de la Ligue d'Augsbourg, elle avait compté près de quatre cent cinquante mille combattants et plus de cent soixante vaisseaux et grosses frégates au-dessus de quarante canons.

La France s'était épuisée à vaincre. Ce qui pourtant l'avait amenée à céder, c'était moins encore la lassitude et la misère de son peuple, ou la ténacité de ses ennemis (ils ne souffraient guère moins qu'elle!), que les arrière-pensées de son roi. L'intérêt direct et territorial de la France avait été sacrifié aux plans d'une ambition dynastique qui se rattachait toutefois indirectement à la grandeur de la France plus ou moins bien comprise. Tout le reste du grand règne ne sera plus autre chose que le développement et l'application de ces plans destinés à coûter si cher à nos ancêtres.

LIVRE LXXXVIII

LOUIS XIV (SUITE)

Mouvement intellectuel et moral. — Les lettres, les sciences et les arts à la fin du xviie siècle et a l'entrée du xviiie. — État des croyances et des idées. — Puget. — La Bruyère. Racine à Saint-Cyr. Esther et Athalie. Fin de la grande poésie classique. — Lesage. — Querelle des anciens et des modernes. Fontenelle et Perrault. — Société du Temple. Esprits forts. — Erudition, Droit. L'abbé Fleuri. Montfaucon. Laurière. Domat. — Sciences exactes et naturelles. Delisle. Tournefort. — Réaction des grands génies étrangers sur la France. Newton. Leïbniz. — Marche du cartésianisme. Malebranche. Spinoza. Locke. — Derniers temps de Bossuet. Ses combats contre les novateurs et les protestants. Jurieu. Richard Simon. Fénelon et l'éducation du duc de Bourgogne. Télémaque. Madame Guyon Quiétisme. Lutte de Bossuet et de Fénelon. Disgrâce de Fénelon. — Bayle. Invasion du Scepticisme. — Mort de Bossuet.

1683 — 1715.

Le traité de Ryswick, salué par les peuples épuisés comme la promesse d'un long repos, ne doit être qu'une trêve entre deux immenses guerres. Ce court intervalle suspend la marche des événements. Nous en profiterons pour jeter les yeux sur une autre face de l'histoire et pour ne pas laisser l'histoire des idées en retard sur l'histoire des faits.

Nous avons vu la France intellectuelle du xviie siècle naître et grandir : nous l'avons contemplée ensuite dans son complet épanouissement ; nous allons assister à sa décadence et à sa décomposition, encore ralenties par de glorieux efforts, et voir poindre un autre siècle et une nouvelle société. Le caractère distinctif de la période précédente, c'était l'identification du grand siècle avec le Grand Roi. Le soleil royal était le centre d'attraction de tout ce système planétaire dans lequel se mouvaient tant d'astres éclatants. Il n'en sera plus ainsi. Le soleil de Louis XIV décline : les étoiles qui lui faisaient cortège s'éteignent les unes après les autres ; les astres nouveaux qui s'élèvent n'appartiennent plus à son influence et quelques-uns sont comme les précurseurs d'un monde ennemi.

Parcourons les divers domaines de la pensée, de la science et de l'art, et voyons où en sont le cœur et l'esprit de la France.

Les beaux-arts ont été frappés les premiers, dans la personne du chef d'école qui les avait si rigoureusement disciplinés. Lebrun est mort dès 1690. Louis XIV ne peut le remplacer. Personne n'a plus cette inépuisable fécondité, ni cette force de domination, quoiqu'il reste un artiste supérieur à Lebrun en tant que peintre, ce Jouvenet qui rappelle en quelque manière le Véronèse par l'étendue de ses compositions, artiste grave et sage avec une certaine majesté, qui est à Poussin et à Lesueur ce que sont les Carraches et le Dominiquin à Léonard et à Raphaël. Le premier de nos maîtres du second ordre, Jouvenet, est l'intermédiaire, non par les années, mais par le style, entre Poussin et Lebrun; s'il a perdu la noblesse et l'ampleur de geste qui signalent le premier, il est plus vrai, plus simple, plus profond que le second. Souvent faible d'exécution, il ne rend pas tout ce qu'il sent, mais il a de grandes intentions [1].

Lorsque le domaine de Lebrun est démembré après sa mort, ce n'est pas Jouvenet, mais l'octogénaire Mignard, l'élégant portraitiste des dames de la cour, qui reçoit du roi la direction officielle de la peinture, de même que ce n'est pas le vieux Puget, mais Girardon, le docile lieutenant de Lebrun, qui est nommé inspecteur des ouvrages de sculpture. Trop fier et trop grand pour plier sous Lebrun, Puget avait passé sa vie loin de la cour, tantôt en Provence, sa terre natale, tantôt à Gênes, sa seconde patrie. Louis XIV savait pourtant bien, suivant l'altière expression de l'artiste lui-même, « qu'il n'y avoit pas en France plusieurs Pugets. » Colbert avait fait rappeler Puget de Gênes à Toulon, en 1669, pour lui donner à diriger la décoration des vaisseaux du roi : en 1683, on lui acheta, pour Versailles, son fameux *Milon de Crotone* : *l'Andromède* fut envoyée de Marseille en 1685 : le roi accueillit dignement le fils de l'artiste, qui lui avait amené ce beau

---

1. Né en 1647, à Rouen; mort en 1717. Ses principaux ouvrages sont la *Descente de croix*, la *Madeleine chez le Pharisien*, les *Vendeurs du temple*, la *Pêche miraculeuse* et la *Résurrection de Lazare*.

groupe : « — Monsieur, » lui dit-il, « votre père est grand et
« illustre ; il n'y a personne dans l'Europe qui le puisse égaler. »
Louis laissa cependant le grand sculpteur dans la gêne à Marseille. Puget ne parut à Paris et à la cour qu'en 1688 et retourna
mourir à Marseille, en terminant son bas-relief de la *Peste de
Milan* (1694).

Le vieux Mignard disparut bientôt après et eut pour successeur, dans la direction des ouvrages de peinture, un homme qui,
comme lui, excellait surtout dans les portraits de femmes, Largillière (1695). Mignard et Largillière avaient eu pour rival un
artiste d'un talent moins délicat et plus vigoureux, Rigaud, qui
s'illustra en léguant à la postérité les vivantes images de plusieurs
des grands hommes du siècle.

Louis ne laissait pas non plus la sculpture, ni la grande peinture murale et de décoration, manquer d'objet ni d'ouvrage. Il
avait beaucoup réduit, mais non interrompu la dépense des bâtiments pendant le fort de la guerre : après la guerre, il s'était mis
en devoir d'achever Versailles et les Invalides, par la construction
de la chapelle et du dôme ; il modifiait, il augmentait Marli, malgré les représentations un peu timides de madame de Maintenon [1] ; il recevait de la ville de Paris le somptueux hommage d'un
colosse équestre en bronze sur la nouvelle place Vendôme (1699 [2].
Jouvenet, Coypel, La Fosse, les Boullongne, couvraient de vastes
compositions la chapelle de Versailles et l'église des Invalides :
Coisevox, les deux Couston, Lepautre, Van-Clève, peuplaient de
statues les bosquets de Marli. De remarquables talents soutenaient
donc encore l'honneur de l'école française ; cependant le goût
s'altérait peu à peu. Le portrait, genre difficile et profond, mais
que le positif de son objet préserve des altérations auxquelles est
exposé l'idéal de l'art, acquérait une assez grande supériorité relative, bien que Largillière et Rigaud fussent loin d'atteindre à la

---

1. « On fait encore ici un corps de logis..... Marli sera bientôt un second Versailles. Je n'ai pas plu dans une conversation sur les bâtiments. Ma douleur est d'avoir fâché sans fruit. Il n'y a qu'à prier et souffrir ; mais le peuple, que deviendra-t-il ? » Lettre de madame de Maintenon, du 19 juillet 1698. V. *Revue rétrospective*, t. II, p. 337.

2. Cette statue, fondue par Keller sur le modèle de Girardon, a été détruite à la Révolution.

hauteur des Titien et des Rembrandt. La forme s'amollissait et se maniérait chez la plupart des peintres et des sculpteurs : l'ampleur et la gravité, qui avaient signalé le Siècle de Louis XIV tendaient à dégénérer en cette grâce affectée qui annonce la décadence des arts et qui avait déjà paru un moment chez nous à la fin du xvi° siècle : l'ornementisme se contournait et se tourmentait en recherches mesquines : la sculpture s'égarait dans l'abus des détails et perdait la belle simplicité des lignes et des ajustements. L'esprit du xvii° siècle s'éteignait dans les arts avant que le Grand Roi fût descendu au tombeau.

La poésie et les lettres avaient encore vu de beaux jours depuis la splendide époque dont nous avons essayé de retracer l'esquisse[1]. Nous nous étions arrêté au moment où Molière venait de disparaître, où Racine atteignait la perfection de son art avec *Phèdre*, où La Fontaine et Boileau avaient produit leurs fruits les plus précieux. Quelques années s'étaient ensuite écoulées sans enfanter d'œuvres capitales, le mouvement littéraire s'entretenant toutefois par la publication d'une foule d'ouvrages qui reproduisaient, à un moindre degré, les qualités essentielles de la littérature régnante, l'ordre, la clarté, le jugement et cette belle langue qui fait reconnaître, dès la première page, les écrits de cette génération.

La scène comique avait été quelque temps abandonnée à des talents inférieurs : au bout d'une vingtaine d'années, il y reparut quelque chose du génie de Molière, au moins à la surface : on crut y entendre résonner parfois le dialogue éclatant du maître. C'était ce Regnard, dont les romanesques aventures avaient rappelé celles de l'auteur de *Don Quichotte* et qui, après avoir passé sa jeunesse à errer de l'Atlas à la mer Glaciale, revint consacrer son âge mûr à la scène française. Regnard fut, quoique à bien longue distance, l'héritier direct et apparent de Molière; cependant un prosateur étranger au théâtre eut peut-être plus de part effective à l'héritage. Nous voulons parler de l'auteur des *Caractères*[2], de l'imitateur et du vainqueur de Théophraste. Si Regnard tient à Molière par la forme, La Bruyère y tient par le fond : si le

---

1. V. t. XIII, p. 180 et suiv.
2. *Les Caractères de Théophraste, traduits du grec, avec les Caractères ou les Mœurs de ce siècle*, parurent en 1688; les éditions suivantes furent beaucoup augmentées.

Joueur (1696) rappelle la vigueur comique et le naturel exquis de Molière, le *Directeur*[1] semble un type échappé à l'auteur du *Tartufe*. Le cachet de La Bruyère, c'est l'observation philosophique d'un penseur sagace et d'un admirable écrivain, qui recueille et inscrit sur ses tablettes, en caractères ineffaçables, les traits épars de la vie morale, mais sans songer à les assembler pour en composer une création d'art. Le cachet de Regnard, c'est la verve franche et brillante d'un artiste qui sent et qui peint plus qu'il ne pense et qui, pourvu qu'il se joue librement à la surface des choses et qu'il anime à sa fantaisie les faciles créations de sa veine dramatique, se soucie peu de sonder les profondeurs de l'âme humaine. Il eût fallu fondre ensemble ces deux hommes pour donner à Molière, non un rival, mais un successeur.

La Bruyère procède à la fois de Molière, de La Rochefoucauld et de Nicole. Quoique souvent rigoureux pour l'homme, il n'a pas le parti pris de La Rochefoucauld : il est, par conséquent, plus juste et plus vrai. Modèle de style, il fournit le type le plus excellent et le plus original de la phrase purement française et dégagée de tout reste de latinisme, mais il pousse un peu loin cet excès de correction, ce purisme qui va jusqu'à condamner les libertés de la grande versification de Molière. En philosophie, il s'arrête à mi-chemin entre l'indépendance de Molière et l'onction charitable et soumise de Nicole. Dans les questions politiques et sociales, quelquefois rétrograde, il a aussi quelques échappées hardies : quand il loue le roi, c'est sans emphase et avec dignité, et il fait, vis-à-vis du pouvoir absolu, des réserves dont on lui doit tenir grand compte[2]. Il combat fort spirituellement ceux qui prétendent interdire aux femmes la culture de l'esprit. En somme, ainsi que La Rochefoucauld, et à meilleur titre, il a eu l'insigne gloire de s'immortaliser par un petit volume.

1. *Les Caractères*, etc.; 8ᵉ édit.; 1691; p. 149.
2. « Dire... que le prince est maître absolu de tous les biens de ses sujets, sans égards, sans compte ni discussion, c'est le langage de la flatterie ; c'est l'opinion d'un favori qui se dédira à l'agonie. » *Caractères*, 8ᵉ édition, p. 398. Il ne savait pas que Louis XIV avait écrit de sa propre main la maxime qu'il combattait si franchement. Et ailleurs : « Le faste et le luxe dans un souverain, c'est le berger habillé d'or et de pierreries, la houlette d'or en ses mains ; son chien a un collier d'or, etc..... Que sert tant d'or à son troupeau, ou contre les loups ? » P. 399. « Le peuple manque d'esprit ; les grands manquent de cœur ; décidément je me fais peuple. »

Tandis que Regnard soutenait la haute comédie, un comédien-auteur, Dancourt, déployait dans la farce une verve et une originalité qui ne permettent pas de l'oublier dans l'histoire des lettres. La comédie gardait ainsi un certain éclat, bien que descendue des sommets où l'avait portée Molière et sur lesquels personne ne devait plus gravir. La tragédie avait fait plus. Elle avait, pour un moment, retrouvé les jours immortels de *Polyeucte* et de *Phèdre*.

La tragédie, c'était Racine, et Racine avait été, pendant douze ans, perdu pour le théâtre. Depuis *Phèdre* (1677), sa muse avait gardé un opiniâtre silence. Était-ce la crainte de ne plus pouvoir s'égaler lui-même, de redescendre, comme avait fait son prédécesseur, le grand Corneille, qui l'arrachait de la carrière, à trente-sept ans, dans toute la fleur de son génie? Était-ce, comme on l'a prétendu, le dépit d'injustes critiques, bien compensées par la faveur du public et par celle du roi? La biographie de Racine et sa correspondance attestent qu'il fut entraîné par des sentiments d'une tout autre nature. Le souvenir des maîtres sévères qui avaient élevé son enfance le troublait souvent au milieu de ses triomphes mondains : âme tendre et religieuse, la vie extérieure la société des hommes, ne lui suffisait pas; il ne pouvait se passer de Dieu; or, la religion et l'art lui apparaissaient comme une antithèse inconciliable; il ne voyait la religion que sous la forme de l'inflexible jansénisme. Il se décida : il rompit avec sa gloire et, dans la première violence de la réaction contre sa vie passée, il voulut s'ensevelir dans une chartreuse pour expier ce qu'il nommait ses *crimes*, plus impitoyable qu'Antoine Arnaud lui-même, qui avait approuvé *Phèdre*. Sauvé de sa propre rigueur par un directeur sensé, il resta dans le monde et s'unit à une femme vertueuse, mais hors d'état de comprendre ce génie dont il reniait les fruits. Louis XIV l'empêcha d'abandonner entièrement les lettres, en le nommant son historiographe, pour moitié avec Boileau [1]; mais il abandonna sans retour les ébauches des pièces qui avaient été destinées à succéder à *Phèdre*, embryons de chefs-d'œuvre qui ne devaient jamais voir le jour! On n'eut pas même

---

1. En remplacement de Pellisson, passé à la direction des économats, c'est-à-dire à la caisse des conversions. Pellisson avait poussé l'histoire de Louis XIV jusqu'à la paix de Nimègue.

la faible compensation d'une œuvre historique : les travaux manuscrits de Racine et de Boileau sur l'histoire de Louis XIV ont péri dans un incendie.

Tout espoir semblait perdu : ce grand suicide semblait consommé, quand une inspiration qu'il faut à jamais bénir rouvrit la scène à Racine au nom de la religion même. C'est à madame de Maintenon que la reconnaissance en est due : cela peut faire pardonner bien des choses! Depuis quelques années, un bon sentiment avait porté madame de Maintenon à obtenir du roi la fondation d'un établissement réservé à une grande célébrité. Le souvenir de sa jeunesse si longtemps pauvre, dépendante, exposée, lui avait fait souhaiter de préserver les autres des périls qu'elle avait surmontés à si grand'peine. Elle réunit à Noisi, sous la direction de religieuses augustines, plusieurs filles de pauvres gentilshommes morts ou usés dans le service militaire, pour les y faire élever de sept à douze ans jusqu'à vingt, et fit mettre en commende la riche mense abbatiale de Saint-Denis pour en attribuer les revenus à la nouvelle maison, qui fut bientôt transférée à Saint-Cyr, près de Versailles (1686). Le nombre des pensionnaires fut porté à deux cent cinquante. Madame de Maintenon, qui avait, au plus haut degré, le goût et la faculté de l'enseignement, de la direction, de la discipline, et que son zèle à s'immiscer dans les affaires des couvents faisait accuser de vouloir s'ériger en *mère de l'Église,* devint du moins, en fait, la véritable supérieure de Saint-Cyr, fit de cette maison ses plus chères délices et y consacra tous les moments qu'elle put dérober au roi [1]. A l'exemple des colléges des jésuites, elle introduisit les exercices scéniques dans le plan d'éducation de ses jeunes filles et s'avisa un jour de leur faire jouer *Andromaque*, tandis que l'auteur d'*Andromaque* reniait son œuvre comme un péché mortel. Le contraste était piquant, mais le choix assez étrange : madame de Maintenon trouva que les jeunes pensionnaires avaient trop bien joué ce drame passionné

---

1. V. l'*Histoire de la Maison de Saint-Cyr*, de M. Th. Lavallée. — Nous avons parlé ailleurs de l'imperfection des diverses éditions des *Lettres* de Madame de Maintenon : M. Lavallée a donné récemment, en deux volumes aussi corrects et aussi restitués que possible, les *Lettres historiques et édifiantes* de cette femme célèbre ; il a publié également les *Conseils aux demoiselles* et les *Entretiens sur l'éducation des filles*, ce qui forme un ensemble qu'on pourrait intituler : *Œuvres* de madame de Maintenon.

et, cherchant un moyen d'accommoder ses scrupules tardifs avec les divertissements auxquels elle ne voulait pas renoncer, elle invita Racine à donner une forme dramatique à un sujet purement religieux, qui ne paraîtrait pas sur un autre théâtre que la pieuse maison de Saint-Cyr.

De cet incident naquirent deux créations impérissables. Racine put concilier son génie et sa foi.

Au commencement de 1689, avec *Esther* apparut dans Saint-Cyr une forme de tragédie à la fois nouvelle pour le xviie siècle et inspirée de l'antiquité. Racine, tout en quittant les sujets grecs pour les sujets de la Bible, s'était rapproché des formes et de l'esprit du théâtre d'Athènes infiniment plus qu'il ne l'avait encore fait. Les chœurs, cette grande voix du peuple et de l'humanité, qui domine les passions individuelles dans la tragédie antique, reparaissent dans *Esther*, moins prépondérants, mais plus essentiellement liés à l'action, et avec eux, la poésie lyrique et ses trésors oubliés [1]; la simplicité de l'action, la brièveté des proportions offrent un rapport de plus avec les anciens; la dévotion a dicté à Racine une sévérité que l'art avait naguère réclamée de lui en vain; le goût romanesque, les amours obligées, fléau de notre théâtre, ont disparu radicalement; l'art dramatique est purifié. La voici, la vraie tragédie lyrique dont Quinault n'avait montré que l'ombre! Ce n'est pas l'emportement sublime, le vol foudroyant de la poésie biblique; mais c'en est la simplicité profonde et la religieuse émotion; c'est la beauté la plus touchante et la plus harmonieuse; c'est de l'hellénisme chrétien.

Le roi, puis les princes, puis toute la cour, à tour de rôle, vinrent admirer *Esther* : voir *Esther*, n'était pas une moindre faveur que d'être admis à Marli [2]; le roi en personne présidait à l'admis-

---

1. Les stances du *Cid* et de *Polyeucte*, bien supérieures, il faut le dire, aux chœurs d'*Esther*, attestent le désir qu'eut Corneille de trouver place à l'élément lyrique dans la tragédie.

2. Il fallait une invitation spéciale pour suivre le roi dans ses retraites à Marli, où l'étiquette de Versailles était fort relâchée et où régnait une sorte d'intimité et de liberté relatives. — Aux représentations d'*Esther*, le roi faisait une liste comme pour les voyages de Marli. Il entrait le premier et se plaçait à la porte, tenant la feuille d'une main, et, de l'autre, levant sa canne, comme pour former une barrière. Il y restait jusqu'à ce que tous ceux qui étaient inscrits fussent entrés. — La troisième représentation fut destinée au P. Lachaise, à un certain nombre de prélats

sion des élus. Le prodigieux succès d'*Esther* à la cour fut contesté à la ville, quand la pièce parut imprimée : la ville s'était vue avec jalousie exclue de ce rare spectacle, et l'esprit d'opposition s'éveillait d'ailleurs. C'est à cet esprit qu'il faut attribuer ces allusions à Louvois, à la Révocation, etc., qui n'étaient point dans la pensée de Racine.

Le drame, dans *Esther*, avait peut-être perdu quelque chose de ce qu'avaient gagné la poésie et le lyrisme, quoiqu'on ait fort exagéré un prétendu manque d'intérêt dans ce bel ouvrage. Racine préparait un autre poëme qui ne devait pas encourir la même imputation, un second drame religieux, bien plus vaste, plus savamment ordonné, plus puissamment inspiré. En 1691, *Athalie* succède à *Esther*. Voltaire l'a proclamée le chef-d'œuvre de l'art : la postérité la plus reculée ne démentira pas Voltaire. Il n'y a jamais eu de composition scénique aussi accomplie dans toutes ses parties ; jamais les conditions du drame régulier, la plus difficile et la plus savante des formes de l'art, n'ont été si parfaitement remplies. Cette constante grandeur de situations, d'idées et d'images, qui transporte et maintient le spectateur dans une région si élevée pendant toute la durée de la pièce, ce sublime soutenu, est digne d'être comparé avec le sublime de trait qui éclate chez Corneille : on ne peut rencontrer dans les annales de l'art un plus beau sujet d'étude que de mettre *Athalie* en face de *Polyeucte*.

Athalie, pourtant, ne fut pas si heureuse qu'*Esther*. L'éclatant succès d'*Esther* avait été plus glorieux pour l'art dramatique que profitable à la discipline de Saint-Cyr : les rigoristes, et, à leur tête, le confesseur de madame de Maintenon, l'évêque de Chartres, Godet-Desmarais, s'étaient récriés, non sans quelque apparence de raison, contre l'inconvenance de donner ainsi les vierges de Saint-Cyr en spectacle à toute la cour. Madame de Maintenon n'osa passer outre. *Athalie* ne fut jouée que deux fois, sans costumes et sans décorations, devant le roi et quelques personnes choisies. Racine comptait du moins sur l'impression ; mais *Athalie*

---

et de jésuites, et à la fameuse madame de Miramion avec ses religieuses. « Aujourd'hui, » disait madame de Maintenon, « on ne jouera que pour les saints. » *Œuvres de J. Racine*, avec commentaires par Geoffroi, t. V, préface du commentateur, p. 8.

ne rencontra que des préventions défavorables ; on la lut peu ; cet ouvrage, qui devait être une des gloires de l'esprit humain, tomba sans bruit à la cour comme à la ville; il ne commença de se relever dans l'opinion qu'après la mort de l'auteur, qui descendit au tombeau en doutant de son œuvre. L'entière réhabilitation ne devait venir qu'après trente années, avec une génération toute différente, qui, bien que fort étrangère à la piété exaltée de Racine, jugea impartialement, au point de vue littéraire, *Athalie* enfin transportée sur le Théâtre-Français.

Un tel accueil fait à un tel ouvrage annonçait assez que le xviie siècle expirait et qu'il se préparait d'étranges nouveautés. C'était la tragédie biblique, la pièce dévote et protégée par madame de Maintenon, que repoussaient l'indifférence des uns, l'hostilité des autres. La dévotion régnait dans les faits; elle ne régnait déjà plus dans l'opinion.

Il ne s'était guère écoulé plus d'un demi-siècle entre le *Cid* et *Athalie* : l'ère de la tragédie française est enfermée entre deux termes. *Athalie* fut comme un immense jet de flamme qui éclaire tout le ciel, et après lequel tout retombe dans une nuit traversée çà et là de quelques douteuses lueurs. Racine ne laissa pas même, comme Molière, un Regnard après lui : des médiocrités dont le nom ne mérite pas les honneurs de l'histoire occupaient la scène tragique; au bout d'une quinzaine d'années, il parut un dramaturge à l'imagination forte et sombre, Crébillon; mais on ne peut guère dire que ce fût un écrivain ni un poëte[1].

Ce ne fut pas seulement la tragédie, mais la haute poésie, qui finit avec Racine. Racine mourut en 1699; La Fontaine l'avait précédé au tombeau (1695); Boileau survécut plusieurs années à ses amis (jusqu'en 1711), mais il se survivait à lui-même : il avait donné presque tous les heureux fruits de sa veine avant 1677, l'année de *Phèdre*. De 1692 à 1693, avaient disparu mesdames de La Sablière et de La Fayette, Pellisson et Bussi-Rabutin, ces deux derniers mentionnés ici comme deux des hommes qui ont le mieux manié la prose française; La Bruyère et madame de

---

1. *Atrée et Thyeste* est de 1707. — *Rhadamiste et Zénobie*, la plus fortement conçue des pièces de Crébillon, est de 1711. — Un autre ouvrage de mérite, le *Manlius* de La Fosse, est un peu antérieur; mais ce mérite n'est pas non plus celui de la poésie.

Sévigné moururent en 1696 : cette génération à jamais illustre s'éteignait lumière par lumière.

Un habile versificateur, qui avait retenu le vêtement, mais non l'âme de la poésie, remontée au ciel comme Élie sur le char de feu, et un excellent prosateur, qui fit descendre le roman d'un monde imaginaire dans le monde réel et qui porta également sur la scène son vigoureux sentiment de la réalité, marquent la dernière période des lettres sous Louis XIV ; ce sont Jean-Baptiste Rousseau et Lesage. Jean-Baptiste avait reçu tous les dons extérieurs du poëte, la pureté du langage, le nombre, le rhythme savant et harmonieux ; il ne lui manque que ce qui ne saurait se définir ni se remplacer, la vie, l'enthousiasme vrai ; quand il paraphrase les psaumes, la pensée biblique remplit le large moule de ses vers et peut faire illusion, quoiqu'on ne sente point là le souffle qui respire dans les chœurs d'*Esther* et d'*Athalie*; mais, s'il veut chanter ses propres pensées dans des odes originales, il ne sait plus évoquer d'autres muses que des allégories glacées, que des abstractions de rhéteur, à la voix sonore et creuse ; il chante à vide. Quoiqu'en aient dit ceux qui l'ont surnommé le *Grand Rousseau*, la grande poésie classique était bien morte.

Lesage, au contraire, atteignit complètement son but littéraire : après avoir débuté par un roman de mœurs qui signalait un rare esprit d'observation [1], il s'illustre par une comédie de caractère qui est à la fois un très-bon ouvrage et un acte de courage et de désintéressement. *Turcaret* (1709) est supérieur aux œuvres de Regnard et par le caractère et par le but : ce n'est plus ici l'art pour l'art ; Lesage, dédaigneux de ses intérêts privés, avait vaillamment attaqué les traitants échappés des mains de Colbert et redevenus plus puissants que jamais. Il a eu en récompense l'honneur si rare de créer un type. Lesage ne put, malheureusement, persévérer dans cette voie quasi aristophanesque : une nouvelle pièce qui touchait plus directement encore aux circonstances, *la Tontine*, ne fut pas jouée ; on ne toléra pas, d'un esprit qui allait au fond des choses, ce qu'on avait permis à Dancourt, qui ne songeait qu'à égayer le parterre aux dépens des incidents du jour.

---

1. *Le Diable boiteux* (1707).

Lesage se rejeta sur une autre forme littéraire et, encore, eut-il le soin d'habiller ses personnages à l'espagnole pour se donner toute liberté à leur égard. A *Turcaret* succède donc *Gil Blas*[1]; après une des meilleures comédies du théâtre moderne, le premier des romans français.

Gil Blas est sans doute inférieur à *Don Quichotte*, parce qu'il ne repose pas, comme l'œuvre de Cervantes, sur une profonde et idéale conception, et que sa donnée n'est qu'un cadre, mais quel cadre ! Ce *Gil Blas, ondoyant et divers,* ni bon ni mauvais, qui chemine par tant de conditions différentes et qui passe en revue la société tout entière, depuis le voleur jusqu'au roi, représente en quelque sorte la moyenne de la vie humaine. Ce cadre renferme un miroir universel où viennent se peindre tour à tour une série presque infinie de vivants portraits. Mais à toute cette réalité manque l'idéal; Lesage n'en substitue pas un véritable au convenu de l'ancien roman. *Gil Blas* est une œuvre qui ne saurait inspirer d'enthousiasme, mais qu'on relira tant qu'il existera des hommes de sens et de goût. C'est l'épopée qui convient à une époque prosaïque, telle que la première moitié du xviiie siècle.

Avant même que le déclin du Grand Règne soit devenu apparent, mille symptômes annoncent la transition d'une période à une autre toute différente. Une guerre littéraire qui agita les dernières années du xviie siècle en est un des signes les plus intéressants. La *Querelle des Anciens et des Modernes* fut à la fois une révolte plus ou moins légitime contre les opinions du temps et un développement logique de l'esprit du temps : ce fut au nom du xviie siècle et pour sa gloire qu'on leva l'étendard contre les anciens[2]. La raison affranchie de l'autorité traditionnelle, telle avait été la révolution opérée par le xviie siècle dans la métaphysique et dans la physique : on prétendit en faire autant dans les belles-lettres et dans les arts; on nia la supériorité des anciens dans le domaine de l'imagination; l'on ne voulut pas désormais relever d'Homère plus que d'Aristote : la question était cependant plus complexe; le xviie siècle n'avait point accepté la suprématie

---

1. Les deux premiers volumes sont de 1715; le troisième et le quatrième ne parurent que beaucoup plus tard, en 1734 et 1735.
2. Le *Siècle de Louis le Grand,* poème, par Ch. Perrault; 1687.

poétique des anciens par tradition, mais par raison et après examen. Deux esprits remarquables élevèrent le débat à une grande hauteur théorique. L'un était ce Charles Perrault, qui n'eut de talent littéraire qu'une seule fois, dans ces charmants *Contes des Fées*, où il donna une forme naïvement impérissable aux traditions gauloises qui berçaient l'enfance de nos aïeux ; c'était, d'ordinaire, un de ces remueurs d'idées auxquels la forme manque, faute apparemment d'une possession assez complète de l'idée, et qui ploient sous un fardeau de pensées, de connaissances, d'aspirations, trop fort pour leur génie ; hommes incomplets, mais originaux et parfois profonds. L'autre était le neveu du grand Corneille, Fontenelle, esprit qui contrastait singulièrement avec la gravité un peu lourde et diffuse de Perrault ; écrivain clair, vif et léger d'allure, philosophe et généralisateur dans le fond, au moins autant que Perrault, mais subtil et recherché de style jusqu'à la coquetterie, maniérant et raffinant la phrase noble et sérieuse du xviie siècle par une altération semblable à celle qui commençait à se produire dans les lignes de la statuaire, donnant enfin à la science le langage des ruelles, mais introduisant parmi les gens du monde, sous cette enveloppe frivole, les plus sublimes découvertes du génie moderne, la connaissance du système de l'univers et de l'infinité des cieux, l'hypothèse ou plutôt la certitude morale de la pluralité des mondes habités [1]. Perrault et Fontenelle se rattachaient tous deux à la génération littéraire du temps de Richelieu, par opposition à l'école de Racine et de Boileau, trop pure de forme et trop circonspecte d'esprit pour eux; mais Fontenelle, destiné à la plus longue carrière d'écrivain qu'aient vue les lettres, appartenait en même temps au passé et à l'avenir : enfant posthume de l'ère de Richelieu, il devait en quelque sorte passer par-dessus le siècle de Louis XIV pour donner la main au siècle de Voltaire.

Une grande pensée les frappa tous deux ; l'un l'a jetée rapidement dans sa courte et spirituelle *Digression sur les anciens et les modernes;* l'autre l'a délayée dans les quatre volumes de son *Parallèle des anciens et des modernes* (1692-1696). Ni l'un ni l'autre

---

1. *Entretiens sur la pluralité des mondes* (1686).

ne connaissait sans doute le passage inédit de Pascal sur le progrès des sciences, où Pascal compare le genre humain à « un même homme qui subsiste toujours et qui apprend continuellement. » Cette idée leur revint sous une forme plus complexe et avec un caractère plus général. Ils posèrent d'abord en principe que la nature était toujours identique à elle-même dans ses productions ; qu'elle enfantait nécessairement autant de génies supérieurs aujourd'hui qu'autrefois ; que les modernes, ayant de plus que les anciens le progrès des sciences et des arts, « qui sont un amas de règles et de préceptes toujours croissants », doivent être supérieurs, à égalité de génie. Le progrès, suivant eux, est continu, sauf les interruptions violentes des grandes guerres, des invasions barbares. Quand éclatent ces catastrophes, les sciences et les arts sont comme « ces fleuves qui viennent à rencontrer un gouffre où ils s'abîment tout à coup, mais qui, après avoir coulé sous terre... trouvent enfin une ouverture par où on les voit ressortir avec la même abondance qu'ils y étaient entrés[1]. » Le genre humain est pareil à un homme qui a passé par l'enfance et par la jeunesse, qui est parvenu à la virilité, mais qui n'aura pas de vieillesse ni de déclin. Nos pères étaient les enfants ; c'est nous qui sommes les anciens[2]. L'imagination a dominé d'abord seule, puis le développement de l'homme s'est complété ; mais l'homme n'a rien perdu de ce qu'il a jamais possédé : il fait aujourd'hui ce qu'il n'eût pu faire autrefois ; mais, ce qu'il a fait autrefois, il peut toujours le refaire.

Certes, il est impossible de n'être pas saisi par la grandeur de cette théorie, incontestable en ce qui regarde la marche des connaissances humaines, applicable au développement des sociétés comme au développement des sciences et au développement de la nature elle-même dans ses âges successifs comme au développement des sociétés. C'était le dogme nouveau des temps modernes qui commençait de se révéler. Perrault et Fontenelle étaient loin d'avoir mesuré toute la portée de leur idée. Par mal-

---

1. Ch. Perrault, *Parallèle des anciens*, etc., t. Ier.
2. *OEuvres* de Fontenelle, t. IV, p. 191. — Cette pensée avait déjà été exprimée par Bacon. Dans la première moitié du xviie siècle, quelques écrivains italiens et anglais avaient déjà contesté la suprématie littéraire des anciens, mais sans beaucoup d'éclat ni de succès. V. Hallam, *Hist. de la Littérature de l'Europe*, t. IV, c. IX, § 4.

heur, ils avaient abordé cette grande théorie du progrès continu précisément par le côté le plus contestable : ils avaient jugé les arts en savants et non en artistes; s'exagérant la valeur des *règles* et des *préceptes* dans les choses d'imagination et appréciant fort bien l'avantage plus réel que le développement des sentiments et des relations donne aux écrivains modernes, ils n'avaient pas compris, Perrault surtout, quelle immense compensation avaient trouvée les anciens dans l'élan de la poésie naissante, dans cette fraîcheur matinale de l'aurore des littératures, où tous les sentiments, toutes les idées essentielles et éternelles, ont été pour la première fois exprimés par la voix du poëte, où tout ce qui est devenu *lieux communs* était révélation et création. Nous ignorons ce que l'avenir réserve au genre humain, mais, si haut que se soient élevés les modernes, il est sûr que l'expérience ne permet pas jusqu'à présent de prononcer contre les anciens dans la poésie et les beaux-arts.

Nous n'exposerons pas ici les phases de la querelle littéraire [1]. Fontenelle, à défaut d'un goût pur, avait trop de finesse pour ne pas garder quelque mesure dans ses attaques; Perrault, plus hardi et moins habile, se montra tout à fait dépourvu de jugement littéraire et de sentiment de l'art, blasphéma tous les grands noms de l'Hellénie, Platon aussi bien qu'Homère [2] et que Pindare, et opposa aux anciens, non pas seulement Corneille et Molière, mais encore, mais surtout Chapelain, Scudéri et Quinault, « le plus grand poëte lyrique et dramatique qu'ait eu la France. » Bref, il souleva contre lui et son allié une effroyable tempête. Chose piquante et pourtant naturelle, ce furent, parmi les auteurs vivants les seuls dignes de rivaliser avec les anciens qui prirent parti pour les anciens, Racine, La Fontaine, La Bruyère, puis Boileau, qui finit par soutenir tout le poids de la guerre. Si les assaillants

---

1. V. l'intéressant ouvrage publié récemment par M. Rigaut : *Querelle des anciens et des modernes*.

2. Il est le premier qui ait exprimé des doutes sur l'existence même d'Homère et qui ait avancé que l'Iliade et l'Odyssée pourraient n'être « qu'une collection de plusieurs petits poëmes de divers auteurs. » C'était, dit-il, l'opinion d'excellents critiques : l'abbé d'Aubignac avait là-dessus des mémoires tout prêts. — *Parallèle*, etc., t. III, p. 32. Voss n'a fait que reprendre et commenter cette idée. C'était le commencement de cette redoutable critique moderne qui s'attaquait en même temps, nous le verrons tout à l'heure, à des objets plus périlleux encore.

n'entendent absolument rien à la poésie primitive, ce n'est pas que les défenseurs la comprennent fort clairement eux-mêmes. Boileau sent très-bien la beauté de la langue et des images chez Homère; mais, quant aux sentiments et à l'état social des temps homériques, il ne s'en rend guère plus compte que Perrault lui-même. Seulement, là où celui-ci accuse Homère de grossièreté et de trivialité, Boileau s'efforce de prouver que les termes dont Homère s'est servi étaient *fort nobles en grec* quoique ignobles en français, et il ne soupçonne pas que ces distinctions amenées par le raffinement des langues et des sociétés aient pu être ignorées dans la simplicité des âges héroïques [1]. Le xviie siècle, trop original pour bien apprécier l'originalité d'autrui, n'avait en rien cette compréhension du passé que nous possédons aujourd'hui : c'est le dédommagement des générations qui ne créent plus.

Les grands poëtes de Louis XIV avaient eu raison de défendre les anciens; car les hostilités ne tardèrent pas à tourner contre la poésie elle-même. On avait d'abord prétendu surpasser les anciens dans la poésie; on en vint, par un nouvel excès de l'esprit scientifique, à nier la poésie dans sa forme nécessaire. Déjà Fontenelle ne voyait dans les règles des vers que des difficultés arbitraires; bientôt après, un nouveau champion, La Motte-Houdart, esprit distingué, penseur ingénieux, mais qui, très-bon prosateur, avait eu le tort de se faire poëte *en dépit d'Apollon*, attaqua systématiquement la versification comme une vaine entrave et un ornement parasite de la pensée. Les novateurs eurent à cet égard un auxiliaire bien autrement redoutable que La Motte, un homme de génie qui prêcha d'exemple en faisant un poëme en prose, l'auteur de *Télémaque*.

Quelles qu'aient été les hérésies littéraires de Perrault et de ses amis, il ne faut pas méconnaître l'importance de leur rôle dans l'histoire de la pensée française. Perrault, moins brillant que Fontenelle, a obtenu moins de justice; pourtant, l'homme qui avait entrepris, dans son *Parallèle*, d'examiner « toutes les sciences et tous les arts, afin de voir à quel degré de perfection ils étaient parvenus dans l'antiquité, et ce que l'expérience du genre humain

---

1. V. les *Œuvres* de Boileau, édit. Lefèvre; 1834; t. III, p. 195, 262, 273.

y a depuis ajouté », cet homme, quoiqu'il n'ait pu remplir ce programme immense, n'était point assurément un esprit vulgaire. Si son nom se rattache à la décadence de la poésie, il se rattache, par compensation, au progrès de la philosophie, et l'on doit lui savoir gré d'avoir été en France un des apôtres du dogme de la perfectibilité, au moment même où Leibniz, en Allemagne, ramenant dans la philosophie le principe de la succession et du développement, c'est-à-dire de la vie elle-même, à côté de l'*absolu* de Descartes, donnait de ce même dogme de si magnifiques formules [1], non point en reniant les anciens, mais au contraire en les reliant aux modernes dans la chaîne continue de la pensée humaine [2].

La querelle littéraire n'était pas le signal le plus menaçant de la révolution qui commençait à s'opérer dans les esprits. Le petit groupe des *esprits forts*, dont nous avons signalé les origines [3], longtemps abrité dans l'ombre et le silence contre les splendeurs intolérantes du Grand Siècle, se ravivait, sortait de sa retraite, envahissait rapidement autour de lui. Le Temple était le quartier général; messieurs de Vendôme étaient les chefs et les hôtes [4] de cette société où régnaient les lettres et les plaisirs, la licence spirituelle et l'incrédulité. Le jeune duc de Chartres, neveu du roi, destiné à tenir une trop grande place dans l'histoire! le prince de Conti, si populaire par son esprit et sa bravoure, s'y rattachaient, sinon de leurs personnes, au moins par leurs sentiments. Chaulieu, La Fare, Saint-Aulaire, Vergier, madame Deshoulières, charmaient les soupers du Temple par le feu de leur esprit et par des vers piquants et faciles, où la poésie légère prenait déjà parfois ce tour et cette forme que Voltaire devait porter à la perfection. La Fontaine s'y plaisait fort. Fontenelle, assez éloigné alors de la circonspection un peu égoïste qui fut le cachet de sa longue

---

1. « Le contentement durable consiste dans un acheminement continuel à une plus grande perfection. — *Videtur homo ad perfectionem venire posse*. — Le présent, engendré du passé, est gros de l'avenir. »
2. V. sa lettre : *De Aristotele recentioribus reconciliabili*, à la suite de son édition de Nizolius.
3. Voir notre tome XII, p. 3 et suiv.
4. Le frère du duc de Vendôme habitait le Temple comme grand prieur de l'ordre de Malte.

vieillesse, touchait à ce cercle par ses tendances peu idéalistes et en obtenait les suffrages par ses *Dialogues des Morts*, où il se jouait de toutes les grandeurs de ce monde avec une légèreté sceptique, par son *Histoire des Oracles*, où sa négation des prodiges imputés au diable peut induire à contester d'autres miracles, et par son allégorie de *Mero et Enegu* [1], satire de l'église romaine qu'il fit imprimer en Hollande. La vieille Ninon et le vieux Saint-Évremont, retiré à Londres, étaient les patriarches de ce petit monde épicurien. Le progrès des opinions *libertines* et sceptiques était déjà assez notable quelques années avant la fin du xviie siècle, pour que La Bruyère, en sa qualité de philosophe chrétien, se crût obligé d'attaquer vivement les *esprits forts*, afin de compenser ses attaques contre les faux dévots et les directeurs de femmes.

Il ne faudrait pas cependant faire de tous les *esprits forts* de purs sceptiques ou des matérialistes : des vers fameux de l'abbé de Chaulieu, qui éleva quelquefois singulièrement le ton de sa lyre anacréontique, attestent que le déisme avait la voix haute au Temple, déisme, il est vrai, peu théologique, peu métaphysique, fort indulgent aux faiblesses humaines et tout semblable à celui qui devait régner plus tard à Fernei.

Quelques-uns de ces libres penseurs se *convertirent* sur leurs derniers jours. L'aimable et savante madame de la Sablière, qui, sur la fin de sa trop courte vie, écrivit un petit livre de morale religieuse (*Maximes chrétiennes*), avait donné l'exemple à son ami La Fontaine, moins sceptique par système qu'insouciant et qu'ennemi de toute gêne; La Fontaine n'avait d'opinions sérieusement négatives que sur quelques points de théologie et de politique où il repoussait, soit par raison, soit par sentiment, les doctrines officielles [2]. La Fontaine mourut très-pieusement, aussi naïf d'ailleurs dans sa pénitence que dans ses erreurs. Madame Deshoulières fit une fin semblable : cette femme-poëte, qui se qualifiait sans façon de *dixième Muse* (il y a eu beaucoup de ces *dixièmes Muses!*) avait mis par intervalles son talent agréable, aisé, quelquefois un peu faible et prosaïque, au service d'idées assez auda-

---

1. Anagramme de *Rome* et de *Genève*.
2. On se rappelle ses disputes avec Racine sur la monarchie absolue. Le dogme des peines éternelles lui inspirait la même répugnance qu'à madame de Sévigné.

cieuses, opposant volontiers la nature à la société et répétant *Tartufe* à sa manière dans sa pièce adressée au P. La Chaise, très-hardie malgré les compliments qui en font passer les hardiesses. Ces conversions sur le bord de la tombe n'arrêtèrent pas la propagation de la confrérie, nous ne disons pas de l'*école* incrédule : malgré les éclairs de Chaulieu, malgré la circulation d'idées atomistiques renouvelées d'Épicure et de Lucrèce à travers Gassendi et tournées par certains au pur matérialisme, idées qu'un prélat diplomate, l'abbé, depuis cardinal de Polignac, réfuta sur ces entrefaites en beaux vers latins (*l'Anti-Lucrèce*), il n'y avait pas encore là de doctrines constituées, d'école philosophique ; ce n'était guère encore qu'une protestation, qu'une *Fronde* antireligieuse à petit bruit, dont le pouvoir ne se préoccupait guère, absorbé qu'il était par les suites de la persécution protestante et par les tracas renaissants du jansénisme. On s'était donné trop d'affaires en persécutant les chrétiens hétérodoxes, pour avoir le loisir de songer aux gens qui ne croyaient pas en Jésus-Christ, ni même en Dieu. Louis XIV ne prenait pas cela au sérieux : il avait grand tort !

La science et les lettres orthodoxes produisaient encore des œuvres d'un mérite supérieur, qui pouvaient rassurer les gens dont le regard ne plongeait pas bien avant dans l'avenir. La religion ne semblait pas près de manquer de défenseurs. L'année 1691 avait vu poser les premières assises d'un grand monument historique et religieux, l'*Histoire Ecclésiastique* de l'abbé Fleuri, qui avait entrepris d'écrire les fastes entiers de l'Église catholique au point de vue gallican de Bossuet ; Fleuri poussa son immense ouvrage jusqu'au XVIe siècle. Il n'est peut-être pas de livre aussi utile pour l'histoire générale de l'Europe. Sauf Tillemont, à qui il avait emprunté la première pensée de son œuvre et bien des lumières, Fleuri n'a pas de rival au XVIIe siècle pour la critique historique : il est, pour la connaissance des premiers temps de notre histoire, c'est-à-dire de la transition du monde romain au moyen âge, fort au-dessus de son époque. S'il est un peu trop engagé peut-être dans la réaction de la renaissance et du gallicanisme contre le moyen âge, c'est, au fond, une louable aversion pour la superstition et pour l'esprit persécuteur qui le guide : il y a, dans ses Discours Préliminaires, si fermes et si substantiels, des choses hardies pour un écrivain aussi orthodoxe, par exemple la manière dont il s'exprime sur certaines dévotions récentes et sur les pays d'inquisition, qui sont aussi, dit-il, les pays des casuistes les plus immoraux [1].

A côté de l'histoire, dont Fleuri donnait un si estimable modèle, l'érudition, qui fournit la matière de l'histoire, continuait ses vastes travaux, surtout par les mains infatigables des bénédictins de la congrégation de Saint-Maur. Ducange n'existait plus : Mabillon achevait sa carrière, appuyé sur un digne collaborateur, Edmond Martenne, auteur de publications utiles et savantes sur les anciens rites de l'Église [2]; mais le vrai successeur des Ducange et des Mabillon devait être le père Montfaucon, pour l'ampleur de science et l'activité d'esprit. Montfaucon préludait, par d'importantes publications sur les origines grecques du christianisme, sur les pères grecs, sur Origène, sur Philon, à son magnifique ouvrage de *l'Antiquité expliquée*. D'autres bénédictins encore, Ruinart, l'éditeur de Grégoire de Tours, Denis de Sainte-Marthe, le dernier de cette famille des Sainte-Marthe si féconde en savants et l'auteur de la grande édition de la *Gallia-christiana*, méritent la reconnaissance de la postérité.

L'histoire ecclésiastique, avec tous les reflets qu'elle jette sur les autres parties de l'histoire, était, non pas l'unique, mais le principal objet de l'érudition bénédictine : un savant séculier, un jurisconsulte, Eusèbe de Laurière, rendait, pendant ce temps, des services très-considérables dans une autre direction. Il avait pris pour but l'étude des lois et des coutumes en France et en Europe, et il appliquait à ce grand objet une science et une sagacité dignes de Ducange. De nouvelles éditions annotées, perfectionnées, élucidées, de la *Coutume de Paris* et de ses commentateurs, des *Insti-*

---

1. T. XX, édit. in-12; Marriette; Introduction, p. 42.
2. Sa précieuse collection, intitulée : *Thesaurus anecdotorum*, ne parut qu'après la mort de Louis XIV. — Les principaux ouvrages de Mabillon, postérieurs à sa *Diplomatique*, sont : la *Liturgie gallicane* (1685), le traité des *Études monastiques*, contre l'abbé de Rancé, qui interdisait les lettres et les sciences aux moines (1691); la lettre sur le *Culte des saints inconnus*, contre les fausses reliques (1698). Il mourut en 1707, en travaillant aux *Annales de l'ordre de Saint-Benoît*, qui furent achevées par Martenne.

tutes coutumières de Loisel, du *Glossaire du droit français* de Ragueau et d'autres feudistes, plusieurs traités originaux, des plans immenses qui ne pouvaient être exécutés sans le patronage de l'état, signalèrent le zèle de cet homme éminent (1692-1715). Il avait fait le plan d'un nouveau *Coutumier général* de France, où il eût réuni toutes les coutumes, usances, statuts, fors, chartes, styles, lois de police, etc., expliqués et commentés. Ce gigantesque projet ne fut point exécuté; mais le ministre Pontchartrain, devenu chancelier de France en 1699, ayant résolu, à l'instigation de d'Aguesseau père, de faire réunir en un corps d'ouvrage les ordonnances des rois de la troisième race[1], en chargea Laurière et deux autres juristes. Laurière et ses collègues publièrent, en 1706, comme spécimen, la *Table chronologique des Ordonnances*; mais la guerre et la détresse financière firent suspendre, bientôt après, cette vaste entreprise, à laquelle on revint après la mort de Louis XIV et qui a été continuée par plusieurs générations de savants jusqu'à nos jours.

La science juridique fut illustrée, sur ces entrefaites, par une œuvre bien plus éclatante que ne pouvaient l'être les plus excellents travaux d'érudition. La philosophie du droit fut fondée en France par un philosophe chrétien, disciple tout à la fois, comme Arnaud et Nicole, de Descartes et de Port-Royal. Leibniz, à vingt-deux ans, avait ouvert la route, avec ce génie de synthèse universelle qui saisissait d'un coup d'œil tous les rapports qui relient le droit à l'histoire, à la philologie, à la philosophie générale : il avait proposé une méthode nouvelle pour disposer les matières du droit civil dans un ordre rationnel. Un esprit ferme et lucide accomplit ce que le génie avait indiqué : un modeste magistrat de province, vieilli dans un emploi subalterne[2], fut l'auteur du plus bel ouvrage de jurisprudence qui existe dans notre langue. Compatriote et ami de Pascal et des Arnaud, Domat fit partie de ce groupe puissant que donna l'Auvergne à la France du XVIIe siècle : enrôlé de bonne heure sous la bannière de Port-Royal, il s'était rangé, dans les questions dogmatiques, du côté le plus rigide et le plus opiniâtre, du côté de Pascal, qu'il aimait de la plus

---

1. Baluze avait publié, sous Colbert, les Capitulaires des deux premières races.
2. Avocat du roi au présidial de Clermont.

tendre amitié et qui mourut dans ses bras. Mais, en toute autre chose, l'esprit cartésien, l'esprit de la Méthode, l'avait profondément pénétré. Après s'être adonné, dans sa jeunesse, à la physique et aux mathématiques, il s'était renfermé dans la science du droit. Comme Leibniz, il était à la fois imbu d'un profond respect pour les grands jurisconsultes romains, qui lui semblaient les interprètes de l'équité naturelle, et choqué de l'absence totale d'ordre philosophique dans les compilations de Justinien, où se trouvent confusément entassées les règles et les maximes de ces grands hommes. Il résolut d'établir l'ordre dans l'étude du droit civil. Cette pensée le mena bien loin et bien haut. Pour ne pas substituer à la confusion une classification arbitraire, il comprit que ce n'était point assez de coordonner les règles du droit, si l'on ne remontait aux premiers principes de ces règles. — Quels sont ces premiers principes? — Pour les découvrir, il faut poser deux vérités premières ou définitions primordiales : 1° Les lois de l'homme ne sont que les règles de sa conduite; 2° cette conduite n'est autre chose que les démarches de l'homme vers sa fin. — La fin de l'homme, c'est Dieu; c'est-à-dire la possession de Dieu, qui est le souverain bien. — La première loi de l'homme est donc celle qui lui commande l'amour et la recherche de ce souverain bien. Cette première loi en renferme une seconde, qui oblige les hommes à s'associer et à s'aimer entre eux pour chercher ensemble leur fin commune dans l'unité suprême. C'est pour lier les hommes dans cette société que Dieu l'a rendue essentielle à leur nature. Comme on voit dans la nature de l'homme sa destination au souverain bien, on y voit aussi sa destination à la société. Les liens qui l'engagent à ces deux premières lois sont l'origine de toutes les lois. L'état réel de la société diffère étrangement de ce que devrait être son état normal; mais les lois premières n'en obligent pas moins, quoiqu'on les ait transgressées, et, pour bien comprendre ce qui est, il faut voir d'abord ce qui devrait être.

Sur le fondement des deux premières lois, Domat élève donc un plan idéal de la société. Il montre la loi du travail dérivée des deux premières lois et formant le lien social. Après le lien général qui unit tous les hommes, apparaissent des liens particuliers de deux espèces : 1° ceux qui se forment par suite de l'union de l'homme et de la femme, c'est-à-dire la famille; 2° les engagements et commerces de toutes sortes, en tête desquels, à l'exemple des sages de la Grèce, il place l'amitié, le premier des engagements libres. Tous les troubles de la société proviennent de la désobéissance à la première loi, à l'amour de l'homme pour Dieu, qui a entraîné la violation de la seconde, l'amour de l'homme pour l'homme. L'amour-propre s'est substitué à l'amour mutuel; mais Dieu a permis que ce principe de division devînt un lien par l'intérêt personnel même et qu'il réparât ainsi, du moins au point de vue de la société, une partie des maux qu'il avait causés. L'amour-propre, d'ailleurs, n'a pu étouffer les lumières de l'équité naturelle.

Domat distingue ensuite les lois immuables ou naturelles et les lois arbitraires, c'est-à-dire celles où le législateur a dû s'arrêter à des bases approximatives et sans certitude (par exemple, l'âge de majorité). Les lois arbitraires que nous observons, dit-il, sont comprises dans quatre sortes de livres, le droit romain, le droit canonique, les ordonnances et les coutumes; quant aux lois immuables et naturelles, leurs règles n'ont été recueillies que dans le droit romain. Puis il donne, sur les grandes divisions du droit, le droit des gens ou international, le droit public, le droit privé ou civil, des définitions plus claires et plus logiques que n'avaient fait les anciens. Il conclut par la nécessité de rétablir dans l'étude du droit romain un ordre naturel, c'est-à-dire déduit logiquement des premiers principes. Il rapporte toutes les matières du droit civil à deux espèces : les engagements, qui conservent l'ordre de la société dans tous les lieux, et les successions, qui le conservent dans tous les temps.

Le traité théorique des *Lois*, dont nous venons d'indiquer les principes, servit de préface à l'œuvre capitale de Domat, les *Lois civiles dans leur ordre naturel*. Les *Lois Civiles* parurent en 1694 sous les auspices du roi, qui, sur la recommandation de d'Aguesseau père et d'autres hommes considérables, avait appelé à Paris et pensionné l'auteur pour lui donner les moyens d'exécuter son projet. Pendant onze ans de séjour à Paris, Domat n'avait pas perdu un jour, malgré les douleurs de l'asthme et de la pierre. Quand on le pressait de prendre quelque repos : « Travaillons, disait-il : nous nous reposerons dans le paradis ». C'est une variante du mot fameux de son ami Arnaud. Presque septuagénaire en 1694, il survécut peu à l'éclatante apparition de son œuvre, qui fit dire à Boileau que la raison venait enfin de rentrer dans la jurisprudence. Le *Droit Public*, publié en 1697 après la mort de Domat, ajoute peu, devant la postérité, à la gloire de l'auteur des *Lois Civiles*; sauf ces axiomes généraux de morale qui se retrouvent là comme partout, comme dans la *Politique de l'Écriture sainte* elle-même, Domat ne fait guère, dans son *Droit Public*, que systématiser les faits de la société politique contemporaine. Il confond, comme Bodin, comme Grotius, comme Bossuet, le droit et le fait, la souveraineté et l'exercice du pouvoir, la permission divine et l'institution divine; il nie à la fois le droit individuel et le droit collectif des peuples à transformer leurs institutions. En un mot, la notion du progrès manque à ce noble esprit, qui a si bien conçu la distinction de l'idéal et du réel, du parfait et de l'imparfait, mais qui ne voit pas comment l'idéal et le réel peuvent se rejoindre, ou plutôt qui y renonce, ainsi que Pascal, pour ce monde déchu. On peut aussi lui reprocher une lacune importante dans la définition des liens sociaux; il ne définit pas le lien de la patrie, à la place où il doit être, entre le lien de l'humanité et le lien de la famille.

Malgré ces réserves, Domat restera, depuis Cujas, le plus grand nom de la jurisprudence française. Cujas avait débrouillé et comme recréé la matière du droit : Domat y donna l'âme. Un mot singulier et touchant atteste à la fois son humilité et le sentiment qu'il avait de son œuvre. « Je suis surpris, disait-il, que « Dieu se soit servi d'un petit homme, d'un homme de néant « comme moi, pour faire un si bel ouvrage ! » Cet ouvrage devait être la base et des judicieux travaux de la jurisprudence pratique au XVIIIe siècle et de la grande codification du XIXe [1].

1. V. l'édition in-folio de 1735 et, sur la vie et les travaux de Domat, les *Documents inédits sur Domat*, publiés par M. Cousin; 1843. On cite de Domat quelques pensées et maximes dont le sentiment et l'expression même rappellent tout à fait Pascal :

« N'y a-t-il pas quelque compagnie où l'on examine sur le bon sens comme sur la loi ? — Le superflu des riches devrait servir pour le nécessaire des pauvres; mais,

Domat, protégé par le roi, quoique janséniste, est, au moins par la date de sa renommée, non-seulement la dernière gloire de Port-Royal, mais le dernier des grands penseurs qui représentent le génie propre du siècle de Louis XIV. Les esprits éminents qu'on verra désormais apparaître appartiendront plus ou moins complètement à un autre ordre d'idées.

Tandis qu'en France le génie du xviie siècle tarit, les nations étrangères commencent à nous disputer la suprématie, non point dans les belles-lettres, dans les arts ni dans la culture sociale, chose que l'Europe, qui nous copie servilement, semble juger impossible, mais bien dans la philosophie et dans les sciences. Déjà les grands inventeurs scientifiques appartiennent non plus à la France, mais à l'Allemagne et à l'Angleterre.

La France ne néglige pourtant rien pour maintenir sa position et continuer ses conquêtes scientifiques. En 1699, l'Académie des sciences est fortement réorganisée par un règlement qu'approuve le roi et prend place parmi les corps officiels. Son nouveau règlement lui fait une loi de cette activité féconde qui ne doit plus s'interrompre et l'érige en tribunal chargé de juger les applications de la science à l'industrie et de les recommander à la sanction de l'État. Les expériences, les recherches faites aux frais du roi par les académiciens, avaient été un bienfait : le bienfait devient un droit. L'Académie se divise dorénavant, non plus en cinq, mais en six sections, la section de mathématiques se subdivisant en géométrie ou mathématiques pures, et mécanique ou mathématiques appliquées. Il est à regretter que la métaphysique n'ait pas trouvé place à côté des sciences exactes et naturelles : c'est là le point de départ d'une séparation entre la science générale et les

---

tout au contraire, le nécessaire des pauvres sert pour le superflu des riches. — N'aurai-je jamais la consolation de voir un pape chrétien dans la chaire de saint Pierre ? » Les dévotions extérieures, les scapulaires, etc., sont pour lui, dans la Nouvelle Loi, ce qu'étaient, dans l'Ancienne, les traditions superstitieuses des Pharisiens. « Nous n'agissons point, dit-il, par raison, mais par amour. » Ceci semble dérobé au *Discours sur les passions de l'amour*.

Il ne faut pas oublier un des mérites de Domat, qui est d'avoir mis le premier les lois romaines en langue française, parce que cette langue, dit-il, « est aujourd'hui dans une perfection qui égale et surpasse même en beaucoup de choses les langues anciennes; que, par cette raison, elle est devenue commune à toutes les nations, et qu'elle a singulièrement la clarté, la justesse, l'exactitude et la dignité, qui sont les caractères essentiels aux expressions des lois. » Préface des *Lois Civiles*.

sciences particulières, d'une fragmentation de la connaissance humaine, qui doit dans la suite des temps menacer d'abaisser l'esprit humain. La défiance que Descartes inspire au Grand Roi y contribue sans doute [1].

A l'époque de sa réorganisation, l'Académie avait déjà, depuis deux ans, élu Fontenelle pour son secrétaire perpétuel; l'Académie n'eût pu mieux choisir pour sa propre gloire, pour la gloire de l'élu et pour l'intérêt de la science. Fontenelle est le vulgarisateur par excellence. Il met au service de la science un talent littéraire doué de toutes les qualités appropriées à cette fin, privé de toutes les qualités qui eussent pu y nuire. Le défaut d'imagination et de passion, qui fait de lui un médiocre poëte, devient presque une vertu pour l'écrivain scientifique. Pendant cinquante ans, il est l'interprète fidèle de l'Académie auprès du public européen. L'Histoire annuelle de l'Académie et les Éloges des académiciens, qui forment le résumé de la marche des sciences durant un demi-siècle, sont le vrai et impérissable honneur de cet esprit peu métaphysicien, mais éminemment scientifique, et par là véritable initiateur du xviiie siècle. La préface des *Éloges* est un petit chef-d'œuvre d'esprit et de bon sens : l'unité de la science, comme l'unité de la nature, objet de la science, y est admirablement comprise, et Fontenelle mérite bien ici le nom de philosophe.

Les mathématiques continuent d'être cultivées avec éclat en France; mais ce n'est point toutefois parmi nous que se formule la grande découverte qui ouvre un monde nouveau aux sciences exactes. Newton en Angleterre, Leibniz en Allemagne, ont formulé, chacun de leur côté, le premier, sous le nom de *calcul des fluxions*, le second, sous le nom de *calcul différentiel* et avec des formes à la fois plus générales et plus commodes à l'usage que celles de Newton, une nouvelle géométrie qui a pour objet, non plus les quantités connues et mesurables, mais les quantités inappréciables par leur petitesse infinie [2]. C'est en quelque sorte l'inverse de cette astronomie nouvelle qui voit les abîmes du ciel

---

1. L'Académie des Inscriptions fut réglementée à son tour en juillet 1701. V. les deux règlements dans les *Anciennes Lois françaises*, t. XX, p. 326, 386.

2. Leibniz publia les règles, mais non les démonstrations du calcul différentiel, en 1684. Newton paraît avoir été possesseur de son *Calcul des fluxions* dès 1666; mais il n'en avait rien publié.

échapper à ses calculs par la grandeur incommensurable des quantités. Notre Fermat[1] avait posé le principe dont Leibniz et Newton tirent les conséquences; un autre géomètre français, le marquis de L'Hôpital, améliore et surtout répand la nouvelle méthode; il publie, en 1697, l'*Analyse des Infiniment Petits*, et dévoile par là les mystères de l'*infini géométrique* et de l'*infini de l'infini*, « en un mot, de tous ces différents ordres d'infinis qui s'élèvent les uns au-dessus des autres et forment l'édifice le plus étonnant et le plus hardi que l'esprit humain ait jamais osé imaginer[2]. »

Dans les mathématiques appliquées et les sciences naturelles, les savants français soutiennent la gloire nationale : Lahire se montre le digne émule de Cassini ; Sauveur perfectionne l'acoustique ; le mécanicien Varignon découvre les causes de l'équilibre[3]. Jusqu'alors, la géographie n'avait été qu'une science empirique, marchant à tâtons sur les rapports des voyageurs : Delisle en fait une science exacte, en substituant la précision mathématique aux approximations conjecturales, grâce à la détermination des longitudes, due aux observations de Cassini sur les satellites de Jupiter (1699). On peut juger par un seul fait de l'importance de cette révolution : avant Delisle, les géographes donnaient à la Méditerranée trois cents lieues de trop, du couchant au levant! La botanique devient, comme la géographie, une science française, par les beaux travaux de Tournefort. Quelques botanistes anglais et allemands avaient essayé des systèmes de classification incomplets : Tournefort arrive le premier, en prenant la fleur pour base fondamentale, la fleur et le fruit réunis pour base secondaire, à une classification vraiment générale (1694), que ses voyages dans le Levant, entrepris au frais du roi, enrichissent de milliers de plantes non décrites (1700).

La renommée de ces modestes et utiles labeurs, qui transforment diverses branches de la science, est comme étouffée dans

---

1. V. notre t. XII, p. 30.
2. Fontenelle, *Éloges des Académiciens*, t. Ier, p. 85; édit. de 1766.
3. Vers 1690, un autre mécanicien, Amontons, donne la théorie du télégraphe, et l'on en fait, sur une petite échelle, quelques expériences qui réussissent. Le Grand Roi devait toutefois laisser l'honneur de l'application à la Convention Nationale. V. Fontenelle, *Éloges*, t. Ier, p. 114.

le monde savant par les débats que suscite un système colossal qui prétend expliquer par une seule loi, par une seule cause, les relations des sphères célestes et l'ordre entier de la nature. La géométrie de l'infini avait dépassé Descartes, sans le contredire. Les *Principes mathématiques de la Philosophie naturelle* [1] attaquent à fond la physique cartésienne et opposent une autre conception du monde aux *tourbillons* de Descartes. Ce n'est pas ici le lieu d'exposer avec développement l'histoire de la théorie newtonienne, partie du pôle opposé à celui de la théorie cartésienne. Descartes avait pris pour point de départ la philosophie première, la métaphysique transcendante, afin de descendre, par voie de déduction, à la physique générale : Newton part de la physique expérimentale, de l'observation des phénomènes, pour remonter d'effets en causes à cette même physique générale [2]. Tous deux manient, du reste, avec la même puissance, l'instrument mathématique, que l'un avait appliqué plus spécialement aux lois abstraites de l'esprit, que l'autre applique surtout à rechercher les lois du monde visible. Les trois lois de Kepler, que Descartes avait trop négligées et qu'on ne réussissait pas à concilier sur certains points avec le système des tourbillons, la loi de la pesanteur donnée par Galilée et contestée par Descartes [3], enfin l'idée des forces *centrifuge* et *centripète*, indiquées par Kepler et formulées par Descartes comme deux grands faits mécaniques, préoccupaient les intelligences les plus avancées dans la science de la nature : Newton n'était pas seul à chercher la réduction de ces diverses données en une loi plus générale, que n'offrait pas le cartésianisme. Dès 1645, Bouillaud avait établi que, s'il y a une attraction, elle doit diminuer proportionnellement au carré de la distance ; en 1666, l'Italien Borelli avait soutenu qu'en étendant aux rapports des corps célestes entre eux la loi de la pesanteur ou

---

1. Publiés en 1686-1687.
2. C'est cette méthode *à posteriori* que Newton qualifie de *Philosophie naturelle* ou Philosophie de la Nature. Il importe de remarquer que Descartes n'avait nullement prétendu déduire *à priori* la physique entière, mais seulement les effets les plus généraux des premiers principes. L'admirable analyse expérimentale de Newton est parfaitement conforme aux préceptes du *Discours de la Méthode*.
3. Descartes avait cru la pesanteur causée par les mouvements de la *matière subtile*, mouvements qu'il jugeait trop variables pour être soumis à une loi fixe.

loi qui fait peser les corps vers un centre, et la loi inverse qui les écarte du centre, les *tourbillons* deviendraient inutiles pour expliquer les mouvements des astres [1]. Mais ce n'était là qu'une hypothèse hardie, qui paraît avoir été commune à Borelli, à Bouillaud, à Newton, à Hooke [2] : la gloire de Newton fut d'y appliquer l'effort d'une mathématique sublime et de vérifier la parfaite concordance de cette hypothèse avec les relations de la lune et de la terre; la mesure d'un degré terrestre, exécutée, sur ces entrefaites, en France, par Picard, Cassini et Lahire, lui fournit les notions certaines sans lesquelles il tâchait en vain d'atteindre un résultat adéquat; il appliqua, par une induction légitime, à tous les astres la loi qui était démontrée quant à la lune, et put avancer que tout se passe dans l'univers comme si les corps célestes *s'attiraient* en raison directe de leurs masses et en raison inverse du carré de leurs distances, les plus faibles étant emportés dans le mouvement des plus puissants. Newton n'osait encore contester l'identité de la matière et de l'étendue, et bien moins affirmer l'existence d'une gravité inhérente à la matière, d'une *attraction* qui fût une *propriété* des corps. Il ne niait pas que l'*attraction* pût être une simple impulsion mécanique; il fit plus, il en chercha l'explication dans les mouvements d'un milieu éthéré prodigieusement élastique, et il parut admettre que tout est mécanique dans la nature, si ce n'est la cause première, c'est-à-dire Dieu.

Malgré ces réserves d'un esprit qui hésitait encore sur la cause mystérieuse de la grande loi qu'il avait découverte, la science française se souleva contre Newton : l'Académie des sciences crut voir renaître avec l'*attraction* les *qualités occultes*, les superstitions animiques de la vieille physique; elle sentit bien que le monde mécanique de Descartes était attaqué dans son principe; nos savants se retranchèrent dans la forteresse du cartésianisme, et Newton fut repoussé de notre sol : il y devait rentrer un jour en vainqueur, avec les vérités glorieuses et les erreurs mêlées aux vérités dans ses hypothèses. Nous le retrouverons au dix-huitième siècle.

Nos savants avaient cependant raison de repousser l'attraction,

1. Ce n'est pas à dire, en ce cas, qu'il n'y ait pas de tourbillons, mais les tourbillons seraient l'effet et non la cause du mouvement des astres.
2. Les belles expériences de Hooke paraissent avoir mis Newton sur la voie.

en ne considérant la nature qu'au point de vue de l'étendue : ils ne pouvaient admettre que la substance étendue recélât une vertu mystique étrangère aux attributs essentiels sous lesquels l'esprit conçoit l'étendue. Mais n'y a-t-il dans la nature que de l'étendue ? Ce monde inerte et mort, qui a besoin d'un mouvement immédiatement, uniquement et perpétuellement imprimé par la main divine, est-il la vérité ? Le principe actif n'est-il pas toujours et partout associé au principe passif, la force à l'étendue, et, même, l'étendue est-elle bien une substance et y a-t-il une autre réalité, une autre substance que des forces, des puissances d'activité associées à des puissances de passivité, à des principes d'inertie, de résistance, d'impénétrabilité ? L'étendue est-elle autre chose qu'un point de vue nécessaire, résultant de l'action réciproque de ces existences impénétrables les unes sur les autres ? Cette conception dont le germe avait grandi obscurément depuis le xv⁰ siècle et qui justifie Newton [1], un génie plus compréhensif, un plus profond métaphysicien, Leibniz, la dégage de ses voiles, et, sans la formuler ouvertement dans toute sa hardiesse, en fait l'âme d'une nouvelle théorie de l'univers qu'il substitue à celle de Descartes : il remplace le principe cartésien de la quantité toujours égale de mouvement dans le monde par le principe de la conservation des forces vives [2] : il proclame toute substance active et fait ainsi rentrer la vie dans ce sublime organisme de la création que Descartes avait transformé en une machine indifférente et inerte. A-t-il à son tour dépassé le but en niant implicitement la réalité de la matière, de ce qui est visible et pondérable, et en ne concevant les êtres réels que comme des atomes *de substance et non de masse*, des unités spirituelles (*monades*), les corps organisés n'étant autre chose que des groupes de monades inférieures centralisées autour d'une monade supérieure, d'une âme ou raisonnable ou instinctive [3] ? Ce qu'on peut constater, c'est qu'il a

---

1. Nous ne la discutons pas ; nous l'exposons.
2. Descartes avait donné pour mesure au mouvement le produit de la masse par la vitesse. Leibniz donne pour mesure à la force le produit de la masse par les hauteurs auxquelles cette force peut élever un corps pesant, hauteurs qui sont comme les carrés des vitesses. Fontenelle, *Éloges des Académiciens*, t. 1ᵉʳ, p. 470.
3. L'âme des bêtes revient ainsi, par Leibniz ; les animaux redeviennent des êtres vivants, animés par un principe indestructible, et non plus des machines.

cru lui-même, à tort ou à raison, reconnaître que des unités simples, telles qu'il définit ses monades [1], ne peuvent naturellement agir les unes sur les autres [2]. Pour expliquer les relations des êtres, il s'est donc trouvé obligé de remplacer l'hypothèse de Descartes sur le mouvement perpétuellement donné de Dieu par une autre hypothèse transcendante : c'est la fameuse *harmonie préétablie* de Dieu d'abord entre les êtres, puis, dans les êtres, entre les pensées et les mouvements, entre les monades qui pensent et les monades qui agissent, entre les âmes et les corps, en sorte que toute volonté de l'âme ait pour correspondance un mouvement du corps, bien qu'il n'y ait pas de communication réelle entre eux.

La théorie des forces, moins dans ses profondeurs métaphysiques, peu explicites et peu comprises, que dans ses applications pratiques aux phénomènes, a d'abord en France le sort de l'attraction newtonienne : on la renvoie aux *entéléchies* d'Aristote, aux *formes substantielles* des scolastiques [3]. Comme l'attraction, elle aura son jour; elle reviendra triomphante et dominera sur toutes les sciences de la nature.

En parcourant d'un rapide regard la sphère des sciences, nous sommes arrivés de la physique à la philosophie générale, sur les pas des deux grands génies de l'Angleterre et de l'Allemagne. En métaphysique, la France avait encore, comme nous le verrons tout à l'heure, un esprit de premier ordre à opposer aux nations rivales [4]. L'état de la philosophie offrait en France un singulier contraste : le cartésianisme, régnant presque sans conteste sur les intelligences, jouait vis-à-vis du dehors le rôle d'une puis-

---

1. Simples dans ce sens qu'elles sont sans parties, car il y distingue les deux principes d'activité et de passivité.
2. Giordano Bruno avait autrefois voulu résoudre cette difficulté en joignant des atomes matériels aux monades ou unités immatérielles qu'il avait aussi conçues.
3. V. dans les *Éloges* de Fontenelle les articles LEIBNIZ et NEWTON. Leibniz avait marqué sur la découverte de Newton l'empreinte de son génie; sur le seul bruit de la découverte, il en refit toute la théorie par le calcul différentiel sans avoir lu le livre de Newton (1689). Sur l'attraction et les forces, voyez Bordas-Demoulin; le *Cartésianisme*; — Renouvier, *Manuel de philosophie moderne*, et *Encyclopédie nouvelle*, art. FORCE. — Biot, *Biographie univ.*, art. LEIBNIZ et NEWTON. — A. Jacques, *Preface aux Œuvres de Leibniz*. — F. Morin, *Philosophie des sciences*, ap. *Revue de Paris* du 15 juillet 1856.
4. Et encore ne parlons-nous pas des hommes qui n'avaient point la métaphysique pour principal objet et qui furent grands métaphysiciens, à l'occasion, quand ils voulurent l'être, tels que Bossuet et Fénelon.

sance établie qui défend son autorité contre l'invasion étrangère ; pendant ce temps, il était encore persécuté au dedans par les pouvoirs politiques et religieux. L'université et les jésuites, ces vieux adversaires, s'étaient coalisés contre lui ; en 1671, l'université avait présenté requête au parlement pour faire défendre qu'on l'enseignât dans les colléges. Antoine Arnaud intervint par la discussion raisonnée ; Boileau, par la plaisanterie, et tout le monde connaît l'*arrêt burlesque* qui contribua si fort à prévenir un arrêt sérieux. Boileau, en prenant si vivement parti pour Descartes contre Aristote, prouva que son adoration des anciens n'était rien moins qu'un aveugle fétichisme. L'enseignement cartésien n'eut qu'un bien court répit. Les ennemis de Descartes, n'obtenant rien du parlement, s'adressèrent au roi ; un arrêt du conseil défendit aux oratoriens d'enseigner la nouvelle philosophie (1675). Les oratoriens réclamèrent. Le parlement, par une exception très-remarquable à son esprit traditionnel et routinier, accueillit la réclamation. Le roi cassa l'arrêt du parlement. L'Oratoire dut se soumettre et s'engager à enseigner, conformément au vieux péripatétisme scolastique, que l'étendue n'est pas la pure essence du corps, que la pensée n'est pas essentielle à l'âme, qu'il existe du vide, etc. Les jésuites ne se contentèrent pas d'avoir fait proclamer, de par le roi, la réalité du vide : tandis que le fanatisme calviniste persécutait le cartésianisme en Hollande, un jésuite dénonça la philosophie cartésienne à l'assemblée du clergé de France, comme favorisant les *erreurs de Calvin* sur la question de l'essence et des propriétés du corps. La doctrine qui nie que les accidents ou modes existent en dehors de la matière qu'ils modifient, était incompatible, disait-on, avec le mystère de la transsubstantiation, qui veut que les accidents subsistent après que la matière a disparu. Bossuet étouffa ce redoutable débat ; mais les conférences de Régis, qui avait propagé le cartésianisme par sa parole éloquente dans les doctes cités de Toulouse, d'Aix et de Montpellier, furent interdites à Paris par l'archevêque Harlai (1680). Quelques années après, la Sorbonne lança un décret contre la philosophie nouvelle (1693)[1]. On put bien prohiber

---

1. Voyez Cousin, *Fragments philosophiques*, t. II ; *De la Persécution du cartésianisme*.

l'enseignement oral, mais la prohibition n'alla pas jusqu'à proscrire les livres. Le cartésianisme avait partout de trop puissants appuis, et Louis XIV eût craint de faire tache à *sa gloire*. Les arrêts du conseil, les décrets de la Sorbonne, eurent aussi peu de résultat que la polémique des sceptiques par dévotion, tels que le savant évêque Huet et le jésuite historien Daniel, qui trouvaient mauvais que la raison prétendît à quelque certitude en dehors de la foi. Ces attaques ne firent qu'augmenter le succès de Régis, de ce vulgarisateur dévoué, devenu comme le chef d'une secte nombreuse et active qui répandait et commentait partout Descartes, sans rien ajouter, sans rien corriger, sans appliquer la méthode du maître à continuer l'œuvre du maître, et parfois même en s'attachant de préférence à ses parties les plus défectueuses. L'histoire n'a point à s'occuper de ce qui n'a rien ajouté à la science[1]. Ce ne sont pas les esclaves de la lettre cartésienne qui sont les vrais héritiers de Descartes, mais bien ses grands disciples indépendants qui développent et transforment la création du maître et lèguent à leur tour à la postérité des mondes de pensées[2].

Trois grands métaphysiciens, issus de Descartes, s'étaient levés presque simultanément en France, en Hollande, en Allemagne. L'un est Malebranche; l'autre, Spinoza; le troisième, nous l'avons déjà vu maintes fois apparaître, car il envahit avec une même puissance toutes les branches de la connaissance humaine : c'est Leibniz.

Dans l'ordre des idées, sinon tout à fait dans l'ordre des temps, c'est Malebranche qui se présente le premier. Ce contemplateur

---

1. Il ne faudrait pourtant pas être injuste envers Régis, qui a montré souvent un vrai mérite dans ses commentaires.
2. Avec la prohibition de l'enseignement cartésien coïncident des mesures très-illibérales sur l'enseignement en général. En 1679, un édit défend à toutes personnes autres que les professeurs en titre de faire leçon publique du droit canonique et civil, à peine de 3,000 livres d'amende, d'être déchues de tous les degrés qu'elles pourraient avoir obtenus, etc. Cette défense, en 1682, est étendue à toutes les Facultés et appliquée aux docteurs agrégés comme à tous autres : ils ne purent plus ni enseigner publiquement, ni assembler des écoliers chez eux. Jusque-là, tous les docteurs agrégés avaient eu droit d'enseigner librement dans le ressort de leur Faculté. Le monopole des professeurs titulaires, la destruction de ce qui restait des libertés scolastiques du moyen âge, furent donc l'ouvrage du gouvernement de Louis XIV. Le despotisme se complétait dans toutes les directions.

de l'idéal divin, qui semble devoir être éclos au fond d'une Thébaïde, est, le peintre du ciel, comme Lesueur, un enfant de Paris, de la cité bruyante et active entre toutes. La congrégation de l'Oratoire, cette savante et austère alliée de Port-Royal et de Descartes, a l'honneur de produire le dernier grand penseur qui soit sorti des ordres religieux. Malebranche est pour l'Oratoire ce qu'avaient été saint Thomas pour les dominicains et saint Bonaventure pour les franciscains; mais il n'est pas mêlé, comme ces deux philosophes monastiques, aux affaires de l'Église, aux choses du dehors. Son histoire est tout entière dans ses livres, ou plutôt dans un seul livre, qu'il ne fait que développer toute sa vie, la *Recherche de la Vérité*[1]. C'est moins un homme qu'une pensée. Esprit exclusivement idéaliste, rempli d'un superbe dédain pour les faits, pour les apparences, pour tout ce qui nous vient par les sens, par l'imagination ou par la tradition humaine, en même temps, âme pieuse et attachée par un sentiment profond à sa foi, il imprime à son œuvre ce double caractère : il entreprend de développer la théorie de l'entendement et des idées, de démontrer que notre âme est bien plus unie à Dieu qu'à notre corps et, en même temps, de relier la philosophie et la religion, que Descartes avait séparées pour affranchir la philosophie.

Il prend donc pour point de départ, dans la *Recherche de la Vérité*, la distinction de l'âme et du corps telle que l'a posée Descartes et la méthode géométrique singulièrement associée au dogme du péché originel. Tout mal étant pour lui dans la chair, il a dû nécessairement adopter la méthode qui a balayé le sensualisme péripatéticien. Le motif de son mépris envers l'expérience sensible et les notions phénoménales est métaphysique, en ce que les sens « ne nous apprennent pas ce que sont les choses en elles-mêmes, mais seulement le rapport qu'elles ont avec notre corps »; mais il est aussi et surtout théologique, en ce que notre corps est ce qui nous détourne de Dieu : le péché originel, suivant lui, a corrompu les sens, ou, plus exactement, a

---

1. Le premier volume parut en 1674 : les autres suivirent de près. Malebranche, né en 1638, mourut en 1715. Ses autres ouvrages sont les *Conversations chrétiennes*, le *Traité de la Nature et de la Grâce*, le *Traité de Morale*, les *Méditations chrétiennes et métaphysiques*, les *Réponses aux objections*, etc.

corrompu l'esprit en relâchant son union avec Dieu pour resserrer son union avec le corps : d'où il suit que l'esprit est porté à croire les sens au lieu de juger leur témoignage. C'est par cette donnée qu'il s'efforce de rattacher la religion à la philosophie. Descartes n'avait pas donné lieu à une telle doctrine et croyait que l'homme est resté tel que l'a fait son créateur.

Il faut donc, d'après Malebranche, que l'esprit se garde de consulter les choses sensibles pour arriver au vrai. La plupart des hommes suivant cette fausse route, « les opinions ordinaires, que l'on voit approuvées généralement de tous les hommes et de tous les siècles, » sont sans valeur quant à la certitude philosophique. « Si les hommes étoient fort éclairés, l'approbation universelle seroit une raison ; mais c'est tout le contraire[1]. » Jamais on n'a poussé plus loin le pur rationalisme ni le mépris du consentement universel.

Le consentement des hommes écarté, la raison individuelle reste en face de Dieu. Elle ne doit interroger que lui seul. La vérité universelle, qui est Dieu, répondra en manifestant à l'esprit les *idées claires et distinctes*. Il faut attendre cette réponse, la solliciter par la prière et suspendre son jugement tant que Dieu n'a pas répondu.

En présence de cet audacieux et sublime rationalisme, que devient la religion traditionnelle, si chère à Malebranche ? La conséquence logique de sa doctrine, c'est que, si nous devons croire à la révélation, ce n'est point parce que la tradition nous l'a transmise, mais parce que Dieu nous la renouvelle quand nous l'interrogeons. Mais alors plus d'Église !

Il essaie d'échapper par une distinction entre l'ordre de foi et l'ordre de raison. « Dieu nous instruit de la foi d'une manière toute différente de celle dont il nous découvre les choses natu-

---

1. *Recherche de la Vérité*; Préface, p. XLV; 8ᵉ édit. — C'est dans le Traité *de la Nature et de la Grâce* et dans les *Conversations chrétiennes* qu'il développe son système d'alliance entre la religion et la philosophie par une théorie très-extraordinaire et très-hardie sur le caractère et la *nécessité* de l'incarnation du Verbe et de sa médiation; nécessité *qui eût existé même sans le péché originel*. Au fond il lutte contre des doutes sur la nécessité d'une satisfaction *infinie* à Dieu pour le péché, et par conséquent des peines éternelles. L'esprit d'Origène revit en lui. Voyez une très-curieuse lettre de Malebranche publiée par M. Pascal Duprat dans la *Revue Indépendante* du 10 octobre 1843.

relles. » Malebranche affirme, mais il n'explique ni ne démontre, et n'aboutit qu'à interdire arbitrairement à la raison l'accès d'une sphère où la plupart des grands théologiens l'ont eux-mêmes introduite, la sphère des mystères chétiens [1]. Il a donc échoué dans son projet d'alliance entre la religion et la philosophie.

Maintenant, a-t-il réussi dans la théorie des idées? Où entend-il que Dieu nous fait voir les *idées claires et distinctes*? Quel est le lieu des idées? — Elles ne sont pas dans les objets extérieurs, d'où elles nous seraient transmises par émanation, comme le prétendent les péripatéticiens; elles ne sont pas créées par notre esprit ni par le Créateur dans notre esprit à mesure des occasions. Les idées générales, les vérités éternelles, sont innées dans notre esprit, avait dit Descartes; nous les voyons en nous, où Dieu les a déposées en nous créant, et nous les voyons aussi à leur source directe, en Dieu : l'idée de Dieu ou de la perfection infinie est notre âme même. Descartes, du premier élan, avait saisi sous ses deux aspects la mystérieuse vérité [2]. Malebranche laisse échapper une des deux faces du vrai; il nie les idées innées et prétend que nous ne voyons les idées qu'en Dieu, qui est le monde intelligible ou le lieu des esprits. Tandis qu'il s'abîme dans l'unité divine, la personne humaine tend à s'anéantir entre ses mains : la dualité de l'être fini et de l'être infini s'efface de plus en plus. Descartes avait posé la base de la vraie théorie, mais il n'avait pas construit l'édifice : s'étant arrêté, dans sa définition de l'âme, à la notion de pensée, et n'étant pas remonté jusqu'à la notion de force, il n'avait point établi que l'âme développe ses idées par sa force propre et il avait semblé admettre que l'âme est passive quant aux idées et active seulement quant aux volontés. Malebranche va plus loin et tend à rendre passive la volonté comme l'entendement : « Les créatures, dit-il, n'ont point de force propre; Dieu fait tout dans les esprits comme dans les corps. C'est de sa puis-

---

1. Il admet que la raison puisse expliquer le péché originel, mais il range la sainte Trinité parmi les mystères qu'on ne doit point essayer de sonder, et, quelque temps après, Bossuet lui-même, l'orthodoxie incarnée, donne de ce mystère fondamental une explication métaphysique admirable.

2. Nous avons déjà dit que, par *idées innées*, Descartes entendait non pas des notions tout acquises, mais les principes des notions, la faculté de les acquérir et la tendance à user de cette faculté.

sance que les esprits reçoivent toutes leurs modifications; c'est dans sa sagesse qu'ils trouvent toutes leurs idées; c'est par son amour qu'ils sont agités de tous leurs mouvements réglés. » Il ne reste à l'homme que la liberté de pécher, c'est-à-dire d'arrêter à des objets particuliers, à de faux biens, le mouvement réglé qui le porte vers le bien en général, qui est Dieu même. Il n'est pas facile de comprendre comment un être qui n'a point de force propre peut avoir même la force négative de résister à l'impulsion divine. C'est encore là une réserve illogique imposée au philosophe par le théologien. Si les créatures n'ont point de force propre, qu'ont-elles? Que sont-elles? — De là à leur nier la réalité de l'être et à ne voir en elles que des modes de l'être universel, il n'y a qu'un pas.

Malebranche ne le franchit point; mais il ne reste en deçà que faute de rigueur logique. Il ne fonde donc point une de ces théories pleines et serrées, dont on ne peut plus rompre la chaîne dès qu'on a laissé attacher les premiers anneaux. Le lecteur lui échappe par plus d'une maille rompue. Il reste cependant un des grands noms de la philosophie. Il a développé un des côtés de la vérité, la théorie de la vision en Dieu, avec une magnificence digne de Platon et dans la forme la plus claire, la plus lumineuse, la plus digne du sujet. Quiconque est sensible aux grandes pensées admirera toujours la beauté, la sublimité de cet esprit qui plane dans le ciel des idées comme dans sa vraie patrie, et qui s'élève naturellement à Dieu comme l'aigle au soleil [1].

---

[1]. Il ne faut pas oublier que la philosophie lui doit d'avoir reconnu en Dieu l'*étendue intelligible* : « Nous voyons en Dieu, dit-il, l'idée de l'étendue, mais non les choses mêmes étendues et divisées; leur existence n'est pas nécessaire à Dieu. Dieu ne peut être appelé esprit : son nom véritable est Celui qui est, c'est-à-dire l'Être sans restriction, Tout Être, l'Être infini et universel. » V. *Recherche de la Vérité*, t. II, p. 158.

Sur la question de la certitude, il a fait un pas en avant de Descartes : il a reconnu qu'on ne pouvait prouver par la raison l'existence des êtres extérieurs à nous. « Sans la foi, il faudrait penser que Dieu est le seul être extérieur à nous. » Et ici il distingue de la foi surnaturelle la foi naturelle (le sentiment), qui rend probable l'existence des autres créatures, mais ne la démontre pas; il ne lui manque que d'admettre cette *foi naturelle* comme second principe de certitude vis-à-vis de la raison pure.

Rappelons enfin sa démonstration, toute cartésienne, de Dieu par les idées. « Les idées claires et distinctes sont vraies; elles sont immuables, nécessaires et divines. Tout ce qu'on voit clairement, directement, immédiatement, existe nécessairement. On ne peut pas voir Dieu comme simplement possible : rien ne le comprend; rien

La philosophie, avec Malebranche, reste la tête dans la gloire, mais le pied suspendu au-dessus d'un abîme où la logique l'entraîne : elle n'est retenue que par une force étrangère, par une foi puisée ailleurs que dans la méthode.

Un autre esprit tire les conséquences devant lesquelles reculait Malebranche : un esprit que rien ne lie, que rien n'effraie, qui ne dissimule rien et qui n'admet pas que rien se puisse soustraire à la souveraineté de la méthode. Nous n'entreprendrons pas d'exposer ici dans toute son étendue le colossal système de Spinoza, de ce puissant et solitaire penseur qui semble évoquer dans l'Europe moderne l'antique génie de l'Inde et qui oppose à l'ascétisme chrétien, à l'ascétisme du sentiment mystique, l'ascétisme de la raison pure. La rigueur abstruse, la sombre austérité de ses formules, qui réduisent la métaphysique en une sorte d'algèbre, rendent sa théorie inabordable à la foule : entre ses contemporains, il ne préoccupe sérieusement en France que quelques hautes intelligences, qui s'acharnent à le combattre plutôt qu'à l'entendre et à le juger ; objet d'effroi pour les gens pieux, auxquels son nom arrive par de vagues échos, objet de curiosité plutôt que d'étude approfondie pour les *libertins* et les *esprits forts,* qui le vantent, de même que les dévots le détestent, sans le comprendre, il n'apparaît guère à l'opinion que comme un destructeur, un incrédule dont la critique formidable ébranle l'édifice entier de la tradition. Comme théoricien, il n'exerce qu'une faible et indirecte influence sur l'esprit français, jusqu'à ce qu'il nous revienne, au bout d'un siècle et demi, porté en triomphe par l'Allemagne, qui, plus accessible à sa pensée dogmatique, a été toutefois elle-même bien lente à lui donner accès. La chaîne des idées exige cependant que nous essayons d'indiquer les principaux traits de cette grande figure.

Né en dehors du christianisme, enfant d'une religion et d'une race proscrites, mais affranchi des préjugés et des croyances particulières à cette race, le juif Baruch Spinoza[1] ne commence pas,

---

ne peut le représenter : si donc on y pense, il faut qu'il soit. » V. Bordas-Demoulin et son lumineux développement des diverses tendances de Descartes par ses disciples.

1. Né à Amsterdam, en 1632, d'une famille juive originaire du Portugal.

comme Descartes, par mettre en réserve la religion établie pour s'y conformer dans la pratique : il se place, au contraire, en dehors de toute forme religieuse, ayant renoncé à celle de ses pères sans adopter aucun des cultes chrétiens[1], et il débute par appliquer la méthode géométrique à la théologie positive et à la politique, c'est-à-dire à ce que Descartes s'était abstenu d'examiner. Il entreprend un nouvel examen de l'Écriture sainte, en ayant soin, dit-il, de ne rien affirmer, de ne rien reconnaître comme la doctrine sacrée, que ce que l'Écriture elle-même lui enseignera très-clairement. Un protestant eût pu admettre cette base ; mais Spinoza ne tarda point à poser un principe supérieur à l'Écriture pour juger l'Ecriture et la révélation spéciale ; c'est la révélation permanente et universelle de Dieu dans l'esprit de l'homme, où est gravé le véritable original de la loi de Dieu. Le seul moyen, dit-il, de constater la divinité de l'Écriture, c'est de prouver qu'elle enseigne la véritable vertu. Ce seul principe rend directement inutile pour lui toute la théologie positive, tout ce qui repose sur les faits traditionnels. Il arrive au même résultat et par cette affirmation dogmatique et par la critique des livres saints. Après examen méthodique, il veut que les douze premiers livres de l'Ancien Testament ne soient pas l'ouvrage de Moïse ni des autres auteurs auxquels on les attribue, et n'aient été rédigés sous leur forme actuelle que par Esdras ; que les quatre livres d'Esdras, de Néhémias, de Daniel et d'Esther soient postérieurs à Judas Machabée[2] ; que les livres saints aient été triés arbitrairement, entre beaucoup d'autres livres, par les Pharisiens du second Temple. Il ne voit donc point de certitude dans les relations historiques de la Bible, au moins quant aux détails. Pour les miracles, entendus à la façon du vulgaire comme une suspension des lois de la nature par la puissance divine, il les juge impossibles ; car « les lois universelles de la nature, par qui tout se fait et se détermine, ne sont pas autre chose que les éternels décrets de Dieu, qui sont des vérités éternelles et impliquent toujours l'absolue nécessité. Si

---

1. La Hollande, sous Jean de Witt, était peut-être le seul pays de l'Europe où Spinoza pût vivre dans cette liberté.
2. Il ne nie pas que ces livres n'aient été composés d'après des livres anciens, dont le texte original s'y trouve reproduit en partie.

Dieu agissait contre les lois de la nature, il agirait contre sa propre essence. » Quant aux prophètes, c'étaient seulement des hommes pieux, chez lesquels prédominait une imagination forte et qui enseignaient la vertu. Il y en a eu chez tous les peuples.

On ne doit donc point chercher dans l'Écriture des faits, mais des idées et des préceptes. Or, suivant lui, l'Écriture ne contient point de métaphysique, mais uniquement de la morale. Les mystères de théologie transcendante qu'on a voulu y chercher sont des rêveries scolastiques. Aimer Dieu et ses semblables, voilà tout ce que l'Écriture enseigne à l'homme[1]. Qu'est-ce que Dieu? — Un être omnipotent, omniprésent, omniscient, qui étend sa providence sur toutes choses, qui récompense la vertu et punit le crime; un Dieu de justice et de miséricorde. Quant à sa nature, les livres saints ne la définissent pas plus que la nôtre, si ce n'est qu'ils le disent éternel. La religion, qui est l'objet de l'Écriture, n'a pour but que le règlement des mœurs : la spéculation, la science, ne la regardent point. La religion et la philosophie ont chacune leur sphère indépendante.

Il résulte plus ou moins explicitement de tout ce qui précède que la sphère supérieure est celle de la philosophie; que la raison pure atteint seule le vrai en soi; que la religion n'enseigne que la vérité relative, qu'un Dieu conçu au point de vue de ses relations avec l'homme.

Le *Traité Théologico-Politique* de Spinoza[2] souleva une vive agitation parmi les théologiens protestants : les protecteurs, les amis de l'audacieux philosophe, les illustres frères de Witt, périrent sur ces entrefaites; le fanatisme calviniste s'était ravivé en Hollande; Spinoza se tut et sa pensée entière ne fut révélée qu'après qu'il se fut éteint, jeune encore, usé par ses méditations solitaires[3].

Dans le *Traité Théologico-Politique*, il avait surtout attaqué ce qu'il nomme l'*Erreur*; dans l'*Éthique*, sa grande œuvre posthume,

---

1. « Tous les livres, ajoute-t-il, qui contiennent des enseignements d'une moralité excellente, en quelque langue qu'ils soient écrits, chez quelque nation qu'on les rencontre, sont aussi sacrés que l'Écriture. » T. 1er, p. 218, édition Saisset.

2. Publié en latin à Amsterdam en 1670, sous la fausse rubrique de Hambourg.

3. Mort en 1677 : il n'avait pas quarante-cinq ans. Ses travaux inédits furent publiés quelques mois après sa mort.

il établit le *Vrai*. Entré dans la métaphysique par la même route que Malebranche, là où le philosophe français s'arrête, il marche jusqu'au bout. Pour lui comme pour Malebranche, l'homme, l'être particulier, n'a point de force propre, point d'idées innées; mais il déduit mieux que Malebranche les conséquences de ce principe. Si l'être particulier n'a point de force propre, il n'a point de volonté, pas plus de liberté pour le mal que pour le bien; il n'a point de substance à lui; il n'est point un être, dans le vrai sens du mot; il est un mode de l'être unique, un mode fini et relatif de l'être absolu et infini. L'âme humaine est un mode de la pensée de Dieu, destiné à tomber dans le temps et à devenir la *forme* d'un *corps*. Dieu *est* tout ce qui *est;* c'est-à-dire tout ce qui est *réellement* et *positivement,* tout ce qui subsiste après qu'on a retranché les accidents et les phénomènes. Les deux substances définies par Descartes, la pensée et l'étendue, ne sont que les deux attributs fondamentaux de la substance unique, ou du moins les seuls attributs essentiels de Dieu que nous puissions connaître [1]. Ce sont les deux seuls universaux ou idées générales qui existent réellement; tous les autres, tous les prétendus êtres collectifs ou *entités,* le genre humain lui-même, sont de vaines abstractions.

Là est le sens de cette négation du droit naturel, exprimée dans le *Traité Théologico-Politique,* et qui contraste si singulièrement avec le précepte de l'Écriture sur l'amour mutuel. Il n'y a point de règle naturelle d'équité entre les hommes, puisqu'il n'y a que des individus sans type commun, sans ordre naturel de relations, et, pour ces individus, il n'existe vis-à-vis de Dieu ni mérite ni démérite, puisque leur individualité n'est qu'apparente et n'a ni liberté ni force propre.

La conséquence de ce principe semblerait être la négation absolue du bien et du mal, l'entière indifférence, l'entier abandon à la fatalité, pendant l'illusion que nous nommons la vie, et, après la mort, la résorption de l'individu dans l'unité. Il n'en est rien. Il n'existe, à la vérité, ni bien ni mal, ni récompense ni punition, dans le sens positif et direct qu'entendent les religions; mais il y

---

1. Cette étendue divine, chez lui comme chez Malebranche, n'est point l'étendue divisée telle qu'elle apparaît dans les phénomènes, mais l'étendue intelligible, continue et infinie.

a chez l'individu plus ou moins de *joie* (de bonheur), de perfection et d'*être*, selon qu'il se rapproche plus ou moins de la raison pure et infinie, c'est-à-dire de sa vraie nature. Il n'y a point de coupables, de pécheurs; mais il y a des malheureux, des insensés : ce sont ceux qui vivent plongés dans les sens, dans les apparences, dans la séparation d'avec leur *être* véritable, dans un quasi-néant. L'homme retrouve la seule vraie liberté, quand il se détache des phénomènes pour s'attacher à ce qui *est* réellement et qui ne passe point. Avec la liberté, il retrouve l'immortalité. L'*âme raisonnable* et *philosophique* meurt dans la nature extérieure, mais pour revivre en Dieu. Elle perd, à la mort, les sens, la mémoire, l'imagination, tout ce qui tient aux phénomènes, et garde la raison éternelle, ne concevant plus que la pensée infinie et l'étendue infinie; elle vit, non comme un être réel, mais comme une idée éternelle en Dieu; telle elle était avant sa vie terrestre, telle elle subsiste après : ce n'est qu'un mode de la pensée divine; mais ce mode est impérissable. C'est là le souverain bien. Ce bien, le philosophe le désire pour les autres comme pour lui-même, d'autant plus fortement qu'il connaît Dieu davantage, c'est-à-dire qu'il connaît mieux l'unité de tous les êtres apparents dans l'être réel.

Arrivé à cette hauteur, Spinoza retrouve donc dans l'unité le droit, la charité, la morale. Mais a-t-il retrouvé réellement la liberté? Qu'est-ce qu'une liberté dont le principe n'est point en nous-mêmes? Nous ne pouvons rien sur notre destinée : ce sont les décrets éternels qui nous font *âmes philosophiques* ou *âmes vulgaires*. Or ces dernières, c'est-à-dire la grande majorité des hommes, étant composées presque uniquement d'images et de passions et presque étrangères à la raison, périssent presque entières à la mort, puisqu'elles y perdent tous les accidents de la vie et ne comprennent pas en échange le vrai absolu dont elles n'avaient pas l'idée sur la terre. Ainsi, non-seulement les hommes qui ont vécu sans règle, mais ceux qui ont suivi la religion, la règle des mœurs, par obéissance aveugle et non par raison, n'ont pas la vie éternelle. La religion, nécessaire à la société, ne sert que pour la vie terrestre.

Mais ceux qui ont senti par le cœur les vérités éternelles qu'ils ne concevaient point par l'esprit, ceux qui ont aimé Dieu sans le connaître? — Ils sont exclus aussi : leur amour n'était pas l'*amour intellectuel*. Ainsi les humbles, les simples de cœur, n'auront pas le royaume des cieux que Jésus-Christ leur promettait de préférence ! L'orgueil de la raison pure est inflexible.

Ce système est grand : sa logique d'airain attire et fascine comme l'abîme ; mais la fatalité qu'il fait planer sur l'univers y répand une mélancolie indicible. Le Dieu nécessité de Spinoza ne révolte pas comme le Dieu volontaire et libre de Calvin, qui prédestine ses créatures à la damnation ; mais il accable l'âme : il a, suivant la belle expression d'un philosophe, les *mathématiques à la place du cœur* [1].

Ce fut ainsi qu'une fois le sentiment exclu de la méthode, où il eût maintenu invinciblement la personnalité humaine, la raison pure alla, de déduction en déduction, jusqu'au PANTHÉISME. L'idée des *contradictoires* eût pu seule arrêter Spinoza et lui faire concilier la nécessité et la liberté, l'unité divine et l'individualité des êtres ; mais cette idée ne peut s'imposer sans le concours du sentiment : Spinoza passa outre, et le Grand Tout ne fut pour lui qu'une déduction continue sur une seule ligne.

Une rumeur terrible s'éleva : on cria de toutes parts *à l'impie, à l'athée*, contre cet homme, dont la seule erreur avait été de ne croire qu'en Dieu et de tout anéantir en Dieu [2]. On prétendit qu'il n'avait reconnu d'autre divinité que la collection des créatures. Les cartésiens, Malebranche en tête, crièrent plus fort que les autres, pour écarter tout soupçon de connivence. Il était plus facile de maudire que de répondre. Beaucoup cherchèrent une réponse. Un seul homme la trouva. Ce fut Leibniz. Il répondit, comme fait le génie, non pas en niant l'erreur, mais en affirmant des vérités nouvelles. Il comprit comment Descartes avait donné quelque ouverture au panthéisme en identifiant l'âme à la pensée, qui pourrait être impersonnelle, et en n'assurant ainsi complète-

---

1. Renouvier, *Manuel de Philosophie moderne*, p. 251. — Sur Spinoza, voyez la traduction de M. E. Saisset et sa savante Introduction. M. Saisset a rendu à la philosophie un grand service, en menant heureusement à terme une bien difficile entreprise. V. aussi l'article SPINOZA de l'*Encyclopédie nouvelle*, par M. J. Reynaud.

2. Et, pourtant, l'instinct de la foule ne la trompait pas essentiellement ; car, si l'on anéantit l'univers en Dieu, Dieu lui-même s'anéantit dans l'impersonnalité ; le Dieu *vivant* s'abîme après l'homme *réel ;* le créateur après la création.

ment que l'immatérialité de l'âme, mais non pas son individualité et sa persistance [1]; il vit très-bien comment Malebranche avait élargi cette ouverture, de telle façon que Spinoza y pût passer tout entier, et il entreprit la réforme du cartésianisme, en gardan pour point de départ la méthode de Descartes, modifiée par un retour direct à la grande source de Platon. Il aperçut la lacune de cette méthode : voyant toute la question dans la force ou activité propre des créatures et ne pouvant démontrer cette force propre par la raison pure, il fit appel à l'*expérience intime*, à la *conscience*, contre les théoriciens qui refusaient à l'âme humaine cette personnalité dont elle a le sentiment invincible. Par cette grande parole, il introduisit un second principe de certitude en face de la raison pure et fit rentrer le sentiment dans la métaphysique, où Pascal n'avait pas su lui rendre sa place, les efforts de Pascal n'ayant abouti qu'à la négation passionnée de la métaphysique elle-même. Il établit qu'il y a autre chose dans le monde que la *pensée* et l'*étendue*; qu'il y a autre chose que l'étendue dans les êtres qui ne pensent pas; que tout être est une force; que tout être doué de raison, toute force qui pense, voit les idées en elle-même comme en Dieu, ainsi que l'avait posé Descartes. Par l'idée des forces, nous l'avons dit, il répandit partout la vie dans ce monde passif et inerte de l'*étendue*, où Descartes était obligé d'invoquer incessamment l'action immédiate et unique de Dieu. Enfin, par l'idée de la perfectibilité, qui ne lui appartenait pas exclusivement, mais qu'il éleva à la plus sublime généralité en la concevant comme la loi universelle des créatures tendant vers le parfait, c'est-à-dire vers le créateur, il jeta un pont entre la sphère abstraite des philosophes et la sphère vivante de l'histoire, et inaugura le nouveau dogme des temps modernes, le dogme du progrès [2]. Les services rendus par Leibniz à la philosophie sont inappréciables : il est le seul métaphysicien qui ait essentielle-

---

1. C'est peut-être pour cela que Descartes n'a pas affirmé plus nettement que l'immortalité de l'âme se pût prouver par la raison pure, quoiqu'il sût très-bien que le principe pensant ne peut périr.
2. La perfectibilité n'est pas seulement pour lui dans la société, dans la nature extérieure, dans les êtres organisés : elle est dans les êtres simples et primordiaux, dans les *monades*; les *monades* se perfectionnent par leur action continuelle, et c'est ainsi que l'univers, créé au plus bas degré de l'être, va toujours s'améliorant.

ment ajouté à Descartes en rectifiant Descartes, et qui se soit élevé à son niveau en créant comme lui.

On pourrait peut-être affirmer sans témérité que Leibniz eût complété Descartes et fondé une théorie inébranlable, s'il eût davantage approfondi ce principe du sentiment qu'il avait invoqué; si, en établissant que le sentiment implique nécessairement la personnalité, il eût suffisamment établi que la personnalité consciente d'elle-même implique la liberté [1]; si, enfin, il se fût incliné devant le mystère du *grand contradictoire*, la Providence et la Liberté, au lieu de tenter d'expliquer ce qui est pour nous inexplicable. Malheureusement, la prétention de tout définir l'égara : la négation de la réalité de l'*étendue* l'avait mené à l'hypothèse de l'*harmonie préétablie* [2], pour expliquer l'action réciproque des monades, qu'il jugeait inexplicable entre des êtres simples et immatériels. L'*harmonie préétablie* le mena au *déterminisme* : Dieu ayant réglé dès l'origine la correspondance entre les pensées et les volontés, d'une part, et les mouvements corporels, de l'autre, pensées, volontés et mouvements s'engendrent les uns des autres dans un ordre immuablement *déterminé* ; la belle formule : *le présent, engendré du passé, est gros de l'avenir*, si vraie dans un sens général et sauf réserve du libre arbitre, paraît prendre ainsi un caractère de nécessité absolue ; il semble que l'homme concoure fatalement aux plans de la Providence, au progrès nécessaire du genre humain et de l'univers ; il semble que la liberté lui échappe de nouveau, avec Leibniz, comme avec Malebranche et Spinoza [3]. Leibniz a solidement établi la force, l'activité propre dans l'homme, mais pas

---

1. Il s'en faut bien que Leibniz ait nié le libre arbitre ; mais nous allons voir comment il le compromit involontairement.
2. V. ci-dessus, p. 265.
3. Il *semble*, disons-nous ; car ce n'est qu'une apparence, un malentendu ; si certaines des formules systématiques de Leibniz sont périlleuses ou erronées, sa pensée est irréprochable. « La liaison des résolutions de Dieu, » dit-il, « fait la certitude des événements humains, sans impliquer pour cela la nécessité. » Dans l'*Harmonie préétablie* des âmes et des corps, qui remplace pour lui le mouvement immédiatement donné de Dieu (*Cause occasionnelle* DE DESCARTES), « l'accord est naturel et spontané. » Il ne faut pas méconnaître que l'harmonie préétablie est, après tout, un grand progrès sur le *miracle* perpétuel du mouvement cartésien, et, quoi que vaille ce système, il faut s'incliner devant le sublime sentiment de l'harmonie universelle qui l'a inspiré. V. *Lettres et Opuscules inédits de Leibniz* ; Paris, 1854, p. XXXI ; et *Nouvelles Lettres*, etc. ; Paris, 1857, p. CLXXVI ; publiés par M. Foucher de Careil.

assez la libre direction de cette force. Le *déterminisme* s'applique à Dieu même : Dieu est *déterminé* par sa sagesse et sa bonté à créer le monde le plus grand et le meilleur possible ; le monde est ce qu'il doit être et ne peut être autrement. C'est là le fameux *optimisme* de Leibniz, que Malebranche avait posé avant lui, peut-être d'après son inspiration, mais sans en faire ainsi la clef de tout un grand système. Dieu même ne serait donc pas libre, si l'on ne veut pas appeler libre, comme le fait Leibniz, l'être qui ne dépend d'aucun autre être et qui n'est *déterminé* que par ses propres attributs.

Les hypothèses hasardées de Leibniz, son *harmonie préétablie* et son *déterminisme*, et même son spiritualisme exclusif, opposé de tendance à l'esprit du xviiie siècle qui s'éveille [1], compromettent pour un temps les admirables révélations de son génie ; la fécondité de ses idées nuit d'ailleurs à leur concentration, et ses prétentions à tout expliquer, à tout concilier, lui ôtent, en apparence, quelque chose de son originalité : avec un nom immense, il n'exerce pas sur ses contemporains, si ce n'est en Allemagne, toute l'influence qui semblerait lui appartenir ; mais ce qui diminue la puissance de son action immédiate, l'absence d'esprit sectaire et la compréhension universelle qui le caractérisent, sont précisément ce qui doit faire sa grandeur devant la postérité [2].

Cette conciliation générale des idées, ce sublime syncrétisme auquel il aspirait et qu'il a si grandement préparé, il ne l'a pour-

---

1. N'oublions pas toutefois que la conception des *monades*, base de toutes les théories de Leibniz, est restée aussi inébranlable que la base de la méthode cartésienne : les monades sont le support métaphysique de toute théorie scientifique sur les forces ; il n'y régnerait, sans elles, qu'un aveugle empirisme.

2. Les importantes publications récentes de M. Foucher de Careil ont apporté bien des lumières nouvelles sur l'histoire et sur les caractères essentiels de la pensée de Leibniz. V. *Réfutation de Spinoza*; Paris, 1854, et les deux volumes de *Lettres et Opuscules*, avec les larges expositions du système de Leibniz qui précèdent ces publications. On peut faire quelques réserves ; mais il y a beaucoup à apprendre avec ce savant et passionné disciple de Leibniz. Nous citerons seulement sa solide réfutation des attaques de Kant (*Nouvelles Lettres*, etc., p. cxxxiii-cxxxix), et le beau passage où il montre l'unité essentielle de la méthode de Leibniz, et comment les applications incomparablement fécondes de cette méthode aux sciences mathématiques, à la physique, aux sciences de la vie, applications qui continuent et continueront indéfiniment, dérivent entièrement de ses principes métaphysiques (p. ccvii-ccxix). — V. encore le Discours d'ouverture du cours de M. Saisset; 1857.

tant point accompli : la philosophie du xvıı^e siècle, la philosophie de l'esprit et de la raison, bien qu'en possession de tous les principes essentiels, demeure imparfaite pour n'avoir pas su les relier dans un tout harmonieux. De larges brèches sont restées ouvertes dans l'édifice du vrai : c'est par là que rentrera l'ennemi. Déjà l'ennemi est en vue et l'attaque est commencée!

L'attaque vient du pays de Hobbes, de ce génie malfaisant que Descartes avait vaincu. Elle vient d'un homme qui ne songeait guère à continuer le théoricien de l'athéisme et du despotisme, et qui professait sur la vie publique et privée des opinions bien opposées à celles de Hobbes. John Locke, esprit étendu et actif, observateur judicieux et sagace, mais plus apte à cette sorte de philosophie morale dont l'expérience et l'observation nous fournissent les matériaux qu'aux spéculations transcendantes, prétend éclaircir la philosophie et mettre un terme aux disputes des philosophes en étudiant à fond et en détail les facultés et les opérations de l'entendement. C'était une belle entreprise, et Locke fondait par là cette branche importante de la philosophie qui a reçu, depuis, tant de développements sous le nom de psychologie. Malheureusement, avant de s'établir sur ce terrain qu'il devait cultiver avec grand fruit, avant d'analyser les idées en elles-mêmes, il commença par s'égarer à la recherche de leur origine. Il entame un vaste *Essai sur l'entendement humain*[1], sans posséder ces *idées claires* et *distinctes* tant recommandées par Descartes et, par conséquent, sans avoir à sa disposition une vraie langue philosophique. Il remplace trop souvent la clarté de la pensée par cette fausse clarté de la forme qui recherche les termes les plus vulgaires au lieu des plus exacts, et qui prend le sens banal pour le sens commun. Il ne voit l'origine des idées que dans la sensation causée par les objets extérieurs et dans la réflexion s'exerçant sur les matériaux fournis par la sensation; il excepte seulement la connaissance de notre propre existence que nous avons, dit-il, par intuition, et celle de l'existence de Dieu, que nous avons par démonstration[2]; mais cette dernière exception n'est

---

1. Publié à Londres en 1690.
2. Descartes, faute d'avoir suffisamment creusé la théorie des idées, n'avait formellement attribué l'*innéité* qu'aux idées de Dieu et de l'âme et avait paru placer dans

pas rigoureusement motivée chez lui et ne semble qu'une concession aux croyances religieuses de son pays et aux siennes propres. Quant à l'exception précédente, son *intuition* n'est guère encore qu'une sensation généralisée et aboutit à substituer : *Je sens, donc je suis*, à *je pense, donc je suis*. Il écarte de la science, comme incompréhensible, tout ce qui ne tombe pas sous l'imagination et sous le sens, tout ce qui est intelligible sans être imaginable : il écarte les causes métaphysiques pour ne voir que les effets concrets. Il transporte sans réserve dans la psychologie, dans la science du *moi*, cette méthode d'observation et d'expérience, que son ami Newton avait systématisée avec génie dans les sciences de la nature extérieure. Il ne va pas jusqu'à nier l'esprit, le sujet qui pense, et il lui accorde la faculté de réflexion, qui modifie d'une manière assez mal définie les idées fournies par les sens; mais il arrive à douter et à se demander si ce sujet de la pensée est bien réellement distinct de la matière, ou, en d'autres termes, si Dieu ne pourrait point accorder à la matière la faculté de penser. Cette seule question, pour qui l'admet, renverse toutes les notions intelligibles et replonge la métaphysique dans le chaos d'où Descartes l'avait tirée ! Locke, initié aux travaux de Newton, a senti vaguement qu'il y a autre chose que de l'étendue là où il n'y a pas de pensée et ne comprend pas pourquoi ces forces, ces principes actifs, qu'il sent joints au principe passif, seraient essentiellement incapables de s'élever jusqu'à la pensée; mais il prend ces forces pour des modes ou des qualités susceptibles d'être ajoutées à l'*essence de la matière*, c'est-à-dire à l'étendue; il ne comprend pas que toute force est nécessairement une substance, puisque nous ne la concevons réductible en aucun autre principe, et il se demande si la pensée, la force ayant conscience d'elle-même, ne peut pas être une propriété de la matière, de l'étendue, c'est-à-dire si une substance ne peut pas être la propriété d'une autre substance; ce qui n'a aucun sens [1].

les choses extérieures d'origine des idées de nombre et d'étendue. Par là, il avait laissé jour à Locke. — V. Bordas-Demoulin, t. 1er, p. 127.

1. S'il eût entendu par *essence de la matière* autre chose que l'*étendue*, cette autre chose n'eût pu être que la *substance unique* de Spinoza, ayant le double attribut de la pensée et de l'étendue; il touche bien, en effet, un moment à cette idée; mais il ne s'y arrête pas. Voyez Leibniz, *Nouveaux essais sur l'Entendement*, Avant-propos, p. 77,

Par le caractère vague donné aux termes de *matière* et de *propriété*, Locke prépare la ruine de la métaphysique.

En métaphysique, il a donc bouleversé les notions fondamentales pour bâtir dans le vide une théorie qui aboutit, d'un côté, au sensualisme par l'origine assignée aux idées, de l'autre, au scepticisme idéaliste par l'axiome que nous ne voyons directement que nos pensées et non les choses extérieures à nous; en morale, il arrive au système de l'intérêt bien entendu, par une voie assez singulière : il résout toute morale en religion et toute religion en considération de notre propre intérêt dans ce monde et dans l'autre.

Le succès de Locke est immédiat en Angleterre. Le génie anglais, qui a reculé devant le sauvage athéisme de Hobbes, se complaît dans la morale de l'utile et dans la philosophie de la sensation, présentées avec décence et gravité; il ne paraît pas s'apercevoir de la nullité des principes, en présence de la patiente et ingénieuse analyse des facultés de l'entendement, longue revue des opérations de l'esprit humain qui excite son admiration et qui est, en effet, la partie originale et durable de l'œuvre de Locke. En France, le philosophe anglais n'est d'abord accueilli que par la petite école de Gassendi, qu'il renouvelle sous une forme plus populaire et plus facile, et par ceux des *esprits forts* qui sympathisent avec cette école. L'ascendant des cartésiens, et en particulier de Malebranche, est trop puissant encore; mais les partisans de Locke doivent peu à peu croître en nombre et rallier à eux les esprits impatients de tout dogmatisme que l'austère majesté du cartésianisme importune comme une sorte de religion, ceux qui rejettent toute la théorie cartésienne pour les lacunes ou les erreurs qu'ils y aperçoivent, ceux surtout qui ne savent ni ne veulent s'élever au-dessus des choses sensibles. D'autres motifs d'une nature plus élevée militeront encore en faveur du philosophe anglais. Nous verrons Locke envahir un jour la France avec Newton, et sous les mêmes auspices, pour y régner pendant près d'un siècle sur le trône usurpé de Descartes, et nous

cité, A. Jacques, 1846; et *Lettres et Opuscules inédits de Leibniz*, précédés d'une Introduction, par A. Foucher de Careil, p. LXXVIII.

aurons alors à revenir sur les causes de cette étrange révolution[1].

Locke ne fut pas seulement métaphysicien, mais théoricien politique, et son influence fut à ce titre non moins considérable et plus légitime. Patriote dévoué, exilé en Hollande sous Jacques II, puis rentré en Angleterre avec et par la Révolution, il fit la théorie de la liberté après avoir courageusement servi la liberté de sa personne. Il attaqua l'un après l'autre, avec plus d'audace que de logique, les deux grands dominateurs intellectuels de la France du dix-septième siècle, le philosophe qui avait affranchi les esprits de l'autorité scolastique et le théologien qui enchaînait les personnes à l'autorité politique ; il battit en brèche Bossuet après Descartes. Le *Traité du Gouvernement Civil* de Locke (1690-1694) est véritablement l'antithèse de la *Politique de l'Écriture Sainte*. Près d'un quart de siècle auparavant, et avant même que Bossuet eût écrit sa théorie de gouvernement, Spinoza avait déjà formulé, dans son *Traité Théologico-Politique*, un système contraire à celui du théologien français. Il est intéressant de comparer entre eux les deux adversaires de Bossuet.

Nous avons dit plus haut comment Spinoza, ne considérant le genre humain que comme une abstraction nominale et non comme un archétype véritable, ou comme un concept nécessaire, ne reconnaît pas de droit naturel qui relie les hommes les uns aux autres ; au point de vue humain, et tant que les âmes n'ont pas reconnu leur unité en Dieu, il ne voit pas d'autre droit que la force. Cependant la raison montre à l'homme que la société fondée sur une transaction et une protection réciproque vaut mieux que l'état de nature, où les individus sont en lutte perpétuelle. De là, le pacte social. Ce pacte même est encore un fait plutôt qu'un droit. Le droit de l'état, du magistrat, n'a de

---

[1]. Le système de Locke avait été réfuté par Leibniz dans ses *Nouveaux Essais sur l'Entendement* ; mais, Locke étant mort sur ces entrefaites, en 1704, Leibniz eut le tort de ne pas publier son livre, comme si la théorie de Locke fût morte avec lui. Les *Nouveaux Essais* ne parurent qu'en 1765, quand Locke régnait sans conteste sur l'Angleterre et la France et envahissait l'Allemagne elle-même. Au reste, il n'est pas probable que les *Nouveaux Essais* eussent arrêté un mouvement qui tenait à des causes si complexes. V. la traduction de M. A. Jacques et sa remarquable *Introduction* sur l'ensemble de l'œuvre de Leibniz ; Paris, 1846. M. Jacques a fait une œuvre fort utile en mettant les principaux ouvrages de Leibniz à la portée d'un bien plus grand nombre de lecteurs.

bornes que sa puissance et, d'une autre part, on n'est tenu d'observer les conventions que tant que l'on est intéressé à le faire. On se croirait revenu à Hobbes en entendant ces étranges paroles; mais l'idéal qui est au fond de la pensée de Spinoza le conduit à des conclusions tout opposées à celles de Hobbes : la raison, dit-il, qui a conseillé le pacte social, le maintient en détournant le magistrat d'opprimer, le citoyen de troubler l'état. Spinoza n'est pas progressif et ne peut l'être. Son panthéisme est aussi éloigné du principe de perfectibilité que le catholicisme de Bossuet. Pas plus que Bossuet, il ne veut que l'on change le gouvernement établi, mais il a pour la démocratie la même préférence que Bossuet a pour la monarchie. « La démocratie, où nul ne transfère son droit naturel à un autre, mais seulement à la majorité, et où tous par conséquent demeurent égaux comme auparavant dans l'état naturel, est la forme de gouvernement la plus naturelle, la plus rapprochée de la liberté, que la nature donne à tous les hommes [1]. » Cette définition dépasse de beaucoup les théoriciens républicains des seizième et dix-septième siècles, depuis Buchanan et Hotman jusqu'à Sidney, presque tous plus ou moins imbus d'aristocratie; Spinoza pose nettement la république du vote universel et ne voudrait priver du droit politique que les femmes, les enfants, les repris de justice et les *esclaves*.

Ceci n'est pour lui que le *préférable*, puisqu'il admet les diverses formes de gouvernement [2]; le *nécessaire*, quel que soit le gouvernement, consiste dans les principes suivants : 1° que l'état règle la religion, qui ne doit se mêler que des mœurs, et nullement de la philosophie ni de la science; 2° que chaque citoyen puisse penser ce qu'il veut et dire ce qu'il pense. La vraie fin de l'état, c'est la liberté. Le magistrat doit réprimer les actes, mais laisser la liberté aux paroles. On ne doit jamais agir en opposition aux décrets du magistrat; mais on peut penser, parler et juger avec une liberté entière, en ne faisant appel qu'à la raison et en mon-

1. *Traité Théologico-Politique*, p. 276, ap. Œuvres de Spinoza, t. Ier, traduction de M. E. Saisset.
2. Il ne les admet pas de très-bonne grâce : « Le grand secret du régime monarchique, et son intérêt principal, c'est de tromper les hommes et de colorer du beau nom de religion la crainte où il faut les tenir asservis. » Préface du *Traité Théologico-Politique*, p 59.

trant que telle ou telle loi répugne à la raison. La liberté de parler ne doit avoir pour bornes que le pacte social et la foi (c'est-à-dire les croyances *morales* qui règlent la vie). Jamais la raison n'a été peut-être plus éloquente que dans les pages où le solitaire hollandais proteste contre ces gouvernements et ces sectes qui, prétendant régler par des lois les choses de la spéculation, punissent les opinions comme des attentats, ne peuvent supporter la liberté de l'esprit et veulent porter le despotisme jusque dans le monde intelligible. Or, ces gouvernements, à l'époque où écrivait Spinoza, c'était toute l'Europe, moins la Hollande ; quant aux sectes, quelques fractions seulement du protestantisme admettaient la liberté des croyances [1].

Entre Spinoza et Locke, la liberté a fait une éclatante conquête : elle s'est étendue de Hollande en Angleterre : la parole et la presse sont affranchies sur la terre britannique. Locke systématise la victoire à laquelle il a contribué.

Son point de départ est très-différent de celui de Spinoza. Il admet 1° le droit naturel, selon lequel l'homme est indépendant de tout autre homme, mais non pas de l'équité, et se fait immédiatement justice à lui-même ; 2° le droit civil, selon lequel les hommes entrent en communauté sous un pouvoir établi par le consentement de tous, et remettent le soin de la justice à ce pouvoir. Il admet que les sociétés ont commencé de fait par le pouvoir patriarcal, qui a pu, le plus souvent, à mesure que les sociétés s'étendaient, dégénérer en monarchies héréditaires ; mais c'est là un pur fait à ses yeux. La monarchie despotique, où l'on dépend d'un homme et non de la loi, n'est point pour lui un *gouvernement civil*. Le pacte social ne commence qu'avec l'institution des pouvoirs légaux et réglés. Le gouvernement régulier commence par le consentement unanime des hommes qui acceptent le pacte et continue par la déférence nécessaire de la minorité envers la majorité. La majorité peut déléguer le pouvoir, mais ce pouvoir délégué n'est point absolu et a pour limite la justice naturelle, qui est la loi de Dieu : il n'est point irrévocable ; s'il dévie, le peuple qui l'a fait, peut le défaire. Dans certains états, il y a

---

1. V. Préface, p. 60. — *Traité théol.*, p. 330. — Spinoza, dans un dessin de sa main, s'était représenté en Masaniello. *Vie de Spinoza*, p. 14.

des rois réputés inviolables ; cette inviolabilité disparaît, si le roi renverse les lois fondamentales[1].

La souveraineté du peuple ne saurait être plus énergiquement formulée. Nous voilà loin de tous ces écrivains qui confondent le fait et le droit et voient autant de principes de souveraineté qu'il y a de formes de gouvernement. Les événements ont contribué à donner ici à Locke la supériorité sur Spinoza. Il y a entre eux la Révolution de 1688.

Locke n'est pas moins ferme ni moins hardi sur le droit des gens que sur la politique intérieure. La conquête injuste, dit-il, ne constitue aucun droit. La victoire, dans une guerre juste, ne donne droit qu'à la réparation de l'injure. La postérité du vaincu a toujours droit de secouer le joug du conquérant. — De Grotius à Locke, quel immense progrès !

Spinoza est resté dans sa sphère abstraite : Locke est entré avec éclat dans les faits ; sa politique n'est point une utopie, c'est la politique d'une grande révolution, comme la politique de Bossuet est celle d'un grand gouvernement ; mais Locke, toutefois, et c'est là sa gloire, dépasse de beaucoup les faits de son temps. Par dessus la Révolution de 1688, il donne une main, dans le passé, à la République anglaise de 1649, l'autre, dans l'avenir, à la République américaine de 1773, et ce n'est pas en Angleterre, mais dans un autre hémisphère, que sa pensée recevra son entier accomplissement[2].

Si Locke a cessé d'être, à nos yeux, le réformateur de la philosophie, il ne cessera jamais d'être honoré comme un des pères de la liberté moderne.

Nous venons de voir les successeurs de Descartes, pareils aux successeurs d'Alexandre, combattre autour de son tombeau, entre eux et avec l'ennemi du dehors. Nous voici revenus en présence de l'autre dominateur du siècle, qui vit et qui lutte encore pour la défense de son empire. Bossuet, méconnaissant l'éternelle loi

---

1. La corruption exercée sur les élections, ou sur les élus du peuple, est un des cas qui, suivant Locke, dépouillent le roi de son inviolabilité. Guillaume III, aussi bien que ses prédécesseurs et que les premiers de ses successeurs, eût couru grand risque si on lui eût appliqué cet article à la rigueur !

2. Ce n'est pas seulement comme théoricien qu'il a agi sur l'Amérique anglaise : il a rédigé les lois de la Caroline du Sud, à la demande de lord Shaftesbury.

du changement et du progrès, avait cru asseoir sur le roc vif le trône et l'autel et bâtir pour l'éternité : à peine l'édifice achevé, tout s'ébranle ; tous les vents du ciel soufflent la tempête. La sphère des idées, en France du moins, est seule jusqu'ici entamée par l'orage : la *Politique de l'Écriture sainte* règne encore dans les faits, mais Bossuet sait trop bien que le pouvoir auquel échappent les idées ne gouvernera pas longtemps les faits. De la hauteur où il est placé, il voit de tous les points de l'horizon venir des ennemis sans nombre. Il voit le vieux calvinisme se débattre avec fureur contre la persécution et invoquer la vengeance : il craint peu cet adversaire, vaincu dans le monde moral non moins que dans le monde matériel, ce contrefacteur de l'autorité catholique, que le catholicisme a dû logiquement abattre ; mais il craint bien davantage le nouveau protestantisme, la puissante école du libre examen et du rationalisme chrétien, qui, avec les disciples d'Arminius, vainqueurs du calvinisme en Angleterre plus encore qu'en Hollande, et avec les hommes de la philosophie expérimentale, avec Locke et Newton, tend à miner la théologie et à réduire tout le christianisme à la foi en la divinité du Christ, entée plus ou moins légitimement sur la religion naturelle [1]. Il croit voir l'arminianisme prêt à faire un pas de plus, à franchir le fossé qui le sépare encore du socinianisme et à se jeter dans ce déisme biblique où Socin est arrivé dès le premier siècle de la Réforme, et qui n'a entre lui et les juifs que la croyance, non plus à la divinité, mais seulement à la mission divine du Christ [2]. Bossuet croit voir toute la Réforme pencher et se précipiter vers le socinianisme, qui, à son tour, a derrière lui quelque chose de plus radical que lui-même, la négation de la révélation biblique et le pur déisme philosophique. Tout est crainte, tout est péril. Bossuet a accepté le cartésianisme, non sans défiance, et voilà le panthéisme qui en sort, sans s'avouer lui-même, avec Malebranche, puis, en s'avouant solennellement, avec Spinoza ! Et, cependant, les ennemis qui

---

1. C'est là l'esprit du *Christianisme raisonnable*, publié par Locke en 1695.
2. L'importance que l'esprit quasi judaïque des Sociniens attachait au témoignage des sens dans l'appréciation de l'Écriture sainte, devait faciliter leur rapprochement avec l'école de Locke. — Le pas que nous venons d'indiquer, Newton paraît l'avoir fait.

naissent à Descartes sont encore plus à redouter que Descartes, car ils tendent à ruiner la théodicée et la spiritualité de l'âme, si puissamment étayées par l'auteur de la Méthode. Mêmes dangers dans l'ordre des traditions que dans l'ordre des idées pures! Spinoza a attaché l'esprit critique, tel qu'un mineur opiniâtre, au rempart de l'Écriture sainte, et l'*exégèse*, cet art nouveau qui sonde les origines de toute chose, marche, par l'examen historique, à la décomposition des bases de la foi. La raison pure et l'histoire sont menaçantes : le sentiment religieux, à son tour, se jette hors de la règle dans ses élans mystiques. Bossuet craint l'enthousiasme ardent comme la froide critique ; il craint l'esprit novateur qui se manifeste sous mille formes, dans l'Église comme hors de l'Église, et qui s'efforce partout de franchir le cercle tracé par son inflexible main. Les angoisses l'assaillent de toutes parts.

La crainte, pour un Bossuet, ce n'est pas la fuite, c'est le combat : sa vie entière, et spécialement la dernière partie de sa vie, est quelque chose d'héroïque ; toujours sur la brèche, faisant face partout jusqu'à son dernier jour ; c'est un des grands spectacles de l'histoire. Ses fréquents voyages à La Trappe étaient presque ses seuls moments de repos : il allait se retremper dans cette sombre piscine et y goûter quelques jours, par anticipation, la paix de la tombe.

Après la lutte avec l'ultramontanisme (1682), il s'était remis à la polémique contre les protestants et poursuivait les *réfugiés* dans les asiles où Louis XIV ne pouvait les atteindre ; cette polémique lui avait déjà fait produire un chef-d'œuvre dogmatique, l'*Exposition de la Doctrine de l'Église;* il la reprit par un chef-d'œuvre historique, l'*Histoire des Variations des Églises protestantes* (1688). Le titre seul dispense d'analyse et le livre tient ce que promet son titre. Le savant Basnage essaya en vain de répondre : on n'y pouvait réussir qu'en refusant à Bossuet son point de départ, à savoir, que variation est signe d'erreur ; c'est ce que fit hardiment le seul Jurieu, qui avoua les variations des protestants et affirma « que rien n'est plus commun dans le christianisme ; que la religion a été composée pièce à pièce, et la vérité de Dieu connue par parcelles [1] ». Ce n'était pas encore assez pour résister à Bos-

---

1. Bausset, *Histoire de Bossuet*, t. III, p. 156.

suet, si l'on ne contestait absolument l'existence de toute autorité infaillible et si l'on ne proclamait, comme l'avaient fait depuis longtemps une partie des arminiens anglais, l'indépendance de la conscience individuelle. Sur un autre point capital, Jurieu fut encore le seul qui tint tête à Bossuet. L'*Histoire des Variations* reprochait aux églises réformées d'avoir autorisé la révolte pour la défense de leur religion, contrairement au précepte de l'obéissance aux puissances. Basnage louvoya. Jurieu soutint nettement le droit de résistance à la tyrannie et proclama en termes exprès la *souveraineté du peuple,* ceci avant la publication du livre de Locke. Ce fut donc un écrivain français qui ramena le premier sur notre horizon ce principe délaissé en France depuis la fin du seizième siècle (1689). Bossuet dans sa réplique, nie toute souveraineté virtuelle et antérieure à la constitution de la puissance publique, et confond entièrement la souveraineté et le gouvernement [1].

Quel que fût l'éclat de sa controverse, Bossuet ne pouvait se flatter de *convertir* ces *réfugiés* qui avaient sacrifié biens, famille et patrie pour rester fidèles à leur croyance ; mais il put quelque temps espérer d'un autre côté un grand triomphe. Tandis que la Réforme anglaise, hollandaise et française inclinait en majorité au rationalisme arminien, sinon au socinianisme, le protestantisme allemand primitif, la vieille église de Luther, glissait sur la pente opposée, vers l'église catholique. Les traités qui consacraient la paix de religion dans l'Empire avaient toujours, comme chez nous l'édit de Nantes, réservé l'espérance du rétablissement de l'unité, et les diètes germaniques avaient parfois agité les moyens de réaliser cette espérance. Sur la fin du xviie siècle, des négociations sérieuses eurent lieu entre catholiques et luthériens; les préjugés étaient bien diminués ; les équivoques dissipées ; l'*Exposition de la Doctrine de l'Église,* de Bossuet, avait fait grand effet. L'empereur Léopold, en 1691, investit l'évêque de Neustadt d'un plein pouvoir « pour traiter avec tous les états, communautés ou même particuliers de la religion protestante, et travailler à leur réunion en matière de foi ». La branche électorale de Saxe,

---

1. V. *Avertissements aux protestants.* — Les *Avertissements aux protestants* sont les répliques de Bossuet aux critiques de Jurieu contre son livre.

et la maison de Brunswick, que la promesse d'un nouvel électorat reliait à l'empereur, parurent entrer dans ses vues. Le directeur des églises consistoriales de Hanovre, Molanus, docteur renommé chez les luthériens, engagea une correspondance avec l'évêque de Neustadt, qui recourut bientôt au grand prélat que les catholiques d'Allemagne, aussi bien que de France, regardaient comme la colonne de l'orthodoxie. Louis XIV promit de favoriser la pieuse entreprise. Bossuet et Molanus arrivèrent à s'entendre sur la justification et l'eucharistie, et même sur la primauté papale, Bossuet admettant l'usage de la langue vulgaire dans une partie de l'office divin, la communion sous les deux espèces, pourvu qu'on n'en fît pas un point de foi, et « le retranchement de tout ce qui sent la superstition et le gain sordide dans le culte des saints et des images ».

Sur ces entrefaites, intervint dans la négociation un personnage plus fait que Molanus pour traiter d'égal à égal avec Bossuet. Ce fut Leibniz, toujours Leibniz ; on le retrouve partout où s'agite une idée capable d'influer sur le monde intelligible ou sur le monde réel. C'est encore son génie syncrétiste qui l'engage dans cette importante affaire. Il veut concilier Rome et Augsbourg, comme Aristote et Descartes. Son penchant pour l'unité le rapproche de Bossuet ; il aime l'ordre et l'harmonie ; il admire l'esprit organisateur et les puissantes institutions de l'église romaine; mais c'est là une sympathie politique, au fond, plus que religieuse, et qui s'applique à la convenance des choses plutôt qu'à leur vérité absolue. S'il paraît disposé à un rapprochement facile sur le dogme, c'est qu'il n'attache pas une grande importance aux points qui séparent les deux communions. Son unité, d'ailleurs, n'est pas celle de Bossuet : si, par un retour vers le double idéal du moyen âge, il rêve quelquefois une Europe confédérée par la médiation et sous la suprématie du pape et de l'empereur, c'est avec des réserves de tolérance religieuse que Bossuet rejetterait bien loin [1].

---

1. Il venait de soutenir contre Pellisson une très-belle discussion sur la tolérance. Cette correspondance a été publiée dès 1692. D'après un document publié dans le *Bulletin de la Société de l'hist. du protestantisme français* (mai-juin 1858), Pellisson, qui mourut en 1693, aurait fini dans une espèce de retour à la foi protestante de sa jeunesse.

La question du concile de Trente fut la pierre d'achoppement. Les luthériens ne voulaient pas reconnaître l'autorité de cette assemblée et proposaient une réunion préliminaire, en réservant certains points de doctrine et en attendant un nouveau concile. C'était une question plutôt nationale que théologique, et personne ne comprenait ceci aussi clairement que Leibniz. Aussi profond en histoire qu'en philosophie, il voyait l'Europe chrétienne partagée en trois groupes par une division à la fois ethnographique et religieuse : le groupe latin ou catholique, le groupe teutonique ou protestant, le groupe slave ou de rite grec. Leur réunion eût été son utopie ; mais il n'admettait pas la soumission des uns aux autres. Or, le concile de Trente avait été formé non-seulement par les Latins seuls, mais, entre les Latins, presque exclusivement par les Italiens et les Espagnols. Quoique Leibniz parût ranger la France dans le groupe latin et catholique, cependant il sentait qu'elle n'était pas latine comme l'Italie ou comme l'Espagne [1], que son esprit était plus complexe, et, avec une haute intelligence de son rôle dans le monde, il l'appelait à servir de médiatrice entre les ultramontains et les peuples du Nord. « Dieu voulut », dit-il, « que la victoire de Rome en France (au XVI° siècle) ne fût pas entière, que le génie libre de la nation française ne fût pas tout à fait supprimé et que ; nonobstant les efforts des papes, la réception du concile de Trente ne passât jamais en France [2]. » Il presse donc la France et Bossuet, qui la représente si glorieusement, de travailler à la réintégration de l'unité, en provoquant un concile vraiment européen et universel.

La France ne devait pas être sous cette forme la médiatrice de l'Europe. Bossuet ne pouvait accepter le terrain de Leibniz sans rompre avec Rome. Il soutint le concile de Trente comme légitimement convoqué et comme reçu de fait en France quant à la foi, et déclara impossible une réunion préalable sans un parfait accord sur la doctrine. La négociation, après une assez longue correspondance (1691-1694), fut interrompue, puis reprise

---

[1]. De même que l'Angleterre, qui a tant d'éléments celtiques et français, n'est pas teutonique comme l'Allemagne. On sent bien qu'une telle division ne peut être d'une vérité absolue et qu'il y faut des réserves et des explications.

[2]. Œuvres posthumes de Bossuet, t. I°, p. 402.

par Leibniz, puis retomba pour ne plus se relever (1699-1701).

D'autres combats ont eu lieu pendant cette négociation. Bossuet ne s'attaque point en personne au panthéisme, qu'on est convenu d'appeler athéisme; il se contente de pousser contre Spinoza le bénédictin Lami et un champion plus illustre que nous verrons bientôt paraître dans la lutte des idées, Fénelon. Il se réserve pour les périls intérieurs. Il croit entendre le travail de la sape dans les fondements; c'est l'écho de Spinoza qui lui revient, non plus du dogmatiste, mais du terrible critique. De savants ecclésiastiques s'appliquaient à l'étude soit des textes sacrés, soit des Pères, avec une ardeur toute nouvelle et une liberté de jugement inconnue dans l'Église de ce siècle. L'abbé Dupin, écrivain remarquable et consciencieux, après avoir débuté, jeune encore, par un *Traité de l'ancienne discipline de l'Église*, où il réduisait à peu près l'autorité primitive du pape à une simple primauté, avait entrepris, sous le titre de *Nouvelle Bibliothèque des auteurs ecclésiastiques*, une histoire générale de la théologie chrétienne (1686-1691). Il y critiquait les Pères et exposait leurs opinions sans plus de ménagement que s'il se fût agi des écrivains profanes, et avançait que saint Cyprien était le premier des Pères qui eût parlé bien clairement sur le péché originel; que saint Justin et saint Irénée n'avaient entendu par des peines éternelles que des peines de longue durée, etc. Bossuet intervient avec éclat pour obliger l'auteur à se rétracter, et l'archevêque de Paris, Harlai, condamne l'ouvrage (1691-1693)[1].

Une autre lutte du même genre, mais bien plus sérieuse, avait commencé longtemps auparavant et ne finit que longtemps après, avec la vie même de Bossuet. Un homme qui avait le génie incarné de la critique et la passion du vrai à tout prix, résista, avec le courage d'une conviction opiniâtre, au puissant dominateur qui prétendait que tout cédât à l'intérêt de sa doctrine. Richard Simon, d'abord engagé dans la congrégation de l'Oratoire, s'était brouillé avec cette savante société par l'indépendance indomptable de son esprit; il ne voulait pas plus prendre parti avec les Oratoriens en faveur de Port-Royal contre les jésuites, qu'il n'eût

---

1. *Hist. de Bossuet*, t. III, p. 228.

voulu s'enrôler avec les jésuites contre les jansénistes. Il s'était dévoué tout entier à l'étude des livres sacrés ; historien et non métaphysicien, il ne discutait pas les principes, mais les traditions ; la religion était pour lui chose de fait, mais il voulait atteindre les faits dans leur source même. Après divers travaux déjà éminents, étant encore membre de l'Oratoire, il avait mis sous presse, en 1678, l'*Histoire critique du Vieux Testament*. Le censeur royal et le général de l'Oratoire avaient autorisé l'impression, quand Arnaud dénonça l'ouvrage à Bossuet comme rempli de pernicieuses nouveautés. Richard Simon, tout en combattant les assertions de Spinoza sur la Bible, accordait que les livres saints n'émanaient pas entièrement des auteurs auxquels on les attribuait ; par exemple, que le Pentateuque n'était pas tout entier de Moïse ; mais il soutenait que cela était indifférent à la foi, les rédacteurs des livres de l'Ancien Testament ayant été des scribes publics divinement inspirés de génération en génération, c'est-à-dire que ceux qui avaient apporté postérieurement des additions, des modifications quelconques aux anciens textes, avaient été tout aussi inspirés que les auteurs primitifs. C'était faire une retraite de génie devant l'attaque de Spinoza et se transporter sur le seul terrain où l'on pût défendre la divinité de l'Écriture, car il devenait impossible de soutenir l'opinion vulgaire contre les progrès de la critique. Bossuet ne voulut pas le comprendre ; sa haine pour toute innovation l'emporta, et l'on ne peut d'ailleurs s'étonner qu'il se soit heurté à certaines propositions de Richard Simon. Ainsi, le critique avance qu'il n'est pas sûr, comme font les protestants, de ne chercher la vérité que dans des livres qui ont subi tant de changements et qui ont dépendu à tant d'égards des copistes (non inspirés, ceux-là), et que la religion ne peut être assurée presque en toutes choses que par la tradition conservée et interprétée par l'Église. Traduire l'Écriture, ajoute-t-il, est presque impossible : l'Écriture n'est nullement claire par elle-même, comme le prétendent les protestants [1]. Ces assertions favorisaient sans doute le catholicisme contre la Réforme, mais ébranlaient l'autorité des textes, que Simon avait paru d'abord affermir par

---

1. V. la Préface de l'*Histoire critique du Vieux Testament;* la bonne édition est celle de 1685.

sa nouvelle explication de leur origine. L'impartialité avec laquelle Simon avait comparé, pour arriver à entendre l'Écriture le mieux possible, tous les interprètes catholiques, protestants, juifs, sociniens, sans accorder plus d'autorité aux Pères qu'aux autres commentateurs dans les questions linguistiques et historiques, dut aussi choquer fortement Bossuet. L'inflexible prélat recourut, suivant sa coutume, *au bras séculier* et fit supprimer l'édition par le chancelier. Mais le temps n'était plus où l'on pouvait facilement étouffer la pensée. L'*Histoire Critique* parut en Hollande au lieu de paraître en France, sans le consentement avoué de l'auteur, et Simon poursuivit ses infatigables labeurs sans être l'objet de persécutions matérielles. Après avoir publié l'*Histoire de l'origine et des progrès des revenus ecclésiastiques* (1684), où il avance des choses hardies sur l'égalité primitive des évêques et des prêtres, et l'*Histoire critique de la créance et des coutumes des nations du Levant* (1684), il rentra dans ses travaux sur l'Écriture par l'*Histoire critique du texte du Nouveau Testament* (1689), suivie de l'*Histoire critique des versions du Nouveau Testament*, et de l'*Histoire critique des commentateurs du Nouveau Testament* (1692). Ce dernier ouvrage renouvela contre lui l'irritation de Bossuet. Simon, en général assez peu favorable aux Pères latins, sauf à saint Jérôme dont il respectait l'érudition biblique, et très-imbu des sentiments des Pères grecs en faveur du libre arbitre, s'était montré hostile à saint Augustin, qu'il accusait d'avoir introduit en Occident des nouveautés contraires à la liberté humaine. Bossuet, blessé dans ses sympathies les plus chères, entama une longue et violente réfutation, intitulée *Défense de la Tradition et des saints Pères*, qui, interrompue à diverses reprises, ne put paraître qu'après sa mort.

Richard Simon, cependant, avait entrepris ce qu'il avait lui-même déclaré presque impossible, une traduction des Écritures. Le *Nouveau Testament* fut le premier prêt à voir le jour. L'ouvrage fut remis à des examinateurs qu'avaient choisis l'archevêque de Paris Noailles et Bossuet lui-même. Les examinateurs approuvèrent; mais Bossuet recommença l'examen en personne et fut soulevé par la liberté avec laquelle Simon appliquait ses principes de critique et de linguistique à l'interprétation du texte, au lieu de se soumettre à l'autorité traditionnelle des théologiens. « On se sert de l'Évangile même, s'écrie-t-il, pour corrompre la religion[1] ». Simon se défendit avec énergie contre son formidable adversaire; il avait des appuis dans le monde littéraire et même dans le clergé, où l'ascendant impérieux de l'évêque de Meaux n'était pas toujours subi sans impatience; il était protégé par Pontchartrain, devenu de contrôleur général chancelier, qui aimait les vues neuves et hardies. Bossuet enleva tout de haute lutte; il entraîna l'archevêque de Paris à condamner le *téméraire* traducteur, puis en fit autant dans son propre diocèse, et fit enfin contraindre le chancelier par le roi à supprimer le livre (1702-1703). Bossuet réussit mieux cette fois qu'envers l'*Histoire critique;* il priva la chrétienté de la plus savante version des Écritures qu'on eût sans doute encore vue, car Simon renonça à publier de son vivant la traduction de l'Ancien Testament et, quelques années après, vieilli, fatigué de combats, inquiété par les jésuites, qui l'avaient d'abord appuyé comme antijanséniste et qui maintenant poussaient contre lui l'autorité laïque, il brûla tous ses papiers dans un accès de découragement et mourut du chagrin que lui avait causé cette perte (1712). On peut douter que la religion y ait gagné. C'était à d'autres armes que l'érudition qu'on devait bientôt recourir contre elle. Quoi qu'il en soit, Richard Simon, trop négligé en France à cause du caractère plus passionné que scientifique que prit la guerre philosophique du XVIIIe siècle, est devenu le père de l'exégèse allemande et sera toujours étudié avec respect par quiconque voudra se rendre sérieusement compte des importantes questions relatives aux textes sacrés.

Vers le temps où Bossuet poursuivait si âprement la *Version du Nouveau Testament*, il avait pris part avec la même ardeur à un débat d'un caractère tout différent et d'un intérêt plus émouvant encore, quoique les hommes qui avaient soulevé la question n'en comprissent pas eux-mêmes toute la portée. Nous avons dit ailleurs[2] que les jésuites avaient voulu réconcilier le Christ et le Monde, la nature et la religion, mais qu'ils avaient manqué de franchise et de droiture dans cette grande entreprise; qu'ils avaient tenté en Orient quelque chose d'analogue en tâchant de

---

1. *Histoire de Bossuet*, t. IV, p. 320.
2. V. notre t. XII, p. 73 et suivantes.

fondre les religions étrangères dans le christianisme et en attirant les païens par les analogies au lieu de les saisir violemment par les différences des dogmes, comme avaient fait le plus souvent jusque-là les prédicateurs de l'Évangile. Dans l'Inde, on avait eu à leur reprocher de faire à la religion des castes certaines concessions contraires à l'égalité chrétienne ; leur conduite à la Chine souleva contre eux de bien plus violentes incriminations de la part des autres missionnaires, lazaristes et dominicains, qui suscitèrent à ce sujet un grand procès à Rome ; mais ici, le seul crime des jésuites fut d'avoir trop tôt raison, en tendance, sinon dans les détails. Frappés de la pureté des maximes de Confucius et du rapport que la doctrine de ce législateur avait avec la loi de Moïse, ils avaient autorisé leurs néophytes chinois à continuer de prendre part aux cérémonies que célèbrent les lettrés en mémoire de Confucius, ainsi qu'aux rites pieux des familles chinoises en l'honneur des ancêtres. Leurs relations sur les traditions de la Chine avaient vivement remué les esprits en Europe. Le théologien protestant Basnage parle, d'après eux, de l'*antique église* des Chinois ; en 1700, les jésuites français Lecomte et Le Gobien avancent nettement que la Chine a conservé près de deux mille ans le culte du vrai Dieu sans mélange ; que la Chine a eu ses saints et ses inspirés de Dieu, et que l'empereur de la Chine, dont ils sollicitent la protection, ne doit pas considérer la religion chrétienne comme une religion étrangère, puisqu'elle est la même, dans ses principes essentiels, que l'ancienne croyance des sages et des premiers empereurs chinois. Sur ces entrefaites, l'orientaliste anglais Hyde avait publié, sur la religion de Zoroastre, un livre qui donnait des conclusions à peu près pareilles pour la Perse, et un docteur de Sorbonne, appelé Coulau, prétendait, de son côté, établir par l'Écriture même que les Perses avaient connu le vrai Dieu et n'avaient quitté son culte qu'après avoir été subjugués par Alexandre. Ainsi, de toutes parts, le progrès de la science historique et des relations internationales ébranle le vieil antagonisme qui posait la religion de Dieu en face des religions du diable, le vrai absolu devant le faux absolu. Une large voie s'ouvre, qui conduit, non point à un vague déisme négatif, mais à la religion universelle et toujours vivante, dont les dogmes fondamentaux, innés dans l'esprit humain, sont la *lumière qui éclaire tout homme venant en ce monde* [1].

Bossuet, l'homme du dogme *étroit*, éclate alors avec indignation contre ceux qui donnent à l'*histoire universelle* d'autres bases que les siennes et qui veulent que les Juifs n'aient pas été le seul peuple de Dieu, et que tout le reste des nations, que tous les *Gentils*, n'aient pas été livrés à l'idolâtrie. La Sorbonne, à la majorité de 114 voix contre 46, condamne la Chine dans la personne des deux jésuites; le docteur Coulau fait amende honorable pour la Perse, et Rome, à son tour, prohibe la tolérance accordée par les missionnaires aux cérémonies chinoises. Les jésuites, trop soutenus là où ils nuisaient aux progrès du genre humain, sont contrariés et paralysés là où ils le servaient avec intelligence et courage ; le christianisme, florissant à la Chine tant qu'il s'y était montré large et compréhensif, y est proscrit violemment dès qu'on le juge exclusif et insociable, et le grand œuvre de la synthèse religieuse, repoussé par les chefs de l'Église, est rejeté dans un avenir inconnu.

Après ses combats contre le protestantisme, contre l'ultramontanisme, contre la nouvelle critique sacrée, et avant la lutte contre ceux qui voulaient recevoir les *Gentils* dans l'*Ancienne Alliance*, Bossuet avait encore eu à poursuivre une autre doctrine, le *mysticisme*, à combattre un autre adversaire, le plus grand, le plus éclatant de tous, Leibniz excepté, et le seul qui, dans l'église catholique, fût capable d'être le rival de l'aigle de Meaux. On a déjà nommé Fénelon ! Fénelon domine moralement la fin du grand règne, ainsi que Bossuet en a dominé tout le reste ; mais il domine comme une protestation vivante ; participant de deux âges opposés l'un à l'autre, il est à la fois le dernier génie du xviie siècle et le premier du xviiie. Entre Bossuet et lui, la lutte ne s'engage directement que sur un seul point, mais elle est indirecte sur bien d'autres.

Fénelon nous est apparu déjà en plus d'une occasion. Il est temps de nous arrêter un peu plus à loisir devant cette noble et

---

1. *Mém. chronologiques et dogmatiques*, t. IV, p. 165. — Hallam, *Hist. de la Littérature de l'Europe*, t. IV, c. 64. — Bausset, *Hist. de Bossuet*, t. IV. — Voltaire, *Siècle de Louis XIV*, ch. xxxix.

touchante figure, une des plus pures et des plus aimées qui soient restées gravées dans le cœur de la France. On a pu réagir contre Bossuet et mêler l'hostilité à une admiration forcée envers cette grande mémoire; mais aucune secte, aucun parti n'a jamais eu le courage d'être hostile au souvenir de Fénelon : tous l'ont considéré comme appartenant à l'humanité tout entière.

Rappeler l'impression que produisait le premier aspect de Fénelon, c'est raconter Fénelon tout entier. Jamais homme ne s'est plus complétement révélé par sa physionomie. Les belles proportions de ses grands traits et de toute sa personne, le feu de ses yeux tempéré par une douceur incomparable, sa bouche sérieuse et souriante, qui s'entr'ouvre comme pour laisser son âme se répandre sur tout ce qui l'entoure, exercent autour de lui une séduction presque irrésistible, inspirent aux hommes une sympathie entraînante, aux femmes un attrait chaste et passionné qui ne semble point appartenir à ce monde. On sent que, chez cette nature tendre, le cœur a hérité de tout ce qui a été ravi aux sens par les serments du prêtre; mais ce n'est point ici la victoire désespérée de Pascal : le combat contre la nature n'a laissé que de faibles traces sur cette radieuse physionomie; à peine un reste de mélancolie mêle-t-il quelque ombre à la joie sereine qui y respire. Spinoza, lui, n'avait connu que par l'austère intelligence la joie de l'âme qui possède Dieu; Fénelon la connaît par le sentiment, et ce n'est pas cette lumière sans chaleur de l'évidence rationnelle, mais toute la flamme de l'amour divin, qui fait rayonner son visage et qui illumine ses discours. De là le charme égal de sa figure et de sa parole. On est ému avant qu'il ait ouvert la bouche : on est ravi, fasciné, quand il a parlé. Qu'il parle ou qu'il écrive, le même flot harmonieux et intarissable s'épanche sans effort d'un cœur que rien ne saurait épuiser.

On a souvent comparé l'*aigle de Meaux* et le *cygne de Cambrai*. L'un impose, l'autre attendrit; l'un inspire la crainte de Dieu, l'autre, la confiance en Dieu; l'un, tout en repoussant l'esprit sectaire des jansénistes, a adhéré à la dure morale de Port-Royal; l'autre, non moins au-dessus du soupçon quant à ses mœurs propres, enseigne des maximes moins sombres; il n'a pas cette haine de la vie présente : il ne dit pas, comme Pascal, que le *moi* est haïssable; il veut qu'on se supporte soi-même, comme on supporte le prochain; qu'on proportionne les pratiques de piété aux forces du corps; il blâme l'austérité chagrine, la crainte excessive de goûter la joie innocente et les plaisirs permis; il veut qu'on sache retrouver Dieu dans les douceurs de l'amitié, dans les beautés de la nature et de l'art. « Élargissez votre cœur! » s'écrie-t-il. Tout respire en lui cette plénitude et cette heureuse harmonie de la vie que les poëtes du moyen âge exprimaient par ce beau mot de *liesse* et qu'ils ne séparaient pas de la vaillance et de la vertu. Jamais la *voie large* du christianisme n'avait trouvé un tel apôtre[1].

Dans un autre ordre d'idées, Bossuet, génie demi-hébreu, demi-romain, qui rappelle les grands organisateurs latins de l'église d'Occident, est surtout l'homme de l'ordre extérieur, de la règle, de l'immuable unité. Fénelon, l'esprit à la fois le plus évangélique et le plus hellénique du XVIIe siècle, et qui semble un Père grec élevé à l'école d'Athènes, est, dans les limites de sa foi, l'homme de la spontanéité, du mouvement, de la liberté. Le sentiment, qui s'immole si volontiers à autrui, est précisément en nous le principe de la personnalité; pour se dévouer, il faut se sentir puissamment, il faut être soi.

Sous le rapport de l'art, Bossuet et Fénelon offrent l'éternelle dualité de la force et de la grâce : l'un est Michel-Ange, mais un Michel-Ange plus serein et plus antique; l'autre est Raphaël; l'un est Corneille, l'autre est Racine.

Né, en 1651, d'une noble famille du Périgord[2] et dirigé par ses parents, dès l'enfance, vers la profession ecclésiastique, Fénelon rêva d'abord de se consacrer aux missions du Canada, par zèle évangélique, puis aux missions du Levant, par dévotion à la patrie d'Homère au moins autant qu'à l'imitation des apôtres. Au lieu des infidèles à convertir, on lui donna les *Nouvelles Catholiques* (congrégation de protestantes converties) à maintenir dans la foi (1678). Fixé à Paris par cet emploi, il fut bientôt apprécié des hommes les plus éminents de l'Église et de la cour, et lia surtout une étroite amitié avec le duc de Beauvilliers. Beauvilliers, intel-

---

1. V. notre t. XIII, p. 459; — Œuvres de Fénelon, t. II; *Lettres spirituelles*, p. 250, 299, 301; édit. Lefèvre; 1838.
2. Les Salagnac ou Salignac de La Mothe-Fénelon.

ligence médiocre, mais âme excellente, subit pour toute sa vie un ascendant qu'il aimait trop pour jamais chercher à s'y soustraire. Fénelon, à son tour, subit longtemps l'influence de Bossuet; la gloire du grand évêque l'attirait et Bossuet répondait à son admiration passionnée par une haute estime et par un intérêt presque paternel. L'originalité du génie de Fénelon était néanmoins trop forte pour se laisser altérer par cette influence. Il y eut là, pour le jeune abbé, une dizaine d'années paisibles et fécondes en admirables travaux philosophiques, religieux et littéraires. Les *Dialogues sur l'Éloquence*, qui ne furent publiés qu'après sa mort, sont un des chefs-d'œuvre de l'esthétique. Il s'y montre déjà esprit novateur et systématique. L'éclat de l'éloquence contemporaine ne l'éblouit pas; il nie que cette éloquence apprise par cœur et rigoureusement méthodique, telle que la pratiquent Bourdaloue et ses émules [1], soit la véritable éloquence selon l'art des anciens et selon les besoins moraux du christianisme. Il voudrait l'éloquence parlée et non l'éloquence *écrite* : la vérité semble ici dans une sorte de milieu; quoi qu'il en soit, les remarques et les avis qui remplissent ses *Dialogues* sont un trésor pour les orateurs. On reconnaît, dans les *Dialogues*, deux tendances morales très-diverses. D'une part, Fénelon trouve chez les prédicateurs trop de peintures de mœurs, trop de raisonnements philosophiques et pas assez de dogme ni d'enseignement évangélique, et, chose bien singulière chez lui, il veut qu'on s'attache à la lettre de l'Écriture et non au sens spirituel. D'une autre part, il montre une intelligence et une admiration profondes de l'antiquité. Qui a jamais expliqué comme lui la supériorité de l'éloquence antique! « Chez les Grecs, dit-il, tout dépendait du peuple, et le peuple dépendait de la parole [2] ». C'est dans d'autres écrits qu'on voit plus clairement ce qui le rattache aux anciens, l'amour de la nature; il comprend ce que La Fontaine sentait d'instinct et il en appelle toujours dans les arts au sentiment et à la nature.

C'est aussi au sentiment et à la nature qu'il en appelle dans la première partie de sa grande œuvre de philosophie religieuse, le *Traité de l'Existence de Dieu*. Il admet pleinement la démonstration

---

[1]. Bossuet est pour lui en dehors et au-dessus de cette controverse.
[2]. *OEuvres* de Fénelon, t. IV, p. 469, 490.

cartésienne de Dieu par la raison pure; mais il juge cette sorte de preuve trop abstraite pour la plupart des hommes, incapables des opérations purement intellectuelles et habitués à dépendre de leur imagination. Il reprend donc, pour commencer, à l'usage du grand nombre, la démonstration du créateur par l'ordre et la beauté de la création; il remonte peu à peu du monde visible au monde invisible, sans jamais oublier qu'il écrit pour les simples et pour la foule; il prépare son lecteur par degrés à un ordre de preuves supérieur et finit par le jeter en pleine métaphysique. Cette métaphysique, comme celle de Bossuet dans le *Traité de la Connaissance de Dieu et de Soi-même*, est toute cartésienne; on remarque surtout un beau développement de la théorie des idées : les idées de l'esprit affirmées universelles, éternelles et immuables; l'idée de l'infini antérieure à celle du fini[1]; l'idée de l'unité présentée comme innée, absolument étrangère aux sens (ce qu'il démontre parfaitement), et comme une preuve de Dieu. Il est très-net sur le libre arbitre, repousse formellement le *déterminisme* et établit fortement la volonté propre et non nécessitée. Il réfute enfin l'atomisme épicurien et y fait voir une doctrine fondée, sans aucune méthode, sur des suppositions arbitraires.

La seconde partie du *Traité* est purement métaphysique : elle se divise en deux grands chapitres, dont l'un développe, par la méthode de Descartes, la preuve de la réalité de Dieu par l'idée même de Dieu; l'autre réfute Spinoza et expose les idées propres de l'auteur sur la nature divine. La réfutation ne porte pas à fond sur la conception de Dieu selon Spinoza; car, ce que Fénelon réfute, c'est l'idée suivant laquelle Dieu ne serait que la collection des êtres, et cette idée n'est pas celle de Spinoza. C'est bien au contraire, à la conception des êtres particuliers selon Spinoza qu'il s'attaque, en niant qu'on puisse concevoir des modes en Dieu et en établissant que ces prétendus modes sont des êtres créés de Dieu, mais qui ne modifient point Dieu. Du reste, on retrouve chez lui tout ce qu'il y a de vrai chez Spinoza, et même quelque chose de plus que le vrai, quant au mépris de tout ce qui est relatif et, par conséquent, des êtres particuliers et de leur néant.

---

1. Ceci est également démontré par Leibniz.

Il accorde que Dieu est, éminemment et d'une manière parfaite, tout ce qu'il y a de réel et de positif dans les êtres qui existent et tout ce qu'il y a de positif dans les essences des êtres qui pourraient exister; le propre des êtres particuliers n'est que la limite, que l'imperfection qui resserre l'être. Il y a en Dieu une infinité d'archétypes qui représentent tous les degrés possibles de l'être et qu'il réalise hors de lui dans la création. Nous voyons en Dieu ceux de ces archétypes ou êtres généraux que Dieu nous a rendus capables de connaître, et nous voyons les êtres particuliers en eux-mêmes, par la faculté que Dieu nous donne de les concevoir et qui n'est pas naturelle à notre âme : notre âme ne concevrait naturellement qu'elle-même et Dieu. Nous ne connaissons que deux genres ou archétypes, la pensée et l'étendue. Dieu renferme en lui ces deux genres comme tous les autres genres possibles. Si Dieu n'était qu'esprit, que pensée, il n'aurait aucun pouvoir sur la nature corporelle, étant sans rapport avec elle[1]. Tout cela est bien près de Spinoza. Tout ce que dit admirablement Fénelon de l'Être un, simple, immuable, éternel, immense, ne diffère guère de Spinoza que par la forme libre du sentiment substituée à la forme rigoureuse de la géométrie, et le solitaire d'Amsterdam n'eût pas désavoué l'invocation qui termine le beau livre de Fénelon, cette aspiration ardente à l'anéantissement de toutes les idées de rapports pour ne plus voir que le vrai en soi, que Dieu dans son unité et sa simplicité absolues.

Ce n'est pas dans ce *Traité*, mais dans un écrit postérieur, que Fénelon s'éloigne radicalement de Spinoza, en soutenant la liberté de Dieu contre Malebranche; celui-ci, avant Leibniz, avait posé le principe de l'*optimisme* et affirmé que Dieu, libre de créer ou de ne pas créer, avait nécessairement, une fois décidé à créer, produit le monde le plus parfait possible. Fénelon répond, avec une grande profondeur, que, quelque degré de perfection *relative*[2]

---

1. Il définit l'étendue en Dieu par l'*immensité*, c'est-à-dire l'étendue infinie qui ne peut être divisée ni mesurée. — La définition du catéchisme, d'après l'Écriture : « Dieu est un pur esprit », veut dire seulement que Dieu n'a pas de corps; que Dieu n'est pas composé de parties.

2. *Relative* parce que la perfection *absolue* n'est qu'en Dieu et n'est pas communicable. — *Œuvres* de Fénelon, t. III, p. 29; *Réfutation du système du père Malebranche*.

que Dieu eût choisi pour son œuvre, il y aurait toujours un autre degré au-dessus, les degrés entre le néant et l'être infini étant innombrables. Par conséquent, il n'y a pas de *plus parfait* et Dieu n'a point été *déterminé* à créer un monde plutôt qu'un autre.

Fénelon essayait sa force, dans les sujets les plus divers, avec une souplesse merveilleuse. Il descend, sur ces entrefaites, de ces matières sublimes à un objet plus modeste, mais dont il avait sainement apprécié toute la portée. A cette période de sa vie appartient le *Traité de l'éducation des filles*, œuvre dictée par l'amitié et composée pour aider madame de Beauvilliers à diriger sa jeune famille. C'était bien au théologien du sentiment qu'il appartenait de s'occuper ainsi de la femme et de comprendre à quel point importe l'éducation du sexe sur lequel reposent les mœurs sociales et la famille. Il n'existait point alors de système d'éducation pour les filles : la plupart, livrées à l'ignorance et au hasard par la négligence des parents, n'avaient guère d'autre culture que les pratiques dévotes du couvent; quelques-unes, par la tendance paternelle et leur propre énergie, étaient élevées en hommes d'action et de science. Ni l'un ni l'autre n'était une condition normale aux yeux de Fénelon. Il préfère l'éducation de la famille à celle du couvent : « Si les couvents sont mondains, dit-il, on s'y fait une idée trop flatteuse du monde; s'ils sont austères, on ne s'y prépare point à la vie du monde, où l'on arrive comme au grand jour en sortant d'une caverne. » Quant aux femmes savantes : « Il doit y avoir pour leur sexe », dit-il avec ce charme singulier d'expression qui lui est propre, « *une pudeur sur la science*, presque aussi délicate que celle qui inspire l'horreur du vice ». S'il n'accorde pas tout à fait assez au développement intellectuel de la femme, il est admirable sur tout ce qui tient au développement moral. Ses préceptes moraux sont sévères, non de cette sévérité qui ne comprime point l'âme, mais qui l'élève vers l'idéal et que tempère une sorte d'attendrissement particulière à son génie. On rencontre à chaque page une foule d'observations fines et profondes, de conseils précieux, qui n'ont pas été surpassés ni peut-être égalés depuis [1].

---

1. V. ce charmant passage où il indique si délicatement combien l'élégante simplicité des anciens était plus favorable à la vraie beauté que les modes contempo-

Cet excellent traité est d'ailleurs en grande partie applicable aux enfants des deux sexes. La méthode de Fénelon est tout l'opposé de la rude et brutale éducation du moyen âge : tout y est douceur et raisonnement ; elle se plie à l'enfant au lieu de plier l'enfant à une règle inflexible ; elle le jette, comme fait la nature, au milieu des choses, au lieu de l'enfermer dans les abstractions ; elle l'instruit en se jouant, en racontant, en excitant avec art le désir naturel de connaître, en utilisant les petits incidents de la vie. On trouve en germe, dans l'œuvre de Fénelon, presque tout ce qui a été tenté depuis pour transformer l'enseignement [1].

Cet ouvrage devait décider de la destinée de Fénelon. Un autre livre, le *Traité du ministère des pasteurs*, qui traite de la transmission ininterrompue du ministère ecclésiastique depuis les apôtres, eut toutefois sur sa carrière une influence plus immédiate et lui fit confier la mission du Poitou, après la révocation de l'Édit de Nantes (1686) : il y déploya toutes les vertus évangéliques et fut presque le seul missionnaire qui obtint des succès sérieux et durables, en gagnant les cœurs de ces populations persécutées et en ne leur imposant pas d'autorité les pratiques qui les choquaient le plus. Aussi les zélés ne manquèrent-ils pas de se récrier contre sa douceur exagérée et réussirent-ils, pendant quelque temps, à lui fermer l'accès aux dignités ecclésiastiques. Cette espèce d'éclipse ne fut pas de longue durée. Les amis de Fénelon grandissaient en crédit : le fils, les filles, les gendres de Colbert étaient étroitement unis avec madame de Maintenon ; Fénelon, introduit près d'elle, la charma comme il charmait tout le monde, et bientôt elle prêta son puissant concours au duc de Beauvilliers, nommé gouverneur du duc de Bourgogne, pour faire appeler Fénelon aux fonctions de précepteur du jeune prince (1689).

Fénelon n'avait pas brigué la mission d'élever l'héritier du trône, mais on ne saurait douter qu'il ne l'eût fortement désirée. Il cou-

---

raines, qui tendaient à se surcharger et à se maniérer de plus en plus. — Et, dans une tout autre matière, ses sages avis contre les petites superstitions qui sont toute la religion de tant de femmes : « Il ne faut jamais laisser mêler dans la foi ou dans les pratiques de piété rien qui ne soit tiré de l'Évangile, ou autorisé par une approbation constante de l'Église », etc. *Œuvres* de Fénelon, t. III, p. 480 et suiv.

1. Il serait intéressant de comparer le livre de Fénelon avec le *Traité de l'Éducation* de Locke, postérieur de quelques années, ouvrage qui est, comme la politique de Locke, dans une bien meilleure voie que sa métaphysique.

vait au fond de l'âme une haute ambition, l'ambition de l'homme de bien, celle pour laquelle le pouvoir est un instrument et non un but. Bossuet n'avait fait de la politique que pour imposer d'une façon générale et abstraite le respect de ce qui existait, et ce qui existait, c'est-à-dire la monarchie absolue, était pour lui l'idéal même. Fénelon, au contraire, débordait du besoin de nouveautés, d'améliorations pratiques, de changements qui n'étaient pas tous, comme on le verra, des changements en avant. Fénelon n'était point isolé : on a déjà indiqué ailleurs la formation d'un groupe d'hommes qui aspiraient aux réformes, la plupart, en vue de soulager les souffrances populaires, dont ils étaient profondément pénétrés, quelques autres, par des sentiments d'une nature bien différente; ainsi, Beauvilliers et Chevreuse voulaient, sans système bien défini, mais avec quelque tendance aristocratique, la modération, la paix, le bien du peuple; Catinat souhaitait les mêmes choses avec plus de lumières; Racine appliquait aux maux de son pays cette tendresse de cœur qu'il avait versée sur tant de passions idéales; Vauban cherchait scientifiquement dans de vastes études économiques les moyens de réaliser, aux dépens d'injustes priviléges, le bien que rêvaient ses amis; le jeune duc de Saint-Simon représentait un principe contraire, un esprit d'opposition sourdement irrité contre la monarchie absolue, non parce qu'elle accablait le peuple, mais parce qu'elle annulait l'influence politique de la noblesse et affaiblissait ses priviléges. Enfin, à distance et ne tenant qu'aux extrémités du groupe, apparaissaient des esprits excentriques, tels que Bois-Guillebert et l'abbé de Saint-Pierre, qui sont l'exagération de Vauban, et Boulainvilliers, qui est l'exagération de Saint-Simon. Fénelon résumait et fondait, pour ainsi dire, en lui, ces éléments disparates qui faisaient, grâce aux séductions de sa personne, l'illusion d'un tout harmonieux.

Fénelon s'appliqua donc à préparer l'avenir par son élève, tout en s'efforçant d'agir sur le présent par madame de Maintenon. On a conservé les conseils qu'il lui donnait par écrit pour diriger le roi : il s'y exprime avec une franchise qui est presque de la rudesse sur le compte de Louis XIV [1]. Il n'y avait aucune sympa-

---

1. Rulhière, *Éclaircissements sur la Révocation*, etc., p. 251.

thie entre ces deux natures : on peut répéter sur ce point à l'égard de Fénelon ce que nous avons déjà dit de La Fontaine. Maintenon, Beauvilliers et Chevreuse n'osant point presser assez énergiquement le roi de faire la paix, Fénelon prit le parti d'intervenir directement par cette fameuse lettre anonyme que nous avons citée plus haut [1] et qui contient sa politique extérieure. On doit convenir que c'est la destruction de la politique nationale au profit d'une forme surannée du droit des gens. A l'intérieur, quant au gouvernement de la société, on va voir dans quelle direction il poussa son élève.

L'éducation du duc de Bourgogne présenta, dès l'origine, un contraste presque complet avec la célèbre *éducation du dauphin* [2]. D'un côté, il n'y avait eu ni familiarité, ni intimité entre le maître et le disciple, l'austère génie de Bossuet ne sachant pas se faire petit avec les petits ; l'enseignement avait été donné de haut et à distance, avec les vieilles rigueurs scolastiques comme moyen de coercition. De l'autre côté, les deux existences du précepteur et de l'élève furent mêlées à n'en plus faire qu'une : l'élève, conduit par l'affection et par la raison, fut habitué à ne sentir, à ne vivre que dans son maître. Le succès fut aussi différent que les méthodes : il est vrai que les deux illustres maîtres avaient eu à travailler sur des naturels bien différents ; le dauphin, né sans vertus et sans vices, resta médiocre, tel que la nature l'avait fait : le duc de Bourgogne, né avec les germes de grands vices et d'éclatantes vertus, étouffa, par la force de la volonté et de l'esprit religieux, la violence, l'orgueil, l'obstination qui avaient signalé son enfance, donna à ses facultés intellectuelles et morales tout le développement qu'elles pouvaient recevoir et devint tel, sous la main de Fénelon, que l'heureux maître n'eut plus, en quelque sorte, qu'à modérer son ouvrage.

Il faut maintenant, comme nous avons fait pour Bossuet, suivre le développement de la pensée de Fénelon dans les livres écrits pour son élève. On le voit d'abord éveiller cette jeune intelligence par une série de *Fables*, qui commencent par les récits les plus enfantins pour arriver à de petits poëmes moraux très-hardis de

---

1. V. ci-dessus, p. 186.
2. V. notre t. XIII, p. 244 et suivantes.

tendance¹ ; puis aux *Fables* succèdent les *Dialogues des Morts.* Fontenelle avait déjà récemment mis aux prises, d'une façon piquante et paradoxale, les morts fameux de l'histoire ancienne et moderne : Fénelon reprend ce thème dans un but plus sérieux. Il flétrit le despotisme oriental, « ce gouvernement barbare où il n'y a de lois que la volonté d'un homme » : il condamne les conquêtes ; « toutes les guerres sont des guerres civiles : chacun doit infiniment plus au genre humain, qui est la grande patrie, qu'à la patrie particulière dans laquelle il est né » ; il balance ce que cette maxime peut avoir de dangereux par de très-saines notions sur la société, sur la patrie, qui existe, non par une convention arbitraire, mais par la nature des choses, par la raison, qui est la vraie nature des animaux raisonnables ; il va jusqu'à avancer qu'on n'est pas libre de renoncer à sa patrie. « L'anarchie n'est le comble des maux que parce qu'elle est le plus extrême despotisme.... Il faut un milieu.... des lois écrites, toujours constantes et consacrées par toute la nation, qui soient au-dessus de tout.... une liberté modérée par la seule autorité des lois, dont ceux qui gouvernent ne devraient être que les simples défenseurs. Celui qui gouverne doit être le plus obéissant à la loi. Sa personne détachée de la loi n'est rien ². »

Parmi ces vues nettes et simples, il laisse échapper des idées plus hasardées, qui ne sont pas une boutade ni un accident chez lui. Il hait les complications, les raffinements, les relations multiples de la civilisation : *Solon,* dont il emprunte la voix *(Solon et Justinien),* ne voudrait ni dispositions par testament, ni adoptions, ni exhérédations, ni substitutions, ni échanges : il ne voudrait qu'une étendue très-bornée de terre dans chaque famille ; que ce bien fût inaliénable, et que le magistrat le partageât également aux enfants, après la mort du père. Quand les familles multiplieraient trop, on enverrait une partie du peuple fonder une colonie. Ce n'est là sans doute qu'un idéal en partie irréalisable à ses propres yeux ; mais il s'y complaît : faute d'admettre le progrès nécessaire de la société, il donne l'exemple, qui sera suivi par un philosophe plus radical, de reporter l'idéal en arrière.

1. V. *le Nil et le Gange; OEuvres* de Fénelon, t. II, p. 599.
2. V. les Dialogues de *Socrate et Alcibiade,* et de *Coriolan et Camille.*

Entre les rois de France, c'est Louis XII qu'il offre pour modèle à son élève : il est sévère jusqu'à l'excès pour Louis XI et François Ier ; entre les ministres, il accorde, on ne sait pourquoi, la préférence à Ximenez, qui a préparé la ruine de l'Espagne, sur Richelieu, qui a fait la grandeur de la France. Mazarin est trop maltraité[1]. On peut contester les jugements sur les personnes, mais non l'esprit de légalité et d'humanité qui est au fond.

Vers le même temps est écrite, ou du moins, commencée, une œuvre beaucoup plus considérable, mais qui n'est point immédiatement communiquée à l'élève. Fénelon la réserve pour une époque plus avancée de la jeunesse. Cette œuvre, aussi nouvelle dans notre littérature par la forme que par le fond, est un grand poëme en prose ; c'est *Télémaque*. Le temps eût manqué à Fénelon pour l'écrire en vers ; mais il n'y a pas seulement ici question de temps ou de don naturel, mais question de système. Ce génie, qui comprend si bien le fond de la poésie, en apprécie peu la forme nécessaire[2]. Il déplace les bornes des arts et donne un signal de décadence par un chef-d'œuvre.

L'ordonnance du *Télémaque* n'est nouvelle qu'à force d'être ancienne, car elle est calquée sur l'épopée antique. Le choix du sujet est également emprunté à Homère, tant Fénelon est attiré par « cette aimable simplicité du monde naissant », qui brille dans la Grèce primitive. Le *Télémaque* est une *Odyssée* transformée par Platon et par le christianisme ; sa narration claire, fluide, un peu surabondante, est comme baignée de cette lumière élyséenne que Fénelon peint avec tant de suavité.

La formation d'un roi modèle est naturellement l'idée qui remplit tout le livre. Bossuet, dans la *Politique de l'Écriture sainte*, veut porter le roi au bien en l'exaltant comme l'image de Dieu, comme un dieu terrestre. Fénelon prend le procédé contraire : il montre à son élève, non pas un roi idéal, mais les rois tels

---

1. C'est dans un de ces *Dialogues* que le mot de *philanthropie* apparaît, si nous ne nous trompons, pour la première fois. V. Dialogue de *Socrate, Alcibiade et Timon*. Il était digne de Fénelon de le créer. — La préférence accordée par Fénelon aux Grecs sur les Romains est remarquable. Bossuet eût fait le contraire. « Les Grecs ont seuls la gloire d'avoir fait des lois fondamentales pour conduire un peuple sur des principes philosophiques. » — Dialogue de *Solon et de Justinien*.

2. V. sa correspondance avec La Mothe (1713-1714), où il manifeste son dépit contre les exigences de la versification et contre la rime.

qu'ils sont, les rois joignant aux faiblesses qu'ils partagent avec les autres hommes toutes celles qui sont l'apanage particulier de leur condition ; il rabat incessamment l'orgueil natif du prince, appuie avec une insistance opiniâtre sur les fatales conséquences du pouvoir absolu, de l'esprit de conquête, ne cesse de répéter que tous ne doivent pas être à un seul, mais un seul à tous, pour faire leur bonheur, etc. On a voulu nier les allusions du *Télémaque* : elles y fourmillent ; tout le livre n'est, pour ainsi dire, qu'allusions, et c'était inévitable et involontaire. *Sésostris*, *Idoménée* surtout, *Idoménée*, nourri dans des idées de faste et de hauteur, trop absorbé dans le détail des affaires, négligeant l'agriculture pour s'adonner au luxe des bâtiments, c'est Louis XIV ; *Tyr*, c'est la Hollande ; *Protésilas*, c'est Louvois ; la *coalition contre Idoménée*, c'est la ligue d'Augsbourg ; les *tours des montagnes*, ce sont les places du Rhin et de Belgique, « les places fortes bâties sur la terre d'autrui ». Certains discours de *Mentor* à *Idoménée* rappellent tout à fait la *lettre anonyme* à Louis XIV. Par compensation, les excuses philosophiques que donne *Mentor* des fautes des rois, s'appliquent également à Louis. Enfin, *Mentor* disant à *Télémaque* : « Les dieux vous demanderont plus qu'à *Idoménée*, parce que vous avez connu la vérité dès votre jeunesse, et que vous n'avez jamais été livré aux séductions d'une trop grande prospérité » ; c'est évidemment Fénelon parlant au petit-fils du Grand Roi.

On a prétendu que le gouvernement de *Salente* n'exprimait pas sérieusement la politique de Fénelon. C'est une erreur. *Salente* est l'idéal de Fénelon, l'idéal non pas exactement, mais approximativement réalisable ; au delà de cet idéal, il a laissé apercevoir le rêve, l'utopie chimérique à ses propres yeux ; c'est plus que la république de *Solon*, que nous rappelions tout à l'heure, c'est la république de *Bétique*, c'est-à-dire la vie de tribu, avec la communauté non-seulement des terres, mais des objets mobiliers, la communauté absolue. *Salente*, au contraire, c'est la société organisée, et avec plus d'inégalité et d'aristocratie, à quelques égards, qu'il n'en existait dans la France de Louis XIV. A *Salente*, les conditions sont réglées par la naissance ; la haute noblesse est au premier rang, « avant même ceux qui ont le mérite et l'autorité des emplois ». Les belles actions donnent seulement un commencement de noblesse. Les arts de luxe et les changements dans les habits sont interdits [1]. Tout est réglé par la loi, les repas, les bâtiments, l'étendue des terres que chaque famille peut posséder. Il semble difficile de faire concorder, avec cette prohibition complète du luxe et des modes, les grands encouragements que Fénelon voudrait donner au commerce. C'est par la liberté qu'il entend favoriser le commerce : « Il faut que le prince ne s'en mêle point, de peur de le gêner; qu'il ne le gêne pas pour le tourner selon ses vues ». Ceci est très-remarquable : c'est une nouvelle école économique qui commence. Cette opinion est partagée plus ou moins complétement par tout le groupe dont nous avons parlé [2] (l. III, l. VIII, l. X).

Pour l'éducation, il dit nettement que « les enfants appartiennent moins à leurs parents qu'à la république », et doivent être élevés dans des écoles publiques [3] (l. XI).

Sur le culte, il réclame au contraire vivement contre l'intervention de l'État et la prétention des rois à régler la religion; la décision en cette matière n'appartient qu'aux *amis des dieux* (à l'Église) : le roi ne doit que faire respecter leur jugement (l. XXII).

Le fond de sa pensée est donc une monarchie réglée par des

---

1. Il réfute la maxime qui veut que le luxe serve à nourrir les pauvres aux dépens des riches : les pauvres seraient bien mieux employés à multiplier les fruits de la terre qu'à amollir les riches en leur préparant des instruments de volupté. — Il veut qu'on réserve les splendeurs des beaux-arts pour les temples et pour les édifices publics : car il est bien loin de proscrire les beaux-arts comme inutiles, lui, le plus *artiste* des écrivains du grand siècle, parce qu'il est le plus antique; lui qui a le premier ressaisi le lien intime des arts plastiques avec l'éloquence et la poésie, et qui y puise sans cesse des images et des comparaisons.

2. Il veut la liberté du commerce extérieur comme intérieur. « C'est par un effet de la Providence que nulle terre ne porte tout ce qui sert à la vie humaine; car le besoin invite tous les hommes au commerce pour se donner mutuellement ce qui leur manque, et ce besoin est le lien de la société entre les nations; autrement, tous les peuples du monde seraient réduits à une seule sorte d'habits et d'aliments; rien ne les inviterait à se connaître et à s'entretenir. »

3. Il est à observer que le grand docteur du moyen âge, saint Thomas d'Aquin, professe la même doctrine. « Ad eum qui rempublicam regit pertinet ordinare de nutritionibus et instructionibus juvenum, in quibus exerceri debeant, et quales disciplinas unusquisque addiscere et usquequò habeat. » — V. *Contrà Impugnantes religionem*. On voit que, s'il y a des réserves à faire sur les doctrines des théologiens scolastiques, c'est en faveur de la famille et non de l'état, à qui ils donnent tout. On n'avait pas encore inventé, dans l'intérêt du monopole ecclésiastique, la maxime que *l'état n'a pas le droit d'enseigner*.

lois fixes, qui ne laissent rien à l'arbitraire du roi, et appuyée sur une hiérarchie fortement aristocratique, toutefois sans priviléges de classes quant à la juridiction et aux impôts; point de cour, point de faste ni d'étiquette royale; l'agriculture et la paix considérées comme les deux grands intérêts de l'État. Il ne discute pas les principes fondamentaux dans *Télémaque* et n'a jamais composé de traité de philosophie politique. On voit, en comparant ses divers écrits avec le livre publié par son disciple Ramsay, comme résumé de ses conversations [1], qu'il reconnaît que le pouvoir temporel « vient de la communauté des hommes qu'on nomme nation » ; mais qu'en même temps, il confond l'existence nécessaire et providentielle de la société avec les formes que reçoit la société et dénie au peuple le droit de changer ces formes une fois établies, comme si elles étaient l'œuvre directe de la Providence. Le roi peut faire des concessions; le peuple n'a pas droit de les arracher ni de changer de roi. Le roi de fait n'est pas le roi de droit. Fénelon est sur ce point plus nettement *légitimiste* que Bossuet lui-même. Il nie aux rois le droit de pénétrer dans la conscience de leurs sujets, et de toucher aux biens des particuliers, si ce n'est pour les nécessités publiques. Il penche pour une monarchie tempérée par un sénat héréditaire quant à la législation et par la nécessité du consentement populaire quant aux impôts. Il se rapproche donc beaucoup de la constitution anglaise, mais en accordant moins au peuple.

Trop attaché encore à la monarchie pour admettre la souveraineté du peuple, il en prévoit cependant l'avénement si les rois ne s'amendent pas. « Il viendra une révolution soudaine et violente, qui, loin de modérer leur autorité excessive, l'abattra sans ressource... »

L'éducation donnée par Fénelon au petit-fils de Louis XIV sapait tout le système de Louis XIV. Cela ne pouvait durer jusqu'au bout sans un éclat. Il fallait que Fénelon gagnât le roi ou fût brisé par lui. Les idées de paix, de modération envers l'étranger, de soulagement du peuple, avaient obtenu accès près de Louis, comme le

---

1. *Essai sur le Gouvernement civil;* 1721. — On ne peut pas accepter ce livre sans réserve comme la pensée de Fénelon. Ramsay a bien pu interpréter Fénelon sur quelques points d'après ses préjugés de jacobite anglais.

prouvaient les négociations de Ryswick ; mais son esprit restait inabordable à toute idée de réforme politique, et l'on ne pouvait, sans chimère, se flatter qu'il en fût autrement : le pouvoir absolu était devenu comme le fond même de son être. Louis était déjà en défiance contre ce qui transpirait par les amis de Fénelon et par Fénelon lui-même, quoiqu'il ne parût pas soupçonner en lui l'auteur de la *lettre anonyme*. Il lui accorda une faveur qui n'était qu'un commencement de disgrâce ; il lui donna l'archevêché de Cambrai (février 1695), quand ses amis espéraient pour lui, dans un prochain avenir, l'archevêché de Paris. C'était l'éloigner de la cour pendant les trois quarts de l'année. Fénelon était trop scrupuleux pour transgresser les canons qui obligeaient les évêques à résider au moins neuf mois par an. Le nouvel archevêque garda cependant le titre de précepteur et se fit suppléer par le savant et pieux abbé Fleuri auprès du jeune prince. Sur ces entrefaites, Louis voulut s'éclaircir à fond sur les idées de Fénelon : cette conversation fut décisive. « Je viens d'entretenir le plus bel esprit et « le plus chimérique de mon royaume[1]. » Tel fut l'arrêt sans appel prononcé par le Grand Roi. Fénelon avait heurté cet esprit à la fois si net et si limité, et par ce qu'il y avait de trop vaste et par ce qu'il y avait de trop peu pratique dans ses vues.

Cet incident ne fut pourtant pas la cause directe de la chute de Fénelon. La religion et non la politique fit éclater l'orage. Ce réformateur politique n'était pas moins zélé pour la réforme des âmes que pour la réforme de la société et voulait atteindre l'intérieur aussi bien que l'extérieur de l'homme, mais par un chemin tout opposé à celui qu'avaient pris les hommes de la *voie étroite*, Jansénius et Saint-Cyran. Le jansénisme était une espèce de rationalisme retourné contre la raison, une foi dialectique et militante, un combat éternel contre les autres et surtout contre soi-même. Fénelon veut, en matière de piété, le sentiment à la place, nous ne dirons pas de la raison, mais du raisonnement, la paix dans l'âme au lieu de la guerre, la contemplation et l'abandon passif à l'amour divin au lieu de l'effort inquiet et violent sur soi-même : il veut que l'âme s'oublie pour Dieu et en Dieu au lieu de se haïr

---

1. Voltaire, *Siècle de Louis XIV*, ch. XXXVIII.

à cause de Dieu. Dans la *voie large*, il s'attache à un sentier particulier plein d'attrait et de péril, où l'ont précédé une foule d'âmes saintes, depuis certains des Pères jusqu'à sainte Thérèse et saint François de Sales, son modèle immédiat et chéri [1] : c'est le sentier du mysticisme. Les mystiques sont généralement d'accord sur deux principes, le *pur amour* et la passivité volontaire de l'âme vis-à-vis de Dieu. Ces deux principes s'identifient chez eux, parce que le *pur amour*, l'amour qui aime Dieu pour lui-même et non pour le bien qu'on attend de lui, mène l'âme, suivant eux, à se dépouiller de son *propre*, à se désintéresser absolument d'elle-même, même de son salut, à rendre à Dieu en quelque sorte l'être qu'elle a reçu de lui, pour s'anéantir en lui. *Qu'importe?* est le grand mot des mystiques. *Qu'importe* tout ce qui n'est pas *Celui qui Est?* C'est le panthéisme du sentiment au lieu du panthéisme de la raison. Comme dans le spinozisme, l'être fini disparaît dans l'être infini, mais avec cette différence qu'il disparaît parce qu'il veut disparaître; il s'immole, donc il existe.

Quelques êtres extraordinaires, qu'une aspiration constante vers l'infini enlève au-dessus de la nature, arrivent, par le mysticisme, à vivre dans une contemplation et dans une pureté idéales, comme si déjà ils appartenaient à une existence supérieure. Chez les êtres qui prennent l'agitation des sens et de l'imagination pour l'enthousiasme religieux, le *qu'importe* des mystiques peut au contraire mener à d'étranges désordres matériels et aboutir à cette maxime que, pourvu que l'âme soit en Dieu, peu importe ce que devient et ce que fait le corps. On l'avait vu plus d'une fois chez divers sectaires; on venait de le voir en Italie, où le prêtre espagnol Molinos, après avoir longtemps passé pour un saint homme et propagé le mysticisme avec un éclatant succès, fut condamné à une prison perpétuelle par le saint-office de Rome en 1687; on avait reconnu dans sa doctrine de *quiétisme*, c'est-à-dire de repos et d'inertie de l'âme en Dieu, le principe des dérèglements auxquels s'abandonnaient ses disciples. C'était Louis XIV, ou plutôt le père La Chaise, le confesseur de Louis, qui, à l'instigation de ses confrères les jésuites d'Italie, avait fait dénoncer officielle-

---

1. V. notre t. XII, p. 61.

ment Molinos au pape par l'ambassadeur de France à Rome. Le roi se trouvait donc déjà engagé contre le mysticisme. Fénelon espérait le faire revenir là-dessus, en agissant avec beaucoup de réserve et de prudence; mais, au moment même où la fausse *spiritualité*, comme on disait alors, était dévoilée et frappée en Italie, la vraie [1], qui couvait en France, y éclatait par une nouvelle sainte Thérèse et allait entraîner Fénelon lui-même au delà de ses intentions et de son but.

Madame Guyon [2], comme autrefois madame de Chantal, demeurée veuve, jeune et belle encore, avait abandonné fortune et famille pour être tout entière à Dieu et s'était mise à enseigner la dévotion mystique en Savoie, en Dauphiné, en Piémont, fascinant partout les âmes exaltées ou rêveuses. C'est sur l'esprit général de ses livres qu'il faut juger cette femme extraordinaire, et non sur quelques images bizarres ou hasardées, dont on trouverait facilement les analogues dans les écrits de plus d'une extatique canonisée par l'Église. Ses principaux ouvrages sont le *Moyen court* et les *Torrents*. L'un est comme le péristyle de l'autre. Le *Moyen court et facile de faire l'oraison du cœur* est destiné à tous : tout chrétien, suivant elle, peut s'élever de la méditation, qui est le degré supérieur de l'oraison, à un *silence en présence de Dieu*, où l'âme, sans être inactive, n'agit plus que par l'impulsion divine. L'oraison alors devient un acte perpétuel, unique, ininterrompu, par lequel l'âme se plonge continuellement *dans l'océan de la Divinité*. Les plus simples y sont les plus propres. Au lieu de charger les âmes de tant de pratiques extérieures, que les curés de campagne n'instruisent-ils les pauvres paysans à chercher Dieu dans leur cœur! « les bergers, en gardant leurs troupeaux auroient l'esprit des anciens anachorètes, et les laboureurs, en conduisant le soc de leur charrue, s'entretiendroient heureusement avec Dieu; tous les vices seroient bannis en peu de temps, et le royaume de Dieu seroit réalisé sur la terre ».

Il est cependant au delà, pour quelques élus, une perfection plus haute, une *passivité* plus complète, où le feu divin consume en nous toute impureté, c'est-à-dire toute propriété et toute acti-

---
1. Nous entendons celle qui ne couvre pas de sensualisme *pratique*.
2. Née à Montargis en 1648.

vité, parce que, Dieu étant dans un repos infini, il faut que l'âme, afin de pouvoir être unie à lui, participe à son repos. On peut arriver à la possession non pas des dons de Dieu, mais de Dieu même, dès cette vie, et passer ainsi à un état de vie *déiforme*, à une vie nouvelle et toute divine. Les *Torrents* enseignent la voie qui y conduit. A travers d'étranges ténèbres, il y a dans ce livre une grandeur d'images et une profondeur de sentiment surprenantes. Les âmes dont il s'agit sont des *torrents* sortis de Dieu, qui n'ont point de repos qu'ils ne soient retournés se perdre en lui et pour ne jamais se retrouver : ils ne perdent pas toutefois leur nature ni leur réalité, mais leur qualité... L'âme ne voit plus Dieu comme distinct et hors d'elle, l'ayant en elle. Plus de désirs; plus même d'amour, de lumières ni de connaissance; plus de conscience, mais l'*identité*. Tout est égal à cette âme; car tout lui est également Dieu : elle ne voit plus que Dieu, « comme il étoit avant la création ». Ce n'est point là cette extase des *voyants*, des *prophètes*, qu'admirent les hommes : l'extase, qui cause la perte des sens, n'atteste que l'insuffisance d'une âme qui n'est pas assez forte pour porter Dieu : l'âme arrivée à la vie parfaite est en extase sans effort, pour toujours et non pour des heures, et les hommes ne le voient pas.

L'âme, dans cet état, tant qu'elle ne retire pas son abandon à Dieu est *infaillible :* toutes les créatures la condamneraient « que cela lui feroit moins qu'un moucheron¹ ! »

Jamais la théorie du mysticisme n'avait été formulée avec plus d'audace ni peut-être avec plus de génie.

La persécution ne se fit point attendre. Les *Torrents* étaient encore inédits et inachevés. Madame Guyon, étant venue à Paris, fut d'abord inquiétée pour ses mœurs plus que pour ses livres. On l'accusa de *molinosisme*. Elle se justifia sans peine : sa pureté était aussi éclatante que celle de Fénelon. Cette première persécution avortée amena une vive réaction en sa faveur dans la société de madame de Maintenon : les Beauvilliers et les Chevreuse furent entièrement subjugués; Fénelon se lia étroitement avec elle et, dans leurs relations, ce fut elle qui prit la supériorité, ce qui peu

---

1. *Opuscules* de madame de La Mothe-Guyon, t. 1ᵉʳ, p. 66, 68, 72, 77, 231, 248, 255, 256.

donner une idée de la puissance qu'avait cette femme. Saint-Cyr fut envahi : madame de Maintenon fut quelque temps sous le charme et, par elle, Fénelon essaya d'introduire les livres de madame Guyon chez le roi. La tentative échoua : Louis ne comprit rien à ces *rêveries*; l'esprit raisonneur et calculateur de madame de Maintenon échappa bientôt à la *spiritualité* et au *pur amour* : elle consulta son directeur, l'évêque de Chartres; elle consulta Bossuet, Bourdaloue et d'autres docteurs éminents, qui tous se prononcèrent contre le mysticisme : elle se refroidit dès lors pour Fénelon et lui devint peu à peu aussi hostile qu'elle lui avait été affectionnée. Madame Guyon, cependant, à l'instigation de Fénelon, avait récemment soumis à l'examen de Bossuet ses sentiments et ses écrits, même les *Torrents*, que Fénelon ne connaissait pas encore; démarche qui prouve qu'elle n'avait pas tiré toutes les conséquences de ses hardies inspirations. Bossuet, l'homme de la théologie positive et de la rigueur dialectique, était l'antipode du mysticisme : il n'avait de sa vie lu un mystique, pas même saint François de Sales! Le scandale même que lui causèrent les maximes de madame Guyon lui fit désirer d'étouffer sans bruit ces périlleuses nouveautés : après de longues explications, il admit l'innocence des intentions de madame Guyon et la communia de sa propre main, pensant l'avoir convaincue de ses erreurs et obtenir d'elle désormais le silence. Son espoir fut trompé : madame Guyon, soutenue par Fénelon, demanda des commissaires pour juger de sa doctrine, tout en se retirant dans un monastère de Meaux en témoignage de confiance pour Bossuet. Bossuet, l'évêque de Châlons (Noailles) et un autre docteur furent chargés de cet examen et formulèrent, en trente-quatre articles, la doctrine de l'Église, telle qu'ils la concevaient, sur les matières de *spiritualité*. Bossuet avait été obligé de reconnaître que l'Église n'avait jamais condamné le *pur amour* en lui-même, et Fénelon, de son côté, adhéra aux trente-quatre articles (mars 1695). Madame Guyon abandonna ses expressions en réservant l'intention.

Tout semblait pacifié, lorsque madame Guyon quitta Meaux, revint se cacher à Paris et y renouer les liens de sa petite église. Bossuet, irrité, sollicita son arrestation. Elle fut enfermée à Vincennes, où l'on finit par lui extorquer une déclaration de soumis-

sion plus explicite, qui ne lui valut pas la liberté (décembre 1695
— août 1696). Cette triste victoire ne suffit point à Bossuet. Ce
n'était plus seulement madame Guyon, mais son défenseur, qu'il
voulait atteindre. Il prétendit obtenir de Fénelon une rétractation
déguisée, en l'obligeant à condamner, comme archevêque, les
livres de madame Guyon et à donner son adhésion à un ouvrage
que lui, Bossuet, allait publier : c'était une *Instruction sur les états
d'oraison*, où, après avoir rapidement, mais puissamment étudié
les questions de *spiritualité*, il prétendait poser les bornes entre
la vraie piété et les dangereuses illusions. Fénelon refusa et le
livre de Bossuet parut presque simultanément avec un livre de
Fénelon, l'*Explication des Maximes des Saints sur la vie intérieure*
(janvier 1697). Fénelon y exposait le fond de ses sentiments et les
justifiait par ceux de tous les mystiques que l'Église avait placés
au rang des bienheureux.

M. de Noailles, récemment promu de l'évêché de Châlons à l'archevêché de Paris, et plusieurs docteurs non suspects, consultés
par Fénelon sur le manuscrit, n'y avaient rien trouvé à reprendre.
Cependant, le livre n'eut pas plus tôt paru, que Bossuet alla se jeter
aux pieds du roi, en lui demandant pardon « de ne lui avoir pas
plutôt révélé le fanatisme de son confrère ». Bossuet ne cessa
plus désormais de faire à Fénelon une guerre acharnée, irréconciliable. Sa conduite a suscité contre lui de graves imputations :
l'on a voulu y chercher des motifs de jalousie contre un rival de
gloire et d'influence. Bossuet était trop grand pour être jaloux et
son effroi du mysticisme était sincère. Dans cette *passivité* qui
retranche les réflexions, les retours sur soi-même, le repentir et
l'espérance, le passé et l'avenir, pour identifier l'âme au présent
éternel de Dieu, dans cette *foi nue* qui n'a pour objet aucune
vérité de l'Évangile, aucun mystère de Jésus-Christ, aucun attribut de Dieu, aucune chose quelconque, si ce n'est Dieu même ou
l'Être en soi dans son unité et sa simplicité absolues, Bossuet
voyait disparaître la nécessité du médiateur et s'abîmer le dogme
et la morale du christianisme[1]. La théologie positive à part,

---

1. V. la Lettre de Bourdaloue sur le *Quiétisme*, dans la *Vie de Fénelon*, par M. de
Bausset, t. Ier, p. 402. — La division des perfections divines, dit Fénelon, n'existe
que par rapport à nous ; tout cela est un et identique. « Ce n'est point en parcou-

Bossuet avait philosophiquement raison de défendre la perpétuité du principe actif dans l'âme ; la doctrine sublime du *pur amour*, en nous enseignant à aimer l'idéal, le bien et le vrai, pour lui-même, ne doit pas nous faire abdiquer cette indestructible personnalité que Dieu nous a donnée.

L'opinion publique suivit d'abord l'impulsion que lui imprimait Bossuet. Les habitudes positives, actives, fortement individuelles, du XVIIe siècle, se soulevaient contre la logique qui poussait à la contemplation et à l'unité des panthéistes et des mystiques. Les jésuites se tenaient sur la réserve; les jansénistes tonnaient; les esprits forts se raillaient des hyperboles amoureuses de madame Guyon. Fénelon parut d'abord abandonné de tout le monde, sauf quelques amis inébranlables. Il soumit son livre au pape, du consentement du roi; mais, quand il demanda la permission d'aller défendre son livre à Rome, le roi ne lui répondit qu'en le renvoyant dans son diocèse avec défense d'en sortir (août 1697). Dès lors, ce ne fut plus qu'une longue série de coups d'autorité en France et d'instances impérieuses à Rome contre l'archevêque exilé. La plupart des parents et amis de Fénelon furent chassés de la cour. Beauvilliers n'échappa qu'à grand'peine à la disgrâce; le titre de précepteur des enfants de France fut retiré avec éclat à Fénelon, malgré les pleurs du duc de Bourgogne[1]. Fénelon ne se laissa point accabler sans résistance; il soutint contre Bossuet une lutte opiniâtre et fit bien voir que le *cygne* pouvait tenir tête à l'*aigle*. Le talent prodigieux qu'il déploya dans cette polémique, l'intérêt qu'inspirait sa personne, l'impression pénible que causait l'emportement de ses ennemis, lui ramenèrent peu à peu les esprits. Il prouvait d'ailleurs avec évidence qu'on avait poussé ses maximes à des conséquences extrêmes qui n'étaient point dans sa pensée. Bossuet, aigri par ses combats perpétuels et par le sentiment de l'instabilité de son œuvre, ne montrait plus, envers ses adversaires catholiques, tels que Fénelon et Richard Simon, la modération qu'il avait témoignée autrefois dans

---

rant la multitude des perfections divines que l'on conçoit bien Dieu, mais en le voyant tout réuni en lui-même. » *Existence de Dieu*, p. 522.

1. Un curé de Seurre en Bourgogne fut condamné au feu, sur ces entrefaites, comme coupable d'*abominations molinosistes*. V. Dangeau, t. II, p. 126.

la guerre contre les protestants : ses violences lui enlevaient quelque chose de sa dignité et de son autorité, et ses anxiétés croissantes redoublaient ses violences[1]. Il craignait d'échouer à Rome. Fénelon penchant un peu vers les maximes ultramontaines, la cour de Rome avait plus de sympathie pour lui que pour Bossuet, et le pape Innocent XII eût fort souhaité de laisser tomber l'affaire. Les commissaires qu'il avait chargés d'examiner le livre de Fénelon s'étant partagés, cinq pour et cinq contre, le livre eût dû être absous, suivant la coutume. Le pape n'osa point absoudre et renvoya définitivement le livre à la congrégation du saint-office. La pression de Versailles sur le Vatican alla jusqu'au scandale. Le roi réclamait chaque jour qu'on en finît; il exigeait fort nettement, non pas un jugement, mais une condamnation. Le pape céda enfin, sur l'avis de la congrégation et contre ses sentiments personnels; il condamna les *Maximes* dans les termes les plus adoucis possible et sans aucune qualification d'hérésie (12 mars 1699). Il était temps; le décret papal se croisa avec un mémoire fulminant rédigé par Bossuet au nom du roi. Le roi déclarait que, s'il n'obtenait un jugement net et précis sur un livre *reconnu mauvais* et qui mettait son royaume en combustion, il saurait ce qu'il aurait à faire[2]. C'était une menace de concile national et de schisme! On voit comment Bossuet traitait dans la pratique cette suprématie romaine qu'il exaltait en théorie; il menaçait en quelque sorte le pape de l'excommunier, si le pape ne pensait pas comme lui sur un point de doctrine.

On pouvait craindre que le schisme ne vînt du côté opposé et que Fénelon ne suivît l'exemple des jansénistes. Rien ne lui eût été plus facile que de continuer les hostilités tout en ménageant la cour de Rome. Il ne le fit pas. Il montra que, comme il l'avait dit, l'*esprit de contention* n'est pas celui de la *vraie spiritualité*. Il préféra à tout la paix de l'Église et, sans renoncer à ses sentiments intimes, qu'il exposa de nouveau au pape dans un ouvrage demeuré manuscrit, il se soumit pleinement au bref pontifical, qui fut accepté par les assemblées de toutes les provinces ecclésias-

---

1. V. dans le *Journal* de l'abbé Ledieu, t. I, p. 242, en quels termes étranges Bossuet s'exprimait sur le compte de Fénelon.
2. V. Bausset, *Vie de Fénelon*, t. II, p. 246.

tiques de France¹, et garda désormais sur ces matières le plus profond silence.

Sa disgrâce politique ne cessa point; mais son influence morale ne fit désormais que s'accroître. Le lieu de son exil devint pour lui le théâtre d'une gloire qu'il ne cherchait pas; il y donna le plus parfait et le plus illustre modèle de la charité évangélique et de toutes les vertus d'un pasteur chrétien. Sur ces entrefaites, la publication du *Télémaque*, faite sans son aveu, d'après une copie qui lui avait été soustraite, lui gagna la France et l'Europe, mais lui rendit Louis XIV à jamais irréconciliable (juin 1699)².

Bossuet fut par là rassuré sur la crainte de voir Fénelon et ses nouveautés reparaître à la cour tant que vivrait le roi; mais, après, dans quelles mains passerait le pouvoir et quelles idées régneraient sur la France? L'avenir était trop rempli d'obscurités pour que Bossuet trouvât le repos dans sa victoire. Il continua de veiller sous les armes. Plusieurs des polémiques que nous avons mentionnées sont postérieures à la lutte contre Fénelon. Après le *quiétisme*, Bossuet frappa encore le jansénisme et le jésuitisme. Le *probabilisme* relevait sa tête écrasée par Pascal. Les jésuites avaient eu jadis le crédit de faire séparer la fameuse assemblée de 1682, au moment où Bossuet y préparait la condamnation de la morale des casuistes. Bossuet répara cet échec dans l'assemblée de 1700; il fit condamner à l'unanimité par les évêques le *probabilisme* et les autres principes de la morale relâchée, ainsi que le semi-pélagianisme de quelques jésuites, en même temps que les tentatives des jansénistes pour renouveler la doctrine des *cinq propositions*. Il régna en maître absolu sur cette assemblée.

De combats en combats, l'âge avançait, le corps s'usait; le terme de la carrière ne pouvait être loin. Bossuet se recueillit pour une dernière œuvre, non plus de discussion, mais de foi et de méditation pure, qui devait être son testament à la postérité. De cette méditation sortirent les *Élévations à Dieu sur les mystères de la religion chrétienne*, œuvre digne de son titre, car il n'est rien

---

1. C'était l'application du quatrième des articles de 1682 : que le jugement du saint-père n'est irrévocable qu'après le consentement de l'Église.
2. Sur la vie et les œuvres de Fénelon, voyez son *Éloge* par M. Villemain, et un très-bon article de M. Joguet, dans l'*Encyclopédie Nouvelle*.

qui s'élève plus haut parmi les monuments de l'esprit chrétien. En combattant les mystiques, les hommes du pur sentiment, Bossuet avait développé chez lui-même le principe qui dominait chez ses adversaires ; le génie s'enrichit toujours aux dépens de ce qu'il combat ; mais il y a bien autre chose dans ce livre que des effusions pieuses et des actes de foi ; il y a une explication du dogme fondamental de la religion chrétienne, qui le relie aux principes essentiels de la métaphysique et qui donne à la théologie un fondement philosophique inébranlable. Nous parlons de son explication de la Sainte Trinité. Il ne s'agit point ici de faire tout simplement correspondre le *ternaire* psychologique : *puissance, intelligence et amour*, au Père, au Fils et au Saint-Esprit. L'Église n'accepte pas cette interprétation qui change les *personnes* divines en simples *attributs*. Cette interprétation est, en effet, insuffisante : le *ternaire* psychologique est en Dieu comme toute vérité ; il tient de beaucoup plus près que toute autre vérité au mystère de la Trinité ; mais il n'est pas ce mystère même. La méditation de ce que doit être la pensée en Dieu conduit Bossuet plus avant dans les abîmes divins.

Penser, c'est concevoir. — Quiconque pense à lui-même, se conçoit lui-même. — Dieu ne peut penser qu'à lui-même, et, en pensant, se conçoit donc. — Concevoir et engendrer sont une même chose en Dieu, parce que, Dieu étant tout substance et n'ayant en lui rien d'accidentel, sa pensée est nécessairement substantielle et nécessairement efficace. — Dieu, se concevant, se reproduit donc substantiellement par sa pensée unique et éternelle. — Dieu conçu, ou le Fils, est donc distinct de Dieu concevant, ou du Père, et pourtant un et consubstantiel avec lui. — Dieu, se connaissant lui-même dans sa Pensée substantielle et en étant connu, s'aime en elle et en est aimé. — L'Amour de Dieu est substantiel comme sa Pensée. Le Saint-Esprit est l'amour mutuel et le rapport éternel du Père et du Fils. — L'Amour de Dieu, étant substantiel comme la Pensée de Dieu, est, comme elle, Dieu tout entier et forme la troisième personnification divine. Tel est, autant que l'homme peut le concevoir, le mystère de l'unité et de la triplicité suprêmes, les trois personnes agissant, à un certain point de vue, la première comme puissance, la seconde comme intelligence, la troisième comme amour, mais chacune réunissant toutefois en elle la puissance, l'intelligence et l'amour, ainsi que tous les attributs divins connus et inconnus.

Bossuet retrouve ensuite la Trinité dans l'homme et explique ainsi la parole de l'Écriture : « Dieu fit l'homme à son image et à sa ressemblance » ; seulement, dans la formule psychologique par laquelle il exprime cette ressemblance : *être, connaître et vouloir*, il confond la volonté avec l'amour, tandis que la volonté, quoique ayant l'amour pour mobile, se rapporte au premier des trois principes, à la puissance, *être* étant la même chose que *pouvoir* et la volonté étant la puissance se déterminant [1].

Quoi qu'il en soit de cette psychologie, l'explication de la Trinité par Bossuet, résumé des vues les plus profondes des Pères, est le plus grand pas qu'ait fait la théologie et reste le plus grand titre de Bossuet comme penseur.

Bossuet était cependant trop homme d'action et de réalité pour pouvoir s'absorber dans cette sphère de l'esprit pur où il s'élevait si haut et perdre de vue les intérêts de sa foi sur la terre. Les angoisses le ressaisissaient devant les forces ennemies incessamment grandissantes. Avec Fénelon, c'était une guerre civile. La guerre extérieure s'étend de plus en plus. Sur les marches du trône même, l'avenir est disputé entre l'élève dévoué de Fénelon et les *libertins*, les *esprits-forts*, à la tête desquels sont le duc de Chartres et les Vendômes, et qui entourent le dauphin, l'élève indifférent et oublieux de Bossuet : les *libertins* ont chance d'arriver les premiers. Locke, récemment traduit, pénètre en France (1700); enfin, du fond de la Hollande, s'élève un dernier ennemi plus dangereux encore et plus difficile à saisir que le sensualisme ; c'est le scepticisme, qui n'oppose plus doctrine à doctrine, mais qui sape toutes les doctrines. Au sein de la colonie *réfugiée*, le doute et le paradoxe se sont incarnés dans un nouveau Montaigne, plus redoutable que celui qui a fait le tourment de Pascal, un Montaigne aggressif, polémiste, systématique et méthodique.

Pierre Bayle, né en 1647, à Carlat, d'un ministre protestant du pays de Foix, n'avait montré, dès l'enfance, de passion que pour

---

1. *Œuvres* de Bossuet, t. IV, édit. Didot, 1841; *Élévations à Dieu sur les Mystères*; 2ᵉ *semaine*, *Élévations sur la Trinité*.

apprendre et raisonner sur ce qu'il apprenait : la dialectique devait donner la trempe à son glaive, forgé par l'érudition. A vingt-deux ans, frappé des arguments catholiques sur la tradition et l'autorité de l'Église, il abjura le protestantisme; mais, bientôt après, choqué du culte des saints et des images, et jugeant, d'après les principes cartésiens, la transsubstantiation impossible, il revint à la réforme. Il se retira à Genève pour échapper aux lois contre les relaps, puis rentra en déguisant son nom et fut nommé professeur à l'académie protestante de Sedan, où il rencontra Jurieu, d'abord son ami, puis son irréconciliable adversaire. En 1681, les mesures hostiles au protestantisme se multipliant, l'académie de Sedan fut fermée : l'hospitalière Hollande offrit des chaires de philosophie et de théologie à Bayle et à Jurieu. Le journalisme littéraire venait d'éclore. Le *Journal des Savants*, fondé à Paris, en 1665, par un conseiller au parlement, Denis de Salo, avait suscité en Italie, en Allemagne, en Angleterre, diverses revues critiques auxquelles il devait survivre jusqu'à nos jours. Bayle se lança dans cette voie avec éclat par ses *Nouvelles de la République des Lettres* (1684-1687) [1]. Mais, avant d'entreprendre cette publication purement critique, il était déjà entré dans sa véritable carrière par une œuvre originale, les *Pensées sur la Comète de* 1680 (1682). La forme qu'il donne à son attaque contre les préjugés vulgaires le conduit à des propositions de nature à exciter un grand scandale. Après avoir comparé les athées aux idolâtres, puis aux chrétiens, il conclut que les croyances religieuses, qu'il ne conteste point en elles-mêmes, ont peu d'influence sur la conduite de la plupart des hommes, qui se gouvernent selon leur tempérament et les impressions du moment; qu'un athée peut être honnête homme; qu'une société d'athées pourrait exister et vaudrait mieux qu'une société d'idolâtres. On aperçoit, à travers des assertions, les unes paradoxales, les autres hasardeuses, une idée digne d'un sérieux examen, à savoir : qu'il y a une morale innée dans la conscience de l'homme, indépendamment du dogme religieux [2].

1. Bayle eut pour rival, comme journaliste, Leclerc, de Genève, arminien à tendances sociniennes, établi comme lui en Hollande et auteur de plusieurs recueils très connus : la *Bibliothèque universelle* (1686-1693); la *Bibliothèque choisie* (1703,) etc.
2. Le sens moral, ou la conscience, ne dépend pas des théories métaphysiques ou théologiques; cela est vrai; il existe par soi; mais quel est pourtant l'objet du sens

Cette idée n'exprime pourtant pas encore le vrai mobile de Bayle. C'est la révocation de l'Édit de Nantes qui le détermine à révéler le fond de sa pensée. Avec ce malheur public avait coïncidé pour lui un grand malheur privé. Son frère, ministre protestant comme leur père, avait été enfermé dans les hideux cachots du Château-Trompette et y avait péri de langueur et de misère. Bayle éclata par des lettres où il dépeignait en traits lugubres *Ce que c'est que la France sous le règne de Louis le Grand* (1686). Après avoir flagellé les persécuteurs, il prêcha directement la tolérance. *Le Commentaire philosophique sur le Compelle intrare* (1687) est une large et habile réfutation de tous les théologiens qui ont admis le principe de la contrainte en matière de religion, et spécialement de Saint-Augustin [1]. La TOLÉRANCE, tel est le vrai principe de Bayle et l'excuse de son scepticisme : il n'est pas sceptique en fait d'humanité. Il attaque l'intolérance au point de vue de la théologie positive, en réfutant les interprétations du texte sacré sur lesquelles s'appuient les persécuteurs : il l'attaque au point de vue politique, en faisant le tableau d'une société où le pouvoir, au lieu de « livrer le bras séculier aux désirs furieux et tumultueux d'une populace de moines et de clercs, » protégerait également toutes les religions. « Chaque religion se piquerait de prouver, par ses bonnes œuvres, qu'elle est la plus amie de Dieu, et aussi la plus amie de la patrie; et cette belle émulation produirait un concert et une harmonie de plusieurs voix, aussi agréable pour le moins que l'uniformité d'une seule voix. » Sa pensée intime apparaît enfin dans une troisième espèce d'arguments, moins développée et plus radicale, à savoir : que la plupart des matières débattues sont indémontrables et que, n'étant pas sûrs de grand'-chose, nous n'avons pas droit d'opprimer autrui pour des choses incertaines. Spinoza, le dogmatique, avait affirmé le droit de la libre pensée; Bayle, le douteur, nie le droit de la compression : procédé inverse et conclusion pareille [2]. Bayle veut tuer la persé-

moral, si ce n'est le bien en général, l'idée du bien; et qu'est-ce que l'idée du bien, si ce n'est l'idée de Dieu considéré sous un certain attribut? Si le sens moral perd l'idée du bien, il s'atrophie.

1. Bayle précède Locke et Leibniz dans la cause de la tolérance, comme Jurieu précède Locke dans la cause de la souveraineté du peuple.

2. Pour la liberté de penser, du moins ; car Spinoza n'admet pas la liberté de culte.

cution en ébranlant les croyances pour lesquelles on persécute et
en les forçant à douter d'elles-mêmes. Témoin et victime des
maux affreux qu'engendre l'intolérance, il lui préfère l'indifférence. L'esprit humain procède toujours par excès et par contradictoires, et arrive à la tolérance, non par une croyance supérieure aux croyances persécutrices, mais par une négation.

Le vieux protestantisme, tout aussi intolérant que le *papisme*, ne s'y trompa point et se sentit frappé tout autant que le catholicisme. Jurieu se déchaîna contre l'impiété de son ancien ami. Bayle, harcelé par des attaques d'une violence outrée, se retourna contre le calvinisme et, dans un ouvrage anonyme (*Avis aux réfugiés*, 1690), il traita les calvinistes aussi mal qu'il avait fait naguère les catholiques. Ce livre semble écrit dans l'espoir mal fondé d'un prochain retour des exilés en France : Bayle y fait au gouvernement de Louis XIV des avances qui lui ont été sévèrement reprochées. Il condamne radicalement la résistance armée aux princes et la souveraineté du peuple, qui n'est pour lui qu'un prétendu droit de chaque citoyen à n'obéir à personne. Le plus grand tort de la souveraineté du peuple était peut-être, à ses yeux, d'être prêchée par Jurieu. L'*Avis aux réfugiés*, qui réprouvait la révolution d'Angleterre, fit destituer Bayle. Les réfugiés le soupçonnaient de vouloir suivre l'exemple de l'*apostat* Pellisson. Ils se trompaient : l'*Avis aux réfugiés* ne fut qu'une boutade ; Bayle ne se réconcilia pas plus avec le catholicisme qu'avec le calvinisme et se plongea tout entier dans un immense ouvrage qui remplit le reste de sa vie, le *Dictionnaire historique et critique* (1694)[1] ; savant chaos, sillonné de mille éclairs qui rendent les ténèbres plus noires, arsenal du doute, où se mêlent toutes les vérités et toutes les erreurs qui ont eu cours parmi les hommes, le *Dictionnaire* de Bayle ne laisse dans l'esprit qu'une incertitude presque universelle. La métaphysique s'obscurcit comme la théologie. La philosophie dogmatique avait semblé à Bayle moins propre que le scepticisme à enfanter la tolérance, et puis, son esprit avait pris ce pli et se complaisait, comme il le dit lui-même, au rôle de *Jupiter assemble-nuages*. Il voyait d'ailleurs, plus ou

---

1. En y ajoutant toutefois le recueil de dissertations intitulé : *Réponses aux questions d'un provincial*.

moins nettement, les défectuosités des diverses philosophies et se sentait plus apte à les critiquer qu'à les perfectionner. Entre les dogmes religieux, il s'acharne surtout contre la prédestination, et rien n'est plus naturel, puisque c'est dans ce dogme, combiné avec celui des peines éternelles, qu'est le principe du fanatisme : il s'en va exhumer le vieux manichéisme, tout en le déclarant contraire à toute raison, pour l'opposer à la prédestination, et en fait ressortir implicitement la conclusion que, s'il est impossible de comprendre qu'il y ait deux dieux, l'un auteur du bien et l'autre auteur du mal, il est également impossible de comprendre que le Dieu unique et parfait soit directement ou indirectement auteur du mal, et crée des êtres dans la prévision qu'ils seront damnés; après quoi il conclut qu'on doit faire taire la raison devant la foi et croire la prédestination comme les autres mystères, sans les comprendre [1].

Cette conclusion, évidemment, n'est pas sérieuse, et personne ne peut s'y tromper. Néanmoins on reste en doute sur l'opinion réelle de Bayle quant au principe religieux en général, et spécialement quant à Jésus-Christ. Cette incertitude n'existe pas pour la morale : Bayle semble se rattacher à la morale, comme à un dernier point d'appui dans le naufrage des autres croyances. De là, son hostilité contre Spinoza, dont il ne comprend pas la doctrine transcendante et chez qui il ne voit qu'un destructeur du droit et du devoir. Mais cette morale qu'il défend avec une énergie désespérée, on peut lui demander, à son tour, qui l'en assure. — Au fond, c'est la conscience, le sentiment; mais il n'en a pas la théorie, et puis, on ne peut faire cette théorie sans commencer par assurer la pensée d'elle-même et par rentrer dans la métaphysique dogmatique. Il ne le fait pas et, après lui, d'autres viendront qui nieront la morale et la conscience avec tout le reste.

Voilà donc le fruit des persécutions religieuses et de l'unité de croyance imposée par la force matérielle! On a brisé matériellement le protestantisme en France, et ce n'est pas Jurieu qui le relèvera; mais voici le vengeur qui s'est levé et qui appelle de

---

1. *Réponses à un provincial*, ch. 129.

la main les générations qui briseront un jour les églises comme on a brisé les temples!

Les derniers jours de Bossuet furent tristes; on rapporte de lui des paroles d'amer découragement. « Je prévois, disait-il, « que les esprits forts pourront être décrédités, non pour aucune « horreur de leurs sentiments, mais parce qu'on tiendra tout « dans l'indifférence, hors les plaisirs et les affaires. » Le combat enflamme et ne décourage pas; le combat, c'est la vie; mais, par-dessus le combat de la religion et de la philosophie, Bossuet prévoit une paix dans le néant, une mort morale, dont Dieu préserve la France et l'humanité!

Le vieil athlète fatigué va enfin chercher le repos dans la tombe. Bossuet meurt (12 avril 1704) : Voltaire est né (20 fév. 1694) [1].

[1]. Bourdaloue mourut un mois après Bossuet; Bayle, en 1706. — Le *Journal* de l'abbé Ledieu contient, sur les derniers temps de Bossuet, des détails qui nous montrent la part que cette âme si forte avait aux faiblesses humaines : il se laisse gouverner par des neveux et nièces fort peu dignes de lui; épuisé, mourant, il ne peut se décider à quitter Versailles, jusqu'à ce qu'il ait assuré sa succession épiscopale à son neveu et d'autres avantages à sa famille. « Veut-il donc mourir à la cour ? » disait sèchement madame de Maintenon, fatiguée de ses instances en faveur de son neveu. Il part enfin de Versailles; mais son neveu l'empêche de pousser jusqu'à sa ville épiscopale de Meaux, et il s'exerce à monter les escaliers, à Paris, pour retourner bientôt gravir ceux de Versailles. Il témoigne un amour de la vie qu'on ne s'attendait pas à trouver chez lui. *Journal* de l'abbé Ledieu, t. II, année 1703. Malgré tout, nous ne trouvons pas que ce grand homme perde beaucoup à ces révélations de sa vie privée; il est moins imposant, mais aussi moins roide que nous ne sommes habitués à le voir, et la bonté gagne en lui ce que perd la majesté.

LIVRE LXXXIX

LOUIS XIV (SUITE)

Économie sociale. Diplomatie. — Situation économique de la France. Administration, finances, commerce. Mémoires des intendants. Misère publique. Vauban. Bois-Guillebert. — Affaires des protestants. — Affaires étrangères. Succession d'Espagne. Testament de Charles II. Le second des petits-fils de Louis XIV appelé au trône d'Espagne.

1697 — 1700.

L'histoire des idées nous a montré la France de Louis XIV tendant, pour ainsi dire, à se défaire : l'examen de l'état matériel du pays donne le même résultat. La condition économique du peuple était très-mauvaise ; les ressorts du gouvernement, tendus avec excès, faisaient saillir tous les défauts de l'ordre social, et surtout l'organisation défectueuse des charges et des revenus publics. L'évident épuisement du peuple avait contribué, au moins autant que la question de la succession espagnole, à décider Louis XIV à la paix. Les mieux intentionnés entre les conseillers du roi lui avaient suggéré la pensée d'une vaste enquête sur l'état de la France. C'était la seule base sur laquelle on pût essayer d'établir les réformes auxquelles aspiraient les meilleurs esprits. L'enquête fut commencée aussitôt après la paix : des mémoires furent demandés à tous les intendants sur les provinces qu'ils administraient. On ne devait pas s'en tenir là. Un plan beaucoup plus efficace avait été conçu au sein du petit groupe réformateur, que la disgrâce de Fénelon avait affligé, mais non découragé. Beauvilliers, échappé à l'orage qui avait abattu son ami et maintenu dans son poste de ministre d'État et de chef du conseil des finances, engagea le roi à rendre les intendants mobiles et à les faire circuler de province en province, à la façon des *missi dominici* de Charlemagne : on eût contrôlé les uns par les autres les rapports qu'ils eussent envoyés successivement sur toutes les parties de la France et, dans l'espace de quelques années, on eût ainsi rassemblé une complète statistique du royaume, qui eût permis d'opérer en pleine connaissance de cause toutes les améliorations désirables. Les instructions destinées aux intendants furent rédigées en commun par Beauvilliers et par le duc de Bourgogne, qui, dans un si jeune âge (il n'avait que dix-huit ans en 1700), s'appliquait déjà aux matières d'état avec l'assiduité soutenue d'un homme fait [1]. Les événements qu'amena l'ouverture de la succession d'Espagne firent ajourner ce projet, et les intendants, à leur grande satisfaction, restèrent cantonnés comme de petits dictateurs provinciaux, au lieu de devenir des commissaires ambulatoires. Le conseil se contenta des mémoires qu'ils expédièrent chacun sur leur province et qu'ils rédigèrent, pour la plupart, avec peu de soin et d'étude : on sent, à les lire, qu'ils n'étaient plus contenus et dirigés par les fortes mains des Colbert et des Le Tellier [2]. Ces mémoires n'en renferment pas moins de nombreux et précieux renseignements. On y voit que la population de la France, vers 1700, dépassait 19,000,000 d'âmes : Paris avait, dit-on, 720,000 habitants ; la Bretagne, 1,655,000; la Normandie, 1,540,000; la Flandre et le Hainaut français, alors plus étendus que notre département du Nord, seulement 582,000; la Picardie, seulement, 519,500 ; la Champagne, 695,000 ; la Bourgogne, avec la Bresse et annexes, 1,266,000; le Dauphiné, 543,000; le Languedoc 1,440,000; la Haute et Basse Guyenne, 2,266,000; l'Alsace, toujours foulée par les armées, seulement 245,000. D'après l'opinion de Vauban [3], ces chiffres ne présentent pas une entière certitude, et ceux qui regardent Paris et quelques autres

---

1. Voyez cette pièce dans Boulainvilliers; *État de la France*, t. Ier, et dans la *Vie du Dauphin, père de Louis XV*, par l'abbé Proyart, t. Ier, p. 240-272. Louis XIV avait fait entrer le duc de Bourgogne au conseil des dépêches dès octobre 1699.

2. Les Mémoires des intendants (42 vol. in-folio) sont aux Mss. de la Bibliothèque. Boulainvilliers en a donné une analyse fort étendue en 3 vol. in-folio (ou 6 in-12), sous le titre d'*État de la France* (publié en 1727).

3. V. Vauban, *Dîme royale*, p. 121, ap. *Économistes financiers du XVIIIe siècle*, commentés par M. E. Daire; 1843. Suivant Vauban, la population féminine dépassait la masculine de près d'un dixième.—Les chiffres de Vauban, reproduits dans les comptes de Mallet, ne sont pas tous d'accord avec ceux de Boulainvilliers.

sont probablement enflés. Si l'on admet que la France ait eu environ 19 millions d'âmes vers 1700, il faudra reconnaître qu'elle avait dû en avoir au moins 22 ou 23 dans les belles années de Colbert, car il ressort de tous les mémoires des intendants que la population avait diminué d'une manière effrayante depuis une quinzaine d'années. Les causes multipliées de cette décadence transpirent de tous côtés par les aveux des intendants.

Les ponts, les chaussées, les chemins, sont dans un état de dégradation presque générale. La pêche et la marine marchande sont ruinées en Normandie et à Dunkerque par l'aggravation et la complication des droits, et par les nouvelles compagnies privilégiées. Les pays conquis et frontières ont été écrasés par les contributions, les logements militaires, les réquisitions : les propriétaires cultivateurs, en Flandre, n'ont touché, pendant la guerre, qu'un tiers de leurs revenus; les propriétaires dont les biens sont affermés, n'en ont pas touché le dixième! Dans la West-Flandre et le Hainaut, les nobles payaient l'impôt foncier comme les roturiers : en Hainaut, il en était de même pour les prêtres; cette égalité, unique en France, n'est plus, devant l'excès des charges, qu'une égalité de détresse [1]. En Alsace, on a ôté aux habitants le pacage dans les bois, reste de l'antique communauté du clan gaulois et du gaw germanique : on a ruiné ainsi l'éducation du gros bétail et des porcs [2]. La Picardie a perdu un douzième de sa population : les nouveaux droits sur les vaisseaux et les marchandises d'Angleterre nuisent, par leur

---

1. En Artois, le clergé et la noblesse payaient l'impôt foncier appelé centième, mais, quand on l'augmentait, ils étaient exempts de l'augmentation : dans la dernière guerre, on avait levé jusqu'à six *centièmes* par an; les privilégiés n'en avaient payé qu'un.

2. L'intendant d'Alsace fait un portrait fort naïf ou fort piquant du clergé de sa province. « Ils n'ont nulle connaissance de ce qu'on nomme en France jansénisme... Attachés au nœud principal de la religion sans scrupule et sans trop d'inquiétude, ils n'étudient guère à un certain âge, qu'autant qu'il faut pour contenter le supérieur, aiment la vie et la bonne chère, sont très-rarement avares, n'ont aucun attachement au sexe, en un mot, ont d'excellentes qualités pour former un clergé très-édifiant et très-saint. » T. III, p. 368. — Une observation plus importante ressort du Mémoire sur l'Alsace : c'est que l'Alsace est pays de *droit écrit*; la langue est germanique; la loi, la tradition est gallo-romaine. Le droit coutumier n'y existe qu'à l'égard des fiefs, de quelques questions relatives aux nobles et de quelques statuts municipaux : vol. III, p. 331.

excès, au commerce de la Picardie, qui préférerait le tarif modéré de 1664. Le commerce voudrait qu'on reçût en France les monnaies étrangères, comme on le fait en Angleterre et en Hollande, où elles sont considérées comme marchandises : le négociant français est obligé ou de perdre en envoyant à la refonte les monnaies étrangères qu'il a reçues en paiement, ou de se faire payer en lettres de change sur lesquelles il perd encore. — Les provinces de l'ouest ne souffrent pas moins que celles du nord et de l'est. Dans la généralité d'Alençon, les villes sont presque abandonnées : la plupart des propriétaires ne sont pas à couvert chez eux, faute de pouvoir réparer et entretenir leurs maisons. Dans la généralité de Rouen, sur sept cent mille habitants, il n'y en a pas cinquante mille qui couchent autrement que sur la paille. Le grand commerce de toiles que faisait la Bretagne avec l'Angleterre est tombé par les gros droits sur les marchandises anglaises et hollandaises, par le monopole de l'importation des draps anglais attribué aux ports de Calais et de Saint-Valeri, et enfin par la guerre. Les Anglais, auparavant, achetaient en Bretagne beaucoup plus qu'ils n'y vendaient. La France devait perdre le privilège, qu'elle avait eu si longtemps, de fournir de blés et de toiles une grande partie de l'Europe. On prétend que l'exportation pour l'Angleterre et la Hollande avait été jusqu'à un million deux cent mille pièces de toiles par an ! — La papeterie est ruinée en Angoumois par les gros droits. — Les péages de rivière font abandonner la route de la Loire pour les routes de terre : le commerce des vins est ruiné dans tous les pays de la Loire par la multiplicité des droits. Le centre est encore plus malheureux que l'ouest : La Touraine a perdu un tiers de ses laboureurs, un quart de sa population totale et moitié de son bétail, depuis la Guerre de Hollande : une partie des terres sont abandonnées. La soierie de Tours est tombée : une des causes est l'introduction des toiles peintes et cotonnades de l'Inde. La draperie est également déchue à Tours, qui n'a plus que trente-trois mille âmes, de quatre-vingt mille qu'il avait eues sous Richelieu et Colbert. Même décadence à Troyes, tombée de cinquante ou soixante mille âmes à vingt mille. La population de l'Anjou est aussi réduite d'un quart. Dans le Maine, la toilerie n'occupe plus que six mille ouvriers au lieu de vingt mille : les exigences des fermiers des traites (douanes intérieures) en sont cause. Le Limousin a été horriblement maltraité par la disette et la mortalité de 1693-94. Le Berri est moins malheureux, parce qu'il élève une multitude prodigieuse de moutons [1], dont la laine lui sert à fabriquer de gros draps et des serges drapées pour les armées; toutefois, les droits féodaux y découragent le paysan. Le Bourbonnais a perdu le cinquième de sa population : le grain y est ordinairement à si bas prix que le laboureur ne retire pas ses frais. Le Périgord a perdu le tiers de ses habitants par la cherté du pain et par la gelée des vignes. Ces monstrueuses inégalités attestent à quel point la circulation s'opérait mal en France.

La Guyenne et le Languedoc ne sont pas tout à fait en si mauvais état : la Gironde exporte cent mille tonneaux de vin par an; dans les bons temps, il y a toujours au moins cent gros vaisseaux dans le port de Bordeaux, et jusqu'à cinq cents aux époques des foires; cependant le commerce se fait en majeure partie par les marchands étrangers, surtout par les Hollandais, et Bordeaux n'a que 34,000 habitants. La population des grandes villes languedociennes est, au contraire, très-considérable : Toulouse compte plus de 18,000 familles; Montpellier près de 14,000; Nîmes 10 à 11,000. Dans les diocèses de Nîmes, Montpellier et Alais, il s'est établi depuis quelques années des bureaux de charité par le moyen desquels tous les pauvres sont régulièrement assistés et la mendicité est bannie. Le père Chauran, jésuite, est l'inventeur de cet établissement. La manufacture des draps fins, façon de Hollande,

---

[1]. Ceci est exceptionnel : les moutons manquent assez généralement en France. — L'intendant de Bourges donne de curieux détails sur les métairies en communauté qui subsistent dans l'élection d'Issoudun. Ce sont des groupes de vingt à trente familles exploitant en commun une grande métairie dont le fonds et les bestiaux appartiennent à un propriétaire : elles se choisissent un chef qui distribue le travail : s'il gère mal, on le dépose, mais en reconnaissant les dettes qu'il a contractées. « Il n'y a point », dit l'auteur, « de nation plus *sauvage* que ces peuples : on en trouve quelquefois des troupes à la campagne, assis en rond au milieu d'une terre labourée et toujours loin des chemins; mais, si l'on en approche, cette bande se dissipe aussitôt. » Boulainvilliers, *État de la France*, t. V, p. 33. Telle était la base de cette société dont Versailles était le sommet! De pauvres *sauvages* fuyant devant les *hommes civilisés*, qui ne leur apparaissent que comme des espèces d'oiseaux de proie toujours prêts à leur enlever le fruit de leurs sueurs, au nom du seigneur ou au nom du roi.

établie par Colbert, se soutient très-bien en Languedoc et a culbuté les Hollandais dans le Levant. La canalisation du Languedoc s'est accrue d'un canal qui relie Perpignan au grand canal du Midi, communication utile sous le rapport politique aussi bien que commercial : les Roussillonnais sont encore bien *catalans,* comme ils le disent eux-mêmes, et il importe de les *franciser* [1]. Le canal de Languedoc ne donne malheureusement pas tous les résultats qu'on en avait espérés : les frais dont la navigation est chargée détournent les marchands de s'en servir; ils aiment mieux courir les risques que l'on a prétendu leur épargner. De plus, une mesure oppressive écrase les éleveurs de vers à soie : c'est un arrêt du conseil de 1687 qui oblige toutes les soies languedociennes de passer à Lyon et d'y payer le *surtaux,* ce qui tue l'exportation et met les producteurs languedociens à la merci des marchands de Lyon. Le commerce total du Languedoc roule sur 24 millions par an; les impôts ont monté à 18 millions pendant la guerre! — La tyrannie que le commerce lyonnais fait peser sur les producteurs de soies ne paraît pas lui profiter beaucoup. Lyon a perdu 20,000 âmes depuis la guerre et n'en a plus que 69,000 : l'industrie de la soie y est tombée de dix-huit mille métiers à quatre mille. La draperie est diminuée de moitié. — Marseille exerce sur le commerce de la Méditerranée la même tyrannie que Lyon sur les producteurs de soie : on ne peut exporter de marchandises par mer qu'après les avoir envoyées faire quarantaine à Marseille. — Le Dauphiné a perdu un huitième de sa population depuis la révocation. La milice et les enrôlements forcés y ont beaucoup contribué. — Dans la généralité d'Orléans, il n'y a que six mille cent quatre-vingt-deux marchands pour sept mille sept cent quarante-sept officiers tant royaux que seigneuriaux et municipaux! De tels chiffres disent à quel point l'équilibre social est rompu! — Aucun pays n'a plus souffert que la généralité de Paris. Tandis que la capitale s'encombrait d'une population excessive, la province qui l'entoure perdait le quart de ses habitants, le tiers dans certains cantons, et près de moitié dans les élections de Mantes et d'Étampes. La

---

1. Le régime du Roussillon était bizarre quant aux charges publiques : cette petite province était exempte de presque tous les impôts; mais la moitié des pailles et fourrages appartenait au roi. *État de la France,* t. V, p. 280.

faute en était surtout aux aides et aux traites. Mantes, qui fournissait de petit vin la Normandie, a été ruinée par le doublement du droit sur le vin en gros en 1689. — Dans toutes les provinces au nord de la Loire et dans quelques contrées maritimes, les deux tiers des huguenots sont parvenus à quitter la France : presque tous les gros marchands et fabricants de Rouen, de Caen, de Tours, etc., sont partis. L'évasion d'une multitude de huguenots, les obstacles apportés au mariage de ceux qui restent, joints à la misère dont les paysans ne se relèvent pas depuis la disette de 1693, ont réduit d'un tiers la population de la généralité de La Rochelle depuis vingt ans.

Presque à chaque page retentit ce refrain tristement monotone : « La guerre, la mortalité (de 1693), les logements et passages « continuels des gens de guerre, la milice, les gros droits, et la « retraite des huguenots, ont ruiné ce pays¹..... »

Ce douloureux inventaire, dressé par des témoins peu disposés à exagérer les souffrances du peuple, passa par un assez grand nombre de mains pour recevoir une demi-publicité. Les esprits furent péniblement frappés : il sembla qu'une vapeur sombre se répandît dans l'atmosphère naguère si brillante de Versailles. Beaucoup s'efforçaient de ne voir là qu'un malaise passager; mais les plus sagaces voyaient, comme Fénelon, la monarchie incliner vers l'abîme. Le mal était patent; mais où était le remède? Les hommes que leur esprit et leur cœur poussaient à l'étude des problèmes économiques et de l'état du peuple n'avaient pas attendu les réponses des intendants pour le chercher, ce remède! Vers la fin de la guerre, un magistrat de province, Bois-Guillebert, lieutenant-général au bailliage de Rouen, était venu trouver le contrôleur-général Pontchartrain et lui avait déclaré qu'il lui apportait le salut du royaume. « Écoutez-moi avec patience : vous me prendrez « d'abord pour un fou; ensuite vous verrez que je mérite attention, « et, enfin, vous demeurerez content de mon système. » Pontchartrain se mit à rire, lui répondit brusquement qu'il s'en tenait au premier et lui tourna le dos². Bois-Guillebert ne se rebuta

---

1. La diminution graduelle de la caste nobiliaire, malgré les fréquents anoblissements, est un fait d'un autre ordre, mais un des plus saillants de ces mémoires.
2. Saint-Simon, t. V, p. 285.

pas et adressa au public le travail que le ministre n'avait pas pris la peine d'examiner : ce fut le *Détail de la France*, publié en 1697.

Pontchartrain eût lu le livre de Bois-Guillebert, qu'il n'en eût pas mieux accueilli l'auteur. Nous avons dit ailleurs [1] quelle méconnaissance du passé, quelles erreurs matérielles, quelles énormes contradictions on pouvait reprocher à ce bizarre et fougueux écrivain. Et, pourtant, bien des lumières brillent dans son chaos. Cet esprit si faux et si indigeste dans ses jugements sur les personnes et sur les faits, dans les assertions étourdissantes et les chiffres fabuleux qu'il jette au hasard, est doué d'une faculté de généralisation supérieure : il ouvre une voie nouvelle à la pensée par ses vigoureux efforts pour atteindre et pour formuler les lois économiques. Il est le premier, si nous ne nous trompons, qui ait essayé de donner scientifiquement la théorie de la richesse publique, et ses définitions et ses propositions sont souvent justes et presque toujours profondes quand même elles sont contestables. Il montre fort nettement que les métaux précieux sont, non pas la richesse, mais seulement le signe de la richesse, la richesse étant « le pouvoir de se procurer l'entretien commode de la vie [2]. » Le mal vient, dit-il, des entraves à la consommation, entraves qui sont la taille inégale et arbitraire, les aides et les douanes [3]. « Consommation et revenu sont une seule et même chose. Plus un pays est riche, plus il est en état de se passer d'espèces. » Par cet axiome un peu téméraire, il semble prédire l'Angleterre du xixe siècle. Il explique d'une manière frappante la supériorité qu'ont dans l'échange les pays qui produisent les denrées sur ceux qui produisent l'or et l'argent : les premiers donnent les denrées qui ne servent qu'une fois pour de l'argent qui sert toujours ; — qui sert toujours, à condition de circuler, car, du moment que la consommation s'arrête,

---

1. T. XIII, p. 92.

2. Il reconnait deux sortes de richesses réelles : les fruits de la terre et *les biens d'industrie*.

3. Il fait très-bien voir comment la peur d'être surchargé à la taille empêche le paysan de multiplier ses bestiaux, et comment les exactions des commis aux aides détruisent le commerce des boissons. Un des plus terribles fléaux de la France était les juridictions exceptionnelles qui faisaient les officiers de finances et les fermiers des impôts juges dans leur propre cause. Le contribuable lésé n'avait presque jamais de justice à espérer.

l'argent aussi s'arrête court dans les *fortes mains* (dans les mains des capitalistes), qui aiment mieux alors perdre le profit que de risquer le principal, et il ne sert plus à rien. Quand l'argent s'arrête, le pays est paralysé. « L'argent forme pour autant de revenu qu'il fait de pas ». La richesse d'un pays est donc dans la fécondité en denrées, et dans la grande consommation, qui fait qu'un million (argent) y fait plus d'effet que dix millions là où il n'y a pas de consommation, ce million se renouvelant mille fois (par la circulation). — Il sent profondément la solidarité de toutes les classes et démontre comment la misère de l'agriculteur, qui est la base de la société, doit entraîner la ruine du reste. Il proclame la solidarité d'intérêt, non-seulement d'homme à homme, non-seulement de province à province dans un même état, mais de peuple à peuple. — Tout vendeur doit être acheteur, et réciproquement. Tout échange doit être profitable aux deux parties, dans l'intérêt général. Il faut, pour cela, concurrence et liberté des producteurs. La nature veut la liberté de l'industrie, et cette liberté peut seule paralyser les efforts tyranniques de la cupidité et de l'égoïsme. C'est à la nature, et non aux hommes, qu'appartient la police de l'ordre économique [1].

La doctrine de l'économie politique libérale est tout entière dans cet axiome.

Les conclusions pratiques de Bois-Guillebert sont le changement du système d'impôts. L'impôt, suivant lui, n'est pas trop fort : il n'est que mal réparti. On pourrait même l'augmenter beaucoup sans inconvénient : la France, sous un bon régime, pourrait donner au roi jusqu'à 300 millions de revenu ! Il faut rendre 1° la taille équitable, en rendant les faveurs et les énormes inégalités actuelles impossibles par un dénombrement et par des rôles dressés suivant un plan qu'il expose ; 2° supprimer les aides, les douanes provinciales et les droits à l'entrée des villes [2] ; 3° compenser ces suppressions par l'augmentation de la taille réformée et par un impôt sur les cheminées ; 4° adopter le sys-

---

1. Nos citations ne sont pas toutes prises dans le *Détail de la France*, mais aussi dans les ouvrages postérieurs de Bois-Guillebert : le *Traité des Grains* ; la *Dissertation sur les richesses, l'argent et les tributs*, et le *Factum de la France*.

2. La suppression des impôts de consommation ferait éclore 100,000 cabarets en huit jours, s'écrie-t-il avec un naïf enthousiasme.

tème établi en Angleterre depuis 1688 pour relever le prix des grains, non-seulement par la liberté d'exportation, mais par des primes à l'exportation et par des entraves à l'importation ; c'est-à-dire faire tout le contraire de ce qu'on était habitué à faire en France.

Si l'avilissement du prix des grains a de graves inconvénients, la hausse factice, la *théorie du pain cher* dans l'intérêt du peuple, n'est pas soutenable ; elle est d'ailleurs contradictoire avec les principes de liberté commerciale posés par Bois-Guillebert. Quant à la réforme consistant à supprimer les impôts indirects, payés par tout le monde, pour grossir l'impôt direct payé seulement par le peuple *taillable*, il se fait de grandes illusions sur le résultat : c'est trop ou pas assez : ce n'est là qu'une demi-révolution, et presque une révolution en arrière : ces conclusions répondent mal à des prémisses si hardies.

Un esprit moins emporté dans la spéculation, mais beaucoup plus complet et plus pratique, mûrissait pendant ce temps un projet bien autrement large et logique. Vauban avait commencé, depuis vingt ans, à lui seul, une enquête analogue à celle dont le conseil du roi chargeait tous les intendants du royaume. De cette même main qui fortifiait la France, il traçait des plans admirables pour l'amélioration du sol qu'il avait si bien mis en défense[1] : la canalisation du territoire, aujourd'hui presque achevée, n'est que l'application de ses patriotiques desseins. En même temps, il créait en quelque sorte la statistique par les renseignements de toute nature qu'il recueillait dans ses voyages continuels à travers le royaume[2] : il y dépensait tous les biens dont le roi avait payé ses services ; les détails les plus infimes sur les der-

---

1. Il n'est pas sans importance de remarquer ici que le système général de défense du royaume, tel que Vauban l'exécuta, n'était pas entièrement le sien. Sa correspondance avec Catinat montre qu'il n'approuvait pas une multiplication aussi excessive des places fortes. C'est un inconvénient, écrivait-il, dont on s'apercevra quand on ne sera plus autant en état d'attaquer que de se défendre. V. *Mém.* de Catinat, t. 1er, p. 34.

2. D'après le détail qu'il donne d'une lieue carrée de terre ordinaire prise comme étalon, la proportion entre la culture des céréales et les cultures fourragères était déjà tout à fait rompue : — Sur 4688 arpents, il y en avait 2707 en labours, 500 seulement en prés et 236 en terres vagues. Les moindres terres rendaient de 3 1/2 à 4 semences pour une : les bonnes 10, 12 et jusqu'à 15 semences. — *Dîme Royale*, p. 131.

mières classes du peuple étaient ce qui le touchait le plus : son regard, trop ferme pour se laisser éblouir par les splendeurs de la surface, creusait la société jusqu'au tuf pour en sonder la solidité, et il en voyait les couches superposées ainsi qu'il suit : « près de la dixième partie du peuple est réduite à mendier; des neuf autres parties, cinq ne peuvent faire l'aumône à celle-là, dont elles ne diffèrent guère; trois sont fort malaisées; la dixième ne compte pas plus de cent mille familles, dont il n'y a pas dix mille fort à leur aise[1]. » Après la paix de Ryswick, il s'occupa de rédiger, avec ses innombrables matériaux, une foule de mémoires sur toutes sortes de matières politiques, économiques et militaires : la plupart sont malheureusement dispersés ou perdus. Il y touchait à presque tout ce qui concerne l'administration d'un grand état. La question capitale, pour lui comme pour Bois-Guillebert, était celle de l'impôt : il y consacra non pas un simple mémoire, mais un livre. Il avait reconnu la nécessité d'un changement radical : Colbert avait pu relever les finances par de simples réformes; les réformes ne suffisaient plus; il fallait une révolution[2]. Vauban ne s'attache pas, comme Bois-Guillebert, à rechercher les lois abstraites de la richesse et de l'économie politique en général; il pose nettement le principe spécial de la théorie des impôts, que Bois-Guillebert n'a pas vu, et il conclut sans hésiter. Colbert a pesé sur les impôts indirects, comme relativement plus équitables que l'impôt direct auquel la partie riche et influente de la nation n'est pas soumise; mais cette justice n'est que relative; elle est même devenue tout à fait illusoire, grâce aux gros droits de détail qui pèsent sur les pauvres seuls. Où donc est la vraie justice? Quel est le vrai principe en matière d'impôt? — C'est que tout sujet doit contribuer à tous les besoins de l'État en proportion de ses facultés, et non en proportion de ses

---

1. *Dîme Royale*, p. 34.

2. Tous les abus émondés par Colbert avaient repoussé avec une vigueur effroyable : l'iniquité de la répartition des tailles était si énorme, que telle ferme, de 4 à 500 francs de revenu, payait 100 francs ou davantage, tandis que telle autre, de 3,000 à 4,000 francs, patronnée par quelque personnage influent, n'en payait que 30 ou 40. — *Ibid.*, p. 51. En outre, la multitude des petites taxes vexatoires engendrées par ce qu'on nommait les affaires extraordinaires, était cent fois pire que toutes les crues directes de l'impôt. *Ibid.*, p. 55.

besoins. — Sur quoi doit être assis l'impôt? Sur le revenu et sur les fruits de l'industrie. Tout privilége qui exempte de cette contribution est injuste et abusif. Cette exemption doit disparaître.

Ainsi Vauban ne demande rien moins que l'abolition radicale des priviléges pécuniaires de la noblesse et du clergé, en même temps qu'il demande, comme Bois-Guillebert, l'abolition de l'impôt des boissons et de tous les droits qui entravent la circulation intérieure.

Avec l'impôt proportionnel sur le revenu, la *dîme royale,* comme il l'appelle, plus de traitants, plus d'affaires extraordinaires, plus d'emprunts, plus de perception vexatoire et pire que l'impôt lui-même[1] : le roi haussera ou baissera la dîme suivant les besoins de l'État, en sorte qu'on ne paie en temps ordinaire qu'une demi-dîme ou un vingtième, les artisans et manouvriers ne payant même qu'un trentième, et qu'en cas de nécessité, l'impôt monte graduellement jusqu'à la dîme entière. Mais que l'on se garde surtout de vouloir mêler ce système nouveau avec l'ancien, de mêler la dîme avec la taille ou les aides; on ruinerait la France! — Ceci est un blâme indirect de la capitation, essai imparfait d'impôt sur le revenu enté sur le système établi.

Vauban, toutefois, trop pratique pour vouloir l'absolu, ne prétend pas faire de l'impôt sur le revenu l'impôt unique, mais seulement l'impôt principal et le seul impôt direct : il consent que l'État conserve quelques autres sources de revenus, comme 1º les parties casuelles (contrôle, papier timbré, postes, etc.), qui sont le prix de services rendus par l'État aux particuliers ou de l'authenticité donnée à leurs transactions; 2º un impôt sur le luxe[2]; 3º les douanes extérieures, qu'il veut beaucoup diminuer; 4º l'impôt sur le sel, uniformisé dans toute la France et réduit de moitié ou des deux tiers[3]. L'impôt du sel est, on doit le reconnaître,

1. Il y avait 150 sortes de droits et de taxes sur les choses de la justice seulement; cela peut faire juger de la monstrueuse complication du système.
2. L'eau-de-vie est une des denrées de luxe que veut, avec raison, imposer Vauban. Il n'a pas pour les cabarets le même enthousiasme que Bois-Guillebert.
3. Aujourd'hui Vauban accorderait certainement à l'État, entre les ressources supplémentaires, le maintien de l'impôt du tabac. — Il est juste et sans inconvénient, dit-il, d'imposer les rentes sur l'État comme les autres revenus. P. 781. Il craint déjà que l'abondance et la commodité des rentes ne détournent les capitaux de l'agriculture.

une concession faite aux dépens du principe, tandis que l'impôt sur les consommations de luxe se ramène à ce même principe. Il pense que la dîme, au minimum du vingtième, donnerait environ 60 millions pour le revenu de la terre, près de 15 millions et demi pour le revenu des maisons de ville, de l'industrie et du commerce, des rentes, gages et offices. Ce second chiffre est évidemment trop faible ; mais il a reconnu la nécessité de ménager l'industrie. Le sel, à 18 livres le minot, fournirait 23,400,000 fr. ; les autres impôts environ 18 millions : total, près de 117 millions en temps ordinaire, pouvant être poussés à plus de 200 millions par exception et en cas de nécessité extrême. Ainsi, Vauban, comme Bois-Guillebert, bien qu'avec beaucoup plus de réserve et de modération, pense que les impôts un peu forts ne sont pas nécessairement un mal, pourvu qu'ils soient bien assis, et qu'il s'agit non pas de diminuer l'impôt, mais d'augmenter la richesse publique.

Ainsi que les finances, Vauban voulait qu'on réformât l'armée. C'était l'autre plaie de la France. Jadis, les armées étaient peu nombreuses et la solde assez forte : on trouvait des soldats sans peine ; mais, maintenant, les armées étaient devenues immenses et la solde n'avait pas augmenté, tandis que toutes les denrées allaient renchérissant. Pour remplir les cadres, les officiers étaient réduits à employer partout la force et la ruse[1] ; de là les désertions multipliées de ces soldats malgré eux et la misère de tant de familles périssant de faim parce qu'on leur arrachait leurs soutiens : de là une autre émigration à côté de celle des huguenots ! Faire le procès à de pareils déserteurs, c'était une iniquité révoltante, et, cependant, si on ne le faisait pas, « les armées seroient dépeuplées en peu de temps ». La milice ne donnait pas lieu à moins de fraudes et de violences que le recrutement de l'armée régulière. Vauban proposait qu'on fît le dénombrement de tous les *feux* qu'il y a dans le royaume, qu'on mît à part les gens légitimement exempts du service militaire et qu'on divisât tout le reste des familles par cantons de cent feux : les cantons

---

1. Il y avait dans Paris des maisons où l'on attirait les jeunes gens par toutes sortes de ruses et où l'on les retenait jusqu'au moment de les expédier au régiment. On appelait cela des *fours*.

fourniraient des soldats par un tirage au sort. Le remplacement serait autorisé, sauf garanties; la solde augmentée, etc.; c'est, sauf les détails, le système de la conscription actuelle [1].

Vauban, durant plusieurs années, ne publia rien de ces travaux, qu'il méditait et perfectionnait de jour en jour : il s'efforçait sans cesse d'insinuer ses idées au roi et aux ministres. Mais on ne lui emprunta que quelques détails, par exemple le tirage au sort, qu'on appliqua, non à l'armée, mais à la milice, mauvaise réserve qu'il voulait abolir [2], ou des améliorations purement militaires, comme l'adoption générale de la baïonnette, qui constitua définitivement l'infanterie moderne et la rendit supérieure à ce qu'avaient été les légions romaines. Le roi et son conseil reculèrent devant les innovations colossales que proposait le guerrier réformateur : un chef de gouvernement n'entreprend guère de révolution à soixante ans. Et cependant le mal s'accroissait chaque année, et le cœur patriote de Vauban se gonflait... On verra plus tard comment Vauban éclata et se perdit pour avoir voulu forcer ceux qui fermaient l'oreille à l'entendre.

Avant Vauban, un autre grand homme, grand dans un autre ordre de génie, avait été victime du même zèle pour le bien public.

Peu après la paix de Ryswick, Racine, que son sens droit et sa vive compréhension rendaient compétent presque en toute matière, et qui était admis depuis longues années dans la familiarité du roi, causait un jour de la misère du peuple avec madame de Maintenon : elle fut si frappée de ses observations sur le mal et sur les remèdes, qu'elle le pria de les lui donner par écrit. Le roi trouva le mémoire de Racine entre les mains de madame de Maintenon, le parcourut et s'écria d'un ton de mauvaise humeur : — « Parce qu'il sait faire des vers, croit-il tout savoir? Et, parce qu'il est grand poëte, veut-il être ministre? » Ce fut l'arrêt de Racine. Madame de Maintenon, fidèle à sa circonspection égoïste, abandonna l'homme qu'elle avait compromis et fit prévenir

---

1. *Mémoires inédits* de Vauban, publiés par M. le lieutenant-colonel Augoyat; 1841. — C'est dans un de ces mémoires que Vauban propose de fixer la baïonnette au fusil par une douille creuse qui n'empêche pas d'ajuster et de tirer.

2. Ordonnance du 26 janvier 1701; ap. *Anciennes Lois françaises*, t. XX, p. 378.

Racine de ne plus se présenter chez elle jusqu'à nouvel ordre. Racine ne supporta pas ce coup. Il avait pu renoncer aux gloires et aux voluptés du théâtre : il ne put renoncer à la faveur du roi. Dire que le courtisan avait chez lui survécu au poëte, n'expliquerait pas équitablement les sentiments qui lui brisaient le cœur. Il aimait Louis. Il avait enchaîné sa vie à celle du Grand Roi, objet d'une espèce de culte pour son cœur comme pour son imagination. Vivre hors de l'intimité royale, ce n'était plus vivre. Le chagrin lui causa une maladie de foie, qui l'emporta au bout d'un an (21 avril 1699)[1].

Le pouvoir ne voulait pas s'engager dans les grandes innovations; il essaya de rétablir les finances et de procurer quelque soulagement au peuple, mais par des expédients ordinaires et tout à fait au-dessous de la situation[2]. La recette totale du trésor, qui avait été de 158 millions en 1697, fut réduite, en 1698, à 122, qui n'en laissaient net que 73 à l'épargne, les charges déduites. Pontchartrain, imitant Colbert après la paix de Nimègue, profita de la confiance relative que ramenait la paix pour rembourser, par des emprunts au denier 18, les emprunts contractés pendant la guerre au denier 14 et au denier 12; puis, le crédit continuant de se relever, il fit de nouveaux emprunts au denier 20 pour rembourser les emprunts au denier 18. Ces opérations diminuèrent la dette; mais les charges annuelles restèrent pourtant accrues de 20 millions depuis 1683, tandis que les ressources du pays avaient diminué[3]. C'était là le reliquat de la guerre. Sans en venir tout droit à la révolution radicale que proposait Vauban, on eût pu conserver et augmenter la capitation en améliorant la répartition de ce nouvel impôt, et diminuer d'autant les aides et les tailles ; mais on n'osa manquer de parole aux privilégiés; la capitation fut supprimée aussitôt après la paix. On se remit à

---

1. *Mémoires sur la vie de J. Racine* (par son fils L. Racine, t. II, p. 234).
2. En même temps qu'on visait à l'économie, l'habitude l'emportait, comme l'attesta le faste extraordinaire du camp de Compiègne (septembre 1698).
3. La dette française était alors d'environ un milliard en capital; la dette hollandaise de 325 millions; l'anglaise de 228. La Hollande avait payé, pendant la guerre, jusqu'à 78 millions dans une année, environ le tiers de son revenu total. Le revenu général de la Hollande était, à ce qu'on croit, d'environ 230 millions; celui de l'Angleterre, de 560 à 570; de la France, d'un milliard 50 millions à 1,100 millions. Forbonnais, t. II, p. 296.

faire des *affaires extraordinaires*, pour suppléer à l'insuffisance des impôts, et à rouler sur la pente accoutumée.

Le contrôleur général Pontchartrain avait trop de sagacité pour ne pas sentir dans quelle voie de perdition on s'enfonçait. Lui aussi, à son tour, comme autrefois son prédécesseur Le Pelletier, il n'aspirait qu'à rejeter sur un autre la responsabilité des finances. Quand madame de Maintenon, qui lui trouvait le caractère trop indépendant, s'efforça de le pousser hors du contrôle général, il l'eût volontiers remerciée. Sur ces entrefaites, le chancelier Boucherat mourut (2 septembre 1699). L'occasion fut saisie; l'office de chancelier fut offert à Pontchartrain comme une retraite honorable; il transmit le ministère de la marine à son fils, qui devait être le plus funeste exemple de l'hérédité ministérielle, et le contrôle général fut donné à Chamillart, intendant des finances, qui avait gagné la faveur du roi par son talent au jeu de billard, et la faveur de madame de Maintenon par son zèle à régir les affaires de Saint-Cyr. Probe, rangé, poli, docile envers ses patrons, opiniâtre envers ses inférieurs, il avait les qualités d'un intendant de bonne maison; le goût de madame de Maintenon pour les médiocrités honnêtes et dévotes en fit un ministre. Le roi partageait de plus en plus ce goût. Louis le Grand baissait; son coup d'œil, autrefois si sûr, était émoussé par l'âge; sa prétention à tout inspirer, à tout conduire, à n'être servi que par des machines, devenait plus absolue à mesure qu'il était moins capable de la réaliser.

Chamillart donna tête baissée dans les affaires extraordinaires et les anticipations. Ses intentions néanmoins étaient bonnes. Il s'occupa avec conscience, sinon avec intelligence, des intérêts commerciaux et agricoles. Il débuta par quelques sottises, telles que la défense de faire de gros bas au métier, de peur que les bas fins au tricot n'en souffrissent, et la défense d'exporter les fils, lins et chanvres de la Bretagne, ce qui découragea la culture des plantes textiles et réduisit bientôt la France à acheter aux étrangers des chanvres du Nord, des câbles et des toiles à voiles, elle qui en avait fourni l'Europe. L'établissement d'un conseil de commerce, composé du contrôleur général, du ministre de la marine, de d'Aguesseau père et de quelques autres conseillers d'état et maîtres des requêtes, et de douze négociants des principales places de commerce, parut mettre les choses dans une meilleure voie. Divers droits de sortie qui gênaient l'exportation furent réduits ou supprimés. La défense de saisir les bestiaux, qui avait porté de si excellents fruits sous Colbert, fut renouvelée pour six ans en 1701[1]. On encouragea le commerce lointain : une compagnie s'était formée en 1698 pour le commerce et l'agriculture de Saint-Domingue; le commerce libre s'introduisait avec succès à la Chine, tandis que la compagnie privilégiée des Indes Orientales ne se soutenait qu'à grand'peine. Des manufactures nouvelles se fondèrent; par exemple, la cristallerie, la verrerie gravée, ciselée, etc. Mais tout cela ne remettait pas les finances et, d'ailleurs, les événements politiques arrêtèrent bientôt ce progrès[2].

Dans cet effort que le pouvoir fit, après la guerre, pour se reconnaître et s'orienter, en même temps que la situation économique, la situation religieuse du pays attira l'attention du roi. Louis avait voulu en vain détourner ses regards de la grande affaire protestante, où il sentait avec amertume son entreprise avortée. « On croit, » écrivait madame de Maintenon, « anéantir les choses en n'en parlant pas[3]. » Il fallut bien finir par *en parler* et par se faire un plan de conduite. On demanda des renseignements et des avis aux intendants. Il résulta de ces renseignements qu'il n'y avait guère en France plus de catholiques véritables qu'avant la révocation de l'Édit de Nantes; que les *nouveaux convertis* avaient gardé presque généralement l'*hérésie dans le cœur* et continuaient à faire corps entre eux, vivant sans aucune profession extérieure de religion, dès qu'on cessait de leur extorquer par la violence des actes de catholicisme; là où les intendants, excités par le clergé, continuaient à charger les récalcitrants de taxes et de logements militaires, l'émigration était incessante. De l'aveu de l'impitoyable intendant du Languedoc, Basville, il y

1. On la renouvela en 1708 pour six autres années. En 1677, les terres domaniales vagues avaient été cédées à qui les défricherait : c'était une très-bonne mesure; malheureusement, tout cela fut mis en terres à blé et l'on ne fit point la part des cultures fourragères.
2. Forbonnais, t. II, p. 114-122.
3. Noailles, *Hist. de madame de Maintenon*, t. II, p. 558.

avait des contrées de vingt et trente paroisses où l'on n'avait pu parvenir à faire un seul catholique, ni même à en établir un seul du dehors. Beaucoup des prétendus convertis se présentaient à l'église pour les principaux actes de la vie civile, puis n'y revenaient plus ; mais une foule d'autres ne s'y présentaient jamais et se mariaient, baptisaient leurs enfants, enterraient leurs morts en secret. Une confusion déplorable s'introduisait dans l'état des personnes.

Le conseil délibéra longuement sur les affaires des protestants. Pontchartrain insinua la tolérance au nom de la raison d'état, et conseilla de consulter quelques évêques et quelques magistrats éminents. L'archevêque de Paris, Noailles, alors en grand crédit, fut naturellement le premier appelé à donner son avis. Il le fit sans réserve en faveur de la tolérance et rappela que les premiers empereurs chrétiens ne forçaient ni les païens ni les hérétiques à venir aux églises, ne leur enlevaient point leurs enfants, leur laissaient contracter des mariages qui n'étaient que des contrats civils et les rompre par le divorce, comme le permettaient les lois civiles. Il pria le roi de l'autoriser à demander avis par écrit à tous les évêques. Il espérait que l'expérience aurait ramené la majorité de ses confrères à des sentiments pareils aux siens. Il se trompa. Le plus grand nombre des évêques se prononcèrent pour la continuation de la contrainte. « On a employé la force à leur ôter leur religion, et maintenant qu'ils n'en ont plus aucune, n'est-il pas devenu nécessaire de leur en donner une par force ? » Ce mot d'un des prélats exprime avec une franchise cynique l'opinion de la majorité. On voit avec peine que le célèbre évêque de Nîmes, Fléchier, ne soutient nullement, dans cette occasion décisive, la réputation évangélique qu'on lui a faite et qu'il mérita sous d'autres rapports. Il veut, lui aussi, « une contrainte salutaire ». L'évêque de Chartres, Godet-Desmarais, le directeur de madame de Maintenon, est le plus net et le plus violent de tous. « Si l'on n'a pas fait difficulté, dit-il, de recevoir l'abjuration
« d'un grand nombre de calvinistes dont on pouvait craindre que
« la conversion ne fût pas sincère, pourquoi se fera-t-on aujour-
« d'hui de la difficulté de les contraindre par les mêmes voies à
« recevoir les sacrements ? » Et il réfute la crainte qu'on manifeste

de se rendre complices de leurs sacriléges, par des arguments dont on trouverait à peine l'équivalent dans les *Provinciales*. Bossuet n'exerça pas, dans ces graves circonstances, l'action prépondérante qui semblait lui appartenir ; il était en quelque sorte aux prises avec lui-même ; sa conscience se révoltait contre les conséquences du principe de persécution qu'il avait admis ; il répugnait à ce qu'on obligeât les prétendus convertis d'assister à la messe, comme le voulaient la plupart de ses confrères, et il n'hésitait pas à condamner formellement ces communions sacriléges imposées par la contrainte.

Le gouvernement eut le mérite de résister, dans une certaine mesure, à la majorité des évêques. Le roi chargea Pontchartrain de s'entendre avec l'archevêque de Paris et d'Aguesseau père sur la rédaction d'un édit qui parut le 13 décembre 1698. Cet édit reconnaissait que l'œuvre de la conversion n'était point achevée et que *quelques-uns* des sujets du roi n'étaient pas encore revenus de leurs erreurs. Il *exhortait* et ne contraignait pas les nouveaux convertis à assister le plus exactement possible au service divin et leur ordonnait d'observer dorénavant, dans les mariages et baptêmes, les solennités canoniques, sauf à pourvoir par le roi aux effets civils des mariages contractés par eux depuis la révocation (en secret). L'obligation d'envoyer les enfants aux écoles et catéchismes catholiques était confirmée. L'attestation de catholicisme était exigée de nouveau de tout récipiendaire aux charges de judicature et de ville, de tout licencié en droit et en médecine, etc. ; mais l'édit gardait un silence calculé sur les professions industrielles et ajoutait que tous les sujets du roi pouvaient exercer paisiblement leurs commerces à charge de se faire instruire en la religion catholique [1].

L'archevêque de Paris, s'il eût été le maître, eût fait mieux que cet édit ambigu, qui soulageait un peu le présent, mais qui lais-

---

1. *Anciennes Lois françaises*, t. XX, p. 314. — Un second édit, du 29 décembre, autorisa les réfugiés à rentrer dans leurs biens, à condition d'abjurer à leur retour en France. *Ibid.*, p. 322. M. de Bausset se trompe en avançant que les réfugiés ne furent pas tenus de se faire catholiques pour recouvrer leurs biens. *Hist. de Bossuet*, t. IV, p. 120. — Le lieutenant de police, à Paris, reçut l'ordre secret de ne plus faire aucune recherche au sujet de la religion, pourvu qu'il n'y eût point un scandale public. — Sur toute cette question, voyez Rulhière, p. 312, 375, 428-434.

sait subsister tous les embarras de l'avenir, en n'accordant pas franchement l'état civil à ce qui restait de protestants. A peine l'édit eut-il paru, que les persécuteurs cherchèrent à se rattraper sur l'interprétation. Basville et les évêques du Languedoc, renonçant à imposer les sacrements, firent les derniers efforts pour qu'au moins on obligeât les nouveaux convertis d'aller à la messe. Bossuet s'y opposa, mais en approuvant néanmoins qu'*on tînt ferme sur les mariages* et qu'on obligeât à tous les exercices religieux ceux des prétendus convertis qui avaient promis de vivre catholiquement pour se marier ou réhabiliter leurs mariages. C'était peu digne d'un logicien tel que lui; il n'y a point de milieu possible entre la persécution et la tolérance. Basville l'emporta et on le laissa faire comme il l'entendait en Languedoc, c'est-à-dire mettre à l'amende les gens qui n'allaient pas à la messe. On laissa, à la vérité, tomber en désuétude la loi barbare contre les relaps; mais bien des violences se commirent encore en Languedoc et les esprits ne s'y calmèrent pas. On en devait bientôt avoir de terribles preuves.

La demi-tolérance, qui n'osait s'avouer elle-même, ne réussit pas mieux que n'avait fait la contrainte ouverte. Là, comme en finances, le pouvoir ne sut prendre que des demi-mesures et manqua le but.

Si sérieuses que fussent, à l'intérieur, les préoccupations du gouvernement, qui, d'ailleurs, ne s'avouait pas toute l'étendue du mal, l'intérêt capital était pour lui moins au dedans qu'au dehors. Durant les trois années qui suivirent la paix de Ryswick, on vécut dans l'attente quotidienne d'un événement qui devait changer la face du monde, et les maisons de Bourbon et de Hapsbourg s'occupèrent quasi exclusivement de se préparer pour le jour où disparaîtrait la branche espagnole de la souche autrichienne. On travailla, de part et d'autre, à s'assurer des positions et des alliés en Europe.

En 1697, pendant les négociations de Ryswick, Louis XIV avait voulu établir la France en Pologne et enlever cette république à l'influence autrichienne. Durant la double guerre de la France contre la ligue d'Augsbourg et de la Turquie contre la coalition de l'empereur, de la Pologne, de la Russie et de Venise, la diplomatie française n'avait cessé de pousser Sobieski à rompre avec l'Autriche et à traiter avec le Turc. On n'avait réussi qu'à lui faire ralentir, mais non cesser la guerre. A la mort de Sobieski, Louis XIV renouvela, pour faire élire un prince français roi de Pologne, les tentatives qu'il avait déjà faites autrefois lors de l'abdication de Jean-Casimir. Le prince de Conti fut le candidat proposé par la France. L'empereur, le pape, les jésuites et la Russie se réunirent pour appuyer l'électeur Auguste de Saxe. L'électeur venait d'abjurer, en vue du trône de Pologne, et le pape trouvait tout simple de récompenser le chef héréditaire du parti luthérien d'être rentré dans l'église romaine. Les jésuites, qui n'étaient que trop puissants en Pologne, redoutaient les relations jansénistes des Conti. Quant au jeune tzar Pierre, il voulait que la Pologne restât son alliée, son instrument contre le Turc et le Suédois, et craignait que l'esprit français ne vînt réorganiser ce pays. Il avait bien choisi son candidat : le roi saxon devait commencer la ruine de la Pologne !

La détresse financière de la France ne permit pas de faire à temps les sacrifices nécessaires dans une affaire où l'argent devait jouer un grand rôle. L'électeur de Saxe, au contraire, épuisa ses états pour s'acheter des partisans et des soldats. Le prince de Conti eut cependant la majorité et fut proclamé roi à Varsovie le 27 juin 1697; mais la minorité proclama et appela l'électeur, qui accourut avec des troupes saxonnes et qui se fit sacrer roi de Pologne à Cracovie (15 septembre). Conti, retardé par une flotte anglaise qui lui avait barré le passage, n'arriva par mer que le 26 septembre à Dantzig, qui refusa de le recevoir. Le prince n'amenait ni troupes ni argent. L'électeur avait eu, au contraire, tout le temps d'organiser ses ressources. Les Russes menaçaient la Lithuanie. Conti, abandonné d'une grande partie de ses adhérents, quitta la partie et revint en France dès le mois de novembre. On dit qu'une passion pour la duchesse de Bourbon, une des filles naturelles du roi, avait contribué à retarder le départ et à hâter le retour du prince, qui ne répondit pas, dans cette grande occasion, à l'opinion qu'on avait de ses talents.

Dès l'année suivante, Auguste de Saxe fut reconnu roi de Pologne par toute l'Europe, même par la France.

Louis XIV ne réussit pas mieux en Turquie qu'en Pologne. Après avoir inutilement engagé la Porte à prendre part aux négociations générales de Ryswick, il eût voulu maintenant l'empêcher de faire la paix, afin de se conserver une diversion redoutable pour le moment où s'ouvrirait la succession d'Espagne; l'intérêt de la Porte n'était pas en effet de conclure une paix qui, après la défaite que le sultan avait essuyée en 1697, à Zenta sur la Theiss, contre le prince Eugène de Savoie, ne pouvait être que désavantageuse et humiliante pour l'empire othoman; mais la Porte était mal gouvernée et la France mal représentée à Constantinople. L'ambassadeur Fériol blessa le divan par son mépris maladroit pour les usages othomans et ne sut prendre aucune influence, tandis que les agents d'Angleterre et de Hollande gagnaient ou dominaient les ministres othomans et leur imposaient la médiation partiale de Guillaume III et des Etats-Généraux. Dans les derniers jours de l'année 1698 et les premiers de 1699, la Turquie signa, à Carlowitz, une trêve de deux ans avec la Russie, une trêve de vingt-cinq ans avec l'empereur et la paix avec la Pologne et Venise. Le sultan céda à l'empereur la Transylvanie et les conquêtes impériales de Hongrie, aux Russes Azof, à Venise la Morée, et rendit Kaminiek à la Pologne. Pour la première fois, l'empire othoman reculait et se reconnaissait vaincu par un traité de paix. Il honora du moins ses revers en refusant de livrer l'illustre chef des Hongrois, Tekeli, à la vengeance autrichienne.

L'Europe entière fut ainsi en paix, à la fin du xviiᵉ siècle, mais pour une année à peine. La guerre devait renaître avec le siècle nouveau, d'abord dans le Nord, puis dans le Midi. L'Autriche se trouva en état, aussi bien que la France, de ne plus songer qu'à l'héritage d'Espagne. La Russie eut les mains libres pour pousser la Pologne et le Danemark sur la Suède. Léopold, craignant le renouvellement de l'ancienne alliance franco-suédoise entre Louis XIV et ce jeune Charles XII qui annonçait un autre Gustave-Adolphe, ménagea au tzar Pierre une prolongation de trêve avec la Turquie. Le tzar, après avoir conquis un débouché sur la mer Noire, voulait à présent se faire place sur la Baltique : le rôle européen de la politique russe commençait

Louis XIV eut plus de succès en Allemagne que dans l'Europe orientale. Il vit jour à diviser ce faisceau de l'Empire que l'Autriche avait formé contre lui dans la dernière guerre et s'y prit avec habileté. La création d'un neuvième électorat en faveur du duc de Hanovre avait excité la jalousie d'une partie des princes allemands. Après de longs débats, les opposants requirent l'intervention diplomatique de la France, comme garante du traité de Westphalie, qu'ils disaient lésé par cette nouveauté, et Louis s'empressa d'adresser une protestation à la diète de Ratisbonne (14 octobre 1700 . C'était une fortune inespérée que de retrouver les éléments d'un parti français outre-Rhin. L'état de la Hongrie, toujours frémissante sous le joug, promettait encore à Louis d'autres moyens d'action contre l'Autriche.

La grande affaire d'Espagne marchait cependant à son dénoûment à travers de singulières péripéties.

Trois prétendants réclamaient d'avance l'héritage du malheureux Charles II, ce spectre royal qui semblait toujours mourir depuis un tiers de siècle. Le premier, suivant les lois de l'hérédité, était le dauphin de France, fils de la sœur aînée de Charles II. Le second était le prince électoral de Bavière, enfant en bas âge, petit-fils de la sœur cadette de Charles II; la sœur cadette de Charles avait épousé l'empereur Léopold et laissé en mourant une fille mariée à l'électeur de Bavière : l'électrice était morte à son tour et ses droits avaient passé à son fils. Le troisième prétendant était l'empereur Léopold. L'empereur, fils de la seconde fille de Philippe III, tante de Charles II, étant en arrière d'un degré sur le dauphin et sur le prince de Bavière, eût dû céder, suivant le droit héréditaire, non-seulement à ces deux concurrents, mais à Louis XIV lui-même, fils de la fille aînée de Philippe III. Mais l'empereur arguait, contre la maison de France, de la double renonciation souscrite par la mère et par la femme de Louis XIV, et, contre la maison de Bavière, d'une renonciation souscrite par l'électrice de Bavière. Il prétendait donc que la succession ne sortît pas de la maison d'Autriche et la revendiquait, non pour lui ni pour son fils aîné, il sentait que l'Europe ne le permettrait pas! mais pour son second fils, l'archiduc Charles. Il y avait un quatrième prétendant, qu'on ne prit pas au sérieux, quoique ses prétentions fussent les plus conformes au véritable intérêt de l'Espagne ; c'était le roi de Portugal, descendant de Juana, fille putative du roi Henri l'*Impuissant*, écartée jadis du trône en faveur d'Isabelle la Catholique. L'espoir chimérique de conserver dans leur intégrité des possessions lointaines prêtes à se détacher par lambeaux ferma les yeux à l'Espagne sur l'immense avantage de s'adjoindre pacifiquement le Portugal. Non-seulement les hommes d'état, mais la nation en général, n'avaient pas d'autre idée en tête que de s'assurer un roi assez fort pour maintenir en son entier la monarchie espagnole, cet empire gigantesque et incohérent qui avait épuisé et ruiné la véritable Espagne. Cette idée prédominait même sur l'hostilité nationale contre la France. La renonciation de la mère de Louis XIV à l'héritage d'Espagne avait été considérée comme définitive, mais il n'en était pas ainsi de celle qu'avait souscrite la femme du Grand Roi, les *cortes* n'ayant pas été appelées à la sanctionner et la dot n'ayant pas été payée. Gourville raconte, dans ses Mémoires, que, se trouvant à Madrid en 1670 pendant une maladie de Charles II, il pressentit beaucoup de grands d'Espagne sur la pensée de faire roi le duc d'Anjou, second fils de Louis XIV [1], et que ses insinuations furent parfaitement accueillies.

La nation espagnole, malgré maintes protestations officielles en faveur de la *très-auguste* maison régnante, était donc sans parti pris entre les maisons de Bourbon et d'Autriche. Quant au malheureux prince dont on se disputait la dépouille de son vivant, il avait instinctivement plus de penchant pour sa maison que pour les princes français ; mais il était aussi incapable de penser que de vouloir par lui-même [2] et il ne cessa d'être tiraillé entre des intrigues contraires tout le temps qu'il traîna son existence végétative. Son oncle l'avait d'abord marié à une princesse française après la paix de Nimègue ; mais sa femme était morte jeune, et des soupçons de poison s'étaient élevés à ce sujet contre sa mère, princesse autrichienne, et contre l'ambassade d'Autriche. Sa

---

[1]. Cet enfant, né en 1668, mourut en 1671. *Mém.* de Gourville, p. 555.
[2]. Il ne connaissait pas même ses propres états : lorsque les Français prirent Mons, il s'imagina que c'était sur Guillaume III que Louis XIV avait conquis cette place.

mère le remaria à une princesse palatine de Neubourg, sœur de la seconde femme de l'empereur et toute dévouée à l'Autriche. Mais, tout à coup, la reine mère abandonna ce parti autrichien, qu'on l'accusait d'avoir servi même par le crime, et travailla à former un troisième parti, le parti bavarois. Elle était la grand'-mère de l'électrice de Bavière, et, quand celle-ci lui eut donné un arrière-petit-fils (1692), elle se rattacha aux intérêts de cet enfant avec toute la violence de son caractère. L'opinion publique espagnole, sans être décidée en faveur du prince bavarois, était, au moins, fort arrêtée sur la nullité de la renonciation de l'électrice à ses droits éventuels, renonciation imposée par l'empereur à sa fille sans la participation du gouvernement espagnol. Seulement, les Espagnols n'estimaient pas que le prince de Bavière leur apportât une force suffisante pour soutenir le poids de leur empire. Cette force, à la vérité, pouvait être prêtée du dehors au Bavarois. L'Angleterre et la Hollande, malgré leurs engagements avec l'empereur, inclinèrent vers le parti bavarois dès qu'il fut formé et virent dans son succès le maintien de l'équilibre européen; aussi abandonnèrent-elles tout à fait l'empereur dans les négociations de Ryswick, où elles ne dirent pas un mot de la succession espagnole.

Le pauvre roi Charles II flottait de sa femme à sa mère, également tourmenté par l'une et par l'autre. Sa femme réussit, dit-on, à lui faire signer un premier testament en faveur de l'archiduc Charles : sa mère le lui fit déchirer. La reine mère mourut sur ces entrefaites (1696) et laissa le parti bavarois sans chef. Si le cabinet autrichien avait eu du coup d'œil et de la décision, il eût pu enlever la question et faire déclarer l'archiduc héritier présomptif, en l'envoyant au plus vite à la cour de Charles II sous les auspices de la reine. Il ne parut pas comprendre à quel point il lui importait de faire trancher la question, tandis que la guerre durait encore contre la France. Il perdit du temps. Les Français, cependant, poussèrent au cœur de la Catalogne et la prise de Barcelone porta un coup terrible aux intérêts autrichiens en décidant l'Espagne à la paix. Si l'empereur, comme le demandait la reine d'Espagne, eût expédié l'archiduc avec 10,000 vieux soldats, l'effet de la chute de Barcelone eût pu encore être contre-balancé; mais le cabinet autrichien, aussi obéré que celui de Madrid, lésina misérablement et voulut mettre les 10,000 soldats à la charge de l'Espagne. L'Espagne signa la paix.

Le parti autrichien déclinait. La reine lui nuisait dans l'opinion plus encore qu'elle ne le servait dans le conseil. La petite *camarilla* d'Allemands qu'elle avait amenés de son pays envahissait tout et trafiquait de tout; les Espagnols, toujours ombrageux et mal disposés pour les étrangers, sont le peuple du monde le moins endurant envers cette sorte de domination; aussi l'impopularité de la reine et de ses compatriotes dépassait-elle toute mesure. Les Français en profitèrent. Aussitôt après la paix, ils avaient recommencé à inonder l'Espagne, suivant leur habitude : c'était par myriades, et l'on pourrait dire par centaines de mille, que les Français exploitaient l'Espagne et venaient exécuter chez elle tous les travaux que son orgueilleuse paresse lui interdisait d'exécuter elle-même, échange continuel où l'une des deux nations donnait nonchalamment son or, où l'autre apportait ses bras et son industrie. Souvent opprimés, parfois massacrés quand la guerre éclatait, les Français revenaient toujours. Cette fois, ils reparurent sous les auspices d'une paix très-avantageuse à l'Espagne, qui, vaincue, avait recouvré toutes ses places perdues, comme si elle eût été victorieuse. Les Espagnols avaient été fort sensibles à une générosité qui coûtait cher à la France, mais qui fut très-profitable à la maison de Bourbon. Ils accueillirent splendidement l'ambassadeur que Louis XIV envoya en Espagne au commencement de 1698. L'ambassadeur, marquis d'Harcourt, était chargé de déclarer à Charles II que toute disposition faite par S. M. Catholique au préjudice de ses héritiers légitimes serait un signal de rupture. Il fit entendre aux ministres espagnols que le Roi Très-Chrétien avait sous la main cent mille témoins prêts à déposer en faveur de ses droits : ce n'était point une vaine bravade et une nombreuse armée était cantonnée sur le revers français des Pyrénées[1]. Plusieurs des grands commencèrent à faire des ouvertures à l'ambassadeur sur le couronnement d'un prince

---

1. L'intimidation ne fut pas le seul moyen qu'employa l'ambassadeur; s'il faut en croire Flassan, Harcourt dépensa dix millions pour acheter des amis à la maison de Bourbon.

français « qui maintiendrait l'intégrité de la monarchie. » Parmi eux figurait l'homme le plus considérable de l'Espagne, le cardinal Porto-Carrero, archevêque de Tolède, qui avait été longtemps attaché à la cause autrichienne, mais que la reine s'était maladroitement aliéné. Le cardinal parvint à faire ajourner par Charles II la déclaration que la reine sollicitait obstinément en faveur de l'archiduc. Sur ces entrefaites, les Maures assiégeaient Ceuta et menaçaient d'enlever aux Espagnols ce qui restait de leurs conquêtes sur la côte d'Afrique. Louis XIV offrit le secours de sa flotte. La reine obligea son mari à refuser; mais le peuple n'en fut pas moins reconnaissant aux Français.

Les affaires de Louis XIV allaient mieux, en quelque sorte, qu'il ne le voulait lui-même, et il recommanda au marquis d'Harcourt d'entretenir les bonnes dispositions des Espagnols sans s'engager formellement avec eux. La vraie pensée de Louis n'était point alors d'enlever en entier la succession d'Espagne pour son fils : il sentait l'impossibilité d'y réussir sans une nouvelle guerre universelle, dont l'Espagne ruinée laisserait tout le poids à la France, et il avait eu d'autres vues en signant la paix de Ryswick. Il était revenu à la pensée d'un partage, ne dût-il pas même obtenir des conditions aussi avantageuses que celles du traité éventuel de 1668 avec l'empereur. Il ne pouvait plus songer à traiter l'affaire, comme en 1668, avec Léopold, qui prétendait maintenant à l'héritage tout entier pour son second fils : il jugea qu'un seul moyen mènerait au but; c'était de s'entendre avec Guillaume III, et d'imposer ensuite à l'empereur ce qui aurait été décidé. C'était là, incontestablement, de la grande politique, en admettant qu'on pût attendre quelque sincérité de Guillaume. Louis pensait que l'Angleterre et la Hollande n'avaient pas moins besoin que la France d'une transaction qui pût éviter le renouvellement de la guerre générale. Guillaume, en effet, parut entrer dans les vues du roi de France. Après diverses propositions et contre-propositions (mars-octobre 1698), un traité secret fut conclu à La Haie le 11 octobre : il fut convenu entre les plénipotentiaires de France, d'Angleterre et de Hollande, que le dauphin aurait les Deux-Siciles, les présides de Toscane, Finale en Ligurie et le Guipuscoa; que l'archiduc aurait le Milanais, et le prince de

Bavière, tout le reste de la monarchie, y compris la Belgique. C'était loin du traité de 1668 pour la France[1]; mais aussi la part de l'Autriche était réduite à une seule province. Louis XIV avait donné une preuve incontestable de ses vues pacifiques en renonçant, pour satisfaire l'Angleterre et la Hollande, à la portion de l'héritage la plus précieuse pour la France, à la Belgique. Les possessions italiennes qu'on lui accordait étaient sans doute fort importantes pour la domination de la Méditerranée, mais elles étaient mal assurées en cas de rupture avec l'Angleterre, la Hollande et la Savoie, et Guillaume, avec peu de sincérité, avait prévu ce cas. Guillaume espérait que le pape et les états italiens s'entendraient avec l'empereur pour mettre obstacle à la prise de possession de Naples par les Français, que les flottes d'Angleterre et de Hollande seraient appelées à servir d'arbitres, et que la France finirait par être réduite à en passer par ce que voudraient les deux puissances maritimes; son confident Burnet laisse entendre qu'il n'avait négocié que pour empêcher Louis d'user de ses forces si le roi d'Espagne mourait avant peu : Louis était seul prêt en Europe, le parlement anglais ayant obligé Guillaume de licencier son armée[2].

Malgré le secret convenu, le traité fut bientôt connu à Madrid, où il causa une agitation extrême. Il sembla bien dur à l'Espagne de voir le descendant de Guillaume le Taciturne régler avec la France le démembrement de la monarchie de Phillippe II. Les conseillers de Charles II prirent leur parti avec intelligence et décision. Le cardinal Porto-Carrero, qui dominait à la fois le conseil de Castille par ses créatures et la conscience du roi par un confesseur affidé, dicta à Charles II un testament qui déclarait le prince de Bavière héritier universel. C'était la seule chance de ramener l'Angleterre et la Hollande à défendre l'intégrité de la monarchie espagnole. La France protesta, le 19 janvier 1699, par l'organe du marquis d'Harcourt.

Une soudaine péripétie anéantit d'un seul coup et le traité de

---

1. V. notre t. XIII, p. 328. — Ce fut vers ce temps que Louis XIV assembla le camp de Compiègne, sous prétexte de montrer une armée à son petit-fils, mais, en réalité, pour être prêt à occuper la Belgique si Charles II mourait inopinément.

2. Burnet; trad. de La Haie, 1735, t. IV, p. 464.

partage et le testament. Le prince de Bavière mourut à sept ans, le 8 février 1699. Le cabinet impérial fut violemment soupçonné d'avoir fait périr par le poison le petit-fils de l'empereur : les liens du sang, lorsqu'il s'agit de l'Autriche, ne suffisent pas pour rendre un tel soupçon absolument invraisemblable ; néanmoins aucun indice n'est mentionné qui autorise l'histoire à insister sur l'accusation.

Louis XIV persista dans sa politique de transaction et fit de nouvelles ouvertures à Guillaume III. On ne pouvait plus maintenant éviter de faire une large part, et même la plus large, à la maison d'Autriche ; car il était évident que les deux puissances maritimes n'accorderaient pas plus à la France l'Espagne et les Indes que la Belgique. Louis, de lui-même, proposa l'Espagne et les Indes pour l'archiduc, à condition que la couronne d'Espagne ne pût jamais être réunie à la couronne impériale et en ajoutant le Milanais au lot que faisait à la France le premier projet de partage. Quant à la Belgique, on la donnerait à un tiers. Guillaume consentit, sauf modifications, mais différa de signer, pour tâcher, disait-il, d'amener l'empereur à donner son adhésion. L'empereur, après bien des délais, refusa. Guillaume traîna encore la signature en longueur : le second traité de partage fut enfin conclu à Londres et à La Haie les 13 et 25 mars 1700. Une modification très-sage avait été faite aux propositions de Louis XIV : c'est que la France, au lieu du Milanais, aurait le duché de Lorraine, et que le duc de Lorraine deviendrait duc de Milan. Louis avait consenti que la Belgique fût ajoutée au partage de l'archiduc. Trois mois étaient donnés à l'empereur pour adhérer : sur son refus définitif, la part de l'archiduc passerait à un tiers, qu'on ne désignait pas : ce tiers était le duc de Savoie. L'envoi de l'archiduc en Espagne ou en Italie serait considéré comme une rupture.

Ce pacte, par lequel un des prétendants et deux puissances étrangères disposaient arbitrairement de la monarchie espagnole au nom de l'équilibre européen, fut communiqué officiellement à la diète de Ratisbonne et aux divers états de l'Europe. Le duc de Lorraine accepta le sort qu'on lui offrait : tous les autres princes et états évitèrent de s'engager à garantir le traité et attendirent les événements. Guillaume III et les États-Généraux ne secondèrent que très-mollement les instances de Louis XIV à cet égard.

C'est que le second traité de partage n'était pas le dernier mot de Guillaume III, qui n'avait jamais voulu sérieusement donner aux Français la Méditerranée en leur donnant les Deux-Siciles. Il prétendait amener Louis XIV à échanger la Sicile et Naples contre les états de Savoie. On ignore les circonstances de cette négociation ; mais on ne peut s'empêcher de regretter vivement que Louis XIV n'ait point accepté le plan de son ancien ennemi : la France eût heureusement étendu sa frontière [1], tout en évitant pour elle et pour l'Europe une des plus terribles guerres qui aient désolé l'humanité : l'Angleterre et la Hollande eussent soutenu sincèrement une combinaison qui n'avait rien d'alarmant ni pour leur commerce ni pour leur territoire, et l'Autriche n'eût point été en état de s'y opposer [2].

A la nouvelle du second pacte de partage, les cours de Vienne et de Madrid exprimèrent une égale irritation contre l'Angleterre et la Hollande : l'empereur se plaignit qu'on enlevât à sa maison l'Italie, qu'elle pouvait défendre, pour donner à son fils une monarchie impuissante et dépendante des deux états maritimes ; il essaya d'amener Louis XIV à négocier avec lui directement et séparément, et ses ministres insinuèrent des propositions plus ou moins spécieuses à l'ambassadeur de France. L'ambassadeur de Louis XIV à Vienne, le marquis de Villars (depuis le célèbre maréchal de Villars), crut que l'empereur était sincère et qu'on obtiendrait de lui la Belgique, les Indes, d'autres possessions encore : il conseilla au roi de s'accommoder avec Léopold sans intermédiaire. Louis ne suivit pas ce conseil et pensa que Léopold n'avait d'autre but que de le brouiller avec Guillaume. De l'aveu de Villars lui-même, l'empereur, au moment où il faisait ces avances au roi, protestait à l'ambassadeur d'Espagne qu'il ne con-

---

1. Le Piémont eût pu un jour être cédé au duc de Milan dans quelque combinaison européenne qui nous eût donné les provinces wallonnes.

2. Elle eût toutefois résisté de tout son pouvoir sur la question d'Italie. La combinaison qui eût le plus facilement écarté la guerre, eût été de donner l'Espagne et les Indes au duc de Savoie, les états espagnols d'Italie à l'archiduc, les états de Savoie et la Lorraine à la France, et la Belgique au duc de Lorraine. — Sur l'échange des états de Savoie avec Naples, voyez *Mém.* de Torci, p. 592.

sentirait pas au démembrement de la monarchie espagnole[1]. Louis n'ayant pas donné dans les ouvertures de l'empereur, celui-ci, à l'expiration du délai fixé, réitéra son refus d'accepter le pacte de partage (18 août 1700).

A Madrid, la première explosion de colère causée par le traité fut suivie d'une opiniâtre lutte entre la reine et le cardinal Porto-Carrero. La reine, qui avait un moment abandonné la cause autrichienne, par ressentiment de quelques mauvais procédés du cabinet impérial, et qui ne s'était pas opposée au testament en faveur du prince de Bavière, était revenue à son ancien parti; elle extorqua de Charles II l'envoi d'un ambassadeur extraordinaire à Vienne avec de nouvelles instructions pour appeler l'archiduc en Espagne (fin avril 1700). L'empereur n'osa expédier tout de suite son fils en Espagne, ni ses troupes à Milan et à Naples, ce qui eût été une déclaration de guerre aux auteurs du partage. Ses délais lui coûtèrent cher. Pendant ce temps, presque tous les conseillers de Charles II pesaient en sens contraire de la reine. Jugeant qu'il y avait plus de chance de maintenir l'intégrité de la monarchie avec un prince français qu'avec un prince autrichien, ils pressaient Charles de tester en faveur d'un des petits-fils de Louis XIV. Le pauvre prince ne demandait qu'à mourir en repos et ne pouvait l'obtenir. Incapable de juger par lui-même de ses devoirs et tourmenté de la peur d'emporter dans l'autre monde le poids d'une injustice, il faisait consulter en Espagne et en Italie les théologiens et les jurisconsultes les plus renommés sur les droits respectifs des prétendants. Il eût volontiers consulté tout le monde, excepté ceux-là seuls auxquels il appartenait de décider la question, les *cortes* d'Espagne : il avait gardé par tradition cette horreur des assemblées nationales que professait Louis XIV par système. Le nonce du pape, à l'instigation de Porto-Carrero, lui suggéra de demander avis au Saint-Père. Un courrier partit de Madrid pour Rome dans le courant de juin. L'ambassadeur d'Espagne à Rome, partisan de la France, communiqua les dépêches au représentant de Louis XIV. Bien qu'informé ainsi des intentions favorables du conseil d'Espagne,

---

1. *Mém.* de Villars, p. 67, 70, 89.

Louis ne se départit point du traité de partage et pressa derechef l'empereur d'accepter (6 octobre). L'empereur répondit négativement pour la dernière fois : il se croyait maintenant assuré que Guillaume III n'aiderait pas à lui forcer la main.

La réponse du pape, sur ces entrefaites, était arrivée à l'Escurial. Innocent XII avait eu gravement à se plaindre de Léopold, qui avait récemment renouvelé des prétentions surannées sur les fiefs de l'État Romain autrefois dépendants de l'Empire : on peut croire néanmoins que, près de descendre au tombeau aussi bien que celui qui l'interrogeait, Innocent laissa parler sa conscience et non son ressentiment. Il posa la question à une congrégation de trois cardinaux, qui la traitèrent non point en casuistes vulgaires, mais en hommes d'état. Ils déclarèrent que les renonciations de la mère et de la femme du Roi Très-Chrétien n'avaient été faites que pour assurer la paix de la chrétienté et empêcher la réunion des deux couronnes de France et d'Espagne ; que, pourvu que le Bourbon qui serait appelé à la succession espagnole renonçât à perpétuité au trône de France, le but serait atteint ; que l'Espagne pouvait parfaitement, si le bien de ses peuples le demandait, rentrer dans le droit commun de l'hérédité, auquel on n'avait dérogé qu'en vue de ce même bien. Le pape ratifia l'avis des trois cardinaux, l'expédia au Roi Catholique et mourut quelques semaines après (27 septembre).

Un reste d'attachement pour le nom autrichien retenait encore Charles II ; mais, quand il sentit ses derniers jours approcher et que Porto-Carrero le menaça de damnation s'il ne se décidait pas pour le choix le plus conforme à la justice et au bien de ses peuples, il céda enfin : il autorisa ce prélat à faire dresser son testament d'après le sentiment des plus doctes théologiens et juristes. Le testament fut signé le 1er octobre ; Charles y recommandait à son successeur d'être fort soigneux de la foi et obéissant au saint-siége, d'honorer et aider l'inquisition, de tout sacrifier à la défense de la foi ; si quelqu'un de ses successeurs tombait en hérésie, il serait privé de tout droit à la couronne. Après ce préambule, il déclarait pour son héritier, « conformément aux lois, » son parent le plus proche après ceux qui étaient destinés à monter sur le trône de France, c'est-à-dire le duc d'Anjou, second fils du dauphin. Si le duc d'Anjou vient à hériter du trône de France et qu'il le préfère à celui d'Espagne, le duc de Berri, son plus jeune frère, prendra sa place; à défaut du duc de Berri, l'archiduc Charles; à défaut de l'archiduc le duc de Savoie, descendant d'une fille de Philippe II. Il est interdit au successeur de S. M. d'aliéner aucune partie de la monarchie et d'admettre des étrangers aux charges du gouvernement [1].

Charles II mourut trente jours après ce grand acte (1er novembre).

La *junte* ou conseil de régence, désignée par le testament du feu roi, écrivit sur-le-champ au roi de France pour lui annoncer que son petit-fils était appelé à l'héritage de Charles II et serait mis en possession dès qu'il aurait prêté serment d'observer les lois, priviléges et coutumes de chaque royaume. Le ministre Torci ajoute, dans ses Mémoires, qu'en cas de refus de la part du roi, le courrier devait porter aussitôt à l'archiduc l'offre qui n'aurait point été acceptée pour le duc d'Anjou. Dans une lettre de Porto-Carrero à l'ambassadeur d'Espagne à Paris, du 5 novembre, ce cardinal dit seulement à l'ambassadeur de protester si Louis prétend maintenir le traité de partage, et qu'on tâchera de gagner du temps.

Le 9 novembre, à la réception d'un courrier du chargé d'affaires de France, qui précéda le courrier de la junte, Louis XIV réunit en conseil le dauphin et les trois ministres qui avaient seuls rang de ministres d'état : c'étaient le chancelier Pontchartrain, le duc de Beauvilliers et le secrétaire d'état des affaires étrangères, Torci, neveu du grand Colbert. Après une première délibération, dont nous ignorons les détails, le roi résolut d'abord de maintenir le traité de partage; puis, ébranlé, hésitant devant cette immense question, il rappela ses conseillers [2]. Torci rouvrit

---

1. Sur toute l'affaire du testament de Charles II, v. *Mém.* du marquis de Torci, ministre des affaires étrangères de France; *Mém.* du comte de Harrach, ambassadeur de l'empereur en Espagne, et son continuateur La Torre (*Mém. et négociations secrètes des diverses cours de l'Europe*, t. I-II; La Haie, 1725); — *Mém. secrets sur l'établissement de la maison de Bourbon en Espagne*, extraits de la correspondance du marquis de Louville; Paris, 1818, t. Ier.

2. Ce fait a été révélé par M. Ernest Moret, d'après les documents recueillis par M. Miguet pour la suite de sa grande publication des *Négociations relatives à la succession d'Espagne sous Louis XIV*. V. E. Moret; *Quinze ans de règne de Louis XIV*

la discussion en montrant la guerre inévitable dans tous les cas : si l'on refuse d'accepter le testament, on aura la guerre contre l'Espagne et l'Autriche unies pour repousser le partage de la monarchie. L'Angleterre et la Hollande soutiendront-elles la France, comme elles y sont engagées? — Non-seulement elles ne la soutiendront pas, mais elles ne tarderont pas à trouver quelque prétexte pour se joindre à l'ennemi. Peut-on s'imaginer qu'elles aient jamais voulu sincèrement accorder à la France les états maritimes d'Italie? L'acceptation de l'empereur eût seule donné valeur au traité de partage. On sera donc seul, et pour soutenir une mauvaise cause. Si l'on accepte, au contraire, on aura pour soi l'Espagne, qui fournira tout au moins de grandes positions militaires et maritimes et de grands avantages commerciaux pour soutenir la guerre, et l'on saura bien trouver d'autres alliés en Allemagne et en Italie. Beauvilliers essaya de réfuter Torci; il dépeignit en termes pathétiques la France épuisée, dont les plaies commençaient à peine à se cicatriser. Il fit voir, dans la guerre universelle qu'amènerait l'acceptation, la ruine de la patrie. Mieux vaut cent fois pour la France, dit-il, la réunion de plusieurs belles provinces à sa monarchie, que l'élévation d'un de ses princes sur un trône étranger, qui rendra bientôt les descendants de ce prince étrangers eux-mêmes à la patrie de leurs aïeux. Beauvilliers aurait eu toute raison, s'il eût pu établir contre Torci que la guerre générale pouvait être évitée et le traité de partage réalisé par le refus du testament; mais il n'y réussit pas. Il était clair que le traité de partage, *tel qu'il était*, ne serait pas exécuté par Guillaume III. Le chancelier résuma les arguments des deux partis, sans oser se prononcer. Le dauphin, sortant de son apathie ordinaire, réclama énergiquement l'acceptation et déclara qu'il n'entendait céder ses droits personnels qu'au duc d'Anjou, satisfait qu'il serait de dire toute sa vie : « Le roi mon père, le roi mon fils. »

Louis XIV décida d'accepter [1].

(1700-1715), t. Ier, p. 32. Ce volume ne devait être que la première partie d'un vaste ouvrage sur l'*Histoire de France au XVIIIe siècle*, interrompu par la mort si regrettable du jeune et consciencieux écrivain.

1. Nous avons suivi Torci, un des interlocuteurs de ce grand débat, préférable-

Le 12 novembre, Louis signifia sa résolution à la junte d'Espagne par une lettre très-digne et très-noble. Le 16, le nouveau roi *Philippe V* fut *déclaré* à Versailles. Après que l'ambassadeur d'Espagne eut salué et complimenté son jeune maître à genoux, à la manière espagnole, Louis XIV fit ouvrir à toute la cour les deux battants de son cabinet : « Messieurs, dit-il, voilà le roi d'Espagne. » Et, se tournant vers son petit-fils : « Soyez bon Espagnol ; c'est présentement votre premier devoir ; mais souvenez-vous que vous êtes né Français, pour entretenir l'union entre les deux nations ; c'est le moyen de les rendre heureuses et de conserver la paix de l'Europe [1]. »

La junte accueillit la réponse de Louis XIV en faisant proclamer sur-le-champ Philippe V à Madrid et en priant « le Roi Très-Chré-
« tien de vouloir disposer de toutes choses en Espagne, et d'être
« assuré que ses ordres seraient aussi exactement suivis comme
« en France (24-26 novembre). » Le président du conseil d'Aragon, qui s'était abstenu jusque-là de prendre part aux actes de la junte, faute de pouvoirs suffisants pour représenter la couronne d'Aragon dans ce conseil de régence, signa la lettre à Louis XIV avec le président de Castille et les autres membres de la junte [2]. L'Aragon se décidait. Les possessions étrangères commencèrent de suivre cet exemple. L'électeur de Bavière, qui s'était fixé à Bruxelles depuis que Guillaume III lui avait procuré le gouvernement des Pays-Bas catholiques, fut le premier entre les gouverneurs des possessions étrangères qui fit reconnaître le nouveau monarque par ses administrés. Louis XIV lui avait fait espérer au nom de Philippe V l'octroi de la Belgique en gouvernement héréditaire, et l'électeur nourrissait d'ailleurs une violente haine contre l'empereur, qu'il accusait d'avoir fait empoisonner son fils. Vaudemont, prince de la maison de Lorraine, qui commandait à

---

ment à Saint-Simon, qui intervertit les rôles. — *Mém.* de Torci, p. 550. — *Mém.* de Saint-Simon, t. III, p. 25. — *Mém.* de La Torre, t. II, p. 159. — Suivant Louville, madame de Maintenon était de l'avis de Beauvilliers et combattit très-vivement l'acceptation dans d'autres conférences moins solennelles qui eurent lieu chez elle. Le ministre de la guerre, Barbezieux, la réfuta et la réduisit en quelque sorte au silence. — *Mém.* de Louville t. Ier, p. 27.
1. Saint-Simon, t. III, p. 28 ; — Dangeau, t. II, p. 207.
2. La Torre, t. II, p. 157.

Milan, agit de même, malgré d'étroites et anciennes relations avec l'empereur et avec Guillaume III.

Philippe V partit de Versailles le 4 décembre, emportant les avis écrits de son aïeul sur son nouveau *métier de roi*[1] et l'assurance de conserver ses droits de successibilité en France pour lui et ses hoirs. Louis XIV avait exprimé sa volonté à ce sujet dans des lettres-patentes qui furent enregistrées au parlement le 1er février suivant. En ne rappelant pas, dans ces lettres, que Philippe, s'il était appelé au trône de France, devrait choisir entre ce trône et celui d'Espagne, Louis eut le tort très-grave de réveiller les craintes relatives à l'union des deux couronnes sur une seule tête.

« Mon fils, » dit le roi de France en embrassant pour la dernière fois le roi d'Espagne, *il n'y a plus de Pyrénées*[2]*!* Cette grande parole, si elle est authentique, ne permet pas d'accuser Louis XIV de n'avoir pensé qu'à sa famille en acceptant le testament de Charles II : il voyait la France appuyée désormais sur l'Espagne au lieu d'en être menacée par derrière ; il voyait la pensée de Henri IV et de Richelieu accomplie par d'autres moyens et sous une autre forme, la maison d'Autriche abattue, l'Europe méridionale et l'Amérique faisant corps avec la France par une étroite alliance.

Philippe V passa la Bidassoa le 22 janvier 1701 et fit son entrée à Madrid le 18 février. L'accueil du peuple au *roi français* attesta, du moins en ce qui regardait la Castille, l'oubli des longues querelles qui avaient divisé la France et l'Espagne, et la renaissance de la vieille amitié qui unissait les deux nations au moyen âge.

D'heureuses nouvelles arrivaient chaque jour des Deux-Mondes au nouveau monarque. Après Milan, Naples, la Sicile et la Sardaigne ; après l'Europe, l'Amérique et les possessions plus lointaines encore des archipels d'Asie, toute la monarchie, enfin, se

---

1. On y remarque le conseil de ne pas épouser une Autrichienne ; de n'avoir de guerre que s'il y est forcé ; de tâcher de n'employer que des Espagnols dans les grands gouvernements, et de tenir les Français dans l'ordre en Espagne. V. *Mémoire remis par Louis XIV à son petit-fils*, etc., ap. Œuvres de Louis XIV, t. II, p. 460.

2. Voyez les lettres patentes dans La Torre, t. II, p. 298. — Voltaire, *Siècle de Louis XIV*, ch. XXVIII. — Le mot : *Il n'y a plus de Pyrénées*, ne se trouve pas dans les Mémoires antérieurs à Voltaire.

soumit à Philippe V sans la moindre opposition. La Savoie et la plupart des états italiens, le Danemark, plusieurs princes d'Allemagne, puis le Portugal, puis la Hollande et l'Angleterre elles-mêmes (on verra tout à l'heure pour quels motifs et avec quelles réserves), reconnurent Philippe. Le dix-huitième siècle, comme le dit Saint-Simon, s'ouvrit ainsi pour la maison de Bourbon « par un comble de gloire et de prospérité inouïes. » Et, cependant, la France, triste et inquiète, ne se livrait pas à cette prospérité comme elle l'eût fait en ces jours d'ivresse où elle se sentait vivre dans le Grand Roi : atteinte d'un mal profond dans ses organes vitaux, elle ne se sentait plus la force de soutenir la fortune de ses maîtres.

LIVRE XC

LOUIS XIV (SUITE.)

GUERRE DE LA SUCCESSION D'ESPAGNE. La guerre est engagée en Lombardie par l'empereur contre l'Espagne et la France. Échec de Catinat devant le prince Eugène. — Renouvellement de la Triple Alliance entre l'empereur, l'Angleterre et la Hollande. MORT DE GUILLAUME III. La reine Anne et les États-Généraux des Provinces-Unies continuent sa politique. Le *triumvirat* de MARLBOROUGH, EUGÈNE et Heinsius dirige la guerre. — Vendôme répare en Lombardie les échecs de Catinat. Désastre maritime de Vigo. Succès de Marlborough sur la Meuse. Perte de Landau. Les électeurs de Cologne et de Bavière se déclarent pour la France. La diète de Ratisbonne déclare la guerre à la France. Victoire de VILLARS à Friedlingen. — Révolte des *Camisards* dans les Cévennes. Insurrection de la Hongrie sous Rakoczi. Jonction des Français et des Bavarois au cœur de l'Allemagne. Les fautes de l'électeur de Bavière font perdre l'occasion d'envahir l'Autriche. — Prise de Brisach. Victoire de Spire et reprise de Landau. — L'électorat de Cologne est envahi par Marlborough. — Le roi de Portugal et le duc de Savoie passent aux ennemis. — Désastre de Höchstedt et ruine de la Bavière. Landau perdu pour la seconde fois. — Prise de Gibraltar par les Anglais. Bataille navale de Velez-Malaga : gloire stérile. — Conquêtes de Vendôme en Piémont. — Marlborough menace la France par la Sarre et la Moselle ; il est arrêté par Villars. Vendôme rejette Eugène hors de la Lombardie. — Prise de Barcelone par les alliés. La Catalogne se donne au prétendant autrichien. Philippe V échoue en voulant reprendre Barcelone. Révolte de Valence et de l'Aragon. Les alliés envahissent la Castille et entrent à Madrid. — Déroute de Ramillies. Perte du Brabant et de la Flandre espagnole. Levée du siège de Turin. Évacuation de la Haute-Italie. — La Castille chasse les envahisseurs. — Les alliés ne veulent pas négocier. — Victoire d'Almanza. Valence et l'Aragon recouvrés. — Perte de Naples. — Succès de Villars en Allemagne. — Eugène obligé de lever le siège de Toulon. — Perte de la Sardaigne et de Minorque. — Défaite d'Oudenarde. Perte de Lille ; la France entamée. — Ruine des finances : effroyable misère du peuple. Les plans réformateurs de Vauban repoussés par le roi. Ministère de Desmaretz. — Conférences de La Haie. Immenses concessions offertes par Louis XIV aux alliés pour acheter la paix. Ils ne s'en contentent pas. La guerre recommence.

1701 — 1709.

Au commencement de 1701, les peuples de l'Europe voyaient avec tristesse s'enfuir le repos dans lequel ils avaient à peine eu le temps de reprendre haleine. Le Nord était déjà, depuis l'année précédente, bouleversé par une lutte où la valeur balançait le nombre et où un héros de dix-huit ans, le roi de Suède Charles XII, chassait victorieusement devant lui le tzar de Russie et le roi de Pologne. Une guerre bien plus vaste encore allait à embraser le reste de l'Europe. Ni la prise de possession de l'héritage espagnol par le petit-fils de Louis XIV, ni même sa reconnaissance en qualité de roi d'Espagne par la plupart des gouvernements, ne résolvait la question européenne. L'empereur était décidé à une lutte à outrance pour reconquérir ce qu'il nommait l'héritage de sa maison. Il avait toujours conservé, dans les situations les plus critiques, une foi obstinée et superstitieuse dans la fortune de la maison d'Autriche, et cette foi avait maintenant un fondement plus solide que des rêveries astrologiques, c'est-à-dire le génie d'un grand homme de guerre, d'Eugène de Savoie, qui avait achevé de se révéler dans les dernières campagnes contre les Turcs. Ce n'eût point été assez toutefois pour s'attaquer sans témérité au colosse bourbonien, si Léopold ne se fût estimé assuré de puissants appuis; mais il ne doutait pas d'entraîner promptement dans sa querelle l'Angleterre, la Hollande et la diète germanique. Déjà plusieurs princes allemands lui étaient engagés; il avait gagné le duc de Hanovre par un bonnet d'électeur et un prince plus puissant, l'électeur de Brandebourg, par une couronne royale. Par un traité du 16 novembre 1700, l'empereur avait consenti à l'érection de la Prusse ducale en royaume, à condition que le nouveau roi lui fournît un secours de dix mille soldats. L'électeur Frédéric III apprit cette grande nouvelle à ses courtisans à la fin d'un repas, en buvant *à la santé de Frédéric Ier, roi de Prusse*; puis il se fit proclamer roi à Kœnigsberg le 15 janvier 1701. Le chef de la maison de Brandebourg parvint donc à la royauté peu après le chef de la maison de Saxe, mais cette couronne était héréditaire et non élective comme celle d'Auguste de Saxe, et la grandeur des Brandebourg, mieux préparée, devait être mieux soutenue et plus durable. L'Autriche se préparait une redoutable rivale [1] !

---

1. Le pape protesta contre cette nouvelle royauté, non pas seulement parce que la Prusse ducale avait été autrefois enlevée à un ordre religieux, aux chevaliers teutoniques, mais parce que « il n'appartient qu'au Saint-Siège de faire des rois! »

L'empereur, qui n'avait pas licencié ses troupes depuis la paix avec les Turcs, était armé : la Hollande l'était à demi ; l'Angleterre ne l'était pas du tout ; aussi Guillaume III, après le premier mouvement de colère que lui causa l'acceptation du testament de Charles II et qu'il exprima, dit-on, par un mot piquant, à l'ambassadeur de France [1], jugea-t-il nécessaire de louvoyer et de laisser espérer la paix à Louis XIV. Il mit à profit le temps qu'il gagnait de la sorte : la chambre des communes lui avait causé de grands embarras dans les dernières sessions ; il déclara le parlement dissous (29 décembre 1700) et en convoqua, pour le 6 février 1701, un autre qu'il se flatta de trouver plus docile. Le 20 janvier 1701, son résident et celui des Etats-Généraux à Copenhague signèrent avec le Danemark un traité qui mettait 12,000 hommes de troupes danoises à la solde de l'Angleterre et de la Hollande : des pactes analogues furent négociés avec le Palatinat, le Brandebourg, le Hanovre, la Hesse-Cassel, etc.

C'était entre la France et la Hollande que le débat devait s'engager tout d'abord : il y avait là non pas seulement une question générale d'équilibre européen, mais une question spéciale et immédiate de frontières. A la première nouvelle de l'acceptation du testament, les Etats-Généraux avaient adressé à Louis XIV un mémoire où ils le priaient de se rappeler les engagements qu'il avait contractés avec eux pour le maintien de la paix de l'Europe, « qui allait sans doute être troublée..., à moins qu'on ne donnât à « l'empereur quelque satisfaction juste et raisonnable [2]. » La politique indiquée dans ce mémoire était celle à laquelle s'arrêta Guillaume III. Le testament de Charles II et la soumission de toute la monarchie espagnole au successeur désigné par le feu roi avaient fait une situation nouvelle dont il fallait bien tenir compte. Guillaume et les hommes d'état qu'il avait associés à ses

---

Lamberti, *Mém. pour servir à l'hist. du* XVIIIe *siècle*, t. Ier, p. 383, in-4°; La Haie, 1724. Ces Mémoires, fort utiles, forment une espèce d'histoire diplomatique où sont intercalées les pièces.

1. Comme l'ambassadeur Tallard voulait persuader à Guillaume que le choix fait par Charles II était le seul moyen de maintenir l'équilibre de l'Europe : — Monsieur, dit Guillaume, je vous prie de ne vous fatiguer pas tant pour justifier la conduite de votre maître : le Roi Très-Chrétien ne pouvait pas se démentir ; il a agi à son ordinaire. La Torre, t. II, p. 250.

2. La Torre, t. II, p. 216.

vues en Angleterre et en Hollande comprirent qu'on ne pouvait plus réclamer sérieusement le traité de partage tel qu'il était, et visèrent à en retourner, pour ainsi dire, les dispositions, c'est-à-dire à faire donner l'Italie à l'archiduc Charles, à faire occuper la Belgique par les Hollandais et les Anglais, et à obtenir que le gouvernement bourbonien d'Espagne n'accordât dans les Indes aux Français aucun privilége commercial refusé aux autres nations [1]. Cette transaction était, en majeure partie, celle à laquelle devait aboutir la guerre après bien des années de calamités! Mais il était impossible d'y arriver de prime abord; Louis XIV, Guillaume ne l'ignorait pas, était engagé d'honneur à entamer, sinon à pousser jusqu'au bout la lutte pour défendre l'impossible intégrité de la monarchie espagnole.

Le 4 décembre 1700, l'ambassadeur de France à La Haie présenta aux États-Généraux la réponse du roi : le mémoire français, bien raisonné, mais trop superbe dans la forme (on y exhortait les Etats-Généraux *à tâcher de mériter* la continuation *des bontés et de la protection du roi*), justifiait l'acceptation du testament sur le refus fait par l'empereur d'accepter le traité de partage et sur la certitude que la succession, si on l'eût refusée à Paris, eût été immédiatement acceptée à Vienne [2]. Le roi rejetait bien loin toute idée de partage. Les Etats-Généraux ne répliquèrent que le 15 janvier. Ils proposaient une conférence pour aviser au maintien de la paix générale et de leur sûreté particulière, mais ne s'expliquaient pas sur l'avénement de Philippe V. La position était singulière. Les Hollandais, en vertu de leurs traités avec l'Espagne, tenaient garnison dans un grand nombre de places belges, c'est-à-dire dans des places appartenant à un roi dont ils ne reconnaissaient pas le titre. Cet état de choses ne pouvait se prolonger. Louis XIV n'avait le choix qu'entre deux partis : ou gagner les Hollandais en leur accordant la pleine possession militaire des places qu'ils regardaient comme leur *barrière,* ou les mettre hors de ces places au plus vite. Louis eût-il réussi à obtenir leur neutralité en leur octroyant la *barrière* et en leur donnant des garan-

---

1. Cette année même (août 1701), le triste privilége de la Traite des Noirs, dans les colonies espagnoles, fut accordé à une compagnie française.
2. La Torre, t. II, p. 216 et 247.

ties contre tout monopole français en Amérique? Cela est fort douteux : c'était assez pour les intérêts de la Hollande; mais ce n'était pas assez pour le système politique de Guillaume, qui eût bien su empêcher les Hollandais de s'isoler. Louis prit le second parti. Les dispositions furent concertées avec l'électeur de Bavière, gouverneur de Belgique, qui se montrait disposé à s'attacher sans réserve à la cause franco-espagnole. Dans la nuit du 5 au 6 février, des troupes françaises furent introduites par les gouverneurs espagnols dans toutes les places où se trouvaient des garnisons hollandaises. L'ambassadeur d'Espagne à La Haie signifia aux États-Généraux que l'appel des *auxiliaires* français avait été motivé par les armements menaçants des Provinces-Unies et par leur retard à reconnaître Philippe V. Les États-Généraux craignirent quelque chose de pis. Leurs troupes n'avaient été l'objet d'aucunes violences; mais elles furent quelques jours retenues dans les places belges, comme si l'on eût eu dessein de les garder prisonnières. Les conseils ne manquèrent point dans ce sens à Louis XIV : on le pressa de saisir l'occasion d'imposer la loi à la Hollande. Louis ne voulut pas commettre une violation du droit des gens, qui, outre ce qu'elle avait d'odieux, eût profondément blessé un allié utile, l'électeur de Bavière. Ce prince considérait son honneur comme engagé à renvoyer sauves et libres les troupes que lui avaient confiées les États-Généraux. Les garnisons hollandaises eurent donc la liberté de retourner dans leur pays; mais, en même temps, Louis XIV pressa vivement les États-Généraux de s'expliquer. Les États se décidèrent à reconnaître le roi d'Espagne, en répétant qu'ils étaient prêts à négocier pour la paix européenne et pour leur sûreté particulière, mais de concert avec l'Angleterre (22 février). Ils demandaient provisoirement que les Français évacuassent les Pays-Bas Catholiques ainsi qu'avaient fait les Hollandais. Louis XIV promit de retirer ses troupes dès que la Hollande aurait cessé ses armements (5 mars). C'était là une sorte de cercle vicieux. Déjà les États-Généraux avaient requis le gouvernement anglais d'apprêter éventuellement les secours promis par le pacte défensif de 1677, resté en vigueur entre les deux puissances maritimes (2 mars).

Le nouveau parlement anglais s'était ouvert en février. Guillaume s'était trouvé assez embarrassé à l'occasion des élections; les whigs l'avaient irrité par leurs attaques contre l'autorité royale [1]; les torics, par compensation, étaient peu enclins à la guerre contre la France. Guillaume s'était résolu à revenir aux torics, dans l'espoir d'exploiter leur docilité monarchique et de les entraîner malgré eux aux mesures guerrières. Il n'y réussit pas sans peine. Le parlement approuva que le roi s'entendît avec la Hollande pour la sûreté mutuelle des deux nations et assura par une mesure décisive la succession dans la ligne protestante. Anne Stuart, princesse de Danemark, héritière du trône d'après l'acte de 1689, avait perdu son fils unique, le jeune duc de Glocester; le parlement statua que, si la princesse Anne mourait sans enfants et que le roi Guillaume n'en eût pas non plus laissé [2], leurs droits passeraient à la princesse Sophie, électrice douairière de Hanovre [3] et fille d'une fille de Jacques 1er; que quiconque serait appelé à la couronne devrait se conformer à la communion de l'église anglicane. Tout tory qu'il fût en majorité, le parlement, pour satisfaire l'opinion publique, ajouta à ce bill de nouvelles limitations, la plupart d'ailleurs fort sages, de la prérogative royale. Il décréta 1° que, si la couronne tombait à quelque prince qui ne fût pas natif d'Angleterre, la nation ne serait point obligée de s'engager dans aucune guerre pour la défense de territoires étrangers; 2° que le roi futur ne sortirait pas des Trois Royaumes sans le consentement du parlement; 3° que désormais les membres du conseil privé (conseil des ministres) en signeraient les résolutions qu'ils auraient approuvées; 4° qu'aucun étranger ne pourrait dorénavant occuper charge, office royal ni siége au parlement; 5° qu'aucune personne ayant office salarié ou pension de la couronne ne pourrait être membre de la chambre des communes. Ces résolutions, que Guillaume

---

1. Ils avaient récemment exigé de lui des mesures acerbes contre les papistes, auxquels on interdit de posséder des terres (1699); cela ne fut pas exécuté sérieusement.

2. L'acte de 1689 avait statué que, si Guillaume laissait des enfants d'une autre femme que de la reine Marie, ces enfans seraient appelés après la princesse Anne et ses hoirs.

3. Elle était veuve du duc Ernest-Auguste de Hanovre, pour qui l'empereur avait créé le 9e électorat et qui avait transmis à son fils Georges ce titre encore contesté.

sanctionna, non sans déplaisir, firent faire un nouveau pas à la constitution anglaise. Les deux chambres se prononcèrent ensuite avec véhémence contre les deux traités de partage, qui promettaient à la France l'empire de la Méditerranée, et les communes allèrent jusqu'à entamer des poursuites contre les ministres qui les avaient négociés. Cette conduite du parlement anglais justifiait Louis XIV de ne s'être pas tenu à un pacte qui fût très-certainement demeuré sans exécution. Il est vrai que ce déchaînement n'eût sans doute pas eu lieu s'il se fût agi des états de Savoie au lieu des Deux-Siciles [1].

La diplomatie marchait parallèlement aux débats parlementaires. L'Angleterre et la Hollande venaient de faire une première démarche collective. Le 22 mars, ces deux puissances avaient demandé ensemble à Louis XIV : 1° une satisfaction raisonnable pour l'empereur; 2° que la France retirât ses troupes des Pays-Bas catholiques et ne pût jamais les y renvoyer; 3° que les principales places des Pays-Bas fussent remises à des garnisons hollandaises et anglaises, en sorte que l'Espagne n'y conservât plus en réalité que le domaine utile; 4° que les Hollandais et les Anglais partageassent tous les avantages accordés aux Français dans les possessions espagnoles. Louis XIV ne répondit pas. Guillaume craignit que la réponse ne fût une attaque immédiate contre la Hollande. Le 19 avril, son ambassadeur en France reçut la notification officielle de l'avénement de Philippe V. C'était une mise en demeure formelle. Guillaume n'était pas prêt. Il se résigna à répondre à *son très-cher frère le roi d'Espagne* par une lettre de congratulation sur son heureux avénement [2]; mais il n'en continua que plus activement ses préparatifs pour tâcher d'enlever au nouveau monarque la plus grosse part possible de sa monarchie. Sur une seconde réclamation des États-Généraux, qui armaient de toute leur force et qui avaient commencé d'inonder la Hollande presque comme en 1672, la chambre des lords, devenue plus whig que les communes, grâce aux promotions faites par Guillaume, invita le roi à contracter une nouvelle alliance avec les Provinces-Unies et l'empereur, « *dans le même but que celle de*

1. Lamberti, t. I, p. 499.
2. La Torre, t. III, p. 108.

1689 ». C'était plus que ne prétendait Guillaume lui-même; car la Grande Alliance de 1689 promettait toute la succession espagnole à la maison d'Autriche. Les communes, poussées, menacées par l'opinion populaire, finirent par s'engager aussi à soutenir le roi « dans toutes les alliances qu'il contracterait pour mettre des bornes à la puissance exorbitante de la France ». L'or répandu par Louis XIV parmi les membres des communes n'avait pas produit grand effet. La session fut close le 24 juin, après que le parlement eut accordé la levée de trente mille matelots et 2,700,000 livres sterling. Guillaume expédia en Hollande le secours de dix mille soldats et de vingt vaisseaux promis par les traités et se rendit lui-même à La Haie au commencement de juillet. Le mois d'après, l'ambassadeur français d'Avaux prit congé des États-Généraux par un mémoire qui était une véritable déclaration de rupture. Les États répondirent en termes modérés, mais sans abandonner leur terrain. Le rappel de l'ambassadeur français fut une faute. Il fallait ou se battre ou négocier; pendant plusieurs mois, on ne fit ni l'un ni l'autre. Puisqu'on ne voulait pas prendre l'offensive, malgré tous les avantages qu'elle offrait, il était d'autant plus convenable de conserver des relations diplomatiques à La Haie, qu'on pouvait dès lors prévoir un événement capital, la fin prochaine du roi Guillaume. La santé de ce prince était tout à fait ruinée et ce n'était qu'à force d'énergie morale qu'il soutenait son rôle, décidé, comme autrefois Richelieu, à mourir debout, les rênes de l'Europe entre les mains.

Pendant qu'on s'apprêtait et qu'on s'observait mutuellement aux Pays-Bas, on agissait en Italie. Les états italiens avaient vu avec effroi venir le choc qui devait les écraser entre la France et l'Autriche. Le nouveau pape Clément XI (Albani), élu le 23 novembre 1700, à la place d'Innocent XII, avait été un des auteurs du fameux avis donné à Charles II en faveur de la maison de France. Bienveillant pour la cause franco-espagnole, mais désirant surtout la paix de l'Italie, il eût souhaité d'établir la neutralité de la Péninsule par une confédération des états italiens, dans laquelle on eût fait entrer les possessions espagnoles d'Italie, jusqu'à ce que les maisons de Bourbon et d'Autriche eussent accommodé leurs différends. L'initiative et l'énergie lui manquèrent pour réaliser ses bonnes intentions et pour enlever les états italiens à leur timide inertie. Les gouvernements italiens ne surent prendre aucune décision collective; les uns restèrent isolément neutres, c'est-à-dire destinés à être la proie du vainqueur quel qu'il fût; les autres s'engagèrent secrètement avec l'une ou l'autre des deux parties belligérantes. Le duc de Modène traita avec l'empereur; les ducs de Savoie et de Mantoue avec la France et l'Espagne. Le duc de Savoie avait beaucoup hésité : on lui avait demandé la main de sa seconde fille, puînée de la duchesse de Bourgogne, pour le roi Philippe V et offert le titre de généralissime des deux couronnes en Italie avec un fort subside. Il accepta, moins sensible peut-être à ces avantages qu'à la crainte de voir ses domaines encore une fois envahis par les Français. On n'eût pu s'assurer solidement de lui que par la cession d'une partie du Milanais; il le fit suffisamment entendre; on ferma l'oreille et l'on eut à s'en repentir!

L'empereur, cependant, avait tiré l'épée sans écouter ni le pape ni Venise, qui le priaient de suspendre l'attaque du Milanais; dès la nouvelle de la mort de Charles II, Léopold avait revendiqué ce duché comme fief dévolu à l'Empire par le décès du Roi Catholique sans héritiers directs. Au mois de juin, il publia un manifeste où il établissait les droits de sa maison sur toute la succession d'Espagne. A cette époque, les opérations militaires étaient déjà en pleine activité.

Deux grands généraux, Eugène et Catinat, étaient en présence, mais dans des conditions bien différentes pour l'un et pour l'autre. Eugène, dans tout l'éclat d'une jeunesse mûrie avant l'âge, unissant l'audace et l'activité au sang-froid et à la réflexion dans une proportion admirable, ne disposait que de forces médiocres, mais en disposait en maître absolu. Il avait conquis l'indépendance par sa glorieuse désobéissance de Zenta, où, livrant bataille malgré la défense du cabinet de Vienne, il avait chassé devant lui le sultan en personne, exterminé le grand vizir et vingt mille Turcs. Les routines auliques avaient cédé à l'ascendant du génie, victoire plus difficile que celle de Zenta; l'empereur s'était résigné à laisser Eugène vaincre désormais comme il l'entendrait. Catinat, au contraire, était vieilli, fatigué, usé de corps; un grand chagrin de cœur, la mort d'un frère sur qui s'étaient concentrées toutes ses affections domestiques, lui enlevait quelque chose de son ressort accoutumé. Il avait, de plus, les mains liées par l'injonction de subordonner ses opérations à la défense du Milanais, non telle qu'il la concevait, mais telle que l'entendait le gouverneur de Milan, le prince de Vaudemont. Le rang de généralissime accordé au duc de Savoie devait être un plus grand embarras encore, dès que ce prince aurait rejoint l'armée. La France allait connaître à son tour les inconvénients des coalitions, si souvent expérimentés par ses ennemis. Ce n'était pas tout; non-seulement il fallait partager le commandement sur place, mais il fallait dépendre d'un ministre qui envoyait ses ordres de trois cents lieues; et quel ministre! Barbezieux venait de mourir (5 janvier 1701), au moment où il commençait à se former, et le roi avait eu l'idée inouïe, inconcevable, d'accumuler la guerre avec les finances sur les épaules de Chamillart, qu'écrasait déjà le contrôle général. C'était un pareil homme qui portait un fardeau sous lequel eussent ployé Colbert ou Louvois! un pareil homme qui dressait les plans de campagne avec Louis le Grand et qui allait faire la loi à un Catinat ou à un Vendôme!

Les Impériaux ne pouvaient descendre dans le Milanais sans traverser le territoire des Vénitiens ou celui des Grisons : ce dernier chemin étant très-difficile et les Grisons ne paraissant point d'ailleurs disposés à ouvrir leurs montagnes aux armées étrangères, les Vénitiens, avec un peu de vigueur, eussent pu éviter à l'Italie le fléau de la guerre : ils n'avaient qu'à fermer leur territoire aux armées belligérantes et à déclarer que, si l'un des partis prétendait les envahir, ils s'uniraient à l'autre. Ils ne le firent point; ils refusèrent à l'empereur la route du Frioul et résolurent de fermer leurs places aux deux partis, mais en laissant la route de l'Adige et le plat pays ouverts. Cette singulière *neutralité* était tout à l'avantage des agresseurs, et le gouvernement vénitien penchait, en effet, vers l'empereur, contrairement à ses intérêts et par une frayeur mal fondée de la prétendue *monarchie universelle*. Tout annonçant donc que les Impériaux descendraient par l'Adige, Catinat proposa, dit-on, au roi, de les prévenir en poussant droit à Trente et en occupant les débouchés du Tyrol allemand pour empêcher l'armée ennemie de se former dans le Trentin[1]. Le roi n'autorisa pas cette belle manœuvre et ne voulut prendre l'offensive nulle part, comme si la revendication du Milanais par l'empereur n'eût pas été une provocation suffisante. La modération du Grand Roi devenait aussi nuisible que l'avait été son orgueil. Louis ordonna seulement d'occuper la tête de l'Adige sur terre vénitienne, afin d'arrêter l'ennemi à la sortie du Trentin. Catinat, arrivé à Milan le 7 avril, prit le commandement de l'*armée auxiliaire* que Louis avait expédiée en Lombardie. Mantoue venait de recevoir garnison franco-espagnole, du consentement de son duc, et allait être le point d'appui de l'armée combinée; mais cet avantage avait pour compensation la nécessité de se partager pour défendre à la fois le Mantouan et le Milanais. Catinat se porta à Rivoli et barra les débouchés du Trentin, entre le lac de Garda et l'Adige. Les Vénitiens ne voulant livrer à personne la place ou le pont de Vérone, Eugène, qui avait massé à loisir son armée vers Trente et Roveredo, vit la route fermée devant lui. Il s'en créa d'inconnues. Il fit ouvrir des passages, avec des efforts prodigieux, dans les montagnes qui séparent le Trentin du Vicentin et du Véronais, descendit inopinément avec vingt-cinq mille hommes dans les plaines de Vérone et lança un gros de cavalerie vers le bas Adige (fin mai, commencement de juin).

Dès lors la campagne fut mal engagée. Il eût fallu que Catinat eût des forces doubles de celles d'Eugène pour pouvoir à la fois suivre les mouvements de son adversaire vers le bas Adige et garder le haut de cette rivière et les débouchés du Tyrol, comme le réclamait instamment le gouverneur du Milanais. Or, les Espagnols n'avaient fourni qu'une poignée de soldats et pas un bataillon piémontais n'avait encore rejoint. Catinat, quoique supérieur en nombre, ne l'était donc pas assez pour défendre sur tous les points le grand arc de l'Adige, arc dont son adversaire tenait la corde. Enfin, la connivence des Vénitiens avec les Impériaux, toujours bien renseignés et bien guidés, tandis que les Français

1. *Mém.* de Saint-Hilaire, t. II, p. 246. — Nous n'avons rien trouvé à cet égard dans les importants documents publiés par le général Pelet; *Mém. militaires relatifs à la Succession d'Espagne*, t. Ier. Ces documents, extraits de la correspondance de la cour et des généraux, sont, en quelque sorte, la relation officielle des campagnes de 1701 à 1709.

l'étaient fort mal, achevait de rendre la situation tout à fait fâcheuse. Les mouvements de Catinat et sa correspondance révélaient l'incertitude et le découragement. Eugène, lui, agissait avec une précision et une vivacité extraordinaires. Dans le courant de juin, il se saisit de l'Adige à Castel-Baldo, du Tartaro, qui communique avec l'Adige par le canal Blanc, à Canda, du Pô à Ficcaruolo, et jeta des ponts sur ces trois cours d'eau. Catinat se rabattit sur le bas Adige et le Pô, vers Legnago, Carpi et Ostiglia. Eugène passa tout à coup le canal Blanc avec quinze mille hommes et prit à revers le détachement français posté à Carpi sur l'Adige : les Français se défendirent vaillamment; leurs dragons culbutèrent même les cuirassiers de l'empereur; mais il fallut céder au nombre, évacuer Carpi et même Legnago (9 juillet). Catinat, qui était à Ostiglia pendant l'action, voyant sa ligne rompue, se replia sur le Mincio. Les Piémontais avaient enfin rejoint et le duc de Savoie se rendit au camp le 25 juillet; mais la grande supériorité numérique due à ce renfort servit beaucoup moins que n'embarrassa la trop juste défiance excitée par le duc de Savoie. Catinat fut bientôt persuadé que cet étrange *généralissime* ne visait qu'à empêcher l'armée de vaincre. Eugène, cependant, avançait toujours; le 28 juillet, il franchit le Mincio au-dessous de Peschiera, puis, s'engageant de plus en plus hardiment contre les règles ordinaires de la guerre, il gagna rapidement la rive gauche de l'Oglio à Palazzuolo. Il n'avait plus que cette rivière entre lui et le territoire espagnol. Catinat revint à la droite de l'Oglio pour couvrir le Milanais.

Le désappointement de Louis XIV était extrême : Catinat avait trompé toutes ses espérances et il ne voulait point apprécier les motifs qui excusaient l'insuccès de ce général; il ne voyait qu'Eugène forçant, avec trente mille hommes, des passages défendus par près de cinquante mille. Il résolut de remplacer sur-le-champ le général malheureux et ne vit rien de mieux à faire que « d'envoyer Villeroi en héros pour réparer les fautes de Catinat[1]. » C'était un nouveau signe de ce vertige qui avait travesti Chamillart en ministre des finances et de la guerre. Le maréchal de Vil-

---

1. Voltaire, *Siècle de Louis XIV*, ch. XVIII.

leroi n'avait commandé en chef qu'une seule fois, en 1695, et avait fait preuve d'une insuffisance égale à sa présomption. Il arriva, le 22 août, à l'armée, ne parlant que de jeter les Impériaux hors d'Italie plus vite qu'on ne les y avait laissé entrer. Catinat reçut, sans se plaindre, le coup qui le frappait : il ne quitta pas le service ; il redescendit du premier rang au second avec une résignation philosophique qui étonna et toucha Villeroi lui-même. On vit bientôt à l'œuvre le *héros* de cour. Villeroi fit passer l'Oglio sans obstacle à l'armée et la mena droit au camp ennemi, fortement établi entre des canaux et appuyé à la petite ville vénitienne de Chiari. Le duc de Savoie approuva l'attaque immédiate. Catinat n'eut qu'à se soumettre. On attaqua sans avoir reconnu la position. Villeroi était persuadé qu'Eugène ne l'attendrait pas et qu'on n'aurait affaire qu'à une arrière-garde. Il trouva toute l'armée impériale bien retranchée devant lui et Chiari livré aux ennemis par le commandant vénitien, qui avait feint de céder à la force. L'attaque, où les troupes déployèrent en vain un grand courage, fut repoussée avec perte de trois ou quatre mille hommes (1er septembre). Catinat et le duc de Savoie avaient tous deux exposé dix fois leur vie, pour soutenir une entreprise que l'un avait déconseillée et dont l'autre désirait l'avortement et avait même, à ce qu'on assure, donné avis à l'ennemi. Étrange caractère que celui du duc Victor-Amédée ! Sa vie, comme celle de ses sujets, était ce qui lui coûtait le moins à risquer dans ses combinaisons à la fois aventureuses et machiavéliques.

Villeroi, rendu plus circonspect par ce revers, se posta dans un bon campement, à Urago, près de Chiari, et y tint longtemps l'ennemi en échec. Malgré le succès de Chiari, Eugène, qui s'était lancé dans un pays où il n'avait ni magasins ni places fortes, n'eût pu se maintenir par ses seules ressources au cœur de la Haute-Italie ; mais le bon vouloir des populations suppléait à tout ce qui lui manquait : les Vénitiens fournissaient vivres, guides et renseignements par une fausse politique ; les Milanais en faisaient autant, par lassitude de la domination espagnole et par espoir de gagner à un changement de maîtres, illusion des peuples qui n'osent aspirer à être libres. Après plus de deux mois écoulés sans action importante, les Franco-Espagnols, très-mal avitaillés par le pays qu'ils défendaient contre son gré, décampèrent les premiers (12 novembre) et se reportèrent sur l'autre rive de l'Oglio, entre cette rivière et l'Adda ; puis, l'ennemi descendant, de son côté, entre l'Oglio et le Mincio, Villeroi, que le duc de Savoie venait de quitter, se cantonna en avant de Crémone, en tâchant de maintenir ses communications avec Mantoue ; mais Eugène vint s'établir à Borgoforte, sur le Pô, entre Mantoue et l'armée française, et s'assura d'une place forte au sud du Pô, en gagnant la princesse de La Mirandole, qui avait reçu dans sa ville une petite garnison franco-espagnole et qui la livra traîtreusement aux Impériaux.

Ce fut la fin de cette triste campagne, où était venue échouer la réputation du général le plus renommé qui restât à la France. Fâcheux présage, et bien propre à encourager les ennemis déclarés et à décider les incertains! Louis XIV ne se dissimula point la portée de ces premiers revers. Dès le 31 octobre, il écrivait à son ambassadeur à Madrid, Marsin, que, l'Espagne ne contribuant à peu près en rien à la défense de ses possessions et la France ne pouvant tout faire à elle seule sans se ruiner, il faudrait bien se décider à des cessions territoriales pour avoir la paix. Il avait eu, au reste, lui-même, la pensée de porter une première atteinte à l'intégrité tant promise de la monarchie espagnole : le ministre Torci avait récemment consulté l'ambassadeur Marsin sur le projet de demander à Philippe V la cession de la Belgique à la France, comme indemnité des dépenses que la France aurait à faire pour défendre le reste des possessions espagnoles : Marsin dissuada fort de cette idée, qui eût blessé l'Espagne et rendu la paix impossible avec les puissances maritimes. Le cabinet de Versailles n'insista pas [1].

Le 7 septembre, avant qu'on eût pu être informé du mauvais succès de Villeroi à Chiari, un traité secret avait été signé à La

---

1. *Mém.* de Noailles, p. 97. — Flassan, *Hist. de la diplomatie française*, t. IV, p. 219. — *OEuvres* de Louis XIV, t. VI, p. 74. D'après Louville, on n'aurait pas abandonné immédiatement cette idée; on aurait même obtenu le consentement du conseil d'Espagne (*despacho*) et l'on n'aurait reculé que devant la crainte de perdre l'alliance de l'électeur de Bavière, qui prétendait à la Belgique (juin 1702). — *Mém.* de Louville, t. Ier, p. 249. — Louville était l'agent de confiance de Louis XIV auprès de Philippe V.

Haie entre les plénipotentiaires de l'empereur, de l'Angleterre et de la Hollande, afin « de procurer à S. M. I. une satisfaction juste et raisonnable..., et au roi de la Grande-Bretagne et aux seigneurs États-Généraux une sûreté suffisante pour leurs terres et pays, navigation et commerce. » Les alliés s'engageaient de faire « à cette fin les plus grands efforts pour conquérir les Pays-Bas Espagnols, comme devant servir de digue et de barrière entre la France et les Provinces-Unies; pour conquérir le Milanais, comme fief de l'Empire, servant pour la sûreté des provinces héréditaires de S. M. I., et pour conquérir Naples et la Sicile, les îles de la Méditerranée et les terres espagnoles de la côte de Toscane, comme pouvant servir à même fin et à la navigation et commerce des sujets de S. M. Britannique et des Provinces-Unies. — Pourront le roi de la Grande-Bretagne et les seigneurs États-Généraux conquérir, pour l'utilité de ladite navigation et commerce, les pays et villes des Indes espagnoles, et tout ce qu'ils y pourront prendre sera pour eux et leur demeurera. — La guerre commencée, aucun des alliés ne pourra traiter sans les autres, ni sans avoir pris de justes mesures, 1° pour empêcher que les royaumes de France et d'Espagne soient jamais unis sous un seul et même roi ; 2° pour empêcher que jamais les Français se rendent maîtres des Indes espagnoles, ou qu'ils y envoient des vaisseaux pour y exercer le commerce directement ou indirectement; 3° pour assurer aux sujets de S. M. Britannique et des Provinces-Unies les priviléges commerciaux dont ils jouissaient dans tous les états espagnols sous le feu roi[1]. »

C'était un nouveau *traité de partage;* mais où, cette fois, les deux puissances maritimes, qui avaient tant déclamé contre l'ambition de la France, se faisaient leur part avec une avidité presque cynique. Guillaume III, qui avait tout conduit, n'avait garde de vouloir épuiser l'Angleterre et la Hollande pour rendre à l'empereur la monarchie espagnole intacte : son dernier mot était, comme on voit, de réduire Philippe V à l'Espagne proprement dite et d'assurer à l'Angleterre et à la Hollande l'exploitation commerciale de tout ce qui avait été la monarchie espagnole, avec de

---

1. La Torre, t. III, p. 185.

grandes positions militaires et maritimes contre la France. Guillaume n'avait omis qu'une chose, c'était de régler un autre partage dans le partage, celui entre l'Angleterre et la Hollande; œuvre plus difficile encore que le reste!

La guerre ne commença pas cette année aux Pays-Bas ni sur le Rhin. L'empereur et ses alliés n'étaient point encore en état d'attaquer la Belgique, et Louis XIV ne s'occupa qu'à réorganiser militairement ce pays, où finances, troupes, places fortes, étaient dans le dernier délabrement. Il n'y avait en tout que dix mille hommes de troupes; les cavaliers étaient à pied; les arsenaux et les magasins étaient vides. La France fut obligée de tout fournir, argent, ustensiles et soldats. Les places furent réparées le moins mal qu'on put et l'on couvrit le pays entier par une immense ligne fossoyée et semée de redoutes, qui s'étendit de la Meuse à la mer, sur soixante-dix lieues de développement; gigantesque ouvrage qui satisfit et rassura les populations belges, mais dont l'utilité réelle fut bien controversée entre les gens de guerre. Au delà de cette ligne, par la Gueldre espagnole, fortement occupée, on donnait la main à l'électorat de Cologne. L'électeur de Bavière avait entraîné son frère de Cologne dans les intérêts *des deux couronnes* : singuliers retours de la politique! C'était ce même Clément de Bavière que l'empereur avait fait électeur de Cologne malgré la France et dont l'élévation à l'électorat avait été la cause immédiate de la Guerre de 1688 [1]. Louis XIV, au reste, ne cherchait pas précisément de ce côté des alliances offensives : il ne souhaitait point de porter les hostilités sur le Rhin ni outre Rhin, et ce qu'il voulait de l'Allemagne, c'était qu'elle gardât la neutralité entre lui et la maison d'Autriche. C'était d'accord avec lui que l'électeur de Bavière était allé dans son duché négocier un acte de neutralité qui fut signé, le 31 août, entre le cercle électoral du Rhin et les cercles de Bavière, de Souabe, de Franconie et du Haut-Rhin. La diète germanique parut d'abord disposée à prendre

---

1. L'électeur de Cologne avait signé un traité secret avec le roi dès le 13 février : l'électeur de Bavière signa le sien le 9 mars. Le roi consentit que les deux électeurs ne se déclarassent pas offensivement avant d'avoir levé des forces suffisantes et s'engagea à ne point faire de paix que les électeurs n'eussent été remis en possession de tout ce que la guerre leur avait enlevé. – *Hist. abrégée des Traités de paix*, etc., par de Koch, refondue par Schœll, t. II, p. 22.

la même attitude ; mais l'empereur, secondé par l'énergique diplomatie anglo-batave, fit de violents et d'opiniâtres efforts pour changer ces dispositions trop pacifiques et pour rallumer les passions de 1689. Les électeurs de Trèves et de Mayence étaient compris dans l'*union des neutres* comme membres du cercle électoral du Rhin : Louis XIV eût désiré que l'électorat de Cologne et l'évêché de Liége, avec le cercle de Westphalie dont ils dépendaient entrassent dans cette association; mais le chapitre archiépiscopal de Cologne, en lutte avec son archevêque et tout autrichien, s'y opposa et protesta contre l'*union des neutres* : les troupes hollandaises et celles de l'électeur palatin menaçaient d'envahir l'électorat pour soutenir le chapitre et la ville de Cologne : l'électeur appela les Français dans les places de l'électorat et à Liége (novembre 1701). La guerre fut dès lors inévitable sur le Bas-Rhin et il devint très-probable que l'*union des neutres* ne tarderait pas à se dissoudre.

La guerre générale était devenue inévitable à la fin de l'année; elle ne l'avait pas été absolument jusqu'au mois de septembre. La Hollande eût certainement hésité à prendre l'initiative, si l'Angleterre ne l'eût poussée, et l'Angleterre elle-même hésitait. Les tories, malgré les démonstrations belliqueuses de la dernière session, conservaient leur répugnance pour la guerre, et la classe si puissante des fabricants et des commerçants balançait entre son antipathie pour la France et le souvenir des pertes effroyables infligées au commerce par la guerre de la Ligue d'Augsbourg. Guillaume craignait de n'obtenir que bien difficilement les moyens d'exécuter les conventions de la nouvelle *triple alliance* et, de plus, on était maintenant assuré que Guillaume ne dirigerait pas longtemps la coalition : il luttait en vain contre la phthisie qui l'entraînait visiblement vers la tombe. La mort prochaine de Guillaume pouvait profondément modifier la politique européenne.

Sur ces entrefaites, le beau-père et le rival de Guillaume, le roi détrôné Jacques II, fut pris à Saint-Germain d'une attaque d'apoplexie qui le laissa prolonger quelques jours son agonie. Une question de la plus haute gravité fut posée dans le conseil de Louis XIV. La France reconnaîtrait-elle au fils de Jacques II ce titre de roi d'Angleterre que le père avait conservé sans réclamation depuis que Louis XIV avait reconnu le roi Guillaume? Le dauphin et le duc de Bourgogne insistèrent pour l'affirmative, au nom du principe dynastique : les ministres d'état se prononcèrent énergiquement pour la négative, au nom des intérêts de la France. Le roi se résigna d'abord à suivre l'avis de ses ministres et à sacrifier son inclination à ses vrais devoirs. Mais à peine était-il sorti du conseil, que la reine d'Angleterre, femme de Jacques II, vint le trouver chez madame de Maintenon et le conjura, en pleurant, de n'être pas moins généreux envers son fils qu'envers son mari, de ne pas lui refuser « un simple titre, seul reste de tant de grandeur. » Madame de Maintenon joignit ses instantes prières à celles de la reine déchue. Louis céda. Il annonça à Jacques II mourant qu'il reconnaîtrait *Jacques III*. Un accès de sensibilité, chez madame de Maintenon, si rarement conduite par le sentiment, fut plus fatal peut-être à la France que tous ses calculs intéressés [1].

Jacques II mourut le 10 septembre et les honneurs royaux furent aussitôt rendus à son fils. Louis XIV essaya en vain d'atténuer l'effet de cet acte par une espèce de manifeste où il énonçait l'intention d'observer le quatrième article du traité de Ryswick, c'est-à-dire « de ne point troubler le roi Guillaume III dans la possession de ses états. » A la nouvelle de la reconnaissance de Jacques III, Guillaume rappela l'ambassadeur qu'il avait encore en France et chassa d'Angleterre le chargé d'affaires de Louis XIV. Une explosion de colère éclata dans toute la Grande-Bretagne [2]. Des adresses furent expédiées de toutes parts à Guillaume contre le roi de France, « qui osait faire à la nation anglaise l'affront de prétendre lui imposer un roi. » Guillaume tenait désormais l'Angleterre. Il se réconcilia avec les whigs et repassa de Hollande en Angleterre au mois de novembre, après avoir réglé avec les États-Généraux et l'ambassadeur de Léopold les contingents de la

---

1. Voltaire, *Siècle de Louis XIV*, chap. XVII. — *Mém. de Berwick*, t. Ier, p. 169 et p. 498, note 4.

2. Les surtaxes ou les prohibitions qu'on venait d'établir en France sur les marchandises anglaises, en réponse aux démonstrations hostiles de Guillaume III, avaient déjà très-mal disposé les classes commerçantes.

future campagne. L'empereur promit de solder quatre-vingt dix mille combattants; la Hollande, cent deux mille! Guillaume, pour la seconde fois depuis un an, déclara le parlement dissous et, en convoqua un autre, fin décembre. Les whigs l'emportèrent de quelques voix, et les tories s'abandonnèrent au mouvement national pour ne pas perdre toute influence. Guillaume ouvrit la session par un discours très-violent et très-belliqueux. Les deux chambres répondirent par des adresses plus violentes encore. Les lords déclarèrent qu'il n'y aurait point de sûreté « jusqu'à ce que l'usurpateur de la monarchie d'Espagne eût été mis à la raison. » Les communes votèrent à l'unanimité un contingent de cinquante mille soldats et de trente-cinq mille matelots, outre les subsides pour les auxiliaires danois et allemands ; elles demandèrent qu'on insérât dans tous les traités d'alliance un article interdisant de faire la paix avec la France, jusqu'à réparation de l'outrage fait au roi et à la nation anglaise. Un bill d'*attainder* (mise hors de la loi) fut lancé par les deux chambres contre le prétendu Jacques III.

Tout était donc préparé selon les vœux de Guillaume; mais il ne devait pas voir le succès de ses plans. Le 4 mars 1702, une chute de cheval déchira son poumon malade et précipita sa fin. L'opiniâtre adversaire de Louis le Grand expira le 19 mars, à 51 ans, absorbé, jusque dans la mort même, suivant l'énergique expression de Saint-Simon, par la pensée du système politique dans lequel il avait mis toute son âme, et consolé par la certitude que ce système lui survivrait [1]. Il s'était assuré un successeur moins passionné, mais aussi redoutable que lui dans les négociations et plus redoutable dans la guerre. C'était ce John Churchill, comte de Marlborough, qui l'avait trahi naguère [2], mais chez qui il avait reconnu le seul génie capable de continuer son œuvre; en le faisant l'homme le plus puissant de l'Angleterre, il espérait obtenir de lui une fidélité posthume fondée sur l'intérêt. Il l'avait donc fait, dès 1701, général des troupes anglaises

---

1. Il laissait à l'Angleterre, pour soutenir ce système, des forces navales telles qu'elle n'en avait jamais possédées; deux cent quatre-vingt-deux navires de guerre, dont cent trente vaisseaux de ligne. — Sainte-Croix, t. II, p. 90.
2. V. ci-dessus, p. 197.

en Hollande et plénipotentiaire auprès des Etats-Généraux. La femme de Marlborough fit le reste. Anne Stuart, princesse de Danemark, était entièrement gouvernée par Sarah Jennings, comtesse de Marlborough. Quand Anne monta sur le trône, lord et lady Marlborough régnèrent sous son nom. Les espérances que le gouvernement français avait pu fonder sur les sympathies connues d'Anne Stuart pour les tories et pour sa famille exilée, furent promptement évanouies. La reine Anne déclara au parlement qu'elle suivrait en toutes choses la politique du feu roi. Elle créa Marlborough commandant-général des troupes de terre. Louis XIV ne fut pas plus heureux du côté de la Hollande. La révolution républicaine qu'il avait souvent tâché de susciter contre Guillaume, s'opéra sans difficulté ni secousse. Guillaume avait tenté inutilement, peu avant sa mort, de faire désigner comme son successeur dans le stathoudérat des Cinq Provinces (Hollande, Zélande, Utrecht, Gueldre, Over-Issel) son cousin Frison de Nassau, déjà stathouder héréditaire de Frise et de Groningue; le stathoudérat fut abrogé, de fait et par extinction, dans les Cinq Provinces, et le gouvernement fut rétabli sur le pied où il avait été au temps des de Witt; mais ce changement intérieur ne réagit en aucune façon sur la politique extérieure; la principale influence passa au pensionnaire de Hollande, Daniel Heinsius, créature de Guillaume et pénétré de son système. Eugène, Marlborough et Heinsius formèrent ce qu'on nomma le *triumvirat* de la coalition. Les États-Généraux, tout en reprenant leur liberté républicaine, s'indignèrent qu'un agent de Louis XIV eût prétendu leur faire entendre que la mort de Guillaume « avait rendu leur république à elle-même; » ils protestèrent d'être fidèles aux principes de ce grand prince et repoussèrent toute proposition de négociation particulière (8 avril 1702)[1].

La politique antifrançaise l'emporta aussi en Allemagne. *L'union des neutres* se brisa et fut remplacée par une nouvelle association de cinq cercles, dans laquelle entra le cercle d'Autriche et d'où sortit le cercle de Bavière, qui persista dans son refus d'épouser la cause impériale (16-20 mars 1702). Les cinq cercles

---

[1] *Mém.* de La Torre, t. IV, p. 50-59.

adhérèrent, le 22 mars, à la Grande Alliance de l'empereur, de l'Angleterre et de la Hollande. Le parti autrichien eut également le dessus dans le Nord. Le roi de Prusse, l'électeur de Hanovre et le duc de Lunebourg-Zell obligèrent les ducs de Brunswick, de Wolfenbuttel et de Saxe-Gotha à licencier les troupes qu'ils levaient pour le compte de la France et à quitter le parti français.

Il fallut se résigner à soutenir la guerre universelle. Une nouvelle levée de cent bataillons attesta que la France s'y préparait.

Les opérations militaires avaient recommencé en Italie, au milieu de l'hiver, par un grand coup de main d'Eugène, qui avait espéré décider d'avance le sort de la campagne en une seule nuit. Les troupes françaises étaient cantonnées entre l'Oglio, le Pô et l'Adda, avec le quartier général à Crémone. Les Impériaux s'étendaient sur les deux rives du Pô, jusqu'à l'entrée du Parmesan; le duc de Modène venait de se déclarer pour eux et de leur livrer le poste important de Brescello. Eugène conçut le projet d'enlever le quartier général français dans Crémone. Il gagna un prêtre crémonais, dont la maison, située près du rempart, avait une cave communiquant avec un ancien aqueduc qui débouchait dans la campagne. Il partit d'Ustiano avec huit mille combattants sans bagages et alla droit de l'Oglio à Crémone, tandis qu'un autre corps d'Impériaux marchait sur cette ville par la rive sud du Pô, avec ordre d'entrer par le pont de bateaux qu'avaient établi les Français. Eugène arriva au milieu de la nuit et fit entrer par l'aqueduc un détachement qui se saisit de deux portes et qui ouvrit au reste des assaillants : Villeroi, éveillé en sursaut et accouru au bruit, fut pris aux premiers pas qu'il fit dans la rue; les Impériaux étaient à la fois aux remparts et au cœur de la ville; tout semblait fini..... Tout commençait. Un régiment, assemblé par hasard pour un exercice matinal, donna le signal de la résistance : les troupes françaises, surprises, coupées, enveloppées, n'eurent pas un moment de panique; elles se rallièrent, caserne par caserne, rue par rue; elles reprirent partout l'offensive. Si le corps ennemi qui arrivait de l'autre côté du Pô eût paru en ce moment, les Français eussent été accablés; mais ce corps éprouva un retard de quelques heures; quand il se montra enfin, la brave garnison avait reconquis, au prix de flots de sang, une partie de ses remparts et conservé la porte du Pô : un officier fit rompre le pont et rendit, par là, impossible la jonction des deux corps ennemis. Eugène vit le moment où il allait être, à son tour, enfermé et pris comme Villeroi. Il n'eut que le temps de battre en retraite, abandonnant aux Français Crémone, mais emmenant leur général. C'était là un grand service qu'il rendait à l'armée française (1er février 1702).

Il fallut bien, en effet, remplacer Villeroi. Le roi envoya Vendôme. L'armée accueillit avec une vive joie le conquérant de Barcelone. Vendôme était promptement devenu le plus populaire de nos généraux, par son art merveilleux d'enlever le soldat et par les manières familières qu'il avait héritées de son oncle Beaufort, le roi des Halles. En arrivant à Milan (18 février), le nouveau général trouva qu'Eugène, malgré l'échec de Crémone, avait tiré quelque avantage de son entreprise. Les troupes françaises qui gardaient les postes du Bas-Oglio les avaient abandonnés pour courir au secours de Crémone. Le gouverneur du Milanais, Vaudemont, avait replié ensuite le quartier-général derrière l'Adda et, de Crémone, qui était auparavant le centre, il avait fait la tête des quartiers, en laissant seulement des postes avancés sur le moyen Oglio. Eugène avait donc occupé le bas Oglio, au nord du Pô, et les campagnes du Parmesan, au midi de ce fleuve, le duc de Parme, qui penchait pour la France, ayant refusé ses places aux Impériaux et s'étant déclaré neutre sous la protection du pape, son suzerain. Eugène continuait de bloquer Mantoue.

Vendôme débuta par chasser les Impériaux du Parmesan; mais il lui fallut du temps pour réorganiser l'armée avant de marcher au secours de Mantoue. Louis XIV était d'accord avec Philippe V, qui venait de débarquer à Naples, pour tâcher de rendre les opérations décisives en Italie, et avait dirigé sur le Pô douze mille vieux soldats, dix-huit mille recrues [1] et un matériel considérable. Eugène, au contraire, fut un peu négligé cette année par le cabinet de Vienne et sacrifié à l'armée impériale du Rhin, que commandait le roi des Romains. Vendôme se mit en mouvement le

---

1. C'étaient du moins les chiffres officiels, mais il est probable qu'on en doit rabattre beaucoup.

4 mai : il trompa Eugène par d'habiles marches et contre-marches, franchit le haut Oglio (15 mai) et prit à revers les positions des Impériaux. Eugène fut obligé d'abandonner tout le pays à l'ouest du Mincio, sauf l'île mantouane appelée le Seraglio, formée par le Mincio, le Pô et le Grand Canal ou Fossa Maëstra ; il se retrancha dans cette île (23 mai) en conservant des troupes et des places au midi du Pô, mais ne put empêcher Vendôme de débloquer Mantoue et se trouva en danger d'être bloqué à son tour dans le Seraglio : les Français étaient très-supérieurs en forces. Ils n'usèrent pas sur-le-champ de leurs avantages. Le roi d'Espagne devait venir de Naples se mettre à la tête de l'armée. Ne fallait-il pas, suivant les coutumes monarchiques, attendre à tout prix le monarque, pour lui réserver l'honneur du succès[1] ? Philippe V et Vendôme ne se joignirent que le 12 juillet à Crémone. On vit enfin un petit corps de deux mille Espagnols prendre part à la défense des possessions d'Espagne ; c'était là, outre quelques milliers d'hommes employés dans les garnisons, tout le contingent de l'Espagne !

Vendôme avait laissé fortement retranchée devant la Fossa-Maëstra près de la moitié de l'armée, sous les ordres du prince de Vaudemont ; l'autre moitié, sous Philippe V et Vendôme, passa le Pô, entra dans le Modénais et poussa en avant sans s'arrêter à faire des sièges. Vendôme en personne, à la tête de l'avant-garde, écrasa sur le Tassone trois mille cavaliers ennemis (26 juillet) ; Reggio et Modène ouvrirent leurs portes. Le but de Vendôme fut atteint : Eugène, voyant ses positions débordées et ses subsistances compromises, évacua son camp du Seraglio et passa au sud du Pô, le 3 août, en gardant seulement Borgoforte sur la rive nord.

La première pensée de Vendôme fut de courir droit à Eugène et de le combattre. Eugène n'avait pas plus de vingt-cinq mille hommes sous la main et Vendôme en avait au moins autant. Le soin de la personne du Roi Catholique arrêta le général français et il n'osa engager Philippe V dans une affaire décisive, avant d'avoir demandé un renfort au corps de Vaudemont. Cela consuma quelques jours. On se disposa enfin au combat et, le 15 août, l'ar-

---

1. Philippe V. avait mandé expressément à Vendôme de « l'attendre pour battre l'ennemi. » V. la lettre ap. Dangeau, t. II, p. 338.

mée se porta vers le camp d'Eugène, en laissant derrière elle la petite ville de Luzzara, occupée par un détachement d'Impériaux. Eugène, contre toute attente, prévint l'attaque : il avait très-bien choisi son champ de bataille et, dans l'après-midi, il assaillit l'armée *des deux couronnes*, tandis qu'elle débouchait péniblement à travers un terrain coupé et inégal. Les troupes franco-espagnoles furent obligées de commencer à combattre en ordre de marche et non de bataille, et durent former leurs lignes sous le feu. Il fallut toute la présence d'esprit de Vendôme et toute la fermeté de nos vieux régiments pour arrêter l'ennemi et pour rétablir une situation aussi compromise. L'armée des deux couronnes était enfin tout entière en ligne. La nuit vint à propos pour Eugène, qui l'employa à se retrancher fortement. Le lendemain, on le trouva si bien posté qu'on ne crut pas pouvoir l'attaquer. Luzzara, néanmoins, se rendit à la vue d'Eugène (17 août). Vendôme ne prétendait pas se contenter d'une pareille victoire. Il voulait mander Vaudemont et cerner Eugène avec toutes les forces réunies des deux couronnes. Philippe V, suivant l'avis de la majorité des officiers-généraux, s'obstina à faire attaquer Borgoforte, sur la rive nord du Pô, par le gros du corps de Vaudemont. On y perdit une dizaine de jours, puis on leva le siége (28 août). On fut plus heureux contre Guastalla, qu'on prit, le 29 septembre, sur les derrières de l'armée. Mais, pendant ce temps, Eugène avait rendu sa position inabordable entre le Pô, le Zero et la Secchia : les Vénitiens l'aidaient à subsister, en lui fournissant des vivres tandis qu'ils en refusaient aux Français. Tout inférieur de moitié qu'il fût, il n'y eut pas moyen de le contraindre à quitter son camp du Zero. Philippe V repartit, sur ces entrefaites, pour l'Espagne, à la nouvelle d'une descente des Anglo-Bataves près de Cadix (3 octobre). Quoiqu'il eût montré du courage, la présence de ce monarque de dix-neuf ans n'avait été qu'un embarras pour l'armée.

Après que les deux camps eurent été plus de deux mois et demi face à face sans engagement général, Vendôme délogea le premier le 5 novembre, mais pour s'avancer sur la Secchia. Eugène se replia sur cette rivière. La mauvaise saison arrêta Vendôme et il fit mine de prendre ses quartiers d'hiver ; mais, tout à coup, il fit attaquer de nouveau Borgoforte, où Eugène n'avait laissé qu'un faible détachement et qui fut emporté le 15 novembre. Il répartit ensuite les troupes en cantonnements ; à la mi-décembre, il les réunit derechef et prit Governolo, ce qui acheva de rejeter l'ennemi au delà du Mincio et termina cette longue et savante campagne qui avait pivoté neuf mois autour de Mantoue. Vendôme s'était montré stratégiste éminent : Eugène était refoulé, mais non pas vaincu ni chassé d'Italie ; rien n'était décidé [1].

De graves événements s'étaient passés sur les côtes d'Espagne pendant les derniers mois de la campagne d'Italie. La marine anglo-batave s'était mise en devoir d'exécuter le *testament politique* de Guillaume III. La Hollande avait lancé sa déclaration de guerre, en termes très-virulents, *contre les rois de France et d'Espagne*, le 8 mai : l'Angleterre en avait fait autant, le 14 mai, *contre la France et l'Espagne*[2], et l'empereur, le 15, *contre le roi de France et le duc d'Anjou*. Avant d'attaquer l'Amérique espagnole, les alliés avaient résolu de s'emparer de Cadix, c'est-à-dire du port où étaient concentrées les relations de l'Espagne avec le Nouveau-Monde. Soixante-dix vaisseaux de ligne et une multitude de transports chargés d'une petite armée parurent le 23 août devant Cadix. Philippe V était absent de son royaume : les côtes semblaient hors de défense ; les flottes françaises étaient loin ; la flotte de Toulon, sous Victor-Marie d'Estrées, était dans les eaux de Naples depuis qu'on l'y avait appelée, en novembre 1701, pour aider à comprimer une révolte suscitée par les agents impériaux ; l'escadre de Brest, sous Château-Renaud, était dans le Grand-Océan, ramenant du Mexique les galions attendus depuis deux ans [3]. La descente pourtant ne réussit pas : des armateurs français fournirent les

---

1. Si Vendôme était bon stratégiste, il n'était pas bon administrateur. Les fournisseurs volaient à pleines mains, avec la connivence de l'intendant et de beaucoup d'officiers généraux. Aucun soin du soldat ; les vivres détestables ; les blessés manquant de tout ; aussi mourait-on comme des mouches dans l'armée française, tout au contraire des Piémontais, qui étaient parfaitement soignés. — Ce fut ainsi que l'Italie nous dévora quinze à vingt mille hommes par an. V. Louville, t. 1er, p. 317.

2. La reine Anne ne voulait pas reconnaître le titre de roi à Philippe V, qui avait suivi l'exemple de Louis XIV en reconnaissant le prétendu Jacques III, comme roi d'Angleterre.

3. Tourville et Jean Bart venaient de mourir au moment où la France aurait eu le plus besoin de leurs services : Tourville le 28 mai 1701, Bart le 27 avril 1702.

munitions qui manquaient dans l'arsenal de Cadix ; les populations andalouses, loin de répondre à l'appel des alliés en faveur de la maison d'Autriche, se levèrent en masse contre les soldats *hérétiques*, qui avaient pillé les églises en débarquant : l'attaque du fort de Matagorda, qui défend le port de Cadix, fut repoussée, grâce surtout au feu de quelques galères françaises, et les alliés furent réduits à se rembarquer vers la fin de septembre.

Ils ne se dédommagèrent que trop tôt de cet échec. Tandis qu'ils étaient devant Cadix, Château-Renaud était arrivé sur les côtes d'Espagne, avec son riche convoi de dix-sept galions escortés par quinze vaisseaux français de quarante-deux à soixante-seize canons. On ne pouvait mener les galions à Cadix ; Petit-Renau, que Louis XIV avait envoyé en Espagne pour tâcher de réorganiser la marine, pressa le conseil de Castille d'autoriser Château-Renaud à conduire le convoi en France. Moitié orgueil, moitié défiance absurde, le conseil refusa et obligea l'amiral français de faire entrer les galions dans la baie de Vigo en Galice. Les amiraux ennemis, transportés de joie, firent voile aussitôt pour Vigo. Quand on signala leur approche, les galions n'étaient encore déchargés qu'en partie, le conseil ayant longtemps hésité à permettre cette opération, parce que les règlements en attribuaient le privilége au port de Cadix [1]. Château-Renaud se mit en défense le mieux qu'il put ; il fit remonter la rivière de Vigo aux vaisseaux français et aux galions d'Espagne jusque vers Redondello, sous la protection de deux fortins et d'une estacade. L'ennemi entra dans la baie avec des forces écrasantes, passa devant Vigo sans l'attaquer et jeta 2,000 soldats sur le bord méridional de la rivière (22 octobre). Les milices galiciennes, postées sur les hauteurs, s'enfuirent. Le fortin du sud, mauvais ouvrage défendu par quelques centaines d'hommes débarqués des vaisseaux français, fut emporté, ainsi que les autres batteries de la rivière, et les Anglais en tournèrent le canon contre la flotte franco-espagnole. La flotte ennemie, portée par le vent et la marée, força l'estacade, pénétra

---

1. On ne saurait s'étonner de ces absurdités, quand on voit comment était organisée l'administration espagnole : un vieil inquisiteur avait été nommé *juge du commerce* par l'influence du cardinal Porto-Carrero, qui était lui-même colonel des gardes. Les prêtres envahissaient tous les emplois, comme à Rome. *Mém.* de Noailles 79-82.

dans le haut de la rivière et lança ses brûlots. Quand Château-Renaud vit tout perdu, il brûla ou échoua lui-même dix de ses vaisseaux : les cinq autres tombèrent au pouvoir des ennemis; tous les galions furent pris ou incendiés. Quoique la plus grande partie des valeurs métalliques eût été débarquée (environ 45 millions, dit-on), les vainqueurs en trouvèrent encore pour plusieurs millions sur les navires conquis : presque toutes les marchandises, qui valaient des sommes immenses, périrent ou furent la proie de l'ennemi; une grande partie appartenait à des négociants anglais ou hollandais, ce qui tempéra la joie des nations alliées, sans adoucir pour nous l'amertume de cette autre journée de la Hougue, due à l'entêtement routinier du conseil de Castille. La France, liée à la monarchie espagnole comme un vivant à un mort, se sentait beaucoup plus faible que lorsque, isolée, elle avait eu la pleine liberté de ses mouvements[1].

La modération intempestive de Louis XIV avait laissé l'offensive à l'ennemi partout, sur terre comme sur mer. La campagne s'était ouverte, du côté des Pays-Bas, par une attaque des alliés contre l'électorat de Cologne : c'était la mise à exécution d'un monitoire impérial, qui avait frappé l'électeur Clément de Bavière. Un corps d'armée anglais, allemand et hollandais investit, le 16 avril, Kayserswerth, place de la rive droite du Rhin, que l'électeur de Cologne avait confiée à une garnison française. Les divers corps entre lesquels se fractionnaient les deux armées, se mirent en mouvement dans tout le pays entre le Rhin et la mer. Marlborough, joignant à son titre anglais une commission des États-Généraux, devait disposer de toutes les forces des alliés; mais il était encore en ce moment à Londres, occupé à lever les derniers obstacles que les tories mettaient à sa politique et à presser la déclaration de guerre. Le duc de Bourgogne, alors âgé de vingt ans, avait obtenu de son aïeul l'autorisation de commander l'armée des Pays-Bas, comme son frère le roi d'Espagne commandait l'armée d'Italie, et Philippe V avait nommé le duc de Bourgogne son vicaire-général aux Pays-Bas; le chef réel de l'armée était le ma-

---

1. Lamberti, t. II, p. 249-255. — *Mém.* de San-Felipe, t. Ier, p. 203-208. — Hume, t. VII, l. VII. — E. Sue, *Histoire de la Marine*, t. IV, p. 421. — Les Anglais prirent en outre, cette année, la moitié française de l'île Saint-Christophe.

réchal de Boufflers, brave et digne soldat, qui tâchait de suppléer par son courage et son dévouement à l'épuisement de ses forces physiques, mais qui n'avait pas l'étendue ni la profondeur de vues nécessaires pour lutter contre Marlborough.

Boufflers débuta par le passage de la Meuse : il se porta à Xanten, sur le Bas-Rhin, et coupa les communications entre le corps d'armée qui assiégeait Kayserswerth et deux autres corps ennemis postés entre le Bas-Rhin et la Basse-Meuse (fin avril) ; mais il n'empêcha pas ces deux corps, qui comptaient trente et quelques mille hommes, de se joindre à Clèves. Le duc de Bourgogne rejoignit Boufflers le 3 mai ; mais il ne lui amena point l'artillerie, les équipages de pont ni les subsistances nécessaires pour agir contre des places aussi bien fortifiées que celles de la Hollande. Chamillart n'avait rien su préparer à temps ; on ne put que faire marcher un fort détachement pour tâcher de secourir Kayserswerth. Pendant ce temps, le général hollandais Coëhorn opéra une diversion contre la West-Flandre. Boufflers détourna les Hollandais de la Flandre en feignant de vouloir assiéger Grave ; puis il marcha contre le camp de Clèves, que commandait le comte d'Athlone, Ginckel, le fameux lieutenant de Guillaume III dans la guerre d'Irlande. Le comte d'Athlone, un peu inférieur en nombre, évacua sa position et se replia sur Nimègue, poursuivi l'épée dans les reins par la cavalerie française, qui le chargea jusque sur le glacis de Nimègue. Les ennemis, quoique appuyés par le canon des remparts, ne purent soutenir ce choc ni le feu de l'artillerie française ; ils passèrent en désordre au travers et autour de la ville pour gagner le pont du Wahal, et mirent ce bras du Rhin entre eux et les Français (11 juin.) Le duc de Bourgogne fit preuve de valeur, de sang-froid et d'intelligence militaire dans cette affaire plus brillante que fructueuse, qui causa indirectement la perte de Kayserswerth. Boufflers, en effet, avait rappelé à lui, pour soutenir son mouvement, le corps qu'il avait chargé de secourir Kayserswerth et qui s'était établi sur la rive gauche du Rhin, dans une position qui gênait extrêmement les opérations des assiégeants sur la rive droite ; à peine ce corps se fut-il éloigné, que les assiégeants occupèrent son poste, prirent la place à revers et l'écrasèrent. Elle se rendit le 15 juin, après une résistance qui avait coûté aux ennemis deux mois et neuf à dix mille hommes.

Les deux armées se concentrèrent après ces premières opérations. Marlborough était arrivé. Les alliés, puissamment renforcés, devenaient supérieurs à leur tour et le roi venait de tirer des troupes des Pays-Bas pour l'Alsace menacée. On se replia sur la Gueldre espagnole. Marlborough franchit la Meuse (26 juillet) et menaça le Brabant. Les Français couvrirent le Brabant en se portant sur le Demer, et le duc de Bourgogne, ou plutôt son guide, Boufflers, manœuvra assez prudemment pour ne donner l'occasion à Marlborough ni d'entamer l'armée française ni de pénétrer en Brabant. Marlborough se dédommagea en entreprenant des siéges sur ses derrières. Boufflers n'avait pu couvrir le Brabant sans découvrir la Basse-Meuse : Marlborough, le 29 août, fit investir Venloo. Le duc de Bourgogne eût voulu secourir cette place : le conseil de guerre jugea l'entreprise impossible. Le jeune prince quitta l'armée dès le 6 septembre, pour n'avoir pas le chagrin de voir l'ennemi prendre les villes de son frère sans pouvoir s'y opposer. Boufflers abandonna la Basse-Meuse et se retira sur Tongres : il n'avait plus trente mille hommes disponibles, non compris les malades et les détachements, tant les corps étaient incomplets. Il lança un corps détaché vers le haut électorat de Cologne, pour tâcher de faire diversion outre-Rhin, mais l'ennemi ne lâcha point les places de la Meuse. Venloo capitula le 23 septembre; Stephanswerth le 2 octobre; Ruremonde le 6. Maître de la Basse-Meuse, Marlborough remonta ce fleuve vers Liége. Boufflers, inférieur de moitié à l'ennemi, se vit réduit à la dure nécessité d'opter entre la conservation de Liége et celle du Brabant. Les places belges étaient en si mauvais état qu'on ne pouvait les abandonner, même pour peu de jours, à leurs propres forces. Boufflers se retira de Tongres sur Hui et sur les nouvelles lignes qui aboutissaient à la Mehaigne. Il avait laissé quelques milliers d'hommes dans les forteresses de Liége. La ville de Liége ouvrit ses portes à l'ennemi sans coup férir (13 octobre). La citadelle, très-mal défendue, fut emportée d'assaut le 23 octobre : la forteresse de la Chartreuse capitula le 29.

Le lieutenant-général Tallard, qui avait été détaché sur le Rhin, s'était, pendant ce temps, rabattu sur la Moselle et avait occupé Trèves, puis Trarbach et Veldenz; mais l'occupation d'une partie de la Basse-Moselle, quoique gênante pour l'Allemagne, ne compensait pas la perte de la Basse et de la Moyenne-Meuse. Les Pays-Bas Espagnols avaient perdu presque tous leurs avant-postes[1].

Le troisième théâtre de la guerre continentale avait été, cette année, l'Alsace, c'est-à-dire le territoire français. C'est dire que la guerre s'était d'abord engagée sur le Haut-Rhin encore plus mal que dans les Pays-Bas. Si l'armée des Pays-Bas, où commandait l'héritier du trône, était si mal pourvue et si mal recrutée, on peut juger de ce que fut l'armée d'Alsace, sous un général à demi disgracié. Le roi s'était décidé, comme par grâce, à employer de ce côté Catinat; mais on ne mit nullement Catinat en mesure de s'opposer aux desseins des ennemis. Le roi ne connaissait plus la situation réelle de ses troupes ni de ses places, et il était impossible de la connaître avec un ministre tel que Chamillart, qui perdait la tête dans le maniement de ces masses, se trompait ou était trompé sur tout et ne savait écouter personne. Très-modeste devant le roi, à qui il confessait humblement son insuffisance et qui se plaisait à le relever à mesure qu'il s'abaissait, il était fort entêté avec tout autre : il faisait ou faisait faire ses plans sur le papier; puis il s'étonnait que les généraux n'eussent pas exécuté ses ordres, quand il n'avait su leur expédier à point ni argent, ni soldats, ni munitions. L'argent se fondait entre ses mains sans qu'on sût comment : les secrets de l'État et de la guerre transpiraient en passant par ses obscurs familiers; les régiments et les croix de Saint-Louis étaient à l'encan; il en faisait une ressource *bursale* !

L'ennemi, cependant, profitait de nos leçons, que nous ne savions plus pratiquer! la célérité, le secret, la discipline, les corps tenus au complet, l'avancement régulier dans les grades

---

1. Une petite affaire maritime, qui mérite d'être citée pour son originalité, avait eu lieu, pendant cette campagne, en vue des dunes de Flandre. Trois galères françaises avaient pris un vaisseau hollandais de 60 canons, en présence de douze autres vaisseaux enchaînés par un calme plat.

inférieurs, l'émulation entre les officiers-généraux, étaient maintenant de son côté. Le prince Louis de Bade fut devant Landau et sur la Lauter dès le mois d'avril, avant que Catinat fût arrivé de Paris en Alsace et eût quelques mille hommes sous la main. L'ennemi s'établit solidement sur la Lauter et s'assura la liberté d'assiéger Landau sans qu'on pût le troubler. A la mi-juin, quand le blocus de Landau fut converti en siége, le prince de Bade avait quarante mille hommes, sans parler d'un corps assemblé en face de Huningue. Catinat n'en avait encore que vingt et un mille à mettre en campagne, à cause de la nécessité de tenir les places garnies. On commençait à sentir les inconvénients de la trop grande multiplicité des places fortes, inconvénients que Vauban était loin de méconnaître. Catinat, découragé, se retira dans le centre de la Basse-Alsace et ne crut pouvoir entreprendre aucune diversion de tout l'été. Landau se défendait opiniâtrément. A l'entrée de l'automne, une bonne nouvelle vint ranimer l'armée d'Alsace : l'électeur de Bavière ne s'était pas déclaré aussi promptement que son frère de Cologne et avait continué jusqu'ici d'affecter la neutralité et de négocier avec l'empereur, tout en levant une armée de vingt-cinq mille hommes : le 17 juin, un traité secret avec Louis XIV et Philippe V venait de lui promettre le gouvernement héréditaire de la Belgique ; au commencement de septembre, il entra en Souabe, s'empara d'Ulm par surprise et somma les cercles de Souabe et de Franconie de rentrer dans la neutralité. La joie de cet heureux événement fut bien troublée par la chute de Landau, le boulevard de l'Alsace, qui capitula, le 9 septembre, devant le roi des Romains et le prince de Bade. Les *tours bastionnées*, dont Vauban avait revêtu cette place, avaient beaucoup prolongé sa défense.

La prise d'armes de l'électeur ne fit que resserrer les liens des cercles avec l'Autriche[1] et qu'aider l'empereur à obtenir de la diète de Ratisbonne une déclaration de guerre contre le roi de France et le *duc d'Anjou* (28 septembre). Cette déclaration de l'Empire, quoique très-mal motivée, était inévitable, tous les états germaniques, sauf les deux électeurs bavarois, ayant pris

---

1. Le cercle de Westphalie donna son adhésion à la Grande Alliance le 29 septembre.

parti successivement en faveur de l'Autriche. La diversion de la Bavière n'en restait pas moins un fait très-considérable. L'Allemagne du sud était coupée en deux ; l'Allemagne du centre était ouverte et la guerre pouvait être portée par les Franco-Bavarois au cœur des états autrichiens. Il s'agissait maintenant de joindre l'électeur de Bavière sur la rive droite du Rhin. L'armée d'Alsace avait été renforcée par un corps aux ordres de Villars, général plein d'ardeur et d'ambition, qui ne songeait qu'à gagner le bâton de maréchal par une action d'éclat et qui n'avait cessé de presser Catinat d'agir. Villars fut chargé par le roi de mener à l'électeur la meilleure partie de l'armée, tandis que Catinat demeurait à la garde de Strasbourg. L'ennemi, aussitôt après la prise de Landau, avait jeté à la droite du Rhin 20,000 hommes, qui allèrent joindre un corps de 7,000 soldats déjà retranché à Friedlingen, en face de Huningue, point par lequel les Français pouvaient déboucher dans le midi de la Souabe. Le prince de Bade y accourut en personne ; mais déjà l'actif Villars avait rétabli le pont de Huningue, détruit après le traité de Ryswick. Quoique décidé, s'il le fallait, à déboucher sous le canon de l'ennemi, Villars chercha un passage moins périlleux et fit embarquer un détachement, qui surprit, de nuit, la petite ville de Neubourg, entre Brisach et Huningue ; on se hâta d'y jeter un second pont de bateaux. Le prince de Bade, craignant d'être pris à revers, évacua son camp de Friedlingen ; Villars, qui avait déjà porté le gros de ses troupes à la tête de son pont de Huningue, s'élança sur-le-champ au delà du Rhin, quoiqu'une partie de son armée fût à Neubourg. L'infanterie ennemie s'arrêta sur des hauteurs boisées ; Villars se mit à la tête de l'infanterie française, chargea l'ennemi à la baïonnette et le rejeta des hauteurs dans la plaine ; mais, là, l'ennemi ayant fait ferme et repoussé une tête de colonne qui le suivait avec trop d'ardeur et trop peu d'ordre, une panique saisit toute cette infanterie qui venait de combattre si valeureusement ; elle se mit à fuir de toutes parts, et Villars ne put venir à bout de la rallier. Il croyait la bataille perdue, lorsque, en jetant ses regards dans la plaine, il vit la cavalerie ennemie en déroute complète : le général Magnac, qui commandait la cavalerie française, avait chargé à l'arme blanche, sans riposter au feu de l'ennemi, et enfoncé cinquante-six escadrons avec trente-quatre. L'infanterie française revint de son inexplicable terreur et l'infanterie ennemie se retira en bon ordre vers les montagnes (14 octobre).

Villars cut son bâton de maréchal ; mais sa jonction avec l'électeur de Bavière ne fut point effectuée du reste de la campagne. L'électeur, qui, après la surprise d'Ulm, avait occupé le cours de l'Iller, ne tint pas sa promesse de s'approcher du Rhin, et Villars jugea impossible de franchir les Montagnes Noires pour l'aller joindre. Tous les passages de ces montagnes étaient fortifiés du côté qui fait face à la France, et le prince de Bade, qui avait rappelé à la hâte la plupart des troupes qui avaient pris Landau, se retrouvait sur le flanc de Villars avec une armée redevenue supérieure en nombre. Villars pensa qu'il ne fallait plus songer, au moins durant le fort de l'hiver, qu'à couvrir l'Alsace et la Lorraine. Catinat avait été rappelé ; Villars repassa le Rhin, alla s'établir sur la Moder, en face des lignes ennemies de la Lauter, et retrancha les points les plus importants de la Basse-Alsace. Pendant ce temps, le corps français de la Moselle occupait la ligne de la Sarre et prenait possession de Nanci sans résistance (3 décembre). Le duc de Lorraine, éclairé par l'exemple de ses devanciers, eût voulu, malgré ses sympathies pour l'Autriche, garder la neutralité [1]. Louis XIV ne la lui eût pas refusée, mais on ne doutait pas que le prince de Bade n'essayât d'occuper Nanci au printemps prochain et l'on jugea nécessaire de le prévenir. A cela près, le duc de Lorraine et ses sujets furent traités avec ménagement, et la Lorraine, au milieu du continent désolé par une guerre gigantesque, ne cessa pas d'apparaître comme une oasis de paix et de prospérité ; le pays qui avait été longtemps le plus misérable de l'Europe en devint le plus fortuné.

La perte de Landau et la diversion bavaroise en Souabe se faisaient à peu près équilibre ; à l'année 1703 semblaient réservées les grandes opérations [2].

---

1. Il avait épousé une princesse d'Orléans, nièce de Louis XIV.
2. Sur la campagne de 1702, V. *Mém. milit.*, etc., publiés par le général Pelet, t. II. — *Mém.* de Villars, p. 97. — *Mém.* de Saint-Hilaire, t. II, p. 262-308. — A l'année 1702 appartient une anecdote rapportée par Fontenelle et honorable pour

Si une diversion s'était opérée en Allemagne en faveur de la France, l'ennemi, de son côté, commençait à espérer une diversion en France au profit de la coalition : la guerre civile avait éclaté dans un coin de la France !

Le faible adoucissement apporté au sort des protestants, depuis la paix de Ryswick, n'avait pas suffi pour calmer les passions ni pour mettre un terme aux actes d'oppression qui ravivaient sans cesse de trop justes ressentiments. On voyait encore de temps à autre des prédicants envoyés au gibet et leurs auditeurs aux galères, où l'on exerçait sur eux les plus barbares traitements [1] ; le supplice du fameux ministre Brousson avait ému tout le Midi en 1698. Vers la fin de 1700, l'*esprit prophétique*, qui avait soulevé le Vivarais en 1689, reparut dans les Cévennes. Le sombre enthousiasme qui couvait dans ces montagnes fit explosion par d'étranges phénomènes. On racontait que les assemblées nocturnes des *fidèles* étaient guidées au désert par des météores ; que des enfants au berceau prophétisaient [2]. On voyait se reproduire, à l'entrée du dix-huitième siècle, les faits extraordinaires qui ont environné le berceau des religions. L'extase se propagea comme une épidémie ; on vit des enfants catholiques prophétiser contre la Babylone romaine, à l'exemple des enfants protestants. L'intendant de Languedoc, Basville, réunit dans les prisons d'Uzès jusqu'à trois cents jeunes *voyants* et les fit visiter par la Faculté de Montpellier, qui les déclara *fanatiques*, c'est-à-dire, atteints d'une sorte de folie religieuse [3]. Basville envoya les plus âgés aux galères ou dans des

---

l'humanité de Louis XIV ; *Éloges*, t. 1ᵉʳ, p. 311 : le chimiste italien Poli aurait offert à Louis un secret qui eût rendu la guerre plus meurtrière : Louis refusa.

1. V. l'*Hist. de la Guerre des Camisards*, par Court de Gébelin, t. 1ᵉʳ, p. 19; 1819. — *Documents administratifs sous Louis XIV*, t. IV ; *Affaires des protestants*.

2. Un des narrateurs du *Théâtre sacré des Cévennes* assure avoir entendu des enfants de quinze et de treize mois, qui ne savaient point encore parler, prophétiser à haute et intelligible voix, *en langue française*, et non en patois languedocien. — Ce qui est sûr, c'est que tous les extatiques prophétisaient en français, sans doute parce qu'ils s'étaient habitués à penser dans la langue de leurs bibles.

3. Brueys (*Hist. du Fanatisme*, t. 1ᵉʳ) fait remonter l'origine de ce débordement d'esprit prophétique à un huguenot appelé Duserre, qui aurait préparé des enfants aux extases et aux visions en les faisant jeûner et en les exaltant par la lecture des prophètes et de l'Apocalypse. Les détails sont curieux ; mais il est très-possible que Duserre n'ait point été un imposteur, comme le veut Brueys, et qu'il ait très-sincèrement formé cette école de *voyants*.

régiments. Les supplices recommencèrent. Plusieurs assemblées furent surprises et massacrées au désert par les soldats. Les émigrations se renouvelèrent sur une grande échelle. Après dix-huit mois écoulés de la sorte, un *vent de colère* se leva : *l'esprit*, comme en 1689, commença de souffler la résistance, la guerre aux prêtres et au roi. Malgré l'abandon où les étrangers avaient laissé le protestantisme français à Ryswick, les persécutés levèrent de nouveau les yeux vers les puissances protestantes. Le rétablissement de la capitation, qu'on faisait peser avec une rigueur inique sur les *nouveaux convertis* récalcitrants, redoublait leur irritation. Le départ des garnisons du Languedoc pour l'Italie les encouragea ; le signal partit des retraites les plus sauvages des Cévennes. Un abbé du Cheyla, archiprêtre des Hautes-Cévennes et inspecteur des missions, était, depuis quinze ans, le tyran de ces montagnes ; il y perpétuait les *dragonnades* ; il faisait de sa maison un cachot et un lieu de tortures ; il y renouvelait les atroces inventions des anciens despotes féodaux, sans avoir même pour excuse l'austérité du fanatisme, car il mêlait, dit-on, la luxure à la férocité. Vers la mi-juillet 1702, quelques Cévenols qui partaient pour l'émigration furent arrêtés et conduits à l'archiprêtre, au Pont-de-Montvert. Aux fugitifs étaient réservés les galères ; à leur guide le gibet. A cette nouvelle, un *voyant* appelé Séguier rassembla une bande de montagnards sur le mont Bougès, les entraîna au Pont-de-Montvert, délivra les prisonniers et mit à mort l'archiprêtre.

Séguier fut pris et roué peu de jours après ; mais il fut aussitôt vengé par le massacre de plusieurs des principaux persécuteurs, prêtres et laïques ; on pendit les collecteurs de la capitation, et une guerre de partisans, ardente, infatigable, s'alluma dans ce massif central des Cévennes, où s'élève la triple cime de la Lozère, de l'Aigoal et de l'Esperou, et d'où descendent le Tarn et les deux Gardons [1]. L'insurrection resta fidèle à son origine. L'esprit *prophétique* la dirigea comme il l'avait préparée. Tous les chefs furent des *voyants* ; la hiérarchie du commandement militaire fut établie d'après les degrés de l'*inspiration*. Un des premiers entre ces

---

1. Les Hautes-Cévennes sont le centre de toute cette région montueuse qui jette tant de fleuves et de rivières dans toutes les directions, la Loire, l'Allier, le Lot, le Tarn, l'Hérault, le Vidourle, le Gard, la Cèze, l'Ardèche.

étranges capitaines fut un enfant de dix-sept ans, Cavalier, qui a gardé un nom fameux dans l'histoire. Ils élurent pour leur chef suprême un jeune homme de vingt-sept ans, Roland, caractère élevé, sévère, méditatif, fait pour le commandement, et mêlant à un héroïsme farouche quelque chose de romanesque qui frappait vivement les imaginations. Roland se trouva bientôt à la tête de trois mille hommes, qui s'intitulèrent les *Enfants de Dieu*; les catholiques leur donnèrent le nom de *Camisards*, à cause des chemises blanches qu'ils revêtaient pour se reconnaître la nuit [1]. Les grottes des montagnes leur servirent de citadelles et d'arsenaux; ils renversèrent toutes les églises et les presbytères dans les Hautes-Cévennes, exterminèrent ou chassèrent les prêtres, surprirent des châteaux et des villes, taillèrent en pièces des détachements, levèrent l'impôt et la dîme, fusillant les fermiers du clergé qui ne leur apportaient pas la dîme au lieu de la porter aux gens d'église. Les États de Languedoc, réunis en novembre à Montpellier, votèrent la levée de milices pour combattre les rebelles. Basville demanda des troupes au ministre. Il dut bien lui en coûter d'avouer à quel résultat aboutissaient tant de cruelles rigueurs et de savantes combinaisons! Chamillart et sa protectrice, madame de Maintenon, s'entendirent pour cacher au roi, durant quelques mois, ce qui se passait en Languedoc! Le monarque infaillible, omniprésent, omni-scient, en était venu à ne pas savoir que la guerre civile dévorait une portion de son royaume!

Il fallut bien se décider à rompre ce silence, quand la guerre, descendue des montagnes dans la plaine de Nîmes, s'étendit depuis Mende jusqu'à la mer, et quand le lieutenant-général de Languedoc, le comte de Broglie, eut été battu par les Camisards aux bords de la Vistre (12 janvier 1703). Le roi envoya un maréchal de France, Montrevel, avec dix mille soldats tirés des armées d'Allemagne et d'Italie, vingt canons et six cents miquelets roussillonnais, milice dressée à la guerre de montagnes (février 1703). Déjà, des troupes, arrivées avant Montrevel, avaient fait échouer une expédition tentée par Cavalier pour insurger le Vivarais. Roland, à la tête de quinze cents Camisards, fut défait à Pompignan par cinq ou six mille soldats aux ordres de Montrevel, qui voulut profiter

---

1. C'est la même origine que le nom des *White-boys* ou *gars-blancs* d'Irlande.

de son succès pour en finir avec la révolte par une amnistie. Il convoqua la noblesse cévenole, généralement étrangère à l'insurrection, lui déclara qu'il ne s'agissait plus de religion, mais d'être fidèles au roi, et l'engagea à s'interposer pour désarmer les rebelles. Les Camisards fusillèrent ceux de leurs compagnons qui acceptaient l'amnistie et continuèrent les hostilités. Montrevel, exaspéré, fit incendier un moulin près de Nîmes, où des protestants, hommes, femmes et enfants, tenaient une assemblée religieuse le jour des Rameaux, et rejeter dans les flammes les malheureux qui voulaient s'échapper ; puis il déporta des populations entières, pour les punir des secours qu'elles fournissaient aux Camisards : il y eut quinze cents personnes enlevées, seulement dans la Vaunage, auprès de Nîmes, et, à proportion, dans le reste du bas pays et dans les montagnes. Tous ces malheureux furent traînés en Roussillon ou entassés sur les bancs des galères, à l'exception de ceux qu'on envoya au supplice! Les paroisses moins compromises furent frappées de fortes amendes. La violence des chefs militaires était telle, que Basville, qui n'eût pas voulu voir dépeupler sa province, semblait humain auprès d'eux!

Les cruautés de Montrevel ne réussirent pas mieux que sa clémence. En désespérant les populations non militantes, il ne fit que grossir les rangs de l'insurrection. Roland se montrait plus redoutable que jamais. Cavalier, cerné la nuit par des masses de troupes à la Tour-de-Bellot, entre Anduze et Alais, se fraya un passage à travers des monceaux de cadavres. Un nouvel élément était intervenu dans la lutte et en redoublait l'atrocité. Les paysans catholiques de la vallée de Cèze (diocèse d'Uzès) avaient pris les armes contre les rebelles, sous le nom de *Camisards blancs* ou *Cadets de la Croix*. Un ermite commandait ces bandes, que le roi autorisa et que le pape gratifia d'une indulgence plénière dans le style des anciennes bulles de la croisade. La *Sainte-Milice*, comme l'appelait la bulle papale, commit tant de brigandages contre amis et ennemis, que Montrevel fut obligé d'employer les troupes régulières à réprimer ses excès. Les hostilités continuaient toujours : les Camisards, divisés en petites troupes, disparaissaient quand on croyait les saisir, et tombaient comme la foudre là où on ne les attendait pas. De nouveaux *miracles* confirmaient la foi des insurgés : on racontait qu'un des prophètes, Claris, voyant le doute gagner ses frères, avait voulu passer par *le témoignage du feu* et qu'il était sorti intact du bûcher [1]. La guerre des Cévennes menaçait de s'éterniser!

Voici donc quel aspect général offrait la guerre de la Succession au commencement de 1703 : du côté du nord, les Pays-Bas espagnols entamés par la Gueldre, Liége perdu et l'électorat de Cologne près de l'être ; à l'est, l'Alsace entamée, mais l'armée bavaroise enfoncée comme un coin entre l'Autriche, la Souabe et la Franconie, et, dans le lointain, la Hongrie faisant entendre ces sourds frémissements qui précèdent l'orage ; du côté du midi, une guerre de religion déchirant une de nos provinces ; l'Espagne encore intacte, mais notre marine mutilée en la défendant ; au delà des Alpes, l'ennemi repoussé du Milanais et de Mantoue, mais se maintenant à l'extrémité de la Haute-Italie, par la connivence des Vénitiens.

Louis XIV comprit que le point décisif était en Allemagne et résolut d'y pousser une énergique offensive, en même temps qu'il tâcherait d'en finir en Italie ; quant aux Pays-Bas, il se contenterait de s'y défendre. Vendôme conserva le commandement en Italie ; il avait bien commencé l'œuvre : c'était à lui de l'achever. Villars, le vainqueur de Friedlingen, était dans le même cas pour l'Allemagne : le roi en attendait beaucoup et n'avait pas tort [2]. Villars, bruyant et plein de lui-même, était de ces caractères fort rares

1. Raconté par deux témoins oculaires, dans le *Théâtre sacré des Cévennes*, recueil de témoignages sur les faits prophétiques et guerriers de l'insurrection. — Voir, sur cette guerre, l'*Histoire des Pasteurs du désert*, par Nap. Peyrat ; Paris, 1842 ; livre émouvant et profondément original, qu'on a peine à croire écrit par un de nos contemporains, tant les passions et les croyances d'une autre génération y revivent en traits de feu. L'auteur a fait mieux que ce *Vieillard des tombeaux* dont parle Walter Scott dans ses *Puritains* : il n'a pas seulement restauré les épitaphes de ses héros ; il les a fait sortir vivants de leurs sépulcres. — M. E. Alby vient de publier un intéressant résumé de la *Guerre des Camisards* ; Paris, Meyrueis, in-12. — V. aussi *Quinze ans du règne de Louis XIV*, par Ernest Moret.

2. Louis XIV, dans un voyage que Villars fit à la cour en janvier 1703, lui tint un langage qui fait honneur à ce monarque : « Je suis François autant que roi... ce qui ternit la gloire de la nation m'est plus sensible que tout autre intérêt... Pendant plus de trois mois, Chamillart ne m'apprenoit que des choses désagréables (d'Alsace). L'heure à laquelle il arrivoit étoit marquée par des mouvements dans mon sang. Vous m'avez tiré de cet état : comptez sur ma reconnaissance. » *Mém.* de Villars, p. 102.

qui cachent un homme de grand cœur et de grande intelligence sous l'apparence d'un fanfaron, et qui, se vantant toujours, tiennent tout ce qu'ils promettent ; il avait les dehors d'un Villeroi, mais le fonds d'un Luxembourg. Il était destiné à être un jour la dernière et l'heureuse ressource de la France! Il eut donc l'armée qui devait joindre l'électeur de Bavière, non plus seulement à la droite du Rhin, mais sur le Danube, et un autre corps d'armée fut destiné à dégager l'Alsace. Le choix du général en chef, pour les Pays-Bas, ne fut pas si heureux. Ce fut le triste héros de Crémone, Villeroi, sorti de captivité moyennant rançon, que l'on mit en face de Marlborough ! C'était chez le roi une véritable infatuation : plus l'opinion de l'armée, de la cour et du pays se montrait contraire à Villeroi, plus le roi s'entêtait de ce favori suranné. Heureusement encore qu'il lui donna pour second le brave maréchal de Boufflers. Pendant que Villeroi partait triomphalement pour aller commander la plus nombreuse de nos armées, Catinat, écarté comme incapable de servir, se retirait avec résignation dans sa maison de Saint-Gratien (Enghien), près de Montmorenci, où il passa le reste de ses jours dans l'étude des lettres et de la philosophie [1]. On dit que l'esprit d'étroite dévotion qui régnait autour de madame de Maintenon ne fut pas étranger à la disgrâce de Catinat, qui était religieux, mais non pas dévot, et dont l'orthodoxie semblait suspecte.

Les ennemis avaient de grands projets du côté des Pays-Bas. Marlborough, qui était retourné en Angleterre, revint dès le mois de mars. Il avait été reçu magnifiquement à Londres, remercié par les communes de ses premiers succès, gratifié par la reine d'un brevet de duc et d'une pension de 5,000 livres sterling. Son intime allié, le ministre Godolphin, politique et financier habile, obtint du parlement une augmentation de subsides pour accroître de vingt mille hommes l'armée des Pays-Bas. La Hollande, qui avait déjà de si énormes engagements, consentit encore à prendre la moitié de celui-là. Les alliés purent ainsi mettre en mouvement, au printemps de 1703, cent mille combattants entre le Bas-Rhin et la Meuse. Dès le mois de février, Rheinberg avait été obligé de

---

1. Mort en février 1712.

se rendre par famine. Le 25 avril, cinquante mille hommes investirent Bonn, la dernière place qui restât de l'électorat de Cologne. Une seconde armée égale en force couvrit de loin le siége, en se postant sous Maëstricht. Comme l'année précédente, les Français avaient été prévenus : les temps étaient bien changés. Les Français ne furent prêts à temps ni pour secourir Bonn, ni pour attaquer la citadelle de Liége pendant le siége de Bonn. Bonn se rendit dès le 15 mai.

On s'attendait à voir les Anglo-Bataves, maîtres de l'électorat de Cologne, se porter au secours de l'empereur en Allemagne contre les Franco-Bavarois. Ils n'en firent rien. La Belgique était leur objet capital. Ils se concentrèrent sur la Meuse. Marlborough eût incliné à opérer à fond sur cette rivière, afin d'enlever Namur et de s'ouvrir un chemin en France au prix d'une bataille ; mais le gouvernement hollandais avait d'autres vues, qu'il avait fait partager au conseil d'Angleterre : c'était au Bas-Escaut et aux côtes de Flandre qu'il en voulait avant tout. Marlborough dut seconder ce plan. Villeroi et Boufflers couvraient le Brabant avec cinquante mille soldats. Le reste des forces des deux couronnes, qui ne comptaient guère moins de cent vingt mille hommes, était réparti dans les grandes villes belges, que n'eussent défendues ni leurs fortifications délabrées ni leurs populations indifférentes. On ne pouvait les conserver qu'en les encombrant de soldats ou qu'en manœuvrant avec une science stratégique hors de la portée de Villeroi. Marlborough tint donc en échec Villeroi et Boufflers sur la rive gauche de la Meuse, tandis qu'une grande partie des troupes alliées filaient dans la direction d'Anvers. Un fort détachement poussa plus loin encore, traversa l'Escaut et força les lignes qui protégeaient le pays de Waës, au nord de Gand ; le reste se mit en devoir d'attaquer les lignes d'Anvers : cette grande cité était le but essentiel de l'expédition. Boufflers, se séparant de Villeroi, courut à marches forcées au secours du général espagnol Bedmar, qui défendait Anvers et la Flandre. Boufflers et Bedmar prévinrent le général hollandais Obdam, l'assaillirent à Eckeren près d'Anvers, parmi les mille canaux des polders (*watergangen*), et rejetèrent l'ennemi jusque sous le canon de Lillo, après une longue et meurtrière fusillade où la supériorité du tir des fantassins hollandais semblait pourtant devoir leur assurer l'avantage (30 juin). L'ennemi retourna sur la Meuse. Cette opération fit le plus grand honneur au maréchal de Boufflers.

L'insuccès des alliés donnait raison à Marlborough, qui recommença d'agir sur la Meuse et qui emporta Hui en dix jours (15-25 août). Les deux maréchaux n'osèrent rien tenter en faveur de Hui, de crainte que Marlborough ne lâchât cette place pour se jeter en Brabant; ils se contentèrent de prolonger jusqu'à la Meuse, afin de protéger Namur, les lignes défensives qui s'arrêtaient à la Mehaigne. Marlborough voulait revenir à son premier projet, attaquer les lignes de Namur et donner une grande bataille. Les représentants des États-Généraux s'opposèrent à cette résolution hardie. Marlborough repassa la Meuse, alla prendre Limbourg (27 septembre), puis se mit en quartiers d'hiver dans les premiers jours de novembre, en laissant seulement un détachement devant Gueldre, qui se rendit le 15 décembre. Les deux couronnes perdirent ainsi leurs dernières positions entre la Meuse et le Rhin. Le résultat de la campagne cependant était loin de répondre à l'attente des alliés. Marlborough se plaignit vivement des entraves que les délégués des États-Généraux à l'armée avaient apportées à ses entreprises et tâcha d'obtenir dorénavant l'espèce de dictature militaire sans laquelle il déclarait les grandes choses impossibles.

Les Français n'avaient point été en retard, cette année, vers le Haut-Rhin comme vers le Bas-Rhin et les Pays-Bas. L'actif et brillant capitaine à qui Louis XIV avait confié l'armée d'Allemagne, n'avait pas attendu la fin de l'hiver pour agir. Villars tira ses troupes de leurs quartiers dès le commencement de février, quoiqu'il n'y eût presque point d'officiers supérieurs à l'armée [1], et leur fit traverser, du 12 au 14, les ponts de Huningue et de Neubourg : les ennemis croyaient qu'il allait essayer de forcer les passages des Montagnes Noires et avaient porté toute leur attention de ce côté; mais, au lieu d'entrer dans les montagnes, il

---

1. La plupart des officiers se permettaient encore de quitter l'armée pendant les quartiers d'hiver. Villars, p. 102. — Un autre passage de Villars nous fait voir qu'à cette époque, la cavalerie, moins les gendarmes, avait déjà quitté la cuirasse et que Villars voulait la lui rendre, ce qui eut lieu en 1706. V. Lémontei, addit. à Dangeau, p. 175.

passa sous le canon de Brisach, fila le long du Rhin, franchit la Kintzig, enleva les petites villes de la Kintzig et du Rhin, que l'ennemi évacua en désordre, et prit Kehl à revers. Le prince de Bade faillit être enfermé dans Kehl et n'eut que le temps de gagner Bühl (ou Bihel), où il rassembla péniblement son armée disloquée. Kehl, où s'étaient jetés trois mille cinq cents hommes, fut investi le 20 février. Villars, suppléant à l'insuffisance de son artillerie par les canons qu'il venait de ramasser dans les dépôts ennemis, mena le siège avec une audace qui sautait par-dessus toutes les règles : des assauts heureusement téméraires emportèrent les dehors de Kehl, et cette forte place se rendit dès le 10 mars.

La campagne débutait brillamment : l'électeur de Bavière [1] n'avait pas interrompu ses opérations et avait, de son côté, emporté, le 2 février, Neubourg sur le Danube. Villars ne crut pourtant pas devoir tenter immédiatement la jonction : il prit quelques semaines pour rafraîchir et réorganiser ses troupes fatiguées, mal armées [2] et mal approvisionnées, et pour attendre la fonte des neiges. Sur ces entrefaites, l'électeur se trouva en grand danger. L'empereur et les cercles n'avaient pas été en état de repousser sur-le-champ l'attaque des Bavarois contre la Souabe; la guerre du Nord, qui avait amené les Suédois victorieux jusque dans Varsovie, grâce à l'hostilité trop bien motivée d'une grande partie des Polonais contre leur roi Auguste de Saxe [3], privait Léopold d'une grande partie des secours que lui eût accordés l'Allemagne septentrionale, l'électeur de Saxe, roi de Pologne, étant engagé dans une lutte qui menaçait de lui coûter sa couronne, et l'électeur de Brandebourg, roi de Prusse, ayant à préserver ses domaines enchevêtrés avec les provinces polonaises. A la fin de l'hiver, cependant, les Impériaux et les contingents des cercles furent assez forts pour reprendre l'offensive : le général autrichien

---

1. Par un nouveau traité secret, Louis XIV lui promit la souveraineté de la Belgique, en réservant à la France Luxembourg, Namur, Charleroi et Mons. Philippe V consentit (mai 1703). *Mém.* de Noailles, p. 149.

2. Un tiers de l'infanterie était sans fusils et l'arsenal de Strasbourg était vide. — *Mém.* de Villars, p. 109.

3. Auguste avait attiré Charles XII au cœur de la Pologne, en l'attaquant contrairement aux intérêts et à la volonté de la nation polonaise.

Schlick envahit la Bavière du côté de l'Inn, et le comte de Styrum, général des cercles, attaqua le Haut-Palatinat. L'électeur, bien guidé par son feld-maréchal, le comte d'Arco, battit Schlick aux bords de l'Inn, à Scharding (11 mars), puis, traversant le Danube, défit l'avant-garde de Styrum (28 mars), le rejeta en Souabe et revint occuper Ratisbonne, afin d'y prévenir les Impériaux, qui avaient refusé la neutralité à cette importante cité. Le séjour de la diète germanique se trouva ainsi au pouvoir des alliés de la France.

Si l'électeur avait pu se tirer de péril par ses seules forces, que ne devait-on pas espérer après la jonction! Villars se remit en mouvement dans la première quinzaine d'avril et laissa à Tallard, commandant du corps d'armée destiné à rester sur le Rhin, le soin de tenir en échec le prince de Bade. Il tourna rapidement vers les montagnes, emporta les postes que les ennemis avaient conservés dans le haut du val de Kintzig, franchit les crêtes qui séparent le bassin du Rhin de celui du Danube naissant et descendit dans la vallée du Danube par Duttlingen (8 mai). La jonction tant désirée s'accomplit à Ehingen.

On était dans une situation à tout entreprendre. Villars le savait bien. Il fit adopter à l'électeur le projet de descendre le Danube jusqu'à Passau et de s'ouvrir l'entrée de l'Autriche par la prise de cette ville et de Linz, tandis que les Français barreraient le passage à tous les secours qui pourraient venir du comte de Styrum et du prince de Bade. Passau et Linz, places très-faibles, une fois prises, l'électeur irait droit à Vienne, qui n'était pas plus forte et qui était dégarnie de troupes. Un événement dont Villars ne pouvait encore avoir connaissance doublait les chances favorables : c'était l'insurrection de la Hongrie, qui éclata au mois de juin et qui eût éclaté plus tôt si le ministère français eût prêté plus d'attention aux avances des mécontents hongrois. Quand l'empereur sut, par les espions de haut rang qu'il entretenait auprès de l'électeur, le dessein d'entrer dans l'archiduché d'Autriche, il fut saisi de terreur et se prépara à quitter Vienne. La fin de la guerre et une paix triomphante étaient vraisemblablement entre les mains de l'électeur[1].

---

1. Le prince Eugène, plus tard, le dit lui-même à Villars. *Mém.* de Villars, p. 126.

Il laissa tout échapper! Villars apprit tout à coup avec stupeur que l'électeur, qu'il croyait sur la route de Passau, différait l'invasion de l'Autriche et tournait vers le Tyrol. Ce prince, brave et loyal, mais fantasque, irrésolu, mobile et plus occupé de ses plaisirs que de ses affaires, tentait et abandonnait tour à tour les plus grandes choses par les motifs les plus frivoles[1]; sa femme, par un attachement aveugle à l'Autriche, ses favoris et ses maîtresses, par cupidité, le livraient à l'empereur et lui suggéraient les résolutions les plus contraires à ses intérêts. Villars se résigna à seconder l'expédition de Tyrol, en gardant le Danube contre le prince de Bade, qui avait rejoint Styrum, le général des Cercles, dans le centre de la Souabe. Il pressa le roi de faire marcher l'armée du Rhin sur Freybourg et les Montagnes Noires et de faire avancer Vendôme sur Trente, avec la moitié de l'armée d'Italie, le reste suffisant bien pour contenir les Impériaux à l'est du Mincio et de la Secchia. On pourrait peut-être encore reprendre à temps la marche sur Vienne.

L'expédition de Tyrol commença sous d'heureux auspices (juin). L'électeur s'empara, presque sans coup férir, de Kuffstein, d'Inspruck, de toute la haute vallée de l'Inn. Si Vendôme eût opéré en même temps son mouvement sur le haut Adige, on se fût donné la main par-dessus le mont Brenner; l'armée impériale d'Italie eût été coupée d'avec l'Allemagne et la grande pensée de Villars eût pu se réaliser. Par malheur, Vendôme ne s'ébranla pas avant le 20 juillet; peut-être y eut-il de sa part un peu de négligence pour une opération qui dérangeait ses combinaisons particulières. C'était au moins quinze jours de retard. Ce délai avait été fatal aux Bavarois; le Tyrol, qui n'avait pas vu la guerre depuis Charles-Quint, avait été d'abord étourdi par l'invasion; mais cette énergique population de chasseurs montagnards revint promptement à elle et s'insurgea dans toutes ses âpres vallées. L'électeur, harcelé de toutes parts et craignant d'être coupé, rétrograda du pied du Brenner jusqu'au delà d'Inspruck. Vendôme, cependant, avançait enfin et bombardait

---

1. Il avait d'énormes dettes de jeu envers son général et ses ministres, et ceux-ci l'avaient poussé à attaquer l'empereur, dans l'espoir de se faire payer sur les contributions de guerre. Villars, p. 114.

Trente; l'électeur fit quelques efforts pour se rapprocher de lui ; mais, soit trahison, soit lâcheté, plusieurs officiers bavarois rendirent des postes imprenables aux paysans insurgés et à quelques soldats autrichiens; un corps d'Autrichiens et d'auxiliaires danois entamait, sur ces entrefaites, la Bavière, en franchissant le Bas-Inn; un autre corps attaquait le Haut-Palatinat et menaçait Ratisbonne. L'électeur évacua le Tyrol et rentra en Bavière; l'expédition était complétement avortée (août).

Durant la campagne de l'électeur en Tyrol, Villars, bien posté entre Dillingen et Lawingen sur le Danube, avait tenu en échec le prince de Bade, qui avait ramassé le gros des forces de l'empereur et de l'Empire. Bade persévéra dans son plan, qui était de prendre à revers la Bavière par la Souabe méridionale; renforcé de nouveau, il laissa la moitié de son armée, avec Styrum, dans un camp retranché, devant le camp de Villars, et, avec le reste, il remonta le Danube jusqu'à Ehingen, franchit ce fleuve, puis tourna rapidement à l'est (fin août). Les Français et les Bavarois furent ainsi menacés d'être cernés entre quatre corps d'armée. La situation avait ses périls, mais aussi ses avantages, si l'on occupait Augsbourg, le point capital de toute la région au sud du Danube, et si l'on se massait pour tomber sur des adversaires trop séparés. L'électeur ne voulut ni occuper Augsbourg, qui lui avait donné des otages en garantie de neutralité, ni s'entendre avec Villars pour attaquer Bade au passage de l'Iller ou du Lech. Pendant ces discussions, Bade poussa à marches forcées jusqu'à Augsbourg et s'en saisit par la connivence des habitants. Villars proposa un parti héroïque : c'était d'abandonner la Souabe, sauf Ulm, de défendre le Lech avec un corps d'armée et de se jeter sur l'Autriche avec un autre. L'électeur dit oui, puis non, et refusa toute proposition raisonnable. Il était prêt à céder à son entourage, qui le pressait de traiter avec l'empereur. Villars fut pris d'un amer découragement : il se voyait paralysé par la folie du prince à qui on l'avait associé et ne recevait pas du roi les secours sur lesquels il avait compté. Il n'y avait plus rien à espérer du côté de l'Italie. Quant à l'armée française du Rhin, depuis sa séparation d'avec Villars, elle n'avait pas fait d'autre exploit que de raser les lignes de la Lauter abandonnées par l'ennemi. Les ressources lui avaient longtemps manqué; on avait donné ce qu'on avait de mieux à Villars et il ne se trouvait point, dans l'armée du Rhin, de ces hommes qui savent suppléer aux ressources. Elle ne tenta d'opération sérieuse qu'au milieu d'août, et cette opération, qui fut le siége de Brisach, n'était point une diversion suffisante pour dégager l'armée du Danube. Villars écrivit au roi pour demander son rappel.

Il se tira d'embarras d'une façon plus glorieuse. Il s'était réuni à l'électeur près de Nordendorf, au sud du Danube, avec une partie de son armée, laissant l'autre au camp de Dillingen. Averti que Bade et Styrum, qui étaient, le premier à Augsbourg, le second devant Dillingen, combinaient une attaque contre le camp de Nordendorf, il décida enfin l'électeur à déjouer l'ennemi par une combinaison inverse, c'est-à-dire à gagner une marche sur Bade et à se porter au-devant de Styrum, tandis que le corps français de Dillingen le prendrait en queue. Dans la nuit du 19 au 20 septembre, l'électeur et Villars passèrent le Danube à Donawerth; le lendemain, ils rencontrèrent Styrum dans la plaine de Höchstedt. Le corps français venu de Dillingen avait déjà fait son attaque prématurément et avait été repoussé. Le second choc fut plus heureux. La cavalerie ennemie fut renversée; l'infanterie ennemie, supérieure en nombre à l'infanterie franco-bavaroise, se défendit très-vigoureusement et se retira en bon ordre l'espace de deux lieues, en soutenant les charges successives de nos escadrons et de nos bataillons. Elle fut enfin tournée et enfoncée avec un grand carnage. La victoire fut complète, peu meurtrière pour les vainqueurs et coûta aux ennemis une dizaine de mille hommes tués, pris ou hors de combat, et trente-trois canons. Styrum s'enfuit avec ses débris jusqu'à Nordlingen.

Le réseau des armées ennemies était rompu par ce grand coup de main. Villars proposa d'employer les Bavarois à défendre la Bavière et à insulter l'Autriche, et de remonter le Danube avec les Français pour s'emparer du Würtemberg et donner la main à l'armée du Rhin : grâce au maréchal de Vauban, qui avait dirigé les travaux du siége, Brisach s'était rendu, dès le 7 septembre, au duc de Bourgogne, qui commandait cette armée depuis trois mois. L'électeur rejeta le plan de Villars et prétendit aller atta-

quer Bade sous Augsbourg. Comme Villars l'avait prévu, on trouv
ce prince si bien posté qu'il fallut renoncer à l'attaque. Villar
revint à son projet et traîna en quelque sorte l'électeur jusqu'a
confluent de l'Iller et du Danube; mais, là, l'électeur recommen
de crier pour qu'on retournât avec toute l'armée en Bavière. Vi
lars, voyant les fruits de sa victoire perdus et convaincu de l'im
possibilité de rien faire avec un pareil allié, supplia de nouveau
roi de lui donner un successeur. Louis y consentit à regret et en
voya le maréchal de Marsin. Villars quitta l'armée au mois d
novembre; c'était la fortune de la guerre qui s'en allait!

Marsin, pourtant, débuta heureusement; mais c'était encore
Villars que le mérite en revenait. Le mouvement de Villars ver
le Haut-Danube avait été si bien calculé, qu'il avait suffi pour fair
abandonner à Bade son camp d'Augsbourg et pour l'attirer entr
l'Iller et le lac de Constance, par la crainte de perdre toute
Souabe. Bade avait laissé un corps de six mille hommes dan
Augsbourg. Les Franco-Bavarois s'y portèrent rapidement et, aprè
quelques jours de siége, obligèrent les Impériaux à évacuer
ville par capitulation (4-13 décembre). Ce succès dégageait
Bavière et assurait le sud-est de la Souabe aux Franco-Bavarois
Sur ces entrefaites, les plus grandes nouvelles arrivèrent de Hor
grie. Tekeli, en allant chercher naguère un asile et un tombea
chez les Turcs, avait légué ses biens confisqués et sa vengeance a
fils de cette belle Hélène Zrini, qu'il avait tant aimée et qui fut
compagne fidèle de son exil : le jeune François Rakoczi [1], des
cendant des souverains magyars de Transylvanie, beau-fils d
Tekeli et petit-fils du comte Zrini, ban de Croatie, mort sur l'é
chafaud autrichien, était, par ses origines autant que par so
héroïsme patriotique, l'homme que l'Autriche avait le plus à r
douter en Hongrie; aussi l'empereur l'avait-il fait arrêter dè
l'ouverture de la guerre européenne, en 1701 : Rakoczi s'éta
évadé et réfugié en Pologne; il en ressortit au mois de juin 170
et se mit à la tête des mécontents qui avaient commencé à s'a
mer dans les montagnes de la Haute-Hongrie. L'insurrection pr
en quelques mois des proportions colossales : les paysans, debou

1. L'orthographe slave en fait Ragotzki.

les premiers, entraînèrent la noblesse; les garnisons autrichiennes, rares et faibles, furent comme noyées au milieu d'une inondation sans bornes. Vers la fin de l'année, l'insurrection déborda pardessus le Wag et la Leitha, entoura Presbourg et lança ses légers cavaliers jusqu'aux portes de Vienne. L'empereur rappela le gros des garnisons de Presbourg et de Passau pour défendre sa capitale. Il semblait que la Providence s'obstinât à nous rendre les chances magnifiques que nous laissions périr. Sur les lettres pressantes de Louis XIV, l'électeur et Marsin, après des hésitations motivées par la fatigue de leurs troupes, se décidèrent enfin à exécuter le plan de Villars : l'électeur, avec quinze mille hommes, prit Passau en deux jours (7-8 janvier 1704), enleva, presque sans coup férir, les lignes qui protégeaient l'entrée de l'Autriche et poussa jusqu'à Ens; mais, arrivé là, il recula devant la rigueur de la saison, se contenta de mettre des garnisons à Passau et dans quelques petites places autrichiennes et revint à Munich (20 janvier).

L'occasion perdue ne devait plus se retrouver.

La campagne, cependant, à tout prendre, avait fini avantageusement, puisqu'on avait dégagé la Bavière et entamé l'Autriche. Elle s'était terminée d'une manière encore plus satisfaisante sur le Rhin. Après la prise de Brisach, le duc de Bourgogne, Vauban et Tallard n'avaient pas cru pouvoir assiéger Freybourg, comme le désiraient le roi et Villars; la garnison était forte de six mille hommes, la circonvallation très-vaste, et l'armée était si délabrée qu'elle ne comptait pas plus de trois cents hommes par bataillon au lieu de six cents; encore, la moitié consistait-elle en mauvaises recrues : la désertion avait été effrayante [1]. En renonçant à l'attaque de Freybourg, on renonça à la jonction tant demandée par Villars, et le siège de Landau fut décidé par le roi ; Bourgogne et Vauban retournèrent à la cour, et Tallard seul mena l'armée sur Landau, qui fut investi le 11 octobre. Le siège, sans être aussi vivement mené que celui de Brisach, marchait bien, lorsque Tallard apprit que les alliés se préparaient à un grand effort pour secourir la place. Le prince de Hesse-Cassel, détaché de l'armée des Pays-Bas avec un gros corps, avait appelé à lui les troupes laissées par

---

1. V. ci-dessus, p. 311, les causes de désertion indiquées par Vauban.

Bade dans les lignes de Bühl. Il arriva le 13 novembre à Spire ; il avait gagné deux marches sur Pracontal, commandant du corps français de la Moselle, que le roi avait chargé de secourir Tallard. Heureusement, il reperdit cette avance en s'arrêtant pour attendre un renfort hessois et mayençais. Tallard ne se laissa point attaquer dans ses lignes; dès le 14, il se porta entre Landau et Spire avec la moitié de ses bataillons et les trois quarts de ses escadrons, le reste gardant les lignes contre la garnison de Landau; dans la nuit, il fut rejoint par Pracontal, accouru à marche forcée avec sa cavalerie. Le lendemain, il alla aux ennemis, les rencontra en avant du Speyerbach et, croyant voir chez eux un mouvement de retraite, lança la cavalerie à la charge, sans donner le temps à l'infanterie d'arriver sur le champ de bataille. Les escadrons français, avec leur supériorité accoutumée, percèrent d'abord les escadrons ennemis; mais, pris en flanc par le feu de l'infanterie allemande, ils furent mis en désordre à leur tour. Si l'ennemi eût poussé vivement son avantage, la journée eût été perdue; par bonheur, l'ennemi n'avança qu'avec lenteur et méthode, et l'infanterie française eut le temps d'arriver en ligne. La face du combat changea bien vite : nos escadrons, ralliés, culbutèrent une seconde fois la cavalerie ennemie, et nos bataillons, quoique très-inférieurs en nombre, marchèrent à l'infanterie allemande, essuyèrent sa décharge sans y répondre et l'enfoncèrent à la baïonnette. La perte des Allemands, en morts, en prisonniers, en canons, ne fut pas moindre qu'à Höchstedt. Landau se rendit deux jours après (17 novembre). La Basse-Alsace fut par là complétement délivrée, la L raine mise à couvert, et une grande partie du Palatinat cis-rh nan fut à la discrétion des Français. La victoire de Spire et la reprise de Landau firent au maréchal de Tallard une réputation fort au-dessus de son mérite.

Tandis que ces grands mouvements s'opéraient dans l'Europe centrale depuis le Rhin jusqu'à la Theiss et aux Carpathes, la campagne d'Italie s'était engagée sous des auspices qui semblaient promettre l'entière expulsion des Impériaux. Avant même que la Hongrie se fût levée à son tour, l'attaque des Bavarois au cœur de l'Allemagne avait ôté à l'empereur les moyens de renforcer suffisamment son armée d'Italie : le prince Eugène, qui avait

couru à Vienne au commencement de l'année pour réclamer des
secours, jugea la situation de l'Autriche tellement grave, qu'il
resta auprès de l'empereur à diriger l'ensemble de la défense
comme président du conseil de la guerre (ministre de la guerre),
et laissa l'armée d'Italie à son lieutenant Stahremberg, le plus
capable, après lui, des généraux autrichiens. Stahremberg n'eut
jamais plus de vingt-cinq à trente mille hommes à sa disposition :
les Français et leurs alliés en eurent au moins cinquante mille.
Vendôme ne tira point de ces conjonctures le parti qu'on pouvait
espérer. On ne retrouve plus chez lui, en 1703, la vivacité, la
netteté de l'année précédente ; on remarque, dans ses plans, des
variations, une incertitude inaccoutumée et, dans l'exécution, de
la lenteur et de la négligence. Singulier caractère, tantôt d'une
activité foudroyante et digne de César, tantôt d'une paresse à rester
au lit la moitié du jour dans les moments les plus critiques ! Sa
santé, délabrée par les suites de ses débauches, était pour beaucoup
dans ces irrégularités bizarres. Des circonstances indépendantes
de sa volonté contribuèrent d'ailleurs à lui enlever, en 1703, les
avantages de sa situation. Les Impériaux étaient retranchés sur
les deux rives du Pô, à l'est du Mincio et de la Secchia : Vendôme
avait tenté au nord du Pô une attaque que les Autrichiens firent
échouer en coupant les digues du Pô et du canal qui va de Ponte-
Molino à Ostiglia, et en mettant tout ce canton sous les eaux
(10 juin). Vendôme s'apprêtait à reprendre, au midi du Pô, l'attaque manquée au nord de ce fleuve, lorsqu'il reçut l'ordre de
marcher en Tyrol. Il obéit à regret : la jonction avec l'électeur de
Bavière, comme on l'a dit tout à l'heure, ne put s'effectuer, et
Vendôme revint sur les bords du Pô. Tout l'été avait été consumé
dans cette infructueuse expédition et un événement se préparait,
qui allait changer la face de la guerre en Italie : c'était la défection du duc de Savoie. On l'avait soupçonnée depuis longtemps :
on en était maintenant assuré. Victor-Amédée avait très-clairement
fait entendre aux deux couronnes qu'on devait « avoir égard à ses
intérêts : » Louis XIV parut un moment le comprendre, quoique
bien tard, et lui fit insinuer l'échange de la Savoie et de Nice
contre le Milanais : le duc entra dans cette ouverture ; Louis n'y
donna pas de suite, de peur sans doute d'exciter les clameurs des

Espagnols, qui trouvaient fort commode de regarder la France dépenser vingt mille hommes et 30 millions par an pour leur conserver le Milanais [1]. L'empereur sut mieux s'y prendre et promettre le partage de ce qu'il ne pouvait conquérir pour lui seul. Dès le mois de janvier 1703, il fit accepter au duc de Savoie ses offres secrètes; c'était le Montferrat, qu'on enlèverait au duc de Mantoue pour châtier sa *rébellion* envers l'Empire, plus Alexandrie, Valenza, la Lomelline et le Val de Sesia. L'automne arriva cependant sans que Victor-Amédée eût osé se déclarer; mais Louis XIV avait la certitude qu'il n'attendait que le moment favorable. Le 29 septembre, Vendôme, sur l'ordre du roi, fit désarmer et arrêter trois mille soldats que Victor-Amédée avait encore au camp français; puis il marcha sur le Piémont avec une partie de l'armée et somma le duc de livrer Turin et Suse. Le duc refusa, fit arrêter l'ambassadeur de France et tous les Français qui se trouvaient en Piémont, et signa son traité définitif avec l'empereur (25 octobre). Vendôme eût voulu attaquer sur-le-champ Turin; mais la fièvre des rizières et l'épizootie sur les chevaux avaient trop ruiné l'armée pour qu'il pût tenter ce siège sans des renforts que le roi ne fut pas en état de lui fournir. Il fallut ajourner l'entreprise. Vendôme établit son corps d'armée en quartiers dans l'Astesan, à portée de Turin, pendant que des troupes venues de l'intérieur de la France envahissaient la Savoie; puis il retourna au camp de la Secchia.

Vendôme comptait accabler le duc de Savoie au printemps; mais les Impériaux ne négligèrent rien pour secourir leur nouvel allié. Un premier détachement, lancé par Stahremberg, avait été coupé et détruit sans pouvoir gagner le Piémont. Stahremberg se décida à y marcher en personne; il laissa un petit corps sur la Secchia et, avec tout le reste, il passa tout à coup la Secchia à la Concordia (fin décembre), gagna une marche sur Vendôme, traversa le Parmesan et la partie du Milanais au sud du Pô; Vendôme atteignit et sabra par deux fois son arrière-garde; mais le gros des Impériaux, au nombre de quinze mille hommes, n'en joignit pas moins le duc de Savoie sur le Tanaro (16 janvier 1704).

---

1. *Mém.* de Villars, p. 135.

Le principal théâtre de la guerre d'Italie fut ainsi reporté du Bas-Pô jusqu'au pied des Alpes, et la France se trouva brusquement séparée du Milanais par un massif de montagnes et de places fortes, hier amies, aujourd'hui ennemies.

La guerre maritime n'avait point offert de grand choc cette année ; la flotte française n'avait pas tenu la mer ; mais la guerre de course avait recommencé avec éclat sous les Duguai-Trouin, les Saint-Pol, les Coëtlogon, qui vengèrent en partie le désastre de Vigo. Les flottes ennemies n'avaient rien entrepris de notable ; elles se préparaient à porter les grands coups du côté de l'Espagne dans la campagne prochaine.

Pour résumer en peu de mots la campagne de 1703, l'électorat de Cologne était perdu, avec tout ce que l'Espagne avait possédé outre-Meuse ; l'Alsace était délivrée et l'offensive reprise dans le Palatinat ; l'offensive était maintenue au cœur de l'Allemagne, dans la Souabe et la Franconie, et l'Autriche était serrée entre les Bavarois et les Hongrois. La situation, restée très-bonne en Allemagne malgré les fautes d'un imprudent allié, était compromise en Italie par la défection d'un autre allié[1].

La plaie des Cévennes, si elle ne s'était point élargie autant qu'on eût pu le craindre, ne se cicatrisait pas. En septembre 1703, le maréchal de Montrevel, l'intendant Basville, les évêques, les officiers-généraux, les gouverneurs des villes, avaient conféré à Alais sur les moyens d'en finir avec la rébellion. Basville s'opposa à l'extermination des populations montagnardes, proposée par la plupart des assistants, mais consentit à la destruction des villages et des habitations isolées, qu'il avait jusqu'alors empêchée : les habitants seraient sommés de se retirer avec leurs meubles dans les villes et les principales bourgades, afin que tout ravitaillement fût impossible aux révoltés. Au moment où l'on décida cet expédient renouvelé de la guerre des Albigeois, le péril était plus sérieux qu'il n'avait encore été ; un cadet de haute noblesse, l'abbé de La Bourlie, esprit violent, audacieux et intrigant, avait projeté de soulever le Rouergue, son pays natal, non plus au nom de la liberté religieuse, mais au nom de l'abolition des

---

[1]. Sur la campagne de 1703, voyez le général Pelet, t. III ; — Villars, p. 101-134 ; — Saint-Hilaire, t. II, p. 309-310.

impôts; il s'était mis en rapport avec le grand chef des Camisards, avec Roland, et prétendait unir dans une même prise d'armes catholiques et protestants : d'une autre part, les puissances protestantes avaient résolu de secourir les Camisards. Lorsque la dévastation des Cévennes commença, les Camisards firent tout à coup une diversion terrible dans la plaine de Nîmes. Sur ces entrefaites, l'escadre anglaise de l'amiral Showell parut en vue de Montpellier. Le concert, cependant, ne put s'établir. Les émissaires des Anglais ne parvinrent pas jusqu'aux Camisards, et Showell, voyant qu'on ne répondait point à ses signaux, regagna le large. Le mouvement préparé par La Bourlie éclata prématurément par l'impatience des protestants du Rouergue, et fut étouffé moitié par les armes, moitié par une amnistie; les catholiques n'y avaient pris aucune part, irrités qu'ils étaient des violences que les Camisards continuaient à commettre contre les églises, malgré les défenses de Roland. La dévastation des Cévennes, cernées, écrasées par un réseau de troupes et de milices catholiques, s'accomplit; plus de quatre cents villages, hameaux ou censes furent détruits; vingt lieues de pays furent complétement ravagées (décembre 1703). Les chefs camisards, Cavalier surtout, n'en continuèrent pas moins à voltiger de la plaine à la montagne, brisant tour à tour les mailles du réseau qui les entourait, rendant feu pour feu, ravage pour ravage, et arrachant aux ennemis la subsistance que les amis ne pouvaient plus leur fournir. Ils se soutinrent le reste de l'hiver : ils échouèrent dans une seconde tentative pour insurger le Vivarais; mais Cavalier obtint de nouveaux succès dans les vallées des deux Gardons. Partout les bandes rebelles reprenaient l'offensive avec une audace désespérée. Le roi, mécontent, expédia à Montrevel un ordre de rappel et résolut d'envoyer Villars, demeuré sans armée par suite de sa brouille avec l'électeur de Bavière. Triste emploi pour un homme dont l'absence allait se faire si cruellement sentir sur le théâtre des grands chocs européens!

Montrevel, humilié, se piqua d'honneur et tâcha de finir par un coup d'éclat. Il attira Cavalier dans la plaine de Nîmes, vers Langlade, et l'enveloppa (16 avril 1704) : Cavalier déploya non-seulement le courage d'un héroïque soldat, mais les talents d'un général; il se défendit toute une journée avec douze cents hommes contre six à huit mille, et finit par se faire passage en laissant cinq cents des siens sur la place; le même jour, un autre corps de quatre à cinq mille hommes assaillit, près d'Alais, Roland, qui n'en avait que six à sept cents; la petite troupe de Roland fut accablée, et Cavalier, dans sa retraite, vint tomber à son tour au milieu du corps qui avait combattu Roland. Une partie de ce qui restait à Cavalier périt dans cette seconde action. Une troisième bande de Camisards fut écrasée au Pont-de-Montvers, sur le Tarn, qui avait été le point de départ de l'insurrection. Les principaux magasins des insurgés dans les grottes de la montagne furent découverts et enlevés.

Pour la première fois, le découragement pénétra parmi ces hommes indomptables. Villars en profita : il arrivait avec l'autorisation d'essayer encore une fois de la clémence; le roi sentait qu'il fallait à tout prix guérir cette blessure. Le grand chef Roland, âme de fer, immuable, inaccessible au doute, ne songeait qu'à relever la guerre : Cavalier, guerrier plus brillant, mais caractère moins inflexible, fut plus abordable; il négocia; après avoir adressé à Villars une lettre de soumission pour le roi, il vint trouver Villars à Nîmes, moyennant sauf-conduit et otages, puis s'établit à Calvisson, à deux lieues de Nîmes, pendant la durée des pourparlers. Des milliers de protestants accoururent de tout le pays pour prier et psalmodier avec Cavalier et sa troupe. Au grand scandale du clergé et de tout le parti persécuteur, Villars n'y mit aucun obstacle. Un traité fut conclu le 17 mai : Villars, au nom du roi, accorda aux protestants la permission de s'expatrier en vendant leurs biens; ceux qui voudraient rester le pourraient en se faisant cautionner par des personnes connues; les captifs détenus dans les prisons ou sur les galères seraient mis en liberté pour s'en aller ou rester en France aux conditions ci-dessus; Cavalier aurait le titre de colonel, avec autorisation de lever parmi ses compagnons un régiment qui aurait le libre exercice du culte, comme les régiments étrangers à la solde de France [1].

---

1. *Mém.* de Villars, p. 139. — *Hist. des Pasteurs du désert*, t. II, ch. IV.

Ainsi, l'insurrection sanglante, vengeresse, avait extorqué, même vaincue, ce qui avait été refusé à la justice et à l'humanité suppliantes. Éclatante leçon, sinon fructueuse, pour les dominateurs du monde !

Le but ne fut pas atteint : Roland refusa de ratifier le traité de Cavalier, à moins que le libre exercice de la religion ne fût généralement rétabli. Sur le bruit d'un secours préparé par les Anglais et par le duc de Savoie, les chefs subalternes se déclarèrent pour Roland et retournèrent dans la montagne avec la plupart de leurs camarades. Cavalier fut abandonné à Calvisson avec cent vingt hommes. Villars expédia cette petite troupe en Bourgogne, d'où Cavalier, sur sa demande, fut appelé à Versailles. Il eut, à ce qu'il raconte dans ses Mémoires, une entrevue avec Louis XIV, et le Grand Roi laissa percer quelque dépit à l'aspect chétif de ce petit paysan, qui avait osé, pendant deux ans, soutenir la guerre contre *son maître*. Cavalier fut renvoyé en Bourgogne, puis conduit en Alsace; mais, là, croyant sa liberté menacée et n'ayant plus d'espoir de voir réaliser un pacte rejeté par la masse des Camisards, il se jeta en Suisse avec les amis demeurés fidèles à sa fortune et alla rejoindre en Piémont les réfugiés français et les Vaudois qui combattaient pour le duc de Savoie contre la France. Comme les Schomberg, comme les Ruvigni, comme tant d'autres, il porta aux ennemis de sa patrie une épée qui eût pu la défendre avec gloire !

Tandis que Cavalier partait pour l'exil, La Bourlie, qui était passé à l'étranger après l'avortement de la révolte rouergane, amenait de Nice, sur la côte du Languedoc, une petite flottille portant quelques centaines de réfugiés, des armes et des munitions. Les Camisards, prévenus, descendirent des Cévennes en foule, déguisés en moissonneurs; mais l'affaire fut éventée; la plupart des faux moissonneurs furent pris, et une tempête dispersa ou jeta à la côte les bâtiments de La Bourlie (juin-juillet). Roland resta inébranlable, malgré les sombres pressentiments qui l'assiégeaient. Villars recommença, quoique à regret, à brûler les villages et à sévir contre les partisans des rebelles[1]. La révolte,

---

1. « Les signes de soumission étaient rares et très équivoques. Jusque dans les prisons, lorsqu'ils croyaient n'être pas vus, ils se livraient à leur fanatisme... J'ai

depuis la défaite des Camisards, semblait près de gagner des contrées qu'elle n'avait pu envahir pendant leurs succès. Le Vivarais s'agitait; des bandes se montraient dans les forêts du Dauphiné. Roland pouvait redevenir très-redoutable; un traître le livra à prix d'or; il fut surpris au château de Castelnau, auprès d'une fille de qualité qui partageait sa foi et qui s'était prise pour lui d'une passion enthousiaste. Il se défendit comme un lion; l'on ne put saisir que son cadavre (13 août). La tête du parti abattue, les tronçons ne remuèrent plus que faiblement; Villars revint aux moyens de douceur, qui étaient dans ses instructions et dans son penchant. La plupart des chefs subalternes se soumirent et partirent pour Genève, après avoir obtenu la mise en liberté de leurs camarades prisonniers. Quelques-uns acceptèrent des grades subalternes dans l'armée. Villars désarma les Cévennes, mais encouragea les paysans à relever leurs chaumières et accorda aux maisons brûlées l'exemption des tailles pour trois ans. Toutes les recherches pour cause de religion cessèrent de fait. A la fin de l'année, il ne restait plus d'insoumis que trois ou quatre petits chefs qui se cachaient dans les solitudes des Hautes-Cévennes. Villars repartit pour Versailles, où le roi le reçut comme le pacificateur du Languedoc (janvier 1705).

Pendant que cette petite guerre religieuse se circonscrivait dans son premier foyer, puis semblait s'éteindre, la grande guerre politique élargissait ses proportions déjà si vastes. L'Allemagne et l'Espagne paraissaient devoir en être, en 1704, les deux principaux théâtres. La Grande Alliance avait conclu, le 13 mai 1703, un important traité secret avec le Portugal. Le vieux roi don Pedro II n'avait que par crainte reconnu Philippe V et engagé son alliance aux *deux couronnes*. Il croyait sa dynastie compromise, si la maison de Bourbon, autrefois protectrice de la maison de Bragance contre l'Espagne, restait maîtresse de la monarchie espagnole et en état de faire revivre les prétentions qu'elle avait combattues

---

vu dans ce genre des choses que je n'aurais jamais crues si elles ne s'étaient passées sous mes yeux; une ville entière, dont toutes les femmes et filles, sans exception, paraissaient possédées du diable. Elles tremblaient et prophétisaient publiquement dans les rues. J'en fis arrêter vingt des plus méchantes, dont une eut la hardiesse de trembler et prophétiser pendant une heure devant moi. Je la fis pendre pour l'exemple, et renfermer les autres dans les hôpitaux. » Villars, p. 141.

chez les héritiers de Philippe II. Pour éviter un péril éloigné, sinon chimérique, don Pedro allait livrer son pays à la dure exploitation de l'Angleterre. L'empereur agit avec lui comme avec le duc de Savoie et, pour lui faire rompre son traité avec Louis XIV et Philippe V, il lui offrit des avantages territoriaux; mais, cette fois, c'était aux dépens de l'Espagne même et non des possessions espagnoles; avec les provinces américaines situées entre le Rio de la Plata et le Brésil, Léopold promit une partie de l'Estremadure et de la Galice. Ce n'était pas le moyen de regagner les Espagnols à la maison d'Autriche. Les puissances maritimes garantirent un subside. Le roi de Portugal promit de joindre quinze mille soldats à douze mille hommes de vieilles troupes étrangères que les alliés enverraient dans le Tage pour attaquer l'Espagne. Il ne voulait toutefois se déclarer que lorsque le prétendant autrichien serait débarqué en Portugal. L'empereur, pressé par quelques transfuges espagnols de haut rang, se décida, après avoir un peu hésité, à lancer son second fils dans cette périlleuse carrière. Léopold et son fils aîné, le roi des Romains, cédèrent toutes leurs prétentions à l'archiduc Charles, qui fut proclamé roi d'Espagne à Vienne, le 12 septembre 1703, et reconnu en cette qualité par les puissances alliées. C'était un grand pas de fait au delà du traité de septembre 1701; l'Angleterre et la Hollande dépassaient Guillaume III; il n'était plus question ici de partage ni de *satisfaction équitable*, et l'on rendait la paix impossible. Le prétendu *Charles III* se transporta en Hollande au mois de novembre. Une effroyable tempête, le 8 décembre, causa des pertes énormes aux marines militaires et marchandes d'Angleterre et de Hollande, mit Bristol et une partie de Londres sous les eaux, rompit les digues du Texel et de Zélande, et retarda Charles près d'un mois : il passa en Angleterre au commencement de janvier 1704, dans un fort chétif attirail; la fastueuse générosité anglaise se chargea de l'équiper en roi. Le désastre du 8 décembre, pire qu'une bataille perdue, fut réparé avec une promptitude qui attestait les grandes ressources des deux puissances maritimes, et l'expédition de Portugal, partie dès la mi-janvier, mais repoussée par les vents, mit définitivement à la voile le 17 février 1704.

L'Angleterre et la Hollande, ou, pour mieux dire, Marlborough et Heinsius, s'étaient résolus, en même temps, à secourir puissamment l'empereur dans ses états héréditaires, où il ne pouvait plus se soutenir, sans le secours des Anglo-Bataves, contre les Français, les Bavarois et les Hongrois, maîtres de se joindre devant Vienne. Les premiers mois de 1704 furent employés en préparatifs de part et d'autre : Louis XIV avait ordonné une levée de près de trente mille recrues à répartir entre les généralités. A la mi-mai, Marlborough passa la Meuse avec ses Anglais et des troupes auxiliaires à la solde anglaise, et alla remonter le Rhin, en se dirigeant vers la Basse-Moselle. Villeroi opéra un mouvement parallèle, par Namur et le Luxembourg, avec le gros des forces françaises de Flandre. Marlborough emportait avec lui tout l'intérêt et le mouvement de la guerre. Il ne se passa rien de notable en Belgique durant la saison.

Au moment où Marlborough commençait cette marche, qui indiquait que toute l'action allait se porter vers l'Allemagne, les armées qui avaient fait la guerre dans l'Empire l'année précédente s'étaient aussi remises en mouvement. Elles avaient été quelque temps étendues sur un très-large espace. L'électeur de Bavière tenait ses troupes chez lui, entre le Lech et l'Inn, avec ses avant-postes en Autriche ; Marsin, avec ses auxiliaires français, s'étendait du Lech à l'Iller ; Tallard, avec l'armée qui avait repris Landau, était en Alsace. Les ennemis séparaient Marsin de Tallard, Bade occupant le pays entre l'Iller, la rive méridionale du Danube, le lac de Constance et les Montagnes Noires, tandis que les débris de l'armée de Styrum, renforcés de tout ce que l'empereur et l'Empire avaient pu y joindre, se déployaient au nord du Danube, depuis les lignes de Bühl jusqu'en Franconie. Cette seconde armée allemande ne devait plus avoir pour chef l'incapable Styrum, mais Eugène, qui avait dirigé la défense de l'Autriche en 1703, sans agir en personne, et fait d'inutiles efforts pour traiter avec les Hongrois. Les grands capitaines ennemis allaient se réunir sur ce théâtre abandonné par le général français le plus capable de leur tenir tête et occupé par des médiocrités. Cela n'était pas rassurant. Tallard et Marsin, fort éloignés de l'outrecuidance de Villeroi, paraissaient sentir leur insuffisance et montrèrent, dès l'ouverture de la campagne, une timidité de mauvais augure. Ils réussirent néanmoins dans une opération importante : au commencement de mai, l'électeur et Marsin, d'un côté, Tallard, de l'autre, se portèrent vers les Montagnes Noires par un mouvement bien combiné : les Impériaux n'eurent pas le temps de concentrer des forces suffisantes pour faire face des deux côtés, et la jonction eut lieu à Villingen, le 19 mai. Tallard remit à Marsin douze à treize mille soldats, tant de recrues que de dépôts, qu'il avait été chargé de lui conduire; mais, au lieu de rester avec les Franco-Bavarois pour agir en masse au centre de l'Empire, il retourna sur le Rhin, suivant le plan qu'il avait fait agréer au roi. L'électeur et Marsin se replièrent sur Ulm, suivis de près par Bade, qui avait ramassé le gros des forces allemandes sur les deux rives du Danube. Eugène arriva bientôt au camp de Bade, à Ehingen.

Marlborough, cependant, s'était jeté à la droite du Rhin (26 mai), avait passé le Mein (30 mai) et gagné le Necker (4 juin). Il y fut joint par des renforts hollandais. On ne pouvait plus douter de la prochaine concentration des alliés sur le Danube. Villeroi vint du Luxembourg joindre Tallard à l'entrée de l'Alsace. A la nouvelle du mouvement de Villeroi, Eugène et Bade, laissant leur armée à Ehingen, accoururent conférer avec Marlborough à Rastadt[1] (16 juin). Ils convinrent que Marlborough et Bade opéreraient contre les Franco-Bavarois avec la plus grande partie des forces combinées et qu'Eugène se posterait entre les lignes de Bühl et le Bas-Necker, avec une réserve composée de nouveaux renforts allemands, hollandais et danois. Louis XIV, sans connaître les projets des alliés, expédia des ordres analogues à ses généraux : c'était que Tallard allât joindre l'électeur et Marsin, et que Villeroi s'établît à Offenbourg, sur la rive droite du Rhin, en face des lignes de Bühl. Malheureusement, si ces plans se ressemblaient, l'exécution en fut bien différente. Un temps précieux avait été perdu en hésitations, en échange de lettres, à cent vingt lieues de distance, entre Versailles et les maréchaux. Tallard ne passa le Rhin à Kehl que le 1er juillet, et Villeroi que le 7. Dès le 22 juin, l'armée de Marlborough s'était réunie à celle de Bade à

---

1. Le prince de Bade y avait bâti un château qui était la miniature de Versailles.

quatre lieues d'Ulm. Ces deux généraux prirent aussitôt l'offensive avec soixante mille hommes contre l'électeur de Bavière et Marsin, qui, le 26 juin, en avaient réuni trente-cinq mille entre Dillingen et Lawingen et détaché dix mille sur la hauteur de Schellenberg près Donawerth; l'électeur faisait retrancher le Schellenberg afin de couvrir Donawerth, point capital pour la défense de la Bavière. Il eût fallu se mettre en mesure de soutenir ce poste : l'électeur et Marsin se laissèrent amuser par les ennemis; ceux-ci, après avoir menacé pendant quatre jours de les attaquer à Dillingen (27 juin-1ᵉʳ juillet), filèrent le 2 juillet, au point du jour, sur Donawerth, avec une telle rapidité, que Marlborough arriva dès cinq heures du soir au pied du Schellenberg et ouvrit l'attaque avec une avant-garde de douze mille hommes. Le général bavarois d'Arco le repoussa par trois fois avec un grand carnage; mais, lorsque la masse entière de l'armée ennemie, conduite par le prince de Bade, fut entrée en action sur les huit heures, une plus longue résistance devint bientôt impossible : il ne resta aux Franco-Bavarois qu'à se retirer à la faveur de la nuit. Les vainqueurs avaient perdu beaucoup plus de monde que les vaincus; mais le résultat fut considérable. L'électeur de Bavière évacua Donawerth, Neubourg, Ratisbonne, c'est-à-dire toute la ligne du Danube, sauf Ulm et Ingolstadt, et se retira sous Augsbourg. Les généraux ennemis jetèrent des ponts sur le Danube et sur le Lech, emportèrent Rain, qui leur ouvrit la Bavière, et offrirent à l'électeur des conditions de paix avantageuses. On lui eût fait des concessions de territoire et l'on eût rétabli son frère dans l'électorat de Cologne. Sur la nouvelle que Tallard passait enfin les Montagnes Noires, l'électeur refusa, et les alliés se vengèrent en lançant dans toute la Bavière des partis dont les cruautés rappelèrent la dévastation du Palatinat.

Tallard, comme il avait fait en mai, descendit de la vallée du Rhin dans la vallée du Danube par Villingen, du 12 au 15 juillet : le 21, informé qu'Eugène avait quitté les lignes de Bühl et marchait sur son flanc, il prit la rive droite du Danube et poussa sans obstacle jusqu'à Augsbourg, où il joignit l'électeur et Marsin, du 3 au 4 août. Eugène s'était avancé entre le Haut-Necker et le Haut-Danube avec la moitié de son corps d'armée (quinze mille hommes).

Villeroi eût dû suivre le mouvement d'Eugène ; mais il se laissa quelques jours abuser par les marches et contre-marches de ce grand stratégiste ; puis, au moment où il soupçonnait son vrai dessein, il reçut du roi l'ordre exprès de ne s'engager en aucun cas dans les montagnes, de peur de découvrir l'Alsace, comme si les quinze mille hommes laissés par Eugène aux lignes de Bühl eussent pu être à craindre pour Landau et Strasbourg! Cet ordre déplorable assurait la supériorité à l'ennemi sur les lieux où allait se décider le sort de l'Allemagne. Tandis que Villeroi restait immobile sur la Kintzig, Eugène volait à tire-d'aile vers le Danube et l'atteignait, le 8 août, à Höchstedt, sur le champ de bataille naguère illustré par Villars. Marlborough revint, de l'entrée de la Bavière, au-devant d'Eugène, pendant que Bade marchait contre Ingolstadt avec de l'infanterie. Tallard et Marsin, ne pouvant empêcher la jonction des chefs ennemis, projetèrent de leur couper les communications avec Nordlingen et la Franconie, d'où ils tiraient leurs approvisionnements. Le 9 août, l'électeur et les deux maréchaux se portèrent d'Augsbourg à Lawingen, où ils passèrent le Danube, le 10 ; mais, une fois là, l'électeur ne voulut plus songer à autre chose qu'à courir à l'ennemi. Les plus graves raisons prescrivaient de gagner du temps, comme le demandait Tallard. L'électeur, malgré les représentations de Marsin, avait dispersé la plupart de ses troupes en Bavière pour repousser les partis ennemis [1] ; il fallait attendre le retour de ces corps bavarois. La cavalerie française était en très-mauvais état et avait besoin de se refaire. Les ennemis, si on les eût tenus quelque peu en échec, eussent été obligés de se retirer en Franconie pour subsister, ce qui dégageait la Bavière sans coup férir. D'un autre côté, les affaires de Pologne et de Hongrie prenaient un aspect de plus en plus menaçant pour l'empereur et pour ses alliés. Rakoczi insultait encore une fois Vienne avec la levée en masse hongroise et allait être proclamé prince de Transylvanie par ce pays affranchi des Autrichiens. Le roi électeur Auguste de Saxe, membre de la Grande Alliance, venait d'être déclaré déchu du trône de Pologne par les confédérés polonais, unis aux Suédois contre les Saxons et contre les Russes,

---

1. Il n'avait au camp que cinq bataillons et vingt-trois escadrons bavarois.

leurs auxiliaires ; ces conjonctures, qui devenaient de plus en plus
favorables, défendaient de rien risquer sans nécessité.

L'électeur n'écouta aucun raisonnement : il ne voulut pas même
qu'on s'arrêtât à Höchstedt, où l'espace entre le Danube et les hauteurs qui bornent sa vallée est assez étroit, marécageux et facile à
défendre. Il entraîna l'armée, le 12, entre Blindheim (ou Bleinheim) et Lutzingen, avec le projet de marcher de là sur Donawerth, où Marlborough et Eugène s'étaient réunis le 11. Les ennemis le prévinrent : le 13, à la pointe du jour, il s'en vinrent droit
au camp franco-bavarois. L'armée de Tallard, appuyée au Danube
et au village de Blindheim, formait la droite ; l'armée combinée
de l'électeur et de Marsin, appuyée à des hauteurs boisées et au
village de Lutzingen, formait la gauche ; Marlborough, avec les
Anglo-Bataves et leurs auxiliaires soldés, fit face à Tallard ; Eugène,
avec les Austro-Allemands, à l'électeur et à Marsin. L'ennemi
comptait environ trente-trois mille fantassins et vingt neuf
mille chevaux ; les Franco-Bavarois pouvaient avoir trente-cinq
mille fantassins et dix-sept ou dix-huit mille cavaliers, dont un
assez grand nombre étaient démontés par suite d'une épizootie
qui désolait l'armée de Tallard. Ces forces se trouvaient distribuées d'une manière très-inégale, Marlborough ayant beaucoup
plus d'infanterie et plus de deux fois autant de cavalerie que Tallard, tandis qu'Eugène était inférieur à l'électeur et à Marsin de
plus de moitié en infanterie et leur était peu supérieur en cavalerie. Marlborough diminua un peu cette inégalité en renforçant
Eugène de quelques bataillons. Le grand effort allait tomber sur
Tallard. Ce maréchal ne fit rien de ce qu'il fallait pour atténuer
le péril. Entraîné à combattre dans un poste qu'il désapprouvait,
il se troubla et prit de mauvaises dispositions. Il ne se mit pas en
mesure de disputer le passage d'un ruisseau qui couvrait son front :
il entassa une masse d'infanterie dans Blindheim et n'en garda
presque point pour soutenir sa cavalerie en plaine ; il réduisit
encore cette cavalerie, déjà si faible, en faisant mettre pied à terre
à ses dragons pour les joindre à l'infanterie dans Blindheim.
Presque tous les officiers-généraux étaient, comme lui, démoralisés d'avance.

Les premières heures de la journée furent cependant très-meurtrières pour les Anglo-Bataves, qui restèrent longtemps exposés au feu de l'artillerie française (quatre-vingt-dix pièces de campagne), en attendant qu'Eugène, qui avait des ravins et des bois à tourner, fût arrivé en ligne. Les premières attaques contre Blindheim furent vigoureusement repoussées; mais, quand Marlborough, se contentant d'entretenir le feu contre Blindheim pour amuser Tallard, eut lancé la masse de ses troupes au delà du ruisseau dans la plaine, la lutte devint évidemment inégale : les escadrons français n'avaient pu se former que sur deux rangs; les ennemis étaient sur trois; les escadrons ennemis, s'ils étaient ramenés dans une charge, se ralliaient sous la protection d'une puissante infanterie; les Français n'avaient pas cette ressource. Tallard envoya demander à l'électeur et à Marsin un secours indispensable; une partie de leur cavalerie s'était jointe à celle de Tallard; ils refusèrent de se dégarnir davantage. La cavalerie de Tallard, poussée par quatre lignes d'escadrons et prise en flanc par le feu des bataillons ennemis, se rompit et abandonna en plaine un petit corps d'infanterie, qui fut haché. Tallard voulut regagner Blindheim pour en tirer le gros de son infanterie et tenter la retraite; il fut enveloppé et pris avant d'y arriver. La plus grande partie des troupes de Marlborough se rabattirent sur Blindheim. Le reste alla secourir Eugène, qui, attaquant avec des forces inférieures un ennemi bien posté, avait essuyé de grandes pertes et avait été fort heureux de n'avoir pas affaire à des généraux plus habiles. Quand l'électeur et Marsin virent de loin l'armée de Tallard en déroute et les colonnes de Marlborough tourner contre eux, ils se retirèrent en bon ordre par les hauteurs, sans faire la moindre tentative pour dégager l'infanterie de Tallard, ni pour rallier sa cavalerie. Le dernier effort de la bataille se concentra sur Blindheim. La plus grande confusion régnait dans ce village, si follement encombré de soldats. Le général qui y commandait, avait perdu la tête : il poussa son cheval dans le Danube et se noya. Son lieutenant ne sut pas le remplacer ni assurer la retraite quand elle était encore possible. Blindheim fut cerné et assailli par des masses. Une première brigade, enveloppée, se rendit; sur le soir, l'officier-général commandant capitula pour tout le reste; vingt-sept bataillons de vieille infanterie et douze escadrons de dragons, ou du moins ce qui en restait, se rendirent prisonniers de guerre; le régiment de Navarre brûla ses drapeaux et brisa ses armes de rage! Dix à onze mille prisonniers étaient demeurés dans les mains de l'ennemi; douze à quatorze mille morts ou blessés jonchaient le champ de bataille, ou se traînaient à la suite de l'électeur et de Marsin sur le chemin d'Ulm.

Les conséquences immédiates de la défaite furent pires que la défaite elle-même. L'électeur et Marsin eussent pu s'arrêter à Ulm, y appeler l'armée de Villeroi et les troupes restées en Bavière. On avait sauvé la meilleure partie de l'artillerie; la cavalerie de Tallard avait rejoint; l'ennemi ne laissait pas que d'être affaibli par douze ou treize mille hommes tués ou hors de combat, et la guerre défensive sur le Danube n'eût été nullement impossible; on prétend que l'électeur ouvrit cet avis; mais l'abattement était trop grand : le conseil de guerre vota pour qu'on évacuât Augsbourg et tous les postes occupés en Souabe, sauf Ulm; on laissa dans Ulm quatre mille soldats et les blessés, et l'on n'appela Villeroi à Villingen que pour protéger la retraite des vaincus à travers les Montagnes Noires; l'armée fugitive ne s'arrêta que sur la rive gauche du Rhin. Elle abandonnait aux alliés l'Allemagne entière, pour prix d'une seule victoire [1]!

Le dommage matériel était immense; le dommage moral plus grand encore; la renommée de nos légions, si longtemps invincibles, était profondément ébranlée par cette capitulation inouïe de tout un corps d'armée sur le champ de bataille; le prestige de la France était dissipé! Ce ne fut qu'un cri parmi les nations coalisées : « la voilà qui vient, cette ruine si longtemps attendue! Ce que la guerre de 1688 n'a pu faire, la guerre de la Succession l'accomplira! Après trois ans d'oscillations, la fortune se décide! Que Louis XIV reconnaisse enfin que personne, avant sa mort, ne doit être appelé Grand ni Heureux [2]! »

---

1. Général Pelet, t. IV, p. 369-621. — Saint-Hilaire, t. III, p. 43. — Lamberti, t. III, p. 84-105. — Quinci, t. IV, p. 258-290. — Dumont, *les Batailles et Victoires du prince Eugène.* — La résolution du conseil de guerre fut conforme aux intentions du roi.

2. — AGNOSCAT TANDEM LUDOVICUS XIV NEMINEM DEBERE ANTE OBITUM AUT FELICEM AUT MAGNUM VOCARI! — Inscription proposée pour un monument en mémoire de la bataille de Höchstedt.

L'électeur de Bavière regagna tristement son ancien gouvernement des Pays-Bas, qui allait être son seul asile. Villeroi prit le commandement sur le Rhin. Les ennemis arrivèrent sur ce fleuve presque aussitôt que lui. Eugène, Bade et Marlborough, laissant des troupes devant Ingolstadt et devant Ulm [1], marchèrent droit à Philipsbourg et y franchirent le Rhin, du 5 au 7 septembre, sans que Villeroi essayât de leur disputer le passage. Il n'essaya pas davantage de soutenir Landau; il laissa une forte garnison dans cette place et se retira sur la Moder. Landau fut aussitôt investi (9 septembre). Eugène et Marlborough eussent volontiers passé outre et cherché sur-le-champ à pénétrer en France; mais le prince de Bade obtint qu'on débarrassât d'abord son pays et les cercles rhénans d'un voisinage redoutable. Au bout de quelques semaines, les généraux ennemis, voyant Landau très-éloigné de se rendre, transigèrent sur leurs vues respectives; les Allemands restèrent devant Landau, où le roi des Romains vint les joindre; les Anglo-Bataves se dirigèrent sur la Moselle, occupèrent Trèves, qui ne fut pas défendu (30 octobre), investirent Trarbach et poussèrent leurs avant-postes sur la Sarre : Marlborough se mit ainsi en mesure d'attaquer la Lorraine au printemps. Pendant ce temps, un traité était signé au camp devant Landau, entre les commissaires du roi des Romains et de l'électrice de Bavière fondée de pouvoir de son mari; toutes les places fortes de la Bavière devaient être remises à l'empereur; les troupes restées en Bavière devaient être licenciées avec serment de ne plus porter les armes contre l'empereur et l'Empire; les seules conditions étaient le maintien des priviléges et coutumes du pays et la résidence de l'électrice à Munich, démantelé, avec le domaine utile de la régence de Munich (9 septembre).

Landau, après une très-belle défense, qui avait réduit la garnison de cinq mille hommes à deux mille et coûté plus de neuf mille hommes à l'ennemi, fut enfin rendu le 24 novembre par son gouverneur Laubanie, qu'avaient aveuglé des éclats de bombe. Trarbach se défendit avec le même héroïsme; il en coûta aux Anglo-Bataves quinze cents soldats et six semaines, pour forcer cinq

---

1. Ulm se rendit dès le 10 septembre, moyennant la libre retraite de la garnison et des blessés.

cents hommes dans cette forteresse. Ces braves garnisons relevèrent l'honneur de l'armée.

La confiance des alliés n'en fut pas diminuée : leurs espérances étaient sans bornes, comme leur joie; l'orgueil anglais, surtout, si longtemps froissé et refoulé, débordait en vrai délire; on élevait Marlborough au-dessus de tous les héros de l'histoire et de la fable. Créé prince de l'Empire par Léopold, reçu à La Haie par les États-Généraux avec les honneurs qu'on eût pu rendre à un stathouder, il fut à Londres l'objet d'un enthousiasme que les pouvoirs constitués traduisirent en félicitations solennelles et en dons magnifiques; la reine lui transféra un domaine de la couronne, Woodstock, où on lui bâtit un splendide palais qu'on nomma Bleinheim en souvenir de sa victoire.

Les événements d'Espagne, s'ils ne répondaient pas autant que ceux d'Allemagne aux vœux de l'Autriche, étaient de nature à augmenter encore la satisfaction des Anglais. Le début, cependant, n'avait pas été heureux pour les alliés : l'archiduc Charles, débarqué à Lisbonne le 7 mars, avec un petit corps d'armée anglais, allemand et hollandais, n'avait pas trouvé le Portugal en mesure de remplir les engagements de son roi; l'Espagne, malgré le déplorable état de ses finances et de son armée, fut prête la première, grâce à des levées de milices en Castille et en Galice, et grâce surtout à l'envoi de dix ou douze mille Français que Louis XIV avait expédiés outre-Pyrénées, sous les ordres du duc de Berwick, fils naturel du feu roi Jacques II et d'une sœur de Marlborough et récemment naturalisé Français. Philippe V et Berwick prévinrent l'invasion en envahissant eux-mêmes le Portugal avec vingt-six à vingt-huit mille combattants. Ils enlevèrent presque sans résistance un bon nombre de places et y prirent en détail une partie des troupes alliées. Si le plan de campagne eût été bien exécuté, le Portugal eût couru un extrême péril. Deux corps d'armée devaient marcher par les deux rives du Tage jusqu'à Villa-Veilha, où ils se joindraient pour se porter aussi loin que possible vers Lisbonne. Le général flamand Tserclaës, qui commandait le corps de la rive sud, ne seconda point du tout Philippe V et Berwick et fit manquer le projet par sa timidité et ses fausses manœuvres; le temps se passa; les grandes chaleurs vinrent et il fallut se cantonner et raser la plupart des places prises. La pénurie où était l'armée franco-espagnole, en fait d'équipages et d'approvisionnements, eût probablement, en tout cas, empêché un succès complet (mai-juin).

Les alliés échouèrent aussi d'abord du côté de la mer. L'amiral Rooke, après avoir inutilement guetté les galions d'Amérique, avait fait voile pour Barcelone et tenté une descente : on lui avait montré les Catalans prêts à se soulever au premier aspect de sa flotte; un complot avait été, en effet, tramé dans Barcelone, mais la mine fut éventée; la flotte ennemie, après un bombardement sans résultat, reprit le large (mai-juin).

L'amiral anglais réussit mieux dans une entreprise moins essentielle au succès direct de la guerre, mais plus utile à l'Angleterre et plus menaçante pour cet équilibre européen que chacun réclamait contre les autres et que chacun voulait rompre à son profit. Le 1er août, il se présenta devant Gibraltar : ce bloc de rocher, dernier promontoire poussé par l'Europe en face de l'Afrique, défendu vers la terre par d'autres rochers, vers la mer par les perpétuels orages d'une baie sans abri, passait pour inaccessible et l'eût été s'il avait eu des défenseurs; mais il n'y avait pas cent soldats, presque sans canons montés et sans munitions. L'ambassadeur français Grammont avait inutilement prévenu le conseil d'Espagne de munir Gibraltar. La flotte alliée fit taire, par quinze mille coups de canon, les batteries du môle; les chaloupes y opérèrent une descente et enlevèrent le môle et quelque ouvrage avancé; la petite garnison capitula (4 août). Les habitants sortirent en masse plutôt que de reconnaître le *roi Charles III*. Ce n'était pas pour *Charles III* que l'Angleterre avait fait cette conquête, à laquelle les armes hollandaises avaient follement contribué. Rooke mit deux mille Anglais dans Gibraltar. Ce fut ainsi que l'Angleterre acquit la clef de la Méditerranée, répara, et bien au delà, la perte de Tanger, qu'elle avait eu un moment entre les mains, et réalisa les derniers conseils de Guillaume III!

La flotte française parut sur les côtes andalouses quelques jours trop tard! L'escadre de Brest était partie de ce port le 16 mai, conduite par l'amiral de France : c'était le comte de Toulouse, le second des fils du roi et de madame de Montespan, prince de vingt-six ans, de vaillant cœur et de bon esprit; il avait un second très-capable de guider son inexpérience maritime, Victor-Marie d'Estrées, qu'on appelait maintenant le maréchal de Cœuvres. L'escadre de Brest, sur l'ordre très-hasardeux du roi, avait passé le détroit de Gibraltar à la fin de mai, évité heureusement le choc de la flotte anglo-batave, trop supérieure en nombre, et gagné la côte de Provence pour rallier l'escadre de Toulon. Arrivés là, Toulouse et Cœuvres n'avaient rien trouvé de prêt, par la criminelle négligence du secrétaire d'état de la marine, Jérôme de Pontchartrain, fils du chancelier. Ce ministre, le plus funeste qu'ait enfanté l'absurde système de l'hérédité ministérielle, arrivait, par la perversité de son égoïsme, à des résultats pires encore que ne faisait Chamillart par incapacité. Jaloux jusqu'à la fureur de l'autorité du grand-amiral, qui n'entendait pas s'endormir dans une somptueuse sinécure, il ne songeait qu'à le dégoûter de la mer, et son mauvais vouloir grandissait jusqu'à la trahison. A force d'activité, Toulouse et Cœuvres parvinrent à faire ce que n'avait pas fait le ministre et à mettre l'escadre de Toulon en état de prendre la mer; mais les escadres françaises réunies ne purent arriver à Barcelone que le 1ᵉʳ août, et Gibraltar était perdu avant qu'elles sussent où chercher l'ennemi [1].

Les deux flottes furent en présence le 22 août, à la hauteur de Velez-Malaga. Le 24 août, l'ennemi, ayant le dessus du vent, prit l'offensive. Les Français comptaient quarante-neuf vaisseaux, dont un seul au-dessous de cinquante canons; l'*tat* de la flotte ennemie mentionne quarante-trois vaisseaux au-dessus de cinquante canons et neuf de trente à cinquante; mais cet état paraît incomplet, d'après le témoignage de deux des principaux acteurs, Villette et Sourdeval, qui donnent à l'ennemi, l'un, soixante-deux, l'autre, soixante-cinq voiles, sans les bâtiments légers. Les Fran-

---

1. V. le *Mém. sur la Marine de France*, par Valincourt, secrétaire général de la marine, et le *Mém. au roi*, par le comte de Toulouse, en tête des *Mém.* de Villette, p. L-LXVIII. — Saint-Simon, qui ne mérite guère de confiance dans ses vieuses déclamations contre Luxembourg, contre Villars, contre Vendôme, contre presque tous nos généraux éminents, est ici beaucoup plus croyable. Avec sa haine maniaque contre les *bâtards des rois*, il faut que le comte de Toulouse ait eu cent fois raison pour qu'il prenne son parti, comme il le fait, contre le ministre. — V. Saint-Simon, t. IV, p. 225; t. XIII, p. 304.

çais avaient en outre vingt-trois galères, dont quatre espagnoles, et les ennemis sept galiotes à bombes. Ce fut une terrible journée; on y montra des deux parts une égale opiniâtreté, avec cette différence, toutefois, que les Français cherchaient l'abordage et que les ennemis le refusaient, préférant un combat d'artillerie où leurs galiotes à bombes leur promettaient un avantage que ne compensaient pas nos galères, qui ne purent rendre presque aucun service à cause de la grosse mer. Le feu de nos artilleurs fut toutefois si bien dirigé, que le vaisseau amiral français fit plier le vaisseau amiral anglais et deux autres bâtiments après lui; le vaisseau du lieutenant-général Villette, commandant l'avant-garde, en avait fait plier quatre, et son *matelot,* le fameux corsaire Ducasse, ancien gouverneur de Saint-Domingue, avait fait reculer le vice-amiral anglais Showell, quand une bombe, lancée par une galiote, embrasa l'arrière du vaisseau de Villette et l'obligea de quitter le combat, mouvement qui fut imité par le reste de l'avant-garde. Showell et l'avant-garde anglaise, horriblement maltraités, se retirèrent de leur côté. Il était cinq heures; le combat, au centre et à l'arrière-garde, se prolongea jusqu'à la nuit. A l'arrière-garde, le vaisseau de l'amiral hollandais Calembourg avait coulé avec tout son équipage; un autre vaisseau hollandais et un anglais avaient encore péri. Beaucoup de navires des deux côtés, étaient avariés, dégréés, démâtés, mais les Français n'avaient perdu aucun vaisseau.

Le lendemain matin, le vent tourna en faveur des Français. Le comte de Toulouse assembla le conseil de guerre. Le brave lieutenant-général de Relingue, du lit de mort où il gisait, la cuisse emportée, fit prier, conjurer l'amiral de recommencer la bataille. Toulouse y était tout disposé; mais une espèce de Mentor que lui avait donné le roi, un certain marquis d'O, chef d'escadre parfaitement ignoré, sorti de l'antichambre de madame de Maintenon, s'y opposa si péremptoirement, que Toulouse et Cœuvres n'osèrent passer outre. On permit à l'ennemi de s'éloigner tranquillement. Peu de temps après, on sut que la plupart des vaisseaux anglo-bataves s'étaient trouvés presque sans munitions et que l'amiral Rooke était résigné, en cas d'attaque, à brûler vingt-cinq de ses bâtiments, pour les empêcher de tomber entre les mains des Français! La reprise de Gibraltar eût été probablement la conséquence de la victoire[1]!

On ne retrouva pas plus l'occasion de reprendre Gibraltar, qu'on n'avait retrouvé l'occasion de marcher sur Vienne. La bataille de Velez-Malaga fut la dernière grande journée de cette marine qu'avait créée Colbert et qui expira entre les mains de Pontchartrain. Louis XIV, moins clairvoyant et plus obstiné dans ses choix à mesure qu'il vieillissait, garda Pontchartrain, malgré les justes plaintes du comte de Toulouse, et le ministre ne tarda pas à persuader au roi que les grandes flottes étaient inutiles et que des escadres séparées suffisaient pour protéger le commerce français et inquiéter celui de l'ennemi. L'état désastreux des finances ne venait que trop en aide aux arguments de Pontchartrain. Il eût fallu, du moins, entretenir cette marine à laquelle on enlevait les chances des grandes choses; mais on laissa tout dépérir, le matériel, les cadres, les ports même. Pontchartrain, dans un mémoire justificatif, en rejeta plus tard la faute sur Chamillart.

On essaya cependant de reconquérir Gibraltar par un siége en règle. La flotte, en retournant à Toulon, avait laissé devant Gibraltar, déjà ravitaillé et renforcé, une escadre chargée de seconder un petit corps d'armée franco-espagnol qui attaquait par terre. Mais le général espagnol, Villadarias, ne sut ni conduire les attaques, ni profiter des travaux dirigés par Petit-Renau, notre illustre ingénieur maritime; les Anglais, après avoir réussi, à la fin de novembre, dans une première tentative de secours, en préparèrent une autre sur une plus grande échelle, vers la fin de l'hiver. Le chef de l'escadre de blocus, Pointis, le vainqueur de Carthagène, sachant que le vice-amiral anglais Leake avait sur lui une énorme supériorité, s'était retiré à Cadix pour attendre un renfort de Toulon; le conseil de Castille lui enjoignit de retourner devant Gibraltar. Il obéit; il avait treize vaisseaux français et quatre galions contre trente-cinq vaisseaux anglo-bataves; un coup de vent dispersa son escadre, et il fut attaqué, avec cinq vaisseaux, par toute la flotte ennemie : il se battit, quatre heures durant, un contre sept; trois vaisseaux français furent pris après

---

1. *Hist. de la puissance navale de l'Angleterre*, par Sainte-Croix, t. II, p. 104-110. — Villette, p. 154-319. — Saint-Simon, t. IV, p. 232-236.

avoir repoussé trois fois l'abordage ; Pointis et un autre se firent jour, s'échouèrent et se brûlèrent à la côte. Il en avait coûté aux Anglais deux vaisseaux coulés et plusieurs démâtés (21 mars 1705). Le siége fut levé quelques semaines après (fin avril) [1].

L'Italie seule présentait à Louis XIV des sujets de consolation. Les alliés n'avaient pu faire leur grand effort en Allemagne, qu'en négligeant l'Italie et en sacrifiant leur nouvel auxiliaire, le duc de Savoie, au succès de leur plan général. A la vérité, le secours amené par le général Stahremberg, en janvier, avait momentanément sauvé le duc, en empêchant le siége de Turin; mais ce secours fut le seul de toute l'année, et le petit corps laissé par Stahremberg sur le Bas-Pô et réduit à cinq ou six mille hommes ne reçut aucun renfort au printemps. Dès le commencement d'avril, ce corps, pressé par les troupes françaises de la Secchia, aux ordres du grand-prieur, frère de Vendôme, fut contraint d'évacuer les positions qui lui restaient au midi du Pô, excepté la Mirandole. Tandis que les Impériaux étaient abandonnés à eux-mêmes, l'armée française était remontée par douze mille recrues et par une amnistie offerte aux déserteurs qui rejoindraient leurs drapeaux. Le Piémont, au mois de mai, fut attaqué de deux côtés à la fois. Le corps qui avait occupé, presque sans résistance, toute la Savoie, sauf Montmélian, passa les Alpes et prit Suse (1er-12 juin), pendant que Vendôme investissait Verceil. Le roi, par une circonspection exagérée, avait empêché Vendôme d'entreprendre une opération plus décisive, c'est-à-dire d'assiéger Verrue, qui couvrait Turin, à la vue de l'armée austro-piémontaise retranchée à Crescentino. Durant le siége de Verceil, le grand-prieur, avec le corps de la Secchia, se porta au nord du Pô et chassa les Autrichiens à l'est de l'Adige; de là, ils regagnèrent le Trentin, d'où ils étaient partis en 1701. La Lombardie était complétement débarrassée, sauf la petite place de la Mirandole, et toute la guerre

---

1. Sur les affaires d'Espagne et de mer, v. Quinci, t. IV, p. 400-454. — *Mém.* de Louville, t. II, p. 127-154, et t. Ier, passim. Louville attribue les revers d'Espagne à ce que Louis XIV, par un trop grand ménagement pour les préjugés et pour les ombrages des Espagnols, n'avait pas entrepris assez résolûment la réforme de leurs conseils et de tout leur gouvernement. Il eût voulu qu'on envoyât, de France, dès 1701, trois hommes capables, énergiques, pour réorganiser les finances, l'armée et la marine espagnoles. Il est douteux que l'Espagne se fût laissé faire.

d'Italie se trouvait, pour un moment, concentrée en Piémont. Vendôme eût voulu réunir toutes les forces françaises pour opérer plus énergiquement; mais le corps d'armée des Alpes, commandé par le lieutenant-général La Feuillade, fils du fameux courtisan de ce nom et gendre de Chamillart, n'était pas soumis au général de l'armée d'Italie, et la vanité de La Feuillade trouvait mieux son compte à commander en chef qu'en second. La Feuillade se mit à guerroyer contre les vallées vaudoises, au lieu de se rendre au camp devant Verceil. L'incident le plus curieux de cette petite guerre fut qu'une des vallées vaudoises, Saint-Martin, se laissa gagner par les Français et se déclara indépendante sous la protection du roi; Pignerol, francisé par une longue habitude, prit aussi parti pour les Français.

Malgré le refus de concours de La Feuillade, Verceil capitula le 20 juillet. A la fin du mois suivant, d'après les intentions du roi, Vendôme assaillit Ivrée. La ville fut abandonnée par l'ennemi le 18 septembre : les deux forteresses se rendirent les 26 et 29; le fort de Bard, qui commande le débouché des Grandes Alpes au-dessus d'Ivrée, fut pris le 7 octobre. La Feuillade s'était tardivement décidé à rejoindre Vendôme, en forçant le pas de la Tuile (Petit-Saint-Bernard); les communications du Piémont avec la Suisse et la Souabe furent interceptées par l'occupation du val de Sesia et du val d'Aoste.

Les Impériaux, cependant, s'étaient enfin refait dans le Trentin un corps d'armée d'une quinzaine de mille hommes; vers l'automne, après Höchstedt, ils redescendirent du Tyrol italien par le val de Chiese; mais le grand-prieur les empêcha de déboucher dans les plaines du Bressan. Cette tentative ne pouvait manquer d'être renouvelée plus puissamment au printemps prochain et il était essentiel de tâcher d'en finir avec le Piémont avant qu'Eugène pût ramener en Lombardie ses bandes victorieuses. Vendôme fut enfin libre de revenir à son premier dessein, au siége de Verrue. C'était une difficile conquête : la place, bien fortifiée, était soutenue par un camp retranché à la droite du Pô; un second camp était établi sur l'autre rive du Pô, à Crescentino, en face de Verrue, et les deux camps et les deux villes étaient reliés par un pont et par une île fortement retranchés. Vendôme attaqua d'abord le camp de la rive droite; il fit ouvrir des tranchées comme devant une place de guerre. Le duc de Savoie évacua ses retranchements sans attendre l'assaut (6 octobre) et regagna Crescentino. Le siége de Verrue fut aussitôt entamé; mais la mauvaise saison, la communication de Verrue avec Crescentino et l'énergique défense des assiégés rendirent les opérations très-lentes et très-pénibles. Tout l'hiver s'y consuma. Il fallut au général et à l'armée une constance et une patience méritoires chez un épicurien tel que Vendôme. Ce fut seulement le 2 mars 1705, que l'on parvint à emporter d'assaut le pont et l'île du Pô; l'on se disposait à assaillir le duc de Savoie sous Crescentino, lorsqu'il abandonna son second camp (24 mars). Le gouverneur de Verrue se défendit encore plus de trois semaines; quand il se vit à l'extrémité, il détruisit ce qui lui restait de munitions et fit sauter une partie des remparts, avant de se rendre à discrétion avec quinze cents hommes, débris de la garnison (9 avril). Tout le nord du Piémont, entre la Grande-Doire, les Alpes, la Sesia et le Pô, fut ainsi entre les mains des Français, et le Milanais fut de nouveau relié stratégiquement à la France; d'une autre part, le corps de La Feuillade, détaché sur la fin du siége de Verrue, s'était emparé du comté de Nice, moins la capitale; mais le printemps de 1705 était arrivé sans qu'on eût encore entamé l'attaque de Turin, la grande cité qui fait le destin du Piémont : un nouvel orage se formait du côté du Tyrol et rien n'était décidé en Italie, malgré les succès de Vendôme, qui s'était tout à fait relevé au niveau de lui-même dans cette campagne [1].

La Bavière perdue, l'Allemagne évacuée, l'Alsace entamée, l'ennemi sur la Moselle, la clef de la Méditerranée aux mains de l'Angleterre, la France supérieure seulement en Italie, mais sans succès définitif, tel était le résultat général de l'année 1704.

Les chefs de la Grande Alliance s'apprêtaient à rouvrir la campagne avec des espérances exorbitantes. Ils disposaient de deux cent vingt-cinq mille combattants, sans compter les Piémontais, les Portugais, ni la marine. Ils décidèrent de n'avoir que trente mille hommes en Italie, avec Eugène, il est vrai, à leur tête,

---

1. Général Pelet, t. IV, p. 75-368. — Saint-Hilaire, t. II, p. 401; III, p. 1-39.— Quinci, t. IV, p. 334-400.

trente mille en Hongrie, quinze mille seulement en Espagne, mais soutenus par une puissante flotte, et de masser cent cinquante mille hommes en trois corps entre le Rhin et la mer, afin d'attaquer la France chez elle. Ils s'efforcèrent de ressusciter la révolte des Cévennes, en même temps que de désarmer par des négociations l'insurrection hongroise. L'empereur Léopold mourut sur ces entrefaites (5 mai 1705). Cet obscur et vulgaire rival du Grand Roi, qui n'avait eu d'autre génie et d'autre vertu politique que l'opiniâtreté, ou, si l'on veut, la patience autrichienne, eut la satisfaction de mourir sur une victoire, plein de cette pensée que la maison de Bourbon allait être à son tour humiliée devant la maison d'Autriche. Son fils aîné Joseph, roi des Romains, jeune homme de vingt-sept ans, prit aussitôt le titre impérial. Joseph congédia des hauts emplois les amis des jésuites, si détestés en Hongrie, fit des avances aux Hongrois, leur insinua qu'il n'avait pas contre eux les préventions ni les ressentiments de son père et accepta, bien qu'à contre-cœur, la médiation de l'Angleterre et de la Hollande entre lui et ses sujets révoltés; mais Rakoczi et ses amis, c'est-à-dire la nation magyare presque entière, déjà relevés avec éclat d'une bataille perdue à Tyrnau, ne voulaient entendre à rien sans le rétablissement de leur constitution élective et sans la renonciation de l'empereur à la Transylvanie [1]. La Transylvanie indépendante eût été la citadelle de la liberté hongroise. Joseph n'eût jamais fait une telle concession; il poursuivit tout ensemble les négociations et la guerre, et parvint à soulever les tribus slaves de Raitzes (Rasciens) contre les Magyars. Malgré cette diversion chez eux, les Hongrois continuèrent à ravager les états de l'empereur, qui fut très-heureux de l'arrivée d'un corps auxiliaire danois. Louis XIV fournissait à Rakoczi quelques officiers et quelque argent, bien moins qu'il n'eût fait dans des temps plus prospères [2].

La guerre de Hongrie ne pouvait amener d'événements décisifs, la Turquie demeurant neutre et les levées irrégulières des

---

1. Rakoczi, dans une diète tenue en septembre 1705, fut « élevé sur le bouclier » comme duc et chef suprême de la confédération magyare.
2. V., sur toute la guerre de Hongrie, les admirables *Mémoires* du prince Rakoczi, un des plus grands caractères qu'ait enfantés cette héroïque nation.

Hongrois n'étant point en état d'assiéger Vienne, sans une jonction dont Höchstedt leur avait enlevé l'espérance. Le grand intérêt de la campagne était donc ailleurs, sur la frontière de France. Les alliés s'étaient imaginé ne trouver devant eux que des débris d'armées; ils savaient que l'épizootie, qui avait préparé le désastre de Höchstedt, s'était étendue à l'armée des Pays-Bas, et ils se croyaient débarrassés de cette cavalerie française, si longtemps leur terreur, qu'ils venaient de vaincre pour la première fois; mais Louis XIV, sentant que c'était une question de vie ou de mort, fit des efforts inouïs pendant l'hiver. L'extrême danger, comme il arrive aux natures fortes, lui rendit l'élan et l'activité de sa jeunesse. A l'entrée de l'hiver, toute la cavalerie française était démontée; au printemps, elle se retrouva tout entière à cheval. L'infanterie fut recomplétée par les milices. Les troupes espagnoles des Pays-Bas et les débris de celles de Bavière et de Cologne furent recrutés et remis en état aux dépens de la France. Trois corps d'armée imposants firent face aux trois grands corps ennemis entre le Rhin et la mer. L'électeur de Bavière et Villeroi commandèrent en Flandre; Marsin en Alsace; le corps du milieu, sur la Moselle, fut confié à Villars : c'était la plus efficace des mesures défensives ! Villars fut remplacé dans les Cévennes par Berwick, qu'une intrigue de cour avait fait rappeler d'Espagne.

A peine Villars avait-il eu quitté le Languedoc, que des symptômes inquiétants avaient fait juger la pacification moins assurée qu'il ne l'avait pensé. Plusieurs des chefs camisards amnistiés étaient revenus de Genève, excités par les agents des alliés, qui ne les avaient pas secourus quand il était temps de le faire et qui maintenant les poussaient froidement à leur perte pour en tirer quelque diversion lointaine; les alliés leur avaient promis que la flotte anglo-batave viendrait s'emparer de Cette et que les Vaudois descendraient des Alpes dans le Dauphiné. Les chefs camisards ne recommencèrent pas la guerre de partisans; ils tramèrent une conspiration ramifiée dans toutes les villes du Bas-Languedoc; le 25 avril, on devait enlever et mettre à mort l'intendant Basville, arrêter comme otages le duc de Berwick, les évêques, les gouverneurs des villes, etc., et soulever les protestants et, on l'espérait, une partie des catholiques, en joignant le cri : *Plus d'impôts!* au cri de : *Liberté de conscience!* Le complot fut révélé par un complice; les principaux conspirateurs furent arrêtés dans Nimes. Catinat[1] et Ravanel, les deux chefs camisards les plus renommés après Cavalier et Roland, subirent le supplice des incendiaires, le feu! Beaucoup d'autres moururent sur le gibet, le bûcher ou la roue. Quelques-uns, qui avaient regagné les montagnes, y périrent en combattant. D'autres vieillirent, farouches solitaires, cachés dans les grottes des rochers et des forêts. Çà et là, quelque exécution de *rebelle* découvert dans sa retraite, quelque meurtre de délateur par les amis de la victime, semblèrent les dernières étincelles d'un foyer éteint. Le pouvoir fit, au moins durant quelques années, pour empêcher l'embrasement de se rallumer, ce qu'il eût dû faire pour l'empêcher de naître; non-seulement on ne fouilla plus dans les consciences, mais on alla jusqu'à fermer les yeux sur les assemblées qui s'enveloppaient de quelque mystère. Cette période d'indulgence systématique dura jusqu'à l'année 1713, qui devait marquer tristement dans notre histoire religieuse[2].

L'affaire des Cévennes n'était qu'un épisode : tous les yeux, vers le printemps, se fixèrent sur la frontière du nord; le grand nom d'Eugène parvint à peine à détourner quelques regards sur l'Italie. La question capitale était de savoir si la France verrait ou non chez elle les armées ennemies. Le plan que Marlborough avait médité dès la fin de l'année précédente avec l'approbation d'Eugène et qu'il fit adopter par les États-Généraux, était de garder la défensive aux Pays-Bas et sur le Rhin et d'attaquer par la Moselle et la Sarre avec une masse formidable. Vers la mi-mai, une partie de l'armée anglo-batave passa la Meuse, laissant deux gros corps, l'un sous Maëstricht, l'autre en Flandre, et se porta vers la Moselle, où elle devait être jointe par le gros des forces de l'empereur et de l'Empire. Marlborough courut à Coblentz conférer avec les électeurs du Rhin, puis à Rastadt conférer avec le prince de Bade, qui commandait l'armée impériale du Rhin : les électeurs et le

---

1. On lui donnait ce surnom, parce qu'il parlait sans cesse avec admiration du maréchal Catinat, sous qui il avait porté les armes.
2. *Mém.* de Berwick, t. 1ᵉʳ, p. 276. — *Hist. des Pasteurs du désert*, t. II, l. IX.

prince convinrent d'expédier sur-le-champ trois mille chevaux d'artillerie ; Bade promit de marcher sans délai vers la Moselle avec la meilleure partie de ses troupes. Marlborough revint joindre son corps d'armée, qui fut renforcé à Trèves par des masses allemandes à la solde des puissances maritimes. Le 3 juin, il passa la Sarre près de son confluent avec la Moselle et vint se déployer sur les hauteurs de Perl. Villars était campé en face, sur les hauteurs de Kerling et de Früching, appuyé à la Moselle et à la petite place de Sierck. Du 4 au 12 juin, Marlborough reçut de nouveaux renforts qui grossirent son armée jusqu'à quatre-vingt mille hommes : Villars n'en avait que cinquante-cinq mille et Marlborough attendait encore Bade. Villars, plein de confiance dans son excellent poste et dans l'ardeur de ses troupes, qui brûlaient de venger Höchstedt, ne recula pas. Il s'attendait chaque jour à recevoir la bataille, lorsque, le 17 juin au matin, il apprit avec étonnement que les ennemis avaient décampé pendant la nuit et retournaient sur Trèves. Un trompette apporta l'explication de cette retraite au nom de Marlborough lui-même : Marlborough priait Villars de croire que ce n'était pas sa faute s'il ne l'avait point attaqué ; qu'il en était au désespoir ; mais que le prince de Bade lui avait manqué de parole.

Bade, en effet, jaloux du vainqueur de Höchstedt et irrité qu'on l'obligeât de lâcher l'Alsace pour venir seconder Marlborough sur la Moselle, s'était avancé lentement et de très-mauvaise grâce et n'avait pas encore rejoint. Les autres princes du Rhin, soit négligence, soit crainte de voir l'Autriche trop complétement victorieuse, n'avaient pas encore fourni les équipages promis. Le soldat souffrait et désertait. Les États-Généraux s'inquiétaient des opérations commencées sur la Meuse par l'électeur de Bavière et par Villeroi, qui, n'ayant plus en tête que des forces très-inférieures depuis le départ de Marlborough, avaient repris Hui et ses quatre forteresses (28 mai-10 juin), occupé la ville de Liége et menaçaient la citadelle ; les États-Généraux redemandaient leurs troupes. Ces circonstances ne permettaient plus d'assiéger Sarrelouis pour pénétrer en Lorraine, premier projet de Marlborough : les alliés eussent pu se porter soit contre Thionville, soit contre Luxembourg, ce qui eût probablement arrêté les entreprises des

Français sur la Meuse; mais les généraux allemands ne voulurent pas suivre Marlborough outre Moselle. Restait une attaque de front contre l'armée française. Marlborough était l'audace même et cependant il n'osa point : il connaissait le poste et le général, et il avait jugé le succès impossible à moins d'avoir cent mille hommes. Il laissa un corps allemand à Trèves, en renvoya d'autres sur le Rhin et retourna sur la Meuse [1].

L'expédition de la Moselle, objet de tant de spéculations triomphantes, était avortée entièrement : les alliés apprirent qu'on n'abat point la France d'un seul revers.

Peu de jours après la retraite de Marlborough, le corps qu'il avait laissé à Trèves, menacé par un détachement de Villars, abandonna cette ville. Villars ne poussa pas ses avantages sur la Moselle, mais courut joindre Marsin en Alsace, pour tâcher d'enlever la ligne de la Lauter et d'investir Landau avant que Bade eût concentré ses forces. Weissembourg fut emporté le 4 juillet, mais le gros des troupes allemandes de la Lauter se retira dans une bonne position à Lauterbourg et y fut promptement renforcé : Villars et Marsin ne crurent pas pouvoir s'emparer de ce camp retranché, et l'ordre que reçut Marsin d'aller au secours de l'armée de Flandre obligea Villars à se remettre sur la défensive devant Bade.

Marlborough avait compté, en retournant aux Pays-Bas, se venger sur l'électeur de Bavière et sur Villeroi de la déconvenue que lui avait fait essuyer Villars. A son approche, l'armée française des Pays-Bas était rentrée dans les grandes lignes : il reprit Hui sans peine (9-10 juillet), puis marcha aux Français, dont le front était beaucoup trop étendu, surprit le passage des lignes, sur la Gheete, entre Landen et Tillemont, et rejeta l'armée française sur Louvain, après avoir culbuté l'aile gauche (18 juillet). La fermeté de quelques bataillons empêcha l'échec subi par cette aile de se changer en déroute. L'armée se mit à couvert derrière la Dyle. Marlborough fit raser derrière lui une partie des lignes et voulut forcer le passage de la Dyle. Il fut repoussé, le 30 juillet, à Corbeeck et à Neer-Ysche. Il alla franchir la Dyle beaucoup plus haut,

---

1. Villars, p. 151. — Lamberti, t. III, p. 469. — Général Pelet, t. V, p. 381-550.

vers Genappe (16 août), et menaça Bruxelles, afin d'attirer les Français au combat. Les Français prirent position entre Bruxelles et Louvain, sur l'Ysche, ruisseau qui descend de la forêt de Soignies et se jette dans la Dyle. Le poste était avantageux, mais les alliés avaient quelque supériorité numérique et n'avaient pas un Villars en tête. Marlborough voulait attaquer : les députés qui représentaient les États-Généraux à l'armée s'y opposèrent formellement. On peut juger de la colère du général anglais, qui croyait se voir, pour la seconde fois de l'année, arracher la victoire des mains par ses alliés. Il se retira (19 août), fit prendre sur ses derrières Leau ou Leewe, petite place qui commande le confluent des deux Gheetes (3-5 septembre) ; puis il passa le Demer, se porta vers les deux Nèthes et détacha un corps contre Sanvliet. Les généraux français opérèrent une diversion en reprenant Diest, ville du Demer que l'ennemi fortifiait (25 octobre). Sandvliet se rendit quelques jours après. Ce fut, aux Pays-Bas, la fin d'une campagne qui avait suggéré tant d'espérances et donné si peu de résultats aux alliés.

Du côté du Rhin, les alliés, par la supériorité du nombre, obtinrent un léger avantage vers l'automne. Villars, par le départ de Marsin pour les Pays-Bas et de quelques autres troupes pour l'Italie, se trouvait réduit à trente-cinq mille hommes. Bade, renforcé par des contingents allemands, en avait au moins cinquante mille ; il parvint, au mois de septembre, à franchir la ligne de la Moder : Villars, craignant d'être coupé d'avec Strasbourg et voyant l'ennemi grossir encore, se replia sur Strasbourg et sur le canal de Molsheim, laissant dans Drusenheim et dans Haguenau quelques troupes, qui occupèrent l'ennemi trois semaines. La garnison de Haguenau, quand elle ne se trouva plus en état de défendre cette mauvaise place, en sortit pendant la nuit, avec tant d'audace et de bonheur, qu'elle gagna Saverne saine et sauve (6 octobre). L'épizootie, qui sévissait sur les deux armées, la désertion qui affaiblissait spécialement les alliés, et le peu d'accord de leurs généraux, empêchèrent Bade de chercher à pousser plus avant en Alsace.

Durant l'automne, il s'était élevé en Bavière des mouvements qui causèrent de graves inquiétudes à l'Autriche. Le gouvernement autrichien, avec sa perfidie accoutumée, avait violé toutes les conditions du traité de Landau, pillé, rançonné, violenté communautés et particuliers, dévalisé jusqu'au palais de l'électeur, obligé l'électrice à quitter le pays et prétendu contraindre la population à lui fournir douze mille recrues. Les paysans s'enfuirent dans les bois : on saccagea leurs villages; on traîna en prison leurs mères et leurs femmes. Ils s'armèrent, guidés par d'anciens soldats, s'emparèrent de Braunau, de Scharding et voulurent surprendre Munich (26 décembre) : par malheur, le gonflement soudain des rivières les empêcha de réunir leurs bandes et de jeter vingt mille hommes sur Munich : ils furent battus en détail et la promesse d'une amnistie leur fit déposer les armes. L'Autriche tint parole comme à l'ordinaire, et toutes les places des villes bavaroises furent le théâtre d'égorgements auxquels on eut l'impudence de donner une forme judiciaire. Les Hongrois se tinrent pour avertis [1].

La guerre d'Italie, où Eugène et Vendôme se retrouvaient en présence, offrit un spectacle stratégique de haut intérêt, surtout depuis que la grande opération de Marlborough eut été manquée. La disposition des forces françaises était bonne, cette fois : le corps des Alpes ou de La Feuillade était absorbé dans l'armée de Piémont, et Vendôme avait pleine autorité sur les deux armées de Piémont et de Lombardie, chargées, l'une de prendre Turin, l'autre de repousser Eugène. Les ennemis, de leur côté, opéraient aussi bien que possible. Le duc de Savoie, chassé de Verrue, s'était retranché à Chivasso, pour retarder encore les approches de Turin. Le prince Eugène arriva, le 23 avril, à Roveredo, dans le Trentin : Marlborough, afin de soulager l'empereur, avait été, au mois de novembre précédent, demander au roi de Prusse huit mille soldats pour l'armée d'Italie [2]; mais Eugène n'attendit pas d'être au complet pour agir. Dès le 18 mai, il passa l'Adige au-dessous de Vérone avec six mille chevaux et sept mille fantassins et marcha vers le Mincio, afin de rejoindre un autre corps de six à sept mille hommes descendus par le val de Chiese à l'entrée du Bressan.

---

1. Quinci, t. IV, p. 569. — Lamberti, t. III, p. 614.
2. Il prit le nouveau roi par la vanité; le vainqueur de Höchstedt *donna la serviette* à Frédéric Ier.

Le 11, son avant-garde fut arrêtée par celle de Vendôme auprès de Goïto. Vendôme était accouru en personne, jugeant que le plus pressé était de repousser son redoutable rival. Pendant ce temps, la Mirandole, place d'armes conservée par les Impériaux au sud du Pô, se rendait au grand-prieur, frère de Vendôme. Eugène se replia vers les montagnes, embarqua son infanterie sur le lac de Garda, fit tourner sa cavalerie par le haut du lac et rejoignit ainsi, par une route opposée à la première, le corps engagé dans le Bressan. Vendôme revint lui faire face par la Chiese, établit l'armée de Lombardie, supérieure de quelques milliers d'hommes à celle d'Eugène, dans une bonne position entre la Chiese et le lac de Garda, vers Moscoline, confia le commandement à son frère le grand-prieur et retourna en Piémont assiéger Chivasso (fin mai).

C'était une énorme imprudence. Son frère avait tous ses défauts, poussés au dernier excès, et pas une de ses qualités. Paresseux, entêté, brutal, appesanti par les maladies dont il était rongé, il fallait toute la faiblesse fraternelle de Vendôme pour ne pas voir à quel point il était indigne et incapable d'une si haute mission. Eugène, qui avait reçu des renforts, mit à profit ce changement d'adversaire. Il s'ouvrit, par les montagnes, des chemins sur Brescia et déroba une marche au grand-prieur, qui, malgré les avis de ses lieutenants, s'était opiniâtré à ne pas bouger. Le grand-prieur s'ébranla enfin et tint en échec Eugène quelques jours auprès de Brescia; mais il s'entêta de nouveau à ne pas devancer l'ennemi sur l'Oglio, et Eugène, se portant à l'ouest, franchit l'Oglio du 27 au 28 juin, à Calcio. Vendôme, à cette nouvelle, chargea La Feuillade de diriger le siège de Chivasso et revint en toute hâte à l'armée de Lombardie. Déjà l'ennemi avait pris Palazzuolo sur l'Oglio; le grand-prieur s'était rejeté dans l'angle formé par le Serio et l'Adda, entre Crema et Lodi, abandonnant tout l'Oglio et même la Basse-Adda. Vendôme, arrivé le 13 juillet avec un renfort à Lodi, sur l'Adda, ressaisit aussitôt l'offensive, repassa le Serio, reprit le poste important des *quatorze canaux (navigli)*, qui commandait le Bas-Oglio, et lança son frère au delà de cette rivière, avec ordre de se rabattre sur la Chiese et de prendre à revers les postes ennemis. La lenteur et l'ignoble paresse du grand-prieur, qu'on ne pouvait faire marcher quand il était gorgé de viande et de vin, sauva un corps de trois à quatre mille Impériaux (2 août). Eugène, se voyant pris par derrière, au lieu de battre en retraite, poussa résolûment en avant sur l'Adda en passant le Serio à Crema. Vendôme le suivit à quelques heures de distance, courut, avec vingt-quatre escadrons de dragons, franchir l'Adda à Lodi, puis remonta cette rivière jusqu'à Cassano et Trezzo, où il retrouva un petit corps de réserve qui gardait l'Adda et qui avait déjà repoussé les premiers détachements d'Eugène. Sa célérité répara la négligence de son frère (11-13 août).

Le gros de l'armée, conduit par le grand-prieur, suivit le mouvement de Vendôme à l'ouest, mais ne traversa point l'Adda : Vendôme ne voulait point abandonner l'Oglio en défendant l'Adda. Les deux fractions de l'armée communiquaient par un pont de bateaux établi à Cassano. Eugène, de son côté, parvint à jeter un pont sur l'Adda, au Paradiso, au-dessus de Trezzo : Vendôme appela à lui, du gros de l'armée, un renfort de quinze bataillons et se posta de manière à empêcher Eugène de déboucher. Eugène, alors, dans la nuit du 15 au 16 août, rompit son pont et, filant le long de la rive orientale de l'Adda, alla fondre sur le corps du grand-prieur. Vendôme, averti au point du jour, accourut au galop, suivi de près par tout son corps. Si le grand-prieur eût occupé les positions prescrites par son frère, l'attaque d'Eugène n'eût pas eu la moindre chance de succès ; mais Vendôme trouva les troupes entassées confusément dans un terrain étroit entre l'Adda et le canal de Crema : il lui fallut sortir en défilant de ce coupe-gorge et opérer un changement de front devant l'ennemi, qui attaqua avec une extrême impétuosité. La bataille, un moment, sembla tout à fait perdue : après une terrible fusillade presque à bout portant, les ennemis, se jetant à l'eau, franchirent sur deux points les deux branches du canal de Crema et percèrent le centre de l'armée française ; la gauche française fut aussi poussée et mise en désordre et la tête du pont de Cassano fut enlevée par les Impériaux. Tout fut sauvé par l'élan admirable que donna Vendôme à notre infanterie : il mit pied à terre, chargea l'épée au poing à la tête de l'aile gauche et reprit le pont[1] ; puis il courut

---

1. Saint-Hilaire cite un bel exemple du dévouement qu'inspirait Vendôme : un

au centre et en ramena de même les bataillons à la charge : les ennemis, qui avaient mouillé leur poudre au passage des canaux, furent repoussés à la baïonnette, avec un grand carnage, au delà du premier canal : le second canal fut repassé par l'ordre même d'Eugène, qui vit la chance tournée et qui se décida sagement à faire sonner la retraite. Cette issue d'une journée si mal commencée fut d'autant plus glorieuse à Vendôme, qu'il n'avait reçu presque aucun secours de son aile droite. Le grand-prieur, qu'il avait porté avec cette aile à une lieue de Cassano et qui ne fut point attaqué, ne bougea pas de toute la bataille et se conduisit de façon à se faire fusiller, si on lui eût rendu justice : le roi le punit par un rappel en France.

L'affaire de Cassano fut la contre-partie de celle de Chiari, mais sur une plus grande échelle ; la perte des Impériaux avait été très-considérable. Eugène passa de l'offensive à la défensive, mais ne se trouva point hors de combat et ne se retira qu'à une lieue du champ de bataille. Le succès de Cassano permettait à Louis XIV de choisir entre deux plans pour le reste de la campagne. Les Français n'étaient point assez forts tout à la fois pour prendre Turin et pour chasser Eugène d'Italie. Le roi avait donc à décider si l'on ajournerait le siège de Turin et si l'on renforcerait l'armée de Lombardie pour chasser Eugène, ou bien si l'on renforcerait l'armée de Piémont pour faire le siège, tandis que Vendôme se contenterait de contenir Eugène. Vendôme conseillait instamment le second parti. Chivasso, le dernier avant-poste de Turin, avait été abandonné par l'ennemi dans la nuit du 29 au 30 juillet. Vauban, qui eût souhaité de terminer sa carrière par un coup d'éclat, avait, dans le courant d'août, répondu au roi de prendre Turin en un mois, si le roi lui assurait les ressources nécessaires. Malheureusement, Louis XIV n'avait pas à sa disposition, en troupes et en matériel, tout ce que demandait Vauban, et Chamillart, qui voulait réserver à son gendre La Feuillade l'honneur de cette conquête, ne songea qu'à éluder l'offre du grand preneur de villes [1].

---

soldat ennemi le couchant en joue, son capitaine des gardes, appelé Cotteron, se jeta devant lui et reçut le coup au travers du corps. Saint-Hilaire, t. III, p. 196.

1. Il offrait d'y aller « en mettant son bâton de maréchal derrière la porte » et en se contentant de conseiller. Saint-Simon, t. IV, p. 429. La Feuillade se vanta, dit-on, qu'il se passerait bien de Vauban et qu'il prendrait Turin à la Coëhorn.

Cette offre ne fut pas renouvelée. Vauban, au contraire, quand il connut l'état réel des ressources, détourna le roi de laisser entamer le siége avant le printemps prochain. Après bien des variations, le roi décida qu'on bloquerait seulement Turin pendant l'automne et l'hiver, et que Vendôme agirait offensivement contre Eugène.

Cette décision prise, Vendôme l'exécuta aussi habilement que possible. Eugène, après avoir séjourné près de deux mois à Treviglio, à une lieue de Cassano, abandonna ce camp (10 octobre), fit, pour pénétrer dans le Crémonais, une tentative qui échoua devant les manœuvres de Vendôme, puis se vit réduit à repasser le Serio, l'Oglio, et enfin la Chiese (mi-novembre). Vendôme franchit à son tour ces rivières, tourna Eugène, l'obligea de remonter la Chiese vers les montagnes et tenta de le cerner en l'attaquant à la fois par la rive ouest du lac de Garda et par la route de Brescia. Les Vénitiens, dont la politique se modifiait depuis Höchstedt et qui commençaient à comprendre que leurs vrais ennemis étaient à Vienne et non à Paris, avaient déjà signifié qu'ils ne souffriraient plus de quartiers d'hiver sur leurs terres. Ils firent plus : ils livrèrent Desenzano aux Français et refusèrent de livrer Lonato aux Autrichiens. Cependant Vendôme ne put exécuter son projet ; les défilés de la rive ouest du lac étaient trop fortement occupés par l'ennemi. Il prit donc ses quartiers d'hiver, mais en les étendant du lac à l'Oglio et en coupant aux Impériaux la route, au moins directe, du Mincio et de l'Adige (fin décembre). L'armée d'Eugène avait tant souffert que, malgré ses renforts, elle était réduite à quinze mille hommes quand elle rentra dans le Trentin. L'armée française, mieux entretenue, en avait bien encore vingt-sept mille, sans les Espagnols.

Du côté du Piémont, La Feuillade avait essuyé par sa faute un échec à Asti, que réoccupèrent les Austro-Piémontais de Stahremberg. Par compensation, Montmélian se rendit (11 décembre); la ville de Nice s'était rendue, le 16 novembre, au duc de Berwick, arrivé de Languedoc. La citadelle capitula le 4 janvier 1706. On y trouva cent canons. Nice et Montmélian furent démantelés [1].

---

1. Général Pelet, t. V, p. 3-279. — Saint-Hilaire t. III, p. 173-220.

L'aspect des affaires était tout autre en Espagne qu'en Italie. Les Anglais, qui, l'année précédente, avaient travaillé pour eux-mêmes en prenant Gibraltar, travaillaient cette fois, pour leur allié, le prétendant autrichien. L'automne précédent, les alliés, renforcés d'outre-mer, avaient attaqué, à leur tour, la frontière castillane voisine du Portugal, et Berwick avait déjoué leurs efforts. Cette tentative, renouvelée au printemps, ne réussit pas beaucoup mieux, quoique Berwick, sage et habile capitaine, eût été rappelé par suite d'une brouille avec la reine d'Espagne, très-jeune princesse, spirituelle et courageuse, mais passionnée et mobile comme son âge, et qui menait et remuait tout sous le nom du mol et inerte Philippe V. L'hostilité persistante des populations castillanes contre les envahisseurs dissipa les illusions dont quelques grands d'Espagne, réfugiés à Lisbonne, avaient entouré le prétendant. On ne répondit qu'à coups de mousquet aux proclamations de *Charles III*. Les conspirations tramées à Madrid et ailleurs par quelques hommes d'intrigue, et dont l'une avait pour but l'enlèvement du roi et de la reine, furent découvertes et châtiées, aux applaudissements du peuple [1]. Les alliés espérèrent être plus heureux dans une autre partie de la monarchie espagnole. Le 17 juillet, le prétendant s'embarqua sur la flotte anglo-batave réunie dans le Tage; la flotte passa le détroit de Gibraltar, excita quelques mouvements sur la côte de Valence, puis s'arrêta sur la côte de Catalogne et jeta sept ou huit mille soldats auprès de Barcelone (19 août). Les paysans catalans commencèrent aussitôt à s'agiter en faveur des alliés. La vieille opposition entre la *coronilla* d'Aragon et la couronne de Castille s'était réveillée, surtout en Catalogne, le pays le moins espagnol de l'Espagne. Philippe V y avait été très-froidement reçu, et ce pays, si hostile à la maison d'Autriche quand elle régnait à l'Escurial, lui redevenait favorable depuis que les Bourbons avaient été appelés à sa place sur le trône des Espagnes par les Castillans. Les ressentiments qui avaient succédé, depuis la dernière guerre, à la vieille amitié des Catalans pour les Français, contribuaient beaucoup à ce revirement.

Le prétendant, encouragé par cet accueil populaire, entreprit le

---

1. Châtiées, fort imparfaitement, car le gouvernement de Philippe V n'osa procéder, sans la permission du pape, contre les moines conspirateurs.

siège de Barcelone par terre et par mer. Si Chamillart eût déféré aux avis envoyés par Berwick du fond du Languedoc et eût expédié Berwick dans la Catalogne avec les troupes qu'on tenait en réserve sur nos côtes languedociennes et provençales, les alliés eussent échoué, selon toute apparence; mais l'inepte ministre répondit que le roi ne pouvait fournir une armée pour la défense de chaque province espagnole, comme si la Catalogne eût été la première province venue! Les alliés opérèrent donc sans obstacle de la part de la France. La flotte française ne parut pas plus que les troupes de terre. Le comte de Toulouse ne quitta point les ports de Provence : il n'était pas en état de se mesurer avec la puissante flotte anglo-batave. Le 14 septembre, les alliés emportèrent les retranchements qui protégeaient le pied du Mont-Juich ; le 17, la citadelle qui couronnait cette hauteur se rendit, par suite de l'explosion d'un magasin à poudre. Maîtres du Mont-Juich, les alliés ouvrirent la tranchée devant Barcelone et firent avancer leurs galiotes pour bombarder la ville. Leurs forces eussent été tout à fait insuffisantes pour une telle entreprise, si le pays environnant n'eût été pour eux et si la ville eût voulu se défendre ; mais l'esprit de la population était tel que le vice-roi Velasco jugea impossible d'attendre l'assaut. Il capitula dès qu'il vit la brèche ouverte (4-9 octobre). Une grande partie de la garnison passa au service de *Charles III*. A cette nouvelle, toute la province, en quelques jours, reconnut Charles III. Les faibles garnisons espagnoles ne tentèrent presque aucune résistance. Roses fut seule conservée à Philippe V par un détachement français accouru du Roussillon.

Le mouvement, de la Catalogne, gagna le royaume de Valence ; la défection n'y fut pas aussi générale qu'en Catalogne ; la noblesse et le clergé restèrent en majorité à Philippe V; néanmoins la capitale et la plus grande partie du pays se déclarèrent pour Charles III; l'Aragon fut aussi entamé ; une poignée de miquelets catalans insurgèrent plusieurs villes aragonaises; ces places ouvertes furent reprises par les troupes de Philippe V, qui, pour arrêter les progrès de l'archiduc, ravagèrent et brûlèrent, sur une étendue de vingt lieues, la frontière d'Aragon et de Valence. Malgré cet expédient barbare, il était à croire que Charles III, si on ne le prévenait, pénétrerait en Aragon dès qu'il aurait organisé son armée avec le concours des levées catalanes. Le gouvernement espagnol était dans un état déplorable : l'esprit de routine, la jalousie nationale et le mauvais vouloir des gens intéressés aux abus avaient paralysé les efforts des hommes de conseil et de main que Louis XIV avait envoyés de France ; les agents français eux-mêmes avaient donné bien des sujets de plainte, soit par leur légèreté, soit par leurs cabales et leurs dissensions. Le résultat, c'est que les caisses publiques et les magasins étaient vides, que les soldats affamés se débandaient et qu'il eût été impossible de subvenir aux nécessités les plus immédiates, sans un prêt de 2 millions que fit Louis XIV à Philippe V. L'année 1706 allait s'ouvrir en Espagne sous de sinistres auspices pour la cause des Bourbons [1].

Nos armées, rétablies de Höchstedt, arrêtant la coalition, par leur fermeté, sur nos frontières du nord, de l'est et en Belgique ; la France restant supérieure en Italie, mais n'ayant pu encore décider la question par la prise de Turin ; les alliés maîtres de la Catalogne et près de prendre la Castille à revers ; telle avait été la campagne de 1705.

Durant l'hiver de 1705 à 1706, on se prépara, de part et d'autre, avec énergie. Louis XIV s'apprêta aux plus vigoureux efforts pour sauver son petit-fils, pour reprendre l'offensive dans les Pays-Bas et pour accabler le duc de Savoie, qui n'avait voulu entendre à aucune proposition en dehors de ses alliés. Vingt-sept mille auxiliaires allèrent renforcer les armées d'Espagne et d'Italie [2]. Les princes du sang et les plus riches des courtisans, se décidant enfin à aider la détresse de l'État d'une façon moins illusoire que par la capitation, offrirent au roi la levée et l'équipement de trente-cinq bataillons. Les ennemis, de leur côté, dépassèrent de quelques milliers d'hommes leurs contingents de l'année précédente, firent de nouvelles tentatives pour terminer diplomatiquement la guerre de Hongrie et se mirent en mesure de renforcer

1. *Mém.* de Noailles, p. 182-187. — Quinci, t. IV, p. 635-661.
2. Le tirage de la milice donnait lieu à des scènes bien douloureuses. Le désespoir des miliciens qu'on envoyait en Italie, d'où il n'en revenait jamais un seul, était si grand, que beaucoup se mutilaient pour s'exempter. V. Saint-Simon, t. IV, p. 432.

leur armée d'Italie, longtemps négligée, et de pousser leurs succès en Espagne; Marlborough avait éclaté de telle sorte contre les commissaires des États, contre ces hommes de cabinet et de comptoir qui venaient contrôler et paralyser les généraux, qu'aidé du pensionnaire Heinsius, il s'était fait donner à peu près carte blanche aux Pays-Bas pour cette année.

Dès le mois de février, l'offensive fut ressaisie en Espagne par les Français, afin de recouvrer ce que l'ineptie de Chamillart avait laissé perdre faute de secours en temps utile. Berwick, nommé maréchal de France, fut replacé à la tête du corps d'armée qui défendait la frontière voisine du Portugal. Tessé, avec de nouvelles troupes auxiliaires françaises, fut chargé d'opérer, sous les ordres de Philippe V, contre la Catalogne, du côté de l'Aragon, tandis que le duc de Noailles, fils du maréchal de ce nom, faisait une diversion du côté du Roussillon et qu'un corps espagnol bloquait Valence. Pendant que le clergé catalan se jetait avec fureur dans le parti autrichien, les évêques de Murcie et d'Orihuela avaient, au contraire, levé des milices pour combattre la rébellion valencienne et avaient conservé Alicante à Philippe V. Le jeune roi, par le conseil de son aïeul, avait décidé une grande et difficile entreprise, le siège de Barcelone; il recouvra, sans obstacle sérieux, une partie de la Catalogne et arriva, le 5 avril, devant Barcelone, avec vingt-cinq mille soldats, presque tous Français, et une belle artillerie. Le comte de Toulouse, qui, l'année précédente, s'était trouvé dans l'impuissance de disputer la mer à la puissante flotte ennemie réunie pour attaquer Barcelone, parut devant cette ville en même temps que Philippe V; la flotte française comptait trente vaisseaux de ligne, quatorze galères, cinq galiotes à bombes et cent cinquante transports destinés à l'approvisionnement de l'armée. Le prétendant Charles III était dans la place avec quatre à cinq mille hommes de troupes régulières et huit à dix mille miquelets et bourgeois armés, qui l'avaient forcé de rester pour partager leur sort. C'était donc, pour les alliés, une question décisive, et l'on devait s'attendre aux derniers efforts de leur part afin de sauver Barcelone.

La seule chance de succès, pour les assiégeants, était dans la vigueur et la rapidité de l'attaque. Il eût fallu battre immédiatement le corps de la place, très-mal fortifiée, et négliger le Mont-Juich. On fit le contraire : on consuma trois semaines à prendre le Mont-Juich; pendant ce temps, il se forma au dehors une véritable armée de miquelets, mêlés de quelques troupes alliées, qui assiégèrent, pour ainsi dire, les assiégeants et jetèrent de fréquents secours dans la grande cité qu'on n'était pas en état d'investir complétement. La brèche ne fut ouverte au corps de la place que le 5 mai; un premier assaut fut repoussé. Les prêtres, les moines, les femmes mêmes combattaient avec furie. Le prétendant avait recouru à un étrange expédient pour soutenir le courage d'une population ardente et crédule : il avait annoncé solennellement que la sainte Vierge lui était apparue et lui avait garanti la victoire. Les *hérétiques* se chargèrent de dégager la parole de la sainte Vierge. Le 10 mai, à l'approche de la flotte anglo-batave, forte de quarante-huit vaisseaux de ligne, le comte de Toulouse remit à la voile pour Toulon. La flotte ennemie jeta un renfort considérable dans la ville. On leva le siége dans la nuit du 11 au 12 mai; on encloua les canons; on creva les mortiers; on abandonna les approvisionnements et l'on remit les malades et les blessés à l'humanité de l'ennemi. La retraite sur l'Aragon fut jugée trop longue et trop périlleuse : on marcha vers le Roussillon, pour faire le tour des Pyrénées et rentrer en Espagne par la Navarre. L'effet de cette retraite de Philippe V en France fut désastreux : tout l'Aragon se révolta et proclama Charles III.

La situation n'était pas moins sombre à l'autre bout de l'Espagne. Les alliés prenaient Philippe V entre deux feux. Ils avaient envoyé de nouvelles troupes en Portugal durant l'hiver et, dès le mois de mars, ils franchirent de nouveau la frontière, mais avec des chances infiniment plus favorables que les deux premières fois. Grâce à la détestable organisation du gouvernement espagnol, où les capitaines-généraux (gouverneurs), au lieu de dépendre d'un ministre de la guerre, disposaient chacun, en vrais vice-rois, des forces militaires de leurs provinces, Berwick n'avait pas reçu à point les renforts nécessaires; il ne put que jeter quatre ou cinq mille fantassins dans Alcantara et voltiger devant l'ennemi avec un corps de cavalerie. La garnison d'Alcantara, très-mal commandée, se rendit dès le 14 avril. Plusieurs autres villes de l'Estremadure et du Léon succombèrent presque sans résistance. Dès qu'on sut la levée du siège de Barcelone, les généraux ennemis, le réfugié Ruvigni, comte de Gallway, et le Portugais Las-Minas, marchèrent par Salamanque sur Madrid avec dix-sept ou dix-huit mille hommes ; aucune place forte ne les séparait de cette capitale. Le 19 juin, Philippe V, qui était revenu en poste à Madrid par la Navarre, évacua la capitale, suivi des grands, des conseils et des tribunaux, et rejoignit le petit corps d'armée de Berwick, qui se repliait d'étape en étape devant l'ennemi. Le 25 juin, Gallway et Las-Minas entrèrent à Madrid ; les rues étaient désertes ; Madrid semblait une ville morte, symbole de la Castille écrasée entre l'Aragon et le Portugal [1].

Les tristes nouvelles d'Espagne frappèrent successivement Louis XIV, déjà bien cruellement éprouvé ailleurs ; le malheur se déchaînait de toutes parts sur le vieux roi et sur la France, qu'il entraînait dans sa destinée.

Son plan de campagne, pour les frontières du nord et de l'est, avait été imprudent et mal conçu. Il consistait à faire reprendre les lignes de la Moder et de la Lauter par Villars et débloquer le Fort-Louis, puis à faire remettre Villars sur la défensive en Alsace, tandis que l'électeur de Bavière et Villeroi prendraient l'offensive en Belgique. La capacité respective des généraux eût prescrit tout le contraire ; c'est-à-dire que Villars eût dû être seul chargé des opérations actives. Il exécuta parfaitement ses instructions ; renforcé par Marsin, qui commandait un corps sur la Moselle, il surprit, le 1er mai, les lignes de la Moder, débloqua le Fort-Louis, poussa aux lignes de la Lauter, qui ne furent pas défendues, fit reprendre sur ses derrières Haguenau, emporta la tête du pont de Statmatten et chassa outre Rhin le prince de Bade, qui n'avait que des forces très-inférieures, le nouvel empereur, contrairement aux exemples de son père, ayant négligé l'armée du Rhin pour l'armée de Hongrie. Il eût été facile de reprendre Landau, ou d'effectuer en Allemagne une diversion redoutable et peut-être de soulever de nouveau la Bavière, indignée de voir son prince mis au ban de l'Empire avec l'électeur

---

1. *Mém.* de Noailles, p. 193. — *Mém.* de Tessé, t. II, p. 213-228. — Quincy, t. V, p. 192-235. — *Mém.* de Berwick, t. III, p. 235-253.

de Cologne par décret impérial du 26 avril. Louis XIV persista dans ses projets, arrêta l'essor de Villars, et ordonna à Marsin d'aller seconder Villeroi aux Pays-Bas, comme il avait secondé Villars en Alsace. Villars, séparé de Marsin, privé d'une partie de ses propres troupes, qu'on lui enleva pour la Flandre, put encore emporter la tête de pont qu'avaient les ennemis en face de Fort-Louis, à la tête des lignes de Stolhofen à Bühl. On peut juger de ce qu'il eût fait si on ne lui eût coupé les ailes.

Les armées s'étaient rassemblées dans les Pays-Bas vers le commencement de mai, les Français dans le Brabant, les alliés dans le Liégeois. Le roi, animé par les succès de Villars, par un avantage qu'avait remporté Vendôme en Lombardie, et même par la prise du Mont-Juich, présage trompeur, comme on l'a vu, enjoignit à Villeroi de reprendre Leau (Leewe) et de livrer bataille si l'ennemi tentait de s'y opposer. C'eût été bon pour un Vendôme ou un Villars. Deux ans auparavant, l'ordre timide et à contre-temps qui avait enchaîné Villeroi sur le Rhin avait causé le désastre de Höchstedt. Ce nouvel ordre, téméraire non moins à contre-temps, devait être au moins aussi fatal !

Marlborough avait, de son côté, le projet d'attaquer Louvain au risque d'une bataille. De Tongres, il se porta, du 20 au 22 mai, sur Cortisse et Warem. Villeroi s'avança, le 21, entre les deux Gheetes, vers Heylissem ; il attendait, pour le surlendemain, vingt escadrons détachés par Marsin, qui était à quelques journées en arrière avec dix-huit bataillons et onze escadrons, venant de Metz. Le bon sens prescrivait d'attendre Marsin et tout son corps avant de combattre ; mais Villeroi était très-mal renseigné sur la force réelle des ennemis et ne doutait de rien. Chez Villars, la présomption tenait au sentiment d'une force et d'une intelligence capables de faire réussir les plus grandes audaces ; chez Villeroi, elle tenait à la médiocrité même et au peu de portée de la vue. Marlborough résolut d'empêcher la jonction entre Villeroi et Marsin, de couvrir Leau et de rejeter les Français sur Louvain. Le 23, les deux armées s'avancèrent, à la rencontre l'une de l'autre, vers l'étroit espace qui sépare la vallée de la Mehaigne, affluent de la Meuse, et les vallées des deux Gheetes, qui vont au Demer, une des ramifications du bassin de l'Escaut. Marlborough marcha par Mierdorp sur Boneffe. Villeroi appuya sa droite à Taviers sur la Mehaigne, occupant Taviers et un petit marais voisin avec cinq bataillons ; puis venait la cavalerie française, rejointe à l'instant même par les vingt escadrons qui précédaient Marsin ; elle fermait l'intervalle de la Mehaigne aux deux Gheetes, qui n'était que d'un quart de lieue : à gauche de la cavalerie française, se déployait l'infanterie, ayant devant son front le village de Ramillies ; puis la cavalerie espagnole et bavaroise, en arrière des villages d'Offiez et d'Autre-Église, garnis d'infanterie comme Ramillies. Le front de l'armée n'avait pas moins de cinq quarts de lieue. L'armée française comptait soixante-quatorze bataillons et cent vingt-huit escadrons ; l'armée ennemie quatre-vingts bataillons et cent vingt-trois escadrons.

A quatre heures du soir, Marlborough fit attaquer Autre-Église et Ramillies. Ces tentatives furent repoussées ; mais ce n'étaient que de fausses attaques. Marlborough avait reconnu que la gauche française et une partie du centre étaient couverts par des ravins, des ruisseaux, des obstacles presque insurmontables ; il amusa de ce côté l'électeur et Villeroi par quelques démonstrations, massa toute sa cavalerie contre la droite française et jeta quatorze bataillons sur le village de Taviers. Les cinq bataillons qui occupaient ce village appelèrent à leur aide quinze escadrons de dragons, qui mirent pied à terre : l'infanterie ennemie fut repoussée ; mais, pendant cet engagement, la cavalerie ennemie tout entière enveloppait et noyait la cavalerie française, que tournait en même temps un gros d'infanterie. La droite française fut rompue ; alors une masse d'infanterie et d'artillerie assaillit de nouveau et emporta Ramillies. L'électeur et Villeroi ordonnèrent la retraite, qui commença d'abord en bon ordre ; mais, tout à coup, la cavalerie espagnole et bavaroise, qu'on avait laissée complétement inactive pendant le combat et qui couvrait la retraite par le défilé de Judoigne, se débanda, saisie d'une terreur panique. Au même instant, des chariots qui se brisèrent arrêtèrent les bagages de l'artillerie et, par suite, toute la colonne en marche. Ce fut un flux et reflux effroyable ; tout se rompit et se dispersa ! L'ennemi, qui n'avait pas d'abord suivi de près, arriva et enleva hommes et canons sans résistance. On n'avait perdu sur le champ de bataille que deux mille hommes, contre l'ennemi quatre mille; on perdit six mille hommes faits prisonniers en peu de moments. La nuit arrêta la poursuite. Louvain recueillit en majeure partie les débris de cette déroute sans exemple dans nos fastes militaires du xviie siècle. Le corps d'infanterie et de dragons qui avait défendu Taviers parvint à gagner Namur.

L'électeur et Villeroi, hors d'état de défendre la Dyle, se retirèrent derrière le canal de Bruxelles à Anvers. Marlborough entra, le 25 mai, à Louvain : il marcha si précipitamment qu'il ne ramassa même pas l'artillerie abandonnée sur le champ de bataille; la garnison de Namur en vint reprendre trente-quatre pièces. L'électeur et Villeroi évacuèrent à la hâte Bruxelles, Malines et Lierre, et, dès le 26, repassèrent la Dender. L'ennemi occupa les villes évacuées, dont la population changea de maîtres avec indifférence. Le 27, l'électeur et Villeroi repassèrent en désordre l'Escaut à Gand et se postèrent entre l'Escaut et la Lis : on leva toutes les écluses de l'Escaut; les quinze bataillons qui gardaient la Flandre rejoignirent. Pendant ce temps, Marsin, avec son petit corps d'armée, arrivait de la Moselle sur la Sambre et mettait en défense Charleroi, Mons et Ath. La principale armée se réorganisait un peu sous Gand; mais elle était démoralisée : les troupes d'Espagne et des deux électeurs ne pouvaient plus inspirer aucune confiance : les Hispano-Belges, travaillés par les agents des alliés, désertaient en foule. Dès le 30 mai, Marlborough ayant franchi la Dender à Alost et marché sur l'Escaut à Gaveren, on évacua Gand, Bruges et Dam, et l'on se replia sur la Lis, à Deynse, puis à Courtrai. Le 2 juin, Chamillart arriva au camp et ordonna de séparer l'armée ; on jeta l'infanterie dans les places et l'on divisa la cavalerie en petits corps. Marlborough, complétement maître de la campagne, passa l'Escaut le 4 juin, puis la Lis, et prit possession des places abandonnées. Oudenarde et Anvers se rendirent, les 4 et 6 juin, à de simples détachements : les habitants d'Anvers et la garnison espagnole de la citadelle ne voulant pas se défendre, la garnison française de la ville fut obligée de capituler. La mauvaise conduite des régiments hispano-belges et bavarois à Anvers et ailleurs obligea le roi à refondre ces corps, à les réduire et à prendre directement à sa solde ce qu'il en conserva : on soutint désormais la guerre dans ce qui restait des Pays-Bas, au nom de la France et non plus au nom de l'Espagne. En quinze jours, on avait perdu tout le Brabant et les deux tiers de la Flandre espagnole !

Louis XIV, reconnaissant enfin l'impuissance de Villeroi, expépérience qui avait coûté un peu cher ! rappela Vendôme en France pour sauver la frontière du Nord et « rendre aux troupes », suivant ses propres termes, « l'esprit de force et d'audace naturel à la nation française. » Qu'allait devenir l'Italie sans Vendôme ?... Le roi résolut d'expédier en Italie le duc d'Orléans, son neveu et son gendre[1], qu'il avait jusqu'alors systématiquement écarté des commandements militaires comme les autres princes du sang, afin de leur ôter toute chance d'acquérir une importance personnelle. Il offrit à Villars de commander sous le duc d'Orléans. Villars s'en excusa : l'épreuve qu'il avait faite en Bavière de ces sortes d'associations l'en avait dégoûté sans retour ; ce fut un grand malheur ; car le duc d'Orléans se fût mieux accommodé avec Villars que l'électeur de Bavière. A la place de Villars, on envoya un des vaincus de Höchstedt, Marsin, triste augure. Il eût été plus simple de laisser Vendôme en Italie et d'appeler Villars en Flandre, en chargeant Marsin de tenir la défensive sur le Rhin ; mais Louis ne voulut pas humilier son vieux favori Villeroi en le remplaçant par un autre que par un maréchal-général : Vendôme arriva, sinon avec le titre, du moins avec les attributions de ce grade, créé jadis pour Turenne. Ce fut pour de telles considérations que Louis risqua d'achever la ruine de sa maison et celle de la France[2].

Marlborough poursuivait le cours de ses succès. Ostende, bombardée, ruinée, se rendit le 6 juillet ; la garnison y fut contrainte par les habitants. Le vieux Vauban, chargé du commandement sur les places de la côte, était venu à Dunkerque pour défendre son ouvrage. Les États-Généraux empêchèrent Marlborough d'as-

---

1. Le duc Philippe d'Orléans, frère du roi, était mort le 9 juin 1701 et son titre avait passé au duc Philippe de Chartres, son fils, qui avait épousé une des filles du roi et de madame de Montespan. Le nouveau duc d'Orléans, en 1706, était âgé de 32 ans.
2. Général Pelet, t. VI, p. 1-136-201. — Villars, p. 157.

siéger Dunkerque ; il ne leur convenait nullement de voir les Anglais rentrer en possession de ce port, conquis jadis par Cromwell, puis vendu par Charles II. Marlborough s'écarta de la mer, se reporta sur l'Escaut à Espierre et fit investir derrière lui Menin, bonne place française de la Lis, qui était comme l'avant-poste de Lille (23 juillet). Vendôme arriva peu de jours après à Valenciennes et reforma enfin l'armée sur la Basse-Deule, en avant de Lille, du 19 au 23 août ; il fit rétablir les anciennes lignes d'Ypres à la Marque, qui couvraient la Flandre française. Pendant ce temps, Menin, foudroyé par cent canons et soixante mortiers, succombait après une très-belle défense (22 août). Marlborough, voyant Ypres, Lille et Tournai protégés par la position qu'avait prise Vendôme, détacha une division sur Dendermonde, qui, depuis trois mois, se maintenait obstinément au milieu d'un pays occupé par l'ennemi et avait repoussé une première attaque. Dendermonde fut obligée de capituler le 6 septembre. De là, l'ennemi se porta sur Ath. Le gouvernement français avait fait de tels efforts, que l'armée se trouvait presque égale à l'ennemi en infanterie et en artillerie et supérieure en cavalerie ; elle se ranimait sous la main de Vendôme, qui eût bien voulu s'opposer au siège d'Ath ; mais le roi, qui naguère enjoignait l'audace à Villeroi, retint Vendôme et lui défendit de rien hasarder. Ath capitula le 2 octobre et donna aux ennemis toute la Dender, comme ils avaient déjà le Bas-Escaut et la Basse-Lis. Le temps était très-mauvais ; les États-Généraux, craignant de ruiner leur armée, s'opposèrent à ce que Marlborough entreprît un nouveau siège et l'on se mit en quartiers d'hiver au commencement de novembre. Une partie de la frontière française se soumit à une contribution de guerre pour se racheter du pillage et de l'incendie [1].

---

1. Ces sortes de rançons étaient passées en usage sur les frontières respectives, à l'approche des armées, et sauvegardaient le pays contre les ravages des partis ennemis. C'était un commencement d'adoucissement des usages de la guerre. — On trouve dans les Mss. du bénédictin D. Grenier, qui avait préparé une Histoire de Picardie, une intéressante anecdote à ce sujet. Le roi, en 1706, ayant demandé une contribution extraordinaire, même aux pays exempts, quatre paroisses de l'Artois, formant ce qu'on nommait l'*Alleu*, refusèrent, croyant qu'il s'agissait de payer rançon à l'ennemi pour leurs terres, et deux cents paysans partirent pour aller trouver le roi à Versailles. Chamillart les fit arrêter à Senlis, les obligea de retourner chez eux et envoya des troupes vivre à discrétion dans les villages *rebelles*. « Ce qui les a portés

Les événements d'Italie ne furent pas moins considérables ni moins funestes que ceux d'Espagne et de Flandre.

Les opérations avaient heureusement débuté en Lombardie. Au mois d'avril, l'ennemi n'ayant encore que onze mille hommes dans le Bressan, sur la Chiese, et six mille de l'autre côté du lac de Garda, sur l'Adige, Vendôme avait profité de sa grande supériorité numérique pour assaillir les quartiers impériaux établis le long de la Chiese. La cavalerie impériale fut débusquée de la hauteur de Calcinato à la baïonnette par l'infanterie française, qu'aida un corps de cavalerie qui monta à l'assaut à cheval par une pente abrupte. La moitié au moins du petit corps d'armée autrichien fut tuée ou prise (19 avril). Eugène arriva, le lendemain, de Vienne, où il était allé presser les renforts promis ; il ne put que rallier les débris de ses troupes et les ramener en toute hâte dans le Trentin. Vendôme fit rompre ou occuper les passages entre les lacs de Garda et d'Idro et établit un camp retranché à Garda, sur l'autre rive du lac, afin de barrer aux Impériaux la descente des montagnes depuis la Chiese jusqu'à l'Adige.

Ce premier avantage semblait promettre un bon succès au siége de Turin, si longtemps différé. Il y avait eu autour du roi une discussion de plusieurs mois sur le plan à suivre. Vauban soutenait qu'il fallait cinquante-cinq mille hommes effectifs et enlever d'abord les hauteurs à la droite du Pô, surtout la colline fortifiée des Capucins, puis attaquer la ville et enfin la citadelle. La Feuillade, appuyé par Vendôme, qui avait eu d'abord la même opinion que Vauban, prétendait attaquer directement et uniquement la citadelle par son front le plus saillant ; le roi lui donna raison et,

---

à un si grand *aheurtement*, ce n'est pas qu'ils refusent de payer la somme qu'on leur demande ; mais c'est qu'ils ne la veulent pas payer aux ennemis... Ils ne se peuvent persuader que S. M. les oblige elle-même à payer contribution aux ennemis, vu qu'ils s'offrent à défendre leur pays et l'entrée de l'Artois. Ils disent en leur langage que tout ce qu'on leur signifie ne vient point *delle bouque du roi* et qu'ils n'auraient aucune difficulté à obéir s'ils l'avaient entendu eux-mêmes *delle bouque du roi*... On blâme et on plaint fort ici ces paysans, qui sont encore fiers de ce qu'ils n'ont jamais payé de contributions et ont toujours défendu eux-mêmes leur pays, qui est capable d'arrêter une armée, quoiqu'il n'y ait que quatre paroisses. — Lettre du jésuite artésien Brunet à son confrère Le Gobien, à Paris, du 18 janvier 1707 ; ap. Mss. de D. Grenier ; 27ᵉ paquet, n° 1 ; cité par J. Janoski ; *National* du 19 décembre 1841.

le 13 mai, il parut enfin devant Turin. Quoique ses forces eussent été grossies par beaucoup de recrues, il n'avait peut-être pas, à quinze ou vingt mille hommes près, les cinquante-cinq mille hommes réclamés par Vauban. Il fit tracer des lignes entre le Pô et la Petite-Doire, au-dessous de la ville, puis assit son camp de l'autre côté de Turin, la droite au Pô, la gauche à la Doire, et acheva l'investissement sur la rive gauche du Pô. La tranchée fut ouverte le 2 juin. A la droite du Pô, La Feuillade n'attaqua point les hauteurs voisines de la capitale piémontaise, mais il occupa des places qui commandaient plus ou moins les routes aboutissant à Turin, telles que Chieri, Moncaglieri et Mondovi (16 juin-2 juillet). La population de Mondovi ne voulut pas se défendre; elle était favorable aux Français, sans doute par ressentiment des maux que son duc attirait sur elle. La Feuillade poussa Victor-Amédée de poste en poste. Le duc se retira vers Saluces, avec quelques mille hommes qui lui restaient, pour gagner les vallées vaudoises comme dernier refuge. Asti, pendant ce temps, fut repris par un détachement français. Tout cela n'avait pas de valeur sérieuse ; le siège de Turin était tout et le siège allait bien lentement !

Eugène, cependant, avait reçu des renforts considérables et se retrouvait à la tête, non plus de quelques débris, mais d'une véritable armée. Voyant la droite de l'Adige barrée par Vendôme, il descendit le long de la rive gauche jusque vers la Polésine, comme pour essayer de porter la guerre vers les bouches du Pô. Vendôme se croyait en mesure de l'empêcher de traverser l'Adige, quand il reçut l'ordre de quitter l'Italie pour la Flandre (mi-juin.) Pressentant qu'on allait tout perdre, il pria du moins le roi de lui donner Berwick pour successeur : il avait apprécié les talents de ce bâtard des Stuarts ; mais Berwick était nécessaire en Espagne et ce fut Marsin qu'on expédia. Vendôme garda le commandement un mois encore, jusqu'à l'arrivée du duc d'Orléans et de Marsin ; il le garda trop pour sa gloire : du 5 au 6 juillet, Eugène parvint à faire traverser l'Adige à une partie de son armée, près d'Anguillara, ce qui lui ouvrit la Polésine. Vendôme se porta sur le canal Blanc. Le 12 juillet, un corps ennemi passa le canal Blanc près de son confluent avec l'Adige, vers Carpi, et coupa un corps français, qui fut obligé de se jeter au midi du Pô. Vendôme alors se décida à se replier derrière le Mincio, ce qu'il avait jusque-là rejeté bien loin. Il venait à son tour de subir les mêmes échecs que Catinat en 1701; cette double expérience était décisive contre la ligne de l'Adige. Eugène envoya seulement un corps détaché vers le Mincio et, avec vingt-quatre mille hommes, franchit le Pô à Polesella (18 juillet). Le même jour, Vendôme remit le commandement au duc d'Orléans et à Marsin, qui l'avaient rejoint à Crémone, et partit pour la France. Il laissait les affaires dans un fâcheux état : il rejeta ses mauvais succès sur le découragement causé dans l'armée par les événements du dehors et par son rappel; son propre découragement put n'y être pas étranger; il y avait eu chez lui, dans les dernières semaines, bien de la négligence et de l'obstination, en présence d'un adversaire qui ne faisait guère de fautes et qui ne manquait jamais de profiter de celles d'autrui.

Le duc d'Orléans tâcha d'empêcher Eugène de faire ce qu'avait fait Stahremberg en 1703 : il rappela sur le Mincio les troupes qui étaient entre les lacs de Garda et d'Idro, se porta au sud du Pô avec le reste de l'armée de Lombardie, afin de côtoyer l'ennemi, et demanda à La Feuillade d'expédier un gros corps à Stradella, dans le Pavèse, pour mettre entre deux feux l'ennemi, qui ne pouvait manquer de passer par ce point. C'était le dernier conseil donné par Vendôme à son départ. La Feuillade protesta qu'il lui était impossible de se dégarnir de son infanterie et envoya seulement de la cavalerie au duc d'Orléans. Eugène, cependant, avançait toujours avec son audace ordinaire, sans magasins, sans équipages de vivres; la sécheresse rendait toutes les petites rivières guéables et l'on avait laissé dégrader les retranchements établis sur leurs bords. Eugène franchit le Panaro et la Secchia. Orléans demanda à La Feuillade s'il voulait le joindre à Valenza, avec une partie de ses troupes, pour arrêter au moins Eugène vers le Tanaro, puisqu'on n'avait pu s'entendre pour l'arrêter à Stradella. La Feuillade répondit qu'il préférait attendre Eugène à Chieri et redemanda sa cavalerie et même des renforts de l'armée de Lombardie. Orléans céda et repassa au nord du Pô, renonçant à entraver la marche d'Eugène, qui traversa le Parmesan et gagna les bords du Tanaro. Pendant ce temps, Orléans se réunissait à La Feuillade devant Turin. Il trouva le siége en très-mauvais état. La Feuillade, à la vérité, avait fait enfin occuper, par un corps détaché, les hauteurs voisines des Capucins, sans cependant attaquer les Capucins, et jeté un pont en aval sur le Pô, afin de relier ce détachement avec l'armée de siége et de compléter l'investissement par la rive droite; mais l'artillerie et le génie étaient mal dirigés : les chefs de ces services ne s'entendaient pas; une décadence alarmante se manifestait dans les armes spéciales, naguère si brillantes[1]; on sentait partout l'absence du *grand preneur de villes*, que la fatuité de La Feuillade et l'ineptie de Chamillart avaient écarté d'une entreprise qui n'eût pu réussir que par lui. Le feu de l'ennemi, et bien plus encore les maladies et la désertion, avaient tellement ruiné l'infanterie, qu'il ne restait guère plus de cent cinquante hommes valides par bataillon. Le 27 août, les assiégés venaient de reprendre des dehors qu'on leur avait enlevés : le duc d'Orléans, à son arrivée, fit donner, le 31, un nouvel assaut qui ne réussit pas. Il n'y avait plus d'espoir d'enlever la citadelle de vive force avant l'approche d'Eugène.

Eugène avait passé le Tanaro entre Asti et Alba, le 29 août, et joint le duc de Savoie entre Carmagnola et Moncaglieri. Orléans proposa de marcher à l'ennemi; Marsin, La Feuillade et la plupart des officiers-généraux furent d'avis d'attendre dans les lignes. Le 31, après l'assaut, Orléans écrivit au roi à ce sujet, de deux cents lieues! En attendant la réponse, on ne bougea pas. Le sort de l'Italie devait être décidé avant cette réponse! Eugène et Victor-Amédée franchirent le Pô à Carignano, le 4 septembre, avec vingt-trois mille hommes, le reste de leurs troupes étant employé à garder les places et les postes de communication. Le 6, ils s'avancèrent sur la Petite-Doire. Orléans proposa pour la seconde fois d'aller au-devant d'eux; les généraux s'y opposèrent. Marsin déclara au duc que le roi ne lui avait pas donné le droit de tirer de ses lignes l'armée de siége! L'idée fixe d'une mort prochaine ôtait à Marsin toute liberté d'esprit et de jugement. Orléans, général sans autorité, n'osa rompre en visière au guide que le roi lui

---

1. Saint-Simon nous en apprend la cause : les grades s'y vendaient comme ailleurs. V. Saint-Simon, t. V, p. 93.

avait imposé. Ce même jour, les ennemis passèrent la Petite-Doire et se portèrent entre la Doire et la Stura. C'était le seul côté par lequel la position des Français leur avait paru attaquable. On n'avait pas retranché l'intervalle entre la Doire et la Stura, trop étroit, pensait-on, pour qu'une armée ennemie y pût manœuvrer. On se hâta d'y lever de la terre. Le duc d'Orléans voulait faire descendre sur ce point une partie de l'infanterie qui occupait les hauteurs de la rive droite. Marsin prétendit que le duc n'avait pas droit même de déplacer les troupes. Cela devenait de la démence. Bien qu'on eût probablement trente-cinq à quarante mille soldats, comme ils étaient répandus sur une circonvallation immense, on ne trouva que dix-sept bataillons pour défendre la partie menacée. On les mit sur une seule ligne, en les faisant soutenir par soixante-cinq escadrons.

Le 7 septembre au matin, après avoir essuyé une violente canonnade, l'ennemi chargea sur le nouveau retranchement à peine ébauché. L'attaque fut repoussée par deux fois à la gauche et au centre des Français ; mais, pendant ce temps, sur leur droite, le duc de Savoie, reconnaissant qu'on avait laissé un espace vide entre le lit de la Stura et la digue de cette rivière, coupa la digue et pénétra dans cet espace avec une colonne d'infanterie suivie d'un convoi. Marsin courut le charger à la tête de quinze escadrons. Il fut repoussé et blessé à mort : ses pressentiments ne l'avaient pas trompé. Le duc d'Orléans fut blessé à son tour dans une seconde charge, qui ne réussit pas mieux. Eugène assaillit une troisième fois les retranchements vers le centre et les emporta. La gauche française, dont la position, sur la Doire, était mieux appuyée, se défendit plus longtemps et avec une grande énergie ; mais elle fut enfin obligée de plier à son tour. Le duc d'Orléans, atteint de deux blessures, quitta le champ de bataille. La retraite s'opéra en désordre par les trois ponts de la Stura, de la Doire et du Bas-Pô. Trente escadrons de dragons, qui avaient mis pied à terre pour soutenir l'infanterie, furent coupés d'avec leurs chevaux, qui tombèrent au pouvoir de l'ennemi. Saint-Frémont, commandant de l'aile gauche, rallia les troupes et emmena quarante-cinq canons de campagne ; mais toute l'artillerie de siège (cent quatre canons et quarante mortiers) fut abandonnée par La Feuillade. On brûla ou l'on jeta à l'eau les munitions.

La perte, cependant, ne dépassait pas quatre mille hommes et les vainqueurs en avaient bien perdu six mille. Le gros de l'armée était intact, ni les troupes qui étaient en amont de Turin, ni celles qui étaient sur les hauteurs de la rive droite, n'ayant combattu. Le duc d'Orléans eut l'excellente idée de se retirer par la rive droite du Pô vers Alexandrie et le Milanais; mais, sur la fausse nouvelle que les ennemis étaient maîtres de Moncaglieri et de Chieri et coupaient déjà cette route, les généraux le pressèrent de se replier au contraire sur Pignerol, où l'on enlèverait, disait-on, de grands magasins préparés par les ennemis, et où l'on recevrait des secours de France. Le prince, ne pouvant voir ni agir par lui-même, céda, et l'on gagna Pignerol le lendemain de la bataille. Ce fut cette funeste résolution qui changea un échec en un véritable désastre. Orléans reçut, le 13 septembre, la réponse du roi à sa lettre du 31 août. Le roi l'autorisait, non point à attaquer l'ennemi, mais à lever le siège. C'était la meilleure satire du déplorable système stratégique de Versailles! Le duc d'Orléans n'avait trouvé à Pignerol aucune sorte de magasins et, manquant de subsistances, il se vit réduit à répandre ses troupes dans les hautes vallées du Cluson et de la Petite-Doire, et jusque dans la Savoie et le Dauphiné. Toutes les communications étaient interrompues avec les garnisons du Piémont et de la Lombardie.

Deux jours après le désastre de Turin, une action heureuse et brillante avait eu lieu entre la Chiese et le Mincio (9 septembre). Le prince de Hesse-Cassel, qui commandait le corps ennemi du Mincio, récemment renforcé d'Allemagne, avait été complètement défait à Castiglione par Médavi, commandant du corps français laissé dans ce pays par le duc d'Orléans. L'ennemi avait perdu quatre mille hommes et quatorze canons, et s'était dispersé, partie vers les montagnes, partie vers l'Adige. Médavi allait franchir le Pô et chasser les garnisons autrichiennes du Modenais, quand il apprit la catastrophe de Turin. Il n'eut plus qu'à tâcher de défendre le Milanais, de concert avec le gouverneur Vaudemont. Dès le 15 septembre, Eugène et Victor-Amédée passèrent la Grande-Doire et marchèrent sur Verceil, laissant derrière eux un détachement qui reprit Chivasso le 17 et y fit douze cents prisonniers. Le château de Bard, Ivrée, Crescentino, Verrue, se rendirent en quelques jours à d'autres corps ennemis. Eugène et Victor-Amédée entrèrent à Verceil le 18, à Novare le 20 ; la population leur livra cette dernière ville, après avoir désarmé la petite garnison. Le 22, les deux princes passèrent le Tésin ; le 24, ils entrèrent à Milan, dont les députés étaient allés au-devant d'eux pour reconnaître le *roi Charles III*. Un corps bloqua le château, occupé par une garnison franco-espagnole. Le 27, Eugène entra à Lodi, dont le château se rendit le lendemain. Le 2 octobre, le peuple de Pavie s'insurgea contre sa garnison et la contraignit de capituler devant un corps détaché.

Vaudemont et Médavi n'avaient d'espoir que dans un retour offensif du duc d'Orléans. C'était bien en effet l'intention du roi ; mais le pouvoir ne répondit point au vouloir. Il eût fallu un Louvois pour recréer en temps utile les ressources nécessaires. L'armée, au contraire, avait continué à se fondre dans son inaction forcée. Vers le 20 octobre, époque à laquelle Louis XIV avait prescrit à Orléans de se reporter en avant, ce duc n'eut de disponibles qu'une vingtaine de mille hommes abattus et découragés. Le roi, éclairé à temps sur la situation réelle, envoya un contre-ordre, prescrivit au duc de mettre les troupes en quartiers d'hiver et avertit Vaudemont et Médavi de traiter comme ils pourraient, s'ils n'étaient pas en état de se soutenir jusqu'au printemps. C'était malheureusement le seul parti à prendre, car Eugène était déjà en mesure de rendre impossible la jonction du duc d'Orléans avec Médavi. Il était revenu de l'Adda vers le Tortonèse et l'Alexandrin, seule route qu'Orléans eût pu suivre. Il avait occupé la ville de Tortone dès le 10 octobre, chargé un détachement d'assiéger le château et attaqué Alexandrie le 16. L'évêque et les magistrats municipaux soulevèrent les habitants ; le commandant fut forcé de capituler le 21. Pendant ce temps, Pizzighitone se rendait au duc de Savoie et au prince de Hesse (29 octobre). Une foule d'autres places ouvrirent leurs portes. Le pays était partout pour les Impériaux. Pauvre peuple, qui croyait améliorer son sort en se retournant dans ses fers et en changeant de maîtres étrangers !

Avant la fin de l'année, on perdit encore le château de Tortone, où s'était jeté le gouverneur de la ville, qui se fit emporter d'assaut et tuer sur la brèche avec le commandant du château (29 novembre). Le château de Casal ne fut pas défendu avec cet héroïsme ; la garnison se rendit prisonnière (6 décembre); la ville n'avait opposé aucune résistance. Modène avait été prise le 20 novembre.

Un premier essai de négociation, basé sur la neutralité de l'Italie, échoua en décembre : de nouvelles propositions furent adressées à Eugène par Vaudemont et Médavi au mois de février 1707 : on se réduisait à demander la neutralité pour Mantoue et la Mirandole, qu'avaient conservées les Français. Eugène refusa toute autre condition que l'évacuation pure et simple de la Lombardie et le retour des troupes franco-espagnoles en France par Suse. Le traité fut signé le 13 mars 1707. Toute la Haute-Italie fut abandonnée, sauf Suse et les hautes vallées de la Petite-Doire et du Cluson. Les Impériaux prirent possession du Milanais et du Mantouan, et la maison d'Autriche, conformément à ses engagements, céda au duc de Savoie l'Alexandrin et la Lomelline. Si Louis XIV et Philippe V se fussent résignés à temps à ce sacrifice nécessaire, Victor-Amédée n'eût pas fait défection et l'Italie n'eût pas été perdue [1].

La convention du 13 mars 1707 scella en quelque sorte les désastres de l'année 1706, la plus funeste qu'eût encore vue ce règne, qui si longtemps n'avait compté les années que par des victoires! Ramillies et Turin marquaient deux nouveaux degrés sur la pente de cette décadence commencée à Höchstedt.

Les premières consolations vinrent à Louis XIV de cette Espagne qui était la cause de tous nos maux [2].

Les forces officielles de l'Espagne étaient dissoutes : le gouvernement s'était abîmé dans son impuissance; mais, le gouvernement écroulé, il restait un peuple en Castille, une race forte, opiniâtre, fanatique de sa nationalité comme de sa religion, et qui, tout appauvrie, toute réduite en nombre qu'elle fût par un siècle et demi de détestable administration, avait conservé toutes ses qua-

---

1. Général Pelet, t. VI, p. 137-381 ; — et pièces. — Saint-Hilaire, III, 273-358.
2. Voltaire assure qu'à la nouvelle de la perte de Madrid, Vauban avait proposé à Louis XIV d'envoyer Philippe V régner au Nouveau-Monde en abandonnant l'Espagne, et qu'on délibéra sur ce projet à Versailles. *Siècle de Louis XIV*, ch. XXI.

lités natives. Quand on sut que les *hérétiques* et les Portugais commandaient dans l'Escurial, un long frémissement courut depuis les Asturies jusqu'au Guadalquivir. Le peuple de Tolède arrêta prisonniers les partisans de l'archiduc, qui avaient proclamé Charles III, et ferma ses portes aux ennemis. Valladolid et Ségovie se révoltèrent contre les garnisons qu'elles avaient subies et les prirent ou les exterminèrent. Les habitants de la Manche reçurent l'argent que leur envoyaient les généraux ennemis en échange de leurs blés, envoyèrent l'argent à Philippe V, gardèrent les blés et occupèrent les passages du Tage. Toutes les villes des deux Castilles assurèrent Philippe V de leur foi, lui fournirent toutes les ressources qu'elles purent, arrêtèrent les courriers, enlevèrent ou massacrèrent les détachements des ennemis. L'Andalousie leva seize mille hommes de milices. Le 28 juillet, Berwick, à la tête du petit corps d'armée ramené de la frontière portugaise, opéra sa jonction, près de Jadraque, sur le Henarez, avec les troupes françaises revenues du siège de Barcelone par le nord des Pyrénées. Il se reporta en avant. Les généraux ennemis Gallway et Las-Minas sentirent l'impossibilité de conserver, devant un adversaire à son tour supérieur en nombre, une capitale irritée qui criait *vive Philippe V!* jusque sous leurs baïonnettes. Ils marchèrent sur Guadalajara et y joignirent, le 7 août, le prétendant Charles III, arrivé de Saragosse avec quelques milliers de soldats. Dès le 3 août, Madrid avait relevé l'étendard de Philippe V. Malgré le renfort amené par le prétendant, la position de l'armée alliée ne fut pas longtemps tenable : elle mourait de faim au milieu d'un pays peu fertile et soulevé tout entier contre elle. Les Français, au contraire, ranimés par l'énergique assistance des populations organisées en guérillas, reprenaient l'offensive avec pleine confiance ; ils enlevèrent les bagages et les malades des ennemis dans Alcala et leur infligèrent échec sur échec. Au 1er septembre, les ennemis, sur vingt-trois ou vingt-quatre mille hommes, en avaient déjà perdu plus de six mille, sans les déserteurs. Ils passèrent le Tage la nuit, sur des radeaux (8-9 septembre), et, poursuivis par Berwick, harcelés par les populations, ils gagnèrent péniblement le royaume de Valence. Berwick, au lieu de les y suivre sur-le-champ, tourna vers Murcie, en fit lever le siége à un corps anglais récemment débarqué et reprit Carthagène (octobre-novembre, récente conquête de la flotte anglo-batave, qui avait pris aussi Alicante (août-septembre) et soulevé les îles d'Iviça et de Majorque (août). Minorque avait suivi, en octobre, le mouvement des Baléares; mais le château de Mahon et le fort Saint-Philippe, ayant tenu pour Philippe V, furent secourus, au mois de janvier 1707, par l'escadre française de Toulon, qui reconquit le reste de Minorque. Un corps franco-castillan alla reprendre, en décembre, la principale place occupée par l'ennemi sur la frontière portugaise, Alcantara. Les états de Castille furent ainsi presque complétement délivrés avant la fin de l'année et l'armée franco-castillane se trouva en mesure d'attaquer à son tour les états aragonais [1].

Les Anglais avaient projeté, durant cette grande lutte en Espagne, une expédition contre la Guienne; leur escadre de la Manche avait embarqué un corps assez nombreux, composé en grande partie de réfugiés français, qu'elle devait jeter dans la Gironde, d'où l'on ferait couler les réfugiés vers le Querci et les Cévennes. Les vents firent échouer ce dessein. La marine française avait obtenu quelques succès aux Antilles. Les Français avaient ruiné les possessions anglaises de Saint-Christophe et de Nièves, sans chercher à s'y établir. La perte des Anglais y était évaluée à quinze millions. Les corsaires aussi continuaient à faire essuyer de grands dommages aux ennemis.

Il se produisait, d'une autre part, dans l'Europe orientale, des diversions favorables à la France. Les négociations entre l'empereur et les Hongrois, qui avaient été jusqu'à la conclusion d'une trêve, s'étaient rompues définitivement en juillet. L'empereur, après les succès des alliés en Espagne et en Brabant, avait rejeté toutes les demandes des Hongrois, qui l'en punirent en remportant sur ses troupes des avantages assez notables. Au mois de septembre, une autre guerre plus vaste, la guerre du Nord, fit irruption au cœur de l'Allemagne. Charles XII, vainqueur des Russes et des Saxons, poursuivit le roi Auguste en Saxe à travers les domaines impériaux de Silésie et le força de renoncer au

---

1. *Mém.* de Berwick, t. I, p. 338-372. — Quinci, t. V. p. 192-254.

trône de Pologne en faveur de Stanislas Leczynski, par un traité qu'il lui dicta dans Dresde. La diplomatie française fit de grands efforts pour gagner l'alliance offensive de Charles XII ; mais Charles, tout en se montrant fort altier et fort menaçant envers l'Autriche, se souciait peu de s'engager dans la querelle d'Occident.

Ces incidents et le retour de fortune qui s'était manifesté en Espagne étaient loin de balancer les terribles revers de Brabant et de Piémont. Louis XIV sentait la France haletante près de s'abattre sous lui! Il essaya de négocier. Dès la fin de la campagne précédente, des avances indirectes avaient été adressées à certains membres des États-Généraux, qu'on croyait désireux de la paix. Helvétius, fameux médecin hollandais établi en France, avait été autorisé à faire savoir à ces députés que Louis XIV obligerait l'Espagne à céder Naples, la Sicile et Milan. Les Hollandais craignirent qu'on voulût seulement les séparer de leurs alliés et ne donnèrent pas dans ces ouvertures. Après les catastrophes de 1706, Louis, comprenant qu'il n'avait pas droit d'exposer la France à périr pour conserver la monarchie d'Espagne à sa maison, en vint à la pensée de faire céder par Philippe V l'Espagne et les Indes à Charles III et la Belgique aux Hollandais, en gardant seulement les états d'Italie. L'électeur de Bavière, en octobre 1706, écrivit de la part du roi à Marlborough et aux États-Généraux, pour leur proposer des conférences. C'était le cas de revenir à la politique de Guillaume III. Les Hollandais y eussent été assez disposés, mais les autres alliés les en détournèrent, sous prétexte que le roi de France ne s'expliquait pas assez clairement. Louis ne pouvait s'expliquer nettement d'avance, de peur d'exaspérer les Espagnols. Les agents impériaux exploitèrent avec adresse cette difficulté. Marlborough les y aida et soutint, au nom de sa reine, que toute la succession d'Espagne devait rester à Charles III. Heinsius, plein de préjugés contre la France, rendit un mauvais service à sa patrie en cédant, comme de coutume, à l'influence de Marlborough. On convint de poser à la France, pour tout préliminaire, le principe de la cession intégrale. Encore les Impériaux n'étaient-ils pas contents ; ils eurent bien l'effronterie d'insinuer l'érection des deux Bourgognes en royaume pour dédommager

Philippe V et la cession des Trois-Évêchés au duc de Lorraine [1].

Il fallut continuer à combattre : on ne pouvait laisser reconstruire l'empire de Charles-Quint par les mains de l'Europe aveuglée.

Louis XIV leva vingt et un mille miliciens, outre les recrues qui comblèrent les vides de l'armée. Les ennemis augmentèrent aussi leurs forces, comptant mieux profiter de Ramillies et de Turin qu'ils n'avaient fait de Höchstedt. Un grand succès politique venait encore de consolider le pouvoir des hommes qui gouvernaient sous le nom de la reine Anne : c'était l'*acte d'union* entre l'Angleterre et l'Écosse. Malgré la répugnance du peuple écossais, blessé dans ses plus chères traditions nationales, le parlement d'Écosse avait consenti à se fondre dans le parlement anglais, et les deux nations, si longtemps ennemies, puis associées l'une à l'autre tout en gardant leur existence distincte, ne faisaient plus désormais qu'un seul corps politique, la GRANDE-BRETAGNE. La grande nation avait absorbé la petite (6 août 1706). Marlborough et son allié Godolphin en disposèrent d'autant plus librement du sang et de l'or anglais. Marlborough, aussi habile dans le cabinet que sur le champ de bataille, obtint un succès d'une autre nature; il débarrassa les alliés des craintes que leur inspirait le roi de Suède.

Charles XII, plus sensible aux maux des luthériens d'Autriche que les alliés protestants ne l'avaient été à ceux des réformés français, exigeait que l'empereur rendît la liberté de culte à ses sujets protestants. Marlborough alla trouver Charles en Saxe et obtint qu'il n'entrât pas en Bohême; l'empereur céda, au moins quant à la Silésie, et courba la tête devant le superbe Suédois, pour avoir les mains libres contre la France et contre la Hongrie. *Le trône de Hongrie avait été déclaré vacant dans une diète convoquée par Rakoczi (mai 1707)* [2]. Les Hongrois *brûlaient leurs vaisseaux*.

1. La Torre, t. IV, p. 273-331.
2. Un incident qui se passa près de nos frontières, attesta, sur ces entrefaites, l'opinion qu'avaient nos voisins de l'affaiblissement de la France. L'héritage de la principauté de Neufchâtel, débattu entre plusieurs concurrents, fut adjugé par le conseil d'état de Neufchâtel au roi de Prusse, malgré l'opposition et les menaces de Louis XIV.

Ce fut en Espagne que furent portés les premiers coups dans la campagne de 1707.

La flotte anglaise, qui avait été écartée des côtes de Guienne par le vent, ayant enfin fait voile pour l'Espagne et débarqué à Alicante les troupes dont elle était chargée, l'ennemi s'était remis en mouvement dès le mois de février. Après quelques semaines de manœuvres sur les confins du royaume de Valence et de la Nouvelle-Castille, le 25 avril, Gallway et Las Minas, voulant prévenir l'arrivée d'un renfort attendu de France, vinrent attaquer Berwick à Almanza. Chose singulière, les Anglais étaient commandés par un réfugié français (Ruvigni, comte de Gallway), et les Français par un bâtard royal d'Angleterre. Les ennemis comptaient, dit-on, vingt-six mille fantassins et sept mille cavaliers; les Franco-Castillans étaient un peu inférieurs en infanterie, un peu supérieurs en cavalerie et en artillerie. Les ennemis avaient entremêlé infanterie et cavalerie, de manière que ces deux armes se soutinssent mutuellement; les Franco-Castillans avaient, suivant l'ordre habituel, les bataillons au centre, les escadrons sur les ailes. Lord Gallway engagea l'action en fondant sur l'artillerie de la droite franco-castillane à la tête des dragons anglais. La cavalerie espagnole le repoussa, mais fut repoussée à son tour par le feu des bataillons mêlés aux escadrons ennemis : cinq bataillons anglais essayèrent de tourner notre droite; Berwick lança sur eux une brigade française, qui essuya leur feu à trente pas sans y répondre et qui les enfonça à la baïonnette. La cavalerie espagnole acheva de défaire ces bataillons et chassa devant elle les dragons anglais. Au centre, les ennemis eurent d'abord quelque avantage : les Hollandais enfoncèrent l'infanterie espagnole, et deux de leurs bataillons percèrent nos deux lignes d'infanterie; ils n'eurent pas le temps d'agrandir la trouée; deux escadrons espagnols se précipitèrent sur ces Hollandais et les rompirent; notre infanterie se rallia. La gauche française, cependant, poussait l'ennemi sans succès décisif, lorsque la cavalerie de la droite, accourue à son aide, décida l'affaire. Toute la cavalerie ennemie s'en alla en pleine déroute. L'infanterie anglaise, hollandaise, portugaise, fut hachée : les fantassins portugais montrèrent un courage moins heureux, mais non moins intrépide, que les cavaliers espagnols. Un autre corps s'était battu avec bien plus de fureur encore : c'étaient les réfugiés français, que commandait Jean Cavalier, le fameux chef des Camisards. Ils en étaient venus aux mains avec un régiment français et les deux corps s'étaient presque entre-détruits. Six bataillons cernés furent pris en masse. Treize autres bataillons, cinq anglais, cinq hollanlandais, trois portugais, s'étaient retirés, le soir, sur une colline boisée : se voyant coupés des montagnes valenciennes, ils se rendirent prisonniers le lendemain matin. C'était une revanche complète de Höchstedt. Cinq mille morts, près de dix mille prisonniers, vingt-quatre canons, cent vingt drapeaux ou étendards, ne furent achetés de la part des vainqueurs que par la perte d'environ deux mille hommes. Beaucoup de Français, pris à Höchstedt ou à Ramillies et enrôlés par force dans les rangs ennemis, furent délivrés par la victoire.

Le duc d'Orléans arriva le lendemain à l'armée. Ce prince, victime à Turin des fautes d'autrui, avait demandé au roi l'occasion d'effacer ses revers d'Italie et obtenu d'être associé à Berwick. S'il n'avait point participé à la victoire, il contribua par son activité et son intelligence à en assurer les résultats. Il marcha avec Berwick sur Valence, qui se rendit sans coup férir le 8 mai. Les généraux ennemis, blessés tous deux [1], se retirèrent avec les débris de leur armée vers les bouches de l'Èbre. Tout le royaume de Valence se soumit, à l'exception de trois ou quatre places. Berwick suivit l'ennemi vers l'embouchure de l'Èbre, tandis qu'Orléans retournait au-devant d'un corps français qui arrivait par la Navarre, et entrait avec ce corps en Aragon. Presque tout l'Aragon céda sans résistance [2]. Berwick rejoignit Orléans en remontant l'Èbre; ils se portèrent ensemble sur la Sègre et commencèrent le blocus de Lérida, le boulevard de la Catalogne. Le

---

1 Le vieux Las Minas avait eu sa maîtresse tuée à ses côtés en amazone.

2. Berwick raconte à ce sujet une étrange anecdote. Quand les Français parurent tout à coup devant Saragosse, les habitants s'imaginèrent que le camp qu'ils voyaient n'était qu'un fantôme formé par art magique : le clergé alla sur les remparts exorciser les prétendus spectres. Le peuple ne fut détrompé que quand il eut vu des hussards hongrois au service de France poursuivre des cavaliers jusqu'aux portes de la ville et couper les têtes des vaincus, à la mode turque. — Berwick, t. 1er, p. 398.

manque de grosse artillerie, puis la nécessité d'envoyer du secours en Provence, empêchèrent d'entamer le siége de Lérida avant le milieu de septembre. Cette fameuse place, contre laquelle avait échoué autrefois le grand Condé, n'était pas fortifiée à la moderne; elle avait une double enceinte bastionnée, mais point de dehors ni même de fossé. La tranchée ouverte du 2 au 3 octobre, on put donner l'assaut dès le 12. La ville fut emportée et pillée avec un butin immense. On ouvrit la tranchée, le 16, devant le château. Les généraux ennemis firent quelques démonstrations à la tête d'une petite armée; mais ils n'osèrent attaquer les positions des assiégeants : le château de Lérida se rendit le 11 novembre. Une grande partie des montagnards catalans mirent bas les armes.

La marine française, bien que nous n'eussions pas de grande flotte en mer, avait contribué à empêcher les ennemis de se relever. Duguai-Trouin et Forbin, avec une escadre de douze vaisseaux et frégates, avaient attaqué un grand convoi qui portait en Espagne des troupes, des équipements, des munitions, sous l'escorte de cinq vaisseaux de ligne anglais. Trois de ces cinq vaisseaux furent pris; un quatrième, de quatre-vingt-douze canons, s'abîma dans les flammes avec tout son équipage et cinq ou six cents officiers qu'il portait à l'armée de Charles III; beaucoup de transports furent enlevés (octobre). Forbin, avant ce combat, avait fait, cette année, un mal immense au commerce anglais et hollandais, qu'il était allé poursuivre jusque dans la mer Glaciale; il avait pris ou détruit près de cent navires.

La fortune avait favorisé les Franco-Castillans sur la frontière de Portugal comme dans les états aragonais; Ciudad-Rodrigo avait été repris par assaut, le 4 octobre, avec perte de plus de trois mille hommes pour l'ennemi [1].

La nouvelle d'Almanza avait partout ranimé le cœur des armées françaises, au début de leurs opérations, et fait espérer qu'on vengerait pleinement 1706.

Le plan du roi avait été d'envoyer Vendôme sur la Meuse, pour éloigner la guerre de notre frontière flamande, et de lancer Villars

---

1. *Mém.* de Berwick, t. I, p. 378-419. — *Mém.* de Forbin, p. 534-591. — *Mém.* de Duguai-Trouin, p. 611 — Quincy, t. V, p. 391-472.

sur l'Allemagne, comme on eût dû le faire dès le printemps de 1706. La défensive fut résolue du côté des Alpes. Quant aux alliés, Marlborough projetait d'envahir la Flandre française, après avoir complété la conquête de la Flandre espagnole; le margrave de Bareuth, successeur du prince de Bade, qui venait de mourir, devait attaquer l'Alsace; le duc de Savoie et le prince Eugène devaient assiéger Toulon avec le concours de la flotte anglo-batave, tandis qu'un corps parti de la Lombardie irait soulever Naples.

Le manque de fourrages et d'argent ne permit pas d'assembler assez tôt l'armée française des Pays-Bas pour aller attaquer Hui et Liége, comme on en avait le projet. Par un immense effort, Louis XIV était parvenu à donner à l'électeur de Bavière et à Vendôme cent vingt-quatre bataillons et cent quatre-vingt-treize escadrons, force supérieure à celle de l'ennemi; mais le souvenir de Ramillies pesait sur l'esprit du roi : Louis lia les mains à Vendôme, qui brûlait de combattre et qui communiquait son ardeur aux soldats. Vendôme, ne pouvant attaquer, empêcha du moins Marlborough de rien tenter, l'obligea même à reculer vers Louvain et reporta les campements français sur ces bords de la Gheete qui avaient été témoins de notre désastre. Des détachements réclamés pour la Provence affaiblirent l'armée, et Marlborough, à son tour, manœuvra de façon à ramener Vendôme vers la Sambre, puis vers l'Escaut; mais il n'y eut aucun engagement sérieux. Les Hollandais, de leur côté, retenaient Marlborough. Les maladies et la désertion enlevaient plus de monde aux alliés qu'aux Français. La campagne finit aux Pays-Bas dès le mois de septembre, avec un résultat purement négatif.

Les opérations furent plus vives en Allemagne, où Villars avait eu liberté d'agir. L'empereur, très-préoccupé de la Hongrie, n'avait fourni que des ressources médiocres au nouveau général de l'armée du Rhin, Brandebourg-Bareuth; l'armée allemande était mal payée et en mauvais état dans ses vastes lignes de la rive droite, qui s'étendaient le long du fleuve depuis Philipsbourg jusqu'à Stolhofen, puis, en retour d'équerre, de Stolhofen aux Montagnes-Noires par Bühl. Le 22 mai, les lignes furent attaquées par quatre points à la fois : un corps français passa le Rhin sur des bateaux à l'île de Neubourg, entre Hagenbach et Lauterbourg; un second gagna la rive droite par l'île du Marquisat, entre Fort-Louis et Stolhofen ; un troisième détachement favorisa cette double descente par une fausse attaque sur l'île de Dahlund, au-dessus de l'île du Marquisat. Villars, pendant ce temps, avait traversé le Rhin à Kehl avec le reste de l'armée et prenait les lignes à revers par Bühl. Le succès fut complet : l'ennemi s'enfuit dans les montagnes, abandonnant artillerie, bagages, munitions, et ne s'arrêta qu'au delà du Necker. Les lignes furent rasées; la Souabe et une partie de la Franconie mises à contribution. Villars marcha sur Stuttgard, passa le Necker et rançonna tout le pays jusqu'au Danube. Les ennemis eurent beau se rallier et se grossir des tardifs contingents de l'Empire, ils ne purent empêcher Villars de mettre à contribution le Bas-Necker, puis le pays entre le Danube et le lac de Constance, et de se maintenir outre Rhin jusqu'aux quartiers d'hiver. Les partis français avaient couru en vainqueurs jusque sur le funeste champ de Höchstedt. Les cercles de Souabe et de Franconie, et le Palatinat transrhénan, durent regretter d'avoir repoussé naguère la neutralité offerte.

De légers avantages obtenus en Hongrie et en Transylvanie; et dus en partie au concours des Croates, qui avaient fini par suivre l'exemple des Raitzes et par repousser les avances de Rakoczi, offrirent à l'empereur, mais non point à l'Allemagne, une imparfaite compensation.

Vers les Alpes et dans la Basse-Italie, les alliés n'avaient pas été arrêtés court ainsi qu'aux Pays-Bas, ou prévenus par une attaque victorieuse comme sur le Rhin. Ils avaient réalisé leurs plans offensifs avec des succès très-divers. Une petite armée impériale de huit à dix mille hommes avait traversé les états du pape en extorquant son consentement, pénétré dans le royaume de Naples, occupé Capoue le 2 juillet et Naples le 7, aux acclamations populaires. Les trois châteaux de Naples furent livrés par le gouverneur, grand seigneur napolitain. La plupart des troupes hispano-napolitaines passèrent à l'ennemi. Les moines étaient tous hostiles à Philippe V, comme en Catalogne, et l'archevêque de Naples, frère du commandant des trois châteaux, avait été la tête du complot. Les agents impériaux avaient promis aux conspirateurs, de la part de Charles III, que les étrangers seraient exclus de toutes charges et bénéfices dans le royaume de Naples. Ce n'était point l'amour des princes autrichiens, mais la haine de la domination espagnole et le désir de l'indépendance qui avaient entraîné la noblesse et le clergé napolitain. La défaite de *Charles III* en Espagne était précisément ce qui les rattachait à lui; ils espéraient avoir un *roi de Naples*. L'Abruzze et la Calabre hésitèrent d'abord à suivre le mouvement de la capitale. Le vice-roi espagnol, réfugié dans Gaëte, s'y défendait assez énergiquement; mais la révolte d'un régiment catalan l'obligea à se rendre, le 30 septembre, et tout le royaume alors se rangea sous la loi autrichienne. Les Impériaux attaquèrent ensuite les *présides* de Toscane; Orbitello leur fut livré en décembre 1707 et ils prirent Piombino le 18 janvier 1708. Porto-Ercole et Porto-Longone résistèrent.

L'Italie offrait ainsi à la maison d'Autriche un dédommagement des pertes qu'elle essuyait en Espagne.

Tandis qu'un détachement autrichien avait marché sur Naples, le gros de l'armée austro-piémontaise s'était porté contre le midi de la France. La défense de la frontière du sud-est avait été confiée au maréchal de Tessé, avec un corps d'armée composé en grande partie des garnisons capitulées qui revenaient de Lombardie. Tessé avait une très-grande étendue de pays à garder; car la distribution des troupes ennemies en Piémont donnait des inquiétudes tout à la fois pour la Savoie, le Dauphiné et la Provence. Tessé, dans sa correspondance avec le roi et le ministre, se montrait peu rassuré : ses troupes étaient affaiblies et mal en point, surtout la cavalerie; l'argent ne venait pas; les soldats, et même beaucoup d'officiers, étaient réduits au pain de munition et à l'eau; la misère des populations était bien plus cruelle encore et Tessé les voyait si abattues, qu'il n'en espérait pas de résistance contre l'invasion; « le peuple, écrivait-il, n'a ni de quoi avoir un fusil, ni de quoi se fournir d'une livre de poudre. » Le roi encouragea Tessé, lui promit des ressources et des renforts et lui envoya des mémoires demandés au vieux Catinat, qui fit entendre pour la dernière fois, dans ces graves circonstances, sa voix patriotique.

Ce fut seulement dans les derniers jours de juin, que le plan des ennemis se dessina par la concentration de leurs forces vers les cols qui débouchent du Piémont dans le comté de Nice. Dès qu'ils attaquaient par Nice, Toulon était leur but évident : c'était sur notre grand arsenal maritime du midi qu'ils dirigeaient leurs coups. Le petit corps français qui occupait Nice, ne pouvant être secouru à temps, évacua ce comté en laissant des détachements dans Villefranche, Montalban et Sospello, et se replia sur le Var. Tessé ordonna à la plupart des troupes réparties en Savoie et en Dauphiné de marcher sur Toulon et accourut dans cette ville, qu'il trouva bien en défense du côté de la mer, mais fort mal du côté de la terre (10 juillet). La place n'avait point de courtines terrassées et l'on commençait seulement de travailler à lui improviser un chemin couvert. Le glacis était semé de bastides et de couvents, qu'on démolit à la hâte. On ne pouvait sauver Toulon qu'en établissant un camp retranché sous les remparts et en défendant les hauteurs qui commandent la place. Tessé repartit afin de presser la marche des troupes. L'ennemi, cependant, descendu dans le comté de Nice par le col de Tende, avait pris Sospello le 6 juillet, puis s'était porté droit à l'embouchure du Var, en laissant une réserve derrière lui pour achever de recouvrer les forteresses nissardes. Trente mille fantassins et huit mille cavaliers se déployaient le long de la côte, appuyés par une flotte anglo-batave de quarante-huit vaisseaux de ligne, sans compter les frégates, les galiotes et les nombreux transports chargés d'artillerie et de munitions. Le petit corps français qui s'était replié sur le Var, attaqué de front par une forte colonne qui tentait de passer à gué, menacé sur ses flancs, du côté de la mer, par des chaloupes canonnières, du côté des montagnes, par des troupes qui avaient franchi le Var plus haut, se retira en bon ordre, sauf quelques milices du pays qu'on lui avait adjointes et qui se débandèrent (11 juillet). Ce corps ne fut pas davantage en état d'arrêter l'ennemi au défilé de l'Esterelle, entre Cannes et Fréjus, lieu fameux par le désastre de Charles-Quint, et ne put que se retirer sur Toulon. Le duc de Savoie et le prince Eugène entrèrent à Fréjus le 17 juillet. L'amiral Showell était déjà devant les îles d'Hières. Les troupes françaises arrivaient, de leur côté à marches forcées, des bords de l'Isère et de la Durance. Toulon était disputé à la course entre les deux armées.

Vis-à-vis d'un adversaire tel qu'Eugène, il semblait qu'on fût vaincu d'avance, dans une lutte de cette nature; heureusement, Eugène n'était pas seul. Le duc de Savoie, qui n'avait jamais pu s'entendre longtemps avec personnne, ne s'entendait ni avec Eugène ni avec l'amiral anglais. Les ennemis perdirent trois jours à Fréjus pour attendre une portion de leur artillerie qui venait par terre; puis ils mirent six jours à faire le trajet de Fréjus à Toulon et ne vinrent camper devant Toulon, entre La Valette et le bois de Sainte-Marguerite, que le 26 juillet. Trois divisions françaises, que les ennemis croyaient bien loin encore, étaient arrivées à Toulon du 22 au 25 et douze mille soldats occupaient, soit le camp retranché de Sainte-Anne, entre la ville et les montagnes, soit les sommets des montagnes mêmes; quatre ou cinq mille autres soldats de terre ou de marine et cinq mille matelots exercés au maniement du canon gardaient la ville et le port. Cinquante-trois vaisseaux de ligne, désarmés, avaient été coulés dans le port pour les mettre à l'abri du bombardement: on n'en avait conservé que deux au-dessus de l'eau, en les échouant pour en faire des batteries. Des galiotes, des brûlots, des bateaux plats, défendaient l'entrée de la petite rade, et les galères de Marseille croisaient sur la côte pour empêcher les débarquements des bâtiments légers. Un petit corps de cavalerie, de gardes-côtes et de milices occupait les gorges d'Ollioules afin de maintenir les communications avec Marseille.

Quand Eugène connut l'état réel des choses, il jugea le succès tellement difficile, qu'il proposa de renoncer au siège. Le duc de Savoie s'obstina et la flotte débarqua cent vingt canons et un grand nombre de mortiers. Dès le 26, le jour même de leur arrivée, les ennemis s'étaient emparés de la cime du Faron, le point le plus élevé des montagnes toulonnaises; le 30, ils emportèrent la hauteur de Sainte-Catherine, beaucoup plus rapprochée de la ville; le 3 août, ils occupèrent la colline de La Malgue, qui domine les deux rades, et ils établirent des batteries sur Sainte-Catherine et sur La Malgue. Là s'arrêtèrent leurs progrès. Toulon n'était encore assiégé que d'un seul côté; pour investir la ville et le camp retranché, il eût fallu être entièrement maître du val profond qui tourne derrière le massif des montagnes toulonnaises et qui vient déboucher, avec le torrent du Las, dans la petite rade. Les ennemis, en effet, prirent position dans ce val, mais non pas en force suffisante, et, le 10 août, Tessé, qui avait rassemblé de nouvelles troupes à Aubagne, déboucha par la rive gauche du Las et fit évacuer aux assiégeants toute la partie inférieure des gorges. L'investissement fut dès lors impossible : le corps amené par Tessé donna la main au camp et à la ville ; le 15 août, on ressaisit l'offensive sur les montagnes ; on reprit le Faron et Sainte-Catherine ; on détruisit les batteries hautes et l'on rasa la partie de la ligne des ennemis entre les montagnes et le torrent de l'Eigoutier. Les ennemis essayèrent de se venger en bombardant la ville et les darses du haut de La Malgue ; ils brûlèrent des maisons, mais ne firent pas grand dommage au port, d'où les deux vaisseaux-batteries leur répondaient par un feu terrible. Ils tentèrent inutilement de pénétrer dans la petite rade et de descendre au cap Cepet. Les nouvelles de l'intérieur étaient menaçantes pour eux. Un détachement, expédié par Tessé entre les rivières de Verdon et d'Argens, inquiétait leurs communications avec Nice et rendait leurs subsistances très-difficiles. Les milices des villes grossissaient les troupes régulières ; les paysans, d'abord abattus et inertes, prenaient les armes en foule pour punir les ravages des étrangers et montraient une ardeur qui démentait heureusement les prévisions de Tessé. Des corps détachés des diverses armées filaient sur Toulon. Le duc de Bourgogne et le maréchal de Berwick étaient attendus en Provence.

 Les généraux ennemis durent se résigner à une retraite devenue tout à fait urgente. Le 22 août, après avoir rembarqué leur grosse artillerie, ils levèrent leur camp et reprirent la route de Nice. Suivis de près par l'armée française, harcelés sur leur flanc par six mille paysans armés, ils ne durent leur salut qu'à la rapidité de leur marche. Dès le 25, ils regagnèrent Fréjus ; le 27, ils repassèrent, non sans peine, le défilé de l'Esterelle ; les 30 et 31, ils traversèrent le Var. Ils évacuèrent ensuite le comté de Nice, sauf les postes du val de Bolta.

 Ainsi avortèrent les espérances fondées sur l'expédition de Provence. Les alliés avaient compté non-seulement détruire la marine française de la Méditerranée en prenant Toulon, mais encore pénétrer jusqu'en Languedoc et y réveiller sur une plus grande échelle l'insurrection cévenole. Cavalier était revenu d'Espagne joindre le duc de Savoie, et la flotte portait vingt mille fusils destinés aux mécontents du Languedoc et du Dauphiné. Ces vastes plans n'avaient abouti qu'à des dépenses énormes et à la perte d'au moins dix mille hommes[1]. Le mauvais succès des alliés semblait attester une fois de plus que la France est inattaquable par le sud-est[2].

Le duc de Savoie et le prince Eugène cherchèrent ailleurs quelque dédommagement. Ils entreprirent d'enlever à la France les derniers postes qu'elle avait gardés au delà des Alpes et attaquèrent Suse. Tessé ne put secourir Suse à temps : cette importante position n'était pas défendue par des forces suffisantes; les retranchements et la ville furent évacués; la redoute de Catinat fut prise le 28 septembre et la citadelle fut contrainte de capituler dès le 3 octobre. La mauvaise saison et la concentration des troupes françaises obligèrent l'ennemi de se contenter de cet avantage[3].

La campagne de 1707 avait bien changé l'aspect général de la guerre, et la France avait offert une nouvelle preuve du prodigieux ressort que la Providence lui a donné. Quelle puissance nationale ne fallait-il pas avoir pour passer par cette double alternative de 1704 à 1705, de 1706 à 1707, et pour se relever par deux fois de deux désastres plus grands le second que le premier!

Mais il en avait coûté cher! Si, du théâtre éclatant où luttaient les armées, on reportait les yeux sur le peuple et sur le gouvernement, on y rencontrait un douloureux spectacle. Qu'on se rappelle le tableau que nous avons tracé de la France, de 1697 à 1700, et qu'on juge de ce qu'y avaient ajouté sept ans d'une guerre

---

1. Il faut ajouter à cette perte celle de l'amiral Showell, qui périt dans un naufrage, à son retour, sur un écueil des Sorlingues.
2. Sur cinquante-trois vaisseaux de ligne, coulés dans les deux darses, deux de 50 canons seulement avaient été brûlés par les boulets rouges; tous les autres furent vidés et relevés sans accident après le départ de l'ennemi.
3. Général Pelet, t. VII, p. 57-183. — Mém. de Tessé, t. II, p. 234-275. — Relation du siège de Toulon, p. H. Ferrand, 2e consul de Toulon, ap. H. Vienne, Esquisses historiques, p. 128; 1841. — L. Guérin, Hist. Maritime de France, t. II, p. 166.

gigantesque! C'est en suivant du regard le mouvement de l'administration financière qu'on voit de quel pas, toujours plus rapide, le gouvernement descendait vers l'abîme. Dès 1700, avant la guerre, le gouvernement ne marchait déjà qu'à force d'emprunts et d'*affaires extraordinaires*. La dépense fut, cette année-là, de 116 millions; le revenu net de 69 seulement! On peut se figurer si les traitants exploitaient une pareille administration! Leur faste extravagant faisait éclater à tous les yeux le scandale de leurs fortunes. Chamillart, en 1701, s'avisa de vouloir leur faire rendre gorge. Le conseil du roi taxa à 24 millions les financiers qui avaient traité des affaires extraordinaires depuis 1689; ils avaient, dit-on, gagné 107 millions sur des affaires qui en avaient rapporté au roi 329, c'est-à-dire qu'ils avaient prélevé près de 25 pour 100 de commission. Lorsque Colbert avait poursuivi les traitants, c'était en pleine paix et avec la ferme intention de se passer dorénavant d'emprunts. S'attaquer aux gens de finances, quand on allait se plonger jusqu'au cou dans les expédients qui rendent leur concours indispensable, était absurde. On n'y gagna que de payer leurs services beaucoup plus cher; les 24 millions furent bientôt compensés avec usure.

Par édit du 12 mars 1701, la capitation fut rétablie dans une proportion un peu plus forte que la première fois. C'était une des moins mauvaises ressources auxquelles on pût recourir : ainsi en était-il de la caisse des emprunts, qu'en 1702, on renouvela de Colbert, avec un intérêt, il est vrai, bien autrement lourd que sous Colbert, à 8 pour 100! Mais un déluge d'édits bursaux commença en même temps à pleuvoir sur le pays : on créa une multitude de nouveaux offices ruineux pour le labourage, pour la circulation, pour la production des denrées[1] : cette grêle destruc-

---

1. On remarque, dans le nombre, des offices de receveurs des tailles dans des pays d'États qui n'en avaient jamais eus, en Languedoc, par exemple. — Des syndics perpétuels furent établis dans les paroisses où il n'y avait pas de maires. Les échevins, capitouls, jurats, derniers débris des institutions électives, devinrent héréditaires comme les maires : les maires devinrent alternatifs et triennaux; c'est-à-dire qu'il y eut deux et trois maires dans une même ville, exerçant à tour de rôle : on leur donna des lieutenants aussi alternatifs et triennaux. (Édits de mars-mai 1702; janvier 1704; décembre 1706.) Les maires héréditaires furent déclarés députés-nés aux assemblées d'États, ce qui achevait d'anéantir la représentation du Tiers aux États

tive ne s'arrêta pas de longtemps. L'encombrement des tribunaux inférieurs et de tous les corps devint quelque chose de stupéfiant : le nombre des officiers royaux, déjà si exorbitant, fut presque doublé. On atténua un peu, par un manque de foi envers les nouveaux officiers, le dommage direct qui en résultait pour l'État : une déclaration d'août 1705 révoqua une partie des priviléges qui leur avaient été vendus, sous prétexte que les gages et droits attachés à leurs offices suffisaient à les indemniser.

Cette espèce d'ordre matériel, de régularité mécanique, qui peut se conserver jusque dans l'extrême détresse et qui fait que du moins on sait comment on se ruine, n'existait même plus. Tout l'ordre des finances était renversé, toutes les parties mêlées. Chamillart s'y perdait entièrement et n'était même plus capable d'établir sa balance au bout de l'année. Roi, ministre, conseil des finances, allaient au hasard dans ces ténèbres où agiotaient et pillaient à leur aise receveurs et traitants.

Les émissions de rentes se succédaient à des conditions de plus en plus onéreuses : du denier 16 en 1702, on arriva au denier 14 en 1703 et le taux réel était encore bien au-dessous, car les acquéreurs, profitant des bouleversements monétaires, payèrent le capital de cette émission en monnaie faible. La plupart des créations de charges se faisaient au denier 12; c'est-à-dire qu'on donnait 12,000 livres d'une charge rapportant 1,000 livres.

Le bail triennal des fermes générales, qui avait été souscrit, en 1700, sur le pied de 53 millions par an, fut adjugé, en 1703, au-dessous de 42, qui n'en valaient guère que 37 1/2 sur le pied de 1700, à cause de l'abaissement des monnaies : en 1706, on ne trouva personne qui voulût prendre les fermes pour trois ans ; il fallut les affermer année par année. La masse du numéraire diminuait incessamment, se cachait ou sortait du royaume, grâce à une série d'opérations extravagantes qui achevaient la ruine du commerce. En 1700, on avait réduit la valeur nominale des louis d'or à 12 livres 15 sous; celle des écus à 3 livres 7 sous. En septembre 1701, refonte générale des monnaies : les louis sont relevés à 14 livres ; les écus à 3 livres 16 sous : les louis du type anté-

---

Provinciaux. Paris et Lyon furent seuls exemptés d'avoir des échevins héréditaires (avril 1704). — Quelques villes rachetèrent leurs libertés municipales.

rieur, quoique de même poids, ne sont reçus que pour 13 livres, et les anciens écus que pour 3 livres 5 sous. Ceci avait pour but d'engager chacun à porter ses espèces à la monnaie ; mais le résultat, c'est que l'étranger attire une grande partie du numéraire français pour le billonner et gagner la différence. En deux ans, les hôtels des monnaies royales refondent seulement pour 321 millions de numéraire, sur quoi le roi en gagne environ 29 [1] : suivant Forbonnais, on en aurait refondu au dehors pour au moins 250 millions, avec un bénéfice de 22 millions pour l'étranger. En 1703, autre invention : l'on fabrique des pièces de 10 sous qui ne valent intrinsèquement que 6 sous 3 deniers, tandis qu'on reporte les écus réformés à 3 livres 11 sous, ce qui fait que le marc représente 31 livres 19 sous, s'il s'agit des écus, et 37 livres 10 sous, s'il s'agit des pièces de 10 sous. Tous les paiements, comme de raison, se font en pièces de dix sous, et l'étranger attire à lui, en grande partie, le bénéfice de la différence. En 1704, nouvelle refonte : les louis d'or sont portés à 15 livres, les écus à 4 livres. Le succès est encore bien pire : en deux ans, on ne refond que pour 173 millions ; le reste est fondu par l'étranger ou par les faux-monnayeurs français, qui gagnent au moins le double de ce que gagne le roi, c'est-à-dire près de 60 millions. Dès la refonte précédente, on s'était mis sur le pied de ne pas rembourser totalement en nouvelles espèces les propriétaires des valeurs portées à la monnaie : on leur avait donné, pour une partie de ces valeurs, des reconnaissances à longs termes, qu'on appelait *billets de monnaie*. On revint à cet expédient et, pour attirer l'argent qui fuyait, on attacha aux billets de monnaie un intérêt de 7 1,2 pour 100. Ces billets furent d'abord reçus au pair, dans le commerce : alors on les multiplia sans raison ni mesure ; le trésor ne paya plus qu'en billets de monnaie ; en même temps, on ne prépara aucun fonds pour les acquitter à présentation, comme si l'on eût été sûr d'obtenir des renouvellements indéfinis. On arriva bientôt à ne plus payer ni capital ni intérêts ! Le 17 septembre 1704, les remboursements furent suspendus à la caisse des emprunts

---

1. Ce bénéfice consistait à payer les créanciers de l'État avec un moindre poids de métal, en changeant le rapport de la monnaie de compte avec le marc, de la valeur nominale avec l'étalon immuable.

jusqu'au 1er avril 1705. Ce n'était pas pour relever le crédit !

En 1705, on essaya d'arrêter le billonnage qui continuait à l'étranger, en rétablissant l'égalité de cours entre les anciennes et les nouvelles monnaies ; tous les louis furent fixés à 14 livres, tous les écus à 3 livres 16 sous. L'année suivante, on abaissa les louis à 13 livres 5 sous et les écus à 3 livres 11 sous, en réduisant les pièces de 10 sous à 9 sous 6 deniers, ce qui ne suffit pas pour rétablir l'équilibre monétaire. L'intérêt des promesses de la caisse des emprunts avait été porté à 10 pour 100 (23 mars 1705), dans l'espoir qu'on n'exigerait pas le remboursement au 1er avril. Cet espoir fut trompé. Il fallut payer : on le fit moitié en argent, moitié en billets de monnaie spéciaux. Les billets de monnaie commencèrent à perdre. Le conseil du roi ordonna qu'ils entrassent pour un quart dans tous les paiements entre particuliers, à Paris, mais ne décréta pas qu'on les recevrait au trésor. Cette absurde distinction ruina toute confiance, et le *papier-monnaie à cours forcé* débuta sous les plus déplorables auspices. La perturbation fut profonde dans les relations : le prix de toutes les denrées s'éleva considérablement ; les capitalistes ne voulurent plus prêter qu'à des intérêts excessifs, à cause de ce quart en papier. Les billets de monnaie perdirent bientôt jusqu'à 75 pour 100. Le conseil décida enfin que le trésor les recevrait pour moitié dans les prêts faits à la caisse des emprunts, le ministre les repassant de là aux fournisseurs. En 1706, ordre aux particuliers, à Paris, de recevoir les billets de monnaie, non plus seulement jusqu'à concurrence d'un quart, mais comme argent comptant, dans les paiements au-dessus de 400 livres : défense d'exiger plus de 6 pour 100 de change sur les billets, à peine de carcan, bannissement, etc. Le résultat, c'est qu'en dépit de ces menaces, le change monte à 60 pour 100 entre Paris et la province. Le commerce parisien est écrasé. Le 24 octobre, le conseil, reculant devant son œuvre, statue qu'on devra effectuer en argent au moins le quart des paiements. L'intérêt des billets est supprimé et l'on résout de convertir 50 millions de billets, moitié en promesses des fermiers-généraux à cinq ans, avec 5 pour 100 d'intérêt, moitié en billets des receveurs-généraux, le tout assigné sur des fonds spéciaux. Le roi promet qu'à partir de 1708, 6 millions par an seront consacrés à rembourser le reste des billets demeurés dans la circulation, et les porteurs de ces billets sont autorisés à les convertir en rentes ou en promesses de la caisse des emprunts, à condition de prêter au roi en argent une somme égale à la somme de leurs billets (octobre-novembre 1706; janvier 1707). On ne s'y fie pas et personne ne profite de cette faculté. Les billets convertis perdent autant que les autres : les traitants eux-mêmes les décrient et les rachètent à 60 et 80 pour cent de perte, afin de les passer en compte au pair au trésor! Les *Turcarets* triomphent sur la ruine commune de l'État et du commerce[1]. Le gouvernement est arrivé, vis-à-vis de ses créanciers, soit à ajouter incessamment les arrérages au principal, soit à engager presque tous les impôts. La guerre, se faisant à crédit, coûte un tiers plus cher que dans les conditions normales. La proportion doit empirer encore. La dépense, de 146 millions en 1701, monte en 1707 à 258 (sauf à tenir compte des variations des monnaies) !

Les finances de la France et celles de l'Angleterre offrent un douloureux contraste : l'Angleterre, malgré les énormes dépenses que lui impose la guerre, se soutient dans cette voie de crédit et d'ordre administratif qui lui a été ouverte dans les dernières années du siècle passé, et la circulation facile du papier à l'intérieur compense pour elle la vaste exportation de numéraire nécessitée par le paiement des armées.

Les premiers efforts tentés en France pour remédier au discrédit des billets ont échoué ; on se ravise ; la liberté est rendue aux particuliers de stipuler les paiements en argent (janvier 1707); puis la circulation des billets, renfermée jusque-là dans Paris, est autorisée dans tout le royaume. Une nouvelle révision des billets est ordonnée jusqu'à concurrence de 72 millions (mai 1707); il y en avait, dit-on, jusqu'à 413 millions, et l'on en revisait en tout 122. Le surplus est décrié et il est interdit de les donner ni recevoir en paiement. Les détenteurs ont le droit de les convertir en billets des receveurs et fermiers-généraux, ou en rentes sur l'hôtel de ville au denier 14, ou même au denier 10, moyennant le prêt d'une somme égale en argent : cela ne réussit pas mieux

---

1. Pendant qu'on bouleversait les conditions nécessaires du commerce, on surchargeait la circulation de nouveaux droits à l'intérieur et à l'extérieur (1705).

que la première révision. En novembre, on revient sur la liberté rendue en janvier et l'on décrète que les billets revisés entreront pour un quart dans tous les paiements. Le mal ne fit qu'empirer. On fit une nouvelle opération monétaire digne des précédentes ; on fabriqua des pièces de 20 sous qui ne valaient que 12 sous 6 deniers ; triste profit, bien vite compensé. Les particuliers ne payèrent plus le Trésor qu'avec ces pièces, tandis que le Trésor, pour les dépenses des armées au dehors, était obligé de tenir compte du change aux étrangers [1].

Des signes effrayants de décomposition se manifestaient dans le corps social ; le *faux-saulnage* (contrebande du sel) était exercé sur une immense échelle par les soldats, qu'on ne payait pas. Ils couraient le nord et le centre de la France par bandes de deux et trois cents fantassins et cavaliers, vendant, les armes à la main, le sel qu'ils enlevaient dans les greniers royaux ; une de ces bandes vint jusqu'à Meudon, sous les yeux du dauphin [2]. Le faux-monnayage n'était pas pratiqué moins en grand. Une bonne partie de la haute noblesse, dans certaines provinces et particulièrement en Provence, faisait de ses châteaux des ateliers de fausse monnaie. Des troubles éclataient en divers lieux à l'occasion d'un édit bursal profondément impopulaire. Après avoir soumis à l'*insinuation* (enregistrement) presque tous les contrats de la vie civile, on avait frappé d'un droit les actes de baptême, de mariage et de sépulture, sous prétexte d'assurer la régularité des registres tenus par les curés et contrôlés par des officiers royaux (juin 1705). Beaucoup de pauvres gens, pour éviter le droit, s'étaient mis à baptiser eux-mêmes leurs enfants et à se marier en secret par simple consentement devant témoins. On voulut faire des recherches ; les paysans se révoltèrent dans le Querci et le Périgord (mars-avril 1707). On craignit que le feu des Cévennes ne se rallumât et on laissa tomber l'édit en désuétude [3].

Bien que la cour ne changeât point d'apparence, que les plai-

---

1. Sur tout ce qui regarde les finances, v. Forbonnais, t. II, p. 109-177.
2. Lémontei, *Addit. à Dangeau*, p. 188-189.
3. Lémontei, p. 182-184. — Saint-Simon, t. V, p. 281. — L'établissement d'un droit de mutation d'un pour cent sur tous les transferts de propriétés, sauf les successions en ligne directe et les donations matrimoniales, appartient aussi à cette époque.

sirs fastueux suivissent leur cercle accoutumé et que la jeune et vive duchesse de Bourgogne jetât parmi les pompes obligées de l'étiquette un mouvement, une gaieté superficielle qui distrayait le vieux roi, l'anxiété était au fond de toutes les âmes et les sombres préoccupations qui allaient croissant transpiraient partout sous ces dehors convenus. Si les plus frivoles et les plus indifférents à la chose publique se sentaient forcés de devenir sérieux, quelle devait être l'angoisse des hommes qui avaient prévu de loin la ruine et qui croyaient avoir en main les moyens de la conjurer? Fénelon à Cambrai, Vauban à Paris, Bois-Guillebert à Rouen, se consumaient du désir d'agir et du regret de leur impuissance. Fénelon avait envoyé à ses amis Beauvilliers et Chevreuse des mémoires sur les moyens d'éviter, puis de conduire la Guerre de la Succession (1701-1702). Bois-Guillebert avait pénétré auprès de Chamillart et avait ébranlé ce ministre, trop incapable pour faire le bien, mais trop honnête pour ne pas le souhaiter. Vauban assiégeait incessamment les hommes qui dirigeaient les affaires. Chaque faute, chaque misère nouvelle le confirmait dans son système sur le changement radical des impôts. Il éclata enfin; il tenta de faire appuyer, imposer, par l'opinion du dehors, ce qu'il n'avait pu insinuer aux hommes d'état dans le secret du cabinet. Il publia, au commencement de 1707, le livre de la *Dîme royale* et le présenta au roi. Une cabale formidable avait circonvenu Louis; intendants, officiers de finances, partisans et fermiers, courtisans intéressés dans les affaires des traitants, tout ce qui devait sa richesse et sa puissance aux abus de la perception, s'était ligué contre un plan qui ne sauvait le peuple qu'en ruinant leur caste parasite. Chamillart lui-même, tout probe qu'il fût, s'était laissé entraîner dans la coalition. Beauvilliers et Chevreuse s'y mêlaient par un respect mal entendu pour le système de leur beau-père, le grand Colbert, et faute de comprendre qu'à des maux plus profonds il fallait des remèdes plus radicaux. Bref, le roi, circonvenu, irrité qu'on prétendit l'éclairer de vive force, accueillit très-mal le projet et l'auteur, et traita Vauban comme un rêveur qui ébranlait son état pour des chimères. Cinquante ans d'immortels services furent oubliés en un jour. Un arrêt du conseil, du 14 février 1707, ordonna que le livre fût saisi et mis au pilori. Vauban mourut, six semaines après (30 mars), à l'âge de soixante-quatorze ans. Nul doute que le chagrin n'ait accéléré sa fin. La France ne fut pas complice de l'ingratitude de son roi[1]; elle pleura le grand homme dont la vie et la mort lui avaient été consacrées ; les ennemis mêmes s'inclinèrent devant la tombe de Vauban, comme ils avaient fait jadis devant celle de Turenne, et le nom inscrit sur cette tombe resta, pour toujours, associé dans l'histoire à ces grands types du guerrier-citoyen que nous a légués l'antiquité.

Bois-Guillebert, de son côté, avait lancé, au moment même où paraissait la *Dîme royale,* un petit livre intitulé *le Factum de la France,* où il modifiait les vues de son *Détail de la France* par un emprunt fait à Vauban. Il proposait de substituer à la capitation, impôt mal assis, qui frappait d'une taxe égale tous les gens de même profession, quelle que fût l'inégalité de leur fortune, une dîme sur tous les revenus, laquelle produirait, disait-il, de 80 à 100 millions au roi, au lieu des 25 ou 30 qu'on tirait de la capitation. Les aides et les douanes seraient supprimées en raison de cette plus-value, et la taille serait conservée avec réforme de ses abus. La dîme serait reçue en argent, et non en nature, comme l'admettait Vauban, ce qui était le côté le moins pratique de la théorie. La proposition de Bois-Guillebert péchait par la conservation de la taille, qui faisait double emploi avec la dîme. Il eût bien mieux valu, selon les plans de Vauban, garder ou établir des impôts indirects ne portant pas sur les objets de première nécessité. Chamillart eut quelques conférences avec Bois-Guillebert, ne parut pas repousser ses principes, mais l'écarta sous prétexte qu'on ne pouvait entreprendre une pareille réforme en temps de guerre. Bois-Guillebert réfuta cette fin de non-recevoir par une brochure si virulente[2], que le ministre, irrité, fit

---

1. Louis, cependant, quand il sut Vauban au lit de mort, laissa échapper des paroles de regret : « Je perds un homme fort affectionné à ma personne et à l'état! » Dangeau, t. III, p. 2. — Sur la fin de Vauban, v. Saint-Simon, t. V, p. 284. — Il est singulier que le féodal Saint-Simon admire Vauban et approuve ses plans, qui supprimaient les priviléges pécuniaires de la noblesse. C'est que Saint-Simon tenait surtout aux priviléges politiques et honorifiques. Saint-Simon prétend que l'église et la noblesse approuvaient, comme lui, les plans de Vauban ; cela est de toute invraisemblance. — V. E. Daire, *Notice sur Vauban*, p. 5, en tête de la *Dîme royale.*

2. *Supplément au Détail de la France.*

subir au *Factum de la France* le sort de la *Dîme royale*, par arrêt du conseil du 14 mars, et que Bois-Guillebert fut quelque temps exilé en Auvergne. Chamillart, cependant, par scrupule de conscience, voulut faire un essai partiel des projets de Bois-Guillebert, au moins quant à la réforme de la taille, dans une élection de la généralité d'Orléans ; mais il avait la main trop faible pour cela : des gens en crédit ayant, comme à l'ordinaire, fait soulager leurs fermiers au détriment des voisins, l'opération manqua par la base [1].

Bien que Chamillart, dans ses bouffées de vanité, voulût trancher du ministre dirigeant et empiéter sur ses collègues, notamment sur le ministre des affaires étrangères, il se sentait moralement et physiquement écrasé par son double fardeau et, après les désastres de 1706, il avait déjà supplié le roi de le décharger d'un de ses emplois, en déclarant qu'il y *périssait*. — « Eh bien, avait répondu Louis, nous périrons ensemble ! » Mot touchant, s'il eût été appliqué à un sujet plus digne [2]. La campagne de 1707, tout en relevant nos armes, ayant achevé d'abîmer nos finances, Chamillart perdit tout à fait la tête. Il avait dévoré par anticipation l'année qui allait s'ouvrir [3] et voyait s'approcher une nouvelle campagne sans avoir de fonds pour les vivres, pour les remontes, pour les recrues. Malade, épuisé, il remit au roi sa démission de contrôleur-général et proposa pour son successeur un des deux directeurs des finances, charges qu'il avait fait créer en 1701 pour se donner des auxiliaires. Le nouveau contrôleur-général fut Desmaretz, neveu du grand Colbert (20 février 1708). Principal commis sous son oncle, il avait été chassé, à la mort de Colbert, pour des malversations probablement exagérées par les ennemis de sa famille. Il était resté vingt ans en disgrâce. En 1701, Beauvilliers et Torci avaient essayé en vain de le faire envoyer en Espagne, afin d'y rétablir l'ordre financier. Son esprit fertile en ressources l'avait fait enfin rappeler au conseil des finances. Les préventions du roi et de madame de Maintenon contre lui cédèrent à la néces-

1. Saint-Simon, t. V, p. 290.
2. Saint-Simon, t. V, p. 280.
3. Il n'avait pu payer aux troupes une partie de leur solde qu'en empruntant plus de 16 millions à des banquiers juifs, dont 11 au seul Samuel Bernard.

sité. C'était un nouveau Pontchartrain, avec même facilité brillante et hardie, même don d'éblouir et d'entraîner, mais plus de savoir spécial en matière de finances : les fautes qui avaient entaché sa jeunesse ne se renouvelèrent jamais. Le langage que lui tint le roi en l'installant au contrôle-général attesta que Louis ne se faisait aucune illusion sur l'état des choses. « Je vous serai obligé si vous pouvez trouver quelque remède, et ne serai point du tout surpris si tout continue d'aller de mal en pis[1]. »

La situation était, en effet, la plus effrayante possible. C'était le chaos du temps de Mazarin, mais avec une nation épuisée et qui semblait avoir vieilli comme son roi, au lieu d'une nation pleine d'ardeur et de sève. Les sept années de guerre avaient coûté plus de 1,346 millions, dont plus de 400 millions fournis par les affaires extraordinaires, 386 en dettes exigibles, 69 en anticipations sur 1708 et les années suivantes, etc. Les revenus ordinaires n'avaient fourni que 387 millions, beaucoup moins du tiers de la dépense totale! Déduction faite des charges et des anticipations, il ne restait guère que 20 millions de disponibles pour 1708! Desmaretz débuta par deux mesures nettement accentuées. D'une part, il rétablit la pleine liberté de payer, soit en argent, soit en billets, ce qui fit ressortir l'argent de dessous terre; d'autre part, sentant la nécessité d'assurer à tout prix le service de l'armée, il rejeta sur 1709 le remboursement des fonds consommés d'avance sur 1708 et, par cette suspension de paiement, expédient fort irrégulier, mais nécessaire, il se procura les moyens de faire subsister les armées. Des créations de rentes au denier 16, de nouvelles créations de charges et offices plus étranges et plus parasites les uns que les autres, diverses affaires extraordinaires, quelques anticipations qui portèrent jusque sur 1716, complétèrent les ressources de l'année. On autorisa les particuliers à se racheter de la capitation en payant comptant six années, dont le roi leur ferait la rente au denier 20 (septembre 1708). C'était un nouvel avantage accordé aux riches aux dépens des pauvres, sur qui tout l'impôt devait ensuite retomber[2]. On doubla les droits

---

1. Saint-Simon, t. VI, p. 103. — *Compte-rendu de Desmaretz au régent*, ap. Forbonnais, t. II, p. 180.

2. Le clergé s'était déjà racheté moyennant 4 millions par an pendant huit ans;

de passage et de péage sur les routes et sur les rivières, ce qui acheva de paralyser le commerce et la circulation et ne balança que trop l'abolition du cours forcé du papier-monnaie. Tout cela était bien triste; mais enfin on vécut, et c'était beaucoup que de vivre une saison! On consomma 184 millions pour l'année et l'on put couvrir une portion d'arriéré jusqu'à concurrence de près de 45 millions.

Tandis que Desmaretz trouvait des ressources à tout prix[1], Chamillart, demeuré ministre de la guerre, arrêtait avec le roi les dispositions de la campagne. La petite cour exilée de Saint-Germain avait suggéré au conseil du roi un projet hardi : c'était de tirer parti du mécontentement qu'inspirait aux populations écossaises l'Acte d'Union avec l'Angleterre et de jeter le prétendant Jacques III en Écosse avec six mille soldats français. On croyait être assuré qu'Édimbourg proclamerait Jacques III et que les montagnards descendraient en masse à l'appel de l'héritier des Stuarts. Cette redoutable diversion au sein même de la Grande-Bretagne ne pouvait manquer de jeter la confusion dans les desseins et dans les armées des alliés : l'Angleterre rappellerait au moins une partie de ses troupes et l'on en profiterait pour soulever les grandes villes belges, qui étaient redevenues toutes dévouées aux *deux couronnes* depuis qu'elles avaient les alliés pour maîtres : la dureté avec laquelle on les rançonnait justifiait ce revirement. On décida que le duc de Bourgogne, qui n'avait pas reparu dans les camps depuis 1703, commanderait en Flandre avec le duc de Vendôme; que l'électeur de Bavière irait sur le Rhin avec Berwick pour lieutenant; que Villars passerait du Rhin aux Alpes et que le duc d'Orléans resterait seul à la tête de l'armée d'Espagne. Ce fut une malheureuse combinaison : Villars, le plus actif de nos généraux, le plus propre aux grandes opéra-

---

les États de Languedoc, pour leur province, moyennant 3 millions pendant le même nombre d'années. Le clergé accorda en outre 1,500,000 l. de subside en 1701, 6 millions en 1705, puis près de 1,300,000 livres par an pour dix ans.

1. Le roi dut payer de sa personne pour l'y aider. Tout le monde connaît la scène de haute comédie racontée par Saint-Simon sur le financier juif Samuel Bernard, présenté au roi par le contrôleur général et promené par Louis le Grand en personne dans tout Marli, « avec les grâces que le roi savait si bien employer quand il avait dessein de combler. » Le juif, qui avait refusé un nouvel emprunt à Desmaretz, fut si heureux et si fier qu'il prêta tout ce qu'on voulut. Saint-Simon, t. VI, p. 173.

tions, était en quelque sorte annulé par une petite guerre défensive dans les montagnes; l'association de Bourgogne et de Vendôme était plus mal imaginée encore; il était impossible d'assembler deux hommes moins faits pour s'entendre. Nous avons déjà indiqué le contraste de qualités héroïques et de honteux cynisme, les alternatives d'élan et de torpeur qui composaient l'étrange caractère de Vendôme [1]. Le duc de Bourgogne en était l'antipode. Il poussait la réserve jusqu'à la froideur, la chasteté jusqu'à l'austérité, la dévotion jusqu'au scrupule, l'ordre et la régularité jusqu'à la minutie, la circonspection jusqu'à l'incertitude. A part son amour pour sa femme, unique passion qu'il n'eût pas étouffée dans son âme et qui avait grandi de la compression de toutes les autres, ses seuls plaisirs étaient de vraies récréations de séminariste. On l'avait arraché trop tôt à son illustre maître : le philosophe religieux qu'avait voulu préparer Fénelon avait tourné au dévot timoré. A le juger superficiellement, on eût pu parfois prendre pour un petit esprit ce prince à l'intelligence droite, sagace, étendue, nourrie de profondes études, ce penseur qui a laissé des pages que n'eussent pas désavouées nos grands moralistes : son intelligence était moins ferme qu'étendue; ainsi, il raisonnait très-bien de la guerre et a écrit sur ce grand art un morceau remarquable; mais il se troublait, sur le terrain, par trop de réflexion et trop peu de décision : l'esprit d'à-propos et le tact lui manquaient totalement [2].

On lui donna de plus, pour l'accompagner à l'armée, un détestable entourage : le principal guide, le conseil intime que lui imposa le roi, fut ce même d'O, ce marin de Versailles, qui avait empêché le comte de Toulouse de mettre à profit la victoire de Velez-Malaga et probablement de reprendre Gibraltar!

En Espagne, le choix du duc d'Orléans était bon : ce prince, quoique de mœurs déjà fort licencieuses, n'était point encore alourdi par cette paresse insoucieante qu'engendre la débauche

---

1. Saint-Simon l'accuse de ne pas se cacher du plus ignoble de tous les vices, du vice contre nature.

2. V. les écrits du duc de Bourgogne, dans sa *Vie*, par l'abbé Proyart, t. I, p. 294, et t. II, passim, et, dans sa correspondance avec Fénelon, les efforts de celui-ci pour le guérir des scrupules et des minuties. Œuvres de Fénelon, t. V; *Lettres*, année 1708. — Saint-Simon, t. VI, p. 155.

invétérée; il se montrait, au contraire, aussi hardi que brave; mais les moyens d'action lui manquaient. Le gouvernement espagnol, à peine restauré à demi par le dévouement des populations, retombait dans sa langueur. Le roi Philippe V était gouverné par sa femme, qui s'était rendue populaire en montrant du cœur et de l'élan dans l'extrême péril, mais qui n'avait ni l'expérience ni la raison nécessaires pour diriger l'état, et qui était elle-même entièrement gouvernée par la princesse des Ursins (*dei Orsini*); celle-ci, Française de la maison de La Trémoille et veuve d'un prince romain, était une femme de beaucoup d'esprit et d'intrigue, qu'on nommait plaisamment le *lieutenant* de madame de Maintenon en Espagne, et qui régnait dans ce pays plus directement et plus ostensiblement que madame de Maintenon en France. Ni ses talents politiques ni ses services n'étaient de nature à justifier sa singulière domination. Le cabinet de Madrid ne fournissait ni vivres ni équipages à l'armée; le duc d'Orléans fut obligé de tout faire par lui-même. Il garda néanmoins la supériorité sur l'archiduc et continua ses progrès en Catalogne. Il prit Tortose (11 juillet 1708); mais il ne fut point en état d'attaquer Barcelone, seule opération qui pût être décisive; seulement, sur la fin de la saison, un corps détaché acheva de recouvrer le royaume de Valence par la prise de Denia (12-17 octobre) et d'Alicante (3 décembre).

Les ennemis compensèrent largement, par leurs succès dans les îles de la Méditerranée, les échecs qu'ils essuyaient sur le continent espagnol. L'amiral anglais Leake opéra une descente en Sardaigne; le vice-roi espagnol avait exaspéré les insulaires en s'attribuant le monopole du commerce des blés [1]. Toute l'île se déclara pour Charles III (août). Leake alla ensuite assaillir Port-Mahon; cette importante capitale de l'île de Minorque, une première fois sauvée par les Français, fut très-mal défendue contre cette seconde attaque: elle se rendit le 29 septembre. Les Anglais s'y établirent pour leur compte, comme à Gibraltar: c'était le second anneau de la chaîne dont ils voulaient enserrer la Méditerranée.

---

[1] Il vendait ces blés aux ennemis de son propre gouvernement, aux troupes de l'archiduc, qui souffraient de la disette en Catalogne. *V.* Saint-Simon, t. VI, p. 245.

Du côté des Alpes, la campagne fut tardive. Le duc de Savoie, demeuré seul à la tête des Austro-Piémontais par le départ d'Eugène pour le Rhin, était mécontent de l'empereur, qui lui faisait attendre depuis un an l'investiture du Montferrat, confisqué sur le duc de Mantoue : il ne marcha que quand il tint l'investiture. Ses forces étaient très-supérieures à celles de Villars. Dans la seconde quinzaine de juillet, il envahit la Savoie, puis, arrêté en avant de Chambéri par les Français, il se rabattit sur le mont Genèvre et menaça Briançon. L'entrée du Dauphiné étant bien défendue, il rentra dans les hautes vallées du Piémont, suivi par Villars, qui, sous ses yeux, chassa son arrière-garde de Sezanne, près des sources de la Petite-Doire (10 août). La position de Victor-Amédée se trouvait fort compromise; car il était serré entre l'armée française et le château d'Exilles. La lâcheté du gouverneur d'Exilles tira l'ennemi d'embarras. Cet officier, attaqué par le duc de Savoie, se rendit au lieu de résister jusqu'à l'extrémité, comme il en avait l'ordre (13 août). Le duc, maître du val de la Petite-Doire, se rejeta dans celui du Cluson, prit la Pérouse (16 août) et assiégea Fénestrelles. Villars ne put forcer les passages qui lui eussent permis de secourir cette forteresse. La garnison de Fénestrelles se rendit prisonnière le 31 août. Le Piémont fut ainsi fermé aux Français.

L'entreprise d'Écosse avait été tentée à l'entrée du printemps. Elle ne pouvait avoir de chances que par beaucoup de secret et de célérité. Les ministres de la guerre et de la marine ne surent pas faire les préparatifs assez vite pour prévenir les soupçons des Anglais; cependant la descente se fût opérée avant que le cabinet de Saint-James fût en mesure de s'y opposer, si le prétendant Jacques III, en arrivant à Dunkerque pour s'embarquer, n'eût été pris de la rougeole. Pendant que la fièvre le retenait au lit, une flotte anglaise parut devant les dunes de Flandre. Les vents écartèrent l'ennemi et le prétendant partit, le 19 mars, sur une escadre que commandait Forbin. Une tempête fit perdre deux jours à l'escadre et les Anglais eurent le temps d'arriver presque aussitôt que les Français à l'embouchure du Forth, la rivière d'Édimbourg. On n'eût pu débarquer qu'en sacrifiant l'escadre, incomparablement plus faible que la flotte ennemie, et l'on ne voyait pas sur la côte le mouvement ni les signaux annoncés par les Jacobites. On n'essaya pas de gagner Inverness à défaut d'Édimbourg. Forbin déroba sa route à l'ennemi et ramena le prétendant à Dunkerque (7 avril), après avoir perdu un seul vaisseau dans la retraite.

L'avortement de l'expédition d'Écosse rendait beaucoup plus difficile la révolution qu'on avait espéré susciter en Belgique, les alliés conservant leurs forces intactes dans ce pays. On entretint néanmoins les intelligences qu'on avait pratiquées dans les villes flamandes, et l'on prit l'offensive au mois de mai. Les ducs de Bourgogne et de Vendôme n'avaient pas moins de quatre-vingt-dix mille hommes sous leurs ordres, sans compter un corps qui gardait les côtes de la Flandre française. Les premières opérations, bien conduites, obligèrent Marlborough, qui était inférieur, à se replier sur Louvain et à laisser les Français fourrager le Brabant jusqu'au Demer. Les irrésolutions du roi et le désaccord de Bourgogne et de Vendôme firent qu'on n'entreprit rien de plus durant un grand mois.

Les alliés employèrent ce temps à changer leur plan de campagne. Ils avaient d'abord compté attaquer par le Rhin et par la Moselle avec deux armées de soixante mille hommes chacune, sous les ordres de l'électeur de Hanovre et d'Eugène, pendant que Marlborough occuperait en Flandre la grande armée française; mais Eugène, le printemps venu, se convainquit bien vite que les princes allemands ne fourniraient pas les levées exorbitantes dont on leur avait arraché la promesse et qu'on ne tirerait d'eux que les contingents ordinaires, c'est-à-dire que les deux armées de Rhin et Moselle n'auraient guère chacune plus de trente mille hommes. Une autre combinaison fut donc concertée entre Eugène et Marlborough : c'était le renouvellement de la grande manœuvre de Höchstedt. Eugène laissa l'électeur de Hanovre dans le nord de la Souabe, derrière les lignes d'Etlingen, que les alliés avaient élevées durant l'hiver pour remplacer les lignes de Bühl à Stolhofen, et, avec vingt-quatre mille soldats rassemblés sur la Moselle, il marcha par Coblentz vers la Belgique (30 juin). Les forces françaises de Rhin et de Moselle suivirent ce mouvement; l'électeur de Bavière demeura en face de l'électeur de Hanovre, et Berwick, avec vingt et quelques mille hommes, passa la Moselle à Remich (7 juillet) pour aller en Flandre.

Les événements se précipitaient dans cette dernière contrée. Après quelques semaines d'immobilité, l'armée française quitta, le 4 juillet au soir, le camp qu'elle occupait entre Genappe et Braine-l'Alleu, et gagna la Dender, près de Ninove, en une seule marche. Un détachement, lancé en avant le 4 au matin, arriva aux portes de Gand en vingt-quatre heures et pénétra par surprise dans cette grande cité. La bourgeoisie reçut les Français à bras ouverts; la petite garnison de la citadelle capitula dès le lendemain. Bruges, sommée par le corps français de la West-Flandre, ouvrit également ses portes sans coup férir le 6 juillet. Le fort de Plasschendaël, qui commandait le canal de Bruges à Ostende, fut emporté d'assaut. On fut moins heureux à Oudenarde, seule position qui restât aux alliés sur l'Escaut; le gouverneur fut secouru à temps par un détachement de l'armée ennemie. C'était toutefois un beau début. Le plan était de recouvrer toute la Flandre et de débarrasser le cours de la Lis en faisant prendre Menin sur les derrières de l'armée, pendant qu'on arrêterait l'ennemi sur la Dender ou sur l'Escaut. Il fallait, pour cela, masquer Oudenarde, puisqu'on n'avait pu l'enlever d'un coup de main. On avait passé la Dender et, dès le 6 juillet, Marlborough s'était établi sur l'autre bord, en face du camp français. Le duc de Bourgogne assembla le conseil de guerre. Là éclatèrent les dissensions qui couvaient, depuis un mois, entre le jeune prince et son entourage, d'une part, et le duc de Vendôme, de l'autre. Vendôme voulait défendre le passage de la Dender; Bourgogne et ses conseillers intimes préféraient ne défendre que l'Escaut. La majorité se rangea de ce côté. Vendôme céda, de très-mauvaise humeur. Trois jours furent perdus dans ces débats. Dans la nuit du 9 au 10, Vendôme, informé que l'ennemi remontait la Dender pour la franchir, fit revenir au projet de défendre cette rivière. On marcha deux heures dans ce but; puis, après de nouvelles discussions, on rebroussa chemin et l'on se replia sur l'Escaut, vers Gaveren. Le 10 au matin, l'ennemi traversa la Dender à Lessines. Eugène, laissant le gros de ses troupes à quelques journées en arrière, avait rejoint Marlborough le 9, avec quelque cavalerie. Comme à

Höchstedt, la plus parfaite union régnait entre les deux grands généraux ennemis, tandis que la confusion et la discorde étaient dans les conseils de l'armée française.

La ligne de la Dender étant perdue, il ne restait plus qu'à passer l'Escaut en toute hâte pour aller empêcher l'ennemi de déboucher par Oudenarde. Rien n'était plus facile : on avait trois fois moins de chemin à faire que l'ennemi ; mais Vendôme, dépité, s'opiniâtra à ne pas bouger de Gaveren toute la journée du 10. L'ennemi, au contraire, ne perdit pas un moment. Dans la nuit du 10 au 11, son avant-garde jeta des ponts sur l'Escaut, sous le canon d'Oudenarde, et, le 11 au matin, toute l'armée alliée marcha pour franchir le fleuve. Ce fut seulement alors que les Français commencèrent à le passer aussi à Gaveren. Les alliés débouchèrent tout à leur aise et tournèrent tête sur-le-champ du côté où ils devaient rencontrer les Français. Les premiers corps d'avant-garde se rencontrèrent, dans l'après-midi, entre les villages de Heurne et de Beveren, sur le chemin d'Oudenarde à Gaveren ; les Français, plus faibles, furent repoussés avec perte.

D'autres colonnes arrivèrent successivement à leur aide ; mais la faute d'un officier-général empêcha d'occuper un terrain coupé et fourré, dont Eugène et Marlborough se saisirent sur notre droite. A la faveur de cette position, les généraux ennemis eurent le temps de faire arriver en ligne le gros de leur infanterie et de porter des masses contre notre droite seule engagée. Le duc de Vendôme voulait lancer l'aile gauche sur l'ennemi ; le duc de Bourgogne la retint sur la défensive, ce qui permit à l'ennemi de tourner et de prendre en queue l'extrémité de la droite française. Cependant, à la nuit close, rien n'était décidé : les pertes étaient à peu près égales ; aucun de nos corps n'était en déroute ; toute notre gauche était intacte et le gros de l'artillerie venait seulement de joindre. Vendôme insista avec la plus grande énergie pour qu'on renouvelât le combat le lendemain et l'emporta d'autorité, malgré la vive opposition qui se manifestait autour du duc de Bourgogne. Mais, en ce moment même ; quelques décharges de l'ennemi firent reculer l'infanterie un peu en confusion ; la cavalerie de l'aile droite tourna bride vers Gand sans ordre. La dispute recommença au quartier-général. On dit à Vendôme que, s'il voulait rester davantage où il était, il demeurerait seul dans la plaine. « Eh bien! messieurs, s'écria Vendôme exaspéré, vous le voulez tous, il faut se retirer! Aussi bien, ajouta-t-il en regardant le duc de Bourgogne, il y a longtemps, monseigneur, que vous en avez envie! » Mot terrible et injuste, car le courage du prince n'était pas contestable. Le duc de Bourgogne eut assez d'empire sur lui-même pour ne point éclater, rare exemple de patience chrétienne. D'O et quelques officiers-généraux pressèrent le prince de quitter l'armée pour courir au-devant des forces que Berwick amenait de la Moselle. Vendôme empêcha Bourgogne de prendre ce parti honteux et compensa, en quelque sorte, son offense par ce service [1].

La retraite s'opéra donc sur Gand, mais avec fort peu d'ordre: un certain nombre de soldats, mêlés aux ennemis, ne purent se dégager et furent pris pendant la nuit. Des corps entiers (au moins neuf mille hommes) n'échappèrent à un pareil sort qu'en se faisant jour dans une direction opposée à celle que suivait l'armée et en gagnant Ypres, Lille ou Tournai. L'armée s'arrêta en arrière de Gand, à Lowendeghem, entre le canal de Gand à Bruges et la rivière canalisée de Lièvre, très-bonne position défensive et qui sauvait Gand et Bruges, mais qui laissait la Flandre française ouverte à l'ennemi. Eugène et Marlborough en profitèrent avec leur audace accoutumée. Marlborough fit remonter l'Escaut et la Lis par deux forts détachements, dont l'un établit un camp retranché à Helchin, entre Oudenarde et Tournai, et dont l'autre emporta et rasa les lignes qui couvraient l'entrée de la Flandre française, entre Ypres et Comines. Il suivit de près cette double avant-garde et lança de gros partis jusqu'au cœur de l'Artois et jusqu'en Picardie : bien que les paysans artésiens, sur certains points, se défendissent vaillamment contre les bandes ennemies, la province, plutôt que de subir la dévastation, se racheta par une rançon de 1,700,000 livres, tant en argent qu'en grains.

---

1. *V.* Saint-Hilaire, t. IV, p. 123-152. — Saint-Hilaire, commandant de l'artillerie, témoin et acteur, est beaucoup plus digne de foi que Saint-Simon sur cette affaire. — Saint-Simon, t. VI, p. 249-260. — Berwick, t. II, p. 511. — Quinci, t. V, p. 486-502. — Lamberti, t. V, p. 106. — Général Pelet, t. VIII, p. 9-38; 386-392.

Pendant ce temps, Eugène était allé chercher son corps d'armée, qui arrivait par Louvain et Bruxelles. Le 21 juillet, il repartit d'auprès de Bruxelles, escortant un grand convoi composé de farines et des gros bagages laissés en arrière par Marlborough. Vendôme, de vive voix, et Berwick, par lettre (il était arrivé à Douai avec ses troupes), pressèrent le duc de Bourgogne de marcher pour intercepter le convoi : autour du prince, on trouvait des impossibilités à tout; on ne marcha pas. Le convoi joignit Marlborough sans obstacle (25 juillet). Un second convoi, de grosse artillerie, cette fois, se prépara immédiatement après à Bruxelles, et Eugène alla de nouveau le chercher. Il était évident que les généraux ennemis projetaient un grand siége et qu'on devait tout risquer pour l'empêcher. Berwick se mit en mouvement; mais il ne se trouva pas assez fort pour livrer bataille à Eugène, et, pour la seconde fois, la grande armée ne bougea pas. Berwick, dans ses Mémoires, accuse Vendôme; Saint-Simon, tout ennemi qu'il soit de Vendôme, le justifie aux dépens du duc de Bourgogne. Quoi qu'il en soit, le convoi arriva à Helchin le 11 août et y passa l'Escaut. Le 12, Lille fut investie. Eugène fit le siége avec trente et quelques mille hommes, cent vingt gros canons et quatre-vingts mortiers : Marlborough le couvrit avec soixante mille soldats, placés à cheval sur l'Escaut, vers Helchin.

L'entreprise était hardie : la place était défendue par dix mille soldats, à la vérité de nouvelles levées, et par une population courageuse, que quarante ans de réunion à la France avaient entièrement *francisée* [1]. Un homme d'une brillante valeur et d'un ferme caractère dirigeait la défense; c'était le vieux Boufflers, gouverneur de la Flandre française. Les ennemis étaient engagés entre deux armées et entre deux places françaises, Ypres et Tournai, n'ayant derrière eux de points d'appui que Menin et Oudenarde, et ne pouvant tirer leurs vivres que de fort loin. Eugène et Marlborough, inébranlablement unis par l'analogie de leurs vues et la solidité de leur jugement, comptèrent sur les défauts et sur la désunion de leurs adversaires. L'événement ne justifia que trop

---

1. Deux mille jeunes gens et quinze cents bourgeois s'enrôlèrent.

leur confiance. Les généraux français ne s'entendirent sur rien. Berwick proposa une diversion contre Bruxelles; les autres généraux, ainsi que le roi, voulurent qu'on secourût directement Lille. Berwick alors offrit d'attaquer les lignes d'Eugène, tandis que Bourgogne et Vendôme feraient face à Marlborough. Vendôme préféra la jonction des deux armées. La jonction, grâce aux lenteurs de Bourgogne et de Vendôme, s'opéra seulement du 29 au 30 août, sur la Dender, et Berwick, ne voulant pas subir la suprématie accordée à Vendôme sur les maréchaux, déposa son commandement, pour rester comme particulier auprès du duc de Bourgogne. Le 2 septembre, on repassa l'Escaut à Tournai, afin de marcher sur Lille, après des prières publiques et une procession, auxquelles le duc de Bourgogne employa un temps bien précieux dans une telle crise. Marlborough se replia de l'Escaut sur la Marque et se réunit à Eugène entre la Marque et la Deule, les deux petites rivières qui se joignent à Lille. Le 4 septembre, au soir, les armées furent en présence, les Français occupant Mons en Puelle et Pont-à-Marque, les ennemis se déployant à l'autre bord de la Marque. On ne crut pas pouvoir aller à eux sans ouvrir des chemins à nos colonnes à travers le pays boisé et coupé de haies qui s'étend entre les sources de la Marque et la haute Deule : à partir du 6, si l'on en croit une lettre de Vendôme au roi, on fut toutefois en mesure de déboucher dans une plaine de près d'une lieue et demie sur le front des ennemis; mais Berwick et tout l'entourage du duc de Bourgogne déconseillèrent l'attaque, que le roi voulait comme Vendôme. On en référa de nouveau au roi. Les ennemis eurent ainsi le temps de barrer par de fortes lignes toute la plaine dont parlait Vendôme et qui sépare la Marque et la Deule, de Frétin à Noyelles. Le 9, le ministre Chamillart arriva au camp, avec l'ordre du roi de presser l'attaque. Il était trop tard : on franchit la Marque sans difficulté; mais, après quatre jours d'une canonnade qui ne fit pas même ébouler les parapets des lignes ennemies, on reconnut le succès impossible : on repassa la Marque, puis l'Escaut (14-16 septembre), sans chercher à secourir Lille du côté de la Basse-Marque, et l'on se contenta d'aller se placer entre les ennemis et Bruxelles, afin de gêner le ravitaillement des assiégeants.

Les assiégés, cependant résistaient avec un courage et une constance admirables : chaque pouce de terrain, dans les ouvrages extérieurs, coûtait des flots de sang aux assaillants. Plusieurs assauts furent repoussés avec un terrible carnage. Dans la nuit du 28, dix-huit cents cavaliers, chargés d'armes et de sacs de poudre, pénétrèrent dans la ville à travers le camp ennemi ; mais, quelques heures auparavant, un grave échec sur un autre point avait plus que compensé ce succès. Les généraux alliés, voyant qu'ils n'allaient plus rien pouvoir tirer du Brabant, s'étaient assurés d'une autre ressource. Ils avaient obtenu qu'un grand convoi de munitions fût envoyé d'Angleterre à Ostende, et Marlborough avait expédié au-devant un fort détachement, qui se saisit du canal de Nieuport à Ostende et qui en facilita le passage au convoi (27 septembre). Le lendemain, le convoi rencontra près de Wynendaël un corps français très-supérieur à son escorte. Par malheur, le commandant était un comte de La Mothe, inepte protégé de Chamillart, qui trouva moyen, avec des forces presque doubles, de se faire battre par l'escorte : le convoi échappa. Les alliés, quand ils reçurent ce secours, étaient sur le point de lever le siége de Lille, faute de vivres. Ils restèrent et continuèrent d'avancer lentement et, pour ainsi dire, à coups d'hommes, dans leurs attaques contre les dehors de la place.

Vendôme essaya de fermer à l'avitaillement la voie d'Ostende, en faisant percer les digues et inonder le pays; mais l'ennemi surmonta cette difficulté au moyen de bateaux plats : on lui opposa d'autres bateaux armés et l'on reprit enfin d'assaut le poste de Leffinghen, qui commande le canal de Nieuport à Ostende (25 octobre). Il était trop tard : le sort de Lille était décidé. Le brave gouverneur Boufflers, voyant des brèches ouvertes à deux bastions du corps de la place et ne voulant pas faire saccager une ville qui s'était montrée fidèle et dévouée, avait retiré dans la citadelle toute l'artillerie et les munitions, et capitulé pour la ville, le 22 octobre, aux conditions les plus honorables. Eugène, qui le félicita noblement de sa belle défense, lui accorda d'envoyer à Douai les blessés, les malades, les équipages et les chevaux. La garnison, réduite à cinq mille six cents hommes (à peu près moitié), entra le 25 octobre dans la citadelle, contre laquelle les opérations furent reprises le 29. Les députés des États-Généraux prirent possession de la ville.

Au commencement de novembre, Chamillart revint conférer avec les généraux français auprès de Tournai : Bourgogne et Berwick étaient d'avis de laisser un corps d'armée derrière le canal de Gand à Bruges et de ramener le reste des forces en Artois, afin de couvrir le territoire français : c'eût été rouvrir les communications des ennemis avec le Brabant et renoncer à toute diversion en faveur de la citadelle de Lille. Vendôme s'y opposa et Chamillart défendit, de la part du roi, que l'on abandonnât l'Escaut aux ennemis. Malheureusement, on ne pouvait garder à la fois l'Escaut de Tournai à Gand et les canaux de Gand à Bruges, à Ostende et à Nieuport, sans éparpiller l'armée sur une ligne immense.

Tandis qu'on discutait au camp, Berwick reçut une dépêche secrète de la plus haute importance. Son oncle Marlborough lui mandait « que la conjoncture présente étoit très-propre pour en-
« tamer une négociation de paix; qu'il falloit en faire la propo-
« sition aux députés des États-Généraux, au prince Eugène et à
« lui Marlborough, et qu'il feroit tout de son mieux pour la faire
« accepter. » Marlborough, dont la fortune grandissait incessamment avec la guerre, avait été jusque-là très-opposé à toute transaction : quelles causes modifiaient ses sentiments, alors que la victoire continuait à lui sourire? C'est là un problème; mais il n'y a point de raison de douter que ses ouvertures ne fussent sérieuses. Chamillart écrivit au roi « que la proposition de Marlborough ne provenoit que de la mauvaise situation où se trouvoit l'armée des alliés! » Louis le chargea de dicter la réponse à Berwick, et la réponse fut telle, que Marlborough, offensé, redevint plus hostile qu'auparavant à toute idée de paix et ne changea plus à cet égard. Roi, ministres et généraux, il semblait que tout le monde fût pris de vertige [1].

1. Berwick, t. II, p. 5. — Ce fait est d'autant moins concevable, qu'avant les premiers revers de la campagne et, par conséquent, dans une situation beaucoup meilleure, Louis avait fait spontanément, comme acheminement à la paix, une concession très-considérable aux intérêts de l'Angleterre et de la Hollande. Il avait dicté à Philippe V un règlement commercial pour l'Espagne et les Indes, qui accordait l'égalité de traitement aux diverses nations (juillet 1708). Les négociants français

Sur la fin de novembre, on tenta une diversion, qui, exécutée plus tôt et dans de meilleures conditions, eût pu avoir de grands résultats. L'électeur de Bavière, revenu du Rhin, où la campagne avait été nulle, marcha de Mons sur Bruxelles avec douze à quinze mille soldats et assaillit cette capitale, dans l'espoir que les habitants se soulèveraient à son approche ; mais la garnison, forte de sept mille hommes, contint la population et soutint l'attaque (24-26 novembre). A cette nouvelle, Marlborough et Eugène, laissant un gros corps devant la citadelle de Lille, marchèrent droit à l'Escaut avec tout le reste de leurs forces. Marlborough et un de ses lieutenants surprirent le passage du fleuve, à la faveur d'un épais brouillard, vers Kerkhoven et Gaveren : les corps français répartis le long de l'Escaut furent rejetés les uns sur Gand, les autres sur Tournai (27 novembre). Eugène, alors retourna vers Lille, pour empêcher qu'on secourût la citadelle, et Marlborough poussa vers Bruxelles. L'électeur leva le siége en abandonnant son canon.

Louis XIV perdit patience : il écrivit à Boufflers de capituler pour la citadelle de Lille et rappela Bourgogne et Vendôme, en leur ordonnant de mettre l'armée en quartiers d'hiver du côté de l'Artois. Vendôme supplia le roi de lui permettre de s'établir avec le gros de l'armée, non point en Artois, mais derrière le canal de Gand à Bruges. C'était la dernière chance d'arrêter les progrès de l'ennemi. Louis s'obstina : l'armée fut séparée, tandis que Boufflers évacuait, le 10 décembre, avec les honneurs de la guerre, la citadelle de Lille, qu'il avait aussi généreusement défendue que la ville. Il avait combattu, jour et nuit, pendant quatre mois. Peu de victoires pouvaient être plus glorieuses pour un général qu'une telle défaite. Les alliés avaient payé leur succès par des pertes immenses ; mais quel succès ! La France de Louis XIV entamée par la perte de la première conquête du Grand Roi, du premier chef-

---

avaient tout envahi depuis 1701. V. *Mém.* de Noailles, p. 203. — Ce règlement était comme la réplique à un traité que les Anglais, habiles à tirer parti de tout, même de leurs défaites et de celles de leurs alliés, avaient imposé à *Charles III* après Almanza. Par ce traité, du 10 juillet 1707, les marchandises anglaises importées par les Anglais en Espagne ne devaient payer les droits qu'au bout de six mois : les Anglais devaient être assimilés aux Espagnols en Amérique, et les Français absolument exclus.

d'œuvre de Vauban! Ce grand homme avait fermé les yeux à temps pour ne pas voir un tel spectacle.

Les alliés ne se contentèrent pas de ce triomphe. Lille ne pouvait leur être bien assurée tant que les Français resteraient maîtres de Gand et de Bruges. A peine la citadelle de Lille rendue, Gand fut investi. Gand était occupé par tout un corps d'armée (quatorze à quinze mille hommes) et la population était très-bien intentionnée, ce qui devait suppléer à la faiblesse des fortifications; mais le commandant était ce même La Mothe, qui s'était fait battre si sottement, le 28 septembre, à Wynendaël; après une telle preuve d'incapacité, Chamillart l'avait fait maintenir dans le commandement le plus important qui pût être confié à un lieutenant général! Au bruit du siége de Gand, Boufflers eut ordre de rassembler l'armée française à peine répartie dans ses quartiers; mais Boufflers eut tout au plus le temps de tirer les troupes de leurs garnisons; le 2 janvier 1709, La Mothe sortit de Gand par capitulation, sans avoir seulement essuyé un coup de canon. Trois jours après, à la suite de pluies torrentielles, il survint une violente gelée qui eût rendu impossibles les travaux de tranchée et qui eût probablement forcé l'ennemi de lever le siége. Bruges avait été aussi évacuée sans combat. Toute la Flandre espagnole était reperdue après la capitale de la Flandre française [1].

Ce fut la fin de cette déplorable campagne, qui avait déconsidéré l'héritier du trône, objet de tant d'espérances [2], ruiné la réputation du plus vanté de nos généraux, vu tomber le boulevard de notre frontière en présence de cent mille soldats français condamnés à l'impuissance et à l'inertie, révélé enfin la profonde décadence et des choses et des personnes dans ce gouvernement qui avait été si longtemps l'exemple et l'effroi de tous les autres. Le présent était sinistre; l'avenir, tel que la pensée n'osait plus en

---

1. Berwick, t. II, p. 13-57. — Saint-Simon, t. VI, p. 260-412. — Quinci, t. V, p. 502-606. — Saint-Hilaire, t. IV, p. 153-195. — Général Pelet, t. VIII, p. 39-168, 393-533.

2. Le duc de Bourgogne avait achevé de se perdre dans l'opinion de l'armée, par l'indifférence qu'il avait montrée devant nos revers. Quand on lui annonça la capitulation de Lille, il jouait au volant et n'interrompit point sa partie. C'était là un esprit de *détachement* fort bon pour un moine, mais fort mauvais pour un homme appelé à gouverner l'État. Saint-Simon, t. IV, p. 368-406.

sonder les abîmes : on n'entrevoyait plus seulement l'abaissement, mais la ruine de la France !

La nature semblait conjurée avec les hommes contre notre malheureuse patrie. Chamillart avait suggéré au roi le dessein de reprendre Lille durant l'hiver : l'effroyable rigueur de la saison, plus encore que l'insuffisance des ressources, força d'y renoncer ; un froid inouï, qui avait commencé dans le midi, glaça l'Europe entière ; le Rhône même, le plus impétueux des fleuves, fut arrêté dans son cours ; la mer gela sur nos côtes comme dans les régions polaires ; presque tous les arbres fruitiers périrent ; les troncs les plus robustes éclataient comme par la poudre ; les pierres se fendaient ; les liqueurs les plus spiritueuses se figeaient au coin du feu ; les blés furent gelés dans le sillon. Les tribunaux, les théâtres, les comptoirs, se fermaient ; plaisirs, affaires, tout avait cessé ; la vie sociale était suspendue comme la vie de la nature. On trouvait de pauvres familles mortes de froid tout entières dans leurs chaumières ou dans leurs greniers.

Le froid disparut (mars), mais la misère resta inexprimable, immense. Dès qu'on sut la récolte perdue, les grains montèrent à des prix exorbitants. Comme toujours, la peur et la cupidité créèrent une disette artificielle avant la disette réelle qui devait suivre la perte de la moisson. Les finances, que Desmaretz s'efforçait, non pas de relever, mais d'empêcher de périr, en reçurent un nouveau coup. Un arrêt du conseil, du 19 février 1709, venait d'ordonner le paiement des assignations de 1708 réassignées sur 1709 ; les créanciers de l'État, satisfaits de voir qu'on leur tenait parole, se remettaient à prêter leurs fonds aux trésoriers, aux munitionnaires, etc.; la cherté croissante fit de nouveau resserrer l'argent et, d'une autre part, obligea le contrôleur-général à tout employer au plus pressé, c'est-à-dire à la subsistance de l'armée. Tous les paiements furent suspendus derechef, même, en partie, celui des rentes de l'hôtel de ville. Les traitants reportèrent, dit-on, leurs capitaux sur des spéculations inhumaines et criminelles. Saint-Simon élève ici une imputation terrible contre les officiers des finances et de police. On crut, dit-il, « que messieurs des finances s'emparèrent des blés par des émissaires répandus dans tous les marchés du royaume, pour les vendre ensuite au prix qu'ils voudraient mettre, *au profit du roi, sans oublier le leur* »; et il accuse les intendants, le fameux lieutenant de police de Paris, d'Argenson, successeur de La Reinie, et Desmaretz lui-même. S'il faut l'en croire, on punissait les gens qui, dans les marchés, vendaient leurs blés *au-dessous* du prix fixé par l'autorité. Le *pacte de famine*, cette tradition lugubre qui souille le dernier siècle de la monarchie, aurait donc fait sa première apparition dès 1709. L'histoire est trop bien fondée à prendre en défiance la sombre imagination de Saint-Simon, pour s'estimer en droit d'affirmer de pareilles choses sur son témoignage[1]! Ce qui n'est pas douteux, c'est la ruine universelle au milieu de laquelle triomphaient quelques traitants gorgés d'or, pareils à ces bêtes de proie qui s'engraissent de cadavres; c'est la complicité de beaucoup de courtisans avec ces traitants[2]; c'est la lente agonie du peuple, écrasé à la fois par l'énorme cherté des subsistances et par la chute de l'industrie et du commerce; c'est la faim envahissant de degré en degré la société presque entière, et remontant de la chaumière à la boutique, de la boutique au manoir; c'est la petite bourgeoisie et la petite noblesse réduites à demander l'aumône en secret, au lieu de la faire aux autres, et disputant aux manouvriers les lits encombrés des hôpitaux, qui, « ruinés, revomissaient leurs pauvres à la charge publique, c'est-à-dire à mourir de faim! » Il faut voir, dans les Mémoires de Jameray Duval, de ce pâtre qui devint un savant illustre, le naïf et déchirant tableau des campagnes françaises pendant cette horrible année. Les campagnes étaient arrivées à cet excès de désespoir où l'on se sent mourir en silence. La souffrance des villes était plus bruyante et se traduisait par des émeutes dans les marchés; des placards insultants pour le

---

1. Saint-Simon, t. VII, p. 101. La princesse palatine, mère du régent, renchérit sur Saint-Simon; elle met, dans ses Mémoires, Madame de Maintenon à la tête des monopoleurs et l'accuse d'avoir « fait acheter sur tous les marchés tous les blés qui s'y trouvaient » et d'avoir ainsi « gagné horriblement d'argent. » Cela ne peut se prendre au sérieux.

2. Il y a un passage fort grave dans le fameux *Sermon sur l'aumône*, prêché par Massillon devant la cour, durant le carême de 1709. « Ne mettez-vous pas peut-être à profit les misères publiques? Ne faites-vous pas peut-être de l'indigence comme une occasion barbare de gain? N'achevez-vous pas peut-être de dépouiller les malheureux, en affectant de leur tendre une main secourable? Et ne savez-vous pas l'art inhumain d'apprécier les larmes et les nécessités de vos frères?... etc. »

gouvernement et même pour la personne du roi furent affichés dans les carrefours, sur les murs des églises et jusque sur les piédestaux des statues de *Louis le Grand.*

Le roi, douloureusement affecté, chercha les moyens de soulager et d'apaiser ces populations aigries par l'infortune ; mais, fidèle jusqu'au bout à ses maximes, il réprimanda vertement les parlements de Paris et de Dijon, qui avaient voulu intervenir de leur propre chef dans la police des grains, et il chargea des commissaires de visiter partout les greniers et de châtier les monopoleurs par les peines les plus sévères. Les monopoleurs étaient, à ce qu'il semble, trop bien appuyés et cette mission n'eut que des résultats illusoires. L'importation de cent-vingt mille quintaux de grains tirés de la Barbarie et de l'Archipel, et d'autres blés venus de Dantzig, fut plus utile. Les laboureurs les plus intelligents, en semant au printemps soit de l'orge, soit des blés du Maroc (*blés de mars*), encore peu répandus chez nous, ajoutèrent à cette importation une ressource sans laquelle on peut dire que la France eût péri de faim ! Une taxe des pauvres, répartie sur tous les gens aisés, fut encore un des expédients auxquels recourut le pouvoir. Tous ces palliatifs n'empêchèrent pas que la mortalité ne fût, cette année, presque double de la moyenne ordinaire. Une grande partie de la population qui survécut resta tellement affaiblie par les privations, que la race française s'en ressentit jusqu'après la génération suivante. L'énorme destruction du bétail, déjà fort insuffisant, ne fut pas non plus réparée d'un demi-siècle [1].

Louis XIV courba la tête sous la main de la Providence ; il s'efforça de renouer, au prix des plus grands sacrifices, cette négociation de paix qu'il avait tout à l'heure laissé échapper de ses mains. Au mois de mars 1709, le roi expédia secrètement en Hollande un président au grand conseil, Rouillé, avec ordre de renouveler les offres faites dans l'hiver de 1706 à 1707, en y ajoutant le Milanais et les présides de Toscane, c'est-à-dire que Philippe V n'aurait eu pour partage que Naples et la Sicile. Les conditions commerciales du traité de Ryswick seraient renouvelées et le tarif de 1664 rétabli. Louis réclamait la restitution de

---

1. Nous devons une partie de ces faits à un savant statisticien, M. Millot. — Saint-Simon, t. VII, p. 105-204.

Lille et le rétablissement des électeurs de Bavière et de Cologne. Les Hollandais, dit Voltaire, « parlèrent en vainqueurs, et déployèrent, avec l'envoyé du plus fier des rois, toute la hauteur dont ils avaient été accablés en 1672. » Ils obligèrent Rouillé à venir négocier dans Bodegrave, un de ces bourgs que les généraux de Louis XIV avaient autrefois mis à feu et à sang. Ils demandèrent, pour fortifier leur barrière, avec Menin qu'ils tenaient déjà, Ypres, Furnes, Condé, Tournai, Maubeuge, et laissèrent à peine un vague espoir que les États-Généraux pussent consentir à rendre Lille. Ils ne parurent pas d'abord très-opposés à ce qui regardait Philippe V et les deux électeurs ; mais Eugène et Marlborough, réunis à La Haie avec les ministres de tous les princes alliés, surent bien détourner les États-Généraux de toute concession. Les députés hollandais désavouèrent les faibles espérances qu'ils avaient peu sincèrement permises à l'envoyé français et déclarèrent qu'il fallait céder la monarchie espagnole tout entière ; qu'on ne rendrait jamais Lille ; qu'il fallait prendre pour base, vis-à-vis de l'Empire, non plus le traité de Ryswick, mais le traité de Westphalie, tel que l'interprétaient les Allemands. Pas de suspension d'armes ; si la France ne traitait sur-le-champ, les armes décideraient.

A ces tristes nouvelles, le roi convoqua son conseil pour aviser au salut de la France (28 avril). Huit ans et demi auparavant, un autre conseil avait été tenu pour décider si la maison de Bourbon accepterait l'héritage d'un immense empire. Quel changement dans cet intervalle ! Il s'agissait maintenant pour la France, non plus de régner sur l'Europe, mais de tomber ou non parmi les puissances de second ordre ! Louis montra, par la majesté de son malheur, que le caractère avait en quelque sorte gagné chez lui ce qu'avaient perdu les facultés de l'esprit. La force morale, qui avait toujours été sa qualité essentielle, ne cessa de grandir en lui avec l'âge et l'infortune. Aux mêmes hommes qui avaient délibéré autrefois sur l'acceptation de l'héritage d'Espagne, se trouvait adjoint le duc de Bourgogne, qui siégeait dans tous les conseils depuis 1702, avec Chamillart et Desmaretz, devenus ministres d'état. Beauvilliers, dont l'événement n'avait que trop justifié les prévisions, montra, dans les termes les plus pathétiques, la France perdue, anéantie, si on laissait échapper l'occasion de traiter. Le chancelier Pontchartrain conclut à la paix à tout prix. Chamillart et Desmarestz avouèrent que, dans l'état des finances et de l'armée, toutes les catastrophes étaient à craindre. Les larmes coulaient de tous les yeux. Le roi se résigna à démolir les remparts de Dunkerque, à céder Lille, Tournai, toutes les places exigées par les Hollandais; à subir l'interprétation allemande du traité de Westphalie et à rendre Strasbourg! Il se réduisait pour Philippe V à Naples, sans la Sicile. Le temps se précipitait : la campagne allait s'ouvrir; le ministre Torci offrit d'aller en personne porter ces offres aux alliés. Il partit déguisé, le 1ᵉʳ mai, au risque d'être enlevé par les partis ennemis, et gagna La Haie : le 6 au soir, le pensionnaire Heinsius apprit avec étonnement que le ministre des affaires étrangères de France attendait dans son antichambre. Ce même Heinsius, chargé d'affaires du prince d'Orange en France après la paix de Nimègue, avait été menacé de la Bastille par Louvois dans une discussion; il s'en souvint trop : c'était, dit-on, un patriote sincère et désintéressé, mais il songea plus à venger le passé qu'à assurer l'avenir de sa patrie. La plupart des personnages influents dans les Provinces-Unies étaient, comme Heinsius, enivrés de ce prodigieux retour de fortune qui mettait *Louis le Grand* à la discrétion de la Hollande et ne s'apercevaient point qu'ils étaient les aveugles instruments de l'Angleterre et de l'Autriche. Heinsius ne craignit pas de proposer, à la suggestion des Impériaux, qu'on érigeât la Franche-Comté en royaume pour dédommager Philippe V.

Louis essaya de regagner Marlborough et lui fit offrir par Torci jusqu'à 4 millions, s'il portait les alliés à réduire leurs exigences. Il ne parut point offensé et ce fut tout en protestant de son respect et même de son attachement pour Louis XIV, qu'il fit sonner bien haut son honneur et sa conscience, appelant Dieu à témoin de sa probité et de ses bonnes intentions, avec un accent qui rappelait le *Don Juan* de Molière. Il n'accepta pas. Inquiet des intrigues qui ébranlaient son crédit auprès de la reine Anne, il avait besoin de la guerre pour se maintenir et l'ambition prédominait encore dans son cœur sur l'amour des richesses. Torci, ballotté de Heinsius à Marlborough, de Marlborough au prince Eugène, but le calice d'humiliation jusqu'à la lie. Eugène, grand et noble esprit, n'était ni faux ni cupide comme Marlborough; mais sa situation, plus que la nature, l'avait fait égoïste : ce prince demi-français, demi-italien, ce guerrier sans patrie, ne voyait dans la guerre que le développement de son éclatante personnalité et que la terrible expiation infligée au monarque dont l'orgueil avait dédaigné sa jeunesse. Il était d'ailleurs lié par les implacables instructions de l'empereur. Louis XIV, résigné à étendre encore ses sacrifices, avait autorisé Torci à céder Terre-Neuve aux Anglais et à ne plus insister sur Naples, c'est-à-dire à sacrifier complétement Philippe V. L'Angleterre et la Hollande étaient satisfaites sur le fond, sinon sur les garanties; mais l'empereur et l'Empire ne l'étaient pas et les alliés étaient bien résolus à ne pas séparer leurs intérêts. Le 28 mai, ils présentèrent à Torci leur ultimatum sous forme d'articles préliminaires. Le Roi Très-Chrétien devait reconnaître Charles III comme roi de toute la monarchie d'Espagne et faire en sorte que, sous deux mois, le *duc d'Anjou* eût restitué à Charles III la Sicile et quitté l'Espagne : si le *duc d'Anjou* n'y consentait pas dans le délai fixé, le roi Très-Chrétien et les alliés « prendroient de concert les mesures convenables pour assurer l'entier effet du traité! » Tout prince français était exclu à jamais de tout ou partie de la monarchie espagnole. Tout envoi de vaisseaux de commerce français aux Indes espagnoles était absolument interdit. Strasbourg et Kehl seraient remis à l'empereur et à l'Empire dans leur état actuel, avec cent canons, les munitions, etc. Brisach serait cédé, tout armé, à la maison d'Autriche. Landau ne serait point rendu à la France. Le Roi Très-Chrétien garderait seulement la préfecture des dix villes *impériales* d'Alsace, comme l'avait eue autrefois l'Autriche. Tous les forts français du Rhin seraient démolis. Terre-Neuve serait cédée à l'Angleterre; Dunkerque rasée et le port comblé. Les Hollandais auraient pour *barrière* les places dont on a parlé plus haut, qu'on leur livrerait toutes munies, et conserveraient provisoirement garnison à Liége, à Hui et à Bonn. Le Roi Très-Chrétien rendrait au duc de Savoie la Savoie et Nice et lui céderait Exilles et Fénestrelles, anciennes dépendances du Dauphiné. Les demandes et prétentions des *ci-devant électeurs* de Cologne et de Bavière seraient remises à la négociation définitive de la paix. Plusieurs princes et cercles de l'Empire, les ducs de Savoie et de Lorraine, etc., auraient en sus le droit de faire telles demandes qu'ils voudraient lors de cette négociation. Les cessions et démolitions de places convenues s'effectueraient immédiatement, et la suspension d'armes, convenue pour deux mois, continuerait jusqu'à la paix « en cas que la monarchie d'Espagne eût été rendue à Charles III dans le terme stipulé », c'est-à-dire que, si Philippe V, abandonné de son aïeul, refusait de s'abandonner lui-même et de quitter l'Espagne, Louis, après une trêve de deux mois, se trouverait désarmé, dépouillé de ses meilleures places et forcé de choisir entre le renouvellement d'une guerre impossible à soutenir, ou le concours avec ses ennemis pour détrôner de vive force son petit-fils.

Les alliés prétendaient que, s'ils se relâchaient de cette exorbitante condition, Louis XIV ne manquerait pas de secourir indirectement Philippe V, comme il avait secouru le Portugal contre l'Espagne après le traité des Pyrénées.

Louis XIV refusa, et adressa aux gouverneurs des provinces de France une circulaire destinée à instruire les peuples des *conditions immenses* qu'il avait offertes, des efforts qu'il avait faits pour obtenir la paix et des difficultés insurmontables qu'y avaient suscitées ses ennemis. « Je suis persuadé, dit-il, que mes peuples « s'opposeroient eux-mêmes à recevoir la paix à des conditions « également contraires à la justice et à l'honneur du nom fran-« çois. » Le malheur ramenait la monarchie à ces appels à l'opinion qui avaient inauguré les victoires de Richelieu et qui avaient cessé sous le Grand Roi (12 juin 1709).

Les alliés publièrent, de leur côté, leur ultimatum, pour resserrer leurs liens et s'interdire de reculer.

La France, comme son gouvernement, ne songea plus qu'à se défendre avec l'énergie du désespoir [1].

---

1. Sur toute la négociation, v. *Mém.* de Torci, p. 555-636.

LIVRE XCI

LOUIS XIV (*FIN*)

GUERRE DE LA SUCCESSION D'ESPAGNE, suite et fin. — Chamillart remplacé par Voisin. — Perte de Tournai. Glorieuse défaite de Malplaquet. Perte de Mons. — Conférence de Gertruydenberg. Les alliés veulent forcer Louis XIV à détrôner seul Philippe V. — Perte de Douai, de Béthune, d'Aire et de Saint-Venant. — Défaite de Philippe V à Saragosse. Les alliés rentrent à Madrid. Vendôme en Espagne. Victoire de Villa-Viciosa. Les alliés refoulés en Catalogne. — Perte de Bouchain. — Révolution ministérielle à Londres. Négociation avec l'Angleterre. Mort de l'empereur Joseph Ier. Le prétendant d'Espagne devient l'empereur Charles VI. Mort du dauphin et du DUC DE BOURGOGNE. Désolation de la maison royale. — Fin de FÉNELON. — L'empereur et la Hollande se refusant à traiter, l'Angleterre se retire de la coalition. — Perte du Quesnoi. Victoire de VILLARS sur Eugène à DENAIN. Reprise de Douai, du Quesnoi, de Bouchain. — Traité d'Utrecht avec l'Angleterre, la Hollande, la Savoie, etc. Terre-Neuve, la baie d'Hudson, l'Acadie et Saint-Christophe cédés aux Anglais. Le port de Dunkerque comblé. Furnes, Ypres, Tournai, etc., cédés pour la *barrière* des Hollandais. Lille, Béthune, Aire, Saint-Venant, rendus à la France. Philippe V conserve l'Espagne et les Indes. Le duc de Savoie devient roi de Sicile. — La guerre continue avec l'empereur. Reprise de Landau. Prise de Freybourg. Paix de Rastadt avec l'empereur. La France garde Strasbourg et Landau. L'empereur garde Naples, Milan et la Belgique. — La Catalogne continue seule à se défendre. Prise de Barcelone. Fin de la GUERRE DE LA SUCCESSION. — État des finances. Banqueroutes partielles. — Persécutions religieuses. Bulle *Unigenitus*. Édits contre les protestants. — Testament et mort du ROI.

1709 — 1715.

Les négociations de La Haie montraient assez que l'abaissement et la mutilation de la France pouvaient seuls satisfaire les alliés : la France ne devait plus attendre son salut que de son courage et de son désespoir. Mais il faut au courage des instruments de combat, et le gouvernement de Louis XIV en était à ignorer, nous ne dirons pas, comment il pourrait reconquérir ses places perdues, mais comment il pourrait nourrir une armée : pour vivre en 1708, il avait fallu dévorer l'avenir; pour vivre en 1709, il fallait maintenant *une espèce de miracle*, suivant l'expression du contrôleur-général lui-même. L'Espagne, qui nous avait causé tant de maux, nous fournit indirectement un secours inespéré : des vaisseaux français, qui trafiquaient aux Indes espagnoles, débarquèrent, au printemps, dans nos ports, plus de trente millions en matières d'or et d'argent [1]. Desmaretz demanda aux propriétaires de porter toutes ces matières à la monnaie et d'en prêter la moitié au roi contre des assignations sur les recettes générales à dix pour cent d'intérêt. Ce fut une première ressource pour ouvrir la campagne. Malheureusement, Desmaretz n'usa de l'abondance métallique, un moment reparue, que pour de nouvelles opérations sur les monnaies, aussi mauvaises que les précédentes, aussi propres à empêcher les relations régulières de renaître et à faire profiter les billonneurs et les spéculateurs étrangers de ce que perdait le public français [2]. Un impôt extraordinaire de cinq cent cinquante-huit mille sacs de blé, en nature, sur les provinces, au prix de trente à quarante livres le sac, fut quelque chose de plus efficace pour la subsistance de l'armée [3] : on tâcha d'atténuer ce qu'une telle charge, dans une telle année, avait d'accablant, en annonçant que cet impôt serait déduit sur les taxes des années suivantes, que la taille serait diminuée de plus de huit millions en 1710 et que les entrées et octrois subiraient une forte réduction. On ordonna la coupe générale des baliveaux dans les forêts de l'État; on vendit une amnistie aux concussionnaires qui avaient ravagé le département de la marine; on tira des avances à tout prix des receveurs, des fermiers, des partisans; bref, comme le dit Voltaire, on continua de ruiner l'État pour le sauver! On parvint ainsi à arracher,

---

1. De 1701 à 1716, le commerce de l'Amérique espagnole a fait entrer en France plus de deux cents millions de numéraire. *V.* Forbonnais, t. II, p. 193-209.

2. En avril et en mai 1709, nouvelle refonte ordonnée : les louis et les écus, un peu augmentés de poids, sont portés à 20 et à 5 livres; ce qui revient à 40 livres le marc d'argent. Pour attirer l'argent, Desmaretz fait décréter que, dans la refonte, les hôtels des monnaies recevront 5/6 en espèces, 1/6 en billets de monnaie, pour être, le tout, ensuite remboursé en nouvelles espèces. C'est un tour de passe-passe auquel le public ne se prend qu'en partie, le changement des valeurs nominales faisant plus que compenser ce 1/6. Forbonnais, t. II, p. 193.

3. La dépense des vivres militaires dépassa 45 millions en 1709!

lambeau par lambeau, les éléments d'une dépense fixée, pour l'année, à deux cent vingt et un millions.

Ce ne fut plus Chamillart qui disposa des fonds si péniblement rassemblés par Desmaretz. Le cri public, grossi de campagne en campagne contre ce ministre, son évidente incapacité, que Louis XIV ne pouvait plus se dissimuler [1], n'eussent pas suffi à l'abattre, s'il n'avait eu l'imprudence de se brouiller avec sa protectrice : quand madame de Maintenon passa du côté du public contre Chamillart, tout fut dit ; le 9 juin, Louis XIV fit demander à Chamillart sa démission et transféra la charge de secrétaire d'état de la guerre à une autre créature de madame de Maintenon, à Voisin, ancien intendant de Hainaut, qui avait, comme jadis Chamillart lui-même, régi les affaires de Saint-Cyr. L'économat d'un pensionnat de demoiselles devenait le noviciat des ministres de la guerre. Voisin, du reste, personnage rude, égoïste et dur, sans être un homme éminent, avait plus de tête et entendait moins mal les affaires que son prédécesseur. Chamillart fut, si l'on excepte Pomponne, le seul ministre destitué pendant toute la durée du gouvernement de Louis XIV, et ce fut pourtant le seul ministre que regretta le Grand Roi, qui s'était attaché à lui en raison de sa médiocrité même et qui adoucit sa disgrâce par mille marques d'affection.

Le premier dessein du roi avait été d'envoyer aux armées son fils, ses petits-fils (les ducs de Bourgogne et de Berri) et son neveu, et de livrer, pour ainsi dire, toute sa maison à la fortune de cette campagne. Il y renonça, comprenant sans doute que les souvenirs de 1708 feraient de la présence des princes une cause de faiblesse plutôt que de force. Le dauphin n'alla point en Flandre, ni le duc de Bourgogne sur le Rhin : Villars passa de l'armée des Alpes à la grande armée, à l'armée de Flandre ; Berwick fut envoyé aux Alpes, et Harcourt en Alsace ; quant au neveu du roi, au duc d'Orléans, qui était revenu à la cour pendant l'hiver, un motif particulier et fort grave empêcha de le

---

1. Berwick (t. II, p. 4) raconte que le roi, au commencement de 1708, lui dit ces propres paroles : « Chamillart croit en savoir plus, beaucoup plus qu'aucun général ; mais il n'y entend rien du tout. » Et cependant Louis conserva Chamillart durant toute la campagne.

renvoyer en Espagne. De 1707 à 1708, voyant les alliés décidés à ne pas transiger avec Philippe V et Louis XIV disposé à sacrifier Philippe pour avoir la paix, le duc d'Orléans avait eu la singulière pensée de se substituer à Philippe V sur le trône d'Espagne et de se faire accepter des Anglais et des Hollandais comme un moyen terme entre Philippe V et Charles III, ainsi qu'avait été autrefois accepté le prince de Bavière. Il y avait eu des pourparlers secrets avec des grands d'Espagne et avec le général anglais Stanhope. L'intrigue avait transpiré. Orléans affirmait n'avoir songé à se préparer des chances que pour le cas où Philippe V serait contraint de renoncer à l'Espagne ; mais la princesse des Ursins, ennemie personnelle d'Orléans, avait persuadé à Philippe V qu'Orléans voulait le détrôner et inspiré à ce jeune monarque contre son parent un ressentiment qui devait avoir un jour des suites également fâcheuses pour l'Espagne et pour la France. Louis XIV étouffa l'affaire, ne voulant pas d'un procès de haute trahison contre son neveu et son gendre, mais ne donna plus de commandement à Orléans [1].

Un maréchal assez obscur, Besons, fut expédié à la place du duc d'Orléans en Espagne, où il ne se passa rien de très-considérable cette année. L'attention de l'Europe, comme en 1708, se portait principalement sur la Flandre ; mais ce n'était pas seulement de ce côté que la France était menacée. La France devait être entamée à la fois par le nord et par l'est. Pendant que la grande armée alliée pénétrerait en Artois, l'armée du Rhin et l'armée des Alpes devaient pénétrer, celle-ci en Bresse par la Savoie, celle-là en Franche-Comté par l'Alsace, et combiner leurs opérations.

Par bonheur, les alliés, qui s'étaient préparés à mettre en mouvement, dès le printemps, des masses formidables du côté de la Flandre, ne furent pas prêts d'aussi bonne heure vers l'est et le sud-est. Les contingents des princes et des cercles allemands ne se rassemblèrent sur le Rhin qu'avec leur lenteur accoutumée, et le duc de Savoie ne se pressa pas de faire entrer ses troupes en ligne : l'empereur mettait beaucoup de mauvaise grâce à s'ac-

---

1. Œuvres de Louis XIV, t. VI, p. 202. — Saint-Simon, t. VII, p. 290. — Mém. de Noailles, p. 217.

quitter envers lui; après lui avoir fait attendre le Montferrat plus d'un an, il lui détenait encore Vigevano, place du Tésin qui dépendait de la Lomelline, cédée au Piémont par le traité de 1703. Berwick, chef de l'armée française des Alpes, qui n'avait, à l'entrée de la saison, ni argent ni vivres à donner à ses soldats, eut ainsi le temps de se créer quelques ressources en ramassant des grains avec le concours des intendants et en mettant la main sur les caisses des receveurs, sans attendre les ordonnances du contrôleur-général. Il put aussi préparer à loisir un très-bon système de défense pour toute la ligne des Alpes : sa ligne défensive se courbait comme un grand arc d'Antibes à Genève, avec le centre en avant et les extrémités en arrière; le pivot était un camp retranché sous Briançon. Les principaux cols débouchant sur cette ligne étaient fortifiés, et des corps mobiles étaient distribués de manière à soutenir les postes sur lesquels l'ennemi porterait ses efforts. Berwick avait laissé en dehors de la ligne défensive les passes du Petit-Saint-Bernard et du mont Cenis, et, quand les ennemis, beaucoup plus nombreux, s'ébranlèrent au commencement de juillet, il ne les empêcha point de descendre en Savoie; mais il les attendit dans une excellente position, déployé derrière les rivières d'Arc et d'Isère depuis Valoire jusqu'à Montmélian, et maître de couvrir, suivant le besoin, Lyon, Grenoble ou Briançon. Les Austro-Piémontais poussèrent leur cavalerie vers le Rhône; mais Berwick était en mesure de leur en interdire le passage, lorsque les nouvelles qu'ils reçurent d'Alsace les décidèrent à renoncer à leur entreprise : sentant l'impossibilité de se maintenir en Savoie pendant l'hiver, ils rentrèrent en Piémont dès la fin de septembre [1].

Les Allemands n'avaient pris l'offensive en Alsace qu'au mois d'août. Le maréchal d'Harcourt, avec vingt et quelques mille hommes, s'était couvert des lignes de la Lauter : l'électeur de Hanovre, qui avait passé le Rhin à Philipsbourg avec des forces supérieures, n'attaqua point Harcourt et tenta de l'amuser, pendant que huit à neuf mille Allemands, demeurés en Souabe avec le général Merci, se portaient rapidement sur Neubourg, entre

---

1. *Mém.* de Berwick, t. II, p. 61-72.

Huningue et Brisach, en violant le territoire de Bâle, du consentement tacite des Suisses, se saisissaient de ce poste et y établissaient une tête de pont pour entrer dans la Haute-Alsace. Hanovre devait repasser le Rhin et suivre Merci avec toute son armée ; mais il n'en eut pas le temps. Harcourt expédia en toute hâte le lieutenant-général Dubourg, qui tira cinq ou six mille hommes des garnisons d'Alsace et qui alla droit à Neubourg. Merci, au lieu de garder sa tête de pont et d'attendre des renforts, accepta le combat en plaine et fut complétement battu (26 août). Presque tout son corps fut tué, pris ou jeté dans le Rhin. L'électeur de Hanovre repassa le fleuve et se retira derrière les lignes d'Etlingen.

La dangereuse attaque de flanc, qui avait dû seconder la principale attaque de front contre la France, était donc repoussée, bien qu'une diversion espérée par Louis XIV en Italie eût échoué, de 1708 à 1709, le pape ayant été forcé, après quelque résistance, de subir les exigences de l'empereur, et les autres princes italiens n'ayant osé éclater contre l'Autriche [1].

Quelque important que fût l'avantage obtenu dans l'est, il ne décidait rien : les grands coups se portaient dans le nord.

Villars, malgré ses habitudes de confiance et d'audace, avait été effrayé de l'état de l'armée, en arrivant sur la frontière à l'entrée du printemps. Les corps étaient assez complets : la mi-

1. Quinci, t. VI, p. 219-235. Il y avait en Europe deux puissances qui n'abandonnaient jamais leurs prétentions, si surannées qu'elles fussent : c'étaient le pape et l'empereur. L'empereur, le soi-disant César, depuis que les Franco-Espagnols avaient été obligés d'évacuer l'Italie, prétendait faire revivre, dans toute sa rigueur, la vieille domination impériale sur les états italiens, qu'il traitait en vassaux et en tributaires. Au printemps de 1708, il avait revendiqué la suzeraineté sur Parme, envahi le Ferrarais et réclamé Comacchio pour son vassal le duc de Modène. Le pape menaça de se défendre par les armes spirituelles et temporelles. L'empereur brava les unes et les autres, saisit les biens ecclésiastiques à Milan et à Naples, et fit ravager cruellement l'État de l'Église par ses troupes. Un projet de ligue avait été formé entre les états italiens, la France et l'Espagne ; mais cela se passa en paroles : le duc de Savoie n'en était pas encore à se séparer de l'empereur ; des autres états de la Péninsule, Gênes seule arma ; le reste avait perdu tout ressort, toute énergie, et Louis XIV, faute de confiance en eux et aussi faute de ressources, ne fit pas tout ce qui eût été possible pour les entraîner. Le pape, abandonné, capitula, laissa Comacchio provisoirement entre les mains de l'empereur et, ce qui était le principal but de celui-ci, reconnut Charles III, d'abord comme *roi catholique en Espagne*, puis, sans plus d'équivoque, comme *roi d'Espagne*, sans prétendre, dit-il, faire tort à Philippe V, ni conférer un droit nouveau à Charles III (janvier-octobre 1709).

sère, qui dépeuplait les campagnes, peuplait l'armée ; le campagnard et l'artisan affamés venaient chercher sous les drapeaux un morceau de pain, qu'ils n'y trouvaient même pas ! car, si les hommes ne manquaient point, tout le reste manquait; point d'habits, point de provisions, point d'armes! On voyait des soldats vendre jusqu'à leur fusil pour ne pas mourir de faim. Villars s'efforça de rassembler des ressources, en même temps qu'il relevait de son mieux le moral du soldat : il avait dans l'armée, non pas comme Vendôme, la mauvaise popularité, celle qui se fonde sur la tolérance du désordre, mais la bonne, qui se gagne par les soins paternels et par une bienveillante, mais ferme justice. Quand il parcourait les rangs, engageant les soldats à prendre patience, ces pauvres gens, qui, souvent, n'avaient eu que demi-ration et, encore, sur le soir, pliaient les épaules et le regardaient d'un air de résignation : « M. le Maréchal a raison, disaient-ils, il faut « souffrir quelquefois[1] ! » C'est une merveille, dit Villars dans une de ses lettres, que la vertu et la fermeté du soldat.

La patience touchante de cette brave et malheureuse armée ne suffisait pas pour lui donner les moyens d'agir : impossible d'entreprendre des siéges ou de grandes manœuvres, quand, durant toute la campagne, on n'eut presque jamais de pain vingt-quatre heures à l'avance. Villars ne put que se poster de manière à défendre l'entrée de l'Artois, entre Béthune et Douai, en s'abritant derrière des levées de terres, des marais et le canal de Douai à Lille. Les ennemis, bien emmagasinés, bien outillés, libres de leurs mouvements, débouchèrent par Lille en masses énormes : le dessein d'Eugène et de Marlborough était de battre l'armée française, inférieure en forces, puis d'enlever les places de la Haute-Lis, de prendre Boulogne, avec l'aide de la flotte anglo-batave, et de descendre de là sur la Somme. Quand les ennemis eurent reconnu la forte position de Villars, entre Pont-à-Vendin et Cambrai, les députés des États-Généraux s'opposèrent absolument à l'attaque : Eugène et Marlborough, obligés de changer leurs plans, se rejetèrent sur Tournai (fin juin). La ville et la citadelle furent assiégées à la fois. Villars ne put ni secourir directement

---

1. *Mém.* de Villars, p. 175-179.

Tournai, ni rien tenter d'assez considérable pour détourner les ennemis de leur siége. Tournai, bien fortifié, avait une garnison de plus de six mille hommes, qui eût suffi si les habitants l'eussent secondée ; mais les Tournaisiens, chose singulière pour de vieux Français comme eux, se montrèrent beaucoup moins affectionnés à la France que les Lillois. Le gouverneur rendit la ville dès le 29 juillet, et se retira dans la citadelle avec quatre mille cinq cents hommes : c'était une excellente place qui pouvait tenir fort longtemps ; mais le manque de vivres obligea de capituler le 3 septembre[1].

Le jour même de la capitulation, un corps ennemi marcha pour investir Mons : le gros de l'armée prit la même route le lendemain. Villars, qui s'était porté entre la Scarpe et l'Escaut, couvrant Douai, Condé et Valenciennes, s'efforça de devancer l'ennemi, lança une avant-garde vers les lignes de la Trouille, qui défendaient Mons du côté du sud, et suivit de près avec un corps de cavalerie. L'avant-garde française arriva sur la Trouille, en même temps que l'avant-garde ennemie passait la Haisne à Obourg, au-dessus de Mons. Malheureusement Villars crut que toute l'armée des alliés était déjà en deçà de la Haisne : le gros de l'infanterie française était à quelques lieues en arrière ; Villars ne se jugea point en état de défendre les lignes de la Trouille et se replia sur Quiévrain (6 septembre). Cette erreur permit aux alliés de franchir la Trouille après la Haisne, le 7 septembre, et de se placer entre Mons et les Français. Dans la nuit du 8 au 9, Villars, avec toutes ses forces réunies, gagna la trouée de Malplaquet, qui débouche entre deux bois dans la plaine de Mons. Les ennemis étaient en face, à Aulnoit. Le 9 et le 10 se passèrent à s'observer et à se canonner. Villars voulait se faire attaquer et non point attaquer lui-même en plaine, avec de nouvelles levées mal équipées, mal montées, affaiblies par les privations, une armée parfaitement organisée et supérieure de trente mille hom-

---

1. On dit que le commandant de la citadelle, qui était précisément l'ingénieur qui l'avait construite, blessé qu'on l'eût subordonné au gouverneur de la ville, moins capable et plus nouveau que lui, mit dans la défense un mauvais vouloir qui alla jusqu'à la trahison : après la reddition de la citadelle, le vieux commandant passa au service des ennemis.

mes. Les ennemis, quand ils furent au complet, eurent cent soixante-deux bataillons et trois cents escadrons tous très-forts, contre cent vingt bataillons et deux cent soixante escadrons médiocres, c'est-à-dire environ cent vingt mille hommes contre quatre-vingt-dix mille, et cent vingt canons contre quatre-vingts : on n'avait pas encore vu de telles masses en présence. Malgré les appréhensions exprimées par les députés des États-Généraux, Eugène et Marlborough prirent l'offensive le 11 au matin.

Villars les attendait dans une forte position. Ses deux ailes, composées d'infanterie, occupaient, à droite, le bois de Lasnière, à gauche, le bois de Sars : des abatis d'arbres et des levées de terre protégeaient les ailes et se prolongeaient devant le centre, petite plaine en pente vers laquelle montaient deux ravins et que fermait, du côté opposé, la petite rivière d'Honneau : les deux ailes se recourbaient, comme les pointes d'un croissant, sur ce centre, que garnissait le reste de l'infanterie; en arrière se déployait toute la cavalerie sur le plateau. « C'était tout ensemble, dit le panégyriste du prince Eugène, une espèce de gueule infernale, un gouffre de feu, de soufre et de salpêtre, d'où il ne semblait pas qu'on pût approcher sans périr. » Villars, voyant l'ennemi en mouvement, prit le commandement de l'aile gauche et donna la droite au vieux Boufflers, qui, bien que son ancien dans le maréchalat, était venu cordialement se mettre à sa disposition pour l'aider et le suppléer en cas de malheur, inspiration digne du patriotisme et du désintéressement de ce loyal guerrier [1]. Les soldats méritaient d'avoir de tels chefs : on venait de leur distribuer le pain dont ils manquaient depuis la veille; ils en jetèrent une partie pour courir plus légèrement au combat [2]. Les deux

---

[1]. Boufflers venait de rendre à l'État un autre service. Il avait apaisé, plus par douceur que par force, une émeute suscitée à Paris par l'excès de la misère. Le gouvernement faisait distribuer quelques secours; on avait ouvert, le 6 août, des ateliers publics, qu'on employait à niveler une butte proche la porte Saint-Denis; on ne payait les ouvriers de ces ateliers qu'avec un morceau de pain, qu'on ne leur donnait pas fort régulièrement : un jour, comme le pain ne venait pas, ils se soulevèrent, pillèrent les boulangeries, et attaquèrent l'hôtel du lieutenant de police : on fit marcher contre eux la maison du roi, et cela eût pu avoir de grandes suites, si Boufflers n'eût été à pied haranguer avec l'éloquence du cœur cette foule désespérée. — Le même jour, le carrosse de madame de Maintenon avait été insulté dans le faubourg Saint Antoine. V. Dangeau, t. III, p. 110.

[2]. Voltaire, *Siècle de Louis XIV*, chap. XXI; d'après le témoignage de Villars.

ailes furent assaillies à la fois, la gauche, par les Anglais de Marlborough, qu'Eugène seconda en personne, la droite, par les Hollandais du comte de Tilli et du prince Frison de Nassau. Un triple étage de retranchements, hérissés de canons, couvrait la droite française; les Hollandais enlevèrent les deux premières lignes, mais ils furent arrêtés à la troisième, foudroyés par une grêle de mitraille, puis rejetés à la baïonnette au delà du point de départ; cinq de leurs lieutenants généraux restèrent sur la place. Le prince de Nassau, qui espérait conquérir le stathoudérat par une action d'éclat[1], ramena ses bataillons à la charge et vint planter lui-même le drapeau batave sur les retranchements français; il ne réussit qu'à faire exterminer autour de lui ses meilleures troupes et fut forcé de reculer de nouveau en abandonnant une partie de ses drapeaux et de ses canons.

C'était pour avoir outre-passé ses ordres, que le prince de Nassau avait attiré ce terrible échec sur les alliés. Eugène et Marlborough n'avaient voulu engager de ce côté qu'une fusillade, tandis qu'ils dirigeaient eux-mêmes l'attaque à fond contre le bois de Sars. Les Anglais furent d'abord repoussés par la gauche française, comme les Hollandais par la droite; mais le poste français n'était pas là si fort qu'à droite: les Anglais parvinrent à le tourner en passant un marais qu'on avait jugé à tort impraticable, contraignirent nos bataillons d'abandonner le bois et débouchèrent à leur suite dans la plaine. Villars avait mandé en toute hâte une partie de l'infanterie du centre : il lança trente bataillons à la baïonnette et chargeait à leur tête, quand une balle lui fracassa ¹ genou. On l'emporta, évanoui, hors du champ de bataille. Les troupes lancées n'en refoulèrent pas moins l'ennemi dans le bois et maintinrent le terrain qu'elles avaient reconquis; mais il n'y eut plus là personne pour veiller à l'ensemble de la bataille et remettre en défense le centre dégarni, comme Villars n'eût pas manqué de le faire. Eugène et Marlborough, avertis de l'affaiblissement de notre centre, y jetèrent des masses d'infanterie, forcèrent les lignes et y firent pénétrer leurs escadrons sous la protection du feu de l'infanterie. Boufflers accourut de la droite

1. Heinsius favorisait, dit-on, cette prétention. Le prince de Nassau se noya, par accident, en 1711.

au centre et se mit à la tête de la cavalerie française, qui avait cruellement souffert du canon sur le plateau où elle était rangée à découvert, mais qui n'en chargea pas moins avec une vigueur irrésistible; elle rompit à cinq ou six reprises les escadrons d'Eugène; mais ceux-ci se rallièrent toujours à l'abri de leur infanterie. Si, en ce moment, la droite française fût sortie de son poste pour prendre en flanc les corps ennemis qui avaient percé notre centre, la bataille eût été probablement gagnée encore. Boufflers n'en donna pas l'ordre et le général qu'il avait laissé à l'aile droite n'osa prendre sur lui d'agir. Les ennemis, cependant, grossissaient toujours au centre et les communications entre les deux ailes finirent par être totalement rompues. Il n'y eut plus qu'à opérer la retraite. Les deux moitiés de l'armée la firent chacune de leur côté, dans le plus bel ordre, tournant tête de temps à autre et tenant l'ennemi à distance par des charges de cavalerie et par un feu violent d'artillerie. Elles repassèrent l'Honneau sur deux points et se rejoignirent le lendemain entre Valenciennes et le Quesnoi, où Boufflers assit le camp. Jamais vaincus n'avaient montré une plus fière contenance et jamais vainqueurs n'avaient acheté plus cher la possession d'un champ de bataille. Les alliés avouèrent, dans leurs relations, plus de vingt mille hommes tués ou hors de combat, dont onze mille Hollandais, et il est probable que leur perte s'élevait en réalité beaucoup plus haut encore! Les relations françaises avouèrent huit mille morts ou blessés; le commandant de l'artillerie, Saint-Hilaire, dit quatorze mille. Ce fut la plus grande et la plus sanglante bataille de toutes les guerres de Louis XIV [1].

C'était là une étrange victoire; mais ce fut pourtant une victoire, puisque les alliés atteignirent leur but, qu'ils assiégèrent Mons avec leur armée mutilée et que l'armée française n'essaya

---

1. *Mém.* de Villars, p. 176-187. — Lamberti, t. V, p. 361-375. — Saint-Hilaire, t. IV, p. 197-218. Quinci, t. VI, p. 149- 207. — Saint-Simon, t. VII, p. 370 : il est rempli d'erreurs sur tout ce qui précède la bataille. — Général Pelet, t. IX, p. 7-115, 287-405. — Dumont, *Batailles et Victoires du prince Eugène de Savoie*. Les étrangers étaient tellement habitués à copier la France dans tout ce qui tient aux arts comme aux lettres, que l'artiste hollandais qui a dessiné les planches de Dumont a dérobé en grande partie ses figures à Van-der-Meulen, le peintre des victoires de Louis XIV. De même en musique. Un des chants nationaux de l'Angleterre est un air fait par Lulli pour Louis XIV.

point de s'y opposer, quoique Villars, de son lit de douleur, conseillât de « remarcher à l'ennemi ». On parvint seulement à jeter quelques bataillons dans Mons, qui n'avait qu'une très-faible garnison espagnole et qui, après une résistance assez vive, mais trop peu prolongée, se rendit dès le 21 octobre. Les Hollandais en prirent possession, comme de toutes les autres places qui tombaient au pouvoir des alliés dans les Pays-Bas. Ce fut une consolation du massacre de leur armée.

Après la chute de Mons, les armées prirent leurs quartiers d'hiver. L'énergie des troupes françaises était relevée; mais, si l'ennemi n'avait pu pénétrer dans l'intérieur du royaume, il avait ajouté à ses conquêtes deux grandes places frontières qui fortifiaient sa base d'opérations pour la campagne prochaine, et, cette campagne, comment la France pourrait-elle la soutenir? Il était déjà incompréhensible qu'on eût fait celle qui venait de finir. On devait s'attendre que l'État, « cette vieille machine délabrée qui va encore de l'ancien branle qu'on lui a donné », achevât de se briser au premier choc[1] ».

Louis, bien qu'il dût s'attendre à voir l'arrogance des alliés grandir encore avec leurs nouveaux succès, se résigna à solliciter pour la troisième fois cette paix qu'on lui avait si durement refusée. Le 28 octobre, l'Angleterre venait, par un traité spécial, de garantir à la Hollande, pour sa fameuse *barrière*, presque toutes les places fortes des Pays-Bas espagnols et français, y compris Furnes, Ypres, Condé, Valenciennes et Maubeuge, encore à conquérir sur la France. Le cabinet de Versailles avait entretenu quelques correspondances en Hollande depuis la rupture des conférences de La Haie. Le roi fit savoir qu'il acceptait les trop fameux préliminaires dressés par le pensionnaire Heinsius et souscrits par les alliés, pourvu que l'on convînt « de quelques tempéraments » sur les articles IV et XXXVII, c'est-à-dire sur le concert à établir pour obliger Philippe V à évacuer les états espagnols et sur la trêve de deux mois, qui, suivant les préliminaires, ne continuerait pas si l'évacuation n'était opérée au bout des deux mois. Louis ne put obtenir qu'on ouvrit des conférences publiques

---

1. *Mémoire sur la situation de la France* (fin 1709); ap. *Œuvres* de Fénelon, t. V, p. 140.

et générales à La Haie. Les États-Généraux accordèrent seulement des conférences particulières et censées secrètes avec leurs agents dans la forteresse de Gertruydenberg, au fond du Moërdyck. Louis chargea ses envoyés de déclarer que, si Philippe V ne se contentait d'un « médiocre partage » (il eût accepté pour lui la Navarre, à la dernière extrémité), non-seulement il lui retirerait toute assistance, mais il punirait quiconque lui porterait secours, et qu'il romprait avec lui, si Philippe recevait des Français à son service. Louis offrait de remettre en gage aux Hollandais quatre places à son choix. L'abandon de Philippe V était un fait accompli, car toutes les troupes françaises avaient été rappelées d'Espagne en hiver, malgré les plaintes du cabinet de Madrid; l'ambassadeur Amelot de Gournai, qui, depuis quelques années, partageait avec la princesse des Ursins la direction du gouvernement espagnol et tempérait les inconvénients de cette capricieuse domination féminine, avait demandé son rappel, pour ne point assister à la ruine imminente du prince qu'il avait aidé de ses conseils [1]. Défense fut faite à tous sujets français, par déclaration du roi, d'aller servir en Espagne. Les plénipotentiaires du roi, le maréchal d'Huxelles et l'abbé de Polignac, arrivèrent au Moërdyck le 9 mars 1710. On les isola le plus possible, afin de leur interdire les avis, les communications avec les particuliers, le contact avec le peuple, qui leur eût peut-être fait bon accueil par désir de la paix; on leur imposa un demi-incognito ridicule et humiliant, pour éviter de leur rendre les honneurs dus à leur rang. Leur correspondance est bien triste à lire. Les représentants du plus fier des rois et de la première des nations semblent reconnaissants quand on ne manque pas envers eux aux plus vulgaires égards! Quelle expiation de notre superbe!

Les Hollandais demandèrent impérieusement, comme explication des articles IV et XXXVII, que le roi unît ses forces à celles des alliés pour expulser d'Espagne son petit-fils : une sorte de pudeur avait empêché d'exprimer formellement cette exigence en 1709.

---

[1]. Les belles lettres dans lesquelles Philippe V proteste auprès de son aïeul contre tout démembrement de la monarchie d'Espagne, et se déclare prêt à mourir plutôt que d'abandonner son peuple, sont l'ouvrage d'Amelot : Philippe n'eût pas été capable de les écrire (1706-1708-1709). — *Mém.* de Noailles, p. 196-206-212. — *Mém.* de Louville, t. II, p. 165.

Et encore, les Hollandais, ceci posé, réservèrent-ils les *demandes ultérieures* que chacun des alliés pourrait former. Ils laissèrent entendre qu'il s'agissait, pour eux, de Valenciennes, de Douai, de Cassel, et d'une indemnité pour les frais des siéges de Mons et de Tournai : ils ne s'expliquèrent point quant à leurs alliés ; on devait demander l'Alsace pour le duc de Lorraine, les Trois-Évêchés pour l'Empire, etc. C'était dans ces *demandes ultérieures* qu'était *tout le mystère*, comme l'avoua depuis le plénipotentiaire hollandais Buys, le confident de Heinsius[1]. Le *mystère*, c'est qu'on ne voulait point de paix. Les envoyés français n'acceptant pas ces étranges prétentions, on leur fit savoir que la continuation des pourparlers était superflue : ils restèrent cependant, sous prétexte que la signification de congé n'avait point un caractère officiel.

Louis fit un douloureux effort : il offrit aux alliés un subside d'un million par mois contre son petit-fils, s'ils offraient à Philippe la Sicile et la Sardaigne pour partage et que Philippe refusât ; bien entendu, moyennant que la paix fût assurée à la France après l'expiration des deux mois fixés à Philippe pour accepter. Louis consentait à céder l'Alsace et Valenciennes, pourvu qu'on renonçât au reste des *demandes ultérieures* et que ses alliés de Bavière et de Cologne fussent rétablis dans leurs domaines et dans leurs dignités. Par un contraste bien caractéristique, tandis qu'il se résignait à sacrifier son petit-fils et à mutiler son royaume, il repoussait toute concession qui eût atteint le despotisme politique et religieux : il refusait d'accorder aux protestants français naturalisés en Hollande la liberté de venir commercer en France comme sujets hollandais.

La campagne cependant avait recommencé et le début des opérations était favorable aux alliés. On ne tint aucun compte des énormes concessions du roi. Heinsius poussa les États-Généraux, non plus seulement à maintenir les préliminaires dans toute leur rigueur, mais à exiger que Louis se chargeât *seul* de chasser d'Espagne son petit-fils dans les deux mois. Si le roi de France n'a pas, sous deux mois, remis la monarchie espagnole tout entière aux mains des alliés la guerre sera reprise contre la France. Tout

---

1. *Mémoires secrets* de lord Bolingbroke, p. 19.

au plus les alliés, voudront-ils bien permettre à leurs armées de Catalogne et de Portugal d'aider les Français à expulser Philippe V. Il était inutile de débattre plus longtemps ces monstruosités : après avoir dévoré quatre mois et demi d'humiliations, les plénipotentiaires français repartirent le 25 juillet [1].

La saison des combats s'était rouverte dans les conditions les plus déplorables pour la France. En vain le contrôleur-général avait-il trouvé, pour rendre des ressources au trésor[2], l'heureuse idée de faire régir gratuitement les *affaires extraordinaires* par les receveurs-généraux, au lieu de les affermer aux traitants avec des remises de vingt-cinq pour cent (novembre 1709). La *caisse des receveurs-généraux*, qui remplaça la caisse des emprunts, tombée par défaut de paiement, semblait devoir être d'un grand secours à l'État. Mais ce secours n'était point immédiat : pour qu'on pût attirer l'argent dans les caisses publiques de préférence aux coffres des traitants, il fallait d'abord que l'argent fût remis en mouvement, et l'espèce de réaction qui se produit toujours dans la consommation, et par conséquent dans les impôts indirects, après une année de disette, ne pouvait guère se faire sentir avant la récolte de 1710. En attendant, on ne marchait plus qu'à coups d'extorsions.

« Le fonds de toutes les villes est épuisé, écrivait Fénelon ; l'on en a pris pour le roi les revenus de dix ans d'avance, et on n'a point de honte de leur demander, avec menaces, d'autres avances nouvelles, qui vont au double de celles qui sont déjà faites. Tous les hôpitaux sont accablés... Les intendants enlèvent jusqu'aux dépôts publics : on ne peut plus faire le service qu'en *escroquant* de tous côtés ; il paraît une banqueroute universelle de la nation. Nonobstant la violence et la fraude, on est souvent contraint d'abandonner certains travaux très-nécessaires, dès qu'il faut une

---

1. *Mém.* de Torci, p. 635-660. — *Actes de la paix d'Utrecht*, in-12, t. I, p. 83-142. — *Vie du cardinal de Polignac*.

2. Une des ressources bursales imaginées apporta une modification importante à la condition de la magistrature : les offices de justice n'étaient héréditaires que moyennant la concession que le roi en renouvelait tous les neuf ans, au prix d'un droit annuel et en forçant de temps à autre les titulaires à acheter des augmentations de gages. Le roi supprima le *droit annuel* et promit de ne plus imposer l'achat d'augmentations de gages, à condition que les titulaires paieraient une somme égale à seize fois le droit annuel. *Anciennes Lois françaises*, t. XX, p. 545.

avance de deux cents pistoles. Les Français prisonniers en Hollande y meurent de faim, faute de paiement de la part du roi... Les blessés manquent de bouillon, de linge et de médicaments. Le pain est presque tout d'avoine. Le prêt manque aux soldats : les officiers subalternes souffrent à proportion encore plus [1]. »

Pour comble de malheur, Villars, très-souffrant des suites de sa blessure, ne fut point en état de rejoindre l'armée de bonne heure : il avait demandé Berwick pour auxiliaire ; on eût dû envoyer Berwick au plus tôt à sa place ; on n'en fit rien et on laissa provisoirement le commandement de la frontière à un général médiocre, au maréchal de Montesquiou. On n'avait point de fourrages, ce qui devait retarder le rassemblement de l'armée jusque vers la mi-mai, et l'on se figurait que les alliés, de leur côté, ne marcheraient pas avant juin. Ils marchèrent dès la mi-avril. Eugène et Marlborough rassemblèrent rapidement soixante mille hommes et tombèrent sur ces lignes de l'Artois qu'ils n'avaient osé attaquer lorsque Villars était derrière. Montesquiou, surpris, avec huit ou neuf mille hommes, près du canal de Douai à Lille, n'eut pas le temps de réunir ses forces et se retira sur Cambrai. Les ennemis franchirent les lignes et investirent Douai (22-25 avril.) L'armée française ne fut en état de s'approcher de la ville assiégée qu'au bout d'un mois. Sur la fin de mai, Villars et Berwick débouchèrent par Cambrai et vinrent présenter la bataille aux alliés dans les plaines entre Arras et Douai. Ils pouvaient avoir quatre-vingt-dix mille hommes : les ennemis, qui avaient fait des efforts prodigieux, en avaient au moins cent trente mille ; mais il leur fallait garder le canal de Douai à Lille contre les partis français et leurs lignes de siége contre la garnison de Douai forte de sept à huit mille hommes et très-bien commandée. Ils n'acceptèrent pas la bataille en plaine et restèrent derrière les retranchements qu'ils avaient élevés de Vitri sur la Scarpe jusqu'à Hennin-Liétard, près du canal de Lille. Il était impossible de les y forcer. Villars se retira sous Arras et Berwick le quitta pour aller se mettre à la tête de l'armée des Alpes. Le gouverneur de

---

1. Fénelon, t. V, p. 141. Les usuriers prenaient 80 p. 100 d'escompte sur les billets de subsistance délivrés aux officiers au lieu d'argent ! Villars, p. 192.

Douai, n'espérant plus de secours, capitula le 25 juin avec les honneurs de la guerre.

Villars s'était placé de manière à couvrir à la fois Arras et les places qui nous restaient sur l'Escaut. Les ennemis, se retournèrent contre Béthune (14-15 juillet.) Béthune, petite place médiocrement fortifiée, fut très-bravement défendue et ne se rendit que le 29 août. Pour pouvoir pénétrer plus avant en France, il fallait passer sur le corps à Villars, qui était venu s'établir entre les sources de la Scarpe et de la Canche, protégeant Arras et Hesdin et prêt à devancer les ennemis à Boulogne. Eugène voulait attaquer : les Hollandais, qui se souvenaient de Malplaquet, refusèrent. Au lieu de pousser devant eux, les ennemis assiégèrent à la fois Aire et Saint-Venant sur leurs derrières (6 septembre). Saint-Venant, mauvaise petite place de terre, n'avait guère de défense que la faculté de s'entourer d'inondations : la sécheresse lui en retira en partie les moyens ; elle se défendit néanmoins jusqu'au 30 septembre. Aire, qui avait été fort en renom autrefois, était beaucoup plus grande et mieux munie : les pluies d'octobre lui facilitèrent les inondations qui avaient manqué à Saint-Venant; elle résista avec une extrême énergie ; elle finit toutefois par être obligée de capituler le 9 novembre. L'ennemi occupa ainsi tout le cours de la Lis [1].

Les troupes françaises avaient partout fait leur devoir : la campagne n'en était pas moins malheureuse, puisque les ennemis avaient arraché encore un lambeau de la frontière. La France se défendait pied à pied; mais sa chute ne semblait plus être pour ses adversaires qu'une question de temps et de persévérance.

Comme en 1709, cependant, les alliés avaient échoué dans leurs attaques contre le sud-est. Vers le Rhin, on s'était contenté de s'observer : vers les Alpes et la Méditerranée, au contraire, les alliés avaient arrêté un plan assez redoutable. Le comte de Thaun, avec le gros de l'armée austro-piémontaise, descendit par le col de l'Argentière dans la vallée de Barcelonette (21 juillet). Son projet était de pousser sur Gap et de donner la main aux *nouveaux convertis* dauphinois, qui devaient prendre les armes et se

---

[1]. Villars, p. 188-197.

rassembler à Die; le Vivarais, où il y avait eu quelques mouvements en 1709, devait se soulever de son côté, réveiller les Cévennes, et les montagnards devaient descendre dans la plaine de Languedoc pour se joindre à des troupes étrangères débarquées à Cette. Alors, le Languedoc et le Dauphiné insurgés uniraient leurs armes, et l'armée de Berwick serait coupée d'avec la Basse Provence. Tout cela avorta. Berwick arrêta court le comte de Thaun, quoique supérieur en forces, et empêcha le mouvement dauphinois d'éclater. Le Languedoc n'eut pas le temps de remuer. Deux mille Anglais, commandés par le réfugié Saissan, avaient été débarqués par une escadre anglaise à Cette, s'étaient emparés de ce port, puis d'Agde, à peu près sans résistance, et menaçaient Béziers. Le duc de Noailles, commandant du Roussillon, reçut cette nouvelle au Boulou, sur l'extrême frontière d'Espagne, le 25 juillet au soir; il fit tourner tête à ses troupes vers le Languedoc avec une telle célérité, que, le 29, il rentra dans Agde, évacuée par les ennemis, et que, le 30 au matin, il reprit d'assaut la forteresse et le port de Cette. Les Anglais se rembarquèrent précipitamment. Avant l'arrivée de Noailles, ils avaient déjà été repoussés à coups de fusil par les habitants, dans un essai de descente à Frontignan. Le comte de Thaun repassa les Alpes dès le milieu d'août[1].

Les événements d'Espagne troublèrent bientôt la consolation apportée par ce succès. Le départ des auxiliaires français avait cependant d'abord exalté les Espagnols au lieu de les décourager. Quand les Français étaient chez eux, ils leur laissaient volontiers soutenir le poids de la guerre; abandonnés à eux-mêmes, ils déployèrent la force de résistance qui les caractérise; les corps de métiers, les villes, le clergé, la noblesse, se dépouillèrent à l'envi pour mettre leur roi en état de se défendre. On leva des régiments réguliers et des guerillas. On rappela de Flandre ce qui y restait de troupes espagnoles ou wallonnes, et l'on parvint à maintenir sur pied, sans les Français, comme on avait fait avec les Français, deux corps d'armée, l'un sur la frontière de Portugal, l'autre à l'entrée de la Catalogne. Philippe V alla commander en personne

---

1. *Mém.* de Berwick, t. II, p. 93-110. — *Mém.* de Noailles, p. 225.

l'armée de Catalogne (mi-mai). Le dévouement des Castillans ne pouvait suppléer à l'art de la guerre. Ils étaient mal commandés et ils avaient affaire au plus habile des généraux allemands, à Stahremberg. Après deux mois d'opérations sur la Sègre et ses affluents, les Castillans essuyèrent à Almenara un échec qui rouvrit l'Aragon aux ennemis (27 juillet). Charles III et Stahremberg marchèrent sur Saragosse. Philippe V les y devança. Les Castillans, qui avaient beaucoup souffert, n'avaient plus qu'environ dix-sept mille hommes contre vingt-trois ou vingt-quatre mille. Le manque de vivres et de ressources les décida à tout risquer. Les deux compétiteurs se retirèrent à distance, tandis qu'on s'égorgeait pour eux; Philippe V, du moins, avait la fièvre pour excuse et son courage n'était pas suspect. Les Espagnols, malgré la vaillance de leur cavalerie et des bataillons wallons, furent battus et rejetés vers la Navarre (20 août). L'Aragon retomba presque entier dans les mains des vainqueurs. Les vaincus s'étaient retirés par Tudela sur Aranda de Duero; Stahremberg voulait les poursuivre partout, achever de les accabler et rendre impossible à Philippe V de se refaire une armée. Heureusement pour l'Espagne, ce plan ne fut pas exécuté. Le commandant des auxiliaires anglais, lord Stanhope, était plus maître dans l'armée que le général en chef; il déclara que la reine, sa maîtresse, entendait qu'on ramenât Charles III à Madrid; il l'emporta dans le conseil de guerre, et les alliés se dirigèrent sur Madrid, où était retourné Philippe V. A leur approche, Philippe sortit de cette capitale, suivi, comme en 1706, non-seulement de tous les officiers publics, mais de l'élite de la population; ceux qui restèrent n'étaient pas mieux disposés pour l'*archiduc;* on assomma les quelques individus qui applaudirent Charles III à son entrée (28 septembre). Philippe V s'était retiré à Valladolid et s'était remis en communication avec sa petite armée battue, mais non détruite.

Dès que Louis XIV avait appris le désastre de Saragosse, il avait renouvelé ses efforts auprès de son petit-fils pour le conjurer d'abdiquer et de se sacrifier à la paix européenne. Philippe, inspiré par sa femme et soutenu par sa propre ténacité, sa seule qualité politique, refusa de nouveau toute transaction qui ne lui laisserait pas l'Espagne et les Indes. Les grands d'Espagne écrivirent au roi de France une lettre collective, où ils protestaient de s'immoler pour leur prince et suppliaient Louis de rendre son appui à leur patrie (18 septembre). Louis se résigna à unir de nouveau sa fortune à celle de son petit-fils. Quelque temps avant la bataille de Saragosse, il avait accordé aux prières de Philippe un général, à défaut d'une armée; c'était Vendôme, resté en disgrâce depuis la malheureuse campagne de 1708. Vendôme passa les Pyrénées peu de jours après la défaite de Philippe V et joignit ce prince à Valladolid, au moment où les ennemis reprenaient possession de Madrid. Quelques troupes françaises commencèrent à rentrer après lui en Espagne. L'élan populaire, dans toutes les provinces castillanes, ne fut pas moins énergique qu'en 1706. Philippe V et Vendôme furent bientôt en état de remettre leurs troupes en mouvement : ils s'avancèrent de la Vieille-Castille dans le Léon et du Duero sur le Tage, pour se placer entre Charles III et les Portugais, qui voulaient se joindre au prétendant et que la seconde armée espagnole, celle d'Estremadure, arrêtait sur la Guadiana. Les guerillas recommençaient de toutes parts à tourmenter, à harasser les ennemis, qui n'étaient maîtres que du terrain qu'ils avaient sous les pieds et qui durent reconnaître, pour la seconde fois, que tenir Madrid, c'est ne rien tenir : la vie multiple et diffuse de l'Espagne n'est nullement dans cette capitale artificielle. Le 11 novembre, Charles III, fort affaibli, abandonna Madrid et se replia sur Tolède, d'où il repartit pour Barcelone avec une escorte, laissant son armée s'en tirer comme elle pourra.

Stahremberg commença sa retraite le 22 novembre : son arrière-garde incendia, en partant, l'Alcazar de Tolède, magnifique ouvrage de Charles-Quint. L'armée espagnole, altérée de vengeance, poursuivit l'ennemi. La difficulté des vivres avait obligé Stahremberg à partager son armée en plusieurs corps : Stanhope, qui formait l'arrière-garde avec quatre à cinq mille Anglais, perdit vingt-quatre heures à Brihuega, pour assurer le salut de ses bagages et de son butin ; il fut surpris et cerné dans cette petite ville, la nuit du 8 au 9 décembre, par la cavalerie, puis par toute l'armée de Philippe V et de Vendôme. Après tout un jour de combat, la ville fut forcée et le corps anglais tout entier se rendit prisonnier. Le lendemain matin, Stahremberg, qui accourait au secours, se trouva en présence des Castillans, à Villa-Viciosa, à deux lieues de Brihuega. Quoique très-inférieur, il soutint vigoureusement le choc : son infanterie culbuta même les bataillons de nouvelle levée qui formaient le centre espagnol, et Vendôme crut la bataille perdue et donna l'ordre de la retraite; mais, pendant ce temps, la cavalerie espagnole avait battu les escadrons des ennemis, pris en queue et enfoncé en partie leur infanterie : la nuit empêcha le centre espagnol de revenir à la charge, et Stahremberg put reprendre sa retraite vers l'Aragon. Son armée acheva de se fondre en route : il n'essaya pas de se maintenir en Aragon; la population, quoique peu sympathique à Philippe V, n'avait pas contre lui l'énergique et opiniâtre hostilité des Catalans. Stahremberg rentra en Catalogne au commencement de janvier 1711, avec cinq ou six mille soldats, tristes débris des vainqueurs de Saragosse.

Philippe V reprit possession de l'Aragon, pendant que le gouverneur de Roussillon, Noailles, renforcé par dix-huit mille soldats arrivés de France, opérait une diversion dans le nord de la Catalogne, assiégeait et prenait Girone (15 décembre 1710 — 31 janvier 1711). Toute la ligne des Pyrénées, d'une part, et, de l'autre, toute la ligne de l'Èbre, étaient nettoyées d'ennemis. Le prétendant était réduit au centre maritime de la Catalogne [1].

L'abattement des esprits était tel en France, que bien des gens virent avec plus d'inquiétude que de joie ce retour de fortune, qui semblait un nouvel obstacle à la paix. On s'était cru débarrassé de l'Espagne! L'état du pays excusait presque cet étrange sentiment. La récolte n'avait pas encore été bonne : bien que les impôts indirects eussent rendu un peu plus que l'an passé [2], Desmaretz jugeait impossible de vivre en 1711 sans recourir à des expédients plus extraordinaires, plus écrasants, qu'il n'avait encore fait. Cette *dîme royale*, par laquelle Vauban voulait remplacer presque tous les impôts, Desmaretz la fit décréter par-dessus tous

---

1. Noailles, p. 217. — Berwick, t. II, p. 105-514. — Saint-Hilaire, t. IV, p. 268. — Lamberti, t. VI, p. 162-174. — Quinci, t. VI, p. 406-467. Il est peu exact.

2. Les cinq grosses fermes, qu'on mettait en régie faute de trouver à les affermer, rendirent, en 1710, 40 millions au lieu de 31 en 1709.

les autres impôts; en sorte que les citoyens non privilégiés, après avoir déjà supporté des contributions directes et indirectes fort au delà de leurs facultés, furent encore astreints à payer, en commun avec les privilégiés, le dixième de leur revenu brut (7 octobre 1710). On promit que la dîme serait supprimée à la paix. Il fallait bien compter sur la patience ou sur le patriotisme des populations, et sur l'évidence de ce fait qu'on avait tout tenté en vain pour obtenir la paix. Les étrangers furent étonnés et effrayés de voir que la dîme se payait sans murmures et sans séditions : ils se demandèrent si la France, qu'on leur représentait toujours expirante, était inépuisable et indestructible.

La dîme ne rendit pourtant pas tout ce qu'on espérait : on fut loin de percevoir le dixième effectif du revenu; l'épuisement du peuple, les menées des puissants et des riches, qui surent bien empêcher l'établissement d'une véritable *égalité proportionnelle*, enfin, les malversations des percepteurs, firent qu'on n'en tira pas plus de vingt-quatre millions [1].

Le gouvernement ne payait plus ni ses créanciers ni ses officiers; tout au plus aux rentiers quelques quartiers çà et là, un trimestre sur trois ou quatre. Desmaretz tâcha de débrouiller ce chaos par un ordre quelconque, si arbitraire qu'il fût. Il remit à cinq pour cent toutes les rentes créées à quelque intérêt que ce fût; mais, du moins, en les réduisant ainsi, il recommença de les payer : en même temps, il ordonna la conversion en rentes cinq pour cent des assignations pour anticipations, des dettes de la caisse des emprunts, des billets de subsistances (fournitures), du reste des billets de monnaie et généralement de tous les papiers circulants; c'est-à-dire que toutes les créances sur l'État, dont le capital était exigible, furent converties en simples titres de rente (octobre 1710). C'était une ruine pour les gens d'affaires et les commerçants, qui comptaient sur des capitaux et non sur des rentes [2]. Le capital rendu disponible par ces mesures ne suffisant

---

1. Saint-Hilaire, t. IV, p. 206. — Forbonnais, t. II, p. 213. — Le clergé se racheta de la dîme moyennant 8 millions une fois payés : l'Alsace, moyennant 2 millions.

2. Le discrédit des billets de monnaie avait déjà entraîné Samuel Bernard, le plus riche banquier de l'Europe, à faire, au commencement de 1707, une banqueroute énorme. Il avait pour 20 millions de ces billets et devait presque autant à Lyon, que

pas pour les besoins de 1711, et personne ne voulant plus désormais rien avancer sur assignations, Desmaretz fut contraint d'engager à la caisse des receveurs généraux ce qui restait disponible sur la taille, la capitation et la dîme de 1711. A ce prix, au commencement de 1711, il obligea les receveurs généraux à payer comptant les premiers mois de l'année et à donner des billets pour les autres mois, ce qui dispensa, au moins en partie, des escomptes usuraires qu'exigeaient les banquiers et les fournisseurs. Des édits bursaux, parmi lesquels on remarque des emprunts forcés et une taxe sur les usuriers ou agioteurs qui avaient trafiqué sur les billets du roi, complétèrent les ressources de 1711. Par des combinaisons désastreuses pour une foule d'intérêts, mais habilement calculées quant au but immédiat, Desmaretz arriva ainsi à assurer l'existence de l'armée et sa disponibilité dès le mois de mars 1711.

C'était là un progrès sur 1710, si chèrement acheté qu'il fût. Mais, avant que les opérations militaires eussent été reprises, des incidents de la plus haute importance avaient transporté la question sur un autre terrain, et Louis et ses ministres avaient tourné leur attention ailleurs que sur les champs de bataille. C'était l'Angleterre qui attirait leurs regards et leurs espérances. Une révolution de cabinet, qui tendait à changer toute la politique de l'Europe, avait commencé par une révolution de ruelle. C'était par sa femme que Marlborough gouvernait la reine d'Angleterre, et lady Marlborough venait d'être renversée par les intrigues d'une favorite subalterne, de sa créature révoltée, mistress Masham, ou plutôt par ses hauteurs et ses caprices, qui avaient à la fin usé la patiente débonnaireté de la reine Anne : il semblait, dans leurs rapports, que Sarah Jennings fût la reine et Anne Stuart la suivante. Les tories profitèrent habilement de cette disgrâce pour réveiller le vieux penchant que la reine avait eu pour eux. Sunderland, gendre de Marlborough, fut dépouillé de sa secrétairerie d'état; puis le grand trésorier Godolfin, le bras droit du grand capitaine, tomba à son tour (19 août 1710). La banque, la compagnie des Indes, les principales corporations, réclamèrent

sa chute bouleversa. Desmaretz l'aida fort à se relever et l'on prétend qu'il gagna beaucoup à sa banqueroute. *V.* Saint-Simon, t. VII, p. 108.

auprès de la reine contre le changement du ministère : chose surprenante au premier abord, le parti de l'argent et du crédit était pour la guerre ; le *money'd-interest* (intérêt financier) était whig ; le *landed-interest* (intérêt foncier) était tory. Outre les engagements de partis, on doit faire observer qu'en Angleterre, comme en France, quoique à un moindre degré, les capitalistes s'enrichissaient de la détresse publique : la finance n'est pas le commerce ; le commerce était désolé par nos corsaires [1] ; le trésor public, quoique bien administré, s'épuisait ; les prêteurs d'argent seuls gagnaient à proportion des pertes de tout le reste. La reine protesta d'abord que ces changements n'auraient pas d'autres suites ; que sa confiance en Marlborough n'était point altérée, mais les faits démentirent bientôt ces protestations : Marlborough resta général en chef, mais perdit le titre de plénipotentiaire et la nomination aux emplois militaires : le parlement whig fut dissous.

Deux hommes étaient à la tête de cette réaction : l'un, Harley, esprit énergique et habile, mais sans autre loi que son intérêt, et qui n'était tory que parce que les grandes positions étaient prises dans le parti whig [2] ; l'autre, Saint-John, libre et profond penseur, mais qui avait des principes plus arrêtés en philosophie qu'en politique, personnage du reste, plus honorable par la vie et le caractère que Harley : il devait faire une grande figure dans l'histoire philosophique du xviiie siècle, sous le nom de lord Bolingbroke. Harley et Saint-John virent dans la paix le seul moyen d'abattre Marlborough : on peut admettre que les considérations d'humanité aient été pour quelque chose dans la résolution de Saint-John. Il était évident, d'ailleurs, que l'Angleterre n'avait point intérêt à s'épuiser pour rompre la balance de l'Europe en faveur de l'Autriche. Les derniers événements d'Espagne attestaient que les alliés s'étaient fait illusion sur la possibilité de terminer

1. Nos marins, à qui la gloire des grandes batailles navales n'était plus permise, s'en dédommageaient par des exploits particuliers d'un éclat extraordinaire. Le 29 avril 1709, le capitaine Cassart, tombé, avec un seul vaisseau, au milieu d'une escadre de quinze vaisseaux anglais, se battit pendant douze heures, coula un anglais, en démâta deux et échappa aux autres. V. Quinci, t. VI, p. 291.

2. Il est difficile de comprendre où Voltaire, qui en fait une espèce de héros, a pris le caractère *romain* qu'il lui donne. *Siècle de Louis XIV*.

promptement la guerre. L'Angleterre tenait ce qu'elle avait ambitionné, Gibraltar et Mahon : elle était certaine d'obtenir des cessions de territoire dans l'Amérique du Nord, avec des concessions pour son commerce et sa sûreté : elle n'avait aucune raison de perpétuer une lutte dont elle souffrait cruellement en faisant souffrir autrui.

La France, cependant, rebutée par l'issue des conférences de Gertruydenberg, observait et attendait. Les nouveaux ministres anglais firent les premières avances. Vers le 20 janvier 1711, un abbé Gauthier, prêtre français, habitué à Londres et correspondant secret du ministre des affaires étrangères, arriva chez ce ministre, à Versailles. « Voulez-vous la paix ? dit-il à Torci : je « viens vous apporter les moyens de la conclure, indépendamment « des Hollandois. — Interroger alors un ministre de S. M. s'il « souhaitoit la paix, c'étoit demander à un malade attaqué d'une « longue et dangereuse maladie, s'il en veut guérir [1]. » Gauthier était chargé par les ministres anglais de demander que le roi proposât aux Hollandais la réouverture des conférences. Une fois les négociations reprises, on empêcherait bien la Hollande de s'opposer à la conclusion. Le roi fit répondre qu'il ne voulait plus traiter par la voie des Hollandais, après tant de procédés indignes de leur part, mais qu'il traiterait volontiers par la voie de l'Angleterre. Les Anglais prièrent le roi de leur communiquer ses propositions, qu'ils enverraient à La Haie, qui était comme le quartier général de la coalition. Après divers pourparlers, Louis leur expédia un projet par l'abbé Gauthier (fin avril). Les Hollandais commencèrent alors à sentir les fautes où les avaient poussés d'aveugles ressentiments : ils firent des ouvertures au roi pour tâcher de ramener la négociation chez eux : il était trop tard ; Louis repoussa leurs avances avec fierté ; la négociation se poursuivit à Londres. Les Hollandais furent réduits à discuter par l'intermédiaire des Anglais, en attendant que la négociation devînt générale.

Un fait très-considérable vint en aide au parti de la paix en Angleterre. L'empereur Joseph Ier, comme il était parvenu au comble

---

1. *Mém.* de Torci, p. 666.

de la prospérité, comme il avait vu crouler par les mains d'autrui, et sans qu'il lui en coûtât d'effort, cette puissance suédoise qui avait tant abaissé ses pères, qui l'avait humilié lui-même [1], comme il achevait d'abattre, après huit ans de combats, la grande insurrection hongroise [2], comme il tenait l'Allemagne dans ses mains et l'Italie sous ses pieds, mourut, à 32 ans, le 17 avril 1711. Il n'avait d'héritier mâle que son frère Charles, le prétendant d'Espagne. C'était donc pour réunir sur une seule tête le colossal empire de Charles-Quint, que les alliés avaient à poursuivre une guerre entamée au nom de l'équilibre européen !

Les hostilités se rouvrirent toutefois au printemps. Les ministres anglais ne se sentaient pas assez forts pour arrêter les armées sur un commencement de négociations : ils craignaient encore trop Marlborough et les whigs. Comme en 1710, les pourparlers continuèrent simultanément avec les opérations militaires, mais dans des circonstances et avec un résultat bien différents. Le poëte-diplomate Prior apporta à Versailles les demandes de l'Angleterre sous forme de préliminaires. C'étaient d'abord : des sûretés contre la réunion des deux couronnes de France et d'Espagne; des *barrières* pour la Hollande et pour l'Empire ; la restitution des conquêtes faites sur le duc de Savoie et autres; bref, la satisfaction de tous les alliés; puis, et c'était là le nœud de la question, les conditions particulières de l'Angleterre; à savoir : la reconnaissance de la reine Anne et de la succession protestante, avec le renvoi du prétendant hors de France; le démantèlement de Dunkerque et la destruction de son port, si redoutable au commerce anglais ; un traité de commerce avec la France ; la cession de Gibraltar et de Mahon par l'Espagne ; la translation au commerce

---

1. Charles XII, s'étant enfoncé dans les steppes de la Russie rouge, avait été vaincu à Pultawa, le 11 juillet 1709, moins par Pierre le Grand que par le climat. Il s'était réfugié en Turquie.
2. La perte de Neuhausel, la principale place d'armes de Rakoczi, en septembre 1710, avait amené la réduction de tout le pays entre le Danube et la Theiss. La Haute-Hongrie fut entamée à son tour. Agria (Erlau) et Eperies succombèrent avant la fin de 1710. Beaucoup de chefs se soumirent ou entrèrent dans une négociation qui devint générale en février 1711. Le prince Eugène et l'ambassadeur anglais Peterborough pressèrent l'empereur de transiger. Amnistie générale fut accordée, avec restitution de biens et liberté de culte suivant les lois hongroises (27 avril 1711). Rakoczi désavoua ce traité et se retira en France.

anglais de l'*asiento*, c'est-à-dire du privilège de la traite des nègres dans les colonies espagnoles, accordé aux Français en 1701 ; l'égalité commerciale en Espagne avec les nations les plus favorisées; la cession de Terre-Neuve, de la baie et du détroit d'Hudson par la France, chacun gardant ce qu'il tenait dans le reste de l'Amérique du Nord.

Il n'était plus question de l'expulsion de Philippe V : l'Espagne et les Indes ne lui étaient plus disputées. Les tories revenaient au plan primitif de Guillaume III, si exagéré et si dénaturé par Marlborough.

Louis XIV expédia à Londres Ménager, membre du conseil du commerce, pour négocier sur ces propositions (mi-août). Il accordait à peu près tout ce que réclamait l'Angleterre, même ce qu'il y avait de plus pénible pour sa générosité et pour sa religion monarchique, le renvoi du Stuart exilé, à condition que les Français gardassent le droit de pêche et de sécherie sur les côtes de Terre-Neuve, que les îles du Cap Breton et de Sainte-Marie nous restassent et que les Anglais rendissent l'Acadie, qu'ils avaient prise. Il avait exposé ses demandes en regard de celles de l'Angleterre ; mais les Anglais renvoyèrent les réclamations de la France aux conférences générales et ne voulurent traiter à part que de leurs intérêts à eux. Ils promirent, si l'Angleterre était satisfaite, de soutenir la France dans le congrès.

Cette façon de traiter laissait beaucoup à désirer ! Louis, cependant, s'en contenta. Il comprit que l'intérêt des tories lui répondait de leur sincérité. Les préliminaires avec l'Angleterre furent signés à Londres le 8 octobre. Les nouvelles du Canada levèrent, sur ces entrefaites, une grave difficulté : les Anglais avaient préparé une expédition par terre et par le Saint-Laurent contre Québec, et prétendaient que le Canada leur demeurât, s'ils en étaient maîtres au moment où l'on signerait la paix : l'attaque échoua [1] et ils n'eurent plus rien à prétendre. Harley et Saint-John firent assurer secrètement Torci de leurs bonnes intentions, et les instructions données à l'ambassadeur anglais en Hollande furent conformes à leurs promesses. Le cabinet français, de son côté,

---

1. Une partie des transports naufragèrent dans le Saint-Laurent : au retour, un vaisseau de soixante-dix canons sauta avec son équipage.

retira aux navires hollandais les passe-ports spéciaux qu'il leur accordait pour trafiquer dans les ports français et n'octroya plus de ces passe-ports qu'aux Anglais.

Pendant que la diplomatie échangeait ses notes, les généraux étaient rentrés de bonne heure en campagne. Marlborough, Eugène et Heinsius, qui voyaient avec anxiété leur *triumvirat* près de finir, eussent bien voulu forcer la main au gouvernement anglais en portant quelque grand coup à la France; mais les Français se trouvèrent prêts, cette fois, aussitôt que leurs ennemis et, au moment où Eugène et Marlborough s'ébranlaient pour assiéger Arras, Villars se mettait en mouvement pour reprendre Douai (fin avril). On s'arrêta réciproquement : on se tint en échec pendant quelques semaines; Villars voulait attaquer dans les plaines d'Arras; le roi le lui interdit et lui ordonna de se borner à défendre les nouvelles lignes, en attendant l'issue des négociations. Ces lignes s'étendaient de la mer à la Meuse : elles étaient formées par la Canche, la Scarpe, le Sanzet, l'Escaut et la Sambre, avec des levées qui fermaient les intervalles entre ces rivières; elles laissaient en dehors le Boulenois et la moitié de l'Artois, une grande partie de notre frontière déjà si réduite. Jusqu'à la fin de juillet, l'ennemi n'eut pas d'autre avantage que de vivre sur notre territoire. Eugène avait quitté l'armée alliée avec un très-fort détachement, pour aller en Allemagne protéger la diète électorale de Francfort, qui se préparait à élire le prétendant d'Espagne empereur à la place de son frère; un gros corps avait été également détaché de l'armée de Villars pour renforcer l'armée française du Rhin, qui faisait mine de vouloir troubler l'élection impériale. Vers la fin de juillet, Marlborough fit un mouvement vers la Haute-Lis, comme s'il menaçait Saint-Omer; puis il retourna brusquement vers Douai, dont la garnison renforcée venait d'occuper un passage sur le Sanzet, petite rivière intermédiaire entre la Scarpe et l'Escaut. L'armée alliée, franchissant le Sanzet, pénétra dans les lignes, que Villars nommait, dit-on, le *non plus ultrà* des ennemis : elle se trouvait dans une espèce de presqu'île formée par le Sanzet et l'Escaut, quand Villars, accouru à marche forcée près de Cambrai, ferma la base de cette presqu'île. Si Villars eût poussé sur-le-champ à l'ennemi, il l'eût surpris occupé à passer l'Escaut, situation extrêmement périlleuse : Villars n'osa transgresser la défense formelle qu'il avait d'attaquer; il espérait être attaqué lui-même et donner ainsi bataille sans désobéir; mais Marlborough, de son côté, ne pouvait plus risquer d'être battu sans jouer sa tête. Il suivit son plan, passa l'Escaut (7-8 août) et investit Bouchain. Villars vint camper à Marquette, de l'autre côté de l'Escaut, et rétablit sa communication avec Bouchain par les marais; mais deux officiers généraux, auxquels il avait confié la garde de cette communication, la laissèrent surprendre presque sans résistance : Villars eut beau enlever quelques postes ennemis, cela ne répara pas l'échec de ses lieutenants, et il eut le chagrin de voir Bouchain obligé de se rendre le 12 septembre.

Marlborough eût voulu assiéger ensuite le Quesnoi; les États-Généraux craignirent que leur infanterie ne se ruinât dans un siége d'automne et c'était d'ailleurs s'exposer à reperdre Bouchain, que Villars n'eût pas manqué d'assaillir. Les alliés se contentèrent donc de remettre en défense cette conquête importante, non quant à la place elle-même, qui est fort petite, mais quant à sa position, qui sépare Valenciennes et Condé d'Arras et de Cambrai. On prit les quartiers d'hiver dès octobre [1].

La situation de l'Allemagne avait semblé devoir rendre la campagne intéressante sur le Rhin. On n'avait pas vu depuis bien longtemps la succession impériale complétement ouverte; il n'y avait pas de roi des Romains et le collége électoral était, en droit, absolument libre. Mais aucun prince n'était en mesure de disputer le sceptre à l'Autriche. L'électeur de Saxe, à peine rétabli sur le trône de Pologne par le contre-coup de la victoire des Russes à Pultawa, eut quelques velléités, qui s'en allèrent en fumée. Le maréchal d'Harcourt n'entreprit rien de sérieux, ni contre le duc de Würtemberg, qui lui fut d'abord opposé, ni contre Eugène, qui revint de Flandre prendre le commandement à la fin de juillet. On s'observa toute la saison. Le but de Louis XIV n'avait guère été, en fortifiant son armée du Rhin, que d'obliger les ennemis de s'affaiblir en Flandre; il n'avait pas

---

1. Villars, p. 199-206. — Saint-Hilaire, t. IV, p. 291.

un véritable intérêt à empêcher le *prétendant*, Charles d'Autriche, d'obtenir en Allemagne un titre qui serait le plus fort argument auprès des Anglais pour lui refuser l'Espagne.

L'archiduc Charles fut élu empereur, le 12 octobre, à Francfort. Les électeurs de Bavière et de Cologne n'avaient point été convoqués par l'électeur de Mayence, archi-chancelier de l'Empire, et cette exclusion avait été confirmée par le collége électoral ; mais la *capitulation perpétuelle* que le collége imposa à son élu renferma une désapprobation, en termes généraux, du traitement infligé arbitrairement à deux des principaux membres de l'Empire, et stipula que l'empereur rétablirait dans leurs possessions les électeurs ou autres membres de l'Empire qui auraient été dépouillés avant d'avoir été condamnés par une diète générale. C'était là encore un grand pas de fait vers la paix européenne.

Charles d'Autriche s'était embarqué à Barcelone, le 27 septembre, sur une flotte anglo-batave, laissant sa femme aux Catalans comme gage de retour. Il débarqua près de Gênes, sans entrer dans cette ville, qui refusa de le saluer comme roi d'Espagne, et alla recevoir la couronne impériale à Francfort, le 22 décembre.

La guerre fut presque aussi nulle sur les Alpes et en Espagne que sur le Rhin. Le duc de Savoie répéta à peu près la campagne qu'avait faite le comte de Thaun en 1709, c'est-à-dire qu'il envahit la Savoie par le Mont-Cenis ; que Berwick le laissa avancer jusqu'à Montmélian et Chambéri et, là, bien posté près de Barraux, l'arrêta court entre l'Isère et les montagnes. Le duc retourna en Piémont sans rien garder de la Savoie (juillet-septembre).

Quant à l'Espagne, on resta sur la conquête de Girone. L'ennemi avait reçu des secours par mer. Le gouvernement espagnol, relevé pour la seconde fois du dernier péril, retomba dans son ornière après Villa-Viciosa, comme après Almanza : la Castille s'était épuisée par l'effort de sa seconde délivrance. Vendôme ne put rien tenter de considérable.

La guerre de mer, qui, depuis longtemps, n'offrait plus que des rencontres partielles, des chocs entre de petites escadres, fut signalée, cette année, par une expédition analogue à ce sac de Carthagène qui avait terminé, en Amérique, la guerre de la Ligue d'Augsbourg. En août et septembre 1710, une escadrille française avait attaqué la capitale du Brésil, Rio-de-Janeiro : les soldats débarqués, trop peu nombreux, avaient été accablés dans la ville même, où ils avaient pénétré ; ceux qui restaient s'étant rendus, les Portugais en avaient fait périr une partie, avec le commandant. On résolut de les venger. Duguai-Trouin, la terreur des alliés[1], partit avec huit vaisseaux de ligne et sept grandes frégates équipés à Brest et à Rochefort : on lui donna deux mille cinq cents soldats, outre ses équipages. Le 12 septembre 1711, il força le double goulet qui protége la baie de Rio. Le 13, il s'empara d'un îlot qui ferme le port, à une portée de fusil de la ville. Le 14, il débarqua troupes et canons. Du 16 au 19, il établit des batteries sur l'îlot et sur une presqu'île voisine. Le principal fort qui défendait le port fut pris entre ces deux feux sur ses flancs et un vaisseau de ligne en front. Les ennemis brûlèrent leurs magasins, firent sauter ou coulèrent quatre vaisseaux de ligne portugais échoués sous leur fort et d'autres bâtiments. Le 21, les Français assaillirent la ville et la trouvèrent abandonnée. L'ennemi avait emporté tout ce qu'il avait pu : le butin fut toutefois énorme. Les forts se rendirent le 23 septembre. L'ennemi, pour que la ville ne fût pas détruite après avoir été pillée, paya une rançon de 1,860,000 francs, et l'escadre française remit à la voile le 13 novembre, emmenant deux frégates de trente-cinq canons. La perte des Portugais monta au moins à 20 millions, dont huit seulement revinrent aux armateurs. Le succès de l'expédition fut malheureusement acheté par la perte de deux vaisseaux de soixante et soixante-quatorze canons, qui naufragèrent, au retour, près des Açores, et périrent avec tout ce qu'ils portaient[2].

Depuis la fin de la campagne en Flandre, l'attention de l'Europe s'était reportée tout entière sur les négociations, et Londres devint le théâtre d'une guerre diplomatique plus vive, plus acharnée que n'avait été la guerre des champs de bataille. Heinsius et

---

1. Depuis vingt-trois ans qu'il guerroyait, il avait pris seize vaisseaux de ligne ou grandes frégates et plus de trois cents vaisseaux marchands.
2. V. *Mém.* de Duguai-Trouin, p. 650-661. — Quinci, t. VI, p. 603.

ses adhérents, qui avaient enchaîné la Hollande aux intérêts et aux passions de la maison d'Autriche, étaient aussi effrayés qu'irrités de la péripétie imprévue qui allait briser la coalition en détachant le principal anneau, l'Angleterre. Ils s'attachaient, avec une sorte de désespoir, aux préliminaires de 1709 : ils envoyèrent à Londres le négociateur de La Haie et de Gertruydenberg, Buys, pour tâcher de persuader à la reine Anne de renvoyer ses nouveaux ministres. Buys échoua. Les ministres tories réfutèrent facilement ses plaintes sur la défection de l'Angleterre. Aucun des alliés ne remplissait plus ses engagements ; la Hollande, qui, à la vérité, en avait contracté d'énormes, s'en était relâchée dès 1707 : dans les derniers temps, elle n'avait plus fourni que le tiers de son contingent sur mer et, en tout, que la moitié de sa part convenue : Buys fut forcé d'avouer qu'elle n'était pas en état d'acquitter ses promesses. L'Angleterre, au contraire, avait toujours rempli, souvent dépassé ses engagements, mais succombait sous le poids : elle dépensait sept millions sterling par an ! L'ambassadeur impérial Galas ne fut pas mieux écouté que Buys et se fit même interdire la présence de la reine, en représailles de ses intrigues contre le ministère. Les agents de l'héritier présomptif d'Angleterre, l'électeur Georges de Hanovre, n'eurent pas plus de succès : l'électeur était grand ennemi de la France, qui donnait asile et protection à son compétiteur, au prétendant Jacques III ; mais il n'avait aucun crédit auprès de la reine Anne, qui, dans le fond de l'âme, ne voyait qu'avec chagrin la couronne des Stuarts destinée à passer, après elle, dans une maison étrangère. Les menées des ambassadeurs eurent seulement ce résultat, que la reine Anne insista impérieusement, auprès des États-Généraux, pour l'ouverture prochaine des conférences générales en Hollande et pria Louis XIV de lui confier, sous le secret, les conditions définitives qu'il était disposé à offrir aux alliés. Le roi les lui envoya par l'abbé Gauthier (fin novembre 1711). Il consentait à céder Ypres et Furnes pour la *barrière*, moyennant la restitution d'Aire, de Béthune, de Saint-Venant, de Douai, de Bouchain : il redemandait Lille pour compenser la démolition de Dunkerque et offrait à la Hollande le tarif commercial de 1664 et la suppression du droit de cinquante sous par tonneau, à condition que l'électeur de Bavière eût la Belgique, sur laquelle Philippe V se disposait à lui céder tous ses droits; il insinuait de faire le duc de Savoie roi de Lombardie. Moyennant le rétablissement des électeurs de Bavière et de Cologne, il offrait de rendre Kehl, de raser les forts dépendant de Strasbourg sur le Rhin et tous les forts de la rive droite, et d'échanger Brisach contre Landau.

Le temps n'était plus où l'on offrait Lille et l'Alsace sans obtenir d'être écouté!

Les États-Généraux ne purent différer plus longtemps d'expédier, par l'intermédiaire de l'Angleterre, les passe-ports pour les plénipotentiaires français. Utrecht était le lieu désigné. Louis XIV n'avait pas voulu de La Haie, afin d'écarter Heinsius. La Hollande, la Prusse et la Savoie remirent leurs intérêts entre les mains de la reine d'Angleterre, mais sans que la Hollande cessât d'insister sur la base des préliminaires de 1709. Louis XIV consentit que les représentants de l'Espagne et des deux électeurs bavarois n'assistassent pas à l'ouverture des conférences et ne s'y présentassent qu'après que les qualités de leurs maîtres auraient été reconnues par les alliés. La France était là pour défendre ses amis absents.

Le parti autrichien et les whigs n'étaient nullement résignés. Les whigs n'avaient pas pour unique mobile leur haine contre Louis XIV ou les intérêts de leurs chefs; ils soupçonnaient, prématurément, à ce qu'il semble, un plan concerté entre la reine et ses ministres contre la *succession protestante* et pour le rappel du prétendant au trône après sa sœur. Les plus ardents parmi eux voulaient prévenir ce péril à tout prix et avaient déjà projeté, à Londres, un soulèvement qui ne fut pas exécuté. Sur ces entrefaites, se réunit le nouveau parlement convoqué par la reine (18 décembre). Anne, dans son discours d'ouverture, annonça nettement une paix prochaine. Les whigs, dans la chambre haute, se déchaînèrent contre tout traité qui ne rendrait pas intégralement la monarchie espagnole à l'Autriche : ils eurent une voix de majorité chez les lords; mais les tories, que le ministère avait aidés de toute l'influence royale dans les élections, l'emportèrent, à une grande majorité, aux communes.

Le parti autrichien essaya d'une dernière ressource : il envoya son héros, Eugène, à Londres, pour seconder Marlborough dans la politique, comme auparavant dans la guerre. Le nouvel empereur avait chargé Eugène de promettre à la reine que, si elle voulait continuer la guerre, il porterait son contingent au delà de cent trente mille hommes, en enverrait trente mille en Espagne, contribuerait de son or comme de ses soldats, etc. Une adresse des lords, en faveur de la guerre, devait servir de préface aux propositions d'Eugène. On espérait émouvoir le peuple de Londres, en lui montrant les deux grands capitaines réunis pour demander les moyens d'abattre la France; on comptait peser, par l'intimidation populaire, sur la chambre des communes et, par la chambre, sur la reine, enfin renverser violemment le ministère, peut-être même faire plus! Le bruit d'un nouveau 1688 au profit de l'électeur de Hanovre courait les rues. Les ministres prévinrent le coup : Marlborough fut déposé du généralat, remplacé par le duc d'Ormond et accusé d'énormes péculats; les communes approuvèrent qu'on l'obligeât à rendre ses comptes et n'admirent pas que la victoire couvrît tout. Une promotion de pairs changea la majorité chez les lords. Quand Eugène arriva (16 janvier 1712), il trouva toutes les positions perdues, tous les moyens d'action annulés. La reine put récriminer avec bien plus de raison encore contre l'Autriche que contre la Hollande, et objecta le peu que la maison d'Autriche avait fait pour elle-même, auprès des immenses sacrifices que s'était imposés l'Angleterre et qu'elle ne pouvait plus continuer[1]. Eugène, Marlborough, l'envoyé de Hanovre, les chefs des whigs, agitèrent, dit-on, les desseins les plus violents; il n'éclata, toutefois, ni complot, ni émeute, et Eugène, après avoir perdu deux grands mois à Londres, revint à La Haye, le 31 mars, s'apprêter à rentrer en campagne sans son redoutable compagnon d'armes.

Les conférences pour la paix générale s'étaient ouvertes le 29 janvier, à Utrecht. Les plénipotentiaires anglais, l'évêque de

---

1. L'empereur n'avait contribué en rien aux frais de la guerre d'Espagne, sauf la solde de deux mille hommes en 1711, tandis que l'Angleterre y avait soldé cinquante-six mille hommes, de 1709 à 1711, pour son compte, outre treize bataillons et dix-huit escadrons pour le compte de l'empereur. Il est vrai que les cinquante-six mille hommes n'étaient pas tous sous les drapeaux et qu'il restait bien des guinées dans des mains intermédiaires : le général en chef en savait quelque chose!

Bristol et le comte de Strafford, s'y étaient rendus vers le 15 et les Français le 19 : c'étaient le maréchal d'Huxelles et l'abbé de Polignac, que le roi dédommageait ainsi de leur triste mission de Gertruydenberg, et Ménager, le négociateur des préliminaires de Londres. Les représentants de l'empereur, qui avaient d'abord protesté de n'envoyer personne, arrivèrent le 9 février ; les conférences se tinrent en français, « sans que cela pût tirer à conséquence », déclara-t-on, « les ministres de l'empereur ne devant parler que latin [1] ». La France présenta ses offres le 11 février. Les alliés répondirent, le 19, par des contre-propositions ; l'Angleterre répondit seule directement. Les Français refusèrent de discuter par écrit et voulurent négocier de vive voix, suivant la coutume ; le congrès, qui avait semblé devoir avancer rapidement par la pression de l'Angleterre sur le reste des alliés, fut, au contraire, suspendu plusieurs mois durant. Il était survenu en France de funestes événements dont le contre-coup se faisait sentir à Utrecht et à Londres, où la vraie négociation continuait d'être bien plus qu'à Utrecht.

Louis, dauphin de France, seul fils légitime de Louis XIV, était mort dans sa cinquantième année, le 14 avril 1711, quelques jours avant l'empereur Joseph. A peine pouvait-on dire qu'il eût jamais vécu pour l'histoire. Sans vices et sans vertus, sans passions et sans volonté, il n'eût laissé aucune trace, si, un jour, un éclair d'intelligence et d'humanité n'eût illuminé cette âme enfoncée dans la matière : ce fut le jour où il essaya de s'opposer à la révocation de l'édit de Nantes!

Par la mort du dauphin, le duc de Bourgogne, appelé Louis comme son père et comme son aïeul, était devenu l'héritier immédiat du trône. On a déjà vu figurer plus d'une fois, dans cette histoire, ce célèbre élève de Fénelon, caractère aussi fortement marqué que celui du précédent dauphin avait été effacé. Nous avons raconté son éducation, plus fructueuse que les leçons de Bossuet à son père ; nous l'avons montré, dès sa première jeunesse, étudiant, avec l'attention et la sagacité d'un homme fait, la condition et les intérêts du peuple qu'il devait être appelé à

---

[1]. Quinci, t. VII, p. 13.

gouverner. Ses débuts à la guerre, en 1702 et 1703, avaient été assez heureux ; mais la funeste campagne de 1708 avait amené contre lui dans l'opinion une réaction très-vive, entretenue avec soin par la cabale de Vendôme. Les amis de Vendôme formaient la petite cour du dauphin et comptaient régner avant peu sous le nom du faible fils de Louis XIV, en tenant le petit-fils à l'écart. Le duc de Bourgogne, quelque temps abattu sous ce coup, puis encouragé par les lettres de Fénelon[1], par les conseils de Beauvilliers, de Chevreuse, de Saint-Simon, tâchait de se relever et d'amender les défauts, non de cœur, mais de conduite, qui lui avaient aliéné le public. Son père mourut sur ces entrefaites. Il n'en avait pas été aimé. Le dauphin sentait dans ce fils si austère et si instruit comme un reproche vivant de ses mœurs relâchées et de sa profonde ignorance. Louis XIV lui-même, qui, malgré sa régularité pratique et les gages trop fameux donnés à sa foi, n'eut jamais de goût pour la vie dévote, avait souvent traité avec une impatience un peu dédaigneuse les scrupules monastiques du jeune prince et son rôle de censeur muet au milieu des pompes de Versailles. Il avait fallu les grâces enjouées de la duchesse de Bourgogne, pour faire pardonner la rigidité de son époux. La mort du dauphin rapprocha complétement l'aïeul et le petit-fils. Le nouveau dauphin fit ce qu'il fallait pour se rendre agréable et nécessaire au roi : Louis, qui sentait se précipiter le déclin de l'âge, se rattacha fortement à son jeune héritier ; la simple présence aux conseils, avec voix consultative, accordée au duc de Bourgogne dès 1702, se transforma en une participation effective aux affaires, presque en un partage de l'autorité royale. Louis XIV envoya les ministres travailler chez le dauphin, lui si jaloux de maintenir sa puissance unique comme celle de Dieu ! Quelques mots du roi adressés à une députation de l'assemblée du clergé expliquèrent publiquement ces nouveautés qui avaient étonné la cour. « Voilà, » dit le roi aux prélats, voilà un prince *qui me succèdera bientôt,* et qui, par sa vertu et sa piété, rendra

---

1. Le maître et l'élève ne s'étaient revus que deux fois depuis l'exil de Fénelon, aux passages du prince à Cambrai en 1702 et 1708. On a d'attendrissants récits de ces entrevues où la crainte du roi comprima leur mutuel amour.

l'église encore plus florissante et le royaume plus heureux[1]. »

En changeant de situation, le nouveau dauphin sembla changer de caractère. Cette timidité sauvage, cette résignation inerte, qui le séparaient du monde, firent place à une sorte d'épanouissement : le sentiment de ses devoirs mieux compris, l'obligeant à sortir de soi, à se communiquer aux hommes, à développer les facultés qu'il repliait en lui-même par défiance ou par humilité, à donner de l'accent et de l'autorité à sa parole, il vit bientôt l'opinion lui revenir avec impétuosité, comme pour le dédommager de lui avoir été trop sévère. Il ne fut plus seulement, comme autrefois, enveloppé dans l'auréole de son maître, à qui la popularité restait fidèle après quinze ans d'exil : il eut sa popularité personnelle, et le public identifia dans ses espérances l'héritier du trône et le grand exilé de Cambrai, ministre ou inspirateur du règne futur. L'attente d'un règne réparateur s'emparait de tous les esprits : le vieux roi lui-même accueillait, comme on l'a vu, d'une manière touchante, l'idée de laisser à son peuple le repos et le bonheur après une gloire si chèrement achetée. Le dauphin avait pour lui les dévots, dont il était le modèle, les libres penseurs et les dissidents, qui comptaient retrouver dans l'élève de Fénelon la tolérance pratique de son maître : sa charmante femme lui ramenait la partie jeune ou frivole du public, qui ne pouvait croire que les plaisirs disparussent avec une telle reine, si grave et si rigoriste que fût le roi. Chacun se faisait un avenir selon ses vœux.

La jeune dauphine avait eu très-grande part à cette heureuse péripétie : elle s'était fait le lien entre son époux, d'une part, et de l'autre, le roi et madame de Maintenon, qu'elle subjuguait par ses grâces adroites et naïves. Piquante, originale dans toute sa personne ainsi que dans ses traits irréguliers et séduisants, affable aux petits comme aux grands, gaie, folle, étincelante d'esprit, de verve et de coquetterie, avec une taille et un port « de déesse marchant sur les nues », comme on disait dans les salons mythologiques de Versailles, elle était le dernier rayon qui réjouissait la vieillesse du Grand Roi, la vie et l'âme de la cour,

---

1. Dangeau, t. III, p. 178. — Saint-Simon, t. IX p. 371.

l'idole de la jeunesse française : les vieillards croyaient revoir en elle madame Henriette et les beaux jours de Versailles naissant.

L'hiver de 1711 à 1712 avait commencé sous des auspices bien moins sombres que les hivers précédents : la paix faite, ou à peu près, avec l'Angleterre, la paix générale en perspective, à des conditions si différentes de celles qu'on avait été sur le point de subir, semblaient promettre que 1712 serait le terme des malheurs publics. Tous les cœurs se dilataient, quand, tout à coup, le 5 février, la dauphine fut prise de la fièvre; de violentes douleurs se firent sentir à la tête; des marques rougeâtres parurent à la peau. Le 11, la dauphine se trouva si malade qu'on lui parla de confession. Elle renvoya son confesseur jésuite et demanda un religieux d'un autre ordre, incident qui causa une vive sensation, promptement effacée par une émotion bien plus violente. Le 12 au soir, Marie-Adélaïde de Savoie expira à vingt-six ans.

Le dauphin, qui n'avait pas quitté sa femme pendant les premiers jours de la maladie, avait été à son tour, la veille de la catastrophe, saisi de la fièvre. On l'emmena de Versailles à Marli, avec le roi et madame de Maintenon. L'effort qu'il se fit pour étouffer les explosions de son désespoir et pour accepter chrétiennement son malheur redoubla l'inflammation : les mêmes marques qui avaient paru chez sa femme s'étaient montrées sur son corps, mais « plus livides que rougeâtres », dit Saint-Simon. Le 18 au matin, il mourut. Il n'avait pas encore trente ans.

Le jeune couple qui venait de disparaître laissait deux fils de cinq et de deux ans. Les deux enfants furent pris du même mal que les père et mère : l'aîné, qui avait porté le titre de duc de Bretagne, mourut le 8 mars. L'autre, le duc d'Anjou, ne fut pas emporté par la crise de la maladie, mais resta si languissant qu'on s'attendait à ce qu'il suivît avant peu ses parents et son frère à Saint-Denis.

Il faut renoncer à décrire l'effet de ces horribles coups sur le roi, qui sentait se briser la consolation et l'appui de sa vieillesse, l'avenir de son état et de sa race; sur Fénelon et ses amis, qui, foudroyés à la fois dans leur esprit et dans leur cœur, voyaient ensevelir au fond d'un sépulcre, avec l'objet de leur amour, leurs idées de bien public et de régénération, au moment où ils s'étaient crus tout près de les réaliser; sur la France, enfin, qui, perdant son futur chef à l'instant même où elle l'adoptait comme l'enfant de son affection, retombait dans les ténèbres et dans l'inconnu ! L'on ne put se résigner à s'incliner sous la main de la nature, instrument des mystérieux desseins de la Providence. La douleur publique voulut trouver des crimes sous tous ces malheurs et chercha une victime expiatoire jusque sur les marches du trône.

Le duc d'Orléans, neveu et gendre du roi, n'avait plus entre le trône et lui, si le duc d'Anjou mourait aussi, que le roi d'Espagne, à qui toute l'Europe interdisait la réunion des deux couronnes, et le duc de Berri, le dernier des petits-fils de Louis XIV. Le duc de Berri, aussi nul qu'avait été son père, était gendre du duc d'Orléans et entièrement gouverné par sa femme, jeune princesse d'un esprit violent et d'un cœur dépravé. Les bruits les plus révoltants couraient sur cette famille : on soupçonnait des relations incestueuses entre le père et la fille [1]. L'ambition de Philippe d'Orléans n'était pas moins accusée que ses mœurs, depuis ses projets sur l'Espagne, fort envenimés, à ce qu'il semble, par ses ennemis. Ses qualités mêmes tournèrent contre lui dans ce moment d'angoisse et de délire : son goût des sciences et des arts menaça de lui être plus fatal que ses vices ou que l'impiété dont il faisait parade; esprit actif et curieux de connaître les secrets de la nature [2], il étudiait la chimie, peu répandue encore; la chimie n'était encore pour la foule que l'art de faire de l'or ou de faire du poison. Le cri public fut effroyable : « Philippe a fait le coup; sa fille, complice de ses plaisirs et de ses travaux, est une autre Brinvilliers ! » La multitude menaça de déchirer le duc d'Orléans le jour des funérailles. Le malheureux prince alla demander au roi la Bastille et des juges. Louis était plus malheureux encore, s'il est possible ! Ses petits-enfants

---

1. Saint-Simon, ami du duc d'Orléans, le défend avec chaleur; mais toutes les apparences étaient contre le prince. — Saint-Simon, t. VIII, p. 304.

2. Il avait même, dans sa jeunesse, cherché à connaître des secrets *en dehors de la nature*; car il avait bravement fait tous ses efforts pour voir le diable. Les sciences occultes du moyen âge donnaient ainsi la main chez lui à l'incrédulité. *V.* Saint-Simon, t. XII, p. 199.

étaient les victimes : son gendre et sa petite-fille¹ étaient peut-être les assassins; lui, qui, dit-on, appelait le duc d'Orléans pour ses bravades d'impiété, un *fanfaron de crimes*², doutait maintenant s'il n'était pas, en effet, le plus exécrable des criminels. Les médecins et les chirurgiens qui avaient ouvert les corps étaient partagés sur la question de poison! Le vieux roi garda néanmoins la force d'âme et la présence d'esprit nécessaires pour refuser à l'accusé l'irréparable scandale du procès qu'il sollicitait; mais ce poids affreux pesa longtemps sur la tête de Philippe : le temps, et surtout la vie du petit duc d'Anjou, qui, en survivant, lui enlevait tout le fruit de ses prétendus forfaits, purent seuls finir par le justifier aux yeux de la France. On finit par comprendre qu'il n'y avait eu d'autre poison qu'une fièvre rouge, maligne et mal sortie (une rougeole pourprée), qui eut un caractère épidémique dans ce funeste hiver.

Les regrets excités par la mort prématurée du duc de Bourgogne n'ont pas disparu avec l'interprétation sinistre de cette mort. La tradition de ces regrets s'est perpétuée jusqu'à nous : notre génération a pu entendre encore des vieillards exprimer la pensée que le petit-fils de Louis XIV eût régénéré, eût sauvé la monarchie. Les hommes attachés aux souvenirs du passé n'ont cessé de pleurer en lui le représentant le plus pur de leur foi; les philosophes, les hommes des temps nouveaux, ont aussi salué de leurs douloureux hommages cette tombe fermée sur tant d'espérances. Il y a, dans une telle unanimité, un sentiment qui fait honneur au cœur humain, et c'est là, pour l'objet de tant de larmes, une espèce d'auréole que l'histoire doit respecter. L'homme, en effet, chez le duc de Bourgogne, méritait le respect de tous; mais le prince eût-il donné à la France tout ce qu'elle attendait de lui? L'eût-il conduite dans le sens de ses vraies destinées? Eût-il, nous ne disons pas résolu, la monarchie ne pouvait le faire, mais du moins ajourné pour longtemps les formidables questions de l'avenir? — Nous ne le pensons pas, et c'est dans les écrits de son maître et dans les siens propres que nous puisons cette opinion négative.

1. La mère de la duchesse de Berri était une fille du roi et de madame de Montespan.
2. Saint-Simon, t. XI, p. 346.

Nous avons analysé ailleurs [1] les ouvrages écrits par Fénelon pour l'éducation du duc de Bourgogne et nous y avons cherché les théories de ce grand homme. Quant à l'application, il en a posé les jalons de sa propre main en novembre 1711, dans un mémoire transmis au jeune prince par le duc de Chevreuse. Voici les moyens que Fénelon propose pour rétablir l'État : renouveler les lois somptuaires; renoncer à toute dépense pour les arts et bâtiments jusqu'à l'acquittement de la dette; réduire les appointements; réduire les dettes au denier 30 (c'est la banqueroute, palliée à ses yeux par l'aversion ecclésiastique contre l'intérêt); établir partout des assiettes (pour la répartition de l'impôt), comme en Languedoc, et des États Provinciaux, auxquels seront attribuées la police et la destination des fonds, etc.; abolition des gabelles, des cinq grosses fermes, de la capitation et de la dîme royale; réduction de l'impôt ordinaire à la taille généralisée et rectifiée. Le roi demandera la somme : les États Provinciaux ordonneront et lèveront l'impôt devant produire cette somme. Plus d'intendants; des envoyés du roi viendront de temps à autre inspecter les provinces; rétablir les États-Généraux, mais sur un pied plus aristocratique qu'autrefois : ils seront composés des évêques, d'un seigneur de haute noblesse et d'un homme considérable du tiers élus dans chaque diocèse : ils délibéreront sur les fonds pour charges extraordinaires, sur la guerre, sur toutes matières. Ils seront triennaux et délibéreront aussi longtemps qu'ils voudront : leur autorité est par voie de représentation; plus de ministres; un conseil d'état, toujours présidé par le roi, et six autres conseils composés de grands personnages régleront toutes les affaires du royaume.

Pour ce qui concerne l'Église, continue Fénelon, elle est moins libre à certains égards en France que les églises simplement tolérées en pays non catholiques, et qui élisent, déposent, assemblent librement leurs pasteurs. Le roi, dans la pratique, est plus chef de l'Église que le pape : les libertés gallicanes sont libertés à l'égard du pape, servitudes à l'égard du roi. Les juges laïques dominent les évêques, comme le tiers-état (par les ministres et

---

1. V. ci-dessus, p. 305 et suivantes.

par la robe, domine les *premiers seigneurs*. Fénelon voudrait l'indépendance réciproque des deux puissances : l'Église peut excommunier le prince; le prince peut faire mourir le pasteur; l'Église n'a pas droit d'élire ou déposer les rois. Les ecclésiastiques doivent contribuer aux charges de l'État par leurs revenus. Le commerce des évêques avec leur chef doit être libre, ainsi que les conciles provinciaux. Il convient que le roi mette des évêques dans son conseil pour les affaires mixtes. Cette liberté que Fénelon réclame pour les évêques, il est loin d'en vouloir faire part aux curés, car il conçoit l'Église, comme l'État, fort aristocratique. Il propose un plan pour déraciner le jansénisme : demander une nouvelle bulle à Rome, faire déposer les évêques qui refuseront de l'accepter, destituer tous les docteurs, professeurs, etc., imbus de jansénisme[1]. C'est là pour lui une grande hérésie qu'il faut abattre à tout prix.

Quant à la noblesse, lui attribuer toutes les charges de la maison militaire et civile du roi. Préférer partout les nobles pour les grades. Toute noble maison doit avoir un *majorat* inaliénable, comme en Espagne. La liberté du commerce en gros, sans déroger. Interdiction des mésalliances. D'autres mesures encore doivent être prises pour *séparer* et fortifier la noblesse. Les nobles doivent être préférés aux roturiers, à mérite égal, pour les fonctions judiciaires. Il faut substituer, là où on le pourra, des magistrats d'épée aux magistrats de robe.

Abolition de la vénalité des charges. Corriger et réunir toutes les coutumes en un bon code. Peu de dispositions libres quant aux biens : la loi doit régler la transmission presque absolument. Sévère réprobation de tout commerce d'argent par usure, hors les banquiers dont on ne peut se passer[2]. Examiner, dans les États-Généraux et Provinciaux, s'il faut abolir les droits d'entrée et de sortie. Établir des manufactures, mais sans prohibition des marchandises étrangères. Libre commerce avec les Anglais et Hollandais : la France est assez riche si elle vend bien ses blés, huiles, vins, toiles, tout ce qui sort de son sol. Bureau de com-

---

1. C'est précisément la marche qu'on essaya bientôt de suivre par la bulle *Unigenitus*.
2. Bossuet a écrit un traité dans le même sens.

merçants, que les États et le conseil du roi consulteront sur toutes ces dispositions générales. Espèce de *mont-de-piété* pour ceux qui voudront commercer et qui n'ont pas les avances nécessaires (c'est là évidemment ce qu'il avance de plus hardi et de plus neuf; c'est le crédit donné par l'État). Marine militaire médiocre. Point de droits différentiels en faveur de la marine marchande [1].

Les opinions politiques ou économiques du duc de Bourgogne, on en a la certitude par ses écrits, qu'a publiés son biographe [2], et par les longs récits de Saint-Simon, étaient généralement conformes aux propositions de Fénelon. Il est donc indubitable que l'administration du jeune prince eût été, sur la plupart des points, aux théories de Fénelon, ce qu'avait été l'administration de Louis XIV aux théories de Bossuet, avec cette différence toutefois que, tandis que Louis XIV avait dépassé Bossuet en fait de théorie absolutiste [3], son petit-fils, au contraire, demeurait en deçà de Fénelon pour ce qui regarde la liberté de l'esprit et la tolérance religieuse. Fénelon reconnaissait que « nulle puissance humaine ne peut forcer le retranchement impénétrable de la liberté du cœur », et inclinait à accorder à tous la tolérance civile [4]. Le duc de Bourgogne était fort loin de ce libéralisme. On a peine à comprendre que les fragments qu'il a laissés sur les affaires des protestants soient de la même main qui a écrit de si judicieuses et de si humaines réflexions. Il n'y a plus là qu'esprit étroit et sectaire quant aux idées, que passion et qu'aveuglement quant aux faits. Le prince justifie complètement la révocation de l'édit de Nantes et la persécution, qu'il appelle une *conduite modérée*. Il part de cette maxime, « qu'un prince chrétien ne peut permettre que le mal se passe dans ses états » : étouffer toute nouveauté par

---

1. *Œuvres* de Fénelon, t. V, p. 190-202. — Il faut lire, avec ce mémoire, une autre pièce probablement antérieure, l'*Examen de conscience concernant les devoirs de la royauté*; y remarquer ce qui regarde les galériens retenus, par un abus monstrueux, après leur peine expirée. *Ibid.*, p. 2.

2. *Vie du duc de Bourgogne*, par l'abbé Proyart, t. I-II, passim.

3. Louis conçut néanmoins dans sa vieillesse quelques doutes sur le droit absolu de disposer des biens de ses sujets. A propos de la dîme royale, en 1710, il consulta son confesseur, Le Tellier, successeur du père La Chaise, qui lui apporta une consultation des plus habiles docteurs de Sorbonne, lesquels décidèrent nettement que tous les biens de ses sujets étaient à lui en propre. Saint-Simon, t. IX, p. 14.

4. *Examen de conscience*, etc.; *Œuvres* de Fénelon, t. V, p. 39. — *Vie du duc de Bourgogne*, t. II, p. 76-86-133.

des châtiments immédiats, est pour lui un des principes fondamentaux du pouvoir. Il s'obstine à fermer les yeux sur les suites de la révocation et ne veut pas même croire, à ce sujet, les Mémoires des intendants! Bref, il semble n'avoir plus son libre arbitre ni l'usage de son intelligence lorsqu'il s'agit de religion. L'esprit de scrupule et de terreur, la terreur de l'enfer, il faut bien le dire, est ce qui domine ici. C'est ce même esprit négatif et timoré qui inspire au prince la crainte des savants de profession, des gens de lettres, des théoriciens, des hommes à idées: il pressent leur redoutable essor dans le siècle nouveau et voudrait l'étouffer. Envers les beaux-arts aussi, bien plus rigoureux que Fénelon, il est véritablement janséniste; il renonce entièrement aux spectacles, il les défendra peut-être quand il sera roi : tout cela n'est qu'occasion de péché[1].

On peut donc résumer, avec presque certitude, les caractères qu'aurait eus le règne du petit-fils de Louis XIV. Économie sévère; sollicitude toute chrétienne envers le peuple et les pauvres; tendance du prince à limiter son propre pouvoir par des règles fixes et indépendantes des caprices et des circonstances; respect des droits traditionnels de chacun; efforts pour réformer avec rigidité les mœurs du pays, même aux dépens de la sociabilité et de la splendeur nationales; le devoir posé comme idéal au lieu de la gloire; plus rien de cette adoration mystique de la royauté par elle-même, qui avait été une religion pour Louis XIV : un roi, aux yeux du duc de Bourgogne, n'est qu'un homme chargé d'un plus lourd fardeau que les autres hommes et qui doit demander à Dieu la force de le porter; dans la pensée de Louis XIV, le roi avait, *de droit*, pour ainsi dire, cette inspiration divine, cette infaillibilité temporelle, que le duc de Bourgogne implore humblement.

Abolition des impôts vexatoires et de tous impôts indirects; impôt unique établi sur le seul revenu de la terre, principe spécieux que nous verrons bientôt devenir celui d'une grande secte économique, les *physiocrates*, mais que Vauban, homme de pratique autant que de théorie, s'était bien gardé de proposer, lui

---

1. *Vie du duc de Bourgogne*, t. II, p. 56-134.

qui sentait que l'industrie ajoute une valeur réelle à la valeur des produits de la terre et que le revenu mobilier doit être atteint par l'impôt comme le revenu terrier[1]. L'industrie et la marine sacrifiées à l'agriculture. Substitution des formes aristocratiques aux formes monarchiques en matière d'administration et de finances; conseils oligarchiques, États oligarchiques, remplaçant les ministres bourgeois et les intendants bourgeois; monarchie aristocratique consultative. En religion, orthodoxie étroite et oppressive : la persécution, sous Louis XIV, frappait les protestants et les jansénistes, et passait à côté des incrédules, encore enveloppés d'un demi-jour; sous le duc de Bourgogne, elle eût frappé partout, à mesure que la nouvelle philosophie eût grandi; le vieux gallicanisme lui-même eût été en disgrâce au profit d'un ultramontanisme mitigé; Fénelon ne voulait pas comprendre que, tant que le catholicisme était la religion de l'État, tant que l'Église était un corps politique et une autorité positive, les barrières gallicanes et parlementaires étaient indispensables à l'indépendance nationale. En politique comme en religion, malgré des idées d'humanité et d'audacieuses innovations économiques, le règne nouveau eût été tourné vers le passé, non vers l'avenir. Espèce de saint Louis égaré dans la génération de Voltaire, le duc de Bourgogne eût gouverné à rebours de l'esprit du dix-huitième siècle : le siècle était à l'affranchissement illimité des esprits; le prince eût voulu tout ramener sous la vieille autorité religieuse; le siècle allait au mélange des classes, à l'égalité civile et politique; le prince eût visé à rétablir la vieille hiérarchie, minée par les rois eux-mêmes, et à constituer en France ce qui n'y avait jamais existé, une aristocratie gouvernante. Fénelon, pendant un temps, l'eût modéré, l'eût couvert de son génie sympathique et conciliant; mais, après Fénelon, une nouvelle réaction, cette fois définitive, n'eût pas tardé à se produire et contre les erreurs et même contre les vertus du monarque... Mieux lui valut mourir dans l'éclat de la jeunesse et de la popularité : il n'eut point à se plaindre de la Providence!

Celui qui méritait d'être plaint, c'était son aïeul, c'était ce vieil-

---

[1]. Le duc de Bourgogne fait, dans ses écrits, un grand éloge de Vauban, mais ne semble pas l'avoir lu ou compris.

lard, qui n'avait pas même le droit de s'envelopper la tête et de se renfermer dans sa douleur. Les plus graves intérêts pressaient, commandaient l'attention de Louis XIV. Il fallait pourvoir *seul* à tout, puisque l'aide que s'était donné Louis avait disparu. Il est vrai que l'action est le meilleur soulagement pour ces vivaces et fortes natures!

Les malheurs de la famille royale pouvaient avoir au dehors un contre-coup dangereux pour la France. L'Angleterre, inquiète de voir Philippe V séparé par un seul degré du trône de France, cherchait de nouvelles garanties et demandait que Philippe cédât ses droits éventuels à son jeune frère, au duc de Berri (fin mars). La pensée de Louis XIV avait toujours été que, si le roi d'Espagne devenait l'aîné de la maison de Bourbon, il passât sur le trône de France, en transmettant l'Espagne à un puîné. Louis répondit d'abord à la proposition des Anglais, qu'une telle renonciation était contraire aux lois du royaume, « lois que Dieu seul peut abolir [1] ». Malgré cette étrange réponse, il écrivit bientôt à Philippe V, pour l'inviter à décider là-dessus, puis pour l'engager formellement à consentir (9-18 avril). Il fallait du temps pour vider ce grave incident. Les semaines, cependant, se succédaient : le printemps était revenu encore une fois sans la paix et le prince Eugène ne songeait qu'à rouvrir les opérations militaires, malgré la répugnance du gouvernement anglais. Eugène allait évidemment pousser avec une sorte de fureur à un choc décisif et l'on pouvait compter que, vainqueur, il négligerait les places françaises qui étaient derrière lui et percerait sur Paris par la trouée que lui ouvrait Bouchain entre Valenciennes et Cambrai. La France dut se remettre en défense. Il y eut à Marli une scène touchante, lorsque Villars vint prendre congé du roi en partant pour l'armée. Le masque de bronze qui couvrait le visage de Louis tomba; le vieux roi pleura devant son général favori. « Vous voyez mon « état, dit-il, monsieur le maréchal : il y a peu d'exemples de ce « qui m'arrive, et que l'on perde, dans le même mois, son petit-« fils, sa petite-fille et leur fils, tous de très-grande espérance, et « très-tendrement aimés! Dieu me punit; je l'ai bien mérité; j'en

---

1. *Mém.* de Torci, p. 711.

« souffrirai moins dans l'autre monde! » Puis se relevant héroïquement : « Laissons mes malheurs domestiques, continua-t-il,
« et voyons à prévenir ceux du royaume. Je vous remets les forces
« et le salut de l'État. La fortune peut vous être contraire. S'il
« arrivoit ce malheur à l'armée que vous commandez, quel seroit
« votre sentiment sur le parti que j'aurois à prendre pour ma
« personne! » Villars demeura quelques moments en silence.
« Je ne suis pas étonné, reprit le roi, que vous ne répondiez pas
« bien promptement. En attendant que vous me disiez votre pen-
« sée, je vous dirai la mienne. Je sais les raisonnements des cour-
« tisans : presque tous veulent que je me retire à Blois, si mon
« armée étoit battue. Pour moi, je sais que des armées aussi con-
« sidérables ne sont jamais assez défaites pour que la plus grande
« partie de la mienne ne pût se retirer sur la Somme, rivière
« très-difficile à passer. Je compterois aller à Péronne ou à
« Saint-Quentin, y ramasser tout ce que j'aurois de troupes,
« faire un dernier effort avec vous, et périr ensemble, ou sauver
« l'État[1]. »

C'est là peut-être le jour de sa vie où Louis mérita le mieux
le nom de *Grand*, si la vraie grandeur est surtout dans le caractère.

Villars rejoignit l'armée à la fin d'avril. Il la trouva étendue
des lignes du Crinchon, près d'Arras, jusqu'à Estrun, sur l'Escaut,
le front couvert par la Scarpe et le Sanzet. Le gros des ennemis
était sur la Scarpe, entre Douai et Anchin. Pendant l'hiver, le
maréchal de Montesquiou, qui commandait sur la frontière, avait
ruiné les ponts et les écluses du canal de Lille à Douai et comblé
en partie ce canal; les communications par eau entre Gand et
Douai s'étaient trouvées momentanément interrompues, et les
ennemis, n'ayant plus que la voie de terre pour leurs charrois,
avaient été retardés dans leur projet d'établir de grands magasins
à Douai. Par compensation, à la vérité, ils avaient brûlé, avec des
bombes, les magasins de fourrages des Français sur les remparts
d'Arras (2 mars). Les délais affectés de l'Angleterre entravèrent
aussi Eugène, heureusement pour les Français, dont les res-

---

1. *M m*. de Villars, p. 207.

sources étaient mal assurées et les forces peu disponibles au printemps.

Les négociations avaient continué, non point entre les plénipotentiaires assemblés à Utrecht, mais entre les cabinets de Versailles, de Saint-James et de l'Escurial. Les Anglais avaient proposé que Philippe V, s'il ne voulait pas renoncer à ses droits éventuels en France, échangeât le trône d'Espagne contre les royaumes de Naples et de Sicile et les duchés de Savoie et de Mantoue, lesquels états, sauf la Sicile, seraient réunis à la France, si Philippe V devenait le chef de la maison de Bourbon. La couronne d'Espagne passerait au duc de Savoie. La proposition était extrêmement avantageuse à la France : Louis XIV l'appuya vivement auprès de son petit-fils ; mais Philippe V aima mieux renoncer à son ancienne patrie qu'à la nouvelle et consentit d'abandonner ses droits de succession en France. Le courrier qui portait à Londres la résolution du roi d'Espagne se croisa avec un courrier anglais qui apportait à Louis XIV le consentement de la reine Anne à une trêve de deux mois, pourvu que le roi remît Dunkerque en dépôt aux Anglais jusqu'à ce que les Hollandais eussent accordé à la France un équivalent pour Dunkerque. Le roi demanda quatre mois de trêve au lieu de deux, promit le dépôt de Dunkerque aux Anglais, consentit d'ajouter à la cession de Terre-Neuve celle de l'Acadie et de la moitié française de l'île Saint-Christophe, et de renoncer à Landau ; c'était le dernier terme des concessions. A ce prix, Louis espérait que l'Angleterre imposerait la paix à ses alliés. Le 17 juin, la reine Anne communiqua au parlement l'état des négociations : les deux chambres répondirent par des adresses favorables à la paix. La question essentielle était vidée avec Philippe V ; quant aux garanties, le cabinet anglais demanda au roi que les renonciations de Philippe V au trône de France et des princes français au trône d'Espagne fussent ratifiées par les États-Généraux de France. Louis XIV eût regardé l'appel aux États-Généraux comme le renversement de la monarchie : il répondit que, « l'autorité que les étrangers attribuent aux États étant inconnue en France », il promettait seulement d'accepter la renonciation de Philippe et de la faire publier et enregistrer aux parlements, ainsi que celles des princes français, et de révoquer les lettres patentes de décembre 1700, qui avaient réservé à Philippe ses droits éventuels[1].

Les armées s'étaient mises en mouvement dans les derniers jours de mai. Les Anglais n'avaient opéré leur jonction avec les Austro-Bataves que le 20 de ce mois, sur la Scarpe, et, le 23, Villars avait été informé de Versailles que le nouveau général anglais, le duc d'Ormond, avait ordre d'éviter toute participation à des opérations offensives. Le 26 mai, l'armée ennemie passa l'Escaut à Bouchain, laissant un gros corps entre l'Escaut et la Scarpe, et se déploya de Bouchain au Câteau-Cambresis. Villars s'étendit en équerre sur l'Escaut et le Sanset, avec son quartier-général à Cambrai. Eugène eût voulu attaquer en débouchant par la forêt de Bohain, entre les sources de l'Escaut et de la Somme. Villars était décidé à accepter la bataille sur les plateaux du Vermandois, au nord de Saint-Quentin. Le duc d'Ormond s'excusa de concourir aux mouvements d'Eugène jusqu'à ce qu'il eût reçu de nouvelles instructions de sa cour. Eugène, obligé de renoncer à son premier dessein, se rabattit sur Le Quesnoi, qu'il investit (8 juin). Villars demanda à Ormond si les Anglais s'opposeraient aux entreprises que l'armée française pourrait tenter pour secourir Le Quesnoi : Ormond pria le général français de ne rien entreprendre jusqu'à notification de la trêve; puis il assembla les chefs des corps allemands à la solde d'Angleterre et leur déclara que la reine, sa maîtresse, était d'accord d'une trêve de quatre mois avec le roi de France. Les généraux allemands répondirent qu'ils obéiraient au prince Eugène, tant qu'ils n'auraient pas d'ordres contraires de leurs souverains : tous les mercenaires allemands, capitaines et soldats, ne connaissaient qu'Eugène et Marlborough; Eugène et les députés des États-Généraux à l'armée les avaient gagnés sans peine en leur promettant que l'empereur et la Hollande se chargeraient de leur solde si l'Angleterre cessait de les payer. Un des plénipotentiaires anglais à Utrecht, le comte de Strafford, s'étant rendu sur ces entrefaites au camp des alliés, pour notifier la trêve de quatre mois et inviter les Austro-Bataves à y souscrire, Eugène et les

---

1. *Mem.* de Torci, p. 712 et suivantes.

députés hollandais réclamèrent un délai afin de consulter les États-Généraux et les plénipotentiaires de l'empereur (25 juin). Pendant ces pourparlers, Le Quesnoi, assez mal défendu, se rendit dès le 4 juillet, sans que Villars eût rien entrepris [1].

Eugène se trouva ainsi maître du terrain entre l'Escaut et la Sambre. Il continuait d'aller à ses fins malgré la *défection* des Anglais. La prise du Quesnoi et la désobéissance des mercenaires anglo-allemands encouragèrent Heinsius et ses amis à repousser la trêve, de concert avec les Impériaux : ordre fut envoyé aux commandants des places conquises sur la France de ne pas recevoir les troupes anglaises dans leurs murs. La séparation entre les Anglais et leurs anciens alliés fut consommée, le 17 juillet, par le départ du duc d'Ormond, qui abandonna ses quartiers, proche de Douai, pour se retirer vers la Flandre maritime. Il n'emmenait avec lui que dix-huit bataillons et deux mille chevaux, Anglais nationaux, et un très-petit corps allemand et liégeois, quinze ou seize mille hommes peut-être en tout, sur plus de cinquante mille qui avaient été à la solde britannique : l'Angleterre avait soutenu cette grande guerre quasi exclusivement avec le sang de l'Allemagne. Les Hollandais fermèrent les portes de plusieurs villes à Ormond, mais ne purent l'empêcher d'occuper Gand, dont le château avait déjà garnison anglaise (23 juillet) : Ormond fit sortir de Gand ce qu'il y avait de troupes à la solde de Hollande et se saisit également de Bruges et des postes situés sur le canal de Bruges à Ostende. Le 19 juillet, cinq mille Anglais, débarqués à Dunkerque, avaient pris possession des forts et des remparts, comme prix de la trêve et garantie des promesses du roi de France.

Eugène, malgré la retraite des Anglais, était encore supérieur à Villars, l'empereur ayant envoyé aux Pays-Bas vingt-trois mille soldats qui ne lui étaient plus nécessaires dans la Hongrie pacifiée. Le jour même du départ d'Ormond, Eugène revint du Quesnoi sur la Selle, la petite rivière du Câteau, comme pour marcher aux Français. Villars passa l'Escaut et se porta au-devant de l'ennemi. Eugène s'étendit sur sa gauche, au lieu d'avancer, et fit

---

1. Torci, p. 718. — *Lettres* de Bolingbroke, t. I, p. 195. — Villars, p. 209.

investir Landrecies. Le plan d'Eugène se développait : il était redoutable, mais hasardeux ; laisser en arrière, d'un côté, Valenciennes et Condé, de l'autre, Maubeuge, Charleroi et Namur, tenir le Haut-Escaut par Bouchain, la Sambre par Landrecies, l'intervalle entre ces deux rivières par Le Quesnoi, et, une fois assuré de cette base, marcher en avant. En entrant par Bouchain, il aurait fallu prendre ou tourner Cambrai ; mais, si l'on entrait par Landrecies, il n'y avait plus rien jusqu'à Paris que la bicoque féodale de Guise. L'armée ennemie se partagea en trois corps : le premier, sous le prince d'Anhalt-Dessau et le général Fagel, fit le siége de Landrecies ; le second, le plus fort des trois, sous Eugène en personne, s'établit sur l'Escaillon, pour couvrir le siége ; le troisième, sous le comte d'Albemarle, général anglais au service de Hollande, fut posté dans un camp retranché, à Denain, sur l'Escaut, entre Valenciennes et Bouchain, pour assurer les convois qui allaient des magasins de Marchiennes au camp de Landrecies. D'anciennes lignes françaises de 1709, réparées et augmentées, barraient le pays entre l'Escaut et la Scarpe et faisaient communiquer à couvert le camp de Denain avec Marchiennes, où les alliés avaient établi leur entrepôt général. Les alliés appelaient ces deux lignes parallèles le *chemin de Paris*.

C'était là une base d'opérations bien témérairement étendue, en présence d'un adversaire tel que Villars. L'armée alliée tenait douze à quinze lieues de pays. Eugène avait trop oublié ses propres campagnes de l'Adige ! La timidité forcée de Villars, en 1711, avait inspiré au chef ennemi une confiance exagérée : il s'imaginait que le général français avait défense de rien hasarder dans aucun cas.

Les mouvements de Villars commencèrent à faire revenir Eugène de cette opinion : le maréchal se déploya entre Cambrai et Landrecies, passa la Selle près de sa source et parut se disposer à assaillir la circonvallation des assiégeants. Eugène se concentra, pour soutenir les lignes de siége : ces lignes étaient très-fortes et la victoire lui semblait assurée. Les lieutenants de Villars trouvaient aussi leur chef bien hasardeux. Le 23 juillet au soir, cependant, ordre fut donné à l'armée de marcher aux assiégeants ; mais, pendant ce temps, un gros de cavalerie retournait franchir la Selle, descendait cette rivière et en gardait les passages : les hussards français battaient les plaines pour arrêter les donneurs d'avis et les éclaireurs ; un corps d'infanterie retournait droit à l'Escaut et allait jeter des ponts à Neuville, entre Bouchain et Denain. Tout à coup, le gros de l'armée fit demi-tour à gauche et suivit ces détachements, au grand mécontentement des soldats, qui croyaient qu'on tournait le dos à l'ennemi. Ils se ravisèrent bientôt et comprirent qu'on allait au camp de Denain. L'honneur du projet appartenait au maréchal de Montesquiou : le général en chef n'avait fait qu'adopter et développer la pensée de son second [1].

Le 24 au matin, les ponts de Neuville furent achevés sans opposition, grâce aux précautions prises et à la négligence du commandant de Denain, Albemarle. Villars, accouru à l'avant-garde, passa, non sans peine, un petit marais au delà de l'Escaut, qui eût été très-facile à défendre, si l'ennemi fût arrivé à temps ; mais l'ennemi ne fut pas même en mesure de défendre sérieusement les lignes. La parallèle du côté de Bouchain fut emportée d'emblée, et un convoi, avec son escorte, fut enlevé dans les lignes. Albemarle replia ses troupes dans son camp retranché, et l'avant-garde française se mit en communication avec la garnison de Valenciennes, sortie pour prendre l'ennemi à revers. Eugène, cependant, averti, seulement le matin, de la marche des Français, était accouru à toute bride avec son état-major. Il renforça Albemarle de quelques bataillons postés vers Thian, à la droite de l'Escaut, le conjura de tout faire pour tenir jusqu'à l'arrivée du gros des alliés et alla se placer sur une hauteur, de l'autre côté de l'Escaut, pour voir venir et diriger ses forces. Au loin, sur les plateaux, on apercevait déjà les têtes des colonnes ennemies.

Villars sentit qu'il fallait enlever la victoire au pas de course. Il ne prit pas le temps de faire des fascines pour combler le fossé du camp. « Les corps de nos gens seront nos fascines ! » On fit

---

[1]. Suivant Voltaire, bien informé de ce qui regarde Villars, c'étaient un curé et un conseiller au parlement de Flandre qui, se promenant ensemble vers ces quartiers, avaient imaginé les premiers qu'on pouvait aisément attaquer Denain et Marchiennes. Le conseiller donna son avis à l'intendant de la province ; celui-ci à Montesquiou ; Montesquiou à Villars. *Siècle de Louis XIV*, chap. XXIII.

la prière, et l'on se jeta dans les fossés, sous un feu effroyable de canon et de mousqueterie. Heureusement, le fossé était peu profond et la levée peu solide : le parapet s'éboula et nos fantassins se jetèrent avec intrépidité dans le retranchement. Un moment après, la cavalerie se fit une ouverture sur un autre point. Les ennemis essayèrent de se rallier dans le village et l'abbaye de Denain. Ils y furent forcés ; le comte d'Albemarle et plusieurs princes allemands furent enveloppés et pris. Tout le reste des ennemis se précipita en pleine déroute vers le pont de bateaux qu'ils avaient sur l'Escaut. Le pont croula sous les fuyards ; presque tout fut tué, pris ou noyé ; quatre généraux périrent; dix-sept bataillons, qui avaient défendu les retranchements, furent à peu près anéantis sous les yeux d'Eugène. Ce prince, exaspéré, s'était mis à la tête de ses premières colonnes et tentait en ce moment de déboucher par un autre pont que les alliés avaient établi à Prouvi, entre Denain et Valenciennes ; mais le pont de Prouvi était déjà au pouvoir des Français, et Eugène ne réussit qu'à faire encore tuer là quelques centaines de ses gens. Les députés des États-Généraux, à force d'instances, l'obligèrent à cesser l'attaque et à se retirer, la rage dans le cœur. L'ennemi avait perdu huit mille hommes et douze canons, les Français pas plus de cinq cents hommes ; Villars envoya plus de soixante drapeaux à Versailles, dont les murs en deuil avaient perdu l'habitude de ces glorieuses tentures !

Le jour même du combat, un corps français était allé masquer Marchiennes : du 25 au 26, d'autres corps assaillirent et emportèrent Saint-Amand, Anchin, Mortagne, tous les postes occupés par l'ennemi le long de la Scarpe, depuis Douai jusqu'à l'embouchure de la Scarpe dans l'Escaut. Tous les efforts se concentrèrent ensuite sur Marchiennes, qui se rendit le 30. On y prit plus de quatre mille soldats, quinze cent mariniers, qui faisaient le service des convois par eau, force chevaux et provisions, et cent canons, dont soixante de siége ; en un mot, tout le magasin de réserve des ennemis. Les garnisons de Valenciennes, d'Ypres, des villes maritimes, avaient joint l'armée, et Villars était supérieur à Eugène, qui ne put rien faire pour empêcher la destruction de tout ce que les alliés avaient de troupes à la gauche de l'Escaut. Du 24 au 30 juillet, les alliés avaient perdu quatorze à quinze mille hommes, contre une perte presque nulle du côté des vainqueurs. Ce ne fut là que le moindre résultat de la victoire. Villars poussa vigoureusement ses succès. Après avoir rasé les retranchements ennemis de l'Escaut et de la Scarpe, il investit Douai le 31 juillet, retrouva et employa, pour reconquérir cette ville, une partie des lignes que les ennemis avaient élevées pour la prendre en 1710 et qu'ils avaient eu l'arrogance de ne point raser, comme si tout retour offensif eût été à jamais interdit aux Français. Eugène avait été forcé de lever le siége de Landrecies dès le 29, par l'impossibilité de faire subsister son armée depuis la perte de ses magasins et de ses communications. Il alla repasser l'Escaut à Tournai, se porta à Séclin, entre Lille et Douai, puis vint reconnaître la vaste circonvallation de Villars, vers Pont-à-Rache, entre Douai et Anchin. C'était le côté le plus vulnérable ; mais Villars l'avait fortifié par de bons retranchements et en faisant refluer la Scarpe dans son fossé par un barrage. Après avoir campé quinze jours en vue du camp français, Eugène reconnut l'attaque impossible et se retira (27 août). Le même jour, le fort de Scarpe capitula : le 8 septembre, la ville de Douai en fit autant, après un assaut qui avait livré aux Français à peu près tous les dehors. Trois mille soldats, reste de la garnison, demeurèrent prisonniers. Tout le cours de la Scarpe était reconquis.

Villars et le gros de l'armée n'étaient déjà plus devant Douai, quand cette ville ouvrit ses portes. Villars, sur l'avis qu'Eugène passait derechef l'Escaut vers Tournai, était parti, le 8 septembre au matin, pour aller passer, de son côté, cette rivière à Valenciennes. Eugène, prévoyant de nouvelles entreprises dès que Douai serait tombé, voulait aller couvrir Le Quesnoi, où il avait déposé tout son parc de siége en levant son camp de Landrecies, et menacer Maubeuge pour tâcher de détourner Villars d'assiéger Bouchain. Villars prévint son adversaire, et Le Quesnoi fut investi le 8 au soir. Eugène ne parut que le 10 et vit les Français entre lui et Le Quesnoi, le long de la petite rivière d'Honneau. Il fut aussi impuissant à secourir Le Quesnoi qu'à secourir Douai. La place capitula le 4 octobre : on y trouva un attirail de guerre deux fois plus considérable encore qu'à Marchiennes ; cent seize gros canons de siège, sans les pièces de campagne, cent quarante mortiers, des munitions immenses; tout cela valait bien trois millions. Eugène, au désespoir, s'était éloigné, le 29 septembre, pour ne point assister à ce nouveau désastre.

Avant que Le Quesnoi se fût rendu, Bouchain avait déjà été investi, malgré les pluies d'automne. Il capitula dès le 19 octobre. Ce fut le couronnement de cette fameuse campagne de 1712, qui avait, tout à coup et sans transition, reporté la France du fond de l'abîme jusque sur les hauteurs glorieuses d'où elle était depuis longtemps descendue !

On était si accoutumé au malheur, qu'on ne pouvait croire à ce retour de fortune. Il semblait que ce fût quelque rêve des beaux jours passés; on craignait de s'éveiller ! Beaucoup de gens s'étaient d'abord imaginé que l'affaire de Denain n'était qu'un petit succès enflé par la vanité de Villars ! Il fallut pourtant bien finir par reconnaître que le terrible vainqueur de Höchstedt, de Turin, d'Oudenarde et de Malplaquet était vaincu à son tour, et que la France militaire s'était enfin retrouvée elle-même [1].

Tout avait été concentré aux Pays-Bas : dans le reste de l'Europe, la guerre paraissait près de s'éteindre obscurément. La campagne avait été nulle sur le Rhin et sur les Alpes : le duc de Savoie était tout occupé d'arranger sa paix par l'intermédiaire de l'Angleterre. En Espagne, le gouvernement de Philippe V était sans ressources pour compléter l'œuvre de Villa-Viciosa, et le célèbre capitaine qui avait relevé en Castille sa renommée déchue en Flandre, Vendôme, était mort, le 11 juin, d'un trépas peu héroïque, des suites d'une indigestion, à l'âge de cinquante-huit ans [2]. Les ennemis, renforcés par des troupes impériales qui venaient de prendre Porto-Ercole, un des présides de Toscane (5 mai), essayèrent de mettre à profit la mort de Vendôme et firent avancer trente et quelques mille hommes en deux corps, le plus gros sur la Sègre, l'autre contre Girone. Mais, sur ces entrefaites, arriva la nouvelle de la trêve entre la France et l'Angleterre. Vers l'automne, les troupes anglaises quittèrent la Catalogne et le Portugal ; le roi

---

1. Villars, p. 210-216. — Lamberti, t. VII, p. 94-187.
2. Philippe V le fit inhumer à l'Escurial, dans le caveau des infants d'Espagne.

de Portugal¹, à qui l'empereur ni la Hollande ne fournissaient plus aucuns subsides depuis un an, et qui voyait ses possessions coloniales cruellement désolées par la guerre maritime², ne songeait, comme le duc de Savoie, qu'à faire sa paix avec les *deux couronnes,* par l'entremise des Anglais; ses agents signèrent à Utrecht, le 7 novembre, une trêve, à la suite de laquelle les auxiliaires portugais évacuèrent la Catalogne, comme avaient fait les Anglais. Les Austro-Bataves et les Catalans, très-affaiblis par cette double défection, se retirèrent sur Barcelone et Tarragone et levèrent le siége de Girone devant Berwick, arrivé des Alpes (janvier 1713.) Les Impériaux ne pouvaient plus tenir longtemps en Catalogne, si les Français y restaient en force.

Pendant les succès de Villars en Flandre, les cabinets de Versailles et de Saint-James avaient continué de travailler à la paix, dont ces succès augmentaient chaque jour les chances. Après la renonciation de Philippe V convenue, les deux cours avaient eu d'assez longues discussions sur les intérêts du duc de Savoie et de l'électeur de Bavière; un des deux secrétaires d'état des affaires étrangères de la reine Anne, Saint-John, qu'Anne venait de créer lord Bolingbroke, passa en France à la fin d'août, pour accélérer les négociations, et y fut reçu comme un ange de paix. Il eût souhaité d'être autorisé à conclure immédiatement entre l'Angleterre et la France un traité définitif, comme le réclamait le gouvernement français; mais le grand trésorier Harley, comte d'Oxford, s'y était opposé, par ménagement secret pour l'électeur de Hanovre, héritier du trône britannique, et Bolingbroke ne put que régulariser la trêve jusqu'à la fin de décembre, époque après laquelle elle fut prorogée. Les dernières difficultés, sur divers points importants, furent levées de vive voix entre Bolingbroke et Torci.

Les revers des alliés avaient cependant beaucoup modifié les dispositions des Hollandais, si fiers encore avant Denain, et ils

---

1. C'était le jeune don Ioao V, qui avait succédé, le 9 décembre 1706, à son père Pedro II.

2. Sant-Iago du Cap Verd fut traité, en 1712, par le corsaire Cassart, comme Rio-de-Janeiro l'avait été, en 1711, par Duguai-Trouin. Cassart ravagea également, cette année, la Guyane hollandaise et les petites Antilles anglaises, Saint-Christophe et Monserrat.

avaient sollicité l'entremise des Anglais, afin de renouer les conférences d'Utrecht, suspendues de fait depuis le commencement d'avril, sans que les plénipotentiaires eussent quitté cette ville. Le roi y consentit, mais en intimant à ses envoyés de poser pour point de départ la restitution de Lille comme compensation de la ruine de Dunkerque, d'excepter Tournai, Condé, Valenciennes et Maubeuge de la *barrière* demandée en 1709 par les Hollandais; enfin, d'exiger la restitution des places perdues par la France depuis 1709. Les situations étaient bien changées : « Nous prenons, » écrivait l'abbé de Polignac, « la figure que les Hollandais avoient à Gertruydenberg, et ils prennent la nôtre : c'est une revanche complète[1]. » Les Hollandais cédèrent sur Lille. Leur abaissement même leur devint avantageux. L'opinion, en Angleterre, avait eu bien de la peine à accepter le rapprochement avec la France : elle revint aux Hollandais, sitôt qu'elle les vit disposés sérieusement à accepter la paix, et ne permit pas au gouvernement britannique de trop sacrifier les intérêts de la Hollande aux intérêts français. Louis XIV jugea prudent de faire une grave concession, de renoncer à Tournai. La reine Anne, à cinquante ans, avait une santé complétement ruinée par l'abus des liqueurs spiritueuses : sa mort pouvait amener tout à coup sur le trône d'Angleterre un prince très-hostile à la France. Louis, de son côté, sentait s'altérer par degrés son robuste tempérament; il avait soixante-quatorze ans, et les terribles secousses de l'année 1712 avaient bien usé cette vieillesse jusque-là si verte. Il ne voulait pas léguer à la France une minorité avec la guerre. L'Angleterre accepta les conditions que mit le roi à l'abandon de Tournai et les fit accepter à la Hollande. Le 29 janvier 1713, les deux puissances maritimes signèrent entre elles un traité qui annulait le pacte de la *barrière*, du 28 octobre 1709, et qui réduisait la *barrière* aux places convenues avec Louis XIV, à savoir : Furnes, le fort de Knocke, Ypres, Menin, Tournai, Mons, Charleroi, Namur, la citadelle de Gand et quelques forteresses voisines

---

1. *Mém.* de Torci, p. 729. Un autre propos, attribué à l'abbé de Polignac, est resté célèbre : dans un moment où les Hollandais, excités par l'ambassadeur autrichien Sinzendorf, qui « sentait bien vivement sa décadence », faisaient mine de rejeter les propositions de la France et de rompre le congrès : « Nous traiterons de vous, chez vous et sans vous! » se serait écrié Polignac.

de Gand et de Bruges, lesquelles places ne pourraient jamais dorénavant être cédées à la France ni à un prince français. Le roi avait consenti à céder Furnes et Ypres pour recouvrer Béthune, Aire et Saint-Venant. On convint que l'électeur de Bavière garderait provisoirement le domaine utile du Luxembourg, de Namur et de Charleroi, jusqu'à ce qu'il eût été rétabli et dédommagé par l'empereur, à qui étaient attribués les Pays-Bas espagnols; qu'il deviendrait, de plus, roi de Sardaigne; que le duc de Savoie serait roi de Sicile.

Rien ne s'opposait plus à la signature du traité entre la France et les deux puissances maritimes : on différa quelque temps encore pour tâcher d'amener les états belligérants à signer tous ensemble. Le 14 mars, les Impériaux, résistant toujours sur le fond des choses, conclurent avec la France, par l'intermédiaire de l'Angleterre, une convention spéciale pour l'évacuation de la Catalogne, des îles de Majorque et d'Iviça, et pour une trêve en Italie et dans les îles italiennes. L'orgueil autrichien ne put se décider à traiter directement avec le *duc d'Anjou*, comme on appelait encore Philippe V à Vienne [1]; amnistie fut garantie aux Catalans par la convention, bien que le prince qui devait accorder l'amnistie ne fût pas nommé dans cet acte. La reine d'Angleterre promit ses bons offices pour solliciter le maintien des priviléges de la Catalogne : les priviléges de l'Aragon, si anciens, si illustres, et qui avaient survécu en partie à la tyrannie de Philippe II, venaient d'être abrogés après la recouvrance de ce royaume par Philippe V, et l'Aragon avait été soumis aux lois de Castille. Le traité d'évacuation était tout dans l'intérêt de l'empereur, qui avait en Catalogne sa femme et ses troupes, et qui n'eût pu ni les secourir ni les retirer; Louis XIV avait été obligé de faire cette concession à la reine Anne en faveur de l'ancien allié de l'Angleterre. Une fois assuré de pouvoir évacuer la Catalogne et de n'être point attaqué en Italie, l'empereur ne voulut plus de paix.

Le jour même du traité d'évacuation, le duc de Savoie conclut une trêve avec la France. Le 26 mars, Philippe V transféra à une

---

1. Philippe V avait, l'année précédente, écrit à Charles III, qui n'était pas encore empereur, pour l'inviter à transiger, au nom de la religion. L'Autrichien lui avait renvoyé sa lettre. — *Mém.* de Noailles, p. 240.

compagnie anglaise, pour trente ans, le privilége de l'*assiento,* ou du transport des nègres aux Indes Occidentales.

L'Angleterre avait assigné le 11 avril comme dernier terme à tous ses alliés pour l'acceptation des offres de la France : passé ce délai, la France n'était plus tenue à rien ; l'Angleterre ne garantissait plus rien. Le 11 avril, la paix fut signée entre la France, d'une part, l'Angleterre, la Hollande, la Prusse, le Portugal, la Savoie, de l'autre. Nous en avons déjà dit les principales conditions arrêtées entre Versailles et Londres. Ces conditions semblaient presque douces pour la France en comparaison des traités désastreux qu'on avait failli subir : elles étaient pourtant bien pénibles en elles-mêmes. Dans l'Amérique du Nord, la France renonçait à de vastes possessions qu'elle avait longtemps disputées avec avantage à l'Angleterre, et où elle était encore victorieuse en ce moment même : c'étaient la mer intérieure et le détroit d'Hudson avec tous leurs rivages, principal théâtre du commerce des pelleteries; c'était la grande île de Terre-Neuve et la presqu'île d'Acadie, qui bloquent entre elles deux le golfe du Saint-Laurent : les Français gardaient seulement, avec l'île du Cap-Breton et les autres îles du Saint-Laurent, le droit de pêche et de sécherie sur la côte de Terre-Neuve, depuis le cap de Bona-Vista jusqu'à l'extrémité nord de l'île et, au delà, en tournant à l'ouest, jusqu'à la Pointe-Riche. Le Canada, serré désormais de tous côtés entre les possessions anglaises, se trouvait bien compromis. Aux Antilles, on cédait la moitié française de Saint-Christophe. En Flandre, la France faisait des pertes considérables, Tournai, sur l'Escaut, Menin, sur la Lis, Ypres et Furnes, entre la Lis et la mer; elle se réservait seulement la partie du Tournaisis située sur la Scarpe, c'est-à-dire Mortagne et Saint-Amand; mais surtout, chose plus dure que tout le reste, elle subissait l'anéantissement militaire et maritime de cette redoutable Dunkerque, qui avait lancé, depuis 1702, sept cent quatre-vingt-onze corsaires sur la marine anglo-batave. Il fut convenu que la navigation de la Lis, au-dessus de son confluent avec la Deule, serait libre de tout péage; que les droits, jusqu'à ce qu'on se fût entendu avec l'empereur, seraient remis en Belgique, pour les commerçants français, anglais et hollandais, sur le pied de l'année 1680, les Hollandais n'ayant point de privilège commercial, même dans les places de la *barrière*.

Par le traité de commerce conclu entre la France et l'Angleterre, comme annexe du traité de paix, il fut stipulé que les sujets respectifs auraient égalité de traitement avec les sujets des nations les plus favorisées, et que tous les droits sur les marchandises seraient remis sur le pied où ils étaient en 1664, sauf les fanons et huiles de baleine, les draps, ratines et serges, le sucre, le poisson salé, importés par les Anglais en France, qui restèrent soumis, non au tarif de 1664, mais à celui de 1699. Le droit de 50 sous par tonneau, établi en France sur les navires anglais, le droit de 5 schillings par tonneau, établi en Angleterre sur les navires français, furent abrogés. Le principe que « le vaisseau libre rend les marchandises libres », c'est-à-dire que le pavillon couvre la marchandise à l'exception de la contrebande de guerre, fut pleinement admis, et il fut interdit de visiter les vaisseaux marchands neutres, autrement que pour prendre connaissance des lettres de mer et certificats constatant la nature du chargement. On s'interdit, de part et d'autre, la visite et la confiscation des marchandises importées, sous prétexte de fraude ou de défectuosité dans la fabrique, les vendeurs et acheteurs devant être laissés en toute liberté dans leurs transactions. Le monopole du tabac était aboli en France et le commerce en était permis aux Anglais. Le traité de commerce entre la France et la Hollande, en rétablissant à peu près intégralement les clauses du traité de Ryswick, mit les Hollandais sur le même pied que les Anglais. La France et les Provinces-Unies s'interdisaient d'accorder à leurs sujets respectifs aucunes immunités, *dons gratuits* (primes), ou autres avantages au détriment des sujets de l'autre état [1]. La pleine disposition de leurs biens meubles, par donation ou testament, fut accordée aux Hollandais résidant en France, et réciproquement : le traité avec l'Angleterre portait la même clause; le droit d'aubaine, reste des temps de barbarie, disparut complétement.

---

1. Cette égalité de traitement, vis-à-vis des particuliers des deux états, n'abolissait pas les droits acquis, ni les priviléges constitués entre les mains des compagnies.

Par le traité avec le Portugal, la France renonce à toutes prétentions sur la partie de la Guyane dite Terres du Cap du Nord, entre la rivière des Amazones et celle d'Oyapock, et reconnaît la souveraineté du roi de Portugal sur les deux bords de la rivière des Amazones, s'interdisant tout commerce au midi de l'Oyapock. C'était encore là une concession arrachée par les Anglais, à leur profit plus qu'à celui de leurs alliés ou plutôt de leurs vassaux. Le Portugal, depuis le fameux traité de commerce dicté par l'ambassadeur anglais Methuen (Methwen) en 1703, s'enchaînait de plus en plus étroitement à la suzeraineté commerciale de l'Angleterre. Le *traité de Methuen* semblait pourtant à l'avantage réciproque : il assurait aux vins de Portugal, par la remise d'un tiers des droits que les vins des autres pays continuaient d'acquitter intégralement[1], le monopole, ou peu s'en faut, de la consommation anglaise, en échange de l'importation privilégiée des tissus de laine anglais; mais ce traité coïncidait avec la récente découverte de mines d'or et le grand développement de leur exploitation au Brésil : les mines du Brésil furent la perte du Portugal, comme les mines du Mexique et du Pérou avaient été la perte de l'Espagne; toute industrie tomba dans un mépris insensé; bientôt les Anglais fournirent aux Portugais, non plus seulement la draperie, mais toutes marchandises, toutes denrées, jusqu'au poisson salé et aux grains. Après leur or, les fils dégénérés des Albuquerque et des Gama livrèrent jusqu'à leur sol : les vignobles mêmes de Porto finirent par être achetés par les Anglais avec l'or du Brésil, qui n'avait fait que traverser le Portugal pour s'écouler en Angleterre : on assure que, de 1696 à 1754, deux milliards quatre cents millions furent extraits des mines du Brésil, et qu'en 1754, le

---

1. Suivant le traité d'Utrecht, les vins de France devaient être égalisés avec les vins de Portugal. V. La Hode, *Hist. de Louis XIV*, t. V, p. 231, et le continuateur de Hume. Mais cette disposition excita de vives clameurs, et l'Angleterre ne tarda point à y déroger. La libre introduction des soieries, des toiles, des papiers français, ne fut pas mieux accueillie, et le commerce anglais parut considérer le traité comme désavantageux dans son ensemble. Les Français pouvaient produire beaucoup d'articles à plus bas prix que les Anglais. Le parlement ne ratifia donc pas le traité de commerce dans son ensemble, et le gouvernement français, de son côté, revint sur ce qui regardait le tabac. La plupart des autres clauses furent cependant maintenues par un consentement tacite et mutuel. V. *Lettres* de lord Chesterfield; lettre du 11 décembre 1750.

Portugal ne possédait que vingt-cinq millions de numéraire!

Pendant les conférences d'Utrecht, un des ambassadeurs portugais, voyant avec effroi dans quelle dépendance s'enfonçait son pays, avait fait quelques ouvertures aux plénipotentiaires français sur une alliance entre la France et le Portugal, avec traité de commerce pour l'Europe et pour les Deux Indes : loin de fermer la rivière des Amazones, il voulait qu'on ouvrît par là un nouveau chemin vers le Pérou. Ces projets n'eurent pas de suite : le gouvernement français craignit peut-être de se brouiller avec l'Angleterre [1].

Le premier roi de Prusse, Frédéric Ier, venait de mourir le 25 février 1713; ce fut avec son fils Frédéric-Guillaume Ier que traita Louis XIV. Louis céda la Gueldre espagnole au roi de Prusse, avec l'autorisation de Philippe V, ce qui fut très-peu agréable aux Hollandais. Louis reconnut le roi de Prusse souverain de Neufchâtel, et Frédéric-Guillaume renonça à toutes prétentions sur la principauté d'Orange, pour son compte et pour le compte des Nassau, ses cohéritiers, qu'il se chargea de désintéresser. Il promit de ne plus fournir à l'armée de l'Empire, tant que durerait la guerre, que son contingent fédéral de quatre mille six cents hommes, au lieu de trente-cinq mille soldats qu'il avait maintenant sur pied.

Le traité entre Louis XIV et Victor-Amédée II rendit à celui-ci la Savoie et Nice, lui céda Exilles et Fénestrelles, Château-Dauphin, forteresse dauphinoise située à l'entrée du pays de Saluces, enfin tout ce qui est à *l'eau pendante* des Alpes vers le Piémont. Victor-Amédée céda à la France la vallée de Barcelonette, ce qui rectifia la frontière dauphinoise. Le royaume de Sicile fut garanti au duc par Louis XIV, qui reconnut la maison de Savoie comme substituée à la maison de Bourbon sur le trône d'Espagne, dans le cas où s'éteindrait la postérité directe de Philippe V.

De tous les princes allemands coalisés, le roi de Prusse, seul, s'était détaché de l'empereur, signe d'affranchissement de sa nouvelle royauté. Le jour où furent signés tous ces traités (11 avril), l'empereur et l'Empire n'ayant point accepté les offres de la

---

1. Flassan, *Hist. de la diplomatie française*, t. IV, p. 375.

France, un nouveau délai leur fut notifié jusqu'au 1er juin. Louis offrait encore la barrière du Rhin, plus Landau, et au nom de Philippe V, Naples, les présides de Toscane, les Pays-Bas espagnols, agrandis des parties de la Flandre cédées par la France, à condition que les électeurs de Cologne et de Bavière fussent rétablis dans leurs biens et honneurs, le Haut-Palatinat restant toutefois à l'électeur palatin [1] et l'électeur de Bavière devenant roi de Sardaigne par compensation. Les plénipotentiaires de l'empereur et de l'Empire quittèrent Utrecht sans réponse, le 15 avril : l'ambassadeur d'Espagne y arriva un mois après; Philippe V ratifia les engagements pris en son nom par son aïeul, et, le 13 juillet, la paix fut signée entre l'Espagne et l'Angleterre [2].

C'était, dit-on, par le conseil d'Eugène que l'empereur avait refusé de signer la paix en même temps que ses alliés : l'orgueilleux entêtement qui était commun à Charles VI avec tous les princes de sa maison, suffisait bien pour expliquer son refus. L'âge de Louis XIV, l'altération de sa santé, les infirmités de la reine Anne, qui avait pour héritier présomptif un des adversaires les plus décidés de la paix, firent croire au cabinet de Vienne qu'il avait intérêt à gagner du temps et à ne pas déposer les armes. Louis XIV, qui avait compté sur la paix, ne s'était pas mis en mesure d'agir de bonne heure sur le Rhin, seul point de contact qui restât entre les puissances belligérantes, puisque l'Italie était neutralisée et la Belgique en dépôt dans les mains des Hollandais. Quand le roi vit que le dernier terme fixé approchait sans apparence de traité, que l'empereur tirait un subside de la diète (quatre à cinq millions d'écus), un emprunt de la Hollande, et faisait venir sur le Rhin les garnisons d'Italie, il répara à grands frais le temps perdu et envoya Villars à la tête de l'armée d'Alsace, en lui subordonnant un second corps d'armée, formé au confluent de la Moselle et de la Sarre, sous le maréchal de Besons. A son arrivée à Strasbourg, le 26 mai, Villars ne trouva sous sa main que quarante-cinq mille hommes. Il apprit qu'Eugène avait déjà soixante

---

1. Le Haut-Palatinat avait été démembré de l'électorat palatin pendant la guerre de Trente Ans et donné à la Bavière. L'empereur, après Höchstedt, l'avait rendu au Palatin.
2. V. les traités d'Utrecht dans Lamberti, t. VIII.

mille soldats et en aurait cent dix mille quand il serait au complet. Eugène était derrière les lignes d'Etlingen, avec des corps détachés depuis Mayence jusqu'à la Forêt-Noire, et s'apprêtait à masser ses troupes afin de passer le Rhin à Philipsbourg; mais il manquait des ressources nécessaires pour faire vite : Villars le prévint et compensa son infériorité momentanée en se concentrant et en opérant avec la même célérité qu'à Denain, mais sur un plus vaste espace. Il feignit de menacer les lignes d'Etlingen, lança son armée à marche forcée jusqu'en face de Philipsbourg, masqua la tête de pont de cette forteresse et occupa Spire (4-6 juin). L'armée avait fait seize lieues en vingt heures.

Landau fut ainsi coupé d'avec l'armée ennemie. Un gros de cavalerie poussa de Spire à Worms et détacha des partis jusqu'à Coblentz. Un corps arrivé de la Moselle prit Kayserslautern et acheva d'assurer aux Français la partie du Palatinat entre la Sarre et le Rhin. Toutes les troupes qui avaient formé les diverses armées françaises ralliaient successivement Villars, qui finit par disposer d'une force écrasante, deux cents bataillons et plus de trois cents escadrons. Le 11 juin, le corps d'armée de la Sarre investit Landau : le reste des forces françaises, réparti entre plusieurs camps, gardait le Rhin de Mayence à Huningue. La garnison de Landau était nombreuse, huit à neuf mille hommes; les excellentes fortifications de Vauban avaient encore été augmentées par les alliés depuis 1704. Villars, regardant sa position comme inattaquable, assuré de sa subsistance par la bonne discipline de son armée et par l'étendue de pays soumise à ses contributions, ménagea la vie du soldat plus qu'il n'avait coutume de le faire et laissa marcher méthodiquement le siège par la sape et la mine. Eugène jugea le secours impossible et n'essaya même pas de passer le Rhin pour tenter quelque diversion. Les moyens d'action ne lui venaient que lentement : l'argent d'Angleterre n'était plus là pour donner la vie et le mouvement aux lourdes masses germaniques. Eugène eut toutefois enfin, dans le courant d'août, cent vingt-cinq bataillons et deux cent quarante-quatre escadrons; mais, le 20 de ce mois, le commandant de Landau s'était rendu prisonnier avec sa garnison.

Villars ne se contenta point de cet avantage. Après avoir remis

Landau en défense, il partit de Spire le 11 septembre pour Fort-Louis et Strasbourg, laissa le maréchal de Besons avec son corps d'armée au Fort-Louis pour contenir Eugène, passa le Rhin à Kehl, le 18 septembre, et suivit son avant-garde, qui, après avoir feint de vouloir se diriger vers les sources du Danube, prit la route de Freybourg. Le 20, l'armée fut en vue de cette capitale du Brisgau. Les ennemis avaient puissamment fortifié, depuis quelques années, Freybourg et ses aboutissants : ils avaient retranché la montagne de Holgraben, à trois lieues de Freybourg, et, tout près de la ville, la montagne de Roskhof, où aboutissaient des lignes qui partaient de Hornberg et qui barraient tout l'espace entre les vallées de la Kinzig et de la Treisam. On alla droit au camp de Roskhof : dix-huit bataillons garnissaient la crête de cette hauteur et pouvaient être rapidement renforcés par d'autres corps. Comme à Denain, Villars assaillit redoutes et demi-lunes, sans fascines, sans outils, *avec des hommes*. Il lança devant lui cinq cents grenadiers et les suivit à la tête d'une des colonnes d'attaque : la pente était si raide, que son cheval s'abattit sous lui et faillit le jeter dans le précipice. Il grimpa des pieds et des mains, aidé par les grenadiers et entouré d'une élite de jeunes princes et de jeunes courtisans. Tout fut emporté, sur trois points à la fois, presque sans perte pour les vainqueurs. Le gros de l'infanterie ennemie se jeta dans Freybourg : la cavalerie s'enfonça dans les gorges de la Forêt-Noire ; Villars la poursuivit avec un fort détachement, trouva les lignes du Holgraben abandonnées, se saisit de tous les passages, poussa jusqu'aux sources du Danube, envoya des partis mettre à contribution le pays au-delà de ce fleuve, puis revint trouver le gros de son armée sous Freybourg.

Malgré la facile conquête des lignes de la Forêt-Noire, le siége de Freybourg était encore une rude entreprise. Freybourg était protégé par treize mille combattants et par un quadruple étage de forteresses disposées en amphithéâtre sur le penchant de la montagne qui commande la ville. Ce siége fut bien plus meurtrier que celui de Landau : la saison qui avançait, le manque de fourrages, la crainte des tentatives d'Eugène, qui s'était avancé jusqu'au Holgraben, ne permettaient plus d'avancer pas à pas comme à Landau. On emporta les dehors à coups d'hommes. Un seul assaut, dans la nuit du 14 au 15 octobre, coûta plus de quinze cents morts ou blessés. Ces sacrifices, du moins atteignirent leur but : Eugène, après avoir reconnu le degré d'avancement du siége et la manière dont les passages des montagnes étaient gardés, désespéra de secourir la place et retourna à Etlingen. Villars pressa d'autant plus énergiquement ses opérations. Le nombre même de la garnison devait, dans son opinion, abréger le siége. Les subsistances ne pouvaient être en rapport avec les besoins de cette multitude, encore grossie par toute la noblesse du pays et par les femmes et les serviteurs des officiers du corps battu sur le Roskhof. Villars refusa de laisser sortir les dames. Le 30 octobre, comme on se disposait à donner l'assaut au corps de la place, le gouverneur fit prévenir Villars qu'il s'était retiré dans les forts et qu'il abandonnait les blessés, les malades, les familles des gens de guerre et la ville à l'humanité des Français. La ville se racheta du pillage par une rançon d'un million et on laissa partir les réfugiés d'alentour ; mais, quant aux blessés et aux familles des militaires, Villars signifia au gouverneur que c'était à lui et non aux Français à les nourrir. Le gouverneur voulut s'y refuser ; mais ses soldats s'ameutèrent pour l'obliger de donner du pain à leurs malheureux camarades qu'on laissait mourir de faim. Il n'en envoya que la moitié de ce qui était nécessaire. Villars fut inflexible. Enfin, après d'assez longs pourparlers, Eugène envoya au gouverneur l'autorisation de rendre les forts, à condition que la garnison ne restât pas prisonnière (16 novembre.) Elle sortit le 20, forte encore de sept mille hommes.

La prise de Freybourg termina cette campagne, qui, de même que la précédente, avait rappelé les anciens jours et doré de quelques rayons de gloire la fin du grand règne. Le *soleil* couchant dissipait les nuages qui le couvraient depuis si longtemps et brillait d'une dernière splendeur [1].

L'Allemagne, châtiée, avec justice, de son obstination à soutenir une cause qui lui était parfaitement étrangère, se lassait enfin de se sacrifier à l'orgueil autrichien. Dès le siége de Landau, l'électeur palatin et le prince de Bade-Dourlach avaient fait quelques

---

1. Villars, p. 217-226. — Quincy, t. VII, p. 216-292.

ouvertures à Villars : durant le siége de Freybourg, les quatre cercles qui souffraient le plus de la guerre avaient tenu, malgré l'empereur, une assemblée, afin de pourvoir à leur commune sûreté, et avaient prié la cour de Vienne de ne plus s'opposer à la paix. Les événements attendus par Charles VI n'arrivaient pas et il se manifestait clairement que l'empereur et l'Empire, même avec l'épée d'Eugène, étaient hors d'état de tenir tête à la France, si affaiblie qu'elle fût par ses longues misères.

L'Autriche courba la tête, de mauvaise grâce. L'empereur, avant même que Freybourg fût rendu, envoya des pleins-pouvoirs à Eugène. Villars avait ceux de Louis XIV et accepta Rastadt pour le lieu des conférences. Les deux grands capitaines s'y abouchèrent le 26 novembre. Il dut être pénible pour Eugène d'avoir à négocier avec l'homme qui avait été l'écueil de sa fortune militaire et qui lui avait fait perdre le titre d'invincible ; ce prince n'en laissa rien paraître et fut assez philosophe ou assez maître de lui-même pour traiter Villars en ancien ami. La négociation offrit toutefois encore quelques difficultés. La cour de Vienne semblait croire qu'elle accordait une faveur à la France en consentant à la paix. Il fallut changer de ton. L'empereur fut obligé d'accepter le traité de Ryswick pour base et de consentir à l'entier rétablissement des deux électeurs de Cologne et de Bavière[1] ; il aima mieux faire rendre le Haut-Palatinat au Bavarois, que de lui céder la Sardaigne, sauf à *promettre*[2] cette île au Palatin en dédommagement. On disputa beaucoup sur Landau : l'Autriche céda enfin ; Landau était bien généreusement payé par la restitution de Freybourg, de Kehl et de Brisach ! Quant à l'Italie, Louis XIV s'engagea de ne jamais troubler la maison d'Autriche dans la possession des états qu'elle y tenait actuellement ; c'était tout ce qu'on pouvait lui demander, l'empereur ne voulant point de transaction directe avec Philippe V. Louis, par là, souscrivait implicitement à la conquête de Mantoue par l'Autriche. Les questions territoriales furent à peu près vidées en une quinzaine de jours : des questions

---

1. Louis XIV avait promis à son malheureux allié un dédommagement plus magnifique : par un traité secret du 20 février 1714, la France s'obligea, à la première vacance, de travailler à faire passer l'empire dans la maison de Bavière. V. Lémontel, t. V, p. 234.

2. *Promettre*, disons-nous ; car, en fait, le Palatin n'eut rien.

politiques arrêtèrent beaucoup davantage ; l'empereur prétendait que le roi s'engageât à faire maintenir les priviléges des Catalans et refusait, de son côté, toute concession au prince Rakoczi, protégé par Louis XIV; il refusait aussi, absolument, une demande présentée par Louis, sur les instances de Philippe V, et que le ministère anglais appuyait avec zèle pour se faire donner de bonnes conditions commerciales à Madrid ; il s'agissait d'une principauté *souveraine*, de trente mille écus de revenu, à créer en Belgique au profit de la princesse des Ursins. La Maintenon d'Espagne était loin d'avoir le bon sens et la prudence de celle de France, et son étrange fantaisie, aveuglément épousée par Philippe V, contribua quelque temps à tenir en suspens la paix du monde. Le cabinet de Versailles abandonna madame des Ursins et l'empereur abandonna les Catalans, dont Philippe V était irrévocablement décidé à ne pas laisser subsister les franchises quasi-républicaines. A la considération de la reine d'Angleterre, il leur avait offert, à la place, les priviléges de Castille, c'est-à-dire le droit de trafiquer et de s'établir aux Indes-Occidentales : des priviléges commerciaux en échange de priviléges politiques.

La paix entre la France et l'Autriche fut signée le 7 mars 1714. L'obstination de l'empereur à ne pas traiter à Utrecht avait valu à la France Landau et le Fort-Louis, qui ne fut pas démoli [1]. Le traité définitif et général ne fut terminé que le 7 septembre, à Baden en Argovie [2].

La guerre, depuis la fin de 1713, avait cessé partout, excepté en Catalogne. Après que l'empereur avait renoncé, de fait, à l'Espagne, l'indomptable Barcelone s'obstinait encore à prolonger une résistance sans issue ; le cabinet de Vienne l'y avait encouragée par de vaines espérances et lui en avait fourni les moyens, en n'exécutant pas loyalement le traité d'évacuation de mars 1713. Par ce traité, le général de l'empereur, Stahremberg, devait commencer l'évacuation par remettre Barcelone ou Tarragone, à son choix, aux troupes de *l'autre puissance* (de l'Espagne) et garder la

1. Les autres forts que la France avait reconstruits dans les îles du Rhin, et les têtes de pont qu'elle avait jetées sur la rive droite, furent détruits, pour rentrer dans le traité de Ryswick.
2. Villars, p. 226-234. — Quinci, p. 292-325. — Lamberti, t. VIII.

seconde de ces villes jusqu'à l'embarquement des dernières troupes impériales. Stahremberg évacua d'abord Tarragone (mi-juillet 1713), mais sans prévenir les Espagnols, en sorte que la ville fût tombée au pouvoir des miquelets insurgés, si les habitants n'eussent spontanément appelé les troupes de Philippe V. Quant à Barcelone, le général autrichien, avant de s'embarquer sur l'escadre anglaise, laissa les insurgés occuper tout à leur aise la ville et le Mont-Juich : le cardinal Sala, évêque de Barcelone, agent dévoué de l'Autriche, avait convoqué les *Trois-Bras* (États) de Catalogne au palais épiscopal et les avait assurés que l'empereur, dès qu'il aurait repoussé les Français des frontières de l'Empire, aiderait la Catalogne à s'ériger en république sous son patronage; l'assemblée provinciale, dite *Députation de Catalogne*, eut la hardiesse de déclarer la guerre à l'Espagne et à la France. La majorité de la noblesse et une portion du clergé s'y opposèrent en vain : les moines, toujours enclins aux partis extrêmes, entraînèrent le peuple. La cour de Madrid devait, du reste, s'en prendre à sa propre violence autant qu'à la mauvaise foi des Autrichiens; on ne parlait, autour de Philippe V, que de sac et de corde pour les rebelles qui ne se hâteraient pas de profiter de l'amnistie : ce n'est point ainsi qu'on désarme une population généreuse et fière. Barcelone ayant repoussé les sommations du vice-roi envoyé par Philippe V, toutes les forces espagnoles, rendues libres par la trêve conclue avec le Portugal[1], commencèrent de bloquer cette grande cité (fin juillet 1713). Ces forces ne dépassaient guère trente mille hommes. Les insurgés avaient environ treize mille combattants dans la ville, dont quatre mille soldats étrangers, qui avaient déserté avec le consentement de Stahremberg, plus un camp volant sur les hauteurs et des bandes de miquelets qui couraient le pays au loin. Majorque et Iviça avaient suivi l'exemple de Barcelone : ces îles firent passer aux Barcelonais des secours que la marine espagnole ne fut point en état d'intercepter; des sorties heureuses fournirent à la ville de nouvelles ressources, et l'impuissance de l'Espagne à soumettre la rébellion barcelonaise devint évidente.

Philippe V leva les mains de nouveau vers son aïeul. Louis XIV

---

1. La paix entre l'Espagne et le Portugal fut signée le 14 février 1715.

ne put rien faire pour lui jusque après la paix avec l'empereur : une fois débarrassé de la guerre du Rhin, Louis s'apprêta à intervenir vigoureusement par terre et par mer. Tandis qu'on armait à Toulon et en Languedoc, la guerre grandissait en Catalogne : un impôt exigé par Philippe V soulevait la province, qui avait été un moment soumise presque en entier ; tout reprit les armes, de la Sègre à la mer et de l'Èbre au Ter : les détachements espagnols, épars dans la contrée, furent exterminés ou refoulés dans les places fortes, et la guerre prit un caractère d'extrême cruauté entre les Catalans et les Castillans. Les Barcelonais, cependant, avertis des préparatifs de Louis XIV et sachant l'abandon que l'empereur faisait de leurs intérêts à Rastadt, essayèrent de transiger : ils offrirent de reconnaître Philippe V et de payer trois millions pour les frais de la guerre. On voulut les avoir à discrétion. Ils embarquèrent pour Majorque et l'Italie le plus qu'ils purent de bouches inutiles et s'apprêtèrent à combattre jusqu'à la mort. Un ridicule entêtement de Philippe V leur valut trois mois de répit. La reine d'Espagne était morte, à vingt-cinq ans, le 14 février 1714 : sa mort ne changea rien à la conduite du cabinet espagnol, si ce n'est que la princesse des Ursins gouverna directement le roi, au lieu de le gouverner indirectement. Madame des Ursins était attachée avec une furieuse obstination à l'idée fixe de se faire tailler une principauté dans les Pays-Bas catholiques ; la signature de la paix entre l'Espagne et la Hollande était suspendue depuis plusieurs mois[1], parce que le cabinet de Madrid voulait que la Hollande garantît absolument la principauté. Quand Louis XIV eut renoncé à exiger cette concession de l'empereur, Philippe, ou plutôt son ministre femelle, traîna d'autant mieux le traité avec la Hollande, sur l'espoir que les Hollandais, froissés dans leurs intérêts com-

---

1. Les négociations de l'Espagne avec l'Angleterre avaient été terminées, le 9 décembre 1713, par un traité de commerce qui remettait les relations sur le même pied qu'au temps de Charles II : les Indes Espagnoles étaient interdites aux navires étrangers, sauf l'importante exception de la traite des noirs en faveur des Anglais. L'Espagne s'engageait à ne jamais céder aucun poste dans les Indes aux Français ni à d'autres. Les Anglais, dans les états européens de l'Espagne, étaient admis aux mêmes avantages que les Français ou étrangers les plus favorisés : un droit d'entrée de 10 pour cent fut substitué aux droits divers qui pesaient sur les marchandises étrangères, si ce n'est dans les provinces basques, et sauf les vieux droits appelés *alcavala*, *cientos* et *milones*. V. Lamberti, t. VIII.

merciaux, forceraient l'empereur à céder. Louis XIV, justement indigné d'un tel scandale diplomatique, signifia au roi d'Espagne qu'il ne lui donnerait ni troupes, ni vaisseaux, que le traité ne fût terminé avec la Hollande. Madame des Ursins prétendit d'abord tenir tête au Grand Roi et prendre Barcelone sans lui : il fallut que l'impossibilité absolue du succès lui eût été démontrée, pour qu'elle permît à Philippe de déférer aux remontrances de son aïeul[1]. Le traité avec la Hollande fut enfin signé, et Louis XIV expédia contre Barcelone une armée commandée par Berwick et une escadre aux ordres de Ducasse.

Berwick arriva, le 7 juillet 1714, devant Barcelone. L'armée espagnole, réduite à douze mille hommes (encore y avait-il des Français dans le nombre), ne pouvait plus, depuis quelque temps, qu'observer la ville et y jeter des bombes. Les Barcelonais avaient seize mille hommes enrégimentés. Après la jonction, Berwick put disposer de trente-cinq à quarante mille combattants, sans compter les corps répartis dans la province. On ne s'attaqua point au Mont-Juich : on ouvrit la tranchée le 12 juillet, du côté opposé, vers la rivière du Besos. Après la brèche pratiquée, les deux premiers assauts furent repoussés avec un grand carnage (12-14 août). Les Barcelonais avaient arboré un drapeau noir avec une tête de mort. Les prêtres et les moines venaient aux brèches croiser la baïonnette avec les grenadiers français. Les amis que les Barcelonais avaient au dehors eurent moins de succès : douze mille miquelets et *sommetans* (montagnards), qui s'avançaient pour

---

1. *Mém.* de Berwick, t. II, p. 165. — Madame des Ursins ne tarda pas à porter la peine de son outrecuidance. Trop vieille pour se faire épouser par Philippe V, comme elle n'y eût pas manqué si la chose eût été possible, elle avait remarié ce prince, sans consulter Louis XIV, à une princesse de Parme, comptant gouverner avec cette nouvelle reine comme elle avait fait avec la première. Mais la Parmesane était un démon d'orgueil et de dissimulation : elle partit d'Italie avec la pensée d'écarter à tout prix la femme altière à qui elle devait la couronne. Le cabinet de Versailles n'eut pas de peine à s'entendre avec elle à ce sujet : Philippe V, à qui le joug finissait par peser, mais qui n'eût jamais osé le rompre de sa propre main, reçut vraisemblablement sa leçon par correspondance. Lorsque la princesse des Ursins alla, comme *camerera mayor*, au-devant de la jeune reine, celle-ci, qui avait les pleins pouvoirs du roi, lui chercha querelle sur un prétexte frivole, la fit jeter dans un carrosse, sans lui donner seulement le temps de prendre des provisions ni des habits de voyage, et la fit conduire jusqu'à la frontière par un officier des gardes (fin décembre 1714). Ce premier ministre femelle, si brusquement déchu, se retira en Italie et y mourut en 1722. Elle avait été hostile à l'Inquisition : il faut lui en tenir compte.

secourir la ville, furent défaits et dispersés par un corps détaché de l'armée de siège (22-24 août). Le 3 septembre, Berwick fit sommer les assiégés, en offrant la vie et les biens pour toutes conditions. Les *Trois-Bras* refusèrent. Les vivres manquaient dans la place : les assiégés voulurent faire sortir les femmes et les enfants : Berwick ordonna de tirer dessus! Sept brèches étaient ouvertes aux remparts : le temps se gâtait; Berwick résolut d'en finir. L'assaut général fut donné le 11 septembre. Les trois bastions éboulés et ouverts qu'embrassait l'attaque furent enlevés rapidement; mais on trouva au delà une résistance furieuse et désespérée : chaque rue, chaque couvent était une citadelle; on ne put pénétrer dans l'intérieur de la ville, s'étendre le long des remparts, qu'au prix de flots de sang. Le bastion de Saint-Pierre fut pris et repris onze fois! Ce fut seulement après onze heures de combat que les Barcelonais, enfin refoulés de la Vieille ville dans la Nouvelle, demandèrent à capituler. Les deux partis, presque également épuisés, suspendirent la lutte, et le lendemain, la soumission eut lieu moyennant vie et bagues sauves et rançon pour racheter le droit de pillage. Ce grand siège avait coûté aux assiégeants dix mille morts ou blessés, aux assiégés six mille, dont cinq cent quarante-trois moines ou prêtres.

Les vieilles libertés catalanes, libertés quelque peu privilégiées et aristocratiques, comme presque toutes celles du moyen âge, au moins dans le Midi, furent ensevelies sous les ruines des remparts de Barcelone. Le peuple fut désarmé et les lois de Castille furent établies en Catalogne. Berwick, du moins, empêcha Philippe V d'imiter les mœurs autrichiennes et de souiller une victoire due aux armes de la France et non de la Castille : il y eut des emprisonnements, des exils, mais point d'échafauds.

Les Baléares tinrent quelques mois encore après la réduction de la Catalogne. La mauvaise saison retarda une expédition franco-espagnole préparée à Barcelone et qui n'appareilla qu'au commencement de l'été de 1715. Majorque, à qui l'empereur avait fait passer des secours de Sardaigne et de Naples, avait des moyens de défense considérables; elle n'en usa point et ses deux principales villes, Alcudia et Palma, se rendirent presque sans coup férir (20 juin — 2 juillet 1715). La soumission des Baléares termina la guerre de la succession d'Espagne, la plus vaste qu'eût vue l'Europe depuis les croisades[1].

La guerre de la succession avait considérablement modifié la situation respective des états européens. La France, qui, arrivée au maximum de sa puissance lors de la trêve de 1684, avait fait un premier pas rétrograde par le traité de Ryswick, venait d'en faire un second et de reperdre encore un lambeau de sa frontière du Nord et des premières conquêtes de Louis XIV. Elle était d'ailleurs bien plus affaiblie encore par le mal intérieur qui la rongeait que par ses pertes territoriales. L'avenir devait montrer si la transplantation d'une branche des Bourbons en Espagne vaudrait à la France ce qu'elle lui avait coûté. Quant à l'Espagne, on pouvait déjà prévoir qu'elle y gagnerait. Le démembrement de sa monstrueuse monarchie, tant redouté de son orgueil, l'avait remise dans des conditions d'existence possibles. Elle avait su retrouver le sentiment d'elle-même en luttant contre l'invasion étrangère. Pénétrée, quoique à faible dose, d'une infusion d'esprit français, elle allait secouer la tradition léthifère de l'Autriche et remonter, bien lentement, il est vrai, la pente de l'abîme au plus profond duquel elle était descendue. La population, qui n'avait cessé de décroître depuis Charles-Quint, allait reprendre un mouvement ascensionnel, qui, là, comme dans le reste de l'Europe, ne devait plus être interrompu jusqu'à nos jours.

Dans le démembrement de sa monarchie, l'Espagne avait conservé précisément ce que les directeurs de la coalition, les gouvernements d'Angleterre et de Hollande, avaient le plus souhaité de lui enlever, les Indes Occidentales. Les nécessités de la guerre, en obligeant les deux puissances maritimes à concentrer leurs efforts en Europe, avaient préservé l'Amérique espagnole. L'Angleterre entama, du moins par le commerce, les vastes contrées qu'elle n'avait pu entamer par les armes : la traite des noirs devait être pour elle le prétexte d'une immense contrebande sans concurrence et sans péril. Elle trouvait d'ailleurs, aux conquêtes qu'elle avait manqué de faire, des compensations dans l'Amérique française et, ce qui était bien plus important, dans la Méditerra-

---

1. Berwick, t. II, p. 161-195. — Quinci, t. VII, p. 325-391.

née : deux positions de premier ordre lui livraient le bassin occidental de cette mer où la nature ne lui a point assigné de place : Gibraltar annulait Carthagène; Port-Mahon tenait Toulon en échec. La Hollande, elle, avait obtenu les positions continentales, la ligne de défense, si longtemps convoitées; mais ces acquisitions, n'accroissant ni sa population ni ses ressources maritimes et ne lui donnant qu'un droit d'occupation militaire, ne lui donnaient qu'une force factice : elle n'avait rien gagné sur mer, rien pour son commerce; la politique de Heinsius, politique de vengeance et non de prévoyance, avait préparé sa décadence prochaine au profit de l'Angleterre.

L'Autriche impériale semblait dédommagée de la perte de sa sœur, l'Autriche espagnole, par l'acquisition de ces domaines italiens auxquels elle s'attachait avec la passion du vautour pour sa proie, et par la domination qu'elle avait recouvrée sur l'Allemagne, grâce aux rancunes germaniques contre la France. Mais cette domination, relevée par la guerre, allait se relâcher par la paix, et il s'élevait en face de l'Autriche une jeune puissance tout allemande sous un nom slave[1], la Prusse, qu'une forte organisation militaire devait rendre très-redoutable dans un temps peu éloigné. La domination sur l'Italie n'avait pas non plus une entière solidité. L'avenir devait montrer que le vrai succès de l'Autriche était moins d'avoir acquis Naples ou Milan que d'avoir recouvré la Hongrie.

Quand l'occident, cessant d'être absorbé par sa propre querelle, put reporter ses regards hors de lui-même, sur l'autre moitié de l'Europe, il vit qu'il s'y était opéré une révolution non moins considérable que les siennes et de nature à réagir puissamment sur ses propres destinées. Des deux guerres, en quelque sorte parallèles, qui avaient bouleversé le continent, quand celle de l'occident et du sud était finie, celle du nord et de l'orient n'était pas terminée encore; mais le sort en était décidé depuis 1709, au profit d'un nouvel acteur qui apparaissait avec éclat sur le théâtre européen. L'accession de la Russie à la société européenne était prévue depuis longtemps par les politiques :

---

1. Plus exactement, lithuanien.

Henri IV et Sulli l'avaient prédite. Ce jour était venu. La Russie, enfermée dans ses plaines immenses, au nord par la Suède, au midi par la Turquie, s'était ouvert l'accès de la mer Noire aux dépens de la Turquie, puis s'était jetée sur la Suède pour conquérir le débouché de la Baltique. Le plus grand écrivain du xviiie siècle a raconté la lutte des deux hommes extraordinaires en qui se personnifièrent les deux nations rivales [1]. La supériorité politique fut au Russe sur le Suédois. Charles XII eut les qualités du héros plus que celles de l'homme d'état. Pierre le Grand, après avoir étudié par ses propres yeux, dans ses voyages, le mécanisme et les instruments de la civilisation, abat chez lui les deux castes qui faisaient obstacle à l'unité absolue du pouvoir, le clergé et la milice [2], se fait une armée et un sacerdoce absolument à lui, et organise avec génie les ressources d'un grand peuple barbare qui ne savait point user de ses forces vastes et confuses. Charles XII, lui, exploite, jusqu'à l'épuisement, les forces médiocres d'un petit peuple héroïque, sans savoir leur donner, comme avait fait Gustave-Adolphe, la meilleure direction possible. Il a entrevu une excellente idée, la réorganisation de la Pologne, mais il ne pourrait l'accomplir qu'en liant sa politique à celle de l'occident, qu'en prenant parti pour la France et pour la Hongrie, en imposant la paix à l'Allemagne, en abattant l'Autriche et en se contentant de repousser et de contenir les Russes, encore incapables d'agir avec succès loin de chez eux. Il fait tout le contraire; il s'isole de l'occident; il refuse de s'entendre avec Louis XIV et avec Rakoczi, tandis que Pierre le Grand, avide de se mêler par tous les moyens à l'Europe, fait des offres à la France et à la Hongrie, en même temps qu'il négocie avec la Grande Alliance. L'issue, on la connaît; Charles XII, attiré par la défection de l'hetman des Cosaques, succès qui lui devient fatal, s'enfonce dans la Russie Rouge et y perd son armée (juillet 1709).

A la nouvelle de Pultawa, les Saxons et les Danois reprennent les armes : Auguste de Saxe rentre en Pologne, aidé par les Russes, et chasse le roi national, l'ami de Charles XII, Stanislas Leczynski; les provinces de la Baltique orientale tombent suc-

---

1. Voltaire, *Hist. de Charles XII* et *Hist. de Pierre le Grand*.
2. Les strelitz, milice anarchique, analogue aux janissaires turcs.

cessivement au pouvoir des Russes; les provinces allemandes de la Suède sont envahies à leur tour : les Prussiens, puis les Hanovriens, se joignent aux Danois et aux Saxons. La Suède, privée de son chef et de son armée, se défend intrépidement, mais les succès mêmes l'usent presque autant que les revers, contre des ennemis toujours renaissants. Charles XII, réfugié en Roumanie, à Bender, s'efforce d'armer l'empire othoman, qui a laissé perdre sans agir les grandes occasions des guerres de Hongrie et de Pologne. La Turquie se lève tardivement, à la fin de 1710. Le tzar Pierre imite la faute de Charles XII : il prend l'offensive; il s'engage témérairement dans la Moldavie et se laisse envelopper sur le Pruth par les Othomans. Il va périr : Falczim va venger Pultawa et faire reculer pour longtemps la fortune de la Russie. L'incapacité du grand-vizir sauve le tzar : le ministre othoman vend la paix à l'ennemi qu'il peut anéantir (12 juillet 1711) : Pierre en est quitte pour rendre Azof, pour faire aux Turcs une vaine promesse de ne plus s'immiscer dans les affaires de la Pologne et des Cosaques et pour suspendre l'exécution de ses projets sur la mer Noire[1]. Ce qui devait être une ruine, n'est ainsi, pour la Russie, qu'un échec partiel qui retarde à peine la marche de ses destinées, et Pierre se dédommage aux dépens de la Suède, tandis que la Turquie, se détournant de ses vrais ennemis, va se jeter sur les Vénitiens.

Le résultat le plus net des deux guerres de l'occident et du nord, c'est donc, en somme, l'accroissement de l'Angleterre et de la Russie et l'entrée de ce dernier état dans la politique européenne. L'influence russe va remplacer dans le nord l'influence suédoise, qui avait dominé depuis la guerre de Trente Ans. La Suède n'eût-elle pas essuyé le désastre de Pultawa, qu'elle eût toujours fini par perdre une prépondérance que ses forces réelles ne lui permettaient plus de soutenir, maintenant que les grands états faisaient la guerre avec toutes leurs ressources à la fois, avec des masses d'hommes et des masses d'or.

Le gouvernement de Louis XIV ne vit pas avec indifférence cette révolution dans le nord : quoiqu'il eût peu à se louer de

---

1. Le traité dans Dumont, t. VIII, p. 275.

Charles XII, Louis XIV envoya des secours d'argent aux généraux suédois qui défendaient les débris de la Poméranie et, lorsque Charles XII, désespérant de rien tirer des Othomans, eut enfin regagné son territoire envahi, la France tenta, mais en vain, d'interposer sa médiation (fin 1714). Le 3 avril 1715, Louis XIV promit, par un traité formel, 1,800,000 fr. de subside annuel à Charles XII, pendant trois ans, et ses bons offices pour lui faire rendre les possessions suédoises d'Allemagne [1].

Il était d'une bonne politique de travailler à arrêter la Suède sur le penchant de sa ruine. La politique de Louis XIV fut moins sage dans ses relations avec l'Angleterre après le traité d'Utrecht. Tandis que Louis XIV s'obligeait officiellement à ne troubler en aucune façon la transmission de la couronne britannique dans la ligne protestante et retirait au prétendu Jacques III l'asile qu'il avait donné, pendant vingt-quatre ans, à lui et aux siens, le chef même du cabinet anglais, Harley, comte d'Oxford, qui lui demandait ces engagements au nom du gouvernement de la reine, l'engageait mystérieusement à favoriser un complot qui avait pour but la restauration du prince exilé et l'exclusion de la ligne protestante. La foi au droit monarchique l'emportait sur la foi des traités dans l'esprit du Grand Roi et, d'ailleurs, il ne pouvait avoir grand scrupule à violer son traité d'après les instigations du gouvernement même avec lequel il traitait. La reine Anne était, au moins d'intention, complice de son ministre et ne demandait pas mieux que d'assurer sa succession à son jeune frère, moyennant garanties pour l'église et pour les lois établies. Oxford fit entendre au prétendant, qui s'était réfugié en Lorraine, et à la cour de France, qu'il fallait ajourner après la paix la révocation de la loi de succession : en attendant, les jacobites, sur les instructions du prétendant, secondèrent activement les tories et les aidèrent à mater les whigs et à faire la paix comme ils voulurent. La paix venue, Oxford ajourna de mois en mois, sous divers prétextes, l'effet de ses promesses : la santé de la reine baissait d'une manière effrayante et cependant Oxford ne faisait rien pour assurer la succession aux jacobites;

[1] Flassan, t. IV, p. 349.

il les avait évidemment leurrés. Était-ce au profit des tories? — Oui, d'abord, mais non pas finalement; car il ne faisait rien non plus pour fortifier les tories et les mettre à même d'imposer leurs conditions à l'héritier protestant. Oxford n'avait songé qu'à lui-même et, depuis que la reine déclinait, il se rapprochait en secret des whigs, des *hanovriens*. Tories et jacobites, Bolingbroke, Ormond, etc., se réunirent enfin pour l'abattre et obtinrent sa destitution de la reine (7 août 1714) : il était trop tard ; quelques jours après, une attaque d'apoplexie termina ce règne, qui avait offert un contraste si frappant entre la glorieuse activité de la nation et la complète insignifiance de la personne royale (12 août). Ce contraste devait devenir presque normal dans le gouvernement parlementaire de la Grande-Bretagne. Les jacobites restèrent immobiles. Les tories se précipitèrent au-devant de l'électeur de Hanovre pour se faire pardonner le passé par leur empressement à saluer le *roi George I*[er]. La transmission de la couronne des Stuarts dans la maison de Brunswick s'opéra sans la moindre opposition.

Le nouveau roi d'Angleterre entra sur-le-champ en contestation avec la France pour un objet important, mais étranger aux intérêts du prétendant. Louis XIV avait accompli la plus douloureuse des conditions de la paix : il avait fait combler le port de Dunkerque, percer les digues et les jetées, miner les écluses ; mais, en détruisant les magnifiques travaux qui avaient été une des gloires de ses belles années, il n'avait pu se résigner à abandonner toute position maritime sur cette côte et il avait fait ouvrir, à l'ouest de Dunkerque, en tirant vers Mardyck, un nouveau canal d'une lieue de long, capable d'abriter des vaisseaux de quatre-vingts canons. Georges Ier, à peine arrivé en Angleterre, fit adresser de vives représentations au cabinet de Versailles, soutenant que c'était violer l'esprit du traité d'Utrecht. Le cabinet français prétendit que le canal de Mardyck n'avait pour but que d'empêcher la submersion du pays et de faire écouler les eaux de quatre canaux, qui auparavant s'écoulaient par les écluses de Dunkerque (octobre-novembre 1714). Au commencement de l'année suivante, un nouvel ambassadeur anglais, le comte de Stairs, vint renouveler les instances de son devancier Prior avec une âpreté arrogante qui blessa vivement le roi [1]. Louis ne voulut point paraître céder à des remontrances qui ressemblaient à des menaces, et le ministre Torci interrompit même les rapports diplomatiques avec Stairs; cependant les travaux de Mardyck furent suspendus, ou au moins ralentis.

La cour de France espérait se dédommager bientôt. Les factions avaient été promptement réveillées en Angleterre par la politique exclusive du nouveau roi. Les avances des tories avaient été repoussées, le parlement dissous, Oxford écarté avec mépris, Marlborough rétabli dans ses charges. Les whigs, rentrés en pleine possession de l'Angleterre, se déchaînaient avec fureur contre le dernier ministère, qui avait, disaient-ils, trahi les alliés de la Grande-Bretagne et sacrifié les intérêts nationaux par une paix honteuse. Des poursuites criminelles étaient entamées contre les ministres de la reine Anne, et Bolingbroke était arrivé en fugitif dans cette même France à laquelle il était apparu naguère comme l'arbitre tout-puissant de la paix. Les tories persécutés s'associèrent aux jacobites : Bolingbroke et ses amis entrèrent dans une vaste conspiration, qui s'étendit rapidement dans toute l'Angleterre et l'Écosse, et que le maréchal de Berwick, frère du prétendant, appuyait avec énergie à Versailles. Cette réaction devint quelque chose d'assez sérieux, pour que le déloyal Marlborough, tout couvert des bienfaits de Georges Ier, crût devoir faire des protestations secrètes à Jacques III, afin de se ménager des chances à tout événement [2]. Louis XIV refusa aux conjurés les troupes qu'ils lui demandaient, mais leur promit une assis-

---

[1]. Suivant le président Hénault (*Abrégé chronol. de l'Hist. de France*), Louis XIV aurait dit à lord Stairs : — « Monsieur l'ambassadeur, j'ai toujours été le maître « chez moi, quelquefois chez les autres; ne m'en faites pas souvenir. » Voltaire affirme, d'après le témoignage de M. de Torci, que ce propos n'a point été tenu. Les mots historiques sont rarement authentiques. — Sur l'affaire de Mardyck, v. Flassan, *Hist. de la diplomatie française*, t. IV, p. 351. — Lamberti, t. VIII, p. 678; t. IX, p. 143. — Saint-Simon, t. XII, p. 128.

[2]. V. Lémontei, *Hist. de la Régence*, t. Ier, p. 87. Voici qui peut faire juger de la moralité de ce grand capitaine. En avril 1713, il écrivait à l'électeur de Hanovre : « Je vous prie d'être persuadé que je serai toujours prêt à exposer ma vie et ma fortune pour votre service. » En octobre de la même année, il déclarait à un agent jacobite qu'il aimerait mieux avoir les mains coupées que de rien faire qui pût être préjudiciable aux intérêts du roi Jacques. (*Stuart's papers*.)

tance indirecte[1]. Le duc d'Ormond, l'ex-commandant en chef des troupes anglaises, révoqué par Georges Ier, devait se mettre à la tête du mouvement : menacé d'être arrêté, au lieu de donner le signal de l'insurrection, il s'embarqua et gagna la côte de France. Malgré ce désappointement, on continua les préparatifs : Louis XIV procura sous main au prétendant un vaisseau, des officiers, des armes pour dix mille hommes, et lui fit prêter par Philippe V 1,200,000 francs, qu'il était hors d'état de lui avancer sur sa propre cassette. Le plan des jacobites était d'entraîner Louis XIV au delà de ses prévisions et de rejeter la France dans la guerre malgré elle ; on en était là vers le mois d'août 1715 et il y avait toute apparence que les jacobites réussiraient à faire commettre au vieux roi cette faute, plus fatale encore que celle qu'il avait faite autrefois en reconnaissant Jacques III à la mort de Jacques II[2].

L'idée d'une nouvelle guerre devait être, en effet, quelque chose d'effrayant pour qui considérait l'état de la France. La France était comme un coursier épuisé, qui, à force de courage, achève de fournir la carrière et, arrivé au bout, s'abat sans pouvoir se relever. Les chiffres disent tout, en matière économique : en 1712, la dépense avait atteint deux cent quarante millions ; l'impôt n'atteignant pas cent treize millions, dont soixante-seize millions à déduire pour les charges et les diminutions forcées[3], il n'était pas resté trente-sept millions au trésor : on avait donc anticipé, jusqu'en 1717, sur la capitation, près de vingt-trois millions, sur la dîme, vingt-six, sur divers autres impôts, trente-cinq et demi, et obtenu quatre-vingt-treize millions sur des affaires extraordinaires, et il était resté près de trente-huit millions de dépense qu'on n'avait pu assigner sur rien. Desmaretz fournit toutefois encore à la campagne de 1713 par des expédients du même genre, anticipations, aliénations de droits domaniaux, rentes créées sur

---

1. Villars, en signant la paix avec l'empire à Baden, avait déjà pressenti le prince Eugène sur les dispositions de l'empereur, dans le cas où la France aiderait au rétablissement du prince *légitime* en Angleterre (septembre 1714). Villars, p. 233.
2. *Mém.* de Berwick, t. II, p. 195-231. — *Mém. secrets* de Bolingbroke. — Voltaire, *Siècle de Louis XIV*, chap. xxiv.
3. C'est-à-dire les remises d'impôts pour impuissance absolue de payer, et même les secours directs du roi aux provinces les plus souffrantes.

les tailles au denier 12 avec remboursement par annuités, emprunts forcés sur les officiers de finances, les maires des villes, etc., sous forme de taxations remboursables sur les tailles, avances soutirées aux receveurs généraux par des promesses qu'il ne leur tenait pas [1], etc.; lorsqu'il vit approcher la paix générale, il commença de tenter quelques efforts pour remonter du fond de ce gouffre, ou, plutôt, à vrai dire, pour s'arranger une existence possible dans le gouffre même. Il cessa d'aliéner les domaines : il remit sur l'ancien pied les droits d'entrée et les péages, doublés depuis quelques années; il diminua la gabelle. Il se trouvait en face d'une masse énorme de rentes provenant en partie de la consolidation des billets de toute nature; toutes les rentes antérieures à 1709 avaient déjà été remises à cinq pour cent ; on ne les en payait pas mieux ; vers octobre 1713, on devait deux années entières ; un édit de ce mois convertit en nouveaux contrats à quatre pour cent toutes les rentes acquises sur l'Hôtel de Ville depuis 1702 et joignit au capital les deux années arriérées. L'édit statua que les rentes sur les aides, gabelles, cinq grosses fermes, et quelques autres, vendues depuis 1702 et tombées par là dans la spéculation et l'agiotage, ne seraient admises à cette conversion que sur le pied des trois quarts du capital, et même des trois cinquièmes pour les plus récentes ; que les mêmes rentes, conservées par leurs détenteurs depuis 1702, seraient admises au pair. Les rentes viagères, créées de 1702 à 1710, furent réduites d'un quart; celles postérieures à 1710, de moitié, ainsi que les rentes de la tontine. Seulement, on exempta les rentes de la dîme et de toutes charges. Les rentes quatre pour cent créées par cette opération s'élevèrent à trente millions, et les charges publiques en furent réduites de quatorze millions par an.

Cette réduction forcée était, en réalité, une banqueroute partielle, dans laquelle on introduisait une équité relative : le jeu effréné et frauduleux qui avait eu lieu sur les effets publics, dont

---

1. C'était mal reconnaître le service qu'ils rendaient en se chargeant des affaires extraordinaires sans autre remise que l'intérêt de leurs avances ; il est vrai que ce désintéressement n'était qu'apparent ; toute comptabilité étant anéantie, les receveurs généraux se dédommageaient en faisant valoir l'argent de l'État qu'ils touchaient le plus tôt et qu'ils versaient le plus tard possible. V. Bailli, *Hist. financière de la France*, t. II, p. 31.

le commerce n'était encore ni régularisé ni authentiqué, légitimait les différences établies entre les diverses catégories de créanciers : ce qui n'était excusable sous aucun rapport, ce fut l'opération sur les monnaies qui accompagna la réduction des rentes. Les *augmentations* de monnaies avaient été très-funestes ; mais le mal était fait : il n'y avait plus à y toucher, la valeur nominale et de compte étant indifférente en elle-même. Desmaretz se remit à *diminuer* les monnaies, sous prétexte de les ramener à une prétendue *juste valeur*, comme s'il y avait, entre la valeur réelle, le poids, le marc, et les mots par lesquels on convient de désigner les monnaies, un rapport qui ne fût pas purement arbitraire. Il rejeta donc, en deux ans, le marc d'argent fin de quarante-deux livres dix sous à trente livres dix sous dix deniers [1]. Ce fut une nouvelle ruine en sens inverse, un nouveau bouleversement de toutes les transactions, un véritable écrasement des fermiers, des marchands, de tous les débiteurs. On ne peut concevoir une telle ignorance chez un homme si habile dans le détail de l'administration financière. Son oncle, le grand Colbert, ne lui avait pas donné de tels exemples ; en vingt-deux ans de ministère, à peine Colbert avait-il modifié la valeur nominale des monnaies.

La dépense de 1713 avait été de deux cent douze millions ; celle de 1714 fut de deux cent treize millions et demi, sur quoi, au bout de l'an, il restait cent seize millions sans assignation déterminée ; les rentes et les pensions, qu'on recommençait à payer, compensaient les réductions de dépenses faites sur la guerre. C'était sur la magnificence royale et sur les pensions qui enchaînaient la haute noblesse à la cour, que l'on eût pu réaliser les plus larges économies ; mais ce luxe et ces libéralités étaient à la fois habitude et système ; y toucher eût été un sacrilège contre la monarchie, et, dans les plus extrêmes détresses, il avait fallu assurer le service de la cour, presque avant celui de l'armée elle-même [2]. Pendant

---

1. Law estime que cette diminution des monnaies coûta 100 millions au trésor. V. *Mém. sur les banques*, ap. *Économistes financiers*, p. 599.

2. Une seule fois, on l'a vu, les princes et les courtisans avaient rendu au roi une partie de ce qu'ils recevaient de lui, en soldant quelques nouvelles levées. — V. le curieux état de dépenses de 1715, dans Forbonnais, t. II, p. 352. On y voit que la maison d'Orléans coûte près de 2 millions par an au trésor ; *Jacques III* et sa mère, 600,000 francs, les autres pensions ordinaires et gratifications, 4 millions et demi ; les gratifications extraordinaires et autres dépenses non spécifiées, 15 millions.

les sept dernières années, on avait dépensé en moyenne deux cent dix-neuf millions par an : les revenus ordinaires, avec la dîme et la capitation, n'ayant produit que soixante-quinze millions par an, charges déduites, il avait fallu demander annuellement cent quarante-quatre millions à des moyens extraordinaires, ce qui faisait plus d'un milliard pour sept ans, sur quoi, fin 1714, il restait plus de trois cent seize millions auxquels on ne savait quelle assignation donner. Après les immenses conversions et consolidations qui avaient eu lieu, il se trouva encore, au 1er septembre 1715, une masse de billets en circulation, que Desmaretz estimait à près de quatre cent quatre-vingt-douze millions, mais, qui, en y comprenant les papiers de toute origine, allait à cinq cent quatre-vingt-dix !

Desmaretz continua à procéder, par des faillites partielles, à la réduction des charges qui pesaient soit sur le trésor, soit sur le pays. Il supprima un grand nombre de nouveaux offices, en remboursant, par la création d'un million cinq cent mille livres de rentes quatre pour cent, les titulaires qui avaient traité, en général, sur le pied de huit pour cent[1]. Il supprima tous les anoblissements achetés depuis 1689 et les exemptions d'impôts vendues aux officiers subalternes. Il créa deux millions de rentes cinq pour cent pour dégager la capitation et la dîme, que l'on ne cessait pas de percevoir, malgré la promesse royale de les supprimer à la paix ; cette dernière opération était bonne et licite, mais elle fut comme étouffée par le retentissement d'une catastrophe financière que Desmaretz ne put éviter. En avril 1715, la caisse des receveurs généraux, qui avait été la grande ressource des dernières années, tombe en déconfiture, le gouvernement s'étant trouvé enfin hors d'état de payer ses billets. C'est la dernière ancre qui casse ! Dans cette prévision, Desmaretz avait tâché de relever l'ancienne caisse des emprunts, en commençant le remboursement par série, des billets ou *promesses* de cette caisse, tom-

1. Une importante déclaration de septembre 1714 rendit aux villes la libre élection de leurs officiers municipaux, moyennant que les communautés des villes indemnisassent les titulaires des mairies, lieutenances de maire, échevinages, etc. *Anciennes Lois françaises*, t. XX, p. 637. Ceci prouve que la suppression des débris des libertés municipales, devenues si peu gênantes, avait été bursale beaucoup plus que politique.

bés en discrédit (13 décembre 1714); il ne peut tenir parole et supprime la caisse des emprunts, le 2 août 1715, par un édit qui annonce que les *promesses* seront consolidées en rentes quatre pour cent et, encore, si elles n'ont pas été négociées. Les *promesses* négociées perdront cinquante pour cent, attendu que les agioteurs les négocient à quatre-vingts pour cent au-dessous du capital nominal. C'est rouler de banqueroute en banqueroute!

Dans l'été de 1715, la situation ne paraît plus pouvoir empirer : plus de crédit public ni privé [1]; plus de revenu net pour l'État; la portion des revenus qui n'est point engagée est anticipée sur les années suivantes [2]. Ni le travail ni la consommation ne peuvent reprendre, faute de circulation; les capitaux sont engorgés dans les caisses des traitants, ou dissipés à Paris dans un luxe stérile; l'usure règne sur les ruines de la société. Les alternatives de cherté et d'avilissement des denrées achèvent d'écraser le peuple. Des émeutes éclatent pour les vivres, dans le peuple et même dans l'armée. Les manufactures sont languissantes ou fermées; la mendicité forcée dévore les villes. Les campagnes sont désertes, les terres en friche, faute d'outils, faute d'engrais, faute de bestiaux, qui ont péri en 1709; les maisons tombent en ruines [3]. La France monarchique semble près de finir avec son vieux roi. Louis XIV n'a pas voulu du remède violent et systématique qui pouvait sau-

---

1. Pour avoir 8 millions, le ministre fut un jour obligé de donner 32 millions de billets aux traitants : les billets perdaient donc 75 pour cent!

2. *Compte-rendu de Desmaretz*. Colbert avait laissé, en 1683, 85 millions de revenu effectif.

3. Le gouvernement tâchait en vain de raviver l'agriculture et l'industrie. Dès 1704, la défense faite, sous Colbert, en 1669, de saisir, si ce n'est pour loyers, les métiers, outils, etc., servant aux lainages et draperies, avait été étendue à toutes les autres industries. En cas de faillite, on devait laisser à l'artisan ses métiers, sauf paiement ultérieur de leur valeur. — En 1708, renouvellement de la défense de saisir les bestiaux. — De 1709 à 1713, privilèges à quiconque remet en valeur les terres abandonnées. — 27 août 1709, prohibition des cotonnades de l'Inde. — 11 juin 1714, prohibition des soieries de la Chine. — Janvier 1712, fondation d'une manufacture de tapis de Perse à Paris. — Janvier 1713, défense de fabriquer des eaux-de-vie de grains (pour favoriser les pays vignobles). — *Anciennes Lois françaises*, t. XX, p. 453-530-541-542-572-583-639-645-648. Celles de ces mesures qui eussent été le plus efficaces dans un temps ordinaire passaient presque inaperçues.

Il y eut, en août 1715, des séditions dans les garnisons de Flandre et d'Alsace, parce qu'on les obligeait à prendre le pain des munitionnaires à plus haut prix qu'au marché! On n'apaisa le mouvement qu'avec de l'argent. — Lémontei, *additions aux Mém. de Dangeau*, p. 272.

ver ce grand corps malade, mais qui l'eût transformé et poussé à l'inconnu. Le malade semble aller à la mort. Les empiriques n'y peuvent rien.

Desmaretz, avant même la chute des deux caisses qui lui avaient rendu possible de vivre, avait reconnu que l'état des choses était infiniment pire qu'à l'avénement de Colbert et qu'il était impossible de retrouver les mêmes remèdes : c'était ce qu'avait dit Vauban, quand il était temps encore. Dès la fin de 1714, Desmaretz avait donc présenté au roi un plan de salut public. Il proposait de supprimer, comme on l'avait promis, la dîme et la capitation; de charger le clergé, les pays d'États, les généralités, les provinces et les villes d'acquitter, en un certain nombre d'années, le capital des soixante millions de revenu aliénés depuis 1683; de supprimer et rembourser tous les offices créés depuis 1683, au moyen de deux sous pour livre d'augmentation sur la taille et sur les fermes; de reviser et liquider toutes les dettes encore flottantes, comme on avait fait pour celles consolidées en rentes quatre pour cent [1].

C'était trop ou pas assez : c'était exiger d'assez grands sacrifices et froisser suffisamment les intérêts des privilégiés pour soulever les plus vives résistances, et ce n'était pas assez pour changer radicalement et définitivement le système des impôts. C'était encore là une réforme bâtarde, quoique d'apparence hardie. Le roi hésita et rien n'était encore décidé vers le mois d'août 1715.

Comme si la ruine matérielle du pays ne suffisait pas, les querelles et les persécutions religieuses se renouvelaient, pour ajouter de nouvelles souffrances morales à cette misère. Le confesseur du roi, le père La Chaise, qui, sauf quelques éclipses de faveur causées par ses différends avec madame de Maintenon, avait été une sorte de ministre des affaires ecclésiastiques, était mort en 1709. Son successeur Le Tellier le fit bien regretter. C'était un fanatique après un politique, un esprit de violence et de scandale après un esprit de tempérament, de modération et de prudence mondaine. Le fanatisme de Le Tellier était de la pire espèce, de celle qui prend sa source, non dans les passions exaltées, mais

---

[1]. V. le projet de Desmaretz, dans Forbonnais, t. II, p. 274.

dans les passions haineuses, et qui joint l'hypocrisie des moyens à la conviction du fond, si l'on peut appeler conviction un aheurtement farouche et aveugle. Par un contraste singulier, ce persécuteur avait débuté par être, sinon persécuté, au moins maltraité par Bossuet et le cardinal de Noailles, pour avoir défendu la tolérance et la philosophie dans l'affaire des *cérémonies chinoises*; il se dédommagea, aux dépens des protestants et des jansénistes, de sa charité envers les Chinois; dans l'un comme dans l'autre cas, il n'eut qu'un même but, l'intérêt de sa Compagnie, objet de son forcené dévouement.

Tant qu'avait duré la guerre, on avait laissé respirer les protestants : la terrible leçon des Cévennes parlait trop haut; la misère publique même profitait aux réformés; les fonds manquant pour entretenir les écoles catholiques, on ne les obligeait plus d'y envoyer leurs enfants. Le roi avait pardonné, par diverses fois, jusqu'en mai 1713, à des assemblées tenues en dépit des ordonnances et, au moment où l'on signa la paix d'Utrecht, il avait accordé aux instances de la reine Anne la liberté des malheureux encore retenus aux galères pour cause de religion. Ils n'étaient plus que cent trente-six; le reste était mort ou avait été délivré vers la fin de la rébellion des Cévennes. Après la paix, tout changea. On chicana si bien la liberté promise aux galériens protestants, qu'un certain nombre étaient encore à la rame en septembre 1715 [1]. Dès mars 1712, une ordonnance royale avait enjoint aux médecins, sous des peines graves, de prévenir leurs malades de se confesser en cas de péril; le troisième jour de la maladie, le médecin devait refuser ses secours, si l'on ne représentait un certificat du confesseur. La même année, le roi fut vivement pressé de déclarer illégitimes tous les enfants de parents non mariés à l'église. Le vieux d'Aguesseau père, toujours très-écouté au conseil d'Etat, parvint à en détourner Louis XIV; mais Le Tellier ne se rebuta point : le chancelier de Pontchartrain, qui avait une certaine élévation de sentiments et qui s'était rattaché d'opinions à la sévère congrégation de l'Oratoire, ne se fût jamais prêté à ce qu'on préparait; mais il donna sa démission, sur ces entrefaites,

---

1. Dangeau, t. III, p. 269. — Limiers, *Hist. de Louis XIV*, t. VI, p. 328.

pour ne plus s'occuper que de son salut, et on lui substitua le ministre de la guerre Voisin, homme à tout faire, et qui se trouva porté à la fois par les jésuites et par madame de Maintenon. Les procédés devinrent de plus en plus acerbes envers les réformés et, le 8 mars 1715, parut une ordonnance qui dépassait de bien loin les plus terribles excès de la persécution de 1685! Le roi y rappelait son édit du 29 avril 1686, sur les *nouveaux convertis* qui, à l'article de la mort, refusaient les sacrements et déclaraient persister dans la religion prétendue réformée, édit révoltant, qu'on avait, durant longues années, laissé tomber en désuétude : « Nous apprenons », disait-il, « que, les abjurations s'étant faites souvent dans des
« provinces éloignées de celles où décèdent nos dits sujets, ou par
« un si grand nombre à la fois qu'il n'auroit pas été possible
« d'en tenir des registres exacts, nos juges, auxquels ceux qui
« meurent relaps sont dénoncés, trouvent de la difficulté à les
« condamner, faute de preuve de leur abjuration..... Le séjour
« que ceux qui ont été de la religion prétendue réformée, ou qui
« sont nés de parents religionnaires, ont fait dans notre royaume,
« depuis que nous y avons aboli tout exercice de ladite religion,
« est une preuve plus que suffisante qu'ils ont embrassé la reli-
« gion catholique, sans quoi ils n'y auroient pas été soufferts ni
« tolérés. » La conclusion directe est que, *puisqu'il n'y a plus de protestants en France*, tout religionnaire qui meurt sans sacrements est réputé relaps et doit être traîné sur la claie et jeté à la voirie. La conséquence indirecte, que l'édit n'énonce pas, mais qui est le but principal de l'édit, c'est que, puisqu'*il n'y a plus de protestants en France*, quiconque n'est pas marié à l'église catholique, n'est pas marié du tout et ne peut mettre au monde que des bâtards[1].

« Il n'y avait plus de prétendus réformés en France, attendu qu'ils n'y auraient été ni soufferts ni tolérés. » On ne se fût pas exprimé autrement, si la révocation de l'édit de Nantes eût banni

---

1. L'absorption de la société civile par l'Église n'était pourtant pas tellement complète dans la France catholique, la question protestante à part, qu'il n'eût subsisté jusqu'au XVIIe siècle quelques traces de l'ancien mariage civil, du mariage gallo-romain ou germanique. Le doyen des maîtres des requêtes au temps de la Fronde, nommé Gaumin, s'étant marié par simple contrat civil, on appelait ces unions des mariages à la gaumine. Rulhière, p. 374.

les protestants et si toutes les portes leur eussent été ouvertes pour quitter leur patrie. Or, l'édit de révocation avait garanti la sûreté aux personnes en prohibant le culte, et dix-huit mois à peine s'étaient écoulés depuis que, le 18 septembre 1713, un autre édit, reconnaissant fort nettement *qu'il y avait encore des protestants en France*, avait renouvelé *à tous sujets du roi, de la religion prétendue réformée, ou nouveaux convertis*, la défense de sortir du royaume. L'édit de mars 1715, extorqué par un misérable à la vieillesse affaiblie du Grand Roi, fut véritablement le chef-d'œuvre de cet esprit de mensonge que la France a baptisé du nom de *jésuitisme*. Nous ne croyons pas qu'il existe une pareille souillure dans toute notre vieille législation. Les plus infâmes tyrans n'ont rien imaginé de pire que cette combinaison qui flétrissait toute une population à la fois dans le berceau et dans le lit de mort, et qui créait une tribu de parias dans la France du xviiie siècle [1].

Pendant que les protestants retombaient, de la tolérance tacite des dernières années, dans les horreurs de 1685, une autre persécution, moins cruelle, mais qui touchait plus directement la masse de la nation, avait recommencé contre le jansénisme et contre tout ce qui s'en rapprochait.

Les jésuites avaient été quelque temps fort bas, à l'entrée du xviiie siècle, le cardinal de Noailles, archevêque de Paris, dominant alors le roi par madame de Maintenon et subissant lui-même la direction de Bossuet. L'imprudence des jansénistes, leur infatigable esprit de dispute, rendit à leurs ennemis l'occasion de se relever. En 1702, quarante docteurs de Sorbonne ressuscitèrent la fameuse question du *fait* sur les cinq propositions de Jansénius et soutinrent que, devant les décisions de l'Église sur des points de fait et non de dogme, un silence respectueux suffisait sans acquiescement intérieur. Quelques autres propositions à tendance janséniste accompagnaient cette question principale. Bossuet se hâta d'intervenir pour étouffer l'affaire et amener les docteurs à se rétracter. Le cardinal de Noailles, qui, dit-on, avait d'abord approuvé secrètement les propositions, recula et suivit Bossuet, comme dans la querelle du quiétisme. Trente-neuf docteurs se rétractèrent sur quarante. Le roi défendit de rien publier dorena-

---

[1]. Rulhière, p. 300-456. — *Anciennes Lois françaises*, t. XX, p. 605-610.

vant sur ces matières, mais, en son nom et au nom de Philippe V, pria le pape Clément XI de renouveler les constitutions de ses devanciers contre le jansénisme. Des papiers saisis à Bruxelles, chez le père Quesnel, oratorien, qui avait succédé au grand Arnaud dans la direction de la secte, avaient ranimé la vieille antipathie de Louis XIV contre tout ce qui tenait au jansénisme. Il y avait un contrat par lequel les jansénistes avaient autrefois acheté l'île de Nordstrand, sur la côte du Holstein, afin d'en faire un lieu d'asile pour leur secte; il y avait aussi les traces d'un projet qu'ils avaient eu de se faire comprendre dans la trêve européenne de 1684, sous le nom de *disciples de Saint-Augustin*, comme s'ils eussent été un corps politique à la façon des luthériens ou des calvinistes allemands. Louis XIV prit trop facilement ces rêveries pour les complots d'un grand parti [1].

Clément XI répondit aux désirs du roi par une bulle qui tomba au milieu de l'assemblée du clergé de 1705. Le cardinal de Noailles, qui présidait, fit des réserves contre l'infaillibilité de l'Église en matière de fait. L'assemblée, animée d'un esprit très-gallican, accepta la bulle, mais établit que les constitutions des papes n'obligent toute l'Église, que « lorsqu'elles ont été acceptées par le corps des pasteurs », et que cette acceptation de la part des évêques se fait « par voie de jugement ». La cour de Rome fut très-blessée que les évêques prétendissent *juger* après elle, et cela donna lieu à de longues négociations : le roi engagea les évêques à offrir au pape des explications atténuantes. Les jésuites, cependant, reprenaient le dessus à Versailles et préparaient contre le cardinal de Noailles une redoutable machine de guerre. Le père Quesnel, avant de devenir le chef des jansénistes, avait publié des

---

1. Ceci aide à expliquer l'étrange anecdote rapportée par Saint-Simon et qui montre Louis XIV préférant l'athéisme au jansénisme : « Parmi ceux qui devaient être de la suite du voyage d'Espagne en 1707, M. le duc d'Orléans nomma Fontpertuis. A ce nom, voilà le roi qui prend un air austère : — Comment, mon neveu, Montpertuis, le fils de cette janséniste, de cette folle, qui a couru M. Arnaud partout ! Je ne veux point de cet homme-là avec vous ! — Ma foi, Sire, je ne sais pas ce qu'a fait la mère, mais, pour le fils, il n'a garde d'être janséniste, et je vous en réponds ; car il ne croit pas en Dieu ! — Est-il possible, mon neveu ? répliqua le roi en se radoucissant. — Rien de plus certain, Sire. — Puisque cela est, il n'y a point de mal : vous pouvez le mener. »

Il est probable que le duc d'Orléans avait un peu embelli l'anecdote en la contant à Saint-Simon.

Réflexions morales sur le Nouveau Testament, ouvrage souvent réimprimé et fort estimé ; le père La Chaise et le pape régnant lui-même en avaient, dit-on, fait l'éloge. L'édition de 1693 avait reçu l'approbation épiscopale, avec grandes louanges, de Noailles, alors évêque de Châlons. En 1699, sur de nombreuses objections, Noailles, devenu archevêque de Paris, fit examiner de nouveau les *Réflexions morales* : Bossuet en entreprit la révision ; mais, ses corrections n'ayant été exécutées qu'en partie, son travail ne fut pas publié et la révision ne fut faite que par les docteurs du cardinal de Noailles. Les clameurs continuèrent contre le livre amendé et s'élevèrent jusqu'au pape. Clément XI, à son tour, se saisit de l'examen, quoique sans beaucoup d'empressement : la congrégation de l'index se prononça défavorablement ; un décret du Saint-Père prohiba le livre (1708). C'était une rude atteinte au cardinal de Noailles. Le décret, toutefois, ne fut pas reçu en France, pour une question de forme, ou plutôt, peut-être, parce que le roi était alors mécontent du pape, à cause des concessions de Clément XI à la maison d'Autriche. Les jansénistes n'y gagnèrent rien. En ce moment même, un coup terrible allait les frapper dans le plus cher et le plus légitime objet de leur vénération. Comme l'ancien *formulaire* de 1655, la constitution papale de 1705 avait été présentée à la signature de tout le clergé séculier et régulier ; les religieuses de Port-Royal-des-Champs avaient refusé d'y souscrire sans restriction. Le pape les soumit, par une bulle qu'autorisa le roi, à l'abbesse de Port-Royal de Paris, qui ne partageait pas leur foi augustinienne (1708). Elles résistèrent. Sur ces entrefaites, le père La Chaise mourut et Le Tellier lui succéda. L'affaire fut poussée aux plus extrêmes violences. Le cardinal de Noailles, âme pure et caractère faible, fut entraîné, pour prouver qu'il n'était pas janséniste, à sévir malgré lui contre les religieuses *rebelles*. Elles furent arrachées de leur monastère et dispersées dans divers couvents (novembre 1709). L'illustre abbaye de Port-Royal, consacrée, même aux yeux des incrédules, par le nom de tant de grands hommes, par la mémoire de tant de vertus, fut démolie de fond en comble par ordre du lieutenant de police d'Argenson [1].

---

1. La *maison des hommes*, qu'avaient habitée les solitaires et leurs élèves, existe encore sur la hauteur qui domine le vallon au fond duquel était l'abbaye détruite.

Deux ans après, comme si l'on eût prétendu exiler jusqu'aux ombres qui hantaient la vallée, on exhuma les morts de Port-Royal pour transférer leurs restes dans un cimetière de village (à Magni).

Noailles, tandis qu'il trempait dans cette persécution, entrait pourtant dans la même voie que les religieuses de Port-Royal, en refusant de rétracter l'approbation qu'il avait donnée aux *Réflexions morales*. Le Tellier le fit dénoncer au roi, par plusieurs évêques, comme fauteur de nouveautés. Après d'inutiles pourparlers, où intervint le dauphin, très-opposé au jansénisme comme son maître Fénelon [1], le roi prohiba le livre de Quesnel par un arrêt du conseil (11 novembre 1711), et demanda au pape une nouvelle condamnation de ce livre, dans une forme qui pût être reçue en France. La réponse de Clément XI se fit attendre jusqu'au 8 septembre 1713 [2]; ce fut la fameuse bulle *Unigenitus*, œuvre de Le Tellier bien plus que du pape, et qui, au lieu des termes généraux de la bulle de 1708, condamna expressément cent et une propositions extraites des *Réflexions morales*. Nous avons ailleurs [3] essayé de caractériser les doctrines jansénistes. Nous ne reviendrons pas là-dessus; nous ferons seulement l'observation que ces doctrines, dans ce livre revisé et mitigé, comme

---

1. Le duc de Bourgogne, devenu dauphin, écrivit sur cette affaire un mémoire pour le pape. Il y donne des motifs très-raisonnables de son opposition au jansénisme. V. sa *Vie*, par l'abbé Proyart, t. II.

2. Dans l'intervalle, eut lieu un incident digne de remarque. La cour de Rome, par l'accommodement de 1693 entre Innocent XII et Louis XIV, avait obtenu que les candidats aux grades universitaires ne fussent plus astreints à soutenir la Déclaration de 1682. Clément XI voulut aller plus loin et, en 1713, il refusa les bulles d'investiture à l'abbé de Saint-Aignan, nommé par le roi à l'évêché de Beauvais, parce que cet abbé avait soutenu la Déclaration, c'est-à-dire que le saint-père prétendit ériger implicitement le gallicanisme en hérésie. L'esprit de Bossuet se réveilla chez le vieux roi, blessé au vif dans ce qu'il avait de plus cher, dans son autorité : Louis écrivit au cardinal de La Trémoille, chargé des affaires de France à Rome, une lettre destinée à être communiquée au pape et qui était une véritable sommation d'exécuter le concordat de François Ier et de délivrer des bulles à tout évêque élu, « dont la doctrine ne peut être reprise ». — « Sa Sainteté, observait le roi, est trop éclairée pour entreprendre de déclarer hérétiques les maximes que suit l'église gallicane, comme étant celles de l'église primitive ». Le pape recula. L'évêque nommé eut ses bulles. V. *OEuvres* de d'Aguesseau, t. XIII, p. 424. Malgré cette entreprise, vite abandonnée, Clément XI était un esprit pacifique et ne donna la bulle *Unigenitus* qu'à contre-cœur.

3. V. notre t. XII, p. 81 et suivantes.

il l'avait été, ne sont guère qu'à l'état de tendance, consistant dans une disposition générale à voir les rapports de l'homme avec Dieu du point de vue de la grâce plutôt que du point de vue de la liberté. Beaucoup de maximes condamnées ne l'eussent certainement jamais été avant les progrès du molinisme : on osait condamner les propres paroles de saint Augustin et de saint Paul même; il est des propositions, sur d'autres matières que la grâce, dont la condamnation fut et dut être un immense scandale et semble véritablement le triomphe du jésuitisme sur le christianisme, par exemple celles qui regardent la nécessité de l'amour de Dieu. On avait osé condamner ceci : « Dieu n'est pas, la religion n'est pas, où n'est pas la charité ». C'était donner la sanction pontificale aux théories jésuitiques les plus contraires à l'esprit général de la théologie chrétienne. De même les maximes relatives à l'Écriture sainte. Le pape avait anathématisé les propositions suivantes : « La lecture de l'Écriture sainte est pour tous. — Les chrétiens doivent sanctifier le dimanche par les lectures de l'Écriture sainte; il est dangereux de les en priver ». Et aussi celle-ci : « La crainte d'une excommunication injuste ne doit pas nous empêcher de faire notre devoir ». Ceci renversait tout le gallicanisme politique.

A la nouvelle de la bulle, le cardinal de Noailles essaya d'un moyen terme et prohiba le livre dans son diocèse, sans spécifier les maximes condamnées. Ce n'était point assez pour ses ennemis. Le roi, excité par Le Tellier, convoqua un grand nombre d'évêques pour procéder à l'acceptation de la bulle. Noailles et sept autres prélats protestèrent : quarante acceptèrent la bulle, mais en adressant à leurs ouailles des explications qui semblaient des excuses (janvier 1714) et qui furent mal reçues à Rome. Les huit prélats opposants écrivirent au pape, afin d'expliquer leur abstention et de demander des explications. Le roi empêcha l'envoi de leur lettre et fit publier et enregistrer la bulle au parlement, qui ne dissimula pas son déplaisir, mais n'osa résister et fit seulement ses réserves (15 février). Fénelon et une soixantaine d'autres prélats se rallièrent aux quarante acceptants, chacun interprétant plus ou moins la bulle à sa manière : l'opposition au jansénisme l'emporta chez Fénelon sur la sympathie que devaient lui inspirer quelques-unes des maximes condamnées, et peut-être l'archevêque de Cambrai se souvint-il un peu trop de la part que l'archevêque de Paris avait eue à la condamnation de madame Guyon et des *Maximes des Saints*[1]. Noailles ne céda pas : la conviction lui inspira une énergie au-dessus de sa nature; il entra en lutte ouverte avec le pape et, ce qui était plus dangereux, avec le roi : il défendit, par un mandement, à tous ecclésiastiques de recevoir la bulle dans son diocèse, à peine de suspension (25 février). La Sorbonne, cependant, reçut, ou plutôt subit la bulle, sous la pression violente de l'autorité royale, qui exila les principaux opposants : les autres universités ployèrent aussi sous le joug. La sacrée congrégation romaine décréta, par ordre du pape, contre les mandements de Noailles et de plusieurs autres évêques, comme *sentant le schisme*. Les prélats dissidents n'étaient que quinze en tout et n'avaient point d'adhérents mitrés hors de France, l'épiscopat d'Espagne et d'Italie était trop habitué à la servitude papale[2]; mais, en France, ils avaient derrière eux les principaux ordres religieux, bénédictins, dominicains, oratoriens, carmes, génovéfains, la majorité des docteurs de Sorbonne et des curés de Paris, et le public, qui se portait toujours du côté où les jésuites n'étaient pas. Ce n'était plus seulement à la secte janséniste, mais au gallicanisme tout entier qu'on avait affaire. Les jésuites et la bulle n'avaient guère entraîné, avec la majorité des évêques, que les franciscains et le fameux séminaire de Saint-Sulpice. Noailles ôta le pouvoir de prêcher et de confesser à presque tous les jésuites de son diocèse; mais il n'osa aller logiquement jusqu'au confesseur du roi.

On s'efforça d'étouffer par la terreur l'opinion contraire à la bulle : les exils, les emprisonnements, se multiplièrent de jour en jour; Le Tellier prépara des violences plus éclatantes : il engagea le roi à adresser au parlement une déclaration par laquelle tout évêque serait tenu de souscrire *purement et simplement* à la bulle,

---

1. Il était logiquement engagé à accepter la bulle : il l'avait provoquée. V. ci-dessus, p. 555. — Ses derniers écrits sont des dialogues *sur la Grâce et le Libre Arbitre*, d'ailleurs très-dignes de lui.

2. V. un passage intéressant dans Saint-Simon, t. XV, p. 345, sur l'église d'Espagne : c'est une sorte de confession de l'archevêque de Tolède.

faute de quoi il serait poursuivi suivant la rigueur des canons. Le but était de faire déposer le cardinal-archevêque de Paris par un concile national, après que Rome lui aurait ôté le chapeau. Le caractère temporiseur du pape et l'extrême répugnance de Rome pour tout concile retardèrent l'exécution de ce dessein et prolongèrent les négociations avec Noailles. L'année 1714 et les deux tiers de 1715 s'étaient écoulés ainsi. Le Tellier perdit patience et pressa le roi de porter sa déclaration au parlement dans un lit de justice : malgré les vives remontrances du premier président et surtout du procureur général d'Aguesseau fils, que son propre mérite et les longs services de son père avaient porté à ce poste éminent, Louis avait résolu de suivre l'inspiration de son confesseur : le procureur général eût été suspendu ; le parlement violenté comme l'avait été la Sorbonne. Le temps et la force manquèrent à Louis pour frapper ce dernier coup [1].

Le Grand Roi, en effet, inclinait vers la tombe et n'eût dû songer qu'à mourir en paix. L'aspect de la cour eût été déjà bien assez triste sans les aigres clameurs de cette guerre théologique, qui donnait un air de Bas-Empire aux derniers jours d'un règne longtemps comparé avec avantage au siècle d'Auguste. Toutes les joies et toutes les splendeurs de Versailles avaient disparu avec la jeune dauphine : l'ennui pesait sur le vieux roi comme un manteau de plomb que madame de Maintenon n'avait plus la force de soulever. Le troisième des petits-fils du roi, le duc de Berri, était mort au printemps de 1714, et sa fin, après une courte maladie, dans un moment où il venait de se révolter en quelque sorte contre sa femme qui le tyrannisait tout en le trompant, avait renouvelé toutes les sinistres rumeurs de 1712. Le vide se faisait de plus en plus autour du roi [2]. La grande génération dont Louis avait été l'âme avait presque achevé de s'éteindre : la génération suivante, qui avait aspiré à le remplacer et à régner par d'autres principes avec son petit-fils, s'en allait à son tour avant lui : Catinat était mort presque en même temps que le duc

1. *Hist. de la Constitution Unigenitus*, t. Ier. — *Journal* de l'abbé Dorsanne, t. Ier. — Dorsanne était grand-vicaire et official du diocèse de Paris.

2. Il n'y avait plus, sauf le duc d'Orléans, que de très-jeunes princes du sang, le prince de Condé, le duc de Bourbon, son fils, et le prince de Conti étant morts en 1709 et 1710.

de Bourgogne ; Chevreuse suivit le jeune prince au bout de quelques mois; Beauvilliers mourut en août 1714; Fénelon, le 3 janvier 1715, alla rejoindre ceux qu'il avait aimés, à soixante-quatre ans. Avec lui se brisait le dernier lien entre le xviie siècle et le xviiie. On a pensé que, s'il eût vécu, il eût pu modifier, jusqu'à un certain point, la période nouvelle prête à s'ouvrir[1]; mais il était écrit que la France passerait sans transition d'une époque à une autre absolument contraire. Louis XIV, dans ses derniers jours, seul devant le monde nouveau qui s'élève, monde aussi différent de celui qu'avaient rêvé Fénelon et le duc de Bourgogne, que de celui où avait régné le Grand Roi, Louis XIV ne vit plus qu'au milieu des ombres de tout son siècle évanoui!

Il n'était plus lui-même qu'une ombre! Rien de douloureux comme le spectacle de ce vieillard obsédé dans sa conscience par le fanatisme d'un moine implacable, qui le force à souiller ses cheveux blancs par des iniquités, obsédé pareillement dans ses affections et dans ses habitudes par l'ambition d'un fils adultérin, qui lui extorque des faveurs contraires au droit public et à la morale! sa vieille compagne elle-même, dont l'esprit aimable et ingénieux l'avait si longtemps délassé des soucis du pouvoir, le tourmente maintenant au lieu de veiller à son repos; la perte de la duchesse de Bourgogne, qui, à l'avantage de tout le monde, avait subjugué madame de Maintenon, l'a rejetée sous le joug du duc du Maine, son élève et son fils adoptif, qui pèse par elle sur le roi. Ce fils aîné du roi et de madame de Montespan, spirituel, faible et faux, sans courage à la guerre, sans autres talents que ceux de la conversation et de l'intrigue, dominé, poussé par une femme vaniteuse et fantasque[2], s'est élevé de catastrophe en catastrophe sur les tombeaux de la famille royale, entretenant, exploitant, avec une habileté et avec perfidie, les doutes qui traversent parfois

---

1. Le duc d'Orléans, depuis la mort du duc de Bourgogne, s'était rapproché de Fénelon, qui avait d'abord partagé les terribles soupçons du public contre lui; de 1713 à 1714, le prince eut avec l'archevêque de Cambrai une correspondance remarquable : Philippe demandait à Fénelon d'éclaircir ses doutes sur Dieu, sur l'immortalité de l'âme, sur le libre arbitre; il s'adressait, non pas au théologien catholique, mais au métaphysicien. Était-ce politique ou désir sincère de s'éclairer ? — Peut-être l'un et l'autre.

2. La duchesse du Maine était une Condé, petite-fille du grand Condé.

encore l'esprit du roi sur les prétendus forfaits du duc d'Orléans.

Louis avait toujours eu un grand faible pour ses enfants naturels, pour les enfants *de la personne et non du rang*, comme dit Saint-Simon. Il avait fait beaucoup pour eux, longtemps avant les coups qui l'avaient frappé dans sa postérité légitime. Les enfants qu'il avait eus de madame de Montespan, nés d'un double adultère, se trouvant dans une position tout autre que ceux de madame de La Vallière, il les avait légitimés par des actes où le nom de leur mère n'était pas mentionné, innovation tout à fait singulière; puis il avait revêtu de charges, de gouvernements, de commandements très-considérables, ceux des fils qui vécurent âge d'homme, le duc du Maine et le comte de Toulouse, et il avait marié les filles *dans les nues*, suivant l'expression hyperbolique de Saint-Simon, c'est-à-dire aux princes du sang, au duc de Bourbon et au duc de Chartres (actuellement duc d'Orléans). En 1694, une déclaration royale avait assigné rang au duc du Maine et au comte de Toulouse après les princes du sang et avant les princes étrangers naturalisés en France et les pairs. En 1711, les deux bâtards furent admis aux honneurs des princes du sang. Restait un dernier pas à franchir : il fut franchi. Un édit de juillet 1714 déclara les fils légitimés du roi aptes à succéder à la couronne après les princes du sang; puis la qualité de prince du sang leur fut formellement attribuée (mai 1715). C'était le renversement de toutes les traditions et de toutes les idées reçues[1] : le roi était considéré non comme le propriétaire, mais comme l'usufruitier de la couronne, substituée de mâle en mâle, en ligne directe ou collatérale, jusqu'à extinction de la postérité légitime du premier Capet; le dernier descendant légitime disparu, aucune autre personne ne pouvait prétendre à hériter de lui et la nation rentrait dans le droit d'élection qu'elle avait aliéné. Telle était la théorie de l'hérédité monarchique, formulée et accréditée par le temps, soit qu'elle fût ou non conforme au fait primitif[2]. La monarchie,

---

1. Le proverbe : « Le roi ne fait des princes du sang qu'avec la reine », exprimait fort nettement le droit monarchique.
2. Le droit d'élection n'avait jamais été formellement aliéné : les vestiges en avaient subsisté durant plusieurs générations après Hugues Capet. — On sent bien que nous ne parlons ici que du droit relatif et historique.

après avoir abattu toutes les forces qui la limitaient, finissait par s'attaquer à sa propre essence, en se faisant personnelle de traditionnelle qu'elle était : c'était le dernier pas de l'autocratie. Louis XIV ne choquait pas moins le sens moral que le droit public en réhabilitant ainsi la violation des lois fondamentales de la société : si la justice et la raison réprouvent les lois trop rigoureuses contre la bâtardise [1], simple irrégularité réparable, elles reconnaissent une distance énorme entre l'illégitimité simple et les naissances adultérines. Il y avait un contraste par trop étrange entre l'intronisation des enfants de l'adultère et l'austérité religieuse professée par Louis depuis sa conversion.

La domination exercée sur Louis par ce bâtard que personne n'aimait ni n'estimait, les discordes misérables de la bulle *Unigenitus*, les persécutions contre les protestants, que l'on plaignait davantage à mesure que l'esprit catholique s'affaiblissait dans la nation, contribuaient, avec la persistance de la misère depuis la paix, à dépopulariser le roi et à faire attendre, comme une délivrance, la fin de ce règne qui semblait s'éterniser. Louis le sentait et descendait vers la tombe, sans avoir même l'espérance d'emporter les regrets de ce peuple qu'il avait fait si grand et si malheureux. Il dut regretter plus d'une fois de n'être pas mort enveloppé dans ses dernières gloires, au lendemain de Denain ou de Freybourg!

Tant d'honneurs et de si éclatantes éventualités ne suffisaient point au duc du Maine : son ambition était plus positive et plus immédiate. A défaut de loi écrite, la coutume, conforme à l'esprit général du droit monarchique, déférait la régence, en cas de minorité royale, au premier prince du sang, si le roi n'avait plus de mère [2]. Le futur régent, si les choses étaient laissées à leur état naturel, était donc ce duc d'Orléans qu'avaient poursuivi de si horribles imputations. Le vieux roi ne se résignait pas sans douleur et sans effroi à cette pensée. Ses ministres, d'accord avec du Maine, lui présentèrent, à ce qu'il paraît, un projet hardi pour écarter Orléans. C'était de convoquer les États-Généraux et de

---

1. Nos lois sont encore dans ce cas pour les successions.
2. Cette coutume n'était point absolument fixée par les précédents; car la sœur de Charles VIII avait été préférée pour la régence au premier prince du sang.

leur faire désigner le régent du vivant du roi. On comptait que, sous la pression de la cour, du Maine serait choisi. C'était demander à Louis XIV de démentir toute sa vie. Il refusa de déposer son sceptre chancelant dans les mains des États-Généraux [1].

Il comprenait d'ailleurs qu'il ne pouvait arracher à Philippe d'Orléans les droits de sa naissance sans péril de troubles et de guerre civile; le duc du Maine lui remontra instamment que, du moins, il fallait ne laisser au duc Philippe qu'un vain titre; qu'il fallait élever en face, par ses dernières volontés, un rival capable de protéger le jeune héritier. Aidé par madame de Maintenon, il poursuivit le vieillard d'obsessions vraiment inhumaines pour lui extorquer un testament. Louis céda. Le 27 août 1714, il manda le premier président et le procureur-général et leur remit un paquet contenant ses dernières volontés en date du 2 août : on creusa une niche dans la muraille d'une tour du palais et l'on y déposa le mystérieux testament sous une double porte de fer. Louis, dans cet acte, instituait un conseil de régence, dont le duc d'Orléans serait seulement le chef avec voix prépondérante en cas de partage : les autres membres seraient le duc de Bourbon [2], quand il aurait vingt-quatre ans accomplis, le duc du Maine, le comte de Toulouse, le chancelier, le chef du conseil des finances (Villeroi), les maréchaux de Villars, d'Huxelles, de Tallard et d'Harcourt, les quatre secrétaires d'état et le contrôleur général. Le duc du Maine était chargé de veiller à la sûreté, conservation et éducation du roi mineur; le maréchal de Villeroi était nommé gouverneur du roi, sous l'autorité du duc du Maine. Les officiers de la garde et de la maison du roi obéiraient au duc du Maine, en ce qui concerne la personne du roi mineur, sa garde et sa sûreté. Si le duc du Maine venait à mourir, il serait remplacé par le comte de Toulouse. Louis recommandait au conseil de régence et au roi futur de maintenir les édits contre les protestants et contre les duels, et de soutenir les établissements des Invalides et de Saint-Cyr [3].

1. Lémontei, t. I, p. 14.
2. Le petit-fils du grand Condé avait porté, du vivant de son père, le titre de duc de Bourbon au lieu de celui de duc d'Enghien. A la mort de son père, il ne prit pas le titre de prince de Condé. Son fils l'imita.
3 Dumont, *Corps diplomatique*, t. VIII, p. 434.

Quelques mots de Louis aux deux magistrats qui reçurent le dépôt de sa main, puis à la reine d'Angleterre (veuve de Jacques II), attestèrent ce qu'il pensait de ce qu'on lui avait imposé. « J'ai fait un testament, » dit-il à cette princesse; « on a « voulu absolument que je le fisse; il a fallu acheter mon repos; « mais, dès que je serai mort, il n'en sera ni plus ni moins. « Je sais trop bien ce qu'est devenu le testament du roi mon « père [1]! »

On lui fit cependant encore ajouter à ce testament, qu'il jugeait lui-même si peu efficace, un codicille par lequel il mettait sa maison militaire sous les ordres de Villeroi, du moment de son décès jusqu'à l'ouverture du testament, avec injonction à Villeroi d'aller installer le jeune roi à Vincennes, après l'avoir conduit au parlement pour ladite lecture [2] (23 avril 1715).

Louis XIV, cruellement ébranlé dès 1712, dépérissait peu à peu depuis l'été de 1714; son premier médecin, Fagon, affaibli lui-même par l'âge, ne s'aperçut pas à temps de la petite fièvre lente qui minait le roi et ne mit point à profit les ressources qu'offrait encore cette puissante organisation. A partir du 11 août 1715, Louis XIV ne sortit plus du château de Versailles. La fièvre augmenta. Le sommeil disparut. Le 23 août, de nouvelles obsessions, qui ne venaient plus uniquement de madame de Maintenon ni du duc du Maine, lui dictèrent un second codicille, qui nommait Fleuri, évêque démissionnaire de Fréjus, précepteur du dauphin et Le Tellier son confesseur; un fanatique et un homme d'intrigue. Nous ne connaissons que trop l'un; nous aurons longuement à parler de l'autre, destiné à faire une très-importante figure dans le monde politique. Le lendemain, une jambe qui causait de vives douleurs au roi laissa paraître des taches de gangrène. Le 25 août, Louis reçut les sacrements avec calme et fermeté. Il manifesta quelques scrupules sur ce qu'on lui avait fait faire relativement à la bulle *Unigenitus* [3]. Il eût souhaité revoir

1. *Mém.* de Berwick, t. II, p. 244. — *Mém.* de Saint-Simon, t. XI, p. 259 264.
2. Dumont, t. VIII, p. 448.
3. Saint-Simon rapporte, d'après Amelot, l'ancien ambassadeur en Espagne devenu ambassadeur à Rome, personnage très-digne de foi, une anecdote qui prouve que la cour de Rome avait eu la main forcée par la cour de France dans cette affaire comme dans celle du Quiétisme. Clément XI, effrayé des désordres que causait la bulle,

son archevêque, Noailles, et se réconcilier avec lui; on trouva moyen de l'en empêcher. Le 26, il fit ses adieux, en termes attendrissants, aux principaux de la cour, à tout *ce qui avait les entrées*, les pria de contribuer tous à l'union et de se souvenir quelquefois de lui. Il fit également ses adieux aux princes et princesses, adressa des paroles bienveillantes au duc d'Orléans, comme pour chasser les mauvais desseins de son cœur, s'il en avait conçu, puis se fit amener le dauphin, bel enfant de cinq ans, seul reste de toute sa lignée légitime en France. « Mon enfant, lui dit-il, vous allez être
« bientôt roi d'un grand royaume. N'oubliez jamais les obliga-
« tions que vous avez à Dieu; souvenez-vous que vous lui devez
« tout ce que vous êtes. Tâchez de conserver la paix avec vos voi-
« sins. J'ai trop aimé la guerre, ne m'imitez pas en cela, non plus
« que dans les trop grandes dépenses que j'ai faites. Prenez con-
« seil en toutes choses. Soulagez vos peuples le plus tôt que vous
« le pourrez, et faites ce que j'ai eu le malheur de ne pouvoir
« faire moi-même [1]. »

Touchantes, mais vaines paroles! Le successeur de Louis XIV n'était pas réservé à une œuvre de réparation, mais à une œuvre de dissolution et de ruine.

Le roi régla ensuite ce qu'on aurait à faire après sa mort, avec la précision et le détail où il s'était complu dans toute la conduite de sa vie. Il lui arriva plus d'une fois de dire : « Du temps que j'étais roi.... » Il montrait une sérénité merveilleuse chez un homme qu'on croyait si fortement enraciné sur cette terre.

---

confia à Amelot ses regrets de l'avoir publiée. Il ne l'avait fait que dans la persuasion où il était que personne n'opposerait la moindre difficulté à la volonté du roi. Là-dessus, Amelot lui demandant pourquoi ce nombre baroque de *cent et une propositions* condamnées, le pape se mit à pleurer : « Eh! monsieur Amelot, que vouliez-vous que je fisse? le père Tellier avait dit au roi qu'il y avait dans ce livre plus de cent propositions censurables; il n'a pas voulu passer pour menteur; on m'a tenu le pied sur la gorge pour en mettre plus de cent, pour montrer qu'il avait dit vrai, et je n'en ai mis qu'une de plus! » Saint-Simon, t. XIII, p. 293. Il ne faut pas trop s'attendrir des pleurs de Clément XI, qui abusait du don des larmes. Il est certain toutefois que Le Tellier fut, pendant quelques années, le tyran de Rome presque autant que de la France. L'abbé Dorsanne assure, dans son *Journal pour servir à l'histoire de la Constitution Unigenitus*, t. I, p. 453, que le roi avait été affilié à la Compagnie de Jésus une dizaine d'années avant sa mort et que, pendant sa maladie, Le Tellier lui en fit faire le *quatrième vœu*.

1. Ces paroles furent inscrites au chevet du lit de l'héritier de Louis XIV. — Voltaire, *Siècle de Louis XIV*, ch. XXVIII. — Saint-Simon, t. XII, p. 483.

« J'avais cru plus difficile de mourir! » disait-il à madame de Maintenon. Et, comme deux de ses valets pleuraient au pied de son lit : « Pourquoi pleurez-vous? M'avez-vous cru immortel? » Le 28 au matin, il dit à madame de Maintenon que ce qui le consolait de la quitter, c'était l'espoir qu'ils se rejoindraient bientôt. Elle ne répondit point à ce rendez-vous dans l'éternité et parut ne voir dans cette marque d'affection qu'une marque d'égoïsme. Pensant la fin proche, elle partit ce soir même pour Saint-Cyr; le lendemain, Louis, ayant encore pleine connaissance, la demanda; elle revint, mais pour repartir définitivement le 30 au soir, abandonnant sur le lit d'agonie l'homme qui l'avait si constamment aimée. Quelques vieillards d'une nature exquise conservent une sensibilité d'autant plus tendre qu'ils approchent davantage de l'autre vie : ceux, au contraire, chez lesquels le cœur ne dominait pas, se dessèchent au moral comme au physique en avançant vers le terme de la vie actuelle. Madame de Maintenon était de ceux-là. Son excuse était dans l'extrême fatigue de l'existence que Louis lui avait faite. Il l'avait accablée de son absorbante personnalité : elle n'avait pas eu, depuis plus de trente ans, un seul jour pour être à elle-même; la nécessité de trouver perpétuellement de nouvelles ressources pour occuper et intéresser cet esprit actif et peu fécond, habitué à vivre, pour ainsi dire, de la substance d'autrui, l'avait épuisée, écrasée. C'était là le secret de la profonde douleur où l'avait jetée la perte de la duchesse de Bourgogne, qui l'aidait si heureusement à remplir la lourde tâche d'amuser le roi. Elle ne vit, dans le néant politique où elle allait rentrer au fond de sa chère maison de Saint-Cyr, qu'un asile pour se séparer de tous et de tout, se reposer et se taire [1].

Du Maine et Le Tellier avaient aussi abandonné le mourant, dont ils n'avaient plus rien à attendre. Louis n'avait plus que par éclairs la conscience de lui-même. La journée du 31 août se passa ainsi : la gangrène gagnait. Louis se ranima, dans la nuit, pour réciter, avec le clergé, les prières des agonisants. Il répéta plu-

---

1. Elle dit un éternel adieu, même à ses nièces. Cependant ce détachement absolu ne se soutint pas : l'habitude l'emporta et elle se remit à correspondre avec ses anciens amis sur toutes les choses du dehors. Elle s'éteignit obscurément en 1719, à quatre-vingt-quatre ans.

sieurs fois, d'une voix forte : « *Nunc et in horâ mortis...* Mon Dieu,
« venez à mon aide!... » puis il entra dans une longue agonie.
Le 1ᵉʳ septembre, à huit heures et un quart du matin, le Roi
rendit le dernier soupir.

Il avait vécu soixante-dix-sept ans, régné soixante-douze, gouverné cinquante-quatre. C'était le plus long comme le plus grand règne de notre histoire.

Ce n'est pas un homme, c'est un monde qui finit.

Avant de descendre, à la suite de la féodalité, dans cette nuit du passé où plongent l'une après l'autre les formes périssables de l'éternelle société, la monarchie, cette forme symbolique de l'unité nationale, avait revêtu une personnification suprême qui restera gravée à jamais dans la mémoire des peuples. Louis XIV est et restera le Roi, le type royal, pour les nations étrangères comme pour la France. Tout ce que la monarchie, après avoir ramené sous un même joug les éléments divergents du monde multiple du moyen âge, a pu produire dans la plénitude de sa puissance, elle l'a produit avec Louis le Grand. Épanouie dans sa virilité avec le Grand Roi, elle a vieilli avec lui. Les signes de décadence se multiplient; la gangrène se manifeste sur elle comme sur lui et, si la monarchie ne meurt pas le même jour que le monarque, le sourd travail de la décomposition ne s'arrêtera plus désormais dans ses organes. Nous allons assister à la dissolution de ce vaste corps, jusqu'au jour où l'unité véritable, la NATION SOUVERAINE, brisera cette enveloppe usée pour apparaître, pour la première fois, dans son essence propre, sans figure et sans symbole.

Nous avons montré Louis XIV en action; nous avons exposé son caractère, ses idées, son système, avec trop de développement, pour qu'il soit nécessaire d'y revenir au moment de quitter cette grande figure. Quelques mots suffiront. La France prospéra sous Louis XIV tant qu'il continua la pensée de Richelieu; elle souffrit, puis déchut, quand il y devint infidèle. Il a condamné lui-même l'excès de ses guerres et de ses dépenses; nous avons fait voir ailleurs que ses dépenses de luxe et d'art, très-considérables sans doute, ont été fort exagérées par la tradition; quant à ses guerres, elles furent, les unes justifiables, les autres excusables dans leur principe, mais non dans le caractère inhumain qu'il leur laissa imprimer, ni parfois dans leur conduite politique. La France voulait son complément naturel, et, dans l'état respectif des nations, l'action de la France pour achever de redevenir la grande Gaule suffisait à rompre l'équilibre de l'Europe et à provoquer les coalitions. Louis XIV eut le tort de prétendre encore davantage, et surtout de le faire croire. Les deux plus graves reproches qu'il ait mérités ne sont pas toutefois ceux sur lesquels il s'est condamné lui-même ; c'est, dans l'ordre économique, d'avoir fait le mal et repoussé le remède, ruiné les finances et rejeté la réforme radicale qui pouvait les rétablir ; dans l'ordre religieux, d'avoir détruit le grand œuvre de Henri IV maintenu par Richelieu. Mais la responsabilité de la révocation doit être bien partagée, comme nous l'avons montré : la révocation de l'Edit de Nantes était la conséquence logique de la monarchie selon Bossuet, et ce grand crime d'état condamne la monarchie plus encore que le monarque. Plus on réprouve la théorie monarchique, comme contraire aux vraies fins de l'homme et du citoyen, plus on est disposé à l'indulgence envers le prince que cette théorie a emporté par une fatalité presque irrésistible [1].

Quand le monde nouveau, éclos dans les tempêtes il y a soixante-dix ans, aura trouvé sa forme et son assiette, quand la société libre et démocratique sera définitivement fondée et incontestée, quand les partis n'auront plus à chercher des armes dans l'histoire, le nom de Louis XIV n'excitera plus la colère du peuple, comme l'expression d'un principe ennemi, et sa statue, tour à tour adorée et brisée, se reposera enfin pour les siècles parmi les grandes images du Panthéon national. Si le peuple n'oublie pas les coupables et funestes erreurs de Louis, il se souviendra aussi que Louis a mérité d'être identifié au siècle le plus éclatant qu'ait

---

1. Nous trouvons, sur Louis XIV, un document bien curieux dans les *Lettres sur la Russie*, de M. X. Marmier, 2e édit., p 165, in-12. Il existe à la Bibliothèque impériale de Pétersbourg une riche collection de documents historiques achetés çà et là en France par un diplomate russe, au moment du bouleversement révolutionnaire des archives nobiliaires et monastiques. « Parmi les manuscrits », dit M. Marmier, « on m'a montré une feuille de papier sur laquelle Louis XIV a écrit six fois de suite, en grosses lettres péniblement formées : *L'hommage est dû aux rois ; ils font tout ce qui leur plaît.* C'était là le sage axiome que son maître lui donnait à copier comme modèle d'écriture. »

encore vu la civilisation moderne. La France pardonne volontiers, trop volontiers peut-être, à tous ceux qui l'ont aimée, même d'un amour personnel et tyrannique; à tous ceux qui l'ont faite glorieuse, même aux dépens de son bonheur; elle n'est implacable qu'envers la mémoire des chefs qui l'ont dégradée.

FIN DU TOME QUATORZIÈME.

TABLE DES MATIÈRES

CONTENUES DANS LE TOME QUATORZIEME.

SEPTIÈME PARTIE.

SIÈCLE DE LOUIS XIV (SUITE).

LIVRE LXXXVI. — Louis XIV. Suite.)

Pages.

PRÉPONDÉRANCE EN EUROPE. RÉVOCATION DE L'ÉDIT DE NANTES. L'héritage ministériel de Colbert est partagé entre Le Pelletier, Seignelai et Louvois. Prépondérance de Louvois. — Louis XIV échoue dans ses projets sur l'Empire. Invasion de l'Autriche par les Turcs. Siége de Vienne. Les Polonais sauvent l'Autriche. — Guerre entre la France et l'Espagne. Prise de Luxembourg. — Affaires de Trèves et de Liége. — Trêve de vingt ans entre la France, l'empereur, l'Empire et l'Espagne. Louis XIV au plus haut point de sa puissance. — Bombardement de Gênes. Le doge à Versailles. — Nouvelles expéditions contre les Barbaresques. — Avénement de Jacques II. Projets de restauration catholique en Angleterre, appuyés par Louis XIV. — Louis XIV, devenu veuf, épouse madame de Maintenon. — *Dragonnades.* RÉVOCATION DE L'ÉDIT DE NANTES. Persécutions. Émigration protestante. L'industrie française transplantée en Hollande, en Angleterre, en Brandebourg.— Affaire de la succession palatine. LIGUE DÉFENSIVE D'AUGSBOURG entre l'empereur, l'Espagne, la Suède, le Brandebourg, la Saxe, la Bavière, le Palatinat, les cercles de l'Empire. — Affaire de Cologne. Le pape Innocent XI favorise la ligue d'Augsbourg. Rupture entre Louis XIV et le pape. — Mouvements en Angleterre. Préparatifs du prince d'Orange contre Jacques II. Louis XIV, au lieu de secourir Jacques II par une diversion contre la Hollande, prend l'offensive contre l'empereur. (1683-1688). 1

LIVRE LXXXVII. — Louis XIV. (Suite.)

Pages

GUERRE DE LA LIGUE D'AUGSBOURG. — Conquête de la rive gauche du Rhin. — RÉVOLUTION D'ANGLETERRE. L'Angleterre et la Hollande réunies sous Guillaume d'Orange. — Déclaration de guerre à la Hollande et à l'Espagne. Incendie du Palatinat. La France reperd une partie des provinces rhénanes. — L'Angleterre déclare la guerre à la France. Guerre d'Irlande. — Retraite de Le Pelletier. Pontchartrain, contrôleur général. Désordre des finances et aggravation des charges publiques. — Victoire de Luxembourg à Fleurus. — Le duc de Savoie se déclare contre la France. Victoire de Catinat à Staffarde. — Talents et activité de Seignelai. Victoire de TOURVILLE à Beachy-Head sur la flotte anglo-batave. Gloire de la marine française. Mort de Seignelai. La marine confiée à Pontchartrain. — Bataille de la Boyne. Jacques II abandonne l'Irlande. Défense de Limerick. — Prise de Mons. Combat de Leuse. — Conquête de Nice et de la Savoie. — Bataille d'Aghrim. Fin de la guerre d'Irlande. Émigration irlandaise en France. — Mort de Louvois. Son fils Barbezieux lui succède. — Immense déploiement de forces militaires. — Projet de descente en Angleterre. Revers de la Hougue, exagéré par la tradition. — Prise de Namur. Victoire de Steenkerke. — Invasion du duc de Savoie en Dauphiné. — Pertes immenses du commerce anglais et hollandais. La Hougue vengée. — Les corsaires français. Jean Bart. Duguai-Trouin. — Louis XIV manque l'occasion de défaire Guillaume III. Victoire de Neerwinden. Prise de Charleroi. — Victoire de la Marsaille. — Madame de Maintenon, Beauvilliers et FÉNELON. Misère en France. Dispositions pacifiques inspirées à Louis XIV. — La Suède et le Danemark offrent leur médiation. Offres modérées de Louis repoussées. — Transaction entre la France et la cour de Rome. Louis XIV recule. — Vaines attaques des Anglo-Bataves contre nos ports. — Victoire du Ter et conquêtes en Catalogne. — Situation financière de la France et de l'Angleterre. Grandes fondations économiques et financières en Angleterre. La France réduite aux expédients et à l'empirisme. — Perte de Namur et de Casal. Le duc de Savoie traite avec la France. On lui rend la Savoie et Nice, et on lui cède Pignerol. Neutralité de l'Italie. — Négociations. Congrès de Ryswick. Rapprochement entre Louis XIV et Guillaume III. — Prise d'Ath. Prise de Barcelone. Sac de Carthagène. — Paix de Ryswick. La France restitue toutes ses récentes conquêtes et toutes les réunions postérieures à la paix de Nimègue, sauf Strasbourg et les domaines d'Alsace. (1688-1697). 91

LIVRE LXXXVIII. — Louis XIV. (Suite.)

MOUVEMENT INTELLECTUEL ET MORAL. — LES LETTRES, LES SCIENCES ET LES ARTS à la fin du XVIIe siècle et à l'entrée du XVIIIe. — ÉTAT DES CROYANCES ET DES IDÉES. — Puget. — La Bruyère. RACINE à Saint-Cyr. Esther et Athalie. Fin de la grande poésie classique. — Lesage. — Querelle des anciens et des modernes. Fontenelle et Perrault. — Société du Temple. Esprits forts. — Érudition. Droit. L'abbé Fleuri; Montfaucon. Laurière. DOMAT. — Sciences exactes et naturelles. Delisle. Tournefort. — Réaction des grands génies étrangers sur la France. Newton. Leibniz. — Marche du cartésianisme. MALEBRANCHE. Spinoza. Locke. — Derniers temps de Bossuet. Ses combats contre les novateurs et les protestants. Jurieu. Richard Simon. FÉNELON ET L'ÉDUCATION DU DUC DE BOURGOGNE. *Télémaque*. Madame Guyon. *Quiétisme*. Lutte de Bossuet et de Fénelon. Disgrâce de Fénelon. — BAYLE. Invasion du *Scepticisme*. — Mort de Bossuet. (1683-1715). 235

LIVRE LXXXIX. — Louis XIV. (*Suite.*)

ÉCONOMIE SOCIALE. DIPLOMATIE. — Situation économique de la France. Administration, finances, commerce. Mémoires des intendants. Misère publique. VAUBAN. Bois-Guillebert. — Affaires des protestants. — Affaires étrangères. Succession d'Espagne. TESTAMENT DE CHARLES II. Le second des petits-fils de Louis XIV appelé au trône d'Espagne. (1697-1700). . . . 329

LIVRE XC. — Louis XIV. (*Suite.*)

GUERRE DE LA SUCCESSION D'ESPAGNE. La guerre est engagée en Lombardie par l'empereur contre l'Espagne et la France. Échecs de Catinat devant le prince Eugène. — Renouvellement de la Triple Alliance entre l'empereur, l'Angleterre et la Hollande. MORT DE GUILLAUME III. La reine Anne et les États-Généraux des Provinces-Unies continuent sa politique. Le triumvirat de MARLBOROUGH, EUGÈNE et Heinsius dirige la guerre. — Vendôme répare en Lombardie les échecs de Catinat. Désastre maritime de Vigo. Succès de Marlborough sur la Meuse. Perte de Landau. Les électeurs de Cologne et de Bavière se déclarent pour la France. La diète de Ratisbonne déclare la guerre à la France. Victoire de VILLARS à Friedlingen. — Révolte des *Camisards* dans les Cévennes. Insurrection de la Hongrie sous Rakoczi. Jonction des Français et des Bavarois au cœur de l'Allemagne. Les fautes de l'électeur de Bavière font perdre l'occasion d'envahir l'Autriche. — Prise de Brisach. Victoire de Spire et reprise de Landau. — L'électorat de Cologne est envahi par Marlborough. — Le roi de Portugal et le duc de Savoie passent aux ennemis. — Désastre de Höchstedt et ruine de la Bavière. Landau perdu pour la seconde fois. — Prise de Gibraltar par les Anglais. Bataille navale de Velez-Malaga : gloire stérile. — Conquêtes de Vendôme en Piémont. — Marlborough menace la France par la Sarre et la Moselle; il est arrêté par Villars. Vendôme rejette Eugène hors de la Lombardie. — Prise de Barcelone par les alliés. La Catalogne se donne au prétendant autrichien. Philippe V échoue en voulant reprendre Barcelone. Révolte de Valence et de l'Aragon. Les alliés envahissent la Castille et entrent à Madrid. — Déroute de Ramillies. Perte du Brabant et de la Flandre espagnole. Levée du siège de Turin. Évacuation de la Haute-Italie. — La Castille chasse les envahisseurs. — Les alliés ne veulent pas négocier. — Victoire d'Almanza. Valence et l'Aragon recouvrés. — Perte de Naples. — Succès de Villars en Allemagne. — Eugène obligé de lever le siège de Toulon. — Perte de la Sardaigne et de Minorque. — Défaite d'Oudenarde. Perte de Lille; la France entamée. — Ruine des finances : effroyable misère du peuple. Les plans réformateurs de Vauban repoussés par le roi. Ministère de Desmaretz. — Conférences de La Haie. Immenses concessions offertes par Louis XIV aux alliés pour acheter la paix. Ils ne s'en contentent pas. La guerre recommence. (1701-1709). 366

LIVRE XCI. — Louis XIV. (*Suite et fin.*)

Pages

GUERRE DE LA SUCCESSION D'ESPAGNE, suite et fin. — Chamillart remplacé par Voisin. — Perte de Tournai. Glorieuse défaite de Malplaquet. Perte de Mons. — Conférence de Gertruydenberg. Les alliés veulent forcer Louis XIV à détrôner seul Philippe V. — Perte de Douai, de Béthune, d'Aire et de Saint-Venant. — Défaite de Philippe V à Saragosse. Les alliés rentrent à Madrid. Vendôme en Espagne. Victoire de Villa-Viciosa. Les alliés refoulés en Catalogne. — Perte de Bouchain. — Révolution ministérielle à Londres. Négociation avec l'Angleterre. Mort de l'empereur Joseph Ier. Le prétendant d'Espagne devient l'empereur Charles VI. Mort du dauphin et du DUC DE BOURGOGNE. Désolation de la maison royale. — Fin de FÉNELON. — L'empereur et la Hollande se refusant à traiter, l'Angleterre se retire de la coalition. — Perte du Quesnoi. Victoire de VILLARS sur Eugène à DENAIN. Reprise de Douai, du Quesnoi, de Bouchain. — Traité d'Utrecht avec l'Angleterre, la Hollande, la Savoie, etc. Terre-Neuve, la baie d'Hudson, l'Acadie et Saint-Christophe cédés aux Anglais. Le port de Dunkerque comblé. Furnes, Ypres, Tournai, etc., cédés pour la *barrière* des Hollandais. Lille, Béthune, Aire, Saint-Venant, rendus à la France. Philippe V conserve l'Espagne et les Indes. Le duc de Savoie devient roi de Sicile. — La guerre continue avec l'empereur. Reprise de Landau. Prise de Freybourg. Paix de Rastadt avec l'empereur. La France garde Strasbourg et Landau. L'empereur garde Naples, Milan et la Belgique. — La Catalogne continue seule à se défendre. Prise de Barcelone. Fin de la GUERRE DE LA SUCCESSION. — État des finances. Banqueroutes partielles. — Persécutions religieuses. Bulle *Unigenitus*. Édits contre les protestants. — Testament et mort du Roi. (1709-1715) 514

FIN DE LA TABLE DES MATIÈRES DU TOME QUATORZIÈME.

PARIS. — IMPRIMERIE DE J. CLAYE, RUE SAINT-BENOIT, 7.

www.ingramcontent.com/pod-product-compliance
Lightning Source LLC
Chambersburg PA
CBHW051326230426
43668CB00010B/1163